完全攻略！
TOEFL® テスト
英単語4000

河野太一 著

アルク

はじめに

「英単語と訳語だけが載った単語集ではいくらやっても忘れてしまう。かといって文章の中で覚えようと思っても、知らない単語が多過ぎて時間がかかる……」。TOEFLの学習には単語力が必須であることは十分にわかっていても、なかなか覚えられなくて困っている人は多いはず。本書はそのような人のために「本当に覚えられる」ことを旨として作った単語集です。

英単語にはそれぞれ特徴があります。語源の知識を用いれば覚えやすいもの、ゴロを使えば強く記憶に残るもの……。本書ではそのような「英単語を頭に引っ掛ける要素」を「フック」と呼び、同じ語源を持つ単語や類義語・反意語、そして例文まで、「覚える助けになるものは何でも利用しよう」という発想で詰め込んであります。4000もの単語の一つ一つにフックを付けたのが、本書の最大の特徴です。

本書のもととなったのは2007年に出版された『必ず覚えられるTOEFL® テスト英単語3400』です。TOEFL単語集としては後発であったにも関わらず好評を得て版を重ね、筆者が主宰する教室でも多くの生徒がこの本で単語を覚えて留学に旅立ちました。

『3400』の発売当時はTOEFL iBTが導入されて間もない頃でしたが、その後も依然として難単語が出題されていること、留学を志す人にとって「単語を詰め込む」機会はTOEFL学習のときしかなく、そこで養った語彙力を携えて留学先での勉学に当たることなどに鑑み、このたび収録単語を600語追加しました。同時に「フック」の内容も見直しを行い、ゴロや語源情報を大幅に増量しました。

本書はまた、学習法や、その背景にある記憶のメカニズムについての詳しい説明を掲載しているのも特徴です。読者の皆さんがこの学習法に則って本書に取り組み、単語を頭に引っ掛けるどころかこびりつかせて、TOEFLでの目標点獲得、留学の成功へと向かってくださることを願ってやみません。

本書は『3400』の増補改訂版であり、『3400』がなければ本書もまたありませんでした。『3400』をゼロから生み出す手助けをしていただいたアルクの小枝伸行さんに改めて謝意を表したいと思います。また、今回の改訂に携わっていただいたアルク文教編集部の南美穂さん、宮﨑友里子さん、有限会社ポルタ森村繁晴さんに感謝いたします。膨大なチェック作業を始めとして、多大な労力をおかけしました。ありがとうございました。

私の初の著書であった『3400』は、妻みひろに捧げました。その後もますます献身的に私を支えてくれる妻に、もはや感謝の言葉も容易には見当たりません。そういうわけで、本書『4000』もまた妻に捧げたいと思います。本当にいつもありがとう。

2014年　春　河野太一

目次

書き込み式単語テスト用リスト PDF もあります。ダウンロードはこちらから！
ALC Download Center　ダウンロードセンター
https://portal-dlc.alc.co.jp/

TOEFL テストについて

TOEFL テストの概要

TOEFLとはTest of English as a Foreign Languageの略で、英語を母語としない人を対象とする英語力測定テストです。開発・運営しているのはアメリカの非営利教育団体Educational Testing Service（ETS）。もともとはアメリカの大学・大学院などで学びたい留学希望者が、現地での授業についていけるだけの英語力を持っているかどうかを測るために使われてきました。現在ではアメリカ、カナダのみならず、イギリス、オーストラリア、ニュージーランドなどの英語圏各国において、入学基準として広く活用されています。

日本で受験できるTOEFLには2種類あります。個人で受験するTOEFL iBT（Internet-based Testing）と、団体受験用のTOEFL ITP（Institutional Testing Program）です。

iBT：コンピューター式の個人向け公式試験

TOEFL iBTはInternet-based Testingの名が示す通り、コンピューターを利用する試験です。海外留学をする際は、こちらのiBTによる公式スコアが求められます。試験は公認テストセンターで行われ、日本では70カ所以上のテストセンターで年間40回程度実施されています。出題総数は54問、所要時間は約2時間です。試験はReading、Listening、Speaking、Writingの4つのセクションに分かれ、この順番に出題されます。スコアは各セクション0～30点満点、合計0～120点。ReadingとListeningは

●TOEFL iBTのセクション別時間配分

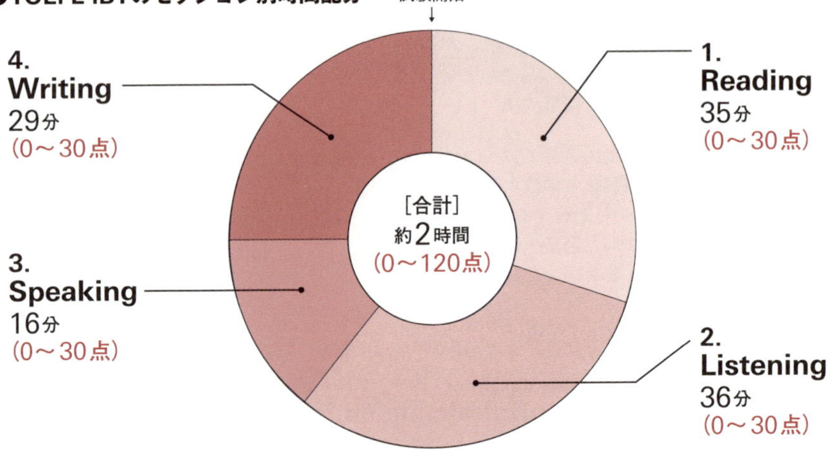

選択肢をマウスでクリックする解答方式。Speakingはマイクに向かって話す解答方式。Writingはキーボードでタイピングする解答方式です。試験日から2週間後に郵送またはウェブサイトでスコアを確認できます。受験要項はETSの公式ウェブサイトでInformation and Registration Bulletin（以下Bulletin）という名称のPDFファイルで配布されています。受験はオンライン申し込みのほか電話とEメールでも可能。詳細は最新のBulletinをよく確認しましょう。

ITP：ペーパー式で安価な団体向け試験

TOEFLにはコンピューターを利用しない、団体用のペーパー試験TOEFL ITP（Level 1）もあります。こちらは留学時の公式スコアとはみなされず、英語クラスのレベル分けや単位認定、留学プログラムの選抜用など、スコアは受験団体内でのみ利用されます。かつて実施されていたペーパー試験（PBT: Paper-based Test）の問題を再利用しているため、問題構成もiBTとは異なり、Listening Comprehension、Structure and Written Expression（文法）、Reading Comprehensionの3セクション構成。試験時間は約2時間。合計310～677点となります。TOEFL iBTの受験料が245ドル（日本・2024年1月現在）であるのに対し、ITPは3500～5000円前後（実施団体により異なる）と比較的安価で受けられるのが魅力です。ただ、ITPは個人受験できず、実施団体が受験者を一般公募することも認められていませんので、ご注意ください。

最新の受験情報はこちら

TOEFL iBTに関するBulletinおよびその他の最新情報はETS Japan公式ウェブサイトから入手できます。

ETS Japan公式ウェブサイト
URL：https://www.etsjapan.jp/

ITPは団体が実施する試験のため、学校や企業など、自分が所属する団体に問い合わせてください。

本書の特徴

覚え込み、思い出す「仕掛け」＝フック、を全単語に掲載

英単語と訳語を丸暗記しようとしても、記憶はすぐに滑り落ちていきます。**単語を脳みそに引っ掛ける要素**が何もないからです。しかし、ゴロを使えばどうでしょう？phase（フェイズ：段階）という単語を「屁、いずれの段階でも臭い」と覚えればしっかりと頭に引っ掛かり、容易に思い出すことができます。また、expect（予期する）のような単語は、ex-（外を）＋spect（見る）と、語源に分解するだけでグッと覚えやすくなります。

単語を覚え込み、また思い出すきっかけとなるこうした強力な助っ人情報を本書では「**フック**」と呼びます。フックにはゴロや語源のほか、参照語句・類義語・反意語や例文などが含まれます。多くの単語には複数のフックを掲載し、記憶に残るようにしてあります。**英単語を効率良く覚えるのにフックが極めて有効**であることは、最新の認知心理学の理論、筆者自身の学習経験、そしてこれまで筆者の教室に通ってくれた生徒さんたちの成績向上から自信を持って断言できます。

とはいえ、フックを使えば何の苦もなく、コピーのように一発で覚えられるというわけではありません。「記憶」に関する正しい考え方や戦略が必要になります。これから紹介するフックの特徴や本書の進め方をよく理解した上で学習を進めてください。

全ての単語に「フック」
があるから、楽しみながら
脳にこびりつくんだね！

ココがフック！

□0724 **phase** /féiz/	名 段階、局面 ☺ **屁、いず**れの段階でも臭い。ギリシャ語 phainein「現れる」→目の前に現れた物事の側面。参fantasy「空想、幻想」（目の前に現れるビジョン）。The war entered a new phase.「戦争は新たな局面に入った」。

フックの種類

●ゴロ

一見、不真面目に見えるのか、ゴロを使う学習法に拒否反応を示す人がいます。でも不思議なことに、ゴロは「くだらない」「下世話な」ものほどよく覚えられます。フックの中でも特に「忘れにくく思い出しやすい」性質が強いため、可能な限り掲載してあります。ゴロに関連したフックは、☺マークが目印です。

●語源

単語はその成り立ちを理解すると覚えやすくなります。同じ語源の単語を芋づる式に記憶できる点も大きなメリットです。語源を厳密に記憶する必要はなく、ラテン語・ギリシャ語などの単語は読み飛ばしてかまいません。何となく視界に入っているだけで、十分です。

●カタカナ発音

発音をイメージできない単語は意味も覚えにくいもの。可能ならぜひ、発音記号の読み方を身につけてください。ただし、発音記号に強い抵抗感のある方もいるでしょうから、過渡的な手段として、一部のフック内にカタカナ発音（㊢）も記載してあります。

●参照語句・類義語・反意語

見出し語と同じ語源を持つ単語や意味的に関わりのある単語を参照語句（㊟）として挙げてあります。また、意味が同じ（類）、あるいは反対の単語（反）や関連語（関）も載せてあります。「共通の要素を持った別のもの」と見比べることで、記憶が強化されます。

●例文

類書にありがちな「TOEFL的例文」は難し過ぎて単語学習に向かないことがしばしばです。本書ではTOEFL的であることにこだわらず、記憶に残りやすい例文を採用しています。文ではなく「フレーズ」を用いている場合も多くあります。文を読む負担を軽減するためです。

●その他の記述

日本語でカタカナ語になっている単語などは、カタカナ語（日）を掲載。下段に派生語を記載している場合もあります。フック内の記述は、「記憶に残る」内容であることを最優先し、単語ごとに表記内容、方法を適宜選択しています。発音記号は第一語義と対応しています。

学習の進め方

本書は、4つの「Chapter」を8つのセット(1セット500単語ずつ。Chapter 4のみ例外[710語と290語])に分けて構成しています。学習は、1セットごとに以下のステップを踏みながら取り組んでください。

Step 1 単語チェック(未習単語を鉛筆でマーク)

鉛筆(ペンではなく)を持ちます。訳語とフックを紙片や手などで隠し、これをずらしながら、各単語の訳語を言えるかどうかをテストします。その際、訳語を言えなかった単語に鉛筆で印をします。各単語の左上にあるチェックボックスに、大きめに、ただしあとで消せるように薄めに印を入れます。この段階ではフックを一切読まず、未習単語に印をするだけです。

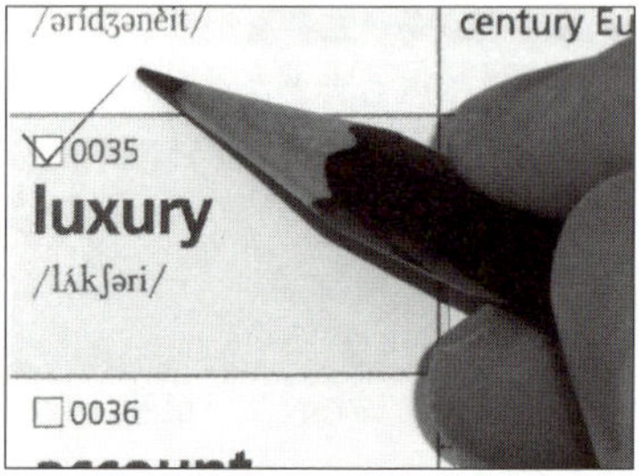

訳語を言えなかったら、鉛筆でチェック

Step 2 既習単語の消し込み(未習単語のフック確認)

学習中のセットの始めに戻り、鉛筆を消しゴムに持ち替えます。Step 1と同じように紙片などで訳語とフックを隠し、今度は印の付いた単語のみを見て、訳語を言えるかテストします(印のない単語は飛ばします)。訳語が言えたら印を消します。言えなかったら印はそのまま残し、フックに目を通します。フックの内容は覚えようとせず「ふんふん、そんなものかねえ」ぐらいの感じで読んでください。こうしてセットの最後の単語まで進んだら1周目終了です。日付を記入したら、セットの最初(の印が付いた単語)に戻り、同じ作業をくり返します(2周目以降)。いったん印の消えた単語は二度と振り返りません(←超重要)。印は消える一方ですから、5周目ぐらいまでは時間がかかっても、徐々に回転スピードが上がっていきます。何度も何度もくり返し、全ての印を消すことを目指してください。

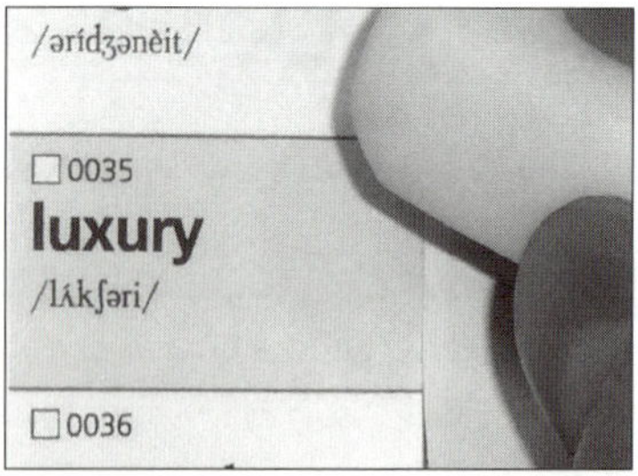

2周目以降、訳語を言えた単語の印は消す。言えなかった単語はフックを確認

学習の手順

Step 1 単語チェック

Step 2 テスト・消し込み・フック確認 ］くり返す

↓

Step 3 音声ファイルでテスト

1セットの最後までいったら日付を記入

Step 3 音声ファイルでテスト

セットの全ての印が消えたら、今後は音声ファイルを利用します。単語ごとに、「英語→英語→日本語」の順で収録されています。英語を二度読み上げている間に、訳語を言って（または思い浮かべて）ください。次の日本語を聞いて、正解を確認します。一つのファイルにつき10単語が収録されています。**10単語全ての訳語を言えるようになるまで、そのファイルを何度もくり返し、言えるようになったら次のファイルに進みます**。Step 2と異なり、覚えている単語もくり返すことになりますが、そのことによって音声が耳に残ります。セットの全てのファイルを終了したら、次のセットのStep 1に進んでください。

音声ファイル確認の方法

1ファイルをリピート再生
英語が二度流れる間に訳語を想起する

英語
1秒 ↓
英語
1秒 ↓
日本語
］**×10語＝1ファイル**

10語全ての訳語を言えたら次のファイルへ

500語のセットごとに
Step 1～3の順に
学習を進めるんだよ！

ゼッタイに挫折しない！ 6つのコツ

フックは強力な記憶のツールですが、いかにフックを使おうとも、数多くの英単語を「コピーのように一発で」覚えることはできません。相当回数のくり返しが必要ですし、そのくり返しを効率的に行うための戦略やコツが必要になります。ここでは単語学習を挫折させないコツを紹介します。

1. **いったん印の消えた単語は振り返らない**
2. **まずは単語と馴染みになる**
3. **毎回テストする**
4. **最初は粗く、だんだん丁寧に**
5. **「消す喜び」を感じて、ゲームのように**
6. **訳語の正確さにこだわらない**

1 いったん印の消えた単語は振り返らない

単語学習を確実に挫折させるコツは、いったん覚えた単語をいつまでも記憶に留めておこうとすることです。印が消えたのに、覚えているかどうかが心配になってまたテストしてしまう。案の定いくつか忘れているので、また印を復活させてしまう。こんなことをやっていたのでは、学習はエンドレスになります。記憶はいずれにせよ薄れていくものであり、全ての単語を完璧に覚えておくのは無理だからです。人間、終わりのない作業には耐えられませんから、絶対に挫折します。

忘れたっていいのです。忘れることを恐れる必要はありません。考えてみてください。Step 2が終わった段階で、500単語全てを忘れられるでしょうか？　そんなことは到底不可能で、多くの単語は記憶に留まっているのではないでしょうか。忘れた単語はどうせ一部です。それらはStep 3（音声ファイルでテスト）でまた覚え直せばいいし、それでも忘れてしまったら本書全体を2回3回とくり返す手もあります（単語の記憶を常に活性化しておく方法については→p. 427）。大事なことは、学習がエンドレスにならないよう「仮目標」をしっかり定めることです。その目標を「あとで忘れてもいいから、とりあえず全部印を消す」ことに置けば、成功率はグンと高まります。**印の消えた単語を振り返らないことは、とても大切な成功のカギ**なのです。

② まずは単語と馴染みになる

単語学習を挫折させるもう一つの手段は、「一発で覚えようと気合いを入れる」です。気合いを入れたからといって、英単語が記憶に残りやすくなるわけではありません。結果があまり変わらないので、そのうち気合いも続かなくなって、挫折します。**そもそも、「単語を知らない状態」→「ずっと覚えている状態」へと一気にジャンプするのは無理なのです。その中間に「その単語を何度も見掛けた状態」が存在しないといけません。**

Step 2の2周目や3周目ではほとんど印が消えず、ただフックを読んでいるだけのような状態になるかもしれません。それでもかまいませんから、何周も何周もくり返して、まずは「何度も見た状態」を作りましょう。5周目を過ぎたあたりから、徐々に印が消え始めますが、まだまだ覚えられないものが多いはず。ここでイライラしたり、「自分は記憶力が悪いのではないか」と考えたりせず、「もっと何度も見ればいい」と考えて、さらにくり返していきます。10周目で半分も消えたらいい方です。しかし個人差があるので、10周目であまり消えていなくても、それもまた良し。**しつこくくり返していれば、結構ゴッソリと消えてくれるときがやってきます。**それまでは何度も何度も同じ単語に出合い、フックを毎回毎回読んで、「馴染みになりまくろう」と考えましょう。

気合いの入れ過ぎは
百害あって一利なし。
その単語と仲良くなるまで
何度も出合おう！

③ 毎回テストする

上で述べたように、Step 2の3～5周目ぐらいまでは印がほとんど消えないため、ただフックを読んでいるのと変わらない状況になってしまうかもしれません。それは問題ないのですが、**単語の意味を言えるかどうかのテストだけは毎回必ず行うようにし**、本当に「読むだけ」にはしないでください。

まだ覚えていないとわかっていても、「どう、この単語の意味言える？」とチャレンジを投げ掛けられることで脳は覚醒します。言えなければ「悔しい」と感じますし、その悔しさがまた「いつか覚えてやる」という気持ちを生んでくれます。ただ読むだけだとそうした刺激がないため、脳はすぐに退屈し、怠け、覚えるまでが遠くなってしまいます。**常に脳に軽い負荷がかかるよう、テストだけは毎度毎度行った方がよい**のです。

④ 最初は粗く、だんだん丁寧に

皆さんが新しい町に引っ越したと想像してみましょう。最初は商店街を抜けて、新しい家にたどり着くのが精一杯でしょう。しかし何度も同じ道を通れば、「あ、こんなところに小さな喫茶店がある」といったことにも目が向くようになります。脳が「大ざっぱな認識」→「細かな認識」へと進むようにできているからです。

これは単語学習でも変わりません。ですから、最初からフックを細かく読み込もうとすると脳に負担がかかり、これまた挫折の原因になってしまうかもしれません。Step 2の5周目までは、フックには軽く目を通す程度にし、ラテン語やギリシャ語の語源などは読み飛ばす、または軽く眺める程度でかまいません。

6周目を超えたあたりでは、すでに同じ単語をくり返し見ていますので、印が消えるまではいかずとも、細かい情報をさほど負担に感じないぐらいの脳力はついてきます。そのあたりから少しずつ、フックを読む丁寧さを上げていくようにするとよいでしょう。**「丁寧」とは「覚えようと気合いを入れる」のではなく、ゴロや例文の情景を映像的に思い描いたり、語源的な成り立ちをしっかり理解したりすることです。** 1単語にかかる時間は若干長くなるかもしれませんが、印もだんだん消えていきますから、Step 2の1周分全体にかかる時間はそのうちまた減っていくはずです。

⑤「消す喜び」を感じて、ゲームのように

覚えた単語ではなく覚えていない単語に印をするのは、視認性を高めるためです。覚えた単語に印をしてしまうと、覚えた単語がどんどん増えるため、印もどんどん増えていきます。すると覚えていない単語が徐々に埋もれていってしまい、探すのに時間がかかったり、見逃したりして、時間的労力的に大きなムダになります。

一方、覚えた単語を消し、覚えていない単語を残すやり方なら、覚えていない単語だけが常に浮かび上がることになります。**ターゲットが一目瞭然になりますし、進捗状況もわかります。**「最初はあんなに印が付いていたのに、徐々に減ってきた」「半分ぐらいまで減った」「もう数えるほどしか残っていない」ということがパッと見て取れます。**進歩が目に見えることが「もっと印を消したい」という意欲、学習を継続する原動力を生んでくれる**のです。「印が消えていく喜び」を感じながら、ゲームのように進めてください。

⑥ 訳語の正確さにこだわらない

英語と日本語は異なる言語ですから、単語も一対一で対応しているわけではありません。一つの英単語にはいくつもの日本語があてはまるのが普通です。英単語集を用いる目的は、まずそのうちの一つを覚えることです。

ですから、意味を言えるかどうかのテストをする際は、正確な訳語にこだわらないで結構です。例えばacquireには「得る」という訳語がついていますが、これを「獲得する」と言おうが、「手にする」と言おうが大差はありませんので、正解にします。また、多くの単語には複数の訳語がついていますが、これも全て覚える必要はありません。そのうちの**一つの訳語、ないしはそれに近い日本語が言えれば正解とします**。これはStep 3の音声ファイルを使った学習についても同じです。ただし、その際、**英単語と訳語の品詞はできるだけ対応させるようにしてください**。例えばdecideは動詞ですので、「決定する」と、日本語の動詞を対応させて覚えます。これを「決定」と覚えてはいけません。「決定」は名詞であり、それに対応する英単語はdecisionだからです。英語が苦手な人には「品詞感覚が弱い」という共通点があります。多少なりとも感覚を育てられるよう、単語学習の段階から品詞に注意を払うようにしてください。

もちろん複数の品詞にまたがって使われる英単語もありますので、それらについてはどの品詞で覚えてもかまいません。必ずしも最初に出ているものでなくてよいですから、どれか一つの訳語を言えるようにしましょう(なお、ゴロに含まれている訳語は、単語の品詞とは対応していない場合があります)。

とりあえず始めてみよう！
疑問を感じたら
ここに帰ってきて
やり方を確認すればいいよ！

CD-ROMの内容と使い方

CD-ROMについて

付属CD-ROMには、本書の学習に必要な音声が収録されています。CD-ROMに収録されている音声は、パソコンや携帯音楽プレーヤーなどで再生可能なMP3ファイル形式です。

※一般的なCDプレーヤーでは再生できないので、ご注意ください。

収録内容について

CD-ROMには、「音声を使った英単語の確認テスト」用に必要な音声が収録されています。「見出し語（英語）→見出し語（英語）→訳語（日本語）」を1単語分のまとまりとし、10単語分の音声を1ファイルに収録しています。ファイルは合計で400あります。

フォルダの構成は次の通りです。

完全攻略！ TOEFL（R）テスト英単語4000＞001.mp3～400.mp3（計400ファイル）

CD-ROMをパソコンのCD/DVDドライブに入れ、iTunesなどでファイルを取り込んでください。その手順はCD-ROM内のReadMe.txtで説明しています。携帯音楽プレーヤーでの利用法やiTunes以外の再生ソフトを使った取り込みについては、ソフトおよびプレーヤーに付属するマニュアルでご確認ください。

音声ファイルには次のタグを設定してあります。

①出版社名（アーティスト名）　：「ALC PRESS INC.」
②書　　名（アルバム名）　：「完全攻略！ TOEFL（R）テスト英単語4000」
③トラック名（曲名）　：001.mp3～400.mp3

例）トラック名　収録内容
001.mp3…　コア単語60レベル、見出し語ナンバー0001～0010の音声
222.mp3…　コア単語100レベル、見出し語ナンバー2211～2220の音声
305.mp3…　分野別頻出英単語、見出し語ナンバー3041～3050の音声

本書では、音声ファイルを表すアイコンを以下のように表示しています。

001.mp3 ―― 音声ファイルのトラック名です。「Chapter 1：コア単語60レベル」から「Chapter 4：分野別頻出英単語」まで、400の音声ファイルに通し番号が振られています。

Chapter 1

コア単語60レベル

ITP500レベル

本書では、分野を問わず登場する、英語の中核的な単語を「コア単語」と呼びます。「60レベル」とは、TOEFL iBTの120点満点中、60点を目標とする場合に全て知っておきたい単語です。iBT 60点は、ITP（ペーパー試験）では500点程度に相当し、大学の交換留学などで最低限必要になるレベルです。

001.mp3

□0001 **scent** /sént/	名 香り、におい ☺ **銭湯**の香り。ラテン語sentire「感じる」から。参sense「感じる」。かすかなにおいで、好ましい香りを指すことが多い。the scent of roses「バラの香り」。
□0002 **cue** /kjúː/	名 合図、きっかけ　動 合図を送る ラテン語 quando (=when) を、台本に略して q と書いたことから。目映画監督がキューを出す。as if on cue「合図でもあったかのように」(ちょうどいいタイミングで)。That was the cue for the long-lasting battle.「それが長い戦いの始まりであった」。
□0003 **site** /sáit/	名 場所、用地 ☺ **サイと**ゾウが住む場所。ラテン語situs「場所」から。目ウェブサイト(web上の場所)。an excavation site「発掘現場」。
□0004 **flaw** /flɔ́ː/	名 欠陥、傷 ☺ **不良**→欠陥、と覚えよう。There was a flaw in our research.「我々の研究に欠陥があった」。 形 flawless(欠点のない)
□0005 **superior** /səpíəriər/	形 優れた；上位の ラテン語super「より上にある」の比較級。a product of superior quality and value「優れた品質と価値を備えた製品」。the superior court「上級裁判所」。
□0006 **describe** /diskráib/	動 描写する、説明する de-「下に」、scribeはラテン語scribere「書く」から。紙に書きつける→描写する。describe how a system works「システムがどのように働くかを説明する」。 名 description(描写)
□0007 **shrink** /ʃríŋk/	動 縮む ☺ **シュリン**！**ク**ッ！と縮む感じ。My favorite shirt shrank in the wash.「お気に入りのシャツが洗濯で縮んじまった」。 名 shrinkage(収縮)
□0008 **author** /ɔ́ːθər/	名 著者、作家　動 (本・原稿を)書く ☺ **おー、作**家でしたか！　参authority「権威」。He is the author of several books.「彼は何冊か本を書いている」。
□0009 **pit** /pít/	名 穴、くぼみ ☺ **ピッと**地面に空いた穴。There were pits dug by earlier inhabitants.「先住民によって掘られた穴があった」。「落とし穴」などの意味も。
□0010 **associate** /əsóuʃièit/	動 関連付ける、結び付けて考える as-=ad-「～へ」、sociateはラテン語sociare「結び付ける」から。参society「社会」(人と人との結び付き)。associate A with B「AとBを結び付けて考える」。「仲間に加える；提携する」の意味も。 名 association(関連；連想；団体)

□0011 **neutral** /njúːtrəl/	形 中立の ラテン語neuter「中性の」(ne-「～ない」uter「どちらも」)から。日車のギアの「ニュートラル」。a neutral territory「中立地帯」。
□0012 **public** /pʌ́blik/	形 公の、公共の 名 公衆 ラテン語populus「人々」から。参people「人々」、publish「出版する」(公にする)。Visitors are encouraged to use public transportation.「ご来場の方はなるべく公共の交通機関をお使いください」。
□0013 **temporary** /témpərèri/	形 一時的な ☺ **店舗ら**、**理**由があって一時的な閉店。ラテン語 tempus「時」から。I got a temporary permit to park the car.「車を止める一時的な許可をもらった」。
□0014 **acquire** /əkwáiər/	動 得る ac-=ad-「～へ」、quireはラテン語quaerere「探し求める」から。求めた結果、探し物が向かってくる→得る。参require「要求する」。Jody acquired Japanese citizenship.「ジョディは日本の市民権を得た」。 名 acquisition(獲得)
□0015 **regret** /rigrét/	動 後悔する 名 後悔 ☺ **理**、**グレ**たことを後悔する(あとで理性的に考えたら……)。re-「再び、思い返して」gret「嘆く」。He regretted having said such a thing to his girlfriend.「彼は彼女にそんなことを言ったのを後悔した」。 形 regrettable(残念な、悔やまれる)
□0016 **origin** /ɔ́ːrədʒin/	名 起源 ラテン語oriri「昇る、現れる」から。日が昇る→一日の始まり→起源。参orientation「オリエンテーション」。*On the Origin of Species*『種の起源』。 形 名 original(独自の/原型)
□0017 **suspect** /səspékt/	動 ～ではないかと思う;疑う 名 容疑者 sus-=sub-「下から」、spectはラテン語specere「見る」から。上目遣いにチラッと見る→疑わしげ→好ましくない状況が存在するのではないかと想像する。 名 suspicion(疑い) 形 suspicious(疑わしい)
□0018 **mention** /ménʃən/	動 言及する ☺ **麺**に**しよ～ん**、と昼食に言及する。mind、mental と同語源。心に注意を喚起すること。The dean didn't mention the incident.「学部長は事件については言及しなかった」。
□0019 **demand** /dimǽnd/	動 要求する 名 要求;需要 ☺ **出窓**を付けろと要求する。de-「完全に」、mandはラテン語mandare「命令する」から。demand a definitive answer「明確な回答を要求する」。supply and demand「需要と供給」。 形 demanding(要求の厳しい)
□0020 **rely** /rilái/	動 頼る ☺「**依頼**」に音が似ている。reは強意、lyはラテン語ligare「縛る」から。堅く縛る→しっかりしている→頼る。参religion「宗教」。It's dangerous to rely on a single source of income.「一つの収入源に頼るのは危険だ」。

□0021 **debt** /dét/	**名 借金、負債** ☺ **で、止**まらない借金（まずいぞ！）。発デット。ラテン語debere「借りがある」（de-「離して」habere「持つ」）から。財産が離れていく→借金。The company is deep in debt.「その会社は多くの負債を抱えている」。
□0022 **observe** /əbzə́ːrv/	**動 観察する、よく見る** ob-=over「上から」、serveはラテン語servare「見守る」から。Scientists observed the test subject carefully.「科学者たちは被験者を注意深く観察した」。 名 observation（観察）
□0023 **resident** /rézədənt/	**名 居住者　形 居住している** ☺ **レジにデンと**座っている居住者（お店のご主人？）。動詞reside「住む、居住する」から派生。目（マンション名などの）〜レジデンス。 名 residence（住居）
□0024 **broadcast** /brɔ́ːdkæ̀st/	**動 放送する　名 放送** broad「広く」cast「投げる」。The concert will be broadcast live on TV.「コンサートはテレビでライブ中継される予定だ」。
□0025 **fund** /fʌ́nd/	**名 資金、基金　動 資金を供給する** ☺ **ファン同**士で資金集める。ラテン語fundus「底」から。事業の底辺を支えるもの。foundation「基礎」と関連付けて覚えてもよい。The fund was established by a famous millionaire.「その基金は有名な億万長者によって設立された」。
□0026 **freeze** /fríːz/	**動 凍る** ☺ **フリース**（fleece）着てても凍るときは凍る、と覚えよう。frost「霜」と関連。Water freezes at 0° centigrade.「水は摂氏０度で凍る」。Freeze!「動くな！」。 形 freezing（凍えるような）
□0027 **fold** /fóuld/	**動 折り畳む　名 折った部分** ☺ **放ると**折り畳めるすごい傘（そんな傘ないだろ）。Origami is the Japanese art of folding pieces of paper into shapes.「折り紙は紙切れを様々な形に折る日本の芸術だ」。
□0028 **regulate** /régjulèit/	**動 規制する** rule「規則」などと関連。☺再び（re-）**ギュッ**と締め付ける、と考えてもよい。regulate the market「市場を規制する」。 名 regulation（規制、規則）
□0029 **produce** /prədjúːs/	**動 製造する、製作する** pro-「前に」、duceはラテン語ducere「導く」から。参induce「誘って〜させる」。produce dairy goods「乳製品を生産する」。produce good results「良い結果を生む」。名詞で「農産物」の意味も。
□0030 **length** /léŋkθ/	**名 長さ** long「長い」の名詞形。This swimming pool is 25 meters in length.「このプールの長さは 25 メートルだ」。 動 lengthen（長くする、延ばす）

□0031 **nature** /néitʃər/	**名 性質、本質；自然** natには「生まれる」や「自然の」の意味がある→持って生まれた性質。参 native「その土地で生まれた」。It's not in my nature to lie.「私は嘘をつく性格じゃないんだ」。It's just human nature.「それが人間の性（さが）ってもんだ」。
□0032 **research** /risə́ːrtʃ/	**動 調査する、研究する　名 調査、研究** re-「再び、くり返し」search「探し求める」。日 十分リサーチする。Scientists researched the effects of greenhouses gases.「科学者たちは温室ガスの影響を調査した」。
□0033 **bait** /béit/	**名 餌** ☺ **ベ**ッと**糸**に餌付けて、サッと釣る。bite「噛む」と同語源。use worms as bait「虫を餌として使う」。
□0034 **originate** /ərídʒənèit/	**動 始まる、由来する** origin「起源」から派生。The architectural style originated in 19th century Europe.「その建築様式は19世紀のヨーロッパから始まった」。
□0035 **luxury** /lʌ́kʃəri/	**名 ぜいたく、ぜいたく品** ☺ **楽すりゃいい**、とはぜいたくな。The dictator lived a life of luxury.「その独裁者はぜいたくな暮らしをしていた」。 形 luxurious（ぜいたくな）
□0036 **account** /əkáunt/	**動 （理由・原因を）説明する；（割合を）占める** ☺ **垢うんと**出た理由を説明する。a-「～へ」count「数える」。原因を数え上げる→説明する。人や物の数→割合を占める。名詞で「口座；説明；記事」などの意味も。 名 accountability（説明責任）　名 accountant（会計士）
□0037 **bare** /béər/	**形 裸の、むき出しの** ☺ **ベヤ**ッ！と服脱いで裸になる。a bare foot「はだし」。a bare tree「葉の落ちた木」。
□0038 **represent** /rèprizént/	**動 代表する；意味する** re- は強意、present「差し出す、示す」。Robert represented the student government at the ceremony.「ロバートは学生自治会を代表してその式典に出席した」。 名 形 representative（代表者；代議士／代表の）
□0039 **custom** /kʌ́stəm/	**名 習慣；慣習** costume「衣装」と同語源。服も習慣も「身につける」もの。It was my dad's custom to walk for an hour before dinner.「夕食前に1時間歩くのが父の習慣だった」。 形 customary（習慣的な；慣例の）
□0040 **reliable** /riláiəbl/	**形 頼りになる、信頼できる** 頼る（rely）ことができる（-able）。a reliable source of information「信頼できる情報源」。

005.mp3

□0041 **tiny** /táini/	形 とても小さな ☺ **タイに**あるとても小さな村。a tiny village「ちっちゃい村」。
□0042 **dominate** /dάmənèit/	動 支配する、独占する ☺ **ドミ**トリー**ねえ**（無い）**と**、他人の家を支配する。ラテン語dominus「主人」から。参condominium「分譲マンション」（共に領有する）。 形 dominant（支配的な、優勢な）
□0043 **hurt** /hə́:rt/	動 傷つける、損害を与える ☺ **ハート**（heart）を傷つける、と覚えよう。類wound。I didn't mean to hurt your feelings.「君の気持ちを害するつもりはなかったんだ」。
□0044 **relate** /riléit/	動 関係させる、結び付ける ☺ **リレー**（relay）**と**関係した競技。refer「言及する」と関連。言及する→関係がある。relate theory to practice「理論を実践と結び付ける」。 形 related（関係がある；親戚関係の）
□0045 **squeeze** /skwí:z/	動 絞る ☺ **スクイ～～ズ**！と甲高く叫ぶと声帯を「絞る」感じがわかる。日野球のスクイズバント（ランナーを絞り出す）。freshly squeezed orange juice「搾りたてのオレンジジュース」。
□0046 **class** /klǽs/	名 階級；部類 もちろん「学級」の意味も。階層や階級に分かれたもの、分類されたもの。「気品」の意味も。That woman has class!「あの女性は品があるねえ！」。 形 classic（古典的な）
□0047 **budget** /bʌ́dʒit/	名 予算 ☺ **馬耳東**風、予算の話（オレ、知らんもんね）。発バジット。bagと同語源。金の詰まった袋→予算。The project was way over budget.「そのプロジェクトは予算をかなりオーバーしていた」。
□0048 **indicate** /índikèit/	動 指し示す ラテン語indicare（in-「中に」dicere「言う」）から。参index「索引」、index finger「人さし指」。The road sign indicated the danger of falling rocks.「標識には落石注意と表示されていた」。 名 indication（しるし、兆候）
□0049 **actual** /ǽktʃuəl/	形 現実の ☺ **ああ苦痛ある**現実の社会。act「行動」と関連。目に見える行い→現実。the actual cost of the project「そのプロジェクトの実費」。 副 actually（実際には）
□0050 **degree** /digrí:/	名 学位；程度 ☺ **で、くれ～**！学位を（頑張ったんだから）。de-「下りる」、greeはラテン語gradus「段階」から。参grade「階級；段階」。get a degree in law from Harvard Law School「ハーバードロースクールで法学の学位を取る」。to some degree「ある程度まで」。

□0051 **fetch** /fétʃ/	動 行って取ってくる ☺ **フェチ** (fetish) な犬が靴を取ってくる。I told the dog to fetch the ball.「僕は犬にボールを取ってこいと言った」。
□0052 **equipment** /ikwípmənt/	名 道具、機材 ☺ **行く一歩面倒**だから道具を使う（車という文明の利器で……）。equip「装備する」から派生。「船を装備する」が原義。lab equipment「実験設備」。 動 equip（装備する、備え付ける）
□0053 **machinery** /məʃí:nəri/	名 機械類 ☺ **ましなリ**ンゴを選ぶ機械類。集合名詞で、不可算。一台一台の「機械」は machine。the machinery in the factory「工場の機械類」。
□0054 **melt** /mélt/	動 溶ける ☺ **メールと**プレゼントで溶けるハート。The glaciers in the Arctic Circle are rapidly melting.「北極圏の氷河は急速に溶け出している」。
□0055 **terrible** /térəbl/	形 ひどい ☺ **照り、ブル**ブルするほどひどい暑さ（日差しが強過ぎて震える）。terror「驚かす」-ible=-able「できる」。terrific「恐ろしい；ものすごい」と区別しよう。terribleはネガティブな意味のみ。This movie is terrible!「ひどい映画だ！」。
□0056 **celebrate** /séləbrèit/	動 祝う celebrity「著名人」と関連。セレブは神に祝福された人たち、と考えよう。We celebrated Grampa's 80th birthday.「私たちはおじいさんの 80 歳の誕生日を祝った」。 名 celebration（祝典）
□0057 **disclose** /disklóuz/	動 明かす、暴露する dis-「外す」close「閉じる」。閉じていたふたを外して中身を明かす。disclose all information「全ての情報を開示する」。 名 disclosure（公表、暴露）
□0058 **instead** /instéd/	副 その代わりに ☺ **印捨て、ど**うしても代わりに拇印で。steadは古い表現で「場所」。あるものがあった場所に（in stead）、代わりのものを据える。There was no pizza, so I ordered pasta instead.「ピザがなかったので、代わりにパスタを頼んだ」。
□0059 **nervous** /nə́:rvəs/	形 神経質な、緊張した ☺ **なあ、バス**来ないなあ、と神経質な人。nerve「神経」から。Don't be so nervous.「そんなに緊張するなよ」。「神経の」の意味も。the central nervous system「中枢神経系」。nervous breakdown「神経衰弱」。
□0060 **prefer** /prifə́:r/	動 （〜よりも）好む、望む pre-「前に」、ferはラテン語ferre「運ぶ」から。参ferry「フェリー」。I prefer to work at night.「私は夜仕事するほうが好きだ」。

♫ 007.mp3

□0061 **favor** /féivər/	名 好意、親切　動 好む ☺ **屁、言えば**好意を示したのに（前もって「する」って言ってよ）。I need you to do me a favor.「君に頼みがあるんだ」。I favor your idea over his.「私は君のアイデアのほうが彼のより好きだな」。 形 名 favorite（お気に入りの／お気に入り）　形 favorable（好意的な；有利な）
□0062 **prime** /práim/	形 最も重要な、第一の prior「前の、先の」の最上級。「最上の」などの訳語も。a matter of prime importance「最重要事項」。the prime suspect「第一の容疑者」。
□0063 **dig** /díg/	動 掘る；深く調べる ☺ **ディグ**ディグディグとドリルで掘る。過去・過去分詞形は dug。dig up a fossil「化石を掘り出す」。dig into a problem and discover the causes「問題を追及して原因を突き止める」。
□0064 **bill** /bíl/	名 請求書；紙幣 ☺ **ビル**建築の請求書。この語が持つ全ての意味に「紙切れ」のイメージが共通。「法案」の意味も。法案は昔、紙に書いて提出された。日ビラを配る。I've got bills to pay.「払わなきゃいけない請求書があるんだ」。
□0065 **abroad** /əbrɔ́:d/	副 外国で、海外へ a-「～へ」broad「広い」。広い世界へ飛び出す感じ。類overseas。study abroad「留学する」。
□0066 **eager** /í:gər/	形 熱心な、切望している ☺ **胃が**キリキリするほど熱心な。acid「酸」と関連。刺すような→激しい→熱心。eager to learn「学ぶのに熱心」。Fans are eager for the season to begin.「ファンはシーズンが始まるのを待ち望んでいる」。
□0067 **result** /rizʌ́lt/	名 結果 ☺ **理去ると**結果として混乱。re-「返る」、sultはラテン語salire「跳ねる」から。favorable results「望ましい結果」。
□0068 **dye** /dái/	動 染める　名 染料 ☺ **台**に敷いて染める衣料。発ダイ（die「死ぬ」と同音）。Did you dye your hair?「髪染めた？」。
□0069 **opinion** /əpínjən/	名 意見 opt「選ぶ」、option「選択肢」と関連。考え方を選び取る→意見。日オピニオンリーダー。listen to different opinions「様々な意見に耳を貸す」。
□0070 **widow** /wídou/	名 未亡人 window（窓辺）でたそがれる widow と覚えよう。She never thought of becoming a widow at such a young age.「そんなに若くして未亡人になるとは、彼女は夢にも思わなかった」。

□0071 **betray** /bitréi/	**動 裏切る** ☺ **B取れい**、と言いながら自分は裏切ってAを取る。be-「～の状態で」、trayはラテン語tradere「渡す」から。⊜traitor「裏切り者」。Mary has never betrayed my confidence.「メアリーが私の信頼を裏切ったことは一度もない」。
□0072 **chamber** /tʃéimbər/	**名 部屋** ☺ **チェーン、バー**ッと張り巡らされた部屋（立ち入り禁止！）。ラテン語camera「部屋」からで、「写真機」のcameraと同語源。chamber music「室内楽」。「立法府、議会」などの意味も。a two-chamber system「二院制」。
□0073 **confuse** /kənfjúːz/	**動 混乱させる** ☺ **このヒューズ**(fuse)、どうすればいいの？と混乱する。I'm confused.「わからなくなってしまった」。 名 confusion（混乱）
□0074 **maintain** /meintéin/	**動 保つ；主張する** mainはラテン語manus「手」、tainはtenere「持つ」から。手で持つ→保つ。自分の考えを保つ→主張。maintain health「健康を保つ」。 名 maintenance（維持）
□0075 **deal** /díːl/	**名 取引　動 扱う、対処する** ☺ **字、要る**？と取引する書道家。It's a deal!「取引成立！」。deal in used PCs「中古パソコンを商う」。Joanna dealt with the situation brilliantly.「ジョアンナはその状況に素晴らしい対処を見せた」。
□0076 **impact** /ímpækt/	**名 衝突；衝撃　動 衝撃を与える** im-=in-「中に」、pactはラテン語pangere「打ち込む」から。中にめり込むような衝突、衝撃。🅔彼の発言はインパクトがあった。the impact of the asteroid「小惑星の衝突」。His remarks impacted me a great deal.「彼の発言は私に大きな衝撃を与えた」。
□0077 **order** /ɔ́ːrdər/	**名 順番；秩序** 「注文；命令」の意味も。☺**王だ**、順位が一番高く、命令を下して秩序を守れるのは。階級の順番に下りてくる指令→命令、注文。🅔オーダー（注文）を取る。take orders「注文を取る；命令を受ける」。 名 ordinance（条例、布告）
□0078 **bitter** /bítər/	**形 苦い；つらい** ☺ **ビタ**ッと叩かれた苦い体験。bite「噛む」と関連。木の実を噛んで苦い感じ。🅔ビターテイストの缶コーヒー。a bitter experience「苦い経験」。
□0079 **owe** /óu/	**動 借りがある、恩がある** ☺「**負う**」とは借りがあること。I owe you a lot.「いろいろとすみません」。
□0080 **deceive** /disíːv/	**動 だます** ☺ **弟子イブ**で休日だと親方をだます。de-=down、ceiveはラテン語capere「取る」から。ワナで捕らえる→だます。I was deceived by the man's decent appearance.「その男のきちんとした身なりにだまされた」。 名 deceit（だますこと、詐欺）　名 deception（だまし、嘘）　形 deceptive（人をだますような）

009.mp3

□0081 **platform** /plǽtfɔːrm/	名 台、演壇 flat「平らな」と関連。駅の「プラットホーム」もこの単語。参plate「皿、板」。The speaker looked nervous on the platform.「演壇で話し手は緊張しているように見えた」。
□0082 **bury** /béri/	動 埋める ☺ **ベリ**ッと床をはがして金を埋める。発ベリー。The artifacts were found buried deep in the cave.「工芸品は洞くつの奥深くに埋められていた」。 名 burial（埋葬）
□0083 **tomb** /túːm/	名 墓 ☺ 墓に**積む**石。発トゥーム。Looters raided the Pharaohs' tombs.「盗賊がファラオの墓を荒らした」。
□0084 **seek** /síːk/	動 探し求める ☺ **She**（彼女）**く**すりを探し求める。search「探す」と関連。seek the truth「真実を探し求める」。
□0085 **native** /néitiv/	形 その土地で生まれた、土着の natには「生まれる」や「自然の」の意味がある。参nature「自然」。a native speaker of English「英語を母語とする人」。a native plant「土着の植物」。名詞で「その土地で生まれた人」の意味も。a native of Texas「テキサス出身者」。
□0086 **sin** /sín/	名 罪 ☺ **深**刻な罪。倫理的、宗教的な罪。crime は法律に背く罪。The seven cardinal sins include lust, envy, and pride.「7つの大罪には色欲、嫉妬、高慢が含まれる」。
□0087 **expand** /ikspǽnd/	動 広げる、拡大する ex-「外に」、pandはラテン語pandere「広げる」から。My father wants to expand his business.「父は事業を拡張したがっている」。Metal expands when heated.「熱せられると金属は膨張する」。 名 expansion（拡大）
□0088 **draft** /drǽft/	名 下書き、草稿　動 起草する draw「引く」から派生。線を引いて書く→描画、原稿書き。「徴兵」の意味も。招集リストに名前を書き込む→徴兵。日野球のドラフト会議。the final draft「最終草案」。
□0089 **assign** /əsáin/	動 割り当てる ☺ **朝**、**印**鑑押して割り当てる。as-=ad-「～へ」sign「サイン」。物や仕事を割り当てられ、書類にサインする感じ。be assigned to a difficult task「難しい仕事を割り当てられる」。 名 assignment（割り当て；課題）
□0090 **idol** /áidl/	名 偶像、崇拝される人 日アイドル。idol worship「偶像崇拝」。The old man was once the idol of teenagers.「その老人はかつてティーンエージャーのアイドルだった」。 動 idolize（偶像化する）

□0091 **overlook** /òuvərlúk/	動 見逃す；監督する 見るべきものを飛び越えて (over) 見る (look)→「見逃す」。上から (over) 見守る (look) →「監督する」。These details have been overlooked somehow until now.「これらの詳細はなぜか今まで見逃されていた」。
□0092 **share** /ʃέər/	動 分かち合う　名 分け前 古英語 scearu「分かれたもの」から。日部屋をシェアする。I shared a room with a roommate.「ルームメイトと部屋をシェアした」。「株」の意味も。shareholder「株主」。
□0093 **intend** /inténd/	動 ～するつもりである、意図する ☺ **任天堂**に就職するつもり、と覚えよう。in-「～へ」、tendはラテン語tendere「伸びる」から。参tend「～する傾向がある」。Do you intend to marry the girl?「その子と結婚するつもりはあるの？」。
□0094 **breeze** /brí:z/	名 そよ風；簡単にできること 古スペイン語 brisa「北東の風」が語源か。The cold breeze was refreshing.「冷たいそよ風が心地良かった」。History is a breeze for me, because I have a good memory.「歴史は僕には簡単なんだ。記憶力がいいからね」。
□0095 **incident** /ínsədənt/	名 出来事、事件 ☺ **淫死、デ～ンと**新聞に載った事件。in-=on「上に」、cideはラテン語cadere「落ちる」から。参accident「偶発的出来事」。a peculiar incident「変わった事件」。 形 incidental (偶発的な)　副 incidentally (偶然に、付随的に)
□0096 **broad** /brɔ́:d/	形 広い ☺ **武 road** (戦争用に作った道) は広い。日ブロードウェイ (「広い道」が原義)。the broad expanse of ocean「広々とした大海原」。cover a broad range of topics「幅広いトピックを扱う」。
□0097 **vow** /váu/	動 誓う　名 誓い ☺ う**ばう**、と誓う (王座を奪い返すぜ！)。ラテン語 vovere から。bow「おじぎする」と区別。He vowed vengeance.「彼は復讐を誓った」。
□0098 **loyal** /lɔ́iəl/	形 忠誠な、誠実な royal「王の」と区別しよう。ただし「王様に忠誠を誓う」とまとめて覚えてもよい。He remained loyal to his company.「彼は会社に忠誠であり続けた」。 名 loyalty (忠誠)
□0099 **mend** /ménd/	動 修理する　名 修理 ☺ **面倒**を見る→直す、と覚えよう。参amend「修正する」。mend a car「車を修理する」。mend relations with ～「～との関係を修復する」。
□0100 **fear** /fíər/	名 恐怖　動 恐れる ☺ **ヒヤ**ッとする恐怖。I have nothing to fear.「私は怖いものなんかないね」。

011.mp3

□0101 **greet** /gríːt/	**動 あいさつする；出迎える** ☺ **グリッと**笑って出迎える。He greeted me with a warm smile.「彼は温かい笑顔で私を迎えてくれた」。 名 greeting（あいさつ）
□0102 **rehearse** /rihə́ːrs/	**動 稽古する；詳しく述べる** re-「再び」から、くり返し練習する様子を思い浮かべよう。⊜リハーサルを行う。The university choir rehearses twice a week.「大学のコーラス部は週2回練習する」。 名 rehearsal（リハーサル、下稽古）
□0103 **suit** /súːt/	**動 合う、適する** もちろん「背広」の意味もある。☺ **スーツ**が合う、と覚えよう。You can pick whatever time suits you.「いつでも君に都合のいい時間を選んでくれ」。
□0104 **meditate** /médətèit/	**動 瞑想する、熟考する** ☺ **目・痔痛えと**瞑想する。Jack meditated on the problem.「ジャックはその問題について熟考した」。 名 meditation（瞑想、沈思黙考）
□0105 **purpose** /pə́ːrpəs/	**名 目的** pur-=pro-「前に」、poseは古フランス語poser「置く」から。目の前にぶら下げられたニンジン→目標。参pursue「追いかける」。What's our purpose in life?「人生の目的は何だろう？」。
□0106 **ideal** /aidíːəl/	**形 理想的な　名 理想** idea「考え、観念」から派生。観念的な理想。an ideal couple「理想的カップル」。hold on to an ideal「理想にしがみつく」。
□0107 **occupy** /ákjupài/	**動 占める** ☺ **おっきいパイ**が空間を占める。A huge mahogany desk occupied a corner of the executive's office.「大きなマホガニーの机がその重役のオフィスの一角を占めていた」。
□0108 **confess** /kənfés/	**動 告白する** con-「共に」、fessはラテン語fateri「認める」（←fari「話す」）から。参professor「教授」（神の前で誓った人）。The man confessed to the murder.「男は殺人を告白した」。 名 confession（告白）
□0109 **finance** /finǽns/	**名 財務、財政　動 資金を賄う** finishと同語源。金を払って決着をつける、金に関するゴタゴタを終わらせる、ということ。参fine「罰金」。Zack financed the purchase of the car with a loan.「ザックはその車の購入代金をローンで支払った」。 形 financial（財政上の）
□0110 **load** /lóud/	**名 荷；重荷　動 荷物を積む** ☺ **労働**して荷を運ぶ。古英語lad「道、運搬」から。⊜オーバーロード（overload）、ダウンロード（download）。Carrying a load of firewood, the horse moved slowly.「薪を山と背負い、馬はゆっくりと歩んでいった」。

□0111 **mode** /móud/	名 様式；流行 ☺ **もうど**うにも止まらない流行。🅔～モードに入った。参model「模範」。modes of access「アクセスの方法」。the latest mode「最新の流行」。Put your phone on silent mode.「ケータイ、マナーモードにしなよ」。
□0112 **flexible** /fléksəbl/	形 柔軟性のある、融通の利く flexはラテン語flectere「曲げる」から、-ible=-able「～できる」。flexible thoughts「柔軟な考え」。Either day's OK. My schedule is flexible.「どっちの日でもいいよ。僕のスケジュールは融通が利くから」。
□0113 **ax** /ǽks/	名 おの；解雇 ☺ **ああ、楠**の木をおので切る（立派な楠なのに）。get the ax「解雇される」。
□0114 **behave** /bihéiv/	動 振る舞う、行動する be「存在する」とhave「持つ」の合成語。ある姿勢（存在のあり方 =be）を持つ→振る舞い、行動。Behave yourself!「お行儀良くしなさい！」。 名 behavior（行動）
□0115 **consider** /kənsídər/	動 考える；～を…と見なす ☺ **このシダ**誰の？と考える。sider は star「星」と関連。星を観察→考える。I consider Sean a genius.「ショーンは天才だと思う」。 形 considerate（思いやりのある） 名 consideration（考慮、配慮）
□0116 **string** /stríŋ/	名 ひも 動 つなぎ合わせる ストロングなstring（強いひも）、と覚えよう。No strings attached.「何のしがらみもない」。string sentences together「文をつなぎ合わせる」。
□0117 **mess** /més/	名 散らかっている状態、混乱 動 混乱させる ☺ **めっ！す**ごい散らかりようじゃないの（怒るお母さん）！ ラテン語mittere「送る」から。送る→置く→置きっぱなし。Oh, what a mess!「ああ、何て散らかりようなの！」。 形 messy（乱雑な、混乱した）
□0118 **breed** /bríːd/	動 生む（産む） ☺ **ブリッ、と**子を産む動物。過去形は bred。参thoroughbred「サラブレッド；純血種の」。A refusal to listen to criticism can breed isolation.「批判に耳を傾けないと孤立を生む」。
□0119 **pretend** /priténd/	動 ふりをする、見せかける pre-「前へ」、tendはラテン語tendere「伸ばす」から。実際の姿とは違ったイメージを前に広げる。参extend「広げる、伸ばす」。 名 pretension（見せかけ；気取り） 形 pretentious（もったいぶった、気取った）
□0120 **overcome** /òuvərkʌ́m/	動 克服する、勝つ ☺ **大ばか、無理**！と言われ克服する（勉強すれば見返せる！）。乗り越えて（over）来る（come）。overcome illness「病気を克服する」。

013.mp3

□0121 **pleasure** /plézər/	名 喜び、楽しみ please「喜ばせる」の名詞形。Giving is a source of pleasure.「与えることは喜びの源だ」。
□0122 **essential** /isénʃəl/	形 絶対必要な；本質的な ☺ **ええ線しやる**、絶対に必要な人材（あの人いい線いってるよね）。ラテン語 esse「存在する」から。存在の本質に関わるほど重要な。 名 essence（本質）
□0123 **pierce** /píərs/	動 貫通する、刺し通す ☺ とがったもので、**ピアッ**、**ス**ッ、と穴を開ける。⊜ピアス。A loud cry pierced the darkness.「大きな叫び声が闇をつんざいた」。pierce a hole in the paper「紙に穴を開ける」。
□0124 **occupation** /àkjupéiʃən/	名 職業；占領 occupy「占める」の名詞形。人生の時間を占めるもの→職業。Acting is an intellectual occupation.「演じることは知的な職業だ」。the U.S. occupation of Iraq「アメリカのイラク占領」。
□0125 **guilt** /gílt/	名 罪 ☺ **裏切ると**罪の意識。行為だけでなく、心で感じる「罪の意識、とがめ」の意味にもなる。deny one's guilt「罪状を否認する」。feel guilt「罪の意識を感じる」。 形 guilty（有罪の、罪がある）
□0126 **direct** /dirékt/	動 導く；（注意などを）向ける　形 直接の di-「離れて」、rectはラテン語regere「導く」から。direct traffic「交通整理をする」。The audience directed all its attention to the man.「聴衆は全ての注意をその男へ向けた」。a direct order「直接の命令」。
□0127 **rapid** /rǽpid/	形 素早い、迅速な rapidなrabbit（ウサギ）、と覚えよう。the rapid growth of population「人口の急激な増加」。
□0128 **bend** /bénd/	動 曲げる ☺ **ベン**！**と**曲がった弓。bend one's body「身をかがめる」。bend the rules「規則を曲げる」。The road ahead bends to the left.「道はこの先、左に曲がる」。
□0129 **soak** /sóuk/	動 浸す ☺ **そ～**っと近づけて、**ク**ッと水に浸す。suck「吸う」と同語源。My shirt got soaked in the rain.「雨でシャツがぐっしょりぬれた」。
□0130 **plain** /pléin/	形 明白な、平明な ラテン語planus「平らな」から。a plain explanation「わかりやすい説明」。「質素な；模様のない」の意味も。plain clothes「平服」。TOEFLでは名詞「平原」の意味で登場することも多い。Great Plains「（アメリカ中部の）大平原」。

□0131 **slight** /sláit/	形 わずかな 「ほっそりとした」が原義。「スラリと」に音が似ている。a slight change of plans「計画のちょっとした変更」。
□0132 **rob** /ráb/	動 奪う、盗む ☺ **ロバ**を奪う。<rob 人 of 物> の形で使われることが多い。This work robbed me of all my energy.「この仕事に全精力を使い果たした」。 名 robbery（強盗）
□0133 **surrender** /səréndər/	動 降伏する 名 降伏 sur-「上に」render「差し出す」→放棄→降伏。Germany surrendered to the Allies in May.「ドイツは5月に連合国に降伏した」。surrender the town to the enemy「街全体を敵に明け渡す」。
□0134 **decide** /disáid/	動 決定する、決心する ☺ **で、再度**決定する。de-「離して」、cide はラテン語caedere「切る」から。迷いを断ち切って決定する。参precise「正確な」（前もって切る）。 名 decision（決定） 形 decisive（決定的な）
□0135 **merit** /mérit/	名 長所、利点 ☺ **メリッと**へこんだ鍋に利点はあるの？ 日それ、どんなメリットがあるの？ What's the merit of the argument?「議論する意味はあるのかい？」。
□0136 **illegal** /ilí:gəl/	形 違法な、非合法な il-=in-「不、無」legal「法の」。an illegal transaction「違法な取引」。
□0137 **dawn** /dɔ́:n/	名 夜明け、あけぼの ☺ **ドーン**と朝日が昇る夜明け。day と同語源。from dusk till dawn「夕暮れから夜明けまで」。Barry rose at the crack of dawn.「バリーは夜明けに目覚めた」。
□0138 **sweep** /swí:p/	動 一掃する ☺ **スイ～**と掃いて、**プッ**と捨てる、と覚えよう。野球で、同じ対戦相手との連戦に全て勝つことをsweepという。The flood swept through the village.「洪水はその村を洗い流してしまった」。
□0139 **blush** /blʌ́ʃ/	動 顔を赤らめる ☺ **ブラシ**（brush）忘れて顔赤らめる（歯ブラシ借りなきゃ！）。blaze「炎」と関連。His face blushed with anger.「彼の顔は怒りで赤くなった」。
□0140 **revolve** /riválv/	動 回転する re-「くり返し」、volveはラテン語volvere「回す、転がす」から。参involve「含む」（中心点の周囲を回転すること）。revolver「回転式拳銃」はこの単語から。The moon revolves around the earth.「月は地球の周りを回る」。

015.mp3

□0141 **lick** /lík/	動 舐める ☺ **リック**(Rick)が私の手を舐めたの(気持ち悪い!)! The dog licked my hand.「犬は私の手を舐めた」。
□0142 **brief** /brí:f/	形 短い ☺ オッサンの**ブリーフ**は短い。類short。a brief comment「短いコメント」。He hesitated for a brief moment.「彼はほんの一瞬ためらった」。
□0143 **certain** /sə́:rtn/	形 確信している、確かな ☺ **さあ天**が救うと確信している。ラテン語cernere「区別する」から。物事を分別する→確かにする。参discern「見分ける」。 副 certainly(確かに) 動 certify(証明する、認定する)
□0144 **effort** /éfərt/	名 努力、取り組み ☺ えっほ**えっほと**努力する。ef-=ex-「外へ」、fortはラテン語fortis「強い」から。外部のものに対して力強く働き掛ける感じ。an effort to cut down pollution「汚染を減らそうという努力」。
□0145 **dare** /déər/	動 あえて～する ☺ あえて**出合**え!と忠臣蔵。How dare you!「よくもそんなことを!」。 形 daring(大胆な)
□0146 **cheat** /tʃí:t/	動 だます、ずるをする ☺ **ち～と**(ちょっと)ズルする。英語で「カンニング」はcheating。「カンニング」は和製英語。Cheating will be punished by expulsion.「カンニングすると退学になります」。
□0147 **achieve** /ətʃí:v/	動 達成する ☺ **あ、チーフ**、ノルマ達成しました! a-「～へ」chief「頭」。先のほうへ向かう→達成。類accomplish。He achieved fame but not happiness.「彼は名声は手にしたが、幸せは得られなかった」。 名 achievement(業績、成果)
□0148 **explore** /iksplɔ́:r/	動 探検する;調査する ex-「外に」、ploreはラテン語plorare「叫ぶ」から。狩猟の呼び声→探検。参deplore「嘆く」(下を向いて泣き叫ぶ)。explore the jungle「密林を探検する」。 名 exploration(探検、探査) 名 explorer(探検家)
□0149 **punish** /pʌ́niʃ/	動 罰する penalty「罰」、pain「痛み」と同語源。The students were punished for being late.「生徒たちは遅刻して罰せられた」。 名 punishment(罰、刑罰) 形 punitive(懲罰的な)
□0150 **lottery** /lɑ́təri/	名 富くじ ☺ **労足り**ず、富くじに頼る。発ロタリー。lot「くじ引き」から派生。参lot「場所;たくさん」。win the lottery「くじに当たる」。

□0151 **thread** /θréd/	名 糸 ☺ 糸がほ**つれっど**、と覚えよう。needle and thread「針と糸」。a slender thread「細い糸」。
□0152 **accuse** /əkjúːz/	動 非難する；告訴する ☺ **悪use**と非難する（反則です！）。Joey accused me of stealing his idea.「ジョーイは私がアイデアを盗んだと責めた」。the accused「被告人」。 名 accusation（非難）
□0153 **probable** /prάbəbl/	形 ありそうな、起こりそうな ☺ **プロ**、**バブル**はまた起こりそうと予想する。probe「検査する」と関連→検査に耐え得る→真実である可能性が高い。possibleよりも可能性が高い感じ。 名 probability（可能性） 副 probably（たぶん、おそらく）
□0154 **tense** /téns/	形 緊張した ☺ **点数**取ろうと緊張してる子。ラテン語tendere「伸びる」から。糸をピンと張って伸ばす→緊張。参extend「伸ばす」。I felt tense in front of him.「彼の前で緊張した」。a tense moment「緊張した瞬間」。
□0155 **worth** /wə́ːrθ/	形 価値がある ☺ **わー**！**す**げえ、価値あるよコレ。形容詞だが目的語を取る。This book is worth reading.「この本は読む価値あるよ」。
□0156 **swell** /swél/	動 膨らむ ☺ 息を**吸う**、**得る**、膨らんだ肺。「腫れる；増大する」など多彩な意味があるが、全て「膨らむ」イメージが共通。My knee swelled up after I banged it against the table.「テーブルにぶつけて私のヒザは腫れ上がった」。
□0157 **divide** /diváid/	動 分割する 名 区分、境界線 ☺ **出刃いいど**（いいぞ！）、分割しよう。di-「2」。「2つに分ける」が原義。Four divided by two is two.「4割る2は2」。divide a cake in half「ケーキを半分に分ける」。 名 division（分割；部門）
□0158 **silly** /síli/	形 ばかな ☺ **尻**に敷かれるばかな夫（実は敷かれるほうが利口かも）。Don't be silly!「ばかなこと言わないで！」
□0159 **temperature** /témpərətʃər/	名 温度 ☺ **天プル**ッと震えて、**チャー**ッと雨降らす温度。temperate「控えめな」と関連。感情を抑制→温度を調節。Greenhouse gases are raising the average temperature of the earth.「温室ガスが地球の平均気温を上げている」。
□0160 **due** /djúː/	形 ～することになっている、～に締め切られる debt「負債」と関連。借金の支払期限→いついつまでに支払うことになっている。The assignment is due on Friday.「金曜日が課題の締め切りよ」。「正当な」の意味も。due process「正当な手続き」。

□0161 **constitute** /kánstətjùːt/	動 構成する con-「共に」、stitute はラテン語statuere「立てる、置く」から。「設立する、(法律を) 制定する」などの意味も。The pitcher and catcher constitute the battery.「投手と捕手でバッテリーを組む」。
□0162 **trust** /trʌ́st/	動 信頼する 名 信頼 ☺ **虎、スト**ップできると信頼する。北欧語 traust から。I trust you.「君を信頼してるよ」。He's putting a lot of trust in you.「彼は君を相当信頼しているんだぜ」。
□0163 **responsible** /rispánsəbl/	形 責任がある；～の原因である respond「答える」-ible=-able「できる」。約束し返す→責任を持つ。I am responsible for the whole division.「私が部署全体の責任者だ」。 名 responsibility（責任）
□0164 **bin** /bín/	名 ふた付きの容器、ごみ箱 ☺ **瓶**を入れるごみ箱（分別しないとね）。We put the empty bottles into the trash bin.「私たちは空の瓶をそのごみ箱に入れた」。overhead bin「（旅客機内の）頭上の荷物入れ」。
□0165 **beg** /bég/	動 請う、懇願する ☺ **ベッ**と土下座し**グッ**と額を擦りつけて懇願する。He begged for his wife's forgiveness.「彼は妻の許しを請うた」。Please, I'm begging you!「このとおりだ、頼むよ！」。 名 beggar（こじき）
□0166 **inform** /infɔ́ːrm/	動 知らせる in-「内側に」form「形成する」。情報を伝えることで、相手の頭の中に知識の枠組みを形成する感じ。Please inform me of your decision.「決まったら知らせてください」。 名 information（情報）
□0167 **influence** /ínfluəns/	名 影響 動 影響を与える in-「内側に」、flu はラテン語fluere「流れる」から。参flow「流れ」、fluent「流暢な」、influenza「流感」。My father influenced my choice of career.「父が私の職業選択に影響を与えた」。
□0168 **pray** /préi/	動 祈る ☺ **プレー**（play）がうまくいくよう祈る野球選手。The only thing we can do right now is to pray.「今は祈ることしかできない」。 名 prayer（祈り）
□0169 **waste** /wéist/	動 無駄にする 名 無駄 ☺ ウエスト（**waist**）に無駄な肉。「ごみ、廃棄物」の意味も。Don't waste your time.「時間を無駄にするな」。It's a waste of time.「そりゃ時間の無駄だ」。
□0170 **inspire** /inspáiər/	動 奮い立たせる、刺激して～させる in-「中に」、spire はラテン語spirare「息をする」から。心の中に息を吹き込む。参expire「有効期限が切れる；死ぬ」。 名 inspiration（ひらめき、インスピレーション）

□0171 **prepare** /pripέər/	動 準備する pre-「前もって」、pareはラテン語parare「用意する」から。参separate「分ける」(離して用意する)。prepare a report for the conference「会議のため報告書を準備する」。 名 preparation(準備)
□0172 **aspect** /ǽspekt/	名 (物・事の)側面;観点 a-=ad-「〜へ」、spectはラテン語specere「見る」から。目を向けて見る側面→観点。参inspect「検査する」(中を見る)。examine every aspect of the issue「その問題の全ての側面を検討する」。
□0173 **detail** /díːteil/	名 細部、詳細 de-「離して」、tailは古フランス語taillier「切る」から。細かく切る→細部。参tailor「仕立業者」。The devil is in the detail.「悪魔は細部に宿る」。in detail「詳細に」。
□0174 **awake** /əwéik/	形 目が覚めて ☺ **ああ上行く**雲見つめる、目が覚めて。a- は強意、wake「目が覚める」。I was awake all night.「一晩中起きてたんだ」。 動 awaken(起こす、目覚める)
□0175 **capable** /kéipəbl/	形 〜できる、有能な ☺ **毛いっぱいぶる**(毛が多いふりをする)、デキる人。capaはラテン語capere「つかむ」から、-able「できる」。参capacity「能力」。You don't know what I am capable of.「あなたは私の能力を知らないんだわ」。 名 capability(能力)
□0176 **primitive** /prímətiv/	形 原始的な;荒っぽい prime「第一の」と関連。発展の最初の段階→原始的。primitive societies「原始社会」。primitive instinct「原始的な本能」。a primitive manner「荒っぽいやり方」。
□0177 **exotic** /igzɑ́tik/	形 異国風の;風変わりな exo-「外側の」。自分の属する領域の外側にあるもの。日エキゾチック。Tourists visit the Chinese quarter for its exotic atmosphere.「観光客は異国風の雰囲気を求めて中華街を訪れる」。
□0178 **examine** /igzǽmin/	動 調べる、試験する ☺ い**い草見ん**として調べる。ハチの群れを追い出して(ex-)はちみつの量を量ったのが語源か? examine a car for scratches「車に傷がないかと調べる」。 名 examination(試験)
□0179 **device** /diváis/	名 装置、仕掛け ☺ **出刃椅子**とは妙な装置。divide「分ける」と関連。物事を分けて処理する→工夫する→装置。参devise「工夫する」。a device to measure the blood alcohol level「血中アルコールレベルを測定する装置」。
□0180 **commit** /kəmít/	動 委ねる;(罪を)犯す ☺ **こう見て**委ねる(この人なら)。com-「共に」、mitはラテン語mittere「送る」から。「身を入れて関わる」の意味も。物事を送る→委ねる→捧げる、関わる。commit a crime「罪を犯す」。You should commit yourself to your job.「君は仕事に身を入れるべきだ」。

□0181 **stir** /stə́ːr/	動 かき回す ☺ **スター**(star)、番組かき回す(わがままだから)。storm「嵐」と同語源。He stirred his coffee with the spoon.「彼はコーヒーをスプーンでかき回した」。The memory stirred up my emotions.「その思い出は僕の感情をかき乱した」。
□0182 **strict** /stríkt/	形 厳しい ☺ **ストーリー**、**苦闘**する厳しいお話。ラテン語stringere「引っ張る、きつく縛る」から。My father was strict.「父は厳しかった」。impose strict rules on the players「選手に厳しいルールを課す」。
□0183 **injure** /índʒər/	動 傷める、傷つける ☺ い**いんじゃ**、こんなけがなんか、と言うおじいさん。in-「非、不」、jur はjust と関連し「正しい」。正しくない状態にする、ということ。Many people were injured in the accident.「その事故で多くの人がけがをした」。 名 injury(けが)
□0184 **sequence** /síːkwəns/	名 連続；順序 ☺ **She食えん、酸**っぱい食事の連続で。ラテン語sequi「続く」から。「続き物、一連」などの訳語も。in sequence「次々と」。a sequence of events「一連の出来事」。 名 sequel(続編)
□0185 **parent** /péərənt/	名 親 ラテン語parere「生む、作り出す」から。Robert's parents financed his tuition.「ロバートの学費は両親が払った」。 形 parental(親の)
□0186 **yawn** /jɔ́ːn/	動 あくびをする　名 あくび ☺ **よ〜ん**、といかにもあくびのような音。chasm「割れ目」と同語源。The movie made us both yawn.「その映画を見て私たち二人ともあくびしちゃった」。
□0187 **escape** /iskéip/	動 逃げる　名 逃亡 es-=ex-「外に」cape「マント」。マントだけ残してスタコラと逃げ出す感じ。The prisoner escaped by digging a tunnel.「囚人はトンネルを掘って逃亡した」。
□0188 **capacity** /kəpǽsəti/	名 能力；収容能力 ラテン語capere「つかむ、取る」から。㊜capable「〜できる」。㊐彼はキャパが広い。Undisturbed forested lands have a high capacity to absorb water.「未開発の森林がある土地は水の吸収力が高い」。
□0189 **knot** /nát/	名 結び目　動 結ぶ ☺ **このと**おり結び目を作って。knit「編む」と同語源。tie a knot「結び目を作る」。
□0190 **layoff** /léiɔ̀ːf/	名 一時解雇、レイオフ 従業員を off の状態で寝かせておく(lay)と考えよう。The downturn in the economy resulted in layoffs.「経済が悪化し、一時解雇が増えた」。

ラテン語やギリシャ語の語源は覚えなく
ていいよ！　最初は飛ばしてもいい。

□0191
separate
/sépərèit/

[動] 分ける　[形] 分かれた

se-「離して」、paraはラテン語parare「用意する、作る」から。参prepare「準備する」。separate burnable and nonburnable trash「燃えるごみと燃えないごみを分ける」。

[名] separation（分離）

□0192
involve
/inválv/

[動] 含む、巻き込む

in-「内側に」、volveはラテン語volvere「巻く、転がす」から。参revolve「回転する」。The job involves a lot of manual work.「その仕事には多くの手作業が含まれる」。

[名] involvement（関与）

□0193
alive
/əláiv/

[形] 生きている

in lifeが変化した形。Elvis is alive!「エルビス（・プレスリー）は生きている！」。通常、叙述用法のみ。すなわち、名詞を前から修飾してalive species「現存する種」のようには使えない。

□0194
passive
/pǽsiv/

[形] 受動的な、消極的な

ラテン語pati「苦しむ」から。苦しみや困難を黙って受け入れる→消極的。passive smoking「受動喫煙」。

□0195
crowd
/kráud/

[名] 群衆　[動] 群がる

☺ **クラッ**、**ウッ**、**ど**うしても苦手、群衆は。The president addressed the crowd.「大統領は群衆に呼び掛けた」。Protesters crowded the streets.「抗議者は道々に群がった」。

□0196
adapt
/ədǽpt/

[動] 適応する

ad-「～へ」、aptはラテン語aptus「合っている」から。日電源アダプター。参aptitude「適性」。Katie adapted well to her new surroundings.「ケイティーは新しい環境によく適応した」。

[形] adaptive（適応できる）　[名] adaptation（適応；環境に適応してできた形態）

□0197
bet
/bét/

[動] 賭ける

☺ チップを**ベッと**置いて賭ける。I'll bet on it.「絶対そうだ」（あることが正しいという確率に賭けてもよいほど確信がある、ということ）。You bet.「もちろん」。

□0198
further
/fə́ːrðər/

[副] さらに、よりいっそう

☺ **ふわ～**、**じゃあ**さらに先へ進もう。fartherは具体的な「距離」、furtherは抽象的な「先」の意味で使われる。Let's discuss this issue further.「この問題をさらに議論しよう」。

□0199
soar
/sɔ́ːr/

[動] 舞い上がる、急上昇する

☺ **空**へ舞い上がる、と覚えよう。ex-「超えて」とaura「雰囲気」が合わさり、変化した形。The rocket soared into the sky.「ロケットは空に舞い上がった」。The stock soared five-fold within the year.「その株は1年で5倍に跳ね上がった」。

□0200
various
/vέəriəs/

[形] 様々な、多様な

☺ **ばりやす**（有りやす、がなまった）、様々なサイズが。ラテン語varius「変わった、異なる」から。参vary「変わる」。come in various colors and sizes「様々な色とサイズがある」。

[名] variety（変化）

□0201 **invent** /invént/	動 発明する、考案する in-「中に」、ventはラテン語venire「来る」から。アイデアが頭の中に訪れる感じ。Do you know who invented the telephone?「誰が電話を発明したか知ってる？」。 名 invention（発明） 形 inventive（発明の才のある、独創的な）
□0202 **nasty** /nǽsti/	形 汚れた、汚らわしい ☺ 泥を**なすって**汚れた服。nasty clothes「汚れた服」。Joe said nasty things about his ex-wife.「ジョーは元妻の悪口を言っていた」。a nasty pitch「素晴らしい（打者にとっては嫌な）投球」。
□0203 **precious** /préʃəs/	形 貴重な price「値段、価値」と同語源。precious time「貴重な時間」。precious metal「貴金属」。
□0204 **thought** /θɔ́:t/	名 考え；思想 ☺ **そーっと**考えを伝える。think「考える」の過去形と同じ形。a school of thought「学派、考え方」。 動 think（考える）
□0205 **seam** /sí:m/	名 縫い目 動 縫い合わせる sew「縫う」と関連。My jacket was torn at the seam.「ジャケットが縫い目の所からほつれた」。
□0206 **host** /hóust/	名 主人；司会者 「客を接待する家の主人」の意味であるから、日本語の「ホスト」ともさほど意味の差異はない。「（寄生動植物の）宿主」の意味もあり、TOEFLでは重要。become a host for parasites「寄生生物の宿主になる」。
□0207 **community** /kəmjú:nəti/	名 共同体 common「共通の、共同の」と関連。The community disapproved of the development plan.「地域の人たちは開発計画に反対した」。a community of ferns「シダの群生」。
□0208 **pickpocket** /píkpɑ̀kit/	名 すり pocketから財布をpickする（つまみ取る）人。Watch out for pickpockets on the train.「電車ではすりに注意」。
□0209 **destroy** /distrɔ́i/	動 破壊する；滅ぼす ギリシャがトロイをdestroy!と覚えよう。de-=down、stroyはラテン語struere「建てる」から。The Greeks destroyed Troy after their 10-year siege.「ギリシャ人は10年にわたる包囲のあと、トロイを滅ぼした」。 名 destruction（破壊）
□0210 **sake** /séik/	名 目的、ため ☺ **成育**が目的、学校は。発 セイク。seek「探し求める」と関連。探し求めるもの→目的。for the sake of argument「議論を進めるために」。

□0211 **particular** /pərtíkjulər/	形 特定の、特有の ☺ **パーッて来らあ**、特定の扱い（金払い良ければちやほやされる）。part「部分」と関連。特定された部分。参particle「粒子」。in particular「特に」。 副 particularly（特に）
□0212 **fool** /fúːl/	名 ばか　動 だます エープリルフール（April Fool）の fool。Don't be a fool!「ばか言わないでよ！」。 形 foolish（ばかばかしい、愚かな）
□0213 **prison** /prízn/	名 刑務所 ラテン語prehendere「捕まえる」から。捕まえた犯人を放り込む場所。参comprehend「理解する」。He spent five years in prison for armed robbery.「彼は強盗で5年間刑務所に入った」。
□0214 **sum** /sʌ́m/	動 要約する　名 総計 summit「頂点」と関連。最高点までまとめ上げたもの→総計、要約。to sum up「まとめると」。The sum of the losses came to about $2 million.「損失の合計は約200万ドルになった」。 名 summary（要約）
□0215 **evaluate** /ivǽljuèit/	動 評価する e-=ex-「外に」value「価値」。外部に対しての価値を計る→評価。evaluate the effectiveness of a system「システムの効率性を評価する」。 名 evaluation（評価、評定）
□0216 **gather** /gǽðər/	動 集める ☺ **ガザ**ッと集める。together「一緒に」と関連。gather information「情報を集める」。 名 gathering（集会）
□0217 **jealous** /dʒéləs/	形 嫉妬深い、ねたむ jealousy「嫉妬、ねたみ」の形容詞形。zeal「熱意」と関連。They're just jealous of your success.「彼らはあなたの成功に妬いてるだけよ」。 名 jealousy（嫉妬、ねたみ）
□0218 **valid** /vǽlid/	形 正当な；有効な ☺ **バリッと**して正当な。All the experimental results proved to be valid.「全ての実験結果は正当なものとわかった」。a valid passport「有効なパスポート」。 名 validity（正当性）
□0219 **cause** /kɔ́ːz/	動 原因となる　名 原因 ☺ **こう、ず**っと雨が続く原因は？　Drunk driving causes accidents.「飲酒運転は事故につながる」。cause and effect「原因と結果」。「大義」などの意味も。 名 causation（引き起こすこと、因果関係）
□0220 **hinge** /híndʒ/	名 ちょうつがい ☺ **肘**に似ているちょうつがい。hang「掛ける、ぶら下げる」と同語源。ちょうつがいは一方が一方にぶら下がっているようにも見える。The hinge on the door is broken.「ドアのちょうつがいが壊れてるよ」。

□0221 **false** /fɔ́ːls/	形 間違った、嘘の ☺ **ほ〜、留守**、間違った情報だったかな？ fail「失敗する」と関連。a false statement「嘘の証言」。 動 falsify（偽る） 名 fallacy（間違った考え）
□0222 **tend** /ténd/	動 〜する傾向がある；世話をする ☺ **転倒**する傾向がある。ラテン語 tendere「伸びる、広がる」から。参 extend「伸ばす」。I tend to speak too much.「私はしゃべり過ぎる傾向がある」。 名 tendency（傾向）
□0223 **spill** /spíl/	動 こぼす 古英語 spillan「殺す」→血を流す→液体をこぼす。spoil「駄目にする」と同語源。It is no use crying over spilt milk.「覆水盆に返らず」。The coup succeeded without spilling blood.「クーデターは無血のまま成功した」。
□0224 **odd** /ɑ́d/	形 奇妙な；奇数の ☺ なだらかな表面に奇妙な突起物があって目立っており、「**おっと**」と驚く感じ。偶数はなだらかな状態（even）だが、収まりが悪いのが奇数。odd numbers「奇数」。odd clothing「奇妙な服装」。 名 oddity（奇妙さ）
□0225 **frame** /fréim/	名 骨組み、枠 動（理論などを）構築する ☺ 雨よ**降れい**！**無**理して作った骨組みに（大工さんの強がり）。日眼鏡のフレーム。the frame of the old ship「古船の骨組み」。frame a theory「理論を組み立てる」。
□0226 **impress** /imprés/	動 印象を与える、感動させる im-=in-「中に」press「押す」。心の中にハンコをドン！ I was impressed with your speech.「君のスピーチには感銘を受けたよ」。 名 impression（印象） 形 impressive（印象的な）
□0227 **welfare** /wélfὲər/	名 福祉；繁栄 well「良い」に fare を付けて名詞化したと考えよう。参warfare「戦争状態」。social welfare「社会福祉」。
□0228 **folk** /fóuk/	名 人々 形 民衆の ☺ **フォーク**（fork）で食べる人々。通常複数形。Listen up, folks!「みんなよく聞いてくれ！」。folk art「民衆芸術」。
□0229 **gradual** /grǽdʒuəl/	形 段階的な、徐々の grade「段階」の形容詞形。a gradual process「段階的なプロセス」。 副 gradually（徐々に）
□0230 **otherwise** /ʌ́ðərwàiz/	副 そうでなければ；別のやり方で 他の（other）方法、やり方（wise）。I think otherwise.「私はそうは思わない」。

□0231 **practice** /prǽktis/	名 慣例；実行　動 実行する 「実際に行われること」が原義。そこから「練習；仕事；開業；実際」などの意味も生じる。normal practice「通常の慣例」。put a plan into practice「計画を実行する」。in practice「実際は」。
□0232 **resist** /rizíst/	動 抵抗する、反抗する ☺ **理事**、**スト**に抵抗する。re-「反して、抗して」、sistはラテン語sistere「しっかり立つ」から。resist temptation「誘惑に耐える」。resist direct government intervention「政府の直接介入に対抗する」。 名 resistance（抵抗、反抗）
□0233 **protect** /prətékt/	動 保護する、守る pro-「前を」、tectはラテン語tegere「覆う」から。参detect「探知する」（覆いを取る）。protect forests「森林を保護する」。 名 protection（保護、防御）
□0234 **vary** /véəri/	動 変わる various「様々な」から派生。Japan's climate varies from cool-temperate in the north to subtropical in the south.「日本の天候は亜寒帯の北から亜熱帯の南まで様々だ」。
□0235 **scope** /skóup/	名 範囲、視野 ギリシャ語 skopos「目的、目標」→目標までの距離→範囲、視野。参telescope「望遠鏡」、microscope「顕微鏡」。an investigation of wide scope「広範囲の調査」。
□0236 **elder** /éldər/	形 年長の、年上の ☺ **Lだ**、年長者のサイズは。old「年取った」の比較級。my elder brother「私の兄」。 形 elderly（年配の、初老の）
□0237 **available** /əvéiləbl/	形 手に入る、利用できる avail「利点、効用」、-able「できる」。avail は value「価値」と関連。参to no avail「無駄に」。「（人の予定が）空いている」の意味も。I'm available on Thursday.「木曜日は空いてますよ」。 名 availability（利用できること、スケジュールの空き具合）
□0238 **fiber** /fáibər/	名 繊維 file「ファイル」と関連。糸のようなもの→繊維。糸でとじた書類→ファイル。nerve fibers「神経繊維」。optical fibers「光ファイバー」。
□0239 **borrow** /bárou/	動 借りる ☺ **ボロ**を借りてもしょうがない。Can I borrow your pen?「ペン借りてもいい？」。
□0240 **prevent** /privént/	動 防ぐ ☺ **pre弁当**で空腹を防ぐ（いわゆる「早弁」）。pre-「前もって」、ventはラテン語venire「来る」から→先回りして防ぐ。prevent infection「感染を防ぐ」。 名 prevention（予防、防止）

025.mp3

□0241 **prove** /prúːv/	動 証明する ☺ **ぶるっ**と震えて、**ウブ**なのを証明する。ラテン語 probus「正しい、真っすぐな」から。prove one's innocence「無実を証明する」。
□0242 **leak** /líːk/	動 漏れる　名 漏れ ☺ **陸**に漏れ出す地下水。北欧語 leka「したたる」から。日マスコミへのリーク。Water is leaking from the pipe.「パイプから水が漏れている」。
□0243 **pale** /péil/	形 青白い、淡い ☺ **pay 要る**（支払いが必要）と聞いて青ざめる。Josh turned pale at the news.「ジョシュは知らせを聞いて青ざめた」。
□0244 **content** /kɑ́ntent/	名 内容　形 満足して contain「含む」から派生。含む→満たされる→満足。the contents of the can「缶の中身」。I am content with the sales results.「売り上げ成績には満足している」。 名 contentment（満足）
□0245 **bright** /bráit/	形 明るい ☺ **ブッ！ライト**が明るい！　flare「炎」と同語源。a bright future「明るい未来」。「頭が良い」の意味も。He is a bright boy.「彼は頭の良い子だ」。 名 brightness（明るさ）
□0246 **hug** /hʌ́g/	動 抱きしめる　名 抱擁 ☺ 両手を広げて**ハグ**ッと抱きしめる感じ。My mother hugged me tightly.「母は私をギュッと抱きしめた」。
□0247 **preserve** /prizə́ːrv/	動 保存する；維持する pre-「前もって、予備的に」serve「守る」。preserve food「食料を保存する」。preserve the environment「環境を守る」。 名 preservation（保存、保護）
□0248 **element** /éləmənt/	名 要素、成分 ☺ **えれえ**（えらく）**面倒**な要素。物質を形作る4元素を表すラテン語 elementum から。「元素」の意味も。I felt there was an element of truth in his words.「私は彼の言葉に真実味を感じた」。
□0249 **found** /fáund/	動 建てる、創設する ラテン語 fundus「底」から。基礎を作る→建てる。find「見つける」の過去形と区別。「建てる」は found-founded-founded と変化。found a new company「新会社を設立する」。 名 foundation（基礎）
□0250 **comfort** /kʌ́mfərt/	名 快適さ；慰め　動 慰める com- は強意、fort はラテン語 fortis「強い」から。☺共に（**com-**）**ホッと**する快適さ、と覚えてもよい。the comfort of one's home「我が家の居心地良さ」。 形 comfortable（快適な）

□0251 **motivation** /mòutəvéiʃən/	名 動機、動機づけ ラテン語movere「動かす」から。人を突き動かす衝動。日モチベーションが下がった。参move「動かす」。have a strong motivation「強い動機を持つ」。 名 motive（動機）
□0252 **bite** /báit/	動 噛む　名 一口 ☺ **バイト**の子、社長を噛む（エラそうにするから）。The dog bit the boy on the arm.「犬は少年の腕を噛んだ」。grab a bite「軽食を取る」。
□0253 **stuff** /stʌ́f/	名 もの　動 詰める thingsと似た意味だが、こちらは集合的で不可算。「詰める」が本来の意味。袋に詰めたあれやこれや→もの。I've found lots of interesting and cool stuff on the Internet.「面白くてかっこいいものをたくさんネットで見つけました」。
□0254 **aloud** /əláud/	副 声を出して ☺ **あら、うど**ん！と声に出して驚く。形容詞loud「声が大きい」にa-を付けて副詞化したものだが、通常「大声で」の意味では使わない。「大声で」はloudly。read aloud「音読する」。
□0255 **thorough** /θə́:rou/	形 完全な、徹底的な ☺ **皿**まで舐めたい完全な食事。前置詞 through と区別。ただし語源は同じ。貫き通す→徹底、完全。I need a thorough explanation.「完全に説明してくれ」。 副 thoroughly（完全に）
□0256 **ignore** /ignɔ́:r/	動 無視する ☺ **行くのは**断る、と言ったら無視された。i-=in-「不、無」、gnoはラテン語gnoscere「知る」から。ignore the rules「ルールを無視する」。 形 ignorant（無知の）　名 ignorance（無知）
□0257 **manual** /mǽnjuəl/	形 手の、手動の ラテン語manus「手」から。日マニュアル（手引書）、マニュアル車。manual labor「手作業、単純労働」。The job requires manual rather than verbal skills.「この仕事には口よりは手先の技術が必要なんだ」。
□0258 **execute** /éksikjù:t/	動 実行する；処刑する ☺ **行くぜ**！**急と**言われても実行する。ex-「外に」、xecuはラテン語sequi「追う」から。追求する、刑罰を執行する→実行する。execute a mission「任務を遂行する」。 名 execution（実行；処刑）
□0259 **elementary** /èləméntəri/	形 初歩的な、基本の element「要素、成分」から派生。重要な要素のみで飾りがない→初歩、基本。elementary school「小学校」。an elementary course in Latin「ラテン語初級コース」。
□0260 **obtain** /əbtéin/	動 得る、手に入れる ☺ **おぶって印**籠手に入れる（黄門さまをおぶったスキに……）。ob-「～へ」、tainはラテン語tenere「持つ」から。obtain data from various sources「様々なソースからデータを入手する」。obtain credit from ～「～から信用を得る」。

027.mp3

□0261 **naive** /nɑːíːv/	形 世間知らずの、だまされやすい ☺ **内部**にいる、世間知らずの人（外の世界を知らない）。「純真な」の意味もあるが、「世間知を持たない、認識が甘い」というネガティブな意味で使われることが多い。I was naive at the time, I guess.「私はその頃ウブだったんだろうね」。
□0262 **disappear** /dìsəpíər/	動 消える dis-「不、非、無」appear「現れる」。The rain forest is disappearing at an alarming pace.「熱帯雨林は警戒すべき速度で消滅している」。 名 disappearance（消えること）
□0263 **grocery** /gróusəri/	名 日用雑貨店 ☺ **愚弄せり**雑貨店を、とは無礼なヤツ（店が小さいからとばかにするな！）。gross「全部の、総」と関連。いろいろなものを売っている店。This is the only grocery store in the village.「ここは村で唯一の日用雑貨店です」。
□0264 **practical** /prǽktikəl/	形 実用的な、現実的な 実行（practice）できるような、ということ。practical experience「実地の経験」。Edison put the idea to practical use.「エジソンはそのアイデアを実用化した」。 副 practically（実際には、実際上）
□0265 **vacuum** /vǽkjuəm/	名 真空 ラテン語 vacuus「空の」から。日掃除機のバキューム。create a vacuum in the laboratory「実験室で真空状態を作り出す」。
□0266 **proper** /prápər/	形 適切な；正確な ☺ **プロ**、**パー**ティーでも適切な発言（さすが！）。「自分自身の」が原義。「特有の」の意味も。自分自身に合った→適切な、特有の。参property「財産；所有物」。proper conduct「適切な行動」。
□0267 **credible** /krédəbl/	形 信用できる credはラテン語credere「信じる」から、-ible=-able「～できる」。参credit card「クレジットカード」（信用に基づいて発行される）。credible sources of information「信頼できる情報源」。 名 credibility（信頼性）　名 credential（信用証明書、資格を証明するもの）
□0268 **restore** /ristɔ́ːr/	動 元へ戻す、回復する re-「再び」store「蓄積する」。restore an old house「古い家を修復する」。restore customer confidence「顧客の信頼を回復する」。 名 restoration（復元、回復）
□0269 **instant** /ínstənt/	形 即時の、即席の　名 即時、瞬間 in-「中に」、stantはラテン語stare「立つ」から。物事が視界の中に立って存在している→切迫している→即時。日インスタントラーメン。参instance「場合」。in an instant「一瞬にして」。 形 instantaneous（瞬間の、即座の）
□0270 **peek** /píːk/	動 ちらっとのぞく　名 のぞき見 ☺ **ピー**ッと開けて**ク**ッとのぞく。Emily peeked in the box.「エミリーは箱の中をちらっと見た」。Let's take a quick peek at what we are going to deal with in the course.「授業で扱うことをちょっと見てみましょう」。

□0271 **clutch** /klʌ́tʃ/	動 つかむ ☺ **クラッと**して手すりをつかむ、と覚えよう。❶自動車のクラッチ。The eagle clutched its prey and flew away.「ワシは獲物をつかんで飛び去った」。
□0272 **jam** /dʒǽm/	名 混雑；苦境　動 詰め込む もちろん食べ物の「ジャム」の意味もある。車がジャムのようにギッチリ詰まっているのが traffic jam「交通渋滞」。I'm in a bit of a jam.「ちょっと困っててね」。The copy machine is jammed.「コピー機が詰まっている」。
□0273 **civil** /sívəl/	形 市民の ☺ **しぶる**市民の財布（不況なので）。ラテン語 civis「都市」から。civil rights「公民権」。civil duties「市民としての義務」。the Civil War「アメリカ南北戦争」。 名 civilian（一般市民、民間人）　形 civic（市の、市民の）
□0274 **sole** /sóul/	形 唯一の ☺ **ソウル**（soul「魂」）が唯一の長所。「ソロデビュー」の solo と同語源。the sole survivor of the accident「事故の唯一の生存者」。
□0275 **conduct** /kɑ́ndʌkt/	名 行為　動 行う；伝える ☺ **こんだあ**（今度は）**来っと**いう行為。con-「共に」、duct はラテン語 ducere「導く」から。導かれてする行い→行為。inappropriate conduct「不適切な行為」。conduct heat「熱を伝える」。 名 conductor（伝導体；指揮者）
□0276 **bind** /báind/	動 縛る、束ねる ☺ **バイン**！**と**縛ったゴムをはじく。pens bound by a rubber band「輪ゴムで束ねられたペン」。
□0277 **norm** /nɔ́ːrm/	名 基準、標準 ☺ **ノー**！**無**理だよ、こんな基準。ラテン語 norma「物差し」から。normal「標準的な」と同語源。deviate from the norm「基準から外れる」。 形 名 normal（標準的な、普通の／常態）
□0278 **path** /pǽθ/	名 道、通り道 pass「通り過ぎる」と絡めて「通り過ぎる道」と覚えよう。take a different path「違った道をたどる」。
□0279 **sewer** /súːər/	名 下水管 ☺ **吸うわ**、この下水管、よく下水を。❷スーワー。Lots of rainwater flowed into the sewer system.「多くの雨水が下水道に流れ込んだ」。
□0280 **maximize** /mǽksəmàiz/	動 最大化する maximum「最大限の」の動詞形。❶やる気マックス。Maximize your potential!「あなたの可能性を最大限に高めよう！」。

□0281 **accomplish** /əkámpliʃ/	動 達成する ac-「～へ」complete「完全な」。完全へ向かう→達成する。類achieve。The team accomplished its mission.「チームは使命を果たした」。 名 accomplishment（達成、業績）
□0282 **feature** /fíːtʃər/	名 特徴　動 主題として取り上げる ラテン語facere「する、作る」から。作ったものの特徴。参feat「業績」。発フィーチャー。a distinctive feature「顕著な特徴」。This week's issue features the singer.「今週号はその歌手を特集している」。
□0283 **desire** /dizáiər/	名 欲望　動 望む ☺ **でさあ、いや～**、それは……とか言いながら欲望たっぷり。de-=down、sireはラテン語sidus「星、天体」から。星に願いを。Coby desires to go to business school.「コービーはビジネススクールに行きたいと思っている」。
□0284 **chore** /tʃɔ́ːr/	名 （日常の）雑用 ☺ **ちょあ～**、雑用かよ！　household chores「家庭の雑用」。
□0285 **product** /prádʌkt/	名 製品 produce「製造する」の名詞形。I'll send you a catalog of our latest products.「私どもの新製品のカタログをお届けします」。 形 productive（生産的な）　名 productivity（生産性）
□0286 **opposite** /ápəsit/	形 反対の ☺ **おっ、ポッ、じっと**している反対側の席で（向かいの子に惚れて金縛り）。oppose「反対する」から派生。They sat on opposite sides of the table.「彼らはテーブルの反対側に座った」。the opposite sex「異性」。
□0287 **bounce** /báuns/	動 跳ね返る、反射する　名 跳ね返り ☺ **バウン**と跳ねて、**ス**ッと消えたウサギ。The light bounced off the white wall.「明かりは白壁に当たって跳ね返った」。
□0288 **sword** /sɔ́ːrd/	名 剣 ☺ **そーっと**抜く剣。発ソード。a bronze sword「青銅の剣」。The pen is mightier than the sword.「ペンは剣よりも強し」。
□0289 **transaction** /trænzǽkʃən/	名 取引 trans-「相互の」action「動き」。interbank transaction「銀行間の取引」。
□0290 **aisle** /áil/	名 通路 ☺ **あ、いる**！通路にネズミが。発アイル。Window or aisle?「窓側にしますか、通路側にしますか？」。

□0291 **scratch** /skrætʃ/	動 引っ掻く；傷をつける 名 引っ掻き傷 ☺ う**す暗**がりで引っ掻いて**チ**ッ！と覚えよう。日宝くじなどの「スクラッチ」。The cat scratched Bill's hand.「ネコはビルの手を引っ掻いた」。
□0292 **dislike** /disláik/	動 嫌う 名 嫌悪 好き（like）でない（dis-）。My father disliked flattery.「私の父はお世辞が嫌いでした」。Mary has a strong dislike for loud music.「メアリーはうるさい音楽が大嫌いだ」。
□0293 **mass** /mǽs/	名 塊、大量 ☺ **まっ**！**す**ごい塊。「大衆」の意味も。日マスコミ（mass media）。Scott has a mass of books in cardboard boxes.「スコットは段ボールにいっぱいの本を持っている」。 形 massive（巨大な）
□0294 **shame** /ʃéim/	名 残念なこと、恥 ☺ **市営**、**無**理して運営するのは残念（民営化すればいいのに）。It's a shame.「それは残念だ」（「それは恥だ」と訳すと大げさになる場合が多い）。His face reddened with shame.「彼は恥ずかしさで赤面した」。
□0295 **thin** /θín/	形 薄い；やせた ☺ **身**（しん）の薄い、やせた人。You're walking on thin ice.「君は薄氷の上を歩いているようなもんだ」。Eric is a thin man.「エリックはやせている」。a thin thread「細い糸」。
□0296 **avoid** /əvɔ́id/	動 避ける a-=ab-「離れる」void「空、無」。物を離れて無へ→避ける。take action to avoid a disaster「大失敗を避けるために行動を取る」。avoid alcohol「お酒を控える」。 名 avoidance（避けること、回避）
□0297 **treat** /tríːt/	動 扱う ☺ **鳥**、**糸**を扱う（くちばしで？）。tract「引く」から派生。引っ張る→扱う。He is a proud man, so treat him as such.「彼は誇り高い男だからそのように扱いなさい」。 名 treatment（取り扱い）
□0298 **offense** /əféns/	名 違反；感情を害するもの ☺ **お**、**フェンス**（fence）、ここに立てるのは違反。offend「怒らせる；罪を犯す」から派生。「攻撃」の意味も。法律に向かって攻撃→違反。 動 offend（怒らせる；罪を犯す） 形 offensive（不快な、無礼な）
□0299 **general** /dʒénərəl/	形 一般的な、全体的な ☺ **銭得る**、と一般的な情報。genには「種、種族」などの意味が含まれる→グループ全般に関する→一般的。the general public「一般大衆」。a general statement「総論」。 動 generalize（一般化する）
□0300 **medium** /míːdiəm/	名 手段 形 中間の、並の medi=middle。人と物事の中間に介在するもの→手段。「マスメディア」の意味では the media と複数形になる。Money is a medium of exchange.「金は交換の一手段である」。

031.mp3

□0301 **urban** /ə́ːrbən/	形 都会の ☺ **ああ、晩**ご飯を食べに都会へ。ラテン語urbs「都市」から。反rural「田舎の」。the expansion of urban areas「都市部の広がり」。urban development「都市開発」。
□0302 **client** /kláiənt/	名 依頼人、顧客 ☺ **こら胃炎、と**治療を依頼する人。日クライアントとアポがある。The lawyer has several big corporations as his clients.「その弁護士はいくつかの大企業を顧客に持つ」。
□0303 **ability** /əbíləti/	名 能力 ☺ **ああ、ビリって**能力足りてない。able「～できる」から派生。children's ability to learn language「子どもが言語を吸収する能力」。 形 able（～できる）
□0304 **glory** /glɔ́ːri/	名 栄光、名誉 ☺ **グロリ**（ギラリ）と輝く栄光のメダル。glow「輝き」と結び付けて覚えてもよい。glory days「栄光の日々」。fight for the glory of the country「国の名誉のために闘う」。 形 glorious（栄誉ある、光り輝く）
□0305 **law** /lɔ́ː/	名 法律 lie「横たわる」や lay「横たえる」と関連。社会に横たわる規則。break the law「法律を破る」。abide by the law「法律を順守する」。 形 lawful（合法的な）
□0306 **belong** /bilɔ́ːŋ/	動 属する 組織の枠組みに沿って（long=along）存在する（be）→属する。You belong to me.「君は僕のものだ」。 名 belonging（所持品）
□0307 **erect** /irékt/	形 直立した、真っすぐな e-=ex-「外に」、rectはラテン語regere「導く、真っすぐにする」から。elect「選ぶ」と区別。r と l の違いに注目し、曲がっている r のほうが実は「直立」、と覚えよう。stand erect「直立する」。
□0308 **precise** /prisáis/	形 正確な pre-「前もって」、ciseはラテン語caedere「切る」から。事前に形に合わせて切っておく→正確。参scissors「はさみ」、concise「簡潔な」。 副 precisely（正確に；まさに）
□0309 **consume** /kənsúːm/	動 消費する ☺ **この相撲**取り、食料を大量に消費する。con-「まとめて」、sumeはラテン語sumere「取る」から。参assume「仮定する」（考え方として取り上げる）。Bacteria consume oxygen.「バクテリアは酸素を消費する」。 名 consumption（消費）
□0310 **excess** /eksés/	名 超過、過剰 ☺ え**え癖す**ぐに超過する（良いこともやり過ぎはダメ）。exceed「越える」から派生。Some college students tend to drink to excess.「度を超えて酒を飲みがちな大学生もいる」。 形 excessive（過度の）

□0311 **error** /érər/	名 誤り、間違い ☺ クジラの**エラ**を描いたのは誤り。err「誤る；逸れる」から派生。㊐野球のエラー。make an error「間違いを犯す」。 動 err（誤る；逸れる） 形 erroneous（間違った、不正確な）
□0312 **column** /kάləm/	名 柱；列 ☺ **こらム**ンムンする香水の列（デパートの化粧品売り場）。縦の列、行。横の列は row。column の l の字が柱のように立っている。Marble columns supported the ceiling.「大理石の柱が天井を支えていた」。
□0313 **stab** /stǽb/	動 突き刺す ☺ **スタッブ**、スタッブ、と突き刺す感じ。The man stabbed the woman with a knife.「男はその女性をナイフで刺した」。
□0314 **occur** /əkə́ːr/	動 起こる oc-=ob-=toward、curはラテン語currere「走る」から。物事が走りだす感じ。「考えつく」（考えが人に起こる）の意味も。㊜current「流れ」。An accident occurred on the way.「途中でアクシデントが発生した」。 名 occurrence（出来事；発生）
□0315 **worship** /wə́ːrʃip/	動 崇拝する 名 崇拝 ☺ **わ〜、ship**！と言って船を崇拝する子ども（そんな子いる？）。worth「価値がある」と関連。The Mayans worshiped the sun as a god.「マヤ人は太陽を神として崇めた」。 形 worthy（価値がある）
□0316 **accompany** /əkʌ́mpəni/	動 同行する；伴って起こる ☺ あ**あ寒波に**続いて起こる降雪。ac-「〜へ」company「連れ」。A accompany B で、B が先行、A があとからついていく。Heavy rain and wind accompany a hurricane.「ハリケーンは激しい雨と風を伴う」。
□0317 **fate** /féit/	名 運命 ☺ **屁いと**臭きは運命か（体質だからしょうがない）。The fate of the company hangs in the balance.「その会社の運命は微妙なバランスの上にある」。 形 fateful（運命の、運命を決する）
□0318 **measure** /méʒər/	動 測る 名 尺度；手段 ☺ **目じゃ**測れない長さを測るメジャー（巻き尺）。measure one's height「身長を測る」。extreme measures「極端な手段」。 名 measurement（測定）
□0319 **ceiling** /síːliŋ/	名 天井；限界 ラテン語 caelum「空」が語源か。㊐シーリング。Michelangelo painted the ceiling of the chapel.「ミケランジェロはその礼拝堂の天井に絵を描いた」。set a ceiling on 〜「〜に限界（枠）を定める」。
□0320 **indeed** /indíːd/	副 本当に、確かに もともとはin deedで「行為の中に」→実際に。It was a great experience, indeed!「あれは全くもって素晴らしい経験でした！」。A friend in need is a friend indeed.「危急の時の友こそ真の友」。

□0321 **hell** /hél/	名 地獄 ☺ **へ～、ル**ンルンなんだ、地獄でも。“War is hell,” said General Sherman.「『戦争は地獄だ』とシャーマン将軍は言った」。
□0322 **quit** /kwít/	動 辞める ☺ **クイッと**辞める、と覚えよう。quiet「静かな」と関連。静かにする→辞める。Larry quit his job two weeks ago.「ラリーは２週間前に仕事を辞めた」。
□0323 **perfume** /pə́rfjùːm/	名 香水 per-「通して」、fume「煙」。穴を通して出てくるお香の香り→香水。参 fume「煙、におい」。My room still smelled of her perfume.「僕の部屋はまだ彼女の香水の香りがした」。
□0324 **carriage** /kǽridʒ/	名 馬車、客車 carry「運ぶ」から派生。a carriage and pair「二頭立て馬車」。
□0325 **spacious** /spéiʃəs/	形 広々とした space「空間」から派生。a spacious room「広々とした部屋」。
□0326 **extend** /iksténd/	動 伸ばす、広げる ☺ い**いくす**り、**天童**を伸ばす（過ちも天才を伸ばす薬）。ex-「外に」、tendはラテン語tendere「伸ばす」から。参tend「～する傾向がある」。extend one's stay「滞在を延長する」。 名 extension（拡大、延長） 形 extensive（広大な、広範囲に及ぶ）
□0327 **household** /háushòuld/	名 家庭、所帯 家（house）を保つ（hold）。My husband doesn't mind doing household chores.「だんなは家事を嫌がらないの」。
□0328 **loosen** /lúːsn/	動 ほどく；緩和する loose「緩い」から派生。Andy ate so much he had to loosen his belt.「アンディはベルトを緩めなければならないほど食べた」。
□0329 **deliver** /dilívər/	動 配達する de-「離れて」、liverはラテン語liberare「解放する」から。参liberty「自由」。奴隷をくびきから解放して家族の元へ送り届ける→配達。日ピザのデリバリー。「実行する、達成する」などの意味も。 名 delivery（配達）
□0330 **lack** /lǽk/	動 ～を持たない 名 不足、欠乏 ☺ **楽**、ものを持たない生活は。These products are lacking in quality.「これらの製品は質に欠ける」。lack of interest「興味のなさ」。

□0331 **lower** /lóuər/	動 低くする、下げる low「低い」の比較級が動詞化。もちろん「より低い」の意味も。She suddenly lowered her voice.「彼女は突然声を落とした」。The dog lowered his eyes to the plate.「犬は皿に目を落とした」。
□0332 **courage** /kə́:ridʒ/	名 勇気 ラテン語 cor「心臓」から。心から出る勇気。参cordial「心からの」。a man of courage「勇気ある男」。 形 courageous（勇気ある）
□0333 **cooperate** /kouápərèit/	動 協力する co-「共に」operate「働く」。The man agreed to cooperate with investigators.「その人は捜査員に協力することに同意した」。 名 cooperation（協力）
□0334 **blow** /blóu/	動 吹く いかにも風が吹きつける感じの音。語源は違うが、「打つ；打撃」などの意味もあり、blast「爆発」とイメージが似ている。*Blowin' in the Wind*『風に吹かれて』はボブ・ディランの名曲。blow out the candles「ろうそくを吹いて消す」。
□0335 **trace** /tréis/	名 痕跡　動 たどる ☺ **取れ、椅子**を、と言われて引っ張った痕跡。He disappeared without a trace.「彼は痕跡を残さずに消えた」。trace the history of the world「世界史をたどる」。
□0336 **emotion** /imóuʃən/	名 感情 e-=ex-「外へ」motion「動き」。内面の動きが外へ出たもの。control one's emotions「感情をコントロールする」。
□0337 **wisdom** /wízdəm/	名 賢明さ、知恵 wise「賢明な」の名詞形。words of wisdom「英知に富んだ言葉」。 形 wise（賢明な）　形 witty（機知に富んだ）
□0338 **advertise** /ǽdvərtàiz/	動 広告する ad-「～へ」、vertはラテン語vertere「向ける」から。衆目を向けさせる。 名 advertisement（広告）
□0339 **decade** /dékeid/	名 10年 ☺ **でけえど**（大きいぞ）、10年は。dec-=deci「10」。参deciliter「デシリットル（10分の1リットル）」。Decades have passed since my graduation.「私が卒業してから何十年も過ぎた」。
□0340 **extent** /ikstént/	名 程度 extend「広がる」から派生。どこまで広がるか→程度。The extent of the forest fire was apparent after the smoke cleared.「煙が消えて森林火災の程度が明らかになった」。to some extent「ある程度まで」。

035.mp3

□0341 **stamp** /stǽmp/	動 踏みつける ☺ **スタンプ**（切手）を踏みつけて貼る（そこまでしなくても）。もちろん「切手（postage stamp）；刻印」の意味も。stampede「（動物などが驚いて）一斉に逃げる」とも関連。The cows stamp on the ground.「牛たちが地面を踏みつける」。
□0342 **experience** /ikspíəriəns/	動 経験する　名 経験 experiment「実験」と関連。試してみる→経験。Monica experienced the joy of motherhood.「モニカは母親であることの喜びを味わった」。Kevin was a man of wide experience.「ケビンは経験豊富だった」。
□0343 **develop** /divéləp/	動 発展させる；開発する de-「離れて」、velopは古フランス語veloper「包む」から。閉じられていたものを外に出す→発展。参envelope「封筒」（中に包む）。「写真を現像する；病気にかかる」の意味も。 名 development（発展；開発）
□0344 **starve** /stá:rv/	動 飢える ☺ **スター**、**ブー**ブー、腹減って。I'm starving to death!「腹減って死にそうだよ！」。 名 starvation（飢え）
□0345 **errand** /érənd/	名 使い、用事 ☺ **選んど**る場合じゃない、お使いに出て（そんな時間はない！）。run an errand「使い走りをする」。
□0346 **subject** /sʌ́bdʒikt/	名 主題；対象　動 さらす sub-「下に」、jectはラテン語iacere「投げる」から。人の関心・影響の下にあるもの。Let's change the subject.「話題を変えましょう」。「教科」の意味も。 形 subjective（主観的な）
□0347 **trash** /trǽʃ/	名 ごみ、がらくた ☺ ごみを**取らす**、と言われても。類garbage。The husband puts out the trash in the morning.「朝ごみを出すのはだんな」。
□0348 **raw** /rɔ́:/	形 生の、加工していない ☺ **労**多い、生魚をさばくのは。「粗野な」の意味も。crude「天然のままの；粗野な」と関連。「原油」は raw oil とも crude oil とも。ただし「生魚」は raw fish で crude fish とは言わない。
□0349 **float** /flóut/	動 浮く、漂う ☺ **風呂**、**父**ちゃんと浮く。flで始まる単語には「水、流れ」のイメージがある。水がいっぱいある場所で浮かぶ感じ。参flow「流れ」、flood「洪水」。Jessica felt as if she were floating on air.「ジェシカは宙にも浮かぶ気分だった」。
□0350 **grasp** /grǽsp/	動 つかむ；理解する　名 把握、理解 ☺ **グラス**、**プッ**とつかんで落ちるのを防いだ。grasp the meaning of the word「用語の意味を理解する」。

□0351 **passage** /pǽsidʒ/	名 (本などの)一節；通過 動詞pass「通り過ぎる」から派生。言葉が流れている部分→一節。日本語の「くだり」と似た発想。a passage from Plato「プラトンの一節」。with the passage of time「時間の経過とともに」。
□0352 **leisure** /líːʒər/	名 余暇 ラテン語 licere「許される」から。日レジャーに出掛ける。ただし「娯楽」の意味はなく、「余暇」という時間やそれが与えてくれる心の余裕を意味する。leisure time「余暇」。He is a man of leisure.「彼は悠々自適の生活だ」。
□0353 **advance** /ædvǽns/	動 前進する ab-「離れて」が ad-「前に」と誤解されて現在のつづりに。しかし ad-「前に」のほうが覚えやすい。The army advanced to the river.「軍隊は川まで前進した」。 形 advanced(進んだ)
□0354 **clap** /klǽp/	動 拍手する、手を叩く 「クラップ、クラップ」という手を叩く音の擬音語。slap は「平手で打つ」だが、音の感じは似ている。crap は「ウンチ」になってしまうので区別。Clap your hands!「手を叩こう！」。
□0355 **toss** /tɔ́ːs/	動 無造作に投げる；捨てる ☺ **トス**ッ、と音立てごみ捨てる。日ピッチャーがファーストにトスしてアウト。He tossed the tissue into the trash bin.「彼はティッシュペーパーをごみ箱に捨てた」。
□0356 **seal** /síːl/	動 密封する　名 印章、標章 sign「しるし」と関連。☺**シール**(和製英語。英語ではsticker)を貼って密封する、と覚えよう。The box was sealed up tightly.「その箱は厳重に密封してあった」。
□0357 **occasion** /əkéiʒən/	名 場合；出来事 ☺ **オッケーじゃん**、この場合。「特別な場合」の意味も。What's the occasion?「おやおやどうしたんだい？」(普段質素な身なりの人がおしゃれをしている時など)。 形 occasional(時折の)
□0358 **age** /éidʒ/	名 年齢；時代　動 年を取る ☺ **えい**！**ジ**ッとしてられない年齢。TOEFL では「時代」の意味も大切。日アンチエイジング。Peter left school at the age of 16.「ピーターは16歳の時に学校を辞めた」。the Stone Age「石器時代」。as one ages「年を取るにつれて」。
□0359 **sink** /síŋk/	動 沈む ☺ **シーン**、**く**らい(暗い)海底に沈む。もちろんキッチンの「流し」もこの単語。The Pacific plate sinks under the Indo-Australian plate.「太平洋プレートはインド・オーストラリアプレートの下に沈んでいる」。
□0360 **scare** /skέər/	動 怖がらせる、脅かす scar「傷跡」と絡めて「傷跡を見せて脅かす」と覚えては？　The barking dog scared the child.「犬がほえて子どもを怖がらせた」。 形 scary(恐ろしい)

♫ 037.mp3

□0361 **bow** /báu/	**動 おじぎする** ☺ **バウッ**！と勢いよくおじぎする。bow「弓」と同語源。体をかがめる姿が弓の曲がりに似ているため。発「おじぎする」バウ、「弓」ボウ。 名 bow(弓)
□0362 **transport** /trænspɔ́:rt/	**動 運ぶ　名 運搬** trans-「交互の、移す」port「港」。The ship transported troops to the island.「船は軍隊をその島まで運んだ」。 名 transportation(輸送)
□0363 **bundle** /bʌ́ndl/	**名 束　動 束ねる** ☺ **晩、ドル**の束を数える(へへへ、儲かった！)。bind「縛る」と同語源→縛って束ねたもの。a bundle of hay「干し草の束」。a bundle of compromises「多くの妥協」。bundle wire together「ワイヤーを束ねる」。
□0364 **satisfy** /sǽtisfài/	**動 満足させる** satisはラテン語「十分に」、fyはfacere「行う」から。日カスタマーサティスファクション(顧客満足)。Our first priority is to satisfy our customers.「我々が最優先にするのはお客様の満足だ」。 名 satisfaction(満足)　形 satisfactory(満足のいく、申し分のない)
□0365 **weird** /wíərd/	**形 奇妙な** ☺ **いや～ど**うしてそんな奇妙なことするのかね。There is something weird about him.「あの人何か変なのよね」。
□0366 **complain** /kəmpléin/	**動 不平を言う** ☺ **このplane**(飛行機)飛ばねえぞ！と不平を言う。com- は強意、plain「嘆いて胸を叩く」。complain about the lack of space「スペースがないことに不満を述べる」。 名 complaint(不平、文句)
□0367 **cupboard** /kʌ́bərd/	**名 食器棚、戸棚** cupを入れるboard。発カバード。Josh keeps the key in the cupboard.「ジョシュはその鍵を戸棚にしまっている」。
□0368 **command** /kəmǽnd/	**動 命令する、指揮する　名 命令、指示** ☺ **困んど**！命令に従わないと。com-「共に」、mandはラテン語mandare「委ねる」から。動詞で「(注目・関心などを)集める；眼下に見下ろす」の意味も。 名 commander(指揮官)
□0369 **cheer** /tʃíər/	**動 励ます　名 励まし** ギリシャ語 kara「顔、頭」→顔色→元気→励まし。日チアリーダー。「声援する、応援する、喝采する」などの訳語も。The fans cheered for the home team.「ファンは地元のチームに声援を送った」。
□0370 **consult** /kənsʌ́lt/	**動 相談する、助言を求める** ☺ **この猿と**相談とはオレも寂しいな。consul「領事」、consulate「領事館」と関連。consult a lawyer「弁護士に相談する」。「(辞書などを)参照する」の意味も。 名 consultant(相談役、コンサルタント)

□0371
aircraft
/ɛ́ərkræ̀ft/

名 航空機

craftはもともと「小舟」の意。「飛行機便」ではなく、機体そのものを指す。There were three aircraft in the hangar.「格納庫には３機の飛行機があった」。

□0372
transform
/trænsfɔ́ːrm/

動 変形する

trans-「向こうへ→変える」form「形」。The wave of a magic wand transformed a pumpkin into Cinderella's carriage.「魔法の杖のひと振りがカボチャをシンデレラの馬車に変えた」。

名 transformation（変形）

□0373
choke
/tʃóuk/

動 窒息させる、息苦しくする

☺ **超く**るしい、窒息する～。I was choked with tears.「涙で胸が詰まった」。the choking atmosphere in the room「部屋の窒息しそうな雰囲気」。

□0374
afford
/əfɔ́ːrd/

動 ～する余裕がある；与える

☺ あ**あ、ほお～、と**余裕がある反応（さすが社長！）。ford=forth「前に」。前に進む余裕がある、ということ。We can't afford to waste any more time on this.「これ以上この件で時間を無駄にはできないぞ」。

□0375
bathe
/béið/

動 入浴する；浸す

bath「風呂」の動詞形。「水浴びする；（光などが）いっぱいに注ぐ」などの意味も。Children bathed in the river.「川では子どもたちが水浴びをした」。

名 bath（風呂；入浴）

□0376
aboard
/əbɔ́ːrd/

副 （乗り物に）乗って

板（board）の上に（a-=on）乗っている→船（乗り物）に乗っている。Welcome aboard!「ご搭乗ありがとうございます！」。前置詞的に使われることも。aboard the plane「飛行機に乗って」。

□0377
assure
/əʃúər/

動 請け合う、保証する

as-=ad-「～へ」sure「確かな」。「確約する」などの訳語も。I assure you that Tony can be trusted.「トニーは信用できると僕が請け合うよ」。

名 assurance（確約；確かさ）

□0378
devote
/divóut/

動 捧げる

☺ **で、ボーッと**してる彼に身を捧げたの。de-「完全に」、voteはラテン語vovere「誓う」から。参vow「誓う」。I am devoting all my time to this job.「オレはこの仕事に全ての時間を捧げてるんだ」。

名 devotion（献身、愛着）

□0379
protest
/próutest/

名 抗議　動 抗議する

☺ **プロ、テスト**に抗議する（職人の技を信じろ！）。pro-「前に」test「証言する」→もの申す→抗議。参testify「証言する」。Millions marched in protest against the government.「政府に抗議して何百万人もが行進した」。

□0380
deserve
/dizə́ːrv/

動 ～に値する、ふさわしい

☺ **で、さぶ**い（寒い）芸人は笑うに値する？　serveは「仕える」。長く仕えたあとに報償を受ける価値がある、と考えよう。After a year of hard work, I deserve a long vacation.「１年もハードに働いたんだから、長い休暇を取ってもいいだろう」。

039.mp3

□0381 **suppose** /səpóuz/	動 〜と思う；仮定する ☺ **さあ坊主**が来る、と思う。sup-=sub-「下に」、poseはラテン語ponere「置く」から。議論の下敷きとして前提とする→仮定する→思う。Let's suppose this ball is the earth.「このボールが地球だと仮定しよう」。Bob is not coming, I suppose.「ボブは来ないと思うよ」。
□0382 **comb** /kóum/	名 くし　動 くしですく ☺ **こう無**理にくしですいたら毛が抜ける。発コウム（コンブ、ではない）。My daughter combed my hair.「娘は私の髪をすいてくれた」。
□0383 **curious** /kjúəriəs/	形 好奇心の強い、知りたがる care「関心がある」と同語源。関心があって注意を払う→好奇心。I am curious about people's behavior in crises.「私は危機における人間の行動に興味がある」。 名 curiosity（好奇心）
□0384 **income** /ínkʌm/	名 収入、収益 ☺ い**いんか**、**無**理して？この収入で。in-「中に」come「来る」。This car cost me half of my yearly income.「この車、僕の年収の半分もしたんだ」。
□0385 **remove** /rimú:v/	動 取り除く；移動する re-「再び」move「動かす」。remove stains from one's clothes「服の染みを取る」。remove obstacles「障害を取り除く」。 名 removal（除去；移動）
□0386 **funeral** /fjú:nərəl/	名 葬式 ☺ **ヒュー**、**寝られる**、やっと、と死んだ人（働き詰めに働いたんでしょう）。Many friends showed up at the funeral.「葬式には多くの友人が参列した」。
□0387 **fundamental** /fʌ̀ndəméntl/	形 基礎的な fund「資金」、found「建てる」など、fund- や found が含まれる単語には「基底となる」というイメージが共通。a fundamental law of physics「物理学の基本法則」。
□0388 **barely** /bέərli/	副 辛うじて、やっと bare「裸の」と同語源。身ぐるみはがれたが何とか生き延びた、という感じ。We barely survived the disaster.「我々は辛うじて難を免れた」。
□0389 **combine** /kəmbáin/	動 組み合わせる、合体する com-「一緒に」、biniはラテン語「2つずつ」から。⾃コンビを組む。combine excellent durability with low cost「優れた耐久性と低コストを両立させる」。 名 combination（組み合わせ；連合）
□0390 **glue** /glú:/	名 のり、接着剤　動 接着する ☺ **ぐる〜**っとのりしろにのり付ける。My eyes were glued to the screen.「私の目はスクリーンに釘付けになった」。

最初は飛ばしていた語源も、徐々に「眺める」ようにしておくと、いつの間にか記憶に残ってくるよ！

□0391
reputation
/rèpjutéiʃən/

名 評判

re-「再び」、puteはラテン語putare「考える、計算する」から。ある人の評価を皆が考える→評判。参compute「計算する」。The professor has got a good reputation.「その教授は評判いいよ」。

□0392
article
/ɑ́:rtikl/

名 記事；品物

ラテン語 artus「関節」から。関節→個別に区切れたもの→品物。新聞・雑誌の個別の記事。I read the article over breakfast.「私は朝食を食べながらその記事を読んだ」。「条項」(区分された項目)の意味も。

□0393
fix
/fíks/

動 修理する；固定する

☺ **ヒックす**るのを修理する(しゃっくりを止める)。もともとは「固定する」の意味。グラグラしている箇所を固定→修理。My father fixed the broken toy.「私の父は壊れたおもちゃを修理した」。fix a light to the wall「壁にライトを取り付ける」。

□0394
realize
/rí:əlàiz/

動 理解する；実現する

real「現実の」に-izeを付けて動詞化。心の中で現実的に理解できる、実像が描ける→実感する、理解する。物事を現実のものとする→実現。Then I realized that I loved her.「そして私は彼女を愛していることに気づいた」。

□0395
edit
/édit/

動 編集する

☺ **絵、じっと**座って編集する(絵画集を作るのは大変)。They edit the student newspaper.「彼らが学生新聞の編集をしてるんです」。

名 editor(編集者)

□0396
receive
/risí:v/

動 受け取る

re-は物を抱えるときの手の形、ceiveはラテン語capere「取る」から。参deceive「だます」。receive a check「小切手を受け取る」。

名 receipt(受け取ること；領収書)

□0397
drag
/drǽg/

動 引っ張る、引きずる　名 支障

☺ **どら、グッ**と引っ張ってごらん。draw「引く」と関連。足を引っ張るもの→支障、やっかいな事柄。The dog was dragging its foot.「犬は片足を引きずっていた」。What a drag!「面倒くせえなあ！」。

□0398
canal
/kənǽl/

名 運河

☺ **かなり**広い運河。cane「杖」と同語源。管のような形をした物のイメージ。the Panama Canal「パナマ運河」。

□0399
complete
/kəmplí:t/

形 完全な　動 完全にする

com-「共に」、pleはラテン語plere「満たす」から。plは「満ちる、重ねる」イメージが共通。参multiply「掛け算する」。complete the task「業務を完了する」。

名 completion(完成、完了)

□0400
review
/rivjú:/

名 批評；復習　動 批評する；復習する

re-「再び」view「見る」。日アマゾンのレビュー。The book received good reviews from critics.「その本は批評家から良い批評を受けた」。「見直す、再検討する」などの意味も。We reviewed the process.「私たちは工程を見直した」。

041.mp3

□0401 **congratulate** /kəngrǽtʃulèit/	動 お祝いを言う con-「共に」、gratulateはラテン語gratulari「感謝する、喜ぶ」から。参 grateful「感謝して」(喜びでいっぱい)。My parents congratulated me on my graduation.「両親は卒業を祝ってくれた」。名詞形はCongratulations!「おめでとう！」のような使い方も。
□0402 **partial** /pɑ́:rʃəl/	形 部分的な part「部分」の形容詞形。partial understanding「部分的な理解」。
□0403 **arrive** /əráiv/	動 到着する ar-=ad-「～へ」、riveはラテン語ripa「岸辺」から。We arrived at the hotel at midnight.「我々は真夜中にホテルに到着した」。 名 arrival(到着)
□0404 **spread** /spréd/	動 広げる　名 広がり ☺ **スプレー**(spray)、**ど**う広がるの？　スプレーの噴射のように広がる、と考えよう。spread a cloth on the table「テーブルに布を広げる」。
□0405 **verbal** /və́:rbəl/	形 言葉の ☺ **ばあばル**ンルン、言葉の力(いつまでもおきれいね～、と褒められたらしい)。ラテン語verbum「言葉」から。verbal ability「言語能力」。 名 verb(動詞)
□0406 **rumor** /rú:mər/	名 うわさ　動 うわさをする ☺ ひ**るま**る(広まる)うわさ。roar「吠える」と関連。大声で言う→うわさ。There is a rumor that Johnny broke up with his girlfriend.「ジョニーは彼女と別れたというううわさだ」。
□0407 **proof** /prú:f/	名 証拠；証明 prove「証明する」から派生。probe「調査する」とも関連。There is no proof that God exists.「神が存在するという証拠はない」。
□0408 **court** /kɔ́:rt/	名 裁判所；宮廷 ☺ **こう**、**と**決める裁判所。ラテン語 hortus「庭」から。「中庭；(テニスなどの)コート」などの意味も。The ex-employee threatened to take the company to court.「元従業員は会社を訴えると脅した」。
□0409 **shove** /ʃʌ́v/	動 押す ☺ **シャベ**ルで押す。後ろから背中を押す感じ。The actor shoved the photographer aside.「俳優はカメラマンを押しのけた」。
□0410 **novel** /nɑ́vəl/	形 新しい、新奇な new と関連。もちろん「小説」の意味もある。新しい種類の物語→小説。a novel idea「新奇な考え」。 名 novelty(目新しさ)

♫ 042.mp3

□0411 **meal** /míːl/	**名 食事** ☺ **身**に**入る**食事。measure、meter と同語源。測る→定める→定時の食事。Breakfast is considered the most important meal of the day.「朝食は1日の中で最も重要な食事と考えられている」。
□0412 **fame** /féim/	**名 名声** ☺ **ヘイ**、**無**理したな、名声を得ようと。ラテン語 fama「話、うわさ」(←fari「話す」)から。人々の話題に上る→高名、名声。The author achieved fame with the best-selling novel.「作家はそのベストセラー小説で名声を得た」。
□0413 **genre** /ʒɑ́ːŋrə/	**名 分野、ジャンル** フランス語 genre「種類」から。gender「性」とも関連。発音は「ジャーンラ」に近いので注意。
□0414 **survey** /sərvéi/	**動 調査する、見回す　名 調査** ☺ **さあ、ベイ**(湾)を調査するぞ。sur-「上から」、vey はラテン語videre「見る」から。The commander surveyed the landscape.「司令官は土地を見渡した」。conduct a survey「調査を行う」。
□0415 **sympathy** /símpəθi/	**名 同情、共感** ☺ **心配し**て同情。sym-=syn-「同じ」、pathy はギリシャ語pathos「感情」から。㊜synthesize「統合する」。㊚apathy「無関心」。feel sympathy for ～「～に同情を感じる」。 形 sympathetic(同情的な)
□0416 **frown** /fráun/	**動 まゆをひそめる　名 しかめっ面** ☺ **ほら、ウン**チが出ないとしかめっ面。She frowned at the smell.「彼女はにおいに顔をしかめた」。The church frowns on premarital sex.「教会は婚前交渉を良しとしない」。
□0417 **credit** /krédit/	**名 評価、称賛；信用** ☺ **くれ、じっと**しててもいい評価を(それは甘い！)。<give 人 credit for 物事>「人に物事(業績など)の功績があると認める」の使い方が重要。Everyone gave John credit for the discovery.「その発見はジョンのおかげと皆認めた」。
□0418 **supply** /səplái/	**動 供給する　名 供給** sup-=sub-「下から」、ply はラテン語plere「満たす」から。supply food to the refugee camp「難民キャンプに食糧を供給する」。food supply「食糧の供給」。
□0419 **blade** /bléid/	**名 刃** ☺ **無礼**！**ど**うしても刃で切る！と言う武士。blow「開花」と関連。開花した植物の葉→刃。日本語でも、どちらも「は」。a razor blade「カミソリの刃」。
□0420 **pointed** /pɔ́intid/	**形 鋭い、先のとがった** 名詞point「(先のとがった)先端」から。the pointed tip of the spear「やりのとがった先端」。

043.mp3

□0421 **different** /dífərənt/	形 異なる、違った dif-=dis-「分けて」、ferはラテン語ferre「運ぶ、送る」から。Different people have different points of view.「人が変われば見方も変わる」。 名 difference（違い） 動 differ（異なる）
□0422 **potential** /pəténʃəl/	名 可能性、潜在能力 形 潜在的な potent「力がある、能力がある」から派生。❶彼には無限のポテンシャルがある。He's got unlimited potential as a ballplayer.「彼は野球選手として無限の可能性を秘めている」。
□0423 **neat** /ní:t/	形 きちんとした、小ぎれいな ☺ **ニーッと**笑うきちんとした人。Mark keeps his room neat.「マークは部屋を小ぎれいに整理している」。neat handwriting「きれいな手書き文字」。
□0424 **stereotype** /stériətàip/	名 既成概念 stereo-「固い」type「型」。❶ステレオタイプな考え。The main character was a stereotype of the Japanese salaried worker.「主人公はお決まりの典型的日本人サラリーマンだった」。 形 stereotypical（型にはまった）
□0425 **inspect** /inspékt/	動 検査する、点検する in-「中を」、spectはラテン語specere「見る」から。参respect「尊敬する」（再び見る）。Officers thoroughly inspected the boat.「警官は船を徹底的に点検した」。 名 inspection（検査）
□0426 **aid** /éid/	名 援助 動 援助する ☺ **えい、ど**うしても援助する、と大金を出す。❶バンドエイド（BAND-AID）。provide financial aid「財政援助を与える」。We sent food and medical supplies to aid the refugees.「難民を援助するため我々は食糧と医薬品を送った」。
□0427 **texture** /tékstʃər/	名 触感、手触り ラテン語texere「織る」から。織物の手触り。参text「文章」（文を織り成したもの）。Artists use color and texture to express ideas and feelings.「芸術家は、考えや感情を表すために色彩や触感を利用する」。
□0428 **paraphrase** /pǽrəfrèiz/	動 言い換える para-「側に→並ぶ」phrase「語句」。参parallel「並行する」。I will paraphrase rather than quote.「そのまま引用するより言葉を言い換えましょうか」。
□0429 **cousin** /kʌ́zn/	名 いとこ ☺ いとこの**カズン**家、遊びに行こうよ。語源は違うが、語尾の sin を son「息子」の異形ととらえよう→親の兄弟・姉妹の子ども。My cousin will visit us this weekend.「今週末にいとこが来るんだ」。
□0430 **instance** /ínstəns/	名 例；場合 in-「中に」、stanceはラテン語stare「立つ」から。物事が視界の中に立って存在している→事実→実例。参instant「即時の」。for instance「例えば」。in this instance「この場合は」。

□0431 **fare** /féər/	名 (交通機関の)料金、運賃 ☺ **フェア** (fair) でない料金、と考えよう。a round-trip fare「往復料金」。
□0432 **landlord** /lǽndlɔ̀ːrd/	名 地主、大家 土地 (land) の領主 (lord)。The landlord raised the rent.「大家が家賃を上げちゃってさ」。
□0433 **terrific** /tərífik/	形 素晴らしい ラテン語terrere「驚かす」から。ポジティブな意味で用いられることがほとんどだが、もともとは「ひどい」の意味。参terrorism「テロリズム」。Allen did a terrific job for this company.「アレンはこの会社のために素晴らしい仕事をしてくれました」。
□0434 **notice** /nóutis/	動 気づく 名 告知 ラテン語gnoscere「知る」から。notice a subtle difference「微妙な違いに気づく」。put up a notice about a fire drill on the bulletin board「火災訓練の告知を掲示板に張る」。 形 noticeable (人目を引く)
□0435 **duty** /djúːti/	名 義務、職務 due「～することになっている」から派生。I consider it my duty to finish the job.「その仕事をやり遂げるのが義務だと思っている」。on duty「勤務中、当番中」。
□0436 **admire** /ædmáiər/	動 感嘆する、称賛する ☺ **アド** (広告) **まあいいわ**、と感嘆する。ad-「～へ」、mireはラテン語mirari「驚く」から。admire the view for its beauty「景色の美しさに感嘆する」。I admire Bill for his success.「ビルの成功は称賛に値するよ」。 形 admirable (称賛に値する)
□0437 **nephew** /néfjuː/	名 甥 ☺ **ね、ヒュー**と口笛吹く甥。ラテン語 nepos「甥、孫」から。参niece「姪」。My nephew will visit next week.「来週甥が来るんだ」。
□0438 **argue** /ɑ́ːrgjuː/	動 議論する；主張する ☺ **ああ、牛**肉輸入で議論する。It's time to stop arguing and start acting.「議論はやめて行動すべき時だ」。The senator argued against tax cuts.「上院議員は減税に反対した」。「言い争う」などの訳語も。 名 argument (議論、口論)
□0439 **polite** /pəláit/	形 礼儀正しい、丁寧な polish「磨く」と関連。The Japanese are generally polite.「日本人は概して礼儀正しい」。 名 politeness (礼儀正しさ)
□0440 **remind** /rimáind/	動 思い出させる re-「再び」mind「気づく、思い出す」。This picture reminds me of my childhood.「この写真を見ると子どもの頃を思い出す」。

□0441 **define** /difáin/	**動 定義する** de-「分ける」fine「終わり」。意味の境界を定めて議論を終える→定義。参 finish「終える」。define housework as labor「家事を労働と定義する」。 名 definition（定義）
□0442 **purchase** /pə́ːrtʃəs/	**動 購入する　名 購入** pur-=pro-「前に」chase「追いかける」。バーゲンセールに殺到する人たちをイメージしよう。参pursue「追いかける」。Ron purchased a second car for his wife.「ロンは妻のために２台目の車を買った」。
□0443 **respect** /rispékt/	**動 尊敬する　名 尊敬；点** re-「振り返って、再び」、spectはラテン語specere「見る」から。注意を向ける→尊敬。視線の先→点。Jim respected her as a person.「ジムは彼女を人間として尊敬していた」。in this respect「この点で」。 形 respective（各々の、各自の）　形 respectful（丁寧な、尊敬の念に満ちた）
□0444 **pleasant** /plézənt/	**形 気持ちの良い、楽しい** please「喜ばせる」から派生。発プレザント。What a pleasant surprise!「なんと喜ばしい驚きだ！」。
□0445 **sudden** /sʌ́dn/	**形 突然の** ☺ **さ、ドン**！と突然背中を押す。a sudden change「突然の変更」。 副 suddenly（突然に）
□0446 **insist** /insíst/	**動 主張する** in-「中に」、sistはラテン語sistere「しっかり立つ」から。ある場所にしっかり立って主張し、頑として動かない感じ。Josh insisted on doing the research by himself.「ジョシュはその研究を一人でやると言ってきかなかった」。
□0447 **act** /ǽkt/	**動 行動する；演じる　名 行動；演技** ☺ **悪と**共には行動しない。ラテン語 agere「する」から。Stop acting like an idiot!「ばかみたいなマネはおよしなさい！」。「法令」の意味も。the Tea Act「茶条例」（18 世紀、イギリスがアメリカの植民地に課した）。 名 action（行動）
□0448 **suck** /sʌ́k/	**動 口で吸う** ☺ **さっ**、**く**ち（口）で吸うためのストロー。soak「浸す」と関連。Leeches suck human blood.「ヒルは人間の血を吸う」。
□0449 **sew** /sóu/	**動 縫う** ☺ 布の縁に**沿う**縫い針。発ソウ。sew a button on the shirt「シャツにボタンを縫い付ける」。a sewing machine「ミシン」。
□0450 **typical** /típikəl/	**形 典型的な** type「型」に-icalを付けて形容詞化。a typical example「典型的な例」。

□0451 **specific** /spisífik/	形 特定の；特有の special「特別な」と関連。Do you have any specific reason for that?「それに関して特に理由はある？」。a disease specific to the region「その地域に特有の病気」。 動 specify（特定する）
□0452 **concentrate** /kánsəntrèit/	動 集中する con-「共に」center「中心」。You should concentrate on finishing the paper.「君はそのレポートを書き上げることに集中すべきだ」。 名 concentration（集中；凝縮）
□0453 **vivid** /vívid/	形 生き生きした；鮮やかな ☺ **ビビッと**くる、生き生きした色。ラテン語vivus「生きている」から。参vital「生命の」。vivid description「生き生きとした描写」。a vivid memory「鮮やかな記憶」。
□0454 **sail** /séil/	動 航行する、航海する 名 帆 ☺ **背要る**、帆を上げて航海するには（帆を上げるには身長が必要？）。The yacht sailed through the harbor.「ヨットは港湾内を航行した」。
□0455 **hide** /háid/	動 隠す ☺ **は～、井戸**に隠そう、へそくりを。hide and seek「かくれんぼ」。The guy's hiding something from us.「あの男は何か隠してるわよ」。
□0456 **narrow** /nǽrou/	形 狭い ☺ コン**ナロ～**（このやろう）！と、心の狭い人。幅が狭いこと。「部屋が狭い」はsmall。The road is too narrow for a car.「その道は車が抜けるには狭過ぎる」。
□0457 **rub** /rʌ́b/	動 こする ☺ **ラブ**（love）で心がこすられる、と覚えよう。Martin rubbed his eyes to see if he wasn't dreaming.「マーティンは夢でも見ていないかと目をこすった」。
□0458 **dump** /dʌ́mp/	動 どさっと降ろす、捨てる 名 ごみの山 どさっと下ろすときの擬音語。「ダンピング」（投げ売り dumping）はこの単語から。damp「湿った」と区別。ただし「湿ったごみ」と覚えてもよい。She dumped me!「彼女、オレを捨てやがった！」。
□0459 **obvious** /ábviəs/	形 明らかな ☺ **帯、明日**は明らかな和式。発オブヴィアス。ob-「上に」via「道」。道を塞ぐもの→見えるもの→明らか。an obvious lie「明らかな嘘」。an obvious improvement「目に見える改善」。 副 obviously（明らかに）
□0460 **cast** /kǽst/	動 投げる ☺ **キャー、スト**ップして！と言っても仕事を投げてくる上司。日映画のキャスト（役者を役柄の中に投げ込む）。cast doubt on ～「～に疑いを投げ掛ける」。cast a shadow「影を落とす」。

047.mp3

□0461 **advantage** /ædvǽntidʒ/	名 有利な点、利点 ad-「前に」。advance「進む」と関連。他人より進んだ点→利点。He has lots of advantages over his rivals.「彼はライバルに比べて有利な点がいくつもある」。「強み」などの訳語も。 形 advantageous(有利な)
□0462 **previous** /príːviəs/	形 前の、以前の pre-「前の」via「道」→前を行く→前の。the previous day「前日」。No previous experience is required.「経験不要」。 副 previously(以前は)
□0463 **classify** /klǽsəfài/	動 分類する ☺ **暮らしはいい**と分類される。class「部類、階級」から派生。The whale is classified as a mammal rather than a fish.「クジラは魚ではなく哺乳類に分類される」。 名 classification(分類)
□0464 **voyage** /vɔ́iidʒ/	名 船旅、空の旅 動 旅行する ☺ **ぼやっ、ジ**ッとしているより船旅を。発ボイイッジ、ボーイッジ。a voyage around the world「世界一周旅行」。Bon voyage!「良い旅を！」。
□0465 **despite** /dispáit/	前 ～にも関わらず ☺ **で、スパイと**指摘したにも関わらず、アイツまだいる。in spite of と同義。間違えて despite of と覚えないよう。despite the fact that SV「SVという事実にも関わらず」。
□0466 **defeat** /difíːt/	動 打ち負かす 名 敗北 ☺ **で、ヒーと**嘆く、打ち負かされて。de-=dis-「不、非」、feat はラテン語 facere「行う」から→打ち消す→打ち負かす。参feat「偉業、功績」、defect「欠点」。defeat a longtime rival.「長年のライバルを打ち破る」。
□0467 **hire** /háiər/	動 雇う ☺ **は～、イヤ**だ、雇われなんて、と嘆く人。目ハイヤー（タクシー）。雇うのは hire、クビにするのは fire。hire temporary workers「臨時労働者を雇う」。
□0468 **mobile** /móubəl/	形 可動性の、動きやすい mob はラテン語movere「動かす」から、-ile「～できる」。発モバイル。a mobile phone「携帯電話」。
□0469 **foul** /fául/	形 悪い、不正な 名 反則 ☺ **不和得る**、悪い行為をすれば。野球のファウルもこの単語。フェアグラウンドに入らない→間違っている→悪い、と考えよう。a foul smell「悪臭」。foul play「反則プレー」。
□0470 **accurate** /ǽkjurət/	形 正確な ☺ **ああ栗と**リンゴの収穫を正確に予測する。ac-=ad-「～へ」cure=care「注意」。注意をしっかり向ける→正確。an accurate prediction「正確な予測」。 名 accuracy(正確さ)

□0471 **burst** /bə́:rst/	動 破裂する　名 破裂 break と同語源。blast「爆発；突風」などと同様、b の音の「破裂感」がよく出た単語。The class burst into laughter at the professor's joke.「教授のジョークでクラスのみんなは爆笑した」。
□0472 **crime** /kráim/	名 犯罪 ☺ **位無**視すると犯罪になった江戸時代。*Crime and Punishment*『罪と罰』。 形名 criminal（犯罪的な／犯罪者）
□0473 **amuse** /əmjú:z/	動 楽しませる、面白がらせる ☺ あ**あ、むず**かる子どもを楽しませる。㊐アミューズメントパーク。The host amused the guests with his stories.「主人は語りで客を楽しませた」。 名 amusement（楽しみ）
□0474 **ceremony** /sérəmòuni/	名 儀式、式典 ㊐セレモニーを行う。つづりは違うが celebrate「祝う」と関連付けて覚えよう。hold a ceremony「式典を開く」。
□0475 **perform** /pərfɔ́:rm/	動 遂行する；演じる per-「完全に」form「形にする」。物を作り上げる→遂行する、実行する。㊜perfect「完全にする」。Veronica performed her task perfectly.「ベロニカは任務を完璧にこなした」。 名 performance（業績；実行；演技）
□0476 **relative** /rélətiv/	形 関係がある；相対的な　名 親戚、血縁者 ☺ お**れら恥部**は関係ある、と言う親戚。relate「関係させる」から派生。血縁関係のある人たち→親戚。relative importance「相対的な重要性」。 副 relatively（比較的）　名 relativity（関連性、相対性）
□0477 **publish** /pʌ́bliʃ/	動 出版する；発表する public「公の」に-ish を付けて動詞化。publish an article「記事を発表する」。 名 publication（出版；公表）
□0478 **weapon** /wépən/	名 武器 ☺ **うえっ、ポン**酢の瓶が武器なんて（これじゃ戦えない）！　biological weapons「生物兵器」。
□0479 **limp** /límp/	動 足を引きずる　名 足を引きずること halt「もたつく」と関連。The dog was limping a bit.「その犬は少し足を引きずっていた」。「（経済などが）進展しない」の意味も。the country's limping economy「その国の停滞する経済」。
□0480 **sector** /séktər/	名 部門；地区 sec はラテン語secare「切る」から。円を扇型に区切った部分。㊜section「区画」、insect「昆虫」（切れ目の入ったもの）。㊐第３セクター。the private sector「民間セクター」。

□0481 **niece** /níːs/	名 姪 性格の nice な niece、と覚えよう。参nephew「甥」。My niece is a striking young woman with blue eyes and blonde hair.「私の姪は青い目とブロンドの魅力的な若い女性だよ」。
□0482 **garbage** /gáːrbidʒ/	名 ごみ、がらくた ☺ **がぁ**！**ビヂ**ビヂしてる、生ごみが！　生ごみ、紙くずなどを広く含み、「ごみ」を表す一般的なアメリカ英語。trash は紙くずや容器のイメージで、生ごみは含まない。litter は公共の場に捨てられた紙くず、缶など。
□0483 **attempt** /ətémpt/	動 試みる　名 試み ☺ あ**あ添付取**り込もうと試みる。at-=ad-「～へ」、temptはラテン語temptare「試みる」から。tempt には「探る；誘う；感じる」などの意味がある。手探りする感じが共通。参temptation「誘惑」。All his attempts failed.「彼の全ての試みは失敗した」。
□0484 **fuel** /fjúːəl/	名 燃料　動 燃料を供給する ☺ **増える**燃料の需要。The fuel was running out.「燃料は切れかかっていた」。His words fueled my anger.「彼の言葉でさらに腹が立った」。
□0485 **keen** /kíːn/	形 鋭い ☺ **キーン**という鋭い音。a keen observation「鋭い観察」。「～に熱心な、非常に～したがる」の意味も。Tom has a keen interest in marketing.「トムはマーケティングに非常に興味がある」。
□0486 **manner** /mǽnər/	名 やり方、方法 ラテン語manus「手」から。手で扱うやり方。食事の作法などの「マナー(manners)」もこの単語。類fashion。Carl's manner of speaking was crude.「カールの話し方はぞんざいだった」。
□0487 **possible** /pásəbl/	形 可能な、実行できる possiはラテン語posse「できる、能力がある」から。-ible=-able「できる」。Anything is possible in today's world.「今日の世界では何でも起こり得る」。
□0488 **seldom** /séldəm/	副 めったに～ない ☺ ソルダムは**seldom**（フルーツのソルダムはめったに売ってない）、と覚えよう。Aaron seldom drinks.「アーロンはほとんど酒を飲まない」。
□0489 **affect** /əfékt/	動 影響を与える af-=ad-「～へ」、fectはラテン語facere「する、作る」から。物事や人間に対して働き掛ける→影響を与える。参effect「影響；効果」。The professor affected his students' political outlook.「教授は学生たちの政治観に影響を与えた」。
□0490 **mere** /míər/	形 ほんの、単なる ☺ 勝ち**目ある**、ほんのわずかに。発ミアー。mere nonsense「ただのナンセンス」。The tickets to the show were a mere $3.「そのショーのチケットはたった3ドルだった」。 副 merely（単に、ただ）

□0491
negotiate
/nigóuʃièit/

動 交渉する

neg-「～がない」。「ヒマがないほど商いをする」が「交渉する」の意味になった。参neglect「無視する」。negotiate the rent with the landlord「家賃について大家と交渉する」。

名 negotiation（交渉）

□0492
executive
/igzékjutiv/

名 経営幹部、役員　形 経営に関わる

会社の事業を取り仕切り、決定事項を実行する（execute）人。Executives of the company were criticized for hiding the truth.「真実を隠したことでその会社の経営陣は批判された」。「行政上の」の意味も。

□0493
function
/fʌ́ŋkʃən/

動 機能する　名 機能

☺ **ファン**が**くしょん**するとは、暖房が機能してない（コンサート会場で観客がくしゃみ）。This air-conditioner isn't functioning properly.「このエアコンは正常に機能していない」。

□0494
regarding
/rigɑ́:rdiŋ/

前 ～に関して、～の点では

regard「～を…と見なす；点」から派生。ある点を見れば→その点に関しては。find sources regarding the history of Native Americans「アメリカ先住民の歴史に関する資料を見つける」。

□0495
translate
/trænsléit/

動 翻訳する

trans-「相互に」、late はラテン語ferre「運ぶ」の変化したもの。translate English into Japanese「英語を日本語に翻訳する」。

名 translation（翻訳）　名 translator（翻訳家）

□0496
minority
/mainɔ́:rəti/

名 少数派

☺ **ま**あ**祈りてえ**、少数の人のために。minor「小さい」から派生。反 majority「多数派」。the voice of the minority「少数派の声」。

形 minor（小さい）

□0497
trigger
/trígər/

名 引き金　動 引き金を引く

☺ **鳥が**いる！と引き金を引く猟師。「引き金を引く」から「物事を引き起こすきっかけとなる」の意味にも。pull the trigger「引き金を引く」。His words triggered an angry response from the audience.「彼の言葉で聴衆は怒り出した」。

□0498
pastime
/pǽstàim/

名 気晴らし、娯楽

時間（time）、すなわち余暇を過ごす（pass）ための娯楽。Baseball is often called America's national pastime.「野球はよくアメリカの国民的娯楽と呼ばれる」。

□0499
secure
/sikjúər/

形 安全な、確実な　動 確保する；守る

se-=without、cure は care「心配」と同じ。心配がない→安全。feel secure「安全だと感じる」。secure a landslide win「地滑り的勝利を確実にする」。

名 security（安全）

□0500
labor
/léibər/

名 労働　動 働く

☺ 金さえ貯め**れば**、と思って労働。manual labor「手仕事」。「陣痛」の意味も（「産みの苦しみ」を考えれば、「労働」と結び付く）。

学習終了日

／ ／ ／ ／ ／ ／ ／ ／ ／ ／ ／ ／ ／ ／ ／ ／ ／ ／ ／ ／

ここで一息！
コラム①

“記憶のメカニズムについて”

なぜ本書のフックや学習法は単語を覚えるのに効果的なのでしょうか？それは人間の記憶を強化する５つの要素を備えているからです。ここではその要素を紹介します。

「**理解**」

人は内容を理解した物事はよく覚えているものです。逆に、何の理屈もなく「棒暗記」したものはすぐ忘れます。将棋の達人が複雑な棋譜を再現できるのも、「こう打てば相手はこう打つはず」という「定石」や「流れ」を理解しているから、といわれます。素人が定石を無視したとんでもない手を打ってしまうと、達人でも覚えられないそうです。

本書で語源を紹介しているのは、この「理解効果」を狙ってのことです。単語の成り立ちを理解すると、頭に入れる際の抵抗が減り、スッと吸収できます。そして接頭辞など、単語の一部の意味さえ覚えていれば、文の中で出合ったときに思い出すのも容易になります。

「**連想**」

ある香水をかぐとその香水をつけていた人のことを思い出すとか、参考書の内容を「あのページの左上のほうに書いてあったな」というふうに覚えているなど、とかく人は何かと何かを結び付けて覚えているものです。

本書のゴロが有効なのも、この「連想効果」によるものです。例えばpity「哀れみ」を「**ピティ**ッとしたズボンが哀れみを誘うおじさん」というゴロで覚えると覚えやすいのは、ズボンの生地がピッタリ過ぎるぐらいお尻にくっついている映像と語義が結び付くからです。また、ピティという音と語義も結び付きます。

ゴロは、特に単語を思い出すときに役立ちます。相当苦しいゴロでも、頭のどこかに引っ掛かってくれさえすれば、記憶から引っ張り上げることができます。皆さんも自分でどんどんゴロを作ってみてください。

「情動」

たまたま前夜に勉強したことがテストに出てうれしい思いをすると、その内容をテスト後も覚えていたりします。記憶は喜怒哀楽といった感情の動きと結び付くと、保持できる時間が長くなるからです。

ゴロや語源にはこの「情動効果」もあります。ゴロのおかしさにクスッとする瞬間、気になっていた単語の語源を知って「へーッ！」と思う瞬間、あなたの感情が動き、単語が記憶に留まりやすくなります。あまりの苦しいゴロに怒りを感じるときでさえ、その感情が単語を覚える助けになっているかもしれませんよ……。

「音声」

何度も耳にした音楽やCMソングを、覚える気はないのにいつの間にか覚えてしまっていたという経験は誰にもあることでしょう。音声も記憶を留めるのに大きな効果を発揮します。

本書の学習法で、Step 3として音声ファイルを使う段階を設けているのもこの理由によります。Step 3では、すでに覚えている単語もくり返し聞くことになりますが、これによって「音による記憶」が強化されるのです。

「反復」

記憶を強化するには「くり返し」が欠かせません。本書で同じ語源情報や参照語句が何度も出てくるのも、音声ファイルで英語を二度読み上げているのも、「反復効果」を高めるためです。

反復には、それをやりやすくするような工夫が必要です。例えば500単語ずつ覚えるのにも、「多過ぎず少な過ぎず、ほどよく忘れたところでくり返す」という狙いがあります。「未習の単語に鉛筆で印をする」「意味が言えたら印を消す」「印が消えた単語は振り返らない」なども、くり返しの苦痛をできるだけ減らし、ゲーム化するための工夫なのです。

♫ 051.mp3

□0501 **sour** /sáuər/	形 酸っぱい ☺ **さわ**やかな酸っぱさ。発サウアー。古英語 sur から。日サワー。a sour apple「酸っぱいリンゴ」。「状況が良くない」などの意味にも。go sour「ダメになる、まずいことになる」。
□0502 **defend** /difénd/	動 守る、防御する de-「離れて」、fend はラテン語fendere「打つ」から。日ディフェンディングチャンピオン。The champion successfully defended his title.「チャンピオンはタイトル防衛に成功した」。 名 defense（守備、防御）
□0503 **luggage** /lʌ́gidʒ/	名 手荷物、旅行かばん 動詞lug「引きずる」に-age「もの、総体」を付けて名詞化。主にイギリスで使われる。アメリカでは baggage。通常集合的に使われ、不定冠詞は付かず、複数形にもならない。I lost my luggage.「荷物をなくしました」。
□0504 **subscribe** /səbskráib/	動 定期購読する sub-「下に」、scribe はラテン語scribere「書く」から。申込書の下に名前を書く。I subscribe to *The New Yorker* magazine.「私は雑誌のニューヨーカーを定期購読している」。 名 subscription（定期購読［料金］）
□0505 **allow** /əláu/	動 許す、可能にする ☺ **洗う**ことを許す、とエラそうなだんな（洗濯ぐらいアンタもやりなさい！）。発アラウ（アロウではない）。<allow O to do>「O が do するのを許す／可能にする」。 名 allowance（割当量；小遣い）
□0506 **haul** /hɔ́:l/	動 引っ張る、運ぶ　名 引っ張ること ☺ 餌を**放る**→魚を引っ張る。U-Haul というアメリカの設備（引っ越し用トラック等）レンタル会社がある。The girl was hauling a heavy-looking suitcase.「その少女は重そうなスーツケースを引きずっていた」。
□0507 **generation** /dʒènəréiʃən/	名 世代；産出 generate「生み出す」に-tion を付けて名詞化。My father's generation knows the horrors of war.「父の世代は戦争の怖さを知っている」。
□0508 **intersection** /íntərsèkʃən/	名 交差点 区画（section）が交わる（inter-）場所。Let's meet at the intersection of Broadway and 42nd Street.「ブロードウェイと42丁目の交差点で会おう」。
□0509 **pursue** /pərsú:/	動 追いかける pur-=pro-「前に」、sue はラテン語sequi「追う」から。参sue「訴えを起こす」。The cop pursued the pickpocket down an alley.「警官は路地を通ってすりを追いかけた」。pursue a goal「目的を追求する」。 名 pursuit（追跡）
□0510 **puzzle** /pʌ́zl/	動 頭を悩ませる 「パズル」から連想可能。I am puzzled.「私にはわからない」。

☐0511
recommend
/rèkəménd/

動 推薦する

re-、com-は強意。mendはラテン語mandere「委ねる、任せる」から。仕事を任せられる人→推薦できる人材。参commend「称賛する、推奨する」。Tom recommended this book.「トムがこの本を薦めてくれた」。

名 recommendation（推薦）

☐0512
contain
/kəntéin/

動 含む

con-「共に」、tainはラテン語tenere「持つ」から。参retain「保つ」。The lake water contains pollutants.「この湖の水は汚染物質を含んでいる」。

名 container（容器、入れ物）　名 containment（封じ込め、抑制）

☐0513
paradox
/pǽrədɑ̀ks/

名 逆説、矛盾

para-「～を超えて」、doxはギリシャ語doxa「意見、信仰」から。参orthodox「正統な」（正しい信仰の）。日パラドックス。It is a paradox that technological advances often make us busier.「技術が進歩すればするほど忙しくなりがちなのは逆説的だ」。

☐0514
bond
/bɑ́nd/

名 結束；債券

☺ **盆、ど**うしても一緒に踊る結束。band「縛る」と関連。日工作用ボンド。I felt a strong bond with the group members.「グループのメンバーとの強い結束を感じた」。

☐0515
evident
/évədənt/

形 明白な

☺ **海老デンと**して明白なうまさの天丼。e-=ex-「外に」、videはラテン語videre「見る」から。外に見える→明白な。His delight was evident on his face.「顔を見れば彼が喜んでいることがわかった」。

☐0516
promote
/prəmóut/

動 促進する；昇進させる

pro-「前に」、moteはラテン語movere「動かす」から。日プロモーション（販売促進）。反demote「降格させる」。promote world peace「世界平和を促進する」。promote a new product「新製品を宣伝する」。

名 promotion（促進；宣伝；昇進）

☐0517
alien
/éiljən/

形 外国の；異質の　名 外国人、異邦人

☺ **絵入りのあん**まん、外国のもの。ラテン語 alius「他の」から。日映画の『エイリアン』。a plant alien to the island「島では外来の植物」。

動 alienate（遠ざける；隔離する）

☐0518
lift
/líft/

動 持ち上げる、上昇させる　名 上昇

loft「屋根裏」と関連。日スキー場の「リフト」。Adam lifted the receiver and dialed Samantha's number.「アダムは受話器を上げてサマンサの番号をダイヤルした」。

☐0519
reduce
/ridjúːs/

動 減らす、小さくする

re-「再び」、ducはラテン語ducere「導く」から。再び引き戻す→減らす。参duct「導管、ダクト」、induce「人に勧めて～させる」。reduce cost「コストを減らす」。

名 reduction（減少）

☐0520
innocent
/ínəsənt/

形 無罪の、潔白な

☺ **い？No！せん**（してない）**と**言っとるでしょう！　in-「無」、noceはラテン語nocere「害する」から。They accused an innocent man.（彼らは無実の男を告発した）。

名 innocence（無罪；純真）

053.mp3

□0521 **fake** /féik/	形 偽の、模造の ☺ **ふぇ～、いく**らするの、この偽物の時計。フェイク・ファー(fake fur「模造毛皮」)などで日本語に取り込まれつつある。a fake flower「造花」。Dwight bought a fake Rolex for $50.「ドワイトは偽のロレックスを 50 ドルで買った」。
□0522 **reflect** /riflékt/	動 反射する；反映する re-「後ろへ」、flectはラテン語flectere「曲げる」から。参flexible「柔軟な」。The glass windows reflected the sunlight.「ガラス窓が太陽の光を反射していた」。 名 reflection(反射、反映)
□0523 **heal** /hí:l/	動 治す、癒やす whole「完全な」と関連。完全な状態にする→治す。日ヒーリング(healing)。Seth's wound healed quickly.「セスの傷は早く治った」。
□0524 **sore** /sɔ́:r/	形 痛む ☺ **そあー**っ！痛い！　sorry と同語源。I have a sore throat.「のどが痛い」。
□0525 **agree** /əgrí:/	動 同意する；(食物などが)体質に合う 古フランス語の a gre「随意に、好意的に」から。I agree to your proposal.「あなたの提案に賛成です」。Raw fish doesn't agree with me.「生魚が合わなくてね」。 名 agreement(同意)
□0526 **jail** /dʒéil/	名 刑務所、拘置所 ラテン語cavea「檻、かご」からで、cage「檻、かご」やcave「ほら穴」と関連。アメリカでは拘留 1 年以内が jail、1 年以上は prison。Arrested for drunk driving, Jude spent the night in jail.「飲酒運転で逮捕され、ジュードはひと晩を拘置所で過ごした」。
□0527 **industrial** /indʌ́striəl/	形 産業の ☺ い**いんだ、スト、リアル**でも、と産業界(本当にいいの？)。industrious「勤勉な」から派生。工場で勤勉に働く→産業。the Industrial Revolution「産業革命」。 名 industry(産業)
□0528 **beard** /bíərd/	名 あごひげ ☺ **ビヤ～**ッ！**と**生えたあごひげ。むさくるしいひげが顔一面に生えている様子を想像しよう。Adam's beard makes him look older.「あごひげのせいでアダムは年が上に見える」。
□0529 **dedicate** /dédikèit/	動 捧げる de-「離して」、dicaはラテン語dicere「言う」から。我が身から切り離して「神のものです」と宣言する→捧げる。参dictate「口述する；命令する」。 名 dedication(献身)
□0530 **vehicle** /ví:ikl/	名 乗り物、車両 ☺ **ビーッ**と**来る**乗り物。発ビークル。The city banned motor vehicles from the street.「市はその通りへ車両が乗り入れることを禁止した」。

□0531 **priority** /praiɔ́:rəti/	名 優先事項 prior「前の、(時間・順序が)先の」の名詞形。🅙プライオリティーが高い。Safety is our first priority.「安全確保が第一だ」。
□0532 **interact** /ìntərǽkt/	動 互いに影響し合う、相互作用する inter-「互いに」act「行動する」。Chemicals can interact to cause adverse effects.「化学物質が反応し合って副作用を起こすことがある」。 名 interaction(相互作用、やりとり)
□0533 **pour** /pɔ́:r/	動 注ぐ ☺ **ポア**ッとお湯注ぐ。Vince poured water into my cup.「ヴィンスは私のカップに水を注いだ」。
□0534 **tempt** /témpt/	動 誘惑する ☺ **添付と**文面で誘惑する。attempt「試みる」と関連。「ちょっと手を出す」感じが共通。tempt someone into wrongdoing「(人を)悪の道に誘い込む」。 名 temptation(誘惑)　形 tempting(魅力的な)
□0535 **lawyer** /lɔ́:jər/	名 弁護士 ☺ **労イヤ**、と言う弁護士(そんな怠け者、こっちもイヤ!)。law「法律」に-er「～する人」が付いた。lawがwで終わっている関係で、yが入っている。lawyerは「弁護士」を表す一般的な語。他にcounselor、attorneyなども。
□0536 **moreover** /mɔ:róuvər/	副 さらに、それに加えて より以上に(more)上に(over)。I don't have enough money to travel. Moreover, I'm too busy.「金がないから旅行には行けないよ。おまけに忙しいし」。
□0537 **tap** /tǽp/	動 軽く叩く;開発する 軽く叩いたときの音。他に「栓;蛇口」など多様な意味がある。tap on the door「ドアを軽く叩く」。tap new energy resources「新しいエネルギー資源を開発する」。
□0538 **trail** /tréil/	名 跡;小道　動 跡を追う ラテン語trahere「引く」と関連か。何かを引っ張った跡。a trail of blood「血の跡」。There are walking trails in the forest.「森の中には散歩できる小道がある」。
□0539 **substance** /sʌ́bstəns/	名 物質;内容 sub-「下に」、stanceはラテン語stare「立つ」から。下からしっかり支えられている→実質がある→ズシッと内容がある感じ。a chemical substance「化学物質」。What was the substance of the talk?「講演の中身は何だった?」。
□0540 **track** /trǽk/	名 (通った)跡、軌道　動 跡を追う ☺ **虎**、**く**さ(草)の上に跡を残す。tread「歩く、踏む」と関連。the track of the hurricane「ハリケーンの進路」。keep track of ～「～の経過を追う」。「競技用トラック」の意味も。track meet「陸上競技会」。

□0541 **adulthood** /ədʌ́lthud/	**名 成人期、大人であること** adult「大人の」、-hood「状態、性質」。参childhood「子ども時代」。Kyle settled down after he entered adulthood.「カイルは大人になってから落ち着いた」。
□0542 **operate** /ɑ́pərèit/	**動 動かす、操作する** ラテン語operari「働く、引き起こす」から。「経営する；手術する」などの意味も。ものや物事を人の手で動かすイメージが共通。operate a business「事業を行う」。operate a machine「機械を動かす」。 名 operation（操作；運営）
□0543 **property** /prɑ́pərti/	**名 財産、所有物** ☺ **プロ、パーティー**三昧できるほどの財産。proper「特有の」から派生。自分自身に属する物。personal property「私的財産」。public property「公共資産」。「特性」の意味も。
□0544 **spot** /spɑ́t/	**名 汚れ、汚点　動 見つける** ☺ **スポッ、と**付いた汚れ。「染み」が原義→点→視線の焦点→見つける。「観光スポット」のように「場所」の意味も。地点→場所。She found a spot on her new dress.「彼女は新しいドレスに染みを見つけた」。
□0545 **likely** /láikli/	**形 ありそうな** ☺ **来秋栗**ありそうな予感。古くはlike に「あり得る」の意味があったことから派生。The new administration is likely to raise taxes.「新政権は増税を行いそうだ」。 名 likelihood（可能性）
□0546 **structure** /strʌ́ktʃər/	**名 構造** ☺ **スト、楽っちゃあ**楽、という会社の構造（ストライキでも困らない変わった会社）。ラテン語 struere「組み立てる、積み重ねる」から。the structure of a sentence「文の構造」。
□0547 **surface** /sə́ːrfis/	**名 表面** ☺ **さあ屁す**る顔の表面に（ブワッ、やめろ！）。sur-「上」face「面」。The surface of the pearl is smooth.「真珠の表面は滑らかだ」。
□0548 **respond** /rispɑ́nd/	**動 答える；反応する** re-「返して」、spondはラテン語spondere「誓う」から。The doctor called his name, but he didn't respond.「医者が名前を呼んだが、彼は反応しなかった」。 名 response（返答；反応）
□0549 **figure** /fígjər/	**名 数字；形　動 考える、理解する** 「人物；人形」などの意味も。線でかたどった形、のイメージが共通。「数字」も線でできた図形と考えられる。「人物；人形」は人の形。a political figure「政治家」。figure out「理解する」は物事の輪郭が見えてくること。
□0550 **weave** /wíːv/	**動 織る；編む** web「クモの巣」と関連。weave fabric「織物を織る」。weave patterns「模様を織り成す」。

□0551 **replace** /ripléis/	**動 取って代わる；取り換える** re-「再び」place「置く」。Rick replaced his old girlfriend with whiskey.「リックは彼女と別れて酒に走った」。「あとを継ぐ」の訳語も。 名 replacement（取り換えること；代替品）
□0552 **commute** /kəmjúːt/	**動 通勤する　名 通勤** com-「共に」、muteはラテン語mutare「代える」から。行ったり来たりする→通勤。参mutual「互いの」。It takes him 45 minutes to commute to Manhattan.「彼はマンハッタンへの通勤に45分かけている」。
□0553 **sound** /sáund/	**形 健全な、適切な　副 ぐっすりと** ☺ **さあ運動**しよう、と健全な習慣。もちろん「音」の意味もあるが、語源は異なる。A sound mind in a sound body.「健全な精神は健全な肉体に宿る」。The children were sound asleep.「子どもたちはぐっすり寝ていた」。
□0554 **approve** /əprúːv/	**動 承認する** ap-=ad-「〜へ」prove「証明する」。The new business plan was approved by the executive board.「新しいビジネスプランは重役会で承認された」。 名 approval（承認）
□0555 **invest** /invést/	**動 投資する** in-「中に」vest「衣服」。衣服の「ベスト（vest）」と関連。出世のために上等な服に投資したことから。I invested my bonus in stocks.「ボーナスを株に投資した」。 名 investment（投資）
□0556 **propel** /prəpél/	**動 進ませる、駆り立てる** pro-「前に」、pelはラテン語pellere「追う」から。参expel「追放する」（外に追う）。The boat was propelled only by wind and tide.「ボートは風と潮だけで進んだ」。 名 propulsion（推進）　名 propeller（プロペラ）
□0557 **rotate** /róuteit/	**動 回転させる** roll「回る」と関連。野球の投手の「ローテーション」もこの単語の名詞形から。軸を中心に回転すること。Saturn rotates on its axis in about 10.5 hours.「土星は約10.5時間で自転する」。 名 rotation（回転；交代）
□0558 **odds** /ádz/	**名 可能性、確率** ☺ **おっ、ず**っといる可能性は低いだろう。odd「奇妙な；奇数の」から派生。あるものが突出して偏っている→偏り具合を計算→勝算、可能性。日競馬の「オッズ」。even odds「五分五分の確率」。
□0559 **strip** /stríp/	**動 はぎ取る、取り去る** 表面を覆っているものを取り去ること。「衣服を脱ぐ」などの意味も。日ストリップ劇場。a mountain ridge stripped of its trees「木々をはがされた山の背」。
□0560 **important** /impɔ́ːrtənt/	**形 重要な、重大な** import「輸入する」と関連。昔は外国からの輸入品（香辛料など）は特に重要だった。Listen up folks, this is important.「重要だからみんなよく聞いてくれ」。 名 importance（重要性）

057.mp3

□0561 **add** /æd/	動 加える ☺ **あっ、ど**うしてもこれも、と加える。ラテン語 addere (ad-「～へ」dere「付ける、置く」) から。The flowers of the hop plant add bitterness to beer.「ホップの花はビールに苦みを加える」。 名 addition (加えること；追加分)　形 additional (追加の)
□0562 **spiral** /spáiərəl/	名 らせん　形 らせん状の ☺ **スパイら、ル**ンルン、らせん階段で(なぜ？)。ギリシャ語 speira「渦巻き状のもの」から。日デフレスパイラル (deflationary spiral)。The lady came walking slowly down the spiral staircase.「婦人はらせん階段をゆっくりと下りてきた」。
□0563 **familiar** /fəmíljər/	形 おなじみの、よく知っている family「家族」と同語源。家族のようによく知っている。I recognized some familiar faces at the party.「パーティーで知っている人を何人か見掛けた」。 動 familiarize (慣れさせる、よく知らせる)
□0564 **conventional** /kənvénʃənl/	形 慣習的な、伝統的な convene「集まる」と同語源。con-「共に」、vene はラテン語venire「来る」から。グループ内で共に行う行事→慣習。conventional wisdom「世間一般の通念」。 名 convention (慣習)
□0565 **explode** /iksplóud/	動 爆発する ex-「外に」。plode は plaud と関連し、手を打つときの音。バン！という音の擬音語。参applaud「拍手喝采する」。A bomb exploded outside the hotel.「ホテルの外で爆弾が爆発した」。 名 explosion (爆発)　形 名 explosive (爆発性の／爆発物)
□0566 **discover** /diskʌ́vər/	動 発見する 覆い(cover)を外す(dis-)。Scientists discovered new evidence of water on Mars.「科学者は火星に水が存在する新しい証拠を発見した」。 名 discovery (発見)
□0567 **mature** /mətjúər/	形 成熟した、成長した　動 成熟する ☺ **まっ、チューは**成長してからね。a mature tomato「成熟したトマト」。Lisa is a woman of mature taste.「リサには大人のセンスがあるね」。as individuals mature「人が成長するにつれて」。 名 maturity (成熟)
□0568 **souvenir** /sù:vəníər/	名 みやげ、思い出の品 ☺ **崇美にや**！とみやげ買う(美しい景色を思い出して崇めるために)。sou はsub-「下に」が変化。venir はラテン語venire「来る」から。心に、忍ぶようにやってくる思い出。a souvenir shop「みやげ物店」。
□0569 **steer** /stíər/	動 操縦する；導く ☺ 今度は君が運転**す**(し)**てや**。日車のステアリング。steer the conversation back to the point「話を要点に戻す」。The captain steered the ship between the buoys.「船長はブイとブイの間に船を向けた」。
□0570 **female** /fí:meil/	名 女性、雌　形 女性の、雌の ☺ **ヒー**！(喜びの声) **メール**が来た、女性から！　ラテン語 femina から。参feminism (フェミニズム [女性解放運動])。male「男性、雄」に fe- が付いたもの、と考えてもよい。a female student「女子学生」。

□0571 **detect** /ditékt/	動 見つける、感知する de-「離れて」、tectはラテン語tegere「覆う」から。参protect「守る」(前を覆う)。Some deep-sea fish have special receptors to detect heat.「熱を感知する特別な受容器官を持つ深海魚もいる」。 名 detection(探知、発見) 名 detective(探偵、刑事)
□0572 **revolution** /rèvəlúːʃən/	名 革命 revolve「回転する」と関連。re-「再び」、volveはラテン語volvere「回る」から。事態や体制が180度回転すること。the Industrial Revolution「産業革命」。the French Revolution「フランス革命」。
□0573 **faith** /féiθ/	名 信仰；信頼 ☺ **屁、椅子**にする信仰。ラテン語fidere「信じる」から。参fidelity「忠誠」、confide「信頼する」。have faith in God「神を信じる」。 形 faithful(信頼できる；忠実な)
□0574 **sustain** /səstéin/	動 支える；持続する ☺ **支えてん**、と覚えよう。sus-=sub-「下から」、tainはラテン語tenere「持つ」から。「(傷・損失などを)被る」の意味も。参contain「含む」。His faith in God sustained him.「神への信仰が彼を支えた」。 名 sustenance(支えること；[生活の]維持)
□0575 **deadly** /dédli/	形 致命的な、命に関わる dead から類推可能。-ly が付いているが、主に形容詞で使われる。This snake has a deadly bite.「このヘビに噛まれると死んでしまうよ」。
□0576 **trial** /tráiəl/	名 試み；裁判 try「試みる；裁判にかける」の名詞形。trial and error「試行錯誤」。go to trial「裁判にかけられる」。
□0577 **nonetheless** /nʌ̀nðəlés/	副 それにも関わらず、それでもなお none + the + less＝それでも決して少なくはならない。類nevertheless。Kim landed a job. Nonetheless, she is anxious about the future.「職を得たにも関わらず、キムはまだ将来を心配している」。
□0578 **fever** /fíːvər/	名 熱；熱狂 ☺ **ひいばあ**さんが熱狂的に踊ってる！ 日フィーバーする。He has a high fever.「彼は高熱を出している」。 形 feverish(熱のある；熱狂的な)
□0579 **relieve** /rilíːv/	動 (苦痛、心配などを)和らげる、安心させる re-「再び」、lieveはラテン語levare「上げる」から。心の重しを持ち上げて取り除く。relieve stress「ストレスを和らげる」。「救う」などの訳語も。 名 relief(安堵、救い)
□0580 **citizen** /sítəzən/	名 市民 city「都市」から派生。the citizens of Rome「ローマ市民」。a model citizen「模範的市民」。

□0581 **majority** /mədʒɔ́:rəti/	名 大多数、多数派 major「大きな」から派生。反minority。the majority of the population「人口の大半」。 形 major（大きな）
□0582 **disagree** /dìsəgrí:/	動 反対する、一致しない 同意（agree）しない（dis-）。I disagree with you.「あなたの意見には反対です」。The assumption disagrees with the data.「その仮定はデータと一致しない」。 形 disagreeable（嫌な、好みに合わない）
□0583 **fellow** /félou/	名 仲間 Hello! という間柄の fellow、と覚えよう。「やつ、男」などの意味で使われることも。fellow Americans「アメリカ国民の皆さん」。
□0584 **retain** /ritéin/	動 保つ re-「後ろに」、tainはラテン語tenere「持つ」から。Saturn's core still retains the heat of its formation.「土星のコアは形成時の熱をいまだに保っている」。 名 retention（保持）
□0585 **illustrate** /íləstrèit/	動 説明する、例示する ☺ **イラスト**と**例と**を入れて、物事を<u>説明する</u>。il-=in-「中に」luster「光沢、輝き」。illustrate a point with an example「例を挙げてポイントを説明する」。 名 illustration（挿絵；実例）
□0586 **invite** /inváit/	動 招待する in-「内側へ」。バイトを（社員だけの）内輪のパーティーに招待する、と考えよう。invite a lot of friends to the party「パーティーに多くの友人を招く」。 名 invitation（招待；招待状）
□0587 **excellent** /éksələnt/	形 素晴らしい、優秀な ☺ **ええ**（良い）**癖**、**連投**、<u>素晴らしい</u>投手（良い投げ方だと連投が効く）。excel「秀でる」の形容詞形。do an excellent job「素晴らしい仕事をする」。 名 excellence（優秀さ）
□0588 **recent** /rí:snt/	形 最近の、近頃の ☺ **利す**、**うんと**儲ける、<u>最近の</u>傾向。発リースント。ラテン語 recens「新しい」から。according to a recent study「最近の研究によれば」。 副 recently（近頃、最近）
□0589 **stupid** /stjú:pid/	形 ばかな ☺ **シチュー**、**ピッと**跳ねさせるとは、<u>ばかな</u>。ラテン語 stupere「驚かされる」から。驚かされる→口を開けてぽうぜんとしている→ばかな。Don't do anything stupid, all right?「ばかなことはするなよ、いいな？」。
□0590 **bunch** /bʌ́ntʃ/	名 束、房 ☺ **番長**を<u>束</u>ねる大番長。a bunch of flowers「花束」。「群れ、一団」などの意味も。There were a bunch of big guys in the room.「部屋には一団の大柄な男たちがいた」。

♫ 060.mp3

「覚えよう」と思わず、ただ「フンフンフン、なるほどね」と読もう。

☐0591
pier
/píər/

名 **埠頭、桟橋**

☺ **ピヤ**ッと海に飛び出た桟橋。The ship is moored at the pier.「船は埠頭に係留されている」。

☐0592
recipe
/résəpì/

名 **調理法；方法**

receive「受け取る」と関連。「処方せん」の意味も。「これこれの薬を受け取りなさい」と処方せんに書いてあったことから。日料理のレシピ。Can I have your recipe for cheesecake?「チーズケーキの作り方を教えてくれませんか」。

☐0593
propose
/prəpóuz/

動 **提案する；結婚を申し込む**

pro-「前に」、poseは古フランス語poser「置く」から。自らの考えを皆の前に置く→提案。日プロポーズする。He proposed moving production overseas.「彼は生産拠点を海外に移すことを提案した」。

名 proposition（提案；主張）

☐0594
organize
/ɔ́ːrgənàiz/

動 **組織する、系統立てる**

organ「器官」から。個別の器官を組み合わせる→組織。organize workers into a trade union「労働者をまとめて労働組合を作る」。organize one's thoughts「考えをまとめる」。

名 organization（組織）

☐0595
bother
/báðər/

動 **邪魔をする、悩ませる**

☺ **ぼさ～**っと立ってると邪魔だよ。Don't bother.「気にしないで」。Am I bothering you?「邪魔かい？」。「わざわざ～する」の意味も。You don't have to bother to come over.「わざわざお越しいただかなくても結構です」。

☐0596
enemy
/énəmi/

名 **敵**

☺ **えっ？ねえ、身**に覚えのない敵。ami「友達」に in-「不、非」が付いたもの、と考えよう。public enemy No. 1「公衆の一番の敵」。

☐0597
sentence
/séntəns/

名 **文；判決**

ラテン語sentire「感じる」から。自分の気持ち→意見→判決→判決文→文。I was cut off in the middle of a sentence.「私は話の途中で止められた」。

☐0598
erase
/iréis/

動 **消す**

☺ い**いレース**なのに結果を消す。e-=ex-「外に」、raseはラテン語radere「こする」から。erase the blackboard「黒板を消す」。

名 eraser（消しゴム、インク消し）

☐0599
discuss
/diskʌ́s/

動 **議論する、話題にする**

☺ **this**（これ）**貸す**かどうか議論する。目的語を直接取る他動詞（aboutなどを入れない）。Let's discuss the problem.「その問題について話し合おう」。

名 discussion（議論）

☐0600
anniversary
/ænəvə́ːrsəri/

名 **記念日**

☺ **アニーばあさん**の結婚記念日。ラテン語 annus「年」から。「毎年来る」が原義。参annual「1年の」。The couple celebrated their 30th wedding anniversary.「夫婦は30回目の結婚記念日を祝った」。

061.mp3

□0601 **warn** /wɔ́ːrn/	動 警告する ☺ **ウォーン**と泣いて警告する。I warned you before.「前に警告したわよね」。 名 warning(警告)
□0602 **span** /spǽn/	名 期間；長さ ☺ **スパン**！と決めよう、それやる期間を。古英語から。日その計画はどのくらいのスパンで行われるの？　the average life span「平均寿命」。
□0603 **sigh** /sái/	名 ため息　動 ため息をつく ☺「**再**……」とため息をつく(またかよ、ってね)。擬音語。発サイ。breathe a huge sigh of relief「ホッとして大きなため息をつく」。
□0604 **aware** /əwéər/	形 〜に気づいている ☺ **あ、上や**！と気づいている。be aware of/that SV の形で使われることが多い。I was aware of the problem.「その問題には気づいていた」。 名 awareness(認識、気づいていること)
□0605 **dine** /dáin/	動 食事をする dinner と関連。もともとは「断食を止める」の意味があった。Derek dines out every evening.「デレックは毎晩外食だ」。
□0606 **weigh** /wéi/	動 重さがある ☺ **飢えい、と**言われてもこれだけ体重がある(食事制限はキツイ)。<S(主語) + weigh +重さ>という語法が大切。This dictionary weighs more than one kilogram.「この辞書は 1 キロ以上ある」。
□0607 **shelter** /ʃéltər/	名 避難所 shield「盾」と関連。「核シェルター」はこの単語。Paul went to Hawaii, seeking shelter from the winter snow.「冬の雪から逃れて、ポールはハワイへ行った」。
□0608 **chat** /tʃǽt/	名 おしゃべり　動 おしゃべりする ☺ ペチャクチャ**チャッと**おしゃべりする。chatter「おしゃべり」の略語。日(ネット上の)チャット。参chitchat「雑談」。We chatted over the phone late into the night.「僕らは夜遅くまで電話でおしゃべりした」。
□0609 **visible** /vízəbl/	形 見える visi はラテン語videre「見る」から、-ible=-able「できる」。参visit「訪れる」(日本語でも「来る」を「見える」と言う)。a visible change「目に見える変化」。
□0610 **vase** /véis/	名 花瓶 ☺ 花の**ベース**(base)になる花瓶、と覚えよう。A painted vase was found in the excavation site.「発掘現場で絵柄の入った花瓶が見つかった」。

□0611 **matter** /mǽtər/	動 重要である 名 物事；物質 ☺ **また〜**？と言われるくらい、重要なことはくり返す。mother「母」と関連。ものの母体となる物質→重要、と考えよう。Color matters.「色彩が重要だ」。 名 形 material（材料／物質的な）
□0612 **drawer** /drɔ́ːr/	名 引き出し draw「引く」から派生。Professor Zimmerman keeps pictures of his kids in the drawer of his desk.「ジマーマン教授は子どもの写真を机の引き出しにしまっている」。
□0613 **relief** /rilíːf/	名 安心、救い 苦痛やプレッシャーがなくなること。日リリーフ投手。「除去」などの意味も。What a relief!「いやあ、ホッとしたあ！」。pain relief「痛みの除去」 動 relieve（[苦痛、不安などを]和らげる；救済する）
□0614 **noble** /nóubl/	形 高貴な、気高い ☺ **能ぶる**（能があるように振る舞う）高貴な人。My grandpa was an honest and noble man.「私のおじいさんは正直で気高い人だったわ」。
□0615 **millennium** /miléniəm/	名 1000年 mille-「1000」。複数形は millennia。The third millennium has barely begun.「3000年紀はまだ始まったばかりだ」。
□0616 **earn** /ɔ́ːrn/	動 稼ぐ、得る ☺ **ああん**？と脅して金稼ぐ。earn money「お金を稼ぐ」。SVOO の文型も取る。The CEO's good judgement earned him respect.「素晴らしい判断でそのCEOは尊敬を勝ち得た」。
□0617 **hazard** /hǽzərd/	名 危険、障害 ☺ **はざ**ま、**ど**うしても危険（すき間に入り込むと危ない）。日ゴルフのハザード（バンカー、池などの障害）。present a hazard「危険をもたらす」。「偶然」の意味も。 形 hazardous（危険がいっぱいの）
□0618 **joy** /dʒɔ́i/	名 喜び ☺ **ジョ〜**（チョ〜）**い**い感じで喜び。leap with joy「喜びで飛び跳ねる」。Kids experience the joy of Christmas.「子どもたちはクリスマスの楽しさを味わっている」。
□0619 **opponent** /əpóunənt/	名 敵、競争相手 op-=ob-「〜に対して」、ponent はラテン語ponere「置く」から。oppose「反対する」と関連。a political opponent「政敵」。a tough opponent「強敵」。
□0620 **amaze** /əméiz/	動 驚かす ☺ **雨**、**いず**れの人も驚かす。a- は強意、maze は maze「迷路；困惑」と関連。The excavation team was amazed to find the treasure intact.「発掘チームは宝物が手つかずなので驚いた」。 形 amazing（驚くべき） 副 amazingly（驚くべきことに）

063.mp3

□0621 **nevertheless** /nèvərðəlés/	副 それにも関わらず、それでもなお ☺ **ネバ**ネバ**され過**ぎてもなおサラサラ。never + the + less→それでも決して少なくならない。類nonetheless。Dan failed the exam. Nevertheless, he remained confident.「ダンは試験に落ちたにも関わらず自信を失っていなかった」。
□0622 **explain** /ikspléin/	動 説明する ex-「外に」plain「平らな場所」。複雑な内容を表に広げてわかりやすく見せる感じ。The engineer explained how the machine worked.「エンジニアは機械の仕組みを説明した」。 名 explanation（説明）
□0623 **conserve** /kənsə́:rv/	動 保存する con- は強意、serve「見守る、仕える」。伝統的価値を献身的に守る→保存、保守。conserve natural resources「天然資源を保存する」。 名 conservation（保存）　形名 conservative（保守的な／保守的な人）
□0624 **include** /inklú:d/	動 含む in-「中に」、clude はラテン語claudere「閉じる」からでcloseと関連。中に閉じ込める→含む。参exclude「閉め出す」。Tax is included in the prices.「税込み価格です」。
□0625 **sob** /sάb/	動 すすり泣く ☺ **祖母**がすすり泣く。擬声語。Informed of her father's death, she began to sob.「彼女は父の死を知らされてすすり泣き始めた」。
□0626 **participate** /pɑ:rtísəpèit/	動 参加する 全体の中の part「部分」として加わる、ということ。The professor participated in the discussion.「教授はその議論に加わった」。 名 participation（参加）
□0627 **proceed** /prəsí:d/	動 進む、続ける pro-「前に」、ceed はラテン語cedere「行く、進む」から。参exceed「越える」。The expedition proceeded along the path.「探検隊はその道に従って進んだ」。proceed with the work「仕事を進める」。
□0628 **patch** /pǽtʃ/	名 つぎ；小片　動 つなぎ合わせる ☺ **パッチ**リはまったつぎあて。日パッチワーク。trousers with a patch at the knee「ひざにつぎのあたったズボン」。patch together a theory「（情報などをつなぎ合わせて）理論を組み立てる」。
□0629 **irony** /áiərəni/	名 皮肉、風刺 ☺ **あ**、**色似**合ってますよと皮肉。内心とは逆のことを言って皮肉を込めたり、想定と実際が違ったりすることをいう。お金のない人に「さすが金持ちは違うなあ」など。類sarcasm、satire。 形 ironic（皮肉な）
□0630 **correct** /kərékt/	形 正しい　動 直す ☺ **これ**、**クッと**曲がらないで正しく立ちなさい。cor-=com- は強意、rect はラテン語regere「真っすぐ導く」から。the correct pronunciation「正しい発音」。The teacher occasionally corrected my pronunciation.「先生は時々私の発音を直した」。

□0631 **fade** /féid/	動 薄れる、弱まる ☺ **屁**、**井戸**に薄れて消える（井戸に向けてオナラするな！）。The colors of the picture have faded.「その写真の色合いはあせてしまった」。
□0632 **wire** /wáiər/	動 配線する　名 針金、電線 ☺ **ワイや**、配線したんは（文句あるか！）。比喩的な使い方も重要。Every brain is wired differently.「脳はそれぞれ、異なった（神経の）配線になっている」。
□0633 **admit** /ædmít/	動 認める；入ることを許す ad-「～へ」、mitはラテン語mittere「送る」から。送られたものを受け入れる→認める。参transmit「送る」。He was admitted to Harvard.「彼はハーバードに合格した」。 名 admission（承認；入学）
□0634 **tow** /tóu/	動（車などを）引っ張る ☺ **トウ**！と気合いを込めて車引っ張る。発トウ。They towed my car away!「レッカーしやがった！」。towing service「レッカー移動サービス」。
□0635 **vacant** /véikənt/	形 空いている；（表情などが）うつろな ラテン語vacareから。参vacation「休暇」、vacuum「真空」。We couldn't find any vacant seats.「空いてる席が見つからなかった」。 名 vacancy（空き）
□0636 **stack** /stǽk/	動 積み重ねる　名 積み重ねた山 ☺ **スタッ**、スタッと積み重ねる感じ。The waitress placed a stack of pancakes in front of me.「ウエートレスは私の眼前にパンケーキの山を置いた」。
□0637 **drive** /dráiv/	動 駆る、追い立てる　名 衝動、原動力 「車を運転する」はもちろんだが、その他の意味も重要。内側からの力で突き動かす感じ。This is driving me crazy!「気が狂いそうだよ！」。internal drive「内的衝動」。
□0638 **expend** /ikspénd/	動（金・時間などを）費やす ex-「外に」にspend「使う」が付いたと考えよう。I expended a lot of energy on this research.「私はこの研究に相当のエネルギーを費やした」。 名 expense（費用、出費）
□0639 **anxious** /ǽŋkʃəs/	形 心配して；切望して ☺ **あん**、**クシャ**クシャに**す**る、と心配する。anger「怒り」、anguish「激しい苦痛」と同語源。anxious about one's health「健康を心配して」。He was anxious to return home.「彼は帰郷を心待ちにしていた」。
□0640 **permit** /pərmít/	動 許可する、容認する per-「通して」、mitはラテン語mittere「送る」から。通ってよしと送り出す→許可。参admit「認める」（～へ送る）、commit「任せる」（共に送る→譲る）。if time permits「時間が許せば」。Smoking is not permitted.「禁煙です」。

♫ 065.mp3

□0641 **surpass** /sərpǽs/	動 超える ☺ **さあ、パス**（通過）しますよ、と超えていく。sur-「上を」pass「越える」。The year's overall profit surpassed a million dollars.「その年の総利益は100万ドルを超えた」。
□0642 **spur** /spə́ːr/	動 拍車をかける　名 勢い ☺ **スパーッ**！と勢いつけて仕事を終わらせる。The book review spurred the book's sales.「その書評が本の売り上げに拍車をかけた」。spur of the moment「その場の勢い」。
□0643 **principal** /prínsəpəl/	形 主な、重要な prime「第一の」や prince「王子（王位の第一継承者）」と関連。名詞で「校長、学長」の意味も。学校で一番高い地位→校長。He was the principal witness at the trial.「彼は裁判の重要証人であった」。
□0644 **mount** /máunt/	動（山などに）登る；（自転車などに）またがる ☺ **まあ、うんと**登れば絶景さ。mountain「山」と関連。mount a hill「丘に登る」。mount a bicycle「自転車にまたがる」。「増す、高まる」の意味も。There's mounting evidence for the crime.「犯罪の証拠は山ほどある」。
□0645 **apologize** /əpɑ́lədʒàiz/	動 謝罪する ☺ **あ、ポロ、じゃいず**れ謝ろう（野球で球落とすと恥ずかしいから）。㊥アポロジャイズ。The store manager apologized for the mix-up.「店長は間違いを謝罪した」。 名 apology（謝罪）
□0646 **legal** /líːgəl/	形 法律の ☺ **理がある**、法律の話。legal matter「法的事項」。legal advice「法律に関する助言」。
□0647 **progress** /prɑ́gres/	名 進歩　動 進歩する pro-「前に」、gressはラテン語gredi「進む」から。㊜regress「後退する」。He was a firm believer in human progress.「彼は人間は進歩すると固く信じていた」。in progress「進行中で」。
□0648 **feed** /fíːd/	動 食物を与える food と関連。feed the fish「魚に餌をやる」。feed one's family「家族を養う」。
□0649 **project** /prədʒékt/	動 計画する；投影する　名 計画 pro-「前に」、jectはラテン語iacere「投げる」から。㊜subject「主題」。The image was projected on the screen.「映像はスクリーンに映し出された」。 名 projection（予測；映写）
□0650 **surround** /səráund/	動 囲む ☺ **サラ**（Sarah）、**運動**選手に囲まれる。ラテン語 superundare「（水が）氾濫する」が round「丸い」の影響を受けて変化。㊐ステレオのサラウンドシステム。The reporters surrounded the actress.「報道陣が女優を取り囲んだ」。

□0651 **effect** /ifékt/	名 効果、影響 ef-=ex-「外へ」、fectはラテン語facere「する」から。行いが外部にもたらす効果、影響。参affect「影響する」。Weather is said to have an effect on the human psyche.「天気は人間の心理に影響を与えると言われている」。 形 effective(効果的な)
□0652 **spare** /spéər/	動 (人に危害・迷惑を)与えない;(時間などを)割く ☺ **酢**、**ペア**にかけるなんてしない(そんな野暮な迷惑行為しません)。日本語にない発想の動詞で、<spare＋人＋労力など>の語法が大切。I'll spare you the boring explanation.「退屈な説明はやめておきましょう」。spare time「時間を割く」。
□0653 **exact** /igzǽkt/	形 正確な ☺ **戦**(いくさ)**来っと**(来ると)正確な射撃(練習では下手なくせに)。the exact location of the ship「船の正確な位置」。the exact nature of a drug「薬の実際の性質」。 副 exactly(確かに、正確に)
□0654 **refer** /rifə́ːr/	動 言及する;参照する re-「元の場所へ」、ferはラテン語ferre「運ぶ」から。元の場所へ返す→帰する→関連がある→言及。言葉の意味がわからず辞書に帰る→参照。「紹介する」の意味も。 名 reference(言及;参照)
□0655 **invade** /invéid/	動 侵略する、侵攻する in-「中に」、vadeはラテン語vadere「行く」から。参wade「(水の中を)歩く」。Germany invaded Poland in 1939.「ドイツは1939年にポーランドに侵攻した」。 名 invasion(侵略、侵攻)
□0656 **intention** /inténʃən/	名 意図 ☺ **移転しよん**と言う意図。intend「意図する」の名詞形。I had no intention of causing a problem.「問題を起こすつもりはなかったんです」。 形 intentional(意図的な)
□0657 **refrigerator** /rifrídʒərèitər/	名 冷蔵庫 re-「再び」frigid「冷たい」。略語では fridge とも。Help yourself to a beer from the fridge.「冷蔵庫のビール、勝手に飲んでくれ」。
□0658 **swallow** /swɑ́lou/	動 飲み込む ☺ **座ろう**、そして飲み込もう、ランチを(せっかく座ったのに味わわないの?)。Miranda swallowed the pills.「ミランダは錠剤を飲み込んだ」。
□0659 **forgive** /fərgív/	動 許す、容赦する ☺ **ほう、ギブ**するの?と許すレスラー。許しを与える(give)。Please forgive me.「どうか私を許してください」。 名 forgiveness(許し、寛大)
□0660 **damp** /dǽmp/	形 湿気のある、じめじめした ☺ **ダンプ**(dump trucks)に積み込む湿った服。His clothes were still damp.「彼の服はまだ湿っていた」。damp weather「じめじめした天候」。 名 dampness(湿気)

067.mp3

□0661 **surprise** /sərpráiz/	動 驚かす　名 驚き ☺ **さあ**、**プラ**モデル**いず**れも半額！と驚かす。sur-「上から」、prise はラテン語prehendere「捕まえる」から。The sound surprised the cat.「その音はネコを驚かせた」。 形 surprising（驚くべき）　形 surprised（驚いた）
□0662 **aim** /éim/	動 狙う　名 目標 ☺ **えい**！**ム**リして狙う高学歴。Matt is aiming for one of the top-tier MBA schools.「マットはトップクラスのビジネススクールを狙ってるんだ」。
□0663 **regard** /rigáːrd/	動 ～を…と見なす　名 点 re-「後ろに」gard=guard「守る」→見守る→見る。視線が届く先→点。他に「尊敬」（見上げる）、「心遣い」（注意を払って見る）などの意味があり、「見る」イメージが共通。regard A as B「A を B と見なす」。
□0664 **factor** /fǽktər/	名 要因 ☺ **不惑たあ**落ち着いている要因。ラテン語facere「作る」から。物事を作っている要素。参factory「工場」。Speed was the key factor in the company's success.「その会社が成功した主たる要因はスピードだった」。
□0665 **evidence** /évədəns/	名 証拠 evident「明白な」から派生。事実を明らかにするもの→証拠。The coat was a prime piece of evidence for the defense.「そのコートは弁護側にとって最重要の証拠だった」。
□0666 **demonstrate** /démənstrèit/	動 明らかに示す、実証する de-「完全に」、monstrate はラテン語monstrare「示す」から。自デモを行う。Galileo demonstrated that objects generally fall at the same rate.「ガリレオは物体が一般的に同じ速度で落下することを示した」。 名 demonstration（実演、実証）
□0667 **raise** /réiz/	動 上げる；育てる ☺ **例**、い**ず**れの単語にも挙げる。自動詞の rise「上がる」と区別。Raise your hand.「手を上げて」。raise taxes「税金を上げる」。raise children「子どもを育てる」。
□0668 **plenty** /plénti/	名 多量　形 たくさんの pl- には「重なる、満ちる」のイメージがある。We had plenty of time to talk.「話す時間は十分あったからね」。 形 plentiful（[有り余るほど]豊富な）
□0669 **object** /ɑ́bdʒikt/	名 物体；目的　動 反対する ob-「～のほうへ」、ject はラテン語iacere「投げる」から。投げられる物→物体。投げる目標→目的。反対意見を投げつける→反対する。参reject「拒否する」（投げ返す）、inject「注射する」（中へ投げる）。 形 名 objective（客観的な／目標）
□0670 **succeed** /səksíːd/	動 成功する；あとに続く suc-=sub-「副、準、後ろから続く」、ceed はラテン語cedere「行く」から。結果があとからついてくる→成功。参proceed「前進する」。The son succeeded his father as president.「社長の息子があとを継いだ」。 名 succession（連続）　形 successive（連続的な）　名 successor（後継者）

□0671 **range** /réindʒ/	名 範囲；山脈 rank「序列」と関連。列を成して並んでいるものの範囲。山の連なり→山脈。a wide range of knowledge「広範な知識」。a mountain range「山脈」。
□0672 **determine** /ditə́ːrmin/	動 決定する de-「離して」terminate「終わらせる」。迷いや議論を断ち切って終わらせる→決定する。Preparation determines the outcome.「準備が結果を決める」。 名 determination（決定、決意）
□0673 **bore** /bɔ́ːr/	動 退屈させる ☺ **ボヤ**ッとさせる退屈な話。形容詞で「退屈している」は bored、「退屈な」は boring。I'm not going to bore you with the details.「退屈な詳細は省くとしよう」。
□0674 **blame** /bléim/	動 責める　名 非難 ☺ **無礼もの**！と責める。I'm not blaming you for the trouble last week.「先週のことで君を責めたりはしないよ」。If it fails, you can put the blame on me.「失敗したらオレを責めていいよ」。
□0675 **struggle** /strʌ́gl/	動 奮闘する ☺ **ストラ**イキで苦しんで闘う、と覚えよう。逆境の中で悪戦苦闘する感じ。The international community is struggling to bring peace to the country.「その国に平和をもたらそうとして国際社会は苦労している」。
□0676 **thief** /θíːf/	名 泥棒 ☺ え、**チーフ**（chief）が泥棒？　a petty thief「こそ泥」。 名 theft（盗み）
□0677 **lawn** /lɔ́ːn/	名 芝生 ☺ **ローン**（loan）で買った芝生付きの家、と覚えよう。The kids were playing on the lawn.「子どもたちは芝生の上で遊んでいた」。
□0678 **swift** /swíft/	形 迅速な ☺ **スイ**ッ、**フ**ッ、**と**動く迅速な忍者。類 quick。Thank you for your swift reply.「迅速なお返事ありがとうございます」。
□0679 **oppose** /əpóuz/	動 反対する、敵対する ☺ **お**、**坊主**に反対する（罰当たりな！）。op-=ob-「反対に」、pose は古フランス語 poser「置く」から。参 opponent「敵」。I'm opposed to capital punishment.「私は死刑には反対だ」。 名 opposition（反対、敵対）
□0680 **youngster** /jʌ́ŋstər/	名 子ども、若者 young「若い」に -ster「～である人」が付いて名詞化。when I was a youngster「私が若かった頃」。

069.mp3

□0681 **whip** /hwíp/	名 むち 動 むち打つ ☺ **ウィップ**！と、いかにもむちを振るうような音。Johnny is sharp as a whip.「ジョニーはむちのように頭が切れる」。
□0682 **scar** /skɑ́ːr/	名 傷跡 ☺ **スカッ**！と切って付いた傷跡。アル・パチーノ主演の映画 *Scarface*『スカーフェイス』は顔に傷のある麻薬王が主人公。The earthquake created a scar across the landscape.「その大地震は地表に傷跡を残した」。
□0683 **trap** /trǽp/	名 ワナ 動 捕らえる ☺ **虎** put するワナ。set a trap「ワナを仕掛ける」。「閉じ込める」の意味も。The atmosphere traps heat.「大気は熱を閉じ込める」。
□0684 **monopoly** /mənɑ́pəli/	名 独占 mono-「単独で」、poly はギリシャ語polein「売る」から。㊐ゲームの「モノポリー」。monopoly prohibition law「独占禁止法」。 動 monopolize（独占する）
□0685 **wealth** /wélθ/	名 富 well「良い」-th「状態」。財政状態が良い→富。Some say wealth is an illusion.「富なんて幻想だと言う人もいる」。a wealth of useful information「有益な情報の山」。 形 wealthy（裕福な）
□0686 **temper** /témpər/	名 怒りっぽい気質 動 和らげる ☺ **テンパ**ると怒りっぽくなる気質。tempo「速さ」と関連。short temper「短気」。「気分；平常心」などの意味も。temper consumption.「消費を抑える」。 形 temperate（控えめな）
□0687 **testify** /téstəfài/	動 証言する 被告が真実を述べているかを test するための証言、と考えよう。testify against the defendant「被告人に不利な証言をする」。 名 testimony（証言）
□0688 **proportion** /prəpɔ́ːrʃən/	名 割合 pro-「前に出た」portion「分け前」。目の前に置かれた分け前の比率→割合。㊐プロポーション抜群。The proportion of women online is nearly equal that of men.「ネットを使う割合は男女ともほぼ変わらない」。
□0689 **foreign** /fɔ́ːrən/	形 外国の ☺ **ほー、リンダ**は外国の人？ go to a foreign country「外国へ行く」。「異質な」の意味も。a foreign body「異物」。 名 foreigner（外国人）
□0690 **male** /méil/	名 男性、雄 形 男性の、雄の ☺ **名声要る**、男性ならば。ラテン語 mas から。㊎female。㊂masculine「男の、男らしい」。Male bonding is a popular cinematic theme.「男同士の友情はよくある映画のテーマだ」。

□0691 **scrape** /skréip/	動 こする；すくい取る ☺「**スクレイプ**」と「すくい取る」だから音が似ている。scrape the gum from the floor「床のガムをこすり取る」。skyscraper「超高層ビル」は「空をこするもの」の意味。
□0692 **divorce** /divɔ́ːrs/	名 離婚　動 離婚させる ☺ **自暴す**離婚して（自暴自棄にもなります）。di-=dis-「分かれる」。divert「そらす」と関連。I don't want to get a divorce.「離婚はしたくない」。
□0693 **concern** /kənsə́ːrn/	動 関係する；心配させる　名 心配、関心事 con-「共に」、cernはラテン語cernere「ふるいにかける」から。同じ範ちゅうに分類→関係、関心。関心が向く→心配。「利害関係」などの意味も。This is not something that concerns you.「あなたには関係のないことよ」。
□0694 **naked** /néikid/	形 裸の ☺ **ねえ、きっと**裸よ、あの人今日も。The moon's craters are visible to the naked eye.「月のクレーターは裸眼でも見える」。naked feet「素足」。
□0695 **establish** /istǽbliʃ/	動 設立する；確立する e-=ex-「外に」stable「安定させる」。establish a new government「新政府を設立する」。establish a theory「理論を確立する」。 名 establishment（設立；体制）
□0696 **imitate** /ímətèit/	動 模倣する、まねる imageと関連。宝石などの「イミテーション」から類推可能。Parrots imitate human speech.「オウムは人間の言葉をまねる」。 名 imitation（模造品、偽造品）
□0697 **employ** /implɔ́i/	動 雇う；採用する em-=in-「中に」、ployはラテン語plicare「折り畳む、重ねる」から→抱え込む→雇う。employ workers「労働者を雇う」。employ a method「方法を採る」。 名 employee（被雇用者、従業員）　名 employer（雇用主）
□0698 **generate** /dʒénərèit/	動 生み出す、発生させる gen-「生む」。参generation「世代」。A wind farm generates clean energy.「風力発電所はクリーンなエネルギーを生む」。
□0699 **steady** /stédi/	形 安定した、定まった 語源は違うが、st- から「安定して立っている」と考えよう。目ステディーな彼女。a steady income「安定した収入」。
□0700 **recognize** /rékəgnàiz/	動 認識する；わかる re-「再び」、cognはラテン語cognoscere「認識する」(←co-「共に」gnoscere「知る」)から。参cognition「認知」。Sorry, I didn't recognize you.「すまん、最初誰かわからなかったんだ」。 名 recognition（認識、認知）

071.mp3

□0701 **issue** /íʃuː/	動 発行する；発表する 名 問題；刊行物 ☺ **イッ** !? と驚く間に**シュッ**と出てくる。exit「出口」と関連。出てくる→発行、発表。出てくる物事→問題、論点。issue a statement「声明を発表する」。attack an issue「問題に取り組む」。
□0702 **exceed** /iksíːd/	動 越える、超える、上回る ☺ **行くし、ど**うしても！と山越える。ex-「外に」、ceedはラテン語cedere「行く」から。参proceed「進む」(前に行く)。exceed expectations「予想を超える」。The expenses exceeded $3,000.「出費は 3,000 ドルを超えた」。
□0703 **swear** /swέər/	動 誓う ☺ **末や**！と誓う（絶対に長男じゃない！）。answer「答える」と関連。I swear on my mother's grave: I'm not cheating on you.「母ちゃんの墓に誓って浮気はしていない」。「ののしる」の意味もある。
□0704 **witness** /wítnis/	名 目撃者、証人 動 目撃する wit「機知」に名詞語尾の -ness がついた形。知識がある→事実を知っている。Many people witnessed the accident.「多くの人がその事故を目撃した」。
□0705 **empty** /émpti/	形 空の、空いている ☺ **円**（球？）、**プチ**ッとつぶれて空になる。an empty bottle「空の瓶」。an empty chair「空いている椅子」。 名 emptiness（空虚）
□0706 **attract** /ətrǽkt/	動 引きつける ☺ あ**あ虎グッと**引きつける。at-=ad-「～へ」、tractはラテン語trahere「引く」から。The beauty of the land attracts many tourists.「その土地の美しさが多くの観光客を引きつける」。 形 attractive（魅力的な） 名 attraction（魅力；呼び物）
□0707 **experiment** /ikspérəmənt/	名 実験 動 実験する ex-「外に」peri=peril「危険」。危険を冒して実験し、結果を外に出そうとする感じ。perform an experiment「実験を行う」。Scientists experimented with rats.「科学者たちはネズミを使って実験した」。
□0708 **tip** /típ/	名 先端 動 傾ける ☺ **ティップ**ティップ（チクチク）と刺さる先端。名詞と動詞では語源が異なるが、「先端を傾ける」と覚えてもよい。The word was on the tip of my tongue.「その言葉、舌先まで出かかっていたんだが」。tip a glass「グラスを傾ける」。
□0709 **district** /dístrikt/	名 地区、区域 dis-「分ける」、strictはラテン語stringere「引っ張る」から。線を引いて地域を分ける感じ。a residential district「住宅地域」。
□0710 **necessary** /nésəsèri/	形 必要な、必須の アクセサリー(accessory) は necessary と言い張る人。That's not necessary.「その必要はないよ」。take necessary measures「必要な手段を採る」。 名 necessity（必需品；必然）

□0711 **debate** /dibéit/	名 討論 動 議論する
	☺ **で、ベーッと**舌出す討論の相手。de-「下に」、古フランス語batre「打つ」から。言葉や論理で相手を打ち負かそうとする。参batter「打者」、battle「戦闘」、abate「減少する；弱まる」。the debate over abortion「妊娠中絶を巡る議論」。
□0712 **suburb** /sʌ́bəːrb/	名 郊外
	☺ **さ、ばあば**と住もう、郊外の家（二世帯住宅？）。sub-「副、準」、urbはラテン語「都市」から。参urban「都会の」。a quiet life in the suburbs「郊外での静かな暮らし」。
	形 suburban（郊外の）
□0713 **handful** /hǽndfùl/	名 少量、ひと握り
	手(hand)いっぱいの(-ful)。Only a handful of people visited the museum.「ひと握りの人々だけがその美術館を訪れた」。
□0714 **preface** /préfis/	名 序文、はしがき
	pre-「前もって」、faceはラテン語fari「話す」から。I always read the preface last.「私はいつも序文を最後に読む」。
□0715 **exhibit** /igzíbit/	動 展示する、示す 名 展示会
	☺ **意気地、ビッと**示す。ex-「外に」、hibはラテン語habere「持つ」から。持ち物を外に出して見せる。exhibit artifacts in glass cases「工芸品をガラスケースに入れて展示する」。
	名 exhibition（展示会）
□0716 **latter** /lǽtər/	形 後者の、あとの
	late「遅れた」の比較級。later「あとで」と区別。発ラター。"Which would you prefer? Plan A or B?" "The latter sounds better."『プランAとBのどちらがいいと思いますか』『後者のほうがいいですね』。
□0717 **crack** /krǽk/	名 ひび 動（鋭い音を立てて）割れる
	☺ **暗く**なる、花瓶にひびが入って。I found a web of cracks at the bottom of the vase.「花瓶の底にひびがクモの巣のように入っていた」。The ice cracked into pieces.「氷は音を立てて割れた」。
□0718 **cargo** /kɑ́ːrgou/	名 貨物、積み荷
	☺ **かご**に入った積み荷。carry「運ぶ」と関連。a cargo flight「貨物便」。
□0719 **possess** /pəzés/	動 所有する
	☺ **ポーッ、絶す**る言葉、所有する土地が荒らされて。霊や考えが「取りつく」の意味も←霊に自分を所有されてしまう。参obsess「取りつく」。
	名 possession（所有；所有物）
□0720 **row** /róu/	名 列
	☺ **浪**人の列。横の並び。縦の並びはcolumn。Row 14, Seat H「14列、座席番号H」。語源は違うが「船を漕ぐ」の意味も。

073.mp3

□0721 **stain** /stéin/	名 染み　動 汚れを付ける ☺ **捨てインク**で付いた染み。remove stains from one's clothes「服の染みを取る」。The ink stained my shirt.「インクでシャツが汚れた」。
□0722 **intermediate** /ìntərmíːdiət/	形 中間の inter-「間」mediate「中」。参media「メディア」(間に立つもの)。an intermediate stage「中間的な段階」。
□0723 **crisis** /kráisis/	名 危機；転機 ☺ **暗い**！**死す**！危機だ!!　ギリシャ語 krinein「分ける」から。生死を分ける→危機。参critic「批評家」(良い悪いを見分ける人)、critical「重大な」。The pension system is facing a crisis.「年金制度は危機に瀕している」。
□0724 **phase** /féiz/	名 段階、局面 ☺ **屁**、**いず**れの段階でも臭い。ギリシャ語 phainein「現れる」→目の前に現れた物事の側面。参fantasy「空想、幻想」(目の前に現れるビジョン)。The war entered a new phase.「戦争は新たな局面に入った」。
□0725 **expire** /ikspáiər/	動 期限が切れる、終了する ex-「外に」、xpireはラテン語spirare「息をする」から。最後の息を吐き出す→死ぬ→有効期限が切れる。「死ぬ」の意味も。参spirit「魂」。My driver's license expires next month.「僕の運転免許は来月で切れる」。 名 expiration(期限切れ、終了)
□0726 **instrument** /ínstrəmənt/	名 道具；楽器 in-「中に」、struはラテン語struere「積む、建てる」から。部屋の中に装備する→道具→楽器。参instruct「教える」(中に積み重ねる)。laboratory instruments「実験器具」。play an instrument「楽器を演奏する」。
□0727 **period** /píəriəd/	名 期間、時期 peri-「周りの」、odはギリシャ語 hodos「道」から。周囲を囲む道→ひと巡り→巡る時間→期間。句点の「ピリオド」の意味も。 形 periodic(周期的な)
□0728 **clerk** /klə́ːrk/	名 事務員、係員 ☺ 事務員の**クラーク**(Clark)さん。cleric「聖職者」と関連。昔は聖職者が記録などを取ったことから事務員の意味に発展した。You should talk to the clerk at the counter.「カウンターにいる係の人に話すべきだよ」。
□0729 **stare** /stέər/	動 じろじろ見る、凝視する　名 凝視 ☺ **スターや**！とじろじろ見る。Stop staring at me!「オレをじろじろ見るのは止めろ！」。
□0730 **gain** /géin/	動 得る　名 利益 ☺ **ゲ**、**印**税こんなに得ちまった。No pain, no gain.「痛みがなければ得るものもない」(まかぬ種は生えぬ)。

□0731 **firm** /fə́ːrm/	形 固い(堅い) 名 会社 ☺ **ふぁー、無**理だ割るのは、固いから。力を加えても簡単にぐらつかない「かたさ」。商談を固める→事業→会社。firm wood「堅い木」。a firm belief「固い信念」。a consulting firm「コンサルティング会社」。
□0732 **therefore** /ðέərfɔ̀ːr/	副 それゆえ そこから(there)前に(fore)。I think, therefore I am.「我思う、故に我あり」。
□0733 **grab** /grǽb/	動 ひっつかむ ☺ **グラ**ッと揺れた花瓶を**ブ**ッとつかむ。野球の**グラブ**(baseball glove)でgrab、と覚えてもよい。「さっと手に入れ(て食べ)る」などの意味も。I grabbed a sandwich on the way.「途中でサンドイッチを買った」。
□0734 **apart** /əpɑ́ːrt/	副 離れて a-=ad-「〜へ」part「部分」。参apartment「アパート」。The twins grew apart.「双子は別々に育った」。Apart from comic books, Mark reads little.「マークは漫画の他にはほとんど本を読まない」。
□0735 **amount** /əmáunt/	名 量 動 総計〜になる ☺ **尼うんと**いてすごい量の食事(修道院の食堂も大変)。a-=ad-「〜へ」mount「登る」→積み上げた合計→量。The total bill amounted to $3,000.「支払いは全部で3,000ドルになった」。
□0736 **remain** /riméin/	動 残る；〜のままでとどまる re-「再び」、mainはラテン語manere「とどまる」から。参maintain「保持する」。<S remain C>の第2文型も取る。The audience remained silent at his joke.「彼のジョークにも観衆は黙ったままだった」。
□0737 **manufacture** /mæ̀njufǽktʃər/	動 製作する、製造する 名 製造 manu「手で」、factはラテン語facere「する」から。参fact「事実」(なされたこと)、factory「工場」。manufacture cars「自動車を生産する」。
□0738 **vital** /váitl/	形 重要な；生命の ☺ **倍取る**と生命に関わる(塩分の取り過ぎはダメ！)。ラテン語vita「生命」から。生命に関わる→重要な。参vivid「生き生きした」。The rule of law is vital for democracy.「法の支配は民主主義に不可欠だ」。vital signs「生命兆候」(脈拍など)。
□0739 **rush** /rʌ́ʃ/	動 急ぐ、殺到する 名 突進、殺到 ☺ ……**らしい**、と聞いて急ぐ(うわさにあおられて)。日ラッシュアワー。He rushed up the stairs.「彼は階段を駆け上がった」。People rushed to the door.「人々はドアに殺到した」。a rush of water「奔流」。
□0740 **violate** /váiəlèit/	動 (規則などを)破る violence「暴力」と関連。暴力的にルールを破る。violate the rules「ルールを破る」。 名 violation(違反)

075.mp3

□0741 **compose** /kəmpóuz/	**動 構成する；作曲する** com-「共に」、poseは古フランス語poser「置く」から。要素を共に配置して全体を構成する。バラバラな感情をまとめるところから「心を落ち着かせる」の意味も。compose a symphony「交響曲を作曲する」。 形 composite（合成の）
□0742 **justice** /dʒʌ́stis/	**名 正義、公正** just「正しい」から派生。do ～ justice「～を正当に評価する」。This introductory course is much too short to do art justice.「この入門コースは美術を正しく味わうには短過ぎるね」。
□0743 **inquire** /inkwáiər/	**動 尋ねる、調査する** ☺ **インクはイヤ**かと尋ねる調査官。in-「中に」、quireはラテン語quaerere「尋ねる」から。参quest「探し求める」。inquire into an incident「ある事件を調査する」。 名 inquiry（質問、調査）
□0744 **virtual** /və́ːrtʃuəl/	**形 事実上の；仮想の** ☺ **バツ悪**い事実上の断交。ラテン語vir「男」から。見た目が男らしい→姿形だけで現実に影響を与える。virtual monopoly「事実上の独占」。virtual reality「仮想現実」。 副 virtually（実際は）
□0745 **shrug** /ʃrʌ́g/	**動 肩をすくめる** 欧米の人がよくやる仕草。いかにも音がその動作を表している。The chairman shrugged in response to my proposal.「議長は私の提案に肩をすくめた」。
□0746 **identity** /aidéntəti/	**名 自己同一性、本人であること** ラテン語idem「同じ」から。ある存在がその存在であることを構成する、あるいは証明するもの。日アイデンティティーを確立する。 動 identify（同一［本人］であることを証明する、特定する） 名 identification（本人であることの証明）
□0747 **absent** /ǽbsənt/	**形 不在である、欠席している** ab-「離れて」、sentはラテン語esse「存在する」から。参abnormal「異常な」（基準を離れる）。Tom has been absent from school for two days.「トムは2日間学校を休んでいる」。 名 absence（不在、欠席） 名 absentee（欠席者）
□0748 **state** /stéit/	**動 述べる　名 状態；国家** ラテン語stare「立つ」から。立っている姿→状態。どのような状態かの記述→述べる。国として立つ→国家。state one's opinion「意見を述べる」。The building was in a terrible state.「そのビルはひどい状態だった」。 名 statement（声明、発言；記述）
□0749 **search** /sə́ːrtʃ/	**動 探す　名 探索、調査** circle「円」と関連→円を描いて探す、と覚えよう。If you search for tenderness, it isn't hard to find.「優しさを求めるなら、手に入れるのは難しくない」（*Honesty* by Billy Joel）。
□0750 **neighborhood** /néibərhùd/	**名 近所、近辺** neighはnearと関連し、「近くに」の意味。a safe neighborhood.「安全な地域」。He makes in the neighborhood of a million dollars a year.「彼は100万ドルぐらいの年収がある」。 形名 neighbor（近所の／近所の人）

□0751 **script** /skrípt/	名 原稿；手書き文字 ラテン語 scribere「書く」から。参manuscript「手書き原稿」、describe「描写する」(書きつける)、scribble「走り書きする」。the original script「元の原稿」。
□0752 **require** /rikwáiər/	動 要求する re-「くり返し」、quireはラテン語quaerere「尋ねる、求める」から。参quest「探し求める」、inquire「尋ねる」。This matter requires special attention.「この案件は特に注意を要する」。 名 requirement(要求、要件)
□0753 **settle** /sétl/	動 落ち着く；定住する ☺ **set る→落ち着く**、と考えよう。The immigrants settled in the neighborhood.「移民はその地域に定住した」。settle a problem「問題を解決する」。 名 settlement(定住；入植地)　名 settler(入植者)
□0754 **analyze** /ǽnəlàiz/	動 分析する ☺ **オナラいず**れにせよ分析する。ギリシャ語 analuein「ほどく」→バラバラに分解して分析する。Let's analyze the problem from different angles.「別の角度から問題を分析してみよう」。 名 analysis(分析)
□0755 **ash** /ǽʃ/	名 灰 ☺ **あ、シュッ**と燃えて灰になる。arid「乾燥している」と関連。All the buildings were burned to ashes.「全ての建物は灰じんに帰した」。 形 ashen(灰色の)
□0756 **kindergarten** /kíndərgὰ:rtn/	名 幼稚園 ドイツ語「子どもたちの庭」から。kinderをkid「子ども」と結び付けて覚えてもよい。The parents want their kids to enter a prestigious kindergarten.「親たちは子どもを有名幼稚園に入れたがっている」。
□0757 **warehouse** /wέərhàus/	名 倉庫 ware には「物」のイメージがある。物を置いておく家→倉庫。参silverware「銀食器」、hardware「機器」。Our products are stored in the warehouse.「ウチの製品は倉庫にあるんだ」。
□0758 **squad** /skwɑ́d/	名 一団、隊 square「四角形」から派生。軍隊の隊形が四角だったことから。a squad of soldiers「兵士の一団」。
□0759 **threat** /θrét/	名 脅し；脅威 ☺ **スレた**子どもに脅された。The expanding population poses a major threat to the environment.「増え続ける人口が環境に重大な脅威を与えている」。 動 threaten(脅す)
□0760 **customer** /kʌ́stəmər/	名 顧客 custom「習慣、慣習」から派生。習慣のようによく来る客。The customer is always right.「お客様は常に正しい」。customer satisfaction「顧客満足」。

□0761
bump
/bʌ́mp/

動 ドンとぶつかる　名 こぶ

擬音語。☺こぶに**バン**、**プ**ッとぶつかる感じ。We almost bumped into each other.「お互いぶつかるところだった」。There was a bump on the road.「路上にこぶがあった」。

□0762
drip
/dríp/

動 ぽたぽた落ちる　名 しずく

☺ いかにも**ドリッ**、**プ**ッと落ちる感じ。drop「落ちる」と関連。日ドリップコーヒー。water dripping from the ceiling「天井からぽたぽた落ちる水」。

□0763
especially
/ispéʃəli/

副 特に

special「特別な」から派生。You have to be careful while driving, especially after dusk.「車を運転するときは気をつけないと、特に夕暮れ以降は」。

□0764
construct
/kənstrʌ́kt/

動 建設する

con-「共に」、structはラテン語struere「積む、建てる」から。部品を組み合わせて積み重ねる。参structure「構造」。construct a building「ビルを建設する」。

名 construction（建設；建造物）

□0765
express
/iksprés/

動 表現する

ex-「外に」press「押し出す」。内側にあるものを外に出して表現する。In “Guernica,” Picasso expressed the horror of modern warfare.「ゲルニカでピカソは近代戦争の恐怖を表現した」。

名 expression（表現）

□0766
tradition
/trədíʃən/

名 伝統

☺ **虎でしょ**、伝統は（代々のタイガースファン）。ラテン語 tradere「譲る、分け与える」から。代々譲られ、受け継がれてきたもの。follow the family tradition「家族の伝統を受け継ぐ」。

形 traditional（伝統的な）

□0767
via
/ví:ə/

前 ～を通して

ラテン語 via「道」から。We went to St. Petersburg via Moscow.「我々はモスクワを通ってサンクトペテルブルクに行った」。

□0768
opportunity
/àpərtjú:nəti/

名 機会、チャンス

op-=ob-「～のほうへ」port「港」。港に船が入ってきた、チャンスだ！　This is an opportunity to expand our business.「これは我々のビジネスを拡大するチャンスだ」。

□0769
conference
/kánfərəns/

名 会議

confer「話し合う」から派生。con-「共に」、ferはラテン語ferre「運ぶ」から。２つのものを共に運ぶ→比較→相談→会議。attend a U.N. conference「国連の会議に出席する」。

動 confer（話し合う、協議する）

□0770
envy
/énvi/

名 嫉妬、羨望　動 うらやましがる

☺ **燕尾**服いいなあ、とねたむ。a mixed feeling of envy and admiration「嫉妬と称賛の入り交じった感情」。I envy you.「君がうらやましいよ」。

形 envious（うらやんで）

□0771 **bake** /béik/	動 (パン・れんがなどを)焼く bath「風呂」と関連。「温める」イメージが共通。日ベーカリー(bakery「パン屋さん」)。bake bread「パンを焼く」。bake bricks「れんがを焼く」。The land was baked in the summer heat.「土地は夏の暑さに灼かれていた」。
□0772 **distance** /dístəns/	名 距離 dis-「離れて」、stanceはラテン語stare「立つ」から。離れて立つ→距離。the distance between the sun and the earth「太陽と地球の距離」。 形 distant(遠い、離れた)
□0773 **lazy** /léizi/	形 怠惰な ☺ **零児**(0点ばかり取る生徒)は怠惰。a lazy man「怠け者」。a lazy Sunday afternoon「気だるい日曜日の午後」。lazy Susan「(中華料理店などにある)回転式円卓」。
□0774 **nap** /nǽp/	名 昼寝、うたた寝　動 昼寝する ☺ **なっ**、**プ**ッと少し寝ると気持ちいいだろう？　have / take a nap「昼寝(うたた寝)をする」。
□0775 **submit** /səbmít/	動 提出する sub-「下に」、mitはラテン語mittere「送る」から。窓口の下に空いたすき間からスッと書類を差し出す感じ。他人の支配下に置く、ということ。類 hand in。submit one's application「出願書類を提出する」。
□0776 **apply** /əplái/	動 応用する；出願する ap-=ad-「～へ」、plyはラテン語plicare「折り畳む」から。物事を折り畳んで現実に合わせる→応用。申込書を折り畳んで提出→出願。apply a theory to practice「理論を実際に応用する」。 名 applicant(応募者)　名 application(出願；応用)
□0777 **vanish** /vǽniʃ/	動 消える ☺ **馬(ば)にし**て、給料消える(競馬ですっちゃった！)。vain「空の」と関連。消えて空になる。In a mere three days, one month's salary simply vanished into thin air!「1カ月の給料がたった3日で消えちまった！」。
□0778 **compare** /kəmpéər/	動 比較する com-「共に」par「等しい」。参par「(ゴルフの)パー」(基準と自分のスコアが等しい)。You can't compare apples and oranges.「違ったもの同士は比較できない」。 名 comparison(比較)　形 comparable(比較できる、同種の)
□0779 **enable** /inéibl/	動 可能にする できる(-able)状態にする(en-)。<S enable O to do>「O が do することを S が可能にする」は「S が原因で O が do する」と解釈できる。「原因(S)→結果(O)語」の一つ。
□0780 **striking** /stráikiŋ/	形 印象的な、際立った strike「打つ」から派生。心を打つような。a striking difference「顕著な違い」。「攻撃が届くような」の意味も。striking distance「攻撃可能距離」。

□0781
wit
/wít/

名 機知

☺ **ウイッ、と**飲んで機知ひけらかす。㊐ウイットに富んだエッセイ集。Brevity is the soul of wit. (Shakespeare)「知性の神髄は簡潔さにあり」(シェイクスピア)。

□0782
transparent
/trænspέərənt/

形 透明な

trans-「向こうから」、parentはラテン語parere「現れる」から。参apparent「明白な」。a thin transparent plastic「薄くて透明のプラスチック」。His intentions were transparent.「彼の意図が透けて見えた」。

□0783
vague
/véig/

形 あいまいな

ラテン語 vagus「さまよう」から。参vagabond「放浪者」。類obscure。a vague definition「あいまいな定義」。

名 vagueness（あいまいさ）

□0784
offend
/əfénd/

動 感情を害する、怒らせる

☺ **おお変、ど**うして？と感情を害された人。My careless remarks offended her.「私の不注意な発言が彼女を怒らせた」。「罪を犯す」の意味も。criminals who have offended repeatedly「何度も罪を犯した犯罪者」。

□0785
reasonable
/rí:zənəbl/

形 道理にかなった；（値段が）あまり高くない

道理・理屈（reason）の範囲内で理解することが可能な（-able）。㊐リーズナブルな値段。take reasonable steps「理にかなった段階を踏む」。at a reasonable price「手頃な値段で」。

□0786
heap
/hí:p/

名（積み重ねた）山、堆積

☺ **ヒー！プ**ッとオナラしたら本の山が落ちてきた！ Clothes lay in a heap on the floor.「服が山になって床に置かれている」。a heap of coal「石炭の山」。

□0787
connect
/kənékt/

動 結び付ける、つなぐ

con-「一緒に」、nectはラテン語nectere「結ぶ」から。㊐コネがある。参nexus「つながり、絆」。＜connect A with B＞「AとBを結び付ける」。

名 connection（結び付き、関係）

□0788
genius
/dʒí:njəs/

名 天才

☺ **爺ニヤつ**いて、わしゃ天才。gen-「生」から、「生まれついての天才」と考えよう。My father once thought I was a genius.「父もかつて私が天才じゃないかと思っていた」。

□0789
disturb
/distə́:rb/

動 妨げる、邪魔をする

dis-=off、turbはラテン語turbare「乱す」から。参turbulence「乱気流、混乱」。Don't disturb.「起こさないで」。

名 disturbance（妨害、混乱）

□0790
ward
/wɔ́:rd/

名 病棟；（行政）区

☺ **ウォ～、ど**うしようもない、病棟に入れられては（療養するしかない）。guard「保護する」と同語源。守るために仕切られた区画。ward offで「（悪いものを）かわす」の意味も。ward off evil「悪を寄せ付けない」。

訳語を言えるかどうかのテストは必ずしよう。結果的にフックを読んでるだけになったとしても。

□0791
fault
/fɔ́ːlt/

名 欠点；過失

☺ **放ると**欠点わかる投手（球を投げればすぐに判明）。fail「失敗する」、false「誤った」と関連。It's my fault.「私のせいだ」。「断層」の意味も。

形 faulty（欠点のある、不完全な）

□0792
seize
/síːz/

動 つかむ

☺ **Sheず**っと袖をつかむ。「逮捕する；とらえる」などの意味も。Seize the day.「その日をつかめ→今を生きろ」。seize the true meaning of the word「言葉の真の意味をとらえる」。

□0793
behavior
/bihéivjər/

名 振る舞い、行動

☺ **ビッ！ヘビや〜**と人を驚かせる振る舞い。behave「振る舞う」の名詞形。odd behavior「奇妙な行動」。

□0794
withdraw
/wiðdrɔ́ː/

動 （預金を）引き出す；引っ込める

with-「離れて」draw「引く」。I withdrew some cash from my bank account.「私は銀行口座からいくらかの現金を引き出した」。「（大学で）履修登録した授業を取り消す」の意味も。

名 withdrawal（［預金の］引き出し；撤退）

□0795
horror
/hɔ́ːrər/

名 恐怖；嫌悪

ラテン語 horrere「毛が逆立つ」から。☺**ほら**恐怖で毛が逆立った。日ホラー映画。類terror。Nobody realized the true horror of the situation.「その状況の真の恐ろしさに気づいた人はいなかった」。

□0796
innovate
/ínəvèit/

動 革新する、刷新する

in-「中に」、novateはラテン語novus「新しい」から。参new「新しい」。innovate the design of a product「製品のデザインを一新する」。

名 innovation（革新、刷新）

□0797
bald
/bɔ́ːld/

形 はげた

bold「大胆な」と区別。ただし文脈上取り違えることはほとんどないので、「大胆なはげ」と一気に覚えてもよい。his bald head「彼のはげ頭」。a bald eagle「白頭ワシ」。a bald hill「木の生えていない丘」。

□0798
tender
/téndər/

形 柔らかい；優しい

☺ 何やっ**てんだ〜**、と柔らかいお叱り。ラテン語 tener から。参tenderloin「テンダーロイン」（牛の腰部の柔らかい肉）。The steak was tender.「ステーキは柔らかかった」。Love me tender.「優しく愛して」。

□0799
specify
/spésəfài/

動 特定する

species「種」と関連。特定の種類。参special「特別な」。specify the cause of an accident「事故の原因を特定する」。

形 specific（特定の）

□0800
attach
/ətǽtʃ/

動 取り付ける、添える

at-=ad-「〜へ」、tachはtouch「触れる」と関連。参attack「攻撃する」。I'm attaching the requested file to this e-mail「このメールにご要望のファイルを添付しております」。

名 attachment（付属物；愛着）

081.mp3

□0801
underneath
/ʌ̀ndərníːθ/

前 表面下に、下に

☺ **アンタにす**るよ、と表面下の交渉。underから推測可能だが、underよりも表面下に隠れているニュアンスが強い。They found an oil deposit underneath the desert.「彼らは砂漠の下に油脈を見つけた」。

□0802
hunger
/hʌ́ŋgər/

名 飢え、空腹

hungry「空腹の」の名詞形。☺おなかが減って**ハンガ**ハンガ言っちゃう。㊐ハンスト。hunger strike「ハンガーストライキ」。

形 hungry（空腹の、飢えた）

□0803
hate
/héit/

動 嫌悪する、憎む　名 憎悪

☺ **ヘイ**！**止**まらんか！と憎々しい警官。「好きでない」(don't like)より強いので、人に対して使う場合は注意。I hate smoking.「喫煙は大嫌いだ」。I hate to say this, but ...「言いにくいことですが……」。

□0804
convert
/kənvə́ːrt/

動 転換する、変える

con-は強意、vertはラテン語vertere「向ける」から。㊐野球のコンバート（守備位置変更）。㊜introvert「内向的な」。convert heat into electricity「熱を電気に変える」。

形 converse（反対の）

□0805
deny
/dinái/

動 否定する

☺「**～でない**」だから覚えやすい。<deny A B>「AにBを与えない」の用法もあり、日本語の「認めない」に近い。He denied any wrongdoing.「彼はどんな悪事も認めなかった」。

名 denial（否定）

□0806
youth
/júːθ/

名 青年期；若者

young「若い」と関連。「若さ」などの訳語も。youth culture「若者文化」。adventures in his youth「彼の若い頃の冒険」。

□0807
murder
/mə́ːrdər/

名 殺人　動 殺す

☺ **まだ**殺人はしてません、という犯罪者。計画的に殺意を持って行う殺人で、事前の殺意がない manslaughter「故殺」と区別される。The doctor was arrested for murder.「その医者は殺人で逮捕された」。

□0808
solve
/sálv/

動 解決する；溶解する

☺ **反る部**分を解決する（板が反ってちゃロクな家ができないから）。㊜dissolve「溶かす」。solve a problem「問題を解決する」。

名 solution（解決策）　名 solvent（溶剤）

□0809
shield
/ʃíːld/

名 盾　動 守る

☺ **知ると**知識は盾になる（知性が人を救う）。Planting trees will shield the neighborhood from traffic noise.「木を植えれば交通の騒音からご近所を守れるだろう」。

□0810
shortage
/ʃɔ́ːrtidʒ/

名 不足、欠乏

short「不足して」の名詞形。shortage of food「食物の不足」。

□0811 **contribute** /kəntríbju:t/	**動 貢献する** con-「共に」、tributeはラテン語tribuere「割り当てる、払う」から。The loss of natural vegetation contributes to desertification.「自然の植生の喪失は砂漠化の原因となる」。 名 contribution(貢献)
□0812 **interest** /íntərəst/	**名 興味；利益　動 興味を持たせる** inter-「～の間に」、estはラテン語esse「存在する」から。互いの存在の間にあるもの→関係がある→関心、興味。「利害関係；利子」などの意味も。全て「関わり合い」が根本にある。Everything interests me.「何でも興味はあるさ」。
□0813 **essence** /ésns/	**名 本質、神髄** ☺ **えっ？センス**がないのが彼の本質だよ。ラテン語esse「存在する」から。the essence of Buddhism「仏教の本質」。in essence「本質的には」。 形 essential(絶対必要な、本質的な)
□0814 **purse** /pə́:rs/	**名 財布、小物入れ** ラテン語 bursa「袋」から。I left my purse at home.「財布を家に置いてきた」。
□0815 **relation** /riléiʃən/	**名 関係** relate の名詞形。relation は「関係」を表す一般的な語。relationship は主に人間関係に用いるものの、両者の使い分けをしないことも多い。build good relations with ～「～と良好な関係を築く」。 名 relationship(関係)
□0816 **logical** /ládʒikəl/	**形 論理的な** ギリシャ語 logos「言葉、理性的法則」から。言葉で組み立てる論理。logical thinking「論理的な考え方」。
□0817 **impossible** /impásəbl/	**形 不可能な** 可能(possible)でない(im-=in-)。Nothing is impossible.「何事も不可能ではない」。
□0818 **sway** /swéi/	**動 揺れる** ☺ **末**、**い**いかなと心が揺れる(最後でも、まあいいか。いや……)。北欧語源で swing「揺らす、振る」と関連か。「動揺する、傾く」の意味も。branches swaying in the wind「風で揺れている枝」。
□0819 **chief** /tʃí:f/	**名 (組織の)長** ラテン語 caput「頭」から。「料理長」の chef も同語源。参cap「帽子」、capital「首都」。Ben's father is the chief of police.「ベンのお父さんは警察署長だ」。
□0820 **stake** /stéik/	**名 杭；利害関係** ☺ **捨て**に**行く**、杭で囲まれたごみ捨て場へ。stick「棒」と関連。drive stakes into the foundation「土台に杭を打ち込む」。I have a stake in that deal.「その取引にはオレも一枚噛んでるんだ」。

083.mp3

□0821 **conclusion** /kənklúːʒən/	**名 結論** conclude「結論付ける」の名詞形。con-「共に」、cludeはラテン語claudere「閉じる」から。様々な要素を合わせて閉じる→結論。come to a conclusion「結論に達する」。 動 conclude(結論付ける、終了する)
□0822 **illusion** /ilúːʒən/	**名 錯覚、幻想** ☺ **いる、ジョン**が、という錯覚。目イリュージョン(手品)。I have no illusion about the future of this company.「この会社の将来について、私は幻想を持たない」。 形 illusionary(錯覚の)
□0823 **scenery** /síːnəri/	**名 景色、風景** scene「光景、シーン」と関連。I cherish the scenery in downtown Chicago.「シカゴのダウンタウンの風景を私は愛している」。
□0824 **postal** /póustl/	**形 郵便の** post「ポスト」に-alを付けて形容詞化。postal service「郵便事業」。
□0825 **rise** /ráiz/	**動 上がる　名 上昇** ☺ 以**来ず**っと上がる株価。他動詞 raise「上げる」と区別。The sea level has been rising at an alarming rate.「警戒すべき速度で海面が上昇している」。
□0826 **wonder** /wʌ́ndər/	**動 不思議に思う　名 驚異** ☺ **ワンだ**かなあ、と不思議に思う犬。wonders of nature「自然の驚異」。「～かしらと思う」の意味も。I was wondering if you could spare me a few minutes.「数分お時間をいただけないかと思いまして」。
□0827 **delay** /diléi/	**動 遅らせる　名 遅れ** ☺ 遅れる**辞令**。語源は違うが de-=down、lay「横たえる」ととらえ、下に置いておく→遅れる、と考えてもよい。The heavy snow delayed the plane's departure.「大雪で飛行機の出発が遅れた」。
□0828 **committee** /kəmíti/	**名 委員会** ☺ **小道**を守る委員会。物事に責任を持ち、commit した人の集まり。The committee was chaired by the president himself.「大統領自身がその委員会の議長を務めた」。
□0829 **treasure** /tréʒər/	**名 宝物** thesaurus「類語辞典」と関連。語彙の宝庫。treasure island「宝島」。Ichiro is Japan's national treasure.「イチローは日本の宝だ」。
□0830 **wagon** /wǽgən/	**名 荷馬車、四輪車** ☺ **わ、ゴン**！と荷馬車がぶつかった。目ワゴンタイプの車。フォルクスワーゲンの「ワーゲン(wagen)」とも関連。a horse to pull the wagon「荷馬車を引っ張るための馬」。

□0831 **bear** /bέər/	動 (子を)産む；耐える 「考えを抱く；運ぶ」などの意味も。腕やおなかに何か(子ども、苦境、考え、物)を抱えているイメージ。bear a child「子どもを産む」。bear in mind「心にとどめておく」。語源は違うが「熊」の意味も。
□0832 **personnel** /pə̀:rsənél/	名 人員、職員 person「人」から派生。key personnel in the government「政府幹部」。personnel department「人事部」。
□0833 **critical** /krítikəl/	形 重大な ギリシャ語 krinein「分ける、決める」から。運命の分かれ道→重大。参 crisis「危機」。a critical decision「重大な決定」。My career is facing a critical moment.「私のキャリアは重大な時を迎えている」。
□0834 **nod** /nád/	動 うなずく 名 うなずき ☺ な、どう？と言われうなずく。My project got the nod from the manager.「私の計画にマーネジャーのOKが出た」。
□0835 **individual** /ìndəvídʒuəl/	形 個々の、個人の 名 個人；個体 これ以上分ける(divide)ことができない(in-)→個々。TOEFLでは「(生物の)個体」の意味も大切。The individual efforts of all employees are needed.「全従業員個々の努力が必要だ」。
□0836 **shiver** /ʃívər/	動 震える 寒さや恐怖で身が震えること。☺北海道の方言で「厳しく冷え込むこと」を「**しば**れる」というのは偶然？ Susan shivered with the cold.「スーザンは寒さで体が震えた」。
□0837 **prior** /práiər/	形 前の、(時間・順序が)先の ラテン語 pri-「前の」の比較級から。prior to ～「～より前に」。I won't be able to attend, because I've got a prior appointment.「先約があるから行けそうにない」。
□0838 **invisible** /invízəbl/	形 目に見えない 見る(visi)ことができ(-ble)ない(in-)。反 visible「目に見える」。参 vision「視覚」。The bacteria are invisible to the naked eye.「その細菌は肉眼では見えない」。
□0839 **capital** /kǽpətl/	名 首都；資本金 形 主要な ラテン語 caput「頭」から。参 cap「帽子」、captain「キャプテン」、chief「長」。Paris is the capital of France.「パリはフランスの首都だ」。capital punishment「死刑」。
□0840 **locate** /lóukeit/	動 見つける；置く local「土地の」と同語源。The museum is located in the city center.「その美術館は街の中心にある」。 名 location(場所、立地)

085.mp3

□0841 **increase** /inkríːs/	動 増やす　名 増加 ☺ **インク、リース**を増やすコピー機(インクが良質だと人気)。in-「中へ」、creaseはラテン語crescere「成長する」から。反decrease「減らす」。The population increased by 10 percent.「人口が10% 増えた」。
□0842 **literal** /lítərəl/	形 文字通りの letter「文字」から派生。the literal interpretation of a sentence「文の文字通りの解釈」。 副 literally(文字通りに)
□0843 **intelligence** /intélədʒəns/	名 知性 inte-=inter-「～の中で」tell「わかる」。多くの中で適切なものを見分けて理解する力がある感じ。artificial intelligence「人工知能」。 形 intelligent(知的な)
□0844 **context** /kántekst/	名 文脈、前後関係 con-「共に」text「織る」。参texture「織り方、織り地」。Learn words in context.「単語は文脈の中で学ぼう」。
□0845 **instinct** /ínstiŋkt/	名 本能、直感 in-「内部で」、stinctはラテン語stinguere「刺す」から。心を刺す直感。類sting「刺す」、stimulate「刺激する」。natural instinct「生まれながらの本能」。 形 instinctive(直感的な)
□0846 **drown** /dráun/	動 おぼれる；おぼれさせる ☺ **どら**、と**運**河見ておぼれる。A lot of people drowned in the shipwreck.「その難破で多くの人がおぼれ死んだ」。I drowned myself in that work.「私はその仕事に没頭した」。
□0847 **peel** /píːl/	動 皮をむく ☺ **ピーッ**と、いかにも皮をむく感じの音。peel an orange「オレンジの皮をむく」。
□0848 **decline** /dikláin/	動 断る　名 下落、衰退 ☺ **で、暗いん**じゃない？申し出断られて。de-「反れて」、clineはラテン語clinare「曲げる」から。参incline「傾く」。decline an offer「申し出を断る」。The stock showed a sharp decline today.「その株は今日急落した」。
□0849 **board** /bɔ́ːrd/	名 板；委員会　動 (乗り物に)乗る 板→舞台→委員会。乗り物という「板」に乗る。the board of directors「取締役会」。Every passenger boarded the plane.「乗客は全員飛行機に乗り込んだ」。
□0850 **strength** /stréŋkθ/	名 力 strong「強い」の名詞形。参length「長さ」(longの名詞形)。the strength of gravity「引力の強さ」。 動 strengthen(強化する)

□0851
metropolis
/mitrάpəlis/

名 大都市、主要都市

metro は mother から。polis はギリシャ語の「都市国家」。母となるような大きな都市。Shanghai is one of the largest metropolises in the world.「上海は世界の中でも最大の都市の一つだ」。

形 metropolitan（大都市の）

□0852
habit
/hǽbit/

名 習慣、癖

habi はラテン語habere「持つ」から。人が持っている癖。主に個人的な習慣を指すが、集団にも使える。Smoking is such a bad habit.「喫煙は非常に悪い習慣だ」。

形 habitual（習慣的な）

□0853
sincere
/sinsíər/

形 誠実な

☺ **紳士や**な～誠実な人やな～。「真摯な」とも音が似ている。sincere apology「心からの謝罪」。

□0854
neglect
/niglékt/

動 無視する、放置する　名 無視

☺ **ねぇ、くれっ！と**言っても無視する。neg-「～がない」。自子どもをネグレクトする。The father neglected his family.「父親は家族を顧みなかった」。

名 negligence（怠慢、不注意）　形 negligent（怠慢な、不注意な）

□0855
compartment
/kəmpά:rtmənt/

名 個室；区画

com- は強意、part「分ける」。それぞれの区画に分かれたもの。The computer room is divided into three compartments.「コンピューター室は３つの区画に分かれている」。

□0856
heir
/ɛ́ər/

名 相続人、後継者

☺ **えあ**～、参った、相続税。発 エア。Patricia is the heir to a vast fortune.「パトリシアは莫大な資産の相続人だ」。

□0857
institute
/ínstətjù:t/

名 機関、協会　動 設ける

in-「中に」、stitute はラテン語statuere「立てる」から。The cancer institute is underfunded.「その癌研究所は資金不足だ」。institute rules「規則を設ける」。

名 institution（機関、施設；制度）

□0858
outdated
/àutdéitid/

形 時代遅れの

期日（date）を出て（out）しまった状態。an outdated expression「時代遅れの表現」。

□0859
present
/prézənt/

形 存在している、出席している

pre-「前に」。s は be の変化形is「存在している」と関連。前にいる→存在している。Water is present on the moon.「月には水が存在している」。名詞で「現在」、動詞で「贈り物をする；生じさせる」の意味も。

□0860
breathe
/brí:ð/

動 呼吸する

breath「息」の動詞形。発 ブリーズ。breathe deeply「深呼吸する」。

名 breath（息、呼吸）

♫ 087.mp3

□0861
pity
/píti/

名 哀れみ；残念なこと

☺ **ピティ**ッとしたズボンが哀れみを誘うおじさん。feel pity for the starved animals「おなかをすかせた動物たちに哀れみを感じる」。It's a pity.「それは残念だ」。

□0862
bold
/bóuld/

形 大胆な

☺ **ボールど**こに投げる？と大胆な質問。bald「はげた」と区別しよう。ただし「大胆なはげ」とまとめて覚えても、文脈から判別可能。a bold move「大胆な一手」。

名 boldness（大胆さ）

□0863
valuable
/vǽljuəbl/

形 価値のある、貴重な

value「価値」-able「できる」。Cynthia is a valuable asset to the team.「シンシアはチームにとって貴重な財産だ」。

名 value（価値）

□0864
draw
/drɔ́ː/

動 引く；描く

☺ **ドロー**ッと引っ張って描いた線。drag「引っ張る」、draft「下書き」などと同語源。draw a curtain「カーテンを引く」。draw a picture「絵を描く」。

□0865
meanwhile
/míːn*h*wàil/

副 それまでの間、一方では

mean「中間」while「間」。The doctor is operating on him; meanwhile, let's pray for the operation's success.「彼はまだ手術中だ。その間は手術の成功を祈ろう」。

□0866
elemental
/èləméntl/

形 基本的な

element「成分、要素」に-alを付けて形容詞化。重要な要素から成る→基本的な。elemental diet「成分栄養剤」。elemental forces of nature「自然の持つ根源的な力」。

□0867
flour
/fláuər/

名 小麦粉

flower「花」と同語源。The mill grinds wheat into flour.「ひき臼は小麦をひいて小麦粉にする」。

□0868
glow
/glóu/

動 発光する　名 輝き

gleam「輝き」などと同語源。gl- は「輝き」系。the orange glow of the fire「炎のオレンジの輝き」。

□0869
improve
/imprúːv/

動 改善する、良くなる

良い（prove）状態にする（im-=in-=en-）。proveはラテン語prode「利点がある」からで、proud「誇りに思う」と関連。His English has improved.「彼の英語は良くなったね」。

名 improvement（改善、改良）

□0870
departure
/dipɑ́ːrtʃər/

名 出発；逸脱

☺ **で、バアちゃ**ん出発。depart「出発する」の名詞形。de-「離れて」part「去る」。a radical departure from the accepted theory「従来の理論からの完全な逸脱」。

動 depart（出発する；辞める）

□0871 **benefit** /bénəfit/	名 利益、ためになること 動 利益を得る bene-「良い」、fitはラテン語facere「する」から。参benevolent「好意的な」。I benefited a lot from the professor's course.「その教授のクラスはためになった」。 形 beneficial（有益な）
□0872 **accept** /æksépt/	動 受け入れる ac-=ad-「～へ」、ceptはラテン語capere「取る」から。参intercept「途中で捕まえる」。accept an offer「申し出を受け入れる」。 名 acceptance（受け入れること）
□0873 **vast** /vǽst/	形 巨大な、広大な vacantと同じくラテン語vastus「空いている」から。果てしなく広がる感じ。a vast desert「広大な砂漠」。vast knowledge on the subject「主題に関する広範な知識」。 名 vastness（巨大さ、広大さ）
□0874 **careful** /kέərfəl/	形 注意深い、用心して care「注意」-ful「いっぱい」。Be careful!「気をつけて！」。 名 care（注意；世話）
□0875 **arise** /əráiz/	動 生じる、起こる ☺ **あら、いずれ**こんなことも起こると思ってたわ。a-「上に、外に」rise「上がる」。These problems wouldn't have arisen if we had been more careful.「僕らがもっと注意深ければこんな問題は起こらなかっただろう」。
□0876 **apparent** /əpǽrənt/	形 明らかな；外見上の appear「現れる」に-entを付けて形容詞化。His anxiety was apparent on his face.「顔を見れば彼が不安を抱えていることは明らかだった」。 動 appear（現れる） 副 apparently（明らかに；見たところ）
□0877 **fond** /fánd/	形 好んで ☺ **ふぉんと**に好き。Irene is fond of studying and a straight-A student.「アイリーンは勉強が好きだし成績優秀だ」。 名 fondness（好み）
□0878 **suffer** /sʌ́fər/	動 苦しむ ☺ **さ、ふあん**（不安）に苦しむ。suf-=sub-「下へ」、ferはラテン語ferre「運ぶ」から。病気や困難な事態の影響下に置かれる→苦しむ。The injured were suffering from lots of pain.「負傷者は大きな痛みで苦しんでいた」。
□0879 **harm** /há:rm/	名 害 動 傷つける ☺ **はあ、無**理して傷つけるのは、害。do harm「害を及ぼす」。The scandal harmed his reputation.「そのスキャンダルは彼の評判を傷つけた」。 形 harmful（害のある）
□0880 **wander** /wándər/	動 歩き回る、ぶらつく ☺ **わん**（何）**だ**かなあ、あの歩き回ってる人。wonder「驚き」と区別。ただし、「驚きを求めてぶらつく」と覚えてもよい。wander about the neighborhood「近所をぶらぶらと歩く」。

089.mp3

□0881 **ugly** /ʌ́gli/	**形 醜い** ☺ あ**あグリ**グリと化粧して醜い。the ugly face of politics「政治の醜い側面」。
□0882 **common** /kάmən/	**形 共通の；普通の** com-「共に」。共に分ける→普通の、共通の。The two tribes share a common language.「その2つの部族は共通の言語を持っている」。common sense「常識」。 形 commonplace（普通の、ありふれた）
□0883 **portion** /pɔ́ːrʃən/	**名 一部分；分け前** ☺ **ポション**！と水に落ちた地盤の一部分。part「部分」と関連。My mother cut the cake into six equal portions.「母はケーキを六等分した」。
□0884 **declare** /dikléər/	**動 宣言する、表明する** ☺ **で、くれや**！と欲望を宣言する大阪弁の人。de-「完全に」clear「明らかにする」。declare war「宣戦布告する」。 名 declaration（宣言）
□0885 **smell** /smél/	**動 においをかぐ　名 におい** 酢めいた（みたいな）smell、と覚えよう。I smelled coffee on his breath.「彼の息はコーヒーのにおいがした」。SVC の文型も取る。This rose smells good.「このバラは良い香りがする」。
□0886 **attend** /əténd/	**動 出席する；世話をする** at-=ad-「～へ」、tend はラテン語tendere「伸ばす」から。意識・注意を対象に向けて伸ばす→世話をする→その場にいて仕える（出席）。The president will attend the conference.「社長は会議に出席されます」。 名 attention（注意、注目）　名 attendant（接客係）
□0887 **cemetery** /sémətèri/	**名 共同墓地、霊園** ☺ **迫ってら、**墓地がここまで。㊎セマテリ。This cemetery is ever-expanding and running out of land.「この墓地は拡大し続けて、土地がなくなりつつあるんです」。
□0888 **hardship** /hάːrdʃip/	**名 困難、苦境** 形容詞hard「困難な」に-ship「状態」を付けて名詞化。overcome hardships「困難を乗り越える」。bear hardships「苦境に耐える」。
□0889 **opt** /άpt/	**動 選ぶ** ☺ **おお**、put（置くこと）を選ぶ。㊎opinion「意見」（考え方を選び取る）。Beth opted to rent rather than purchase a car.「ベスは車を買うよりも借りることを選んだ」。 名 option（選択肢）
□0890 **term** /tə́ːrm/	**名 期間；用語** ☺ **ター**ッ、**無**理だよ、この期間で終わらすの。「学期；条件」の意味も。「終わりが決まったもの」がコアの意味。「用語」が表す意味はここからここまで、と決まっている。必要なものはここまで、と定めたのが「条件」。

□0891 **arrest** /ərést/	動 逮捕する ar-=ad-「～へ」rest「休み」。活動中の泥棒を捕まえて休ませる（仕事をできなくさせる）。The burglar was arrested.「強盗は逮捕された」。
□0892 **twist** /twíst/	動（糸などを）よる、ねじる 名 急変 twoと関連。２つの糸をより合わせてねじる。参twister「竜巻」。twist threads together「糸をより合わせる」。Then there's another twist in the story.「そこでまた話が急展開するんだ」。
□0893 **alarm** /əlá:rm/	名 警報；驚き 動 警報を鳴らす；驚かす ☺ **あらあ無**理だと警報鳴らす。目目覚ましのアラーム。Sam looked at me with an expression of alarm.「サムは驚きの表情で私を見た」。 形 alarming（憂慮すべき；警戒すべき）
□0894 **costly** /kɔ́:stli/	形 高価な、犠牲の大きい 名詞cost「費用」に-lyを付けて形容詞化。The development plan turned out to be too costly.「その開発計画は費用がかかり過ぎるとわかった」。
□0895 **vocation** /voukéiʃən/	名 職業 ラテン語vocare「呼ぶ」から。神が呼ぶ→神から与えられた職業。「専門的職業」というニュアンスが強い profession に対し、vocation は「天職」という感じが強い。calling も「天職」。occupation は「職業」を表す一般的用語。
□0896 **depend** /dipénd/	動 頼る；～次第である de-「下に」、pendはラテン語pendere「ぶら下がる」から。参pendulum「振り子」。I depend on you to help me.「私は君に頼っているんだ」。 名 dependence（依存） 形 dependent（頼っている）
□0897 **ordinary** /ɔ́:rdənèri/	形 普通の ☺ **王子なり**とも普通の生活。order「順序、規則」にのっとった→普通の。ordinary people「普通の人々」。the ordinary course of nature「自然界の通常の成り行き」。
□0898 **liberty** /líbərti/	名 自由 ラテン語 liver「自由な」から。the Statue of Liberty「自由の女神」。
□0899 **suicide** /sú:əsàid/	名 自殺 自分自身を(sui)殺す(-cide)。sui はラテン語「自分自身の」から。参 pesticide「殺虫剤」、genocide「大虐殺」。commit suicide「自殺する」。
□0900 **council** /káunsəl/	名 協議会、議会 ☺ **買うん？知るか**！と予算案巡り協議会は紛糾。The council opposed the mayor's plan.「議会は市長の計画案に反対した」。

091.mp3

□0901 **lean** /líːn/	形 やせた 動 傾く、曲げる ☺ **凛**として**やせた人**。参incline「傾く」。a lean cow「やせた牛」。lean soil「やせた土壌」。lean forward「身を乗り出す」。
□0902 **spoil** /spɔ́il/	動 駄目にする；甘やかす ☺ **すぐポイする**子どもはダメになる。ラテン語 spoliare「奪い取る」→痛めつける→駄目にする。「（食べ物が）腐る」などの意味も。Spare the rod and spoil the child.「むちを惜しめば子どもを駄目にする」。
□0903 **split** /splít/	動 分割する、分ける ☺ **スッ**と線を入れて、**プリッと**２つに割る。He split the wooden board in two.「彼は木の板を２つに割った」。Let's split the bill.「割り勘にしよう」。
□0904 **decrease** /dikríːs/	動 減らす 名 減少 de-=down、crease はラテン語crescere「増える」から。反increase「増やす」。decrease sugar intake「砂糖の摂取量を減らす」。
□0905 **mustache** /mʌ́stæʃ/	名 口ひげ ☺ **マスター、シェー**する、口ひげ生やして。「あごひげ」の beard と区別しよう。ちなみに「ほおひげ」は whisker。The professor wears a Chaplin mustache.「教授はチャップリンひげを生やしている」。
□0906 **entire** /intáiər/	形 全体の、全部の ☺ **引退イヤ**なのは全体の選手（皆辞めたくはない）。integer「完全な」が変化。in-「不」、teg はラテン語tangere「触れる」から。参integer「整数」。 副 entirely（完全に）
□0907 **delicate** /délikət/	形 繊細な ☺ **出る！行けっ！と**繊細な指示（どっちかというと繊細さに欠ける気が……）。発デリカット。日デリケート。a delicate matter「微妙な事案」。「もろい、壊れやすい」というネガティブな意味も。a delicate child「華奢な子ども」。
□0908 **extreme** /ikstríːm/	形 極端な ☺ **エキス摂り**、**無**理矢理健康になる極端な方法。ex-「外に」。通常から最も外れた→極端。go to extreme measures「強硬手段を取る」。 副 extremely（極端に、非常に） 名 extremity（極度；先端）
□0909 **strike** /stráik/	動 打つ、殴る 古英語から。野球のストライクやストライキもこの単語。strike a person with a bat「人をバットで殴る」。The clock struck 7.「時計が７時を打った」。 名 stroke（打つこと、ひと打ち）
□0910 **servant** /sə́ːrvənt/	名 使用人、家来 ☺ **さあバント**（野球のバント）しろ！と選手を使用人扱い。serve「仕える」から派生。参service「サービス」。a public servant「公務員」（公に奉仕する人）。

□0911 **pile** /páil/	名 (積み重ねた)山；大量 まいるよ仕事の pile、と覚えよう。I've got a pile of work.「山のような仕事を抱えてるんだ」。
□0912 **disappoint** /dìsəpɔ́int/	動 失望させる、がっかりさせる dis-「外す」appoint「定める」。決まっていたものが外れる→失望。You disappoint me!「君にはがっかりだよ！」。 名 disappointment(失望、落胆)
□0913 **wound** /wú:nd/	名 傷　動 傷つける ☺ **う～ん、ど**うも痛むんだよね、古傷が。Her harsh words wounded him.「彼女のきつい言葉は彼の心に傷を残した」。soldiers wounded in battle「戦闘で負傷した兵士」。
□0914 **approach** /əpróutʃ/	動 近づく　名 接近 ap-=ad-「～へ」、propはラテン語prope「近い」から。「取り組み方、研究法」などの意味も。参proximity「近いこと、近接」。My approach is different from his.「私の取り組み方は彼のとは違うんだ」。
□0915 **ambition** /æmbíʃən/	名 野心、大望 ambi-「周囲を」。歩き回って政治的呼びかけをしたことから。 He had strong political ambition early on.「彼は早い段階から強い政治的野望を持っていた」。 形 ambitious(野心的な)
□0916 **loose** /lú:s/	形 緩い　動 緩める 日本語では「ルーズ」と発音されるが、実際は「ルース」。「自由な；だらしのない」などの意味も。turn ～ loose「～を解放する」。I've got to tie up some loose ends.「未解決の事柄をいくつか片付けなければならない」。
□0917 **education** /èdʒukéiʃən/	名 教育 e-=ex-「外へ」、ducはラテン語ducere「導く」から。人間の能力を外へ導き出すこと。I believe in the value of a good education.「私は良い教育の価値を信じる」。 動 educate(教育する)
□0918 **external** /ikstə́:rnl/	形 外部の ex-「外の」。反internal「内部の」。external pressure「外圧」。an external factor「外的要因」。
□0919 **reply** /riplái/	動 返事をする、答える　名 返事 re-「後ろに」、plyはplicare「折り重ねる」から。日本語の「折り返す」に近い。Neil hasn't replied to my e-mail.「ニールは私のメールに返事をしてない」。Thank you for your swift reply.「迅速なお返事ありがとうございます」。
□0920 **stable** /stéibl/	形 安定した stand「立つ」と -able「できる」が合わさった形。a stable government「安定した政府」。 動 stabilize(安定させる)

093.mp3

□0921 **adjust** /ədʒʌ́st/	動 調節する；適応する ad-「～へ」just「正しい」。It is sometimes difficult to adjust to a new environment.「新しい環境に身を慣らすのは時に大変だ」。 名 adjustment（調整；適応）
□0922 **provide** /prəváid/	動 供給する、提供する pro-「前もって」、videはラテン語videre「見る」から。予期して備える→供給する。provide children with quality education「子どもたちに質の高い教育を施す」。 名 provision（準備；供給）
□0923 **transfer** /trænsfə́ːr/	動 移動する trans-「向こう側へ」、ferはラテン語ferre「運ぶ」から。transfer buses「バスを乗り継ぐ」。transfer one's credits「単位を移す」。Michael was transferred to Florida.「マイケルはフロリダに転勤になった」。
□0924 **upset** /ʌpsét/	形 動転して、怒って　動 ひっくり返す set されていたものが up されてしまった状態。She's not upset with me, is she?「彼女オレのこと怒ってないよね？」。The big wave upset the boat.「大きな波が小舟をひっくり返した」。
□0925 **victory** /víktəri/	名 勝利 ラテン語 victor「征服者」(vic「征服する」tor「者」)から。「Vサイン」はここから。claim victory「勝利宣言をする」。 形 victorious（勝ち誇った）
□0926 **resemble** /rizémbl/	動 ～に似る re-「再、復」、semble は similar「類似の」と関連。Ted resembles his father.「テッドは父親に似ている」。 名 resemblance（類似性）
□0927 **gift** /gíft/	名 天賦の才；贈り物 give「与える」と同語源。天からの贈り物→才能。Amanda clearly has a gift for music.「アマンダには明らかに音楽の才能がある」。 形 gifted（才能のある）
□0928 **legend** /lédʒənd/	名 伝説 lecture「講義」と関連。伝わり広がる話。❶そして彼はレジェンドになった。It's only an urban legend.「それは都市伝説にすぎないね」。 形 legendary（伝説的な）
□0929 **score** /skɔ́ːr/	名 20；多数 ☺ **スコア**はなんと20点。もちろん「点数」や「楽譜」の意味もあるが、「20」をお忘れなく。four score and seven years ago「87年前」。Scores of people gathered to protest.「大勢の人たちが抗議のために集まった」。
□0930 **saw** /sɔ́ː/	名 のこぎり　動 のこぎりで切る ☺ **そう**？のこぎりで切っちゃったの？　section「区切られた部分」などと関連。❶チェーンソー（chain saw）。The magician sawed the woman in half.「手品師は女性をのこぎりで半分に切った」。

□0931 **fasten** /fǽsn/	動 しっかり留める、締める ☺ **ふわ**っと**すん**な、しっかり締めろ。発ファスン。fast「固定した、固く締まった」-en「状態にする」。Fasten your seat belt.「シートベルトを締めて」。
□0932 **sue** /súː/	動 訴える ☺ **数**百円で訴える。ラテン語 sequi「追う」から。参pursue「追いかける」。I'll sue you.「あなたを訴えますよ」。
□0933 **jar** /dʒáːr/	名 瓶、つぼ ☺ **じゃあ**、ジャム瓶に入れといて。アラビア語が語源。「魔法瓶」の意味はないので注意。a glass jar「ガラスの瓶」。
□0934 **adopt** /ədápt/	動 採用する；養子にする ad-「(自分に) 向かって」opt「選ぶ」。adapt「適応する」と区別。opt「選ぶ」が入っているほうが「採用する」だと考えよう。参option「選択肢」。The company adopted a new pension plan.「会社は新しい年金プランを採用した」。
□0935 **internal** /intə́ːrnl/	形 内部の；体内の ラテン語internusから。in-「中の」。internal affairs「内政問題」。internal bleeding「内出血」。
□0936 **barrel** /bǽrəl/	名 樽；銃身 ☺ **ばれる**、樽に隠したお金。bar「横棒」と関連。The man went over the falls in a barrel.「その男は樽に入って滝を下った」。
□0937 **pardon** /páːrdn/	動 許す　名 許し par は per- と同じで「完全に」、don はラテン語 donare「与える」から→完全に許しを与える。I beg your pardon?「なんとおっしゃいましたか」(Excuse me? と同じで、文字通りには「許してください」)。
□0938 **petty** /péti/	形 ささいな、小さな ☺ **ペチ**ッと付いたささいな汚れ。フランス語で「小さい」は petit。「狭量な」の意味も。a petty thief「コソ泥」。Don't dwell on your petty mistakes!「小さなミスをくよくよ考えるな！」。
□0939 **lot** /lát/	名 土地、区画 もともとは「割り当て」の意味。割り当てられた土地→区画。a parking lot「駐車場」。a vacant lot「空き地」。「分け前；くじ；運命」の意味も。分け与えられた運→くじに当たる、と考えよう。参lottery「くじ」。
□0940 **rare** /réər/	形 まれな ☺ あ**れや**！まれな鳥は。ラテン語 rarus「離れた、まばらな」から。rare species「希少種」。make a rare appearance「珍しく姿を見せる」。 副 rarely (めったに～ない)

□0941 **consist** /kənsíst/	動 ～から成る con-「共に」、sistはラテン語stare「立つ」から。＜全体 consist of 部分＞の語法が大切。The U.S. Congress consists of the Senate and the House of Representatives.「アメリカ議会は上院と下院から成る」。
□0942 **confirm** /kənfə́ːrm/	動 確認する con-「共に」、firm「固める、強くする」。The research results confirmed expectations.「研究結果は予測を裏付けるものだった」。 名 confirmation（確認；確証）
□0943 **expose** /ikspóuz/	動 さらす ex-「外に」、poseは古フランス語poser「置く」から。The fossils were exposed in the Sahara desert.「化石はサハラ砂漠で吹きさらしになっていた」。expose children to danger「子どもたちを危険にさらす」。 名 exposure（露出、さらすこと）
□0944 **complex** /kəmpléks/	形 複雑な com-「共に」、plexはラテン語plectere「織る、編む」から。a highly complex system「高度に複雑なシステム」。 名 complexity（複雑さ）
□0945 **worn** /wɔ́ːrn/	形 すり切れた；疲れ切った wearの過去分詞形が形容詞として定着。着古された→すり切れた。ボロ雑巾のような状態→疲れ切った。a worn sweater「着古したセーター」。I was worn out after 16 hours of work.「16時間働いて、私は疲れ切っていた」。
□0946 **convince** /kənvíns/	動 確信させる、納得させる con-は強意、vinceはラテン語vincere「征服する」から→絶対に勝つという決意→確信。I am convinced that he will be indicted.「彼は起訴されるはずだと確信している」。I am convinced of his innocence.「彼の潔白を確信している」。
□0947 **resume** /rizúːm/	動 再開する re-「再び」、sumeはラテン語sumere「取り上げる」から。参assume「仮定する」、consume「消費する」。Bilateral talks resumed in Beijing.「北京で2国間協議が再び始まった」。
□0948 **snob** /snɑ́b/	名 気取った人、俗物 ☺ **酢のブ**リ食べさせろ、と言う<u>気取った人</u>（そんなメニューありません！）。The restaurant was popular among the snobs in town.「そのレストランは町の気取り屋さんたちに人気があった」。
□0949 **confidence** /kɑ́nfədəns/	名 信用；自信 ☺ **この秘伝、す**ごい！と<u>信用</u>。con-は強意、fideはラテン語fidere「信用する」から。参fidelity「忠誠」。full of confidence「自信に満ちる」。「確信；秘密」などの意味も。 動 confide（信頼する；秘密を打ち明ける）
□0950 **nearly** /níərli/	副 ほとんど 形容詞near「近い」に-lyが付いて副詞化。類almost。It was nearly a month ago.「それはほとんど1カ月前のことだった」。I nearly died in the hospital.「私は病院で死にかけたよ」。

□0951 **rag** /rǽg/	名 ぼろきれ、布きれ ☺ **裸**、**グ**ルッと隠すぼろきれ。rug「絨毯」と関連。They wiped the floor with rags.「彼らはぼろきれで床を拭いた」。
□0952 **scream** /skríːm/	動 叫ぶ　名 叫び声 ☺「アイ**スクリ～ム**!!」と叫ぶ子ども。擬声語。ムンクの『叫び』は *The Scream*。
□0953 **slave** /sléiv/	名 奴隷 Slav「スラブ人」が語源。中世に多くのスラブ人が奴隷にされたことから。a slave of love「愛の奴隷」。 名 slavery（奴隷制度）
□0954 **sensitive** /sénsətiv/	形 敏感な；微妙な sense「感覚」から派生。The heat sensor is highly sensitive.「その熱センサーは非常に敏感だ」。This is a sensitive matter.「これは微妙な問題だ」。
□0955 **suspend** /səspénd/	動 つるす；一時停止する sus-=sub-「下に」、pendはラテン語pendere「ぶら下げる」から。日ズボンのサスペンダー。参pendulum「振り子」。suspend a license「免許を一時停止する」。「保留する、延期する」の意味も。suspend judgement「判断を保留する」。
□0956 **diet** /dáiət/	名 食事；ダイエット　動 ダイエットする やせるための「ダイエット」だけでなく、「食事」の意味もあるので注意。Susan is on a diet. / Susan is dieting.「スーザンはダイエット中だ」。a healthy diet「健康的な食事」。
□0957 **wrap** /rǽp/	動 包む、くるむ 語源不明。日ラップ。a mummy wrapped in a sheet of canvas「キャンバス地でくるまれたミイラ」。I was wrapped up in my work.「私は仕事に没頭していた」。
□0958 **rear** /ríər/	動 育てる ☺ **リア**ルに子どもを育てる父（アイツが父親になるとは）。raise「上げる；育てる」と関連。rear a child「子どもを育てる」。語源は違うが「後部；背面」の意味も。
□0959 **address** /ədrés/	動 問題に取り組む；演説する ad-「～へ」、dressはdirect「導く」と関連。意識を向ける→取り組む。言葉を向ける→演説。手紙を向ける→住所。address the problem「その問題に取り組む」。The president addressed Congress.「大統領は議会で演説した」。
□0960 **profit** /prάfit/	名 利益　動 利益を得る pro-「前に」、fitはラテン語facere「する、作る」から。The oil company reported huge profits.「その石油会社は巨額の利益があったと発表した」。 形 profitable（利益になる、儲かる）

097.mp3

□0961 **direction** /dirékʃən/	名 方向；指示 direct「真っすぐな；導く」から派生。in the direction of ～「～の方向へ」。under the direction of the supervisor「監督者の指示の下で」。 形 動 direct（直接の／導く） 名 director（監督、組織の長）
□0962 **estate** /istéit/	名 不動産、財産 e-=ex-「外に」state「地位」。地位を外部に示すもの→財産、不動産。real estate「不動産」。
□0963 **parallel** /pǽrəlèl/	動 平行する；匹敵する 形 平行の para-「そばに、並んで」allo「他の」。他のものと並んで、ということ。参 paraphrase「言い換える」。名詞で「平行線」も。Nothing parallels his expertise.「彼の持つ専門的知識にかなうものはない」。
□0964 **reform** /rifɔ́ːrm/	名 改良、改革 動 改良する、改革する re-「再、返」form「形」。物事の形・仕組みを変えること。日家のリフォーム。political reform「政治改革」。
□0965 **tidy** /táidi/	形 きちんとした ☺ **胎児**の頃からきちんとした性格。tide「潮」から派生。潮目を読む→時機を得る→きちんとした。a tidy room「きちんと片付いた部屋」。
□0966 **claim** /kléim/	動 主張する；要求する 名 主張；要求 ☺ **くれい**！**無**理な主張する。「大声を出す」が原義。日本語の「クレーム」は英語では complaint。The author claims that a house is a bad investment.「著者は家を建てるのは間違った投資だと主張している」。
□0967 **cruel** /krúːəl/	形 残酷な ☺ **狂える**残酷な振る舞い。crude「粗野な」と関連。laws banning cruel punishment「残酷な刑罰を禁止する法律」。 名 cruelty（残酷さ）
□0968 **routine** /ruːtíːn/	名 決まり切った仕事、手順 route「道」と関連。いつも通る決まり切った道、やり方。I'm sick of the same old routine.「決まり切ったことばかりでイヤだよ」。
□0969 **expect** /ikspékt/	動 予期する、待ち受ける ex-「外」、spectはラテン語specere「見る」から。当然来ると思って外を見ながら待つ感じ。I got what I expected.「予期した通りだったな」。「子どもを産む予定である」の意味も。 名 expectation（予期、期待）
□0970 **chill** /tʃíl/	名 冷え 動 冷ます cool、cold と同語源。「寒け」などの意味も。日冷蔵庫のチルド。the chill of the morning「朝の冷え込み」。Sam's words sent a chill down my spine.「サムの言葉を聞いて背筋がゾッとした」。 形 chilly（ひんやりする）

□0971 **alert** /əlɔ́:rt/	形 用心深い；抜け目ない 名 警戒 ☺ **あらっ？と**用心、防犯週間。The neighborhood is alert for burglars.「近所の人は泥棒を警戒している」。He is always alert for opportunities.「彼はいつもチャンスをうかがっている」。on alert「警戒して」。
□0972 **monotone** /mάnətòun/	形 単調な 名 単調さ mono-「一つの」tone「調子」。Her monotone lecture put all of us to sleep.「彼女の講義が単調だったからオレたちみんな寝ちゃったよ」。 形 monotonous（単調な、一本調子の）
□0973 **destination** /dèstənéiʃən/	名 目的地；目標 destiny「運命」と関連。de-「完全に」、stinaはstand「立つ」と関連し「確立した、固定された」。運命によって決められた行き先。参stagnant「淀んだ、停滞した」。the final destination of the flight「飛行機の最終目的地」。
□0974 **exist** /igzíst/	動 存在する ex-「外に」、sistはラテン語sistere「立たせる」から。Dinosaurs no longer exist.「恐竜はもはや存在しない」。 名 existence（存在）
□0975 **criticize** /krítəsàiz/	動 批判する、非難する ☺ **栗小さい、ずっ**と、と批判する（焼き栗屋さんで）。cri-はギリシャ語「決める、分ける」から→善し悪しを判断する→批評、批判する。 名 criticism（批評、批判） 名 critic（批評家）
□0976 **laboratory** /lǽbərətɔ̀:ri/	名 実験室、研究所 labor「労働」と関連。働く場所→仕事場→実験室。lab と略される。The scientists conducted bold experiments in the laboratory.「科学者たちは実験室で大胆な実験を行った」。lab equipment「実験設備」。
□0977 **insurance** /inʃúərəns/	名 保険 in-「中に」sure「確かな」。Are you covered by insurance?「保険に入っていますか」。 動 insure（保証する；保険を掛ける）
□0978 **announce** /ənáuns/	動 知らせる、発表する an-=ad-「～へ」、nounceはラテン語nuntiare「告げる」から。目アナウンサー。参denounce「公然と非難する」。announce retirement「引退を発表する」。 名 announcement（告知）
□0979 **appear** /əpíər/	動 現れる；（～のように）見える ☺ **あ、ビヤッ**と現れた。ap-=ad-「～へ」、pearはラテン語parere「見える」から。The man suddenly appeared from the dark.「男は暗がりから突然現れた」。 名 appearance（出現；外見）
□0980 **introduce** /ìntrədjú:s/	動 紹介する；導入する ☺ **いいトロです**、と紹介する。intro-「内側へ」、duceはラテン語ducere「導く」から。参induce「人に説いて～させる」（内に導く）。 名 introduction（紹介；導入）

099.mp3

□0981 **toll** /tóul/	名 通行料；対価 ☺ **通る**ための通行料。「支払うべき代償」の語感から「損害；犠牲」などの意味も。The stress of work took a toll on his health.「仕事のストレスで彼は健康を害した」。
□0982 **badly** /bǽdli/	副 とても；ひどく 形容詞badに-lyを付けて副詞化。ひどく何かが足りない→何かをとても必要とする。This house badly needs repair.「この家は修繕をとても必要としている」。He was badly injured.「彼はひどい傷を負った」。「まずく、下手に」などの意味も。
□0983 **outcome** /áutkʌ̀m/	名 結果 外に（out）出てきた（come）もの。The outcome of the election was disappointing for the Republican Party.「選挙結果は共和党にとって残念なものであった」。
□0984 **character** /kǽriktər/	名 性格、特徴 「刻印」が原義。刻印→人間の特徴→性格。「文字」の意味もある。刻印→記号→文字。日キャラが立つ（特徴的だ）。a national character「国民性」。 形 名 characteristic（特徴的な／特性）
□0985 **similar** /símələr/	形 似ている sim は same と同語源。参simultaneous「同時の」。Some of Picasso's works appear similar to kids' drawings.「ピカソの作品には子どものお絵かきに似て見えるものもある」。 名 similarity（類似性）
□0986 **chase** /tʃéis/	動 追いかける ☺ **チェッ、椅子**を追いかけてどうすんだ？　capture「捕まえる」、catch「捕らえる」と関連。日カーチェイス。The cat chased the rat.「ネコはネズミを追いかけた」。
□0987 **snore** /snɔ́ːr/	動 いびきをかく　名 いびき ☺ **スノァ～**ッと、いかにもいびきのような音。snで始まる単語には「鼻」関連のものが多い。参sneeze「くしゃみをする」、sneer「鼻で笑う」。My father snores loudly.「私の父は大きないびきをかく」。
□0988 **fortunate** /fɔ́ːrtʃənət/	形 幸運な、幸福な ☺ **ほおをつねって**幸運を確認。I am fortunate to have such a caring wife.「気遣いのできる妻を持って私は幸せだ」。 名 fortune（財産；運）
□0989 **create** /kriéit/	動 作り出す、創造する ☺ **栗、エイト**（8個）作り出す。First, you have to create an account.「まずアカウントを作らないとね」。God created heaven and earth.「神は天と地を創り給うた」（聖書）。 形 creative（創造的な）
□0990 **hence** /héns/	副 それゆえ、したがって ☺ **変す**、それゆえ逮捕する。文語的。Frank lived in China; hence, he understands certain Chinese practices.「フランクは中国に住んでいた。したがって中国の習慣をある程度は理解している」。

□0991
yell
/jél/

動 叫ぶ

☺ **イエ～る**（イエイ！と大声で叫ぶ）。Don't yell at me.「大声で怒鳴らないでよ」。

□0992
fail
/féil/

動 ～しない；失敗する

☺ **屁いる**？とジョークを言って失敗する。fail to reach an agreement「合意に達しない」。Curt failed the exam.「カートは試験に落ちた」。

名 failure（失敗）

□0993
predict
/pridíkt/

動 予測する、予言する

pre-「前もって」、dictはラテン語dicere「言う」から。参dictation「口述」、dictate「命令する」。predict the fall of the dollar「ドルの下落を予言する」。

名 prediction（予測）　形 predictable（予測可能な）

□0994
role
/róul/

名 役、役割

俳優のせりふが書いてある巻物（roll）が語源。play a central role in ～「～において中心的な役割を果たす」。

□0995
destiny
/déstəni/

名 運命、宿命

☺ **で、捨てに**行くのがオレの運命（ごみ捨てはオレの役目）。de-「完全に」、stinはラテン語stinare「確立する」から。天により完全に定められた運命。

形 destined（運命づけられた）

□0996
entertain
/èntərtéin/

動 楽しませる；もてなす

enter=inter-「～の中に」、tainはラテン語tenere「持つ」から。客を包み込むように楽しませる。The host entertained the guests.「主催者は来客をもてなした」。

名 entertainment（楽しみ、娯楽）

□0997
victim
/víktim/

名 被害者、犠牲者

☺ **ビクッ**、**血見る**被害者。ラテン語のvictima「生け贄」から。the victims of the civil war「内戦の犠牲者」。

動 victimize（犠牲にする）

□0998
fort
/fɔ́ːrt/

名 砦、要塞

☺ **ほー、と**ため息出るほど立派な砦（こりゃ攻め落とせない！）。There was a military fort here once.「ここにはかつて軍の要塞がありました」。

□0999
suggest
/səgdʒést/

動 提案する

☺ **さあジェスチ**ャーで提案する。sug-=sub-「下に」、gestはラテン語gerere「運ぶ、持ち出す」から。そっと差し出す提案。

名 suggestion（提案）

□1000
honor
/ánər/

名 名誉、光栄　動 栄誉を称える

☺ **おな**らは名誉。It's quite an honor to be invited to speak to you.「皆さんにお話しするよう招かれたのは非常な光栄であります」。All the staff honored the retiring CEO.「引退するCEOを全従業員が称えた」。

学習終了日
／ ／ ／ ／ ／ ／ ／ ／ ／ ／ ／ ／ ／ ／ ／ ／ ／ ／ ／ ／

ここで一息！
コラム②

“ 単語集で学習する意義 ”

本書のようなリスト式の単語集で学習する意義は、「意味（訳語）をとりあえず一つ覚える」ことにあります。本書掲載の単語の多くには複数の訳語をつけてありますが、これは英語と日本語が一対一で対応しないため、複数の選択肢を示して単語のイメージを強化してほしいからであり、全ての訳語を覚える必要はありません。

ではなぜ「とりあえず一つ覚える」のかといえば、そのことによって英語学習が非常に楽になるからです。英語で悩んでいる人は、とにかく単語を知らないために文法やリーディングといった他の学習までが滞ってしまっています。単語の意味を一つだけでも覚えれば、英文に触れる際の苦痛が減る分、積極的に英文に触れようという気持ちになります。

ですから、よくある「リスト式で覚えるか、英文の中で覚えるか」という議論はあまり意味がありません。単なる順番の問題で、どちらもやればよいのです。筆者は自らの学習経験から、まずはリスト式で意味を一つ覚え、それから英文の中で多様な使い方を覚えるやり方を推奨しています。

また、これもよくある「……という単語集を完璧にして……」という言い方も気になります。単語の知識が単語集で完璧になることはありません。それは、最終的にはやはり大量の英文に触れる中で定着・深化していくものであり、単語集はその第一段階として行う一つの手段に過ぎません。そして、その第一段階が完璧である必要もありません。英語学習をトータルに見て、ある段階が次の段階への十分な下地になっていればよいのです。

英語が苦手な人ほど、とかく「この本だけは完璧にしなければ！」と思ってしまうもの。肩の力を抜き、気を楽にして、学習を進めてほしいと思います（「完璧主義」についてはp. 220のコラムでもお話しします）。

Chapter 2

コア単語80レベル

ITP550レベル

「80レベル」には、TOEFL iBTの120点満点中、80点を目標とする場合に全て知っておきたい単語を掲載しています。英語力を飛躍させたい方にはどうしても欠かせない重要単語が集まっています。ITPでは550点に相当し、4年制大学や大学院レベルの留学には最低限必要なレベルです。

101.mp3

□1001 **quota** /kwóutə/	名 割り当て、分け前 ☺ **食おう**、**た**んまり、割り当てを（食糧の配給が多かった！）。ラテン語quota pars「どのくらい大きな部分か」から。set a quota「割当量を定める」。「定員、定数」などの訳語も。
□1002 **alternative** /ɔːltə́ːrnətiv/	形 代わりの　名 代わりのもの alter「変える」と関連。日オルタナティブミュージック（主流の音楽に対抗し、「代わりの選択肢」として登場した音楽）。There is no alternative for this plan.「この計画の代わりはないんだ」。
□1003 **leap** /líːp/	動 跳ぶ　名 跳躍 ☺ **リー**ドして、**プ**ッと跳ぶように盗塁する野球選手。The prices of vegetables leaped this summer.「今夏野菜の値段が跳ね上がった」。
□1004 **artisan** /áːrtəzən/	名 職人 art「技」を持つ人。During the Middle Ages, artisans usually organized themselves into guilds.「中世においては職人たちは通常ギルドを組織した」。
□1005 **delete** /dilíːt/	動 削除する、消す de-「離して」、leteはラテン語linere「消す」から。日パソコンのデリートキー。delete a file「ファイルを消去する」。
□1006 **appoint** /əpɔ́int/	動 任命する；(日時などを)指定する ap-=ad-「～へ」point「指し示す」。人をゆび指して指名する。カレンダーを指して「この日」というのが「日時の指定」。日アポなし取材。appoint a new chairperson「新議長を指名する」。 名 appointment（任命；約束）
□1007 **consolidate** /kənsálədèit/	動 まとめる、統合する ☺ **このそり**、**デート**のためにまとめる（２台くっつけて二人で滑るんだ！）。con-「共に」solid「固める」。類integrate。consolidate subsidiaries into one company「子会社を一つにまとめる」。
□1008 **conquer** /káŋkər/	動 征服する ☺ **今回は**勘弁ならぬと征服する。発コンカー。con-「共に」、queはラテン語quaerere「求める」から。一つの領地を共に求め合う→征服。 名 conquest（征服）　名 conqueror（征服者）
□1009 **substantial** /səbstǽnʃəl/	形 (量的に)相当な；実質のある substance「物質」の形容詞形。「しっかりした」などの訳語も。ミッシリ中身が詰まってしっかりした感じ。The damage caused by the earthquake is substantial.「地震の被害は甚大だ」。
□1010 **impair** /impέər/	動 損なう、害する ☺ **いいっぺや**、と触れて損なう美術品。発インペア。im-=in-「中へ」、pairはラテン語peiorare「悪化させる」から。pair「対」であったものの片割れを外す（im-=in-「無」）→損じる、と考えてもよい。The accident impaired his vision.「彼は事故で視力を失った」。

□1011
faint
/féint/

形 かすかな　動 気を失う

☺ **屁、in、と**ってもかすかな香りで気を失う。feign「振りをする」と関連。気を失う振りをする→弱々しい→かすかな。a faint glimmer of hope「かすかな希望の光」。faint from loss of blood「失血で気を失う」。

□1012
accumulate
/əkjú:mjulèit/

動 蓄積する

☺ **あ、急**に**無理**する**と**疲労が蓄積しますよ。I don't know how this many books have accumulated.「どうしてこんなに本が溜まったのかねえ」。

名 accumulation（蓄積）

□1013
humble
/hʌ́mbl/

形 謙虚な、控えめな

☺ **半分る**（半分でいいと言う）なんて控えめな。He's always humble.「彼はいつも謙虚だ」。

名 humility（謙そん、卑下）

□1014
steep
/stí:p/

形 険しい、急な

step（段）が steep、と覚えよう。stoop「かがむ」と同語源。show a steep decline「急激な下落を見せる」。

□1015
duel
/djú:əl/

名 決闘；闘争　動 争う

duo「２つの」から派生。参duet「デュエット」、duo「二人組」。The factions dueled for the leadership of the party.「両派閥は党の主導権を巡って争った」。

□1016
merge
/mə́:rdʒ/

動 合流する、融合する

☺ **交わる**、と覚えよう。ラテン語 mergere「水に飛び込む、潜る」から。水と交わる→合流、融合。参emerge「現れる」。The road merges with the main street ahead.「この道は先で大通りに合流する」。

□1017
appreciate
/əprí:ʃièit/

動 感謝する；真価を認める

ap-=ad-「〜へ」pric=price「価値」。物事・行為の価値をしっかりわかって感謝する感じ。I appreciate your commitment to this project.「君のこのプロジェクトにかける思いはよくわかっているよ」。

名 appreciation（感謝；真価を認めること）

□1018
donation
/dounéiʃən/

名 寄付、贈与

☺ **どないしょ**この金、寄付しよう。We depend on donations to finance our election campaigns.「私たちは選挙活動の資金を賄うため寄付に頼っています」。

動 donate（寄付する、贈与する）　名 donor（寄贈者；臓器提供者）

□1019
tentative
/téntətiv/

形 暫定的な、仮の

☺ **天体、一部**は暫定的な名前、と覚えよう。ラテン語tentare「触れて探る」から。触れてみて試す→試験的、暫定的。参attempt「試みる」、tentacle「触手」。a tentative conclusion「暫定的な結論」。「一時的な」の訳語も。

□1020
thrust
/θrʌ́st/

動 ぐいと押す；押しつける　名 強く押すこと

☺ **そらっ！スッと**押す。発スラスト。thrust one's hands into one's pockets「手をポケットに押し込む」。He thrust a list of demands in my face.「彼は私に山のような要求を押しつけた」。

103.mp3

□1021 **junction** /dʒʌ́ŋkʃən/	**名 合流点、接合部** join「つなぐ」、joint「継ぎ目」と関連。the junction of two paths「2つの道の出合う場所」。
□1022 **hail** /héil/	**動 歓呼して迎える；呼び止める　名 呼び声；歓呼** ☺ **塀要る、**歓呼して迎えるファンが多くて（それを言うなら「フェンス」でしょ）。語源は違うが「ひょう、あられ」の意味も。音を立てるイメージが似ている。I raised my hand to hail a taxi.「私は手を挙げてタクシーを呼び止めた」。
□1023 **torture** /tɔ́ːrtʃər/	**動 拷問する　名 拷問** ☺ **父ちゃん**を拷問（どこ行ってたの！）。ラテン語torquere「ねじる、ひねる」から。㊂torment「苦しめる」。
□1024 **controversy** /kɑ́ntrəvəːrsi/	**名 論争、議論** ☺ **このトロ箸**？と論争（それとも手で？）。contro-「反対に」、vertはラテン語vertere「向く」から。㊂convert「転換する」。arouse great controversy「大きな議論を呼ぶ」。 形 controversial（議論を呼ぶような）
□1025 **animate** /ǽnəmèit/	**動 生命を与える；活力を与える** 名詞anima「息、魂」から派生。形容詞で「生きている；生気のある」の意味も。漫画の「アニメ」はここから。Ken's insightful comments animated the class.「ケンの洞察に満ちた発言がクラスに活気を与えた」。
□1026 **toddler** /tɑ́dlər/	**名 よちよち歩きの子ども** toddle「よちよち歩く」から。トットッという感じの音が歩きぶりを表している。The toddler cried at the sight of the dog.「幼な子は犬を見て泣いた」。 動 toddle（よちよち歩く）
□1027 **charm** /tʃɑ́ːrm/	**名 魅力** ☺ **茶は無**理だが、魅力ある人（お茶の作法は知らないが）。ラテン語 carmen「歌、呪文」から。魔法をかけて虜にするような魅力。㊐チャームポイント。 形 charming（魅力的な、愛きょうがある）
□1028 **initiate** /iníʃièit/	**動 始める** ☺ **いい、西へ**！**と**開拓始める。initial「最初の」と関連。The government initiated talks with the rebels.「政府は反乱軍との話し合いを始めた」。 名 initiative（主導権、自発性）
□1029 **premiere** /primíər/	**名 （芝居、映画などの）初日、初演** フランス語 premier「最初の」から。☺他人より先に（**pre-**）**見や**、と覚えよう。動詞で「初演する、封切る」も。The movie premiered last Saturday.「その映画は先週の土曜日に封切られた」。
□1030 **outright** /áutràit/	**副 即座に、単刀直入に** ちょうどそのまま（right）口に出す（out）。形容詞で「明白な、完全な」の意味も。an outright loss「完全な損」。Let me say it outright.「率直に言わせてくれ」。

□1031 **praise** /préiz/	動 称賛する 名 称賛 price「値段、価値」と同語源。価値があると判断し、褒めたたえること。参appreciate「感謝する」。We'll discuss the author's much-praised novel in the next class.「次のクラスでこの作家の名高い小説について取り上げます」。
□1032 **commemorate** /kəméməréit/	動 祝う、記念する com-「共に」memorate「思い出す」。July 4 commemorates the adoption of the Declaration of Independence.「7月4日は独立宣言の採択を記念する日だ」。
□1033 **tackle** /tǽkl/	動 取り組む、立ち向かう ☺ **ターッ！来る**難題に取り組む。日ラグビーのタックル。The government is tackling the issue of unemployment.「政府は失業問題に取り組んでいる」。
□1034 **distort** /distɔ́ːrt/	動 ゆがめる ☺ **this**（これを）**トーッ！と**ねじってゆがめる。dis-=「離して」、tortはラテン語torquere「ねじる、ひねる」から。参torture「拷問する」。distort a fact「事実をゆがめる」。 名 distortion（ゆがめること、歪曲）
□1035 **undermine** /ʌ̀ndərmáin/	動 徐々に損なう、密かに傷つける ☺ **あ〜んだ**（何だ）、**まあいいん**、とか言ってると信頼を徐々に損なう。undermine a country's economy「一国の経済を弱体化させる」。
□1036 **detective** /ditéktiv/	名 探偵、刑事 犯人・真実を見つける（detect）人。「機能」などを示す接尾辞-iveが付いて形容詞化したあと、名詞に転換した。a detective story「探偵小説、推理小説」。
□1037 **poke** /póuk/	動 突く、突っ込む ☺ **ポーク**（pork「豚肉」）？と突っついて確かめる。Don't poke your nose into my business.「他人の問題に口挟まないでくれ」。
□1038 **burden** /bə́ːrdn/	名 重荷、負担 ☺ **バー**（棒）が**デン**としてて重荷（こりゃ担げないな）。Care of her elderly parents became a burden.「彼女の老父母の面倒を見ることが負担になった」。
□1039 **refuse** /rifjúːz/	動 拒否する ☺ **理不尽**な要求は拒否する、と覚えよう。re-「再び」、fuseはラテン語fundere「注ぐ」から。注がれた酒を注ぎ返す→拒否。参refund「払い戻す」。 名 refusal（拒否）
□1040 **courtesy** /kə́ːrtəsi/	名 礼儀正しさ；親切 ☺ **皇帝支**持する礼儀正しさ。court「宮廷」と関連。宮廷にふさわしい礼儀正しさ。「好意、優遇」などの意味も。through the courtesy of 〜「〜の好意によって」。 形 courteous（礼儀正しい、丁重な）

105.mp3

□1041
capture
/kǽptʃər/

動 捕まえる　名 捕獲

☺ **カプ**ッ！（噛む音）、**チュッ**！**ア**ッ！捕まえた愛。ラテン語capere「捕らえる」から。Her beauty captured my heart.「彼女の美しさが私の心を捉えたのだ」。「逮捕する」の意味も。

□1042
deficit
/défəsit/

名 損失、赤字

☺ **で、秘したい**赤字。de-「下に」、ficはラテン語facere「する、作る」から。参factory「工場」。budget deficit「財政赤字」。trade deficit「貿易赤字」。

形 deficient（欠けている）

□1043
oath
/óuθ/

名 誓い

☺ **オース**（押忍）！頑張ります！と空手家の誓い。under oath「宣誓して」。

□1044
plump
/plʌ́mp/

形 丸々した、ぽっちゃりした

☺ **プラン**、**プ**ッ（プリン、プリン）、といかにも丸々した感じの音。a plump baby「丸々した赤ちゃん」。

□1045
scold
/skóuld/

動 叱る、説教する

☺ **叱るど**！と覚えよう。scold a child「子どもを叱る」。

□1046
jerk
/dʒə́ːrk/

動 急に強く引く

☺ **じゃあ来**るか？と急に引っ張るなんて。「急に突く、押す」の意味も。He jerked on the rope.「彼はロープをぐいと引っ張った」。俗語で「ばかなやつ」の意味も。

□1047
designate
/dézignèit/

動 指名する

選び出して(de-) 名前を書く(sign)。design「デザイン」と関連。A designated hitter is often a poor fielder.「指名打者はたいてい守備がへただ」。

名 designation（指名）

□1048
encourage
/inkə́ːridʒ/

動 勇気づける；～するよう勧める

勇気(courage)ある状態にする(en-)。I was encouraged by his words.「彼の言葉に勇気づけられた」。＜encourage 人 to do＞「人に～するよう勧める」。

□1049
entitle
/intáitl/

動 資格・権利を与える

肩書(title)がある状態にする(en-)→地位にふさわしいと認める→資格・権利を与える。I am entitled to the pension.「私は年金を受ける資格がある」。

□1050
pave
/péiv/

動 舗装する、敷く

ラテン語 pavire「打つ」から。土や石を打って造った道→舗装。pave the way for peace「平和への道を開く」。

名 pavement（舗装道路）

□1051 **retort** /ritɔ́ːrt/	**動 言い返す、反論する** ☺ 要求が通らなければ**離党**！と言い返す。相手に言われた言葉の方向を曲げて(tort)返す(re-)。参distort「ゆがめる」。"There's no evidence!" he retorted.「『証拠がないじゃないか！』と彼は言い返した」。
□1052 **siege** /síːdʒ/	**動 包囲する　名 包囲** ☺ **シーッ**！**じ**っとしててよ、包囲されてるんだから。The castle was under siege for six months.「城は6カ月間包囲されていた」。
□1053 **judicial** /dʒuːdíʃəl/	**形 裁判の、司法の** judge「裁く」から派生。judicial process「司法手続」。
□1054 **numb** /nʌ́m/	**形 まひしている、しびれた** ☺ **南無**、と祈ってしびれた足(座禅はきつい)。発ナム。My hands were numb from the cold.「寒さで手の感覚がなかった」。
□1055 **persuade** /pərswéid/	**動 説得する** ☺ **パスえぇど**、と説得して定期券買わせる。per-「完全に、強く」、suadeはラテン語suavis「心地良い」からで、sweet「甘い」と関連。甘い口ぶりで完全に心地良くさせて説得。参dissuade「説得して思いとどまらせる」。
□1056 **startle** /stɑ́ːrtl/	**動 驚かす** ☺ **スターとル**ンルンして驚かす。start と関連。突然飛び出す→驚かす。Oh, you startled me!「わっ、ビックリするじゃないか！」。
□1057 **leftover** /léftòuvər/	**名 料理の残り物　形 残りの** leave「残す」の過去分詞 leftにoverが付いた形。These are leftovers from last night.「これは昨夜の残りよ」。
□1058 **illiterate** /ilítərət/	**形 読み書きのできない** 読み書きでき(literate)ない(il-=in-)。参literacy「読み書き能力」、literature「文学」。He was embarrassed because he was illiterate.「彼は字が読めないのが恥ずかしかった」。
□1059 **parcel** /pɑ́ːrsəl/	**名 小包；(土地の)一区画** part された(分けられた) cell(小さく区分けされたもの)と考えよう。The parcel arrived yesterday.「小包は昨日届いた」。a parcel of land「土地の一区画」。
□1060 **shrill** /ʃríl/	**形 甲高い、鋭い** ☺ シュ、**シュリル**(thrill「スリル」)あります～！と甲高い叫び(ローラーコースターの上から)。Shrill bursts of noise came from the construction site.「建築現場からキンキンする雑音が飛んできた」。

107.mp3

□1061 **contend** /kənténd/	動 争う；主張する ☺ **この点で**争う。con-「共に」、tendはラテン語tendere「伸ばす」から。日本語の「張り合う」と似た発想。contend for power「権力を求めて争う」。 名 contention（闘争；論争）
□1062 **heed** /hí:d/	動 注意を払う、言うことを聞く　名 注意 ☺ **ヒー、ど**うしても注意を払ってくれない子どもたち。You should heed your teacher, kid.「キミ、先生の言うこと聞いたほうがいいよ」。
□1063 **condense** /kəndéns/	動 濃縮する；縮約する ☺ **混んでん、す**ご〜く血が濃縮されそうな満員電車。con-「共に」dense「濃くする」。参dense「濃い」。condensed milk「濃縮ミルク」。Condense the report to five pages.「報告書を5ページに縮めなさい」。
□1064 **underscore** /ʌ̀ndərskɔ́:r/	動 下線を引く；強調する 下に（under）印を付ける（score）。The prime minister underscored the importance of the issue.「首相は問題の重要性を強調した」。
□1065 **uphold** /ʌ̀phóuld/	動 支持する；維持する 上に（up）保つ（hold）。The party members upheld the president's ideas for social reform.「党員は社会改革に関する党首の考えを支持した」。
□1066 **reveal** /rivíːl/	動 明かす、暴露する ☺ **reビール**、と明かす（禁酒してたのに、またビール飲み始めちゃった！）。veal はveil「ベール、覆い」と同じ。re- は覆いを後方へ取り去る動き。reveal the secret「秘密を暴露する」。
□1067 **casualty** /kǽʒuəlti/	名 死傷者、犠牲者 ☺ **数ある**犠牲者。case「出来事、事件」と関連。「大事故、惨事」の意味も。類victim。Casualties of the war number in the thousands.「戦争の犠牲者は数千人に上る」。
□1068 **emphasize** /émfəsàiz/	動 強調する em-=in-、phasはギリシャ語phainein「現れる」から。内側から現れる（わき上がってくる）強さ→強調。参phase「段階」。emphasize a point「ポイントを強調する」。 名 emphasis（強調）
□1069 **pending** /péndiŋ/	形 未決の、未解決の ラテン語pendere「ぶら下がる」から。参pendant「ペンダント」、pendulum「振り子」日この件、ペンディングにしといて。Let's take care of these pending issues first.「まずこういう未解決の問題を片付けよう」。
□1070 **linger** /líŋgər/	動 ぐずぐずする、長引く long「長い」から派生。長引かせる→ぐずぐずする。Some fans lingered outside the stadium after the game.「何人かのファンは試合後もスタジアムの外に残っていた」。

□1071 **explicit** /iksplísit/	形 明快な、明確な ex-「外に」、pliはラテン語plicare「折り重ねる」から。重なって複雑化した要素を外に広げてわかりやすくする。an explicit answer「明確な回答」。 副 explicitly（はっきりと、明白に）
□1072 **attribute** /ətríbju:t/	動 ～に起因すると考える、～に帰する ☺ **あ、鳥、ビューと**飛ぶのは空気に起因すると考える。at-=ad-「～へ」、tributeはラテン語tribuere「割り当てる」から。物事の原因を別の物事に割り当てる。He attributes his success to hard work.「彼は一生懸命仕事をしたのが成功の要因と言う」。
□1073 **flesh** /fléʃ/	名 肉 ☺ **フレッシュ**（fresh）な肉、と覚えよう。flesh and blood「生身の人間；血を分けた肉親」。
□1074 **midst** /mídst/	名 真ん中、中央 mid「中間の」から派生。in the midst of an economic crisis「経済危機の最中に」。
□1075 **cram** /krǽm/	動 詰め込む ☺ **く（こ）ら～無**理、っていうぐらい詰め込む。日本の予備校や塾をcram schoolと表現することも。I stayed up all night cramming for the exam.「私はテストのために徹夜で詰め込み勉強をした」。
□1076 **stroll** /stróul/	動 ぶらぶら歩く、散歩する 筆者はスタスタ（st）転がる（roll）ような歩き方→ぶらぶら歩き、と覚えました。Young couples stroll in the park.「若いカップルが公園をそぞろ歩く」。
□1077 **disgust** /disgʌ́st/	動 嫌悪感を抱かせる　名 嫌悪感 ☺ **ですがスト**は、と嫌悪感。They were disgusted by his smoking at the table.「彼がテーブルでタバコを吸い出したので皆腹を立てた」。 形 disgusting（嫌悪感を起こさせるような）
□1078 **adverse** /ædvə́:rs/	形 不利な；敵対する ad-「～に対して」、vertはラテン語vertere「向く」から。参convert「転換する」。Mary overcame adverse circumstances.「メアリーは逆境を乗り越えた」。 名 adversity（逆境）　名 adversary（敵）
□1079 **leverage** /lévəridʒ/	名 てこの作用；影響力 lever「てこ、レバー」から派生。The news gave him some leverage in the negotiations.「そのニュースのおかげで彼は交渉において力を得た」。
□1080 **brutal** /brú:tl/	形 残忍な ☺ **ブルッたる**、残忍な所業。名詞brute「動物、野獣」から派生。容赦のない感じ。a brutal attack「残忍な攻撃」。

109.mp3

□1081
eventually
/ivéntʃuəli/

副 結局、そのうち

いろいろな出来事(event)があったあとで結局、と考えよう。I will eventually have to make a decision.「そのうち決めなきゃいけないだろう」。

形 eventual(結果として起こる、最終的な)

□1082
remarkable
/rimá:rkəbl/

形 注目すべき、素晴らしい

remark「発言;述べる」から派生。口に出して述べる(remark)に値する、注目に値する。a remarkable achievement「素晴らしい功績」。

副 remarkably(際立って、顕著に)

□1083
outstanding
/àutstǽndiŋ/

形 目立った、素晴らしい

外に(out)立つ(stand)→目立つ。an outstanding performance「素晴らしい業績」。「残っている;未解決の」の意味も。

□1084
engage
/ingéidʒ/

動 従事させる、関わらせる

en-=in-、gageは古フランス語en gage「誓う」から。I was engaged in the negotiations.「私はその交渉に関わっていた」。

名 engagement(約束;婚約)

□1085
rivalry
/ráivəlri/

名 ライバル関係、対抗意識

rival「ライバル」から派生。the old rivalry between the Yankees and the Red Sox「ヤンキースとレッドソックスの長きライバル関係」。

□1086
furthermore
/fə́:rðərmɔ̀:r/

副 その上に

さらに(further)付け加える(more)。I hate the beach. I can't swim. Furthermore, I burn easily.「私はビーチが嫌いだ。泳げないし、日焼けしやすいから」。

□1087
tickle
/tíkl/

動 くすぐる

☺ **チクる**ぞ!と言いながらくすぐる。中期英語tick「わずかに触れる」に「くり返し起こる」を示す接尾辞-leが付いた。tick「時計がカチカチ音を立てる」と同語源。参bubble「泡」。Stop tickling me!「くすぐらないでよ!」。

□1088
beacon
/bí:kən/

名 信号の明かり、かがり火

☺ 灯台の明かりが**ビーコン**ビーコンと光っている感じ。a beacon of freedom「自由の先導者」。

□1089
inherit
/inhérit/

動 受け継ぐ、相続する

in-「中に」、heritはheir「相続人」やhereditary「遺伝の」と関連。Laura inherited a talent for music from her father.「ローラの音楽の才能は父親譲りだ」。

名 inheritance(遺産、受け継いだもの)

□1090
behalf
/bihǽf/

名 味方、利益

be-=by「そばに」、halfは「半分→片側」。~の側に立つ→味方。on behalf of ~「~を代表して、~の代わりに」の形で覚えよう。on behalf of the employees「従業員を代表して」。on one's behalf という形もある。

□1091 **miserable** /mízərəbl/	形 みじめな、悲惨な misery「みじめさ」に-ableを付けて形容詞化。フランスの文豪ユーゴーの『レ・ミゼラブル（ああ無情）』も同じ単語。feel miserable「みじめに感じる」。 名 misery（みじめさ、悲惨）
□1092 **scatter** /skǽtər/	動 まき散らす ☺ **スキャッ、タッ**、といかにも紙などをまき散らす感じの音。Paper was scattered around his desk.「彼の机の周りには紙が散乱していた」。
□1093 **aggression** /əgréʃən/	名 攻撃；侵略 ag-=ad-「～へ向かって」、gressはラテン語gradi「進む、行く」から。参 progress「進む」。the aggression of certain fish「ある種の魚の攻撃性」。 形 aggressive（攻撃的な）
□1094 **legitimate** /lidʒítəmət/	形 合法な、正当な ☺ **零時と見て**合法な店は閉店。発レジタミット。legal「法律の」と関連。口語では legit と略されることも。Mike insisted his business was legitimate.「マイクは自分の事業は合法だと言い張った」。legitimate reasons「正当な理由」。
□1095 **awful** /ɔ́:fəl/	形 恐ろしい、ひどい ☺ **おお、震**えるほど恐ろしい。awe「畏怖」-ful「～がいっぱい」。口語では He has an awful lot of money. のように「程度が甚だしい」の意味で副詞的に使われることもある。
□1096 **estimate** /éstəmèit/	動 見積もる、概算する　名 見積もり ☺ **絵、捨てめえと**価値を多めに見積もる。estimate the sales of the product「その製品の売り上げを見積もる」。give an estimate「見積もりを出す」。
□1097 **layer** /léiər/	名 層；地層 lay「横たえる」に-er「～するもの」を付けて名詞化。横たわって積み重なった層。layers of soil「土壌の積み重なった層」。She wore several layers of clothing against the cold.「彼女は防寒のため何枚も重ね着していた」。
□1098 **jargon** /dʒɑ́:rgən/	名 専門用語、特殊用語 ☺ **じゃあゴン**しようか、なんて業界用語言われてもわかるかッ！　古フランス語「鳥のさえずり」から。This article is difficult to understand because it is full of jargon.「この記事は専門用語ばかりでわかりにくい」。
□1099 **deliberate** /dilíbərət/	形 意図的な、熟慮のうえの　動 熟考する ☺ **デリバリー**（delivery）**取**るか熟考する。a deliberate attempt to obstruct justice「公正を阻もうという意図的な試み」。a deliberate decision「熟慮の上の決定」。 副 deliberately（わざと、意図的に）　名 deliberation（熟考、審議）
□1100 **fulfill** /fulfíl/	動 満たす；果たす いっぱいに（ful）満たす（fill）。fulfill the requirement「要求を満たす」。

□1101 **wrinkle** /ríŋkl/	名 しわ 動 しわを作る ☺ **ウリン、クル**クルっとねじってしわを作る。wrench「ねじる」と関連。My party dress is a wrinkled mess!「私のパーティードレスがしわくちゃだわ！」。
□1102 **bid** /bíd/	動 入札する；手に入れようとする 名 入札 ☺ さあさあ**ビッと**高値を付けて入札して！　bid the highest price「最高値で入札する」。make a bid for the presidency「大統領に立候補する」。
□1103 **correspond** /kɔ̀:rəspɑ́nd/	動 一致する；通信する ☺ **これ、スポン**！**と**一致する。cor-=com-「お互いに」respond「答える」。The survey results corresponded to published data.「調査結果は公表されているデータと一致した」。 名 correspondence（文通、通信） 名 correspondent（通信員、特派員）
□1104 **convey** /kənvéi/	動 運搬する；伝える con-「共に」、veyはラテン語via「道」から。お供をして送り届ける→運ぶ。日コンベアー（conveyer）。She chose words precisely conveying her meaning.「彼女は自らの意味するところを正確に伝える言葉を選んだ」。
□1105 **massacre** /mǽsəkər/	名 大虐殺 ☺ **まさか**あんなに殺すとは。mass「大勢の人々」を殺す、と考えよう。The army was accused of the massacre of civilians.「軍隊は一般市民の虐殺で糾弾された」。
□1106 **doom** /dú:m/	動（悪い方向へ）運命づける 名 運命、凶運 ☺ **どうも**悪い方向へ運命づけられてる、と覚えよう。発ドゥーム。dome「家→裁判所」と関連。裁判所→悪い判決→悪い運命。The plan was doomed from the start.「その計画は最初から失敗する運命にあった」。
□1107 **glance** /glǽns/	動 ちらっと見る 名 一瞥 ☺ **グラス**（glass）に映った姿をちらっと見る、と覚えよう。「チラッ」感がglint「光の瞬き」などと共通。I recognized her at a glance.「一目で彼女だとわかった」。
□1108 **outset** /áutsèt/	名 着手、最初 外（out）に準備（set）していつでも始められる状態→着手。類onset。at the outset「最初に」。
□1109 **procedure** /prəsí:dʒər/	名 手続き、手順 proceed「進む；手続きする」から派生。Airports have tightened boarding procedures.「空港は搭乗手続きを厳しくしている」。
□1110 **affair** /əféər/	名 出来事；事件 ☺ **あ、屁や**！大変な出来事や！　古フランス語 afaire「する」から。人間がすること→事柄。an affair of great significance「大変重大な出来事」。「事態、情勢；用事；情事」の意味も。☺**ああ部屋**でする情事。

□1111 **supreme** /səpríːm/	形 最高の super「素晴らしい、最高の」と関連。supreme court「最高裁判所」。
□1112 **rot** /rát/	動 腐る ☺ ド**ロッと**腐った肉。類decay。The pillars have rotted away.「柱は朽ち果ててしまった」。 形 rotten（腐った）
□1113 **sensible** /sénsəbl/	形 分別ある 感じる（sense）ことができる（-ible）。sensitive「敏感な；微妙な」と区別。-ibleが付いているほうが「分別のあるできる人」と考えよう。a sensible man「分別ある男」。 動 名 sense（感じる／感覚）
□1114 **resort** /rizɔ́ːrt/	名 手段、方策 ☺ **理想と**するものではない手段。re-「再び」、sortは古フランス語sortir「出る」から。もちろん「行楽地」の意味も。出口→困難からの出口→解決策。日常からの出口→リゾート。War should be the last resort.「戦争は最後の手段であるべきだ」。
□1115 **induce** /indjúːs/	動 人に勧めて～させる；誘因となる in-「内に」、duceはラテン語ducere「導く」から。参introduce「紹介する」、deduce「推論する」（下に導く）。This toy induces a feeling of nostalgia in the shopper.「このおもちゃはお客に懐旧の情を抱かせる」。
□1116 **famine** /fǽmin/	名 飢饉 ☺ **ふあ～みん**なで腹減った。The drought caused famine.「干魃が飢饉を招いた」。
□1117 **straightforward** /strèitfɔ́ːrwərd/	形 直接的な、率直な 真っすぐに（straight）前へ（forward）。a straightforward question「率直な質問」。「回りくどくない、わかりやすい」の意味も。
□1118 **competence** /kámpətəns/	名 能力 ☺ **このピタン**！**する**能力（餅つきの天才）。compete「競争する」に-ence「～する性質」を付けて名詞化。競争に耐える能力。専門や特定分野の能力をいうことが多い。 形 competent（有能な）
□1119 **dim** /dím/	形 薄暗い；ぼやけた 動 ぼんやりさせる ☺ **で**、**無**理して薄暗い中仕事する。I did not recognize her in the dim light.「薄明かりで彼女を見分けられなかった」。The haze dimmed the sunshine.「もやで太陽の光はぼやけて見えた」。
□1120 **accommodate** /əkámədèit/	動 収容する；適応させる 共通の（com）やり方（mode）へ（a-=ac-）。やり方を合わせる→適応させる→収容する。The stadium accommodates 50,000 people.「そのスタジアムは5万人収容する」。 名 accommodation（宿泊設備）

113.mp3

□1121 **invaluable** /invǽljuəbl/	形 非常に貴重な、計り知れない 価値を計る(value)ことができ(-able)ない(in-)。類priceless(値段が付けられないほど貴重な)。The professor gave me invaluable advice.「教授は貴重なアドバイスをくれた」。
□1122 **usage** /júːsidʒ/	名 使用 useに-ageを付けて名詞化。発ユースィッジ。the modern usage of English「現代英語の言葉遣い」。「慣習」の意味も。
□1123 **flourish** /fláːriʃ/	動 栄える、活躍する ☺ **ふらりし**ても栄える人(風来坊が大成功!)。flower「花」との関連で、花咲く→栄える、と覚えよう。Many Bulgarian towns flourished as artisan centers.「多くのブルガリアの都市は職人たちの集まる場所として栄えた」。
□1124 **subsequent** /sʌ́bsikwənt/	形 続いて起こる、次の sub-「下に、近くに」、sequentはラテン語sequi「続く」から。参sequence「連続」。subsequent events「続いて起こった出来事」。
□1125 **seep** /síːp/	動 染み出る、浸透する ☺ **シューッ**と染みてきて**プッ**と出る感じ。古英語sipianから。The rain seeps underground.「雨が地下に染み込む」。
□1126 **assemble** /əsémbl/	動 集める;組み立てる ☺ あ**あ1000ブル**ドーザーを集める。as-=ad-「〜へ」、sembleはラテン語simulare「似せる」から→似た者同士集まる。参resemble「似ている」、simultaneous「同時の」。assemble data「データを集める」。 名 assembly(集会;組み立て作業)
□1127 **irritate** /írətèit/	動 いら立たせる、気に障る イライラとイリテイトで音が似ている。His ambiguity irritated me.「彼のあいまいさが私をいら立たせた」。 名 irritation(いら立ち、焦燥)
□1128 **massive** /mǽsiv/	形 巨大な mass「塊、大量」に-iveがついて形容詞化。塊のような→巨大な。A massive rock was blocking the road.「巨岩が道を塞いでいた」。
□1129 **fruitful** /frúːtfəl/	形 実りの多い、有益な 果実(fruit)でいっぱい(-ful)。The discussion was fruitful.「話し合いは実り多かった」。 名 fruit(果実、フルーツ)
□1130 **punctual** /pʌ́ŋktʃuəl/	形 時間を厳守する ラテン語pungere「突く」から。針で突くほど正確な。参acupuncture「はり治療」。Japanese are famous for being punctual.「日本人は時間を厳守するので有名だ」。 動 punctuate(句読点を付ける;強調する)

□1131
literacy
/lítərəsi/

名 識字能力、読み書き能力

☺ **理、低らしい**、識字能力が低いと。letter「文字」から派生。反illiteracy「非識字」。The nation's literacy rate is 90 percent.「その国の識字率は 90%だ」。

形 literate（読み書きのできる） 形 illiterate（読み書きのできない）

□1132
analogy
/ənǽlədʒi/

名 類似性；たとえ

☺ **穴、路地**との類似性（路地みたいな洞くつだな）。ana-「～に沿って」、logはラテン語logos「割合、論理」から。割合や理屈が似ている→類似。have an analogy with ～「～と似ている」。

形 analogous（類似した）

□1133
affirm
/əfə́ːrm/

動 断言する；肯定する

☺ **あは～、む**ずかしいね！と断言する。af-=ad-「～に向かう」firm「固い」。強固にする→確かなものにする→断言、肯定。根拠を持って真実を確信している感じ。

名 affirmation（肯定） 形 affirmative（肯定的な）

□1134
refrain
/rifréin/

動 控える、慎む

☺ **理触れん**、発言を控える（理屈が通らない連中じゃあ話しても）。re-「後ろへ」、frain はラテン語 frenum「手綱」から。手綱を引いて馬を抑える→控える。refrain from smoking「喫煙を控える」。

□1135
incompetent
/inkɑ́mpətənt/

形 無能な、役に立たない

有能(competent)でない(in-)。The accident was caused by an incompetent mechanic who neglected to add brake fluid.「無能な修理工がブレーキ液を入れ忘れたのが事故の原因だ」。

□1136
wreck
/rék/

動 破壊する 名 残骸

☺ **劣化**した機械を破壊する。「難破させる；難破船」の意味から「破壊する」へ発展。「レッカー車」(wrecker)はこの単語から。wreck a car「車を壊す」。the wreck of a ship「船の残骸」。car wreck「自動車事故」。

□1137
setback
/sétbæ̀k/

名 妨げ、後退させるもの

後ろに (back) 置く (set)。The accident was a major setback for the company.「その事故は会社にとって大きな妨げとなった」。

□1138
revise
/riváiz/

動 改訂する；見直す

re-「再び」、viseはラテン語videre「見る」から。参vision「視界；未来像」revise the manual「マニュアルを改訂する」。

□1139
harbor
/hɑ́ːrbər/

動 かくまう；考えを抱く

名詞では「港」の意味。港で船を守る→犯罪者などをかくまう。手を広げて持つ感じ→考えを抱く。those who harbor terrorists「テロリストをかくまう人たち」。

□1140
pledge
/plédʒ/

動 誓う 名 誓約

☺ **プレ痔**（痔の前触れ）だ！と誓う医者。pledge allegiance to the country「国家に忠誠を誓う」。

□1141 **trait** /tréit/

名 特徴、特性

☺ **取れい！と**特徴ある声の殿様。ラテン語 trahere「引く」から。引っ張って書いた線→特徴。参tract「（土地の）大きな広がり」。a distinctive trait「顕著な特徴」。

□1142 **subdue** /səbdjúː/

動 抑える；鎮める

sub-「下に」、due はラテン語ducere「導く」から。参introduce「紹介する」、induce「人に勧めて～させる」。subdue one's feelings「感情を抑える」。subdue the rebels「反乱を鎮める」。

□1143 **cease** /síːs/

動 やめる、止まる

☺ **止す**（しす）、と覚えよう。発シース。ラテン語cedere「行く、退く」から。参recede「後退する」。類stop。The theater ceased showing foreign movies.「その映画館は外国映画の上映をやめた」。cease-fire「休戦」。

□1144 **homicide** /háməsàid/

名 殺人

homo「人」-cide「殺し」。murder と違い、過失などで意図せず死に至らしめた場合も含む。参suicide「自殺」（自分殺し）。The police are investigating the homicide.「警察はその殺人事件を捜査している」。

□1145 **scribble** /skríbl/

動 走り書きする　名 走り書き

script「原稿；手書き文字」と関連。The child had scribbled all over the cover of the textbook.「その子は教科書の表紙にいろいろと書きまくっていた」。

□1146 **recollect** /rèkəlékt/

動 思い出す

re-「再び」collect「集める」。思い出のかけらを集める。類remember。I recollected the professor having said that.「教授がそう言っていたのを思い出した」。

名 recollection（回想）

□1147 **exclude** /iksklúːd/

動 除外する、排除する

ex-「外に」、clude はラテン語claudere「閉じる」から。参close「閉める」、include「含む」（中に閉じる）。exclude the possibility「可能性を除外する」。

形 exclusive（排他的な、限定された）

□1148 **calm** /káːm/

形 落ち着いた、穏やかな　動 落ち着かせる

☺ **カーッ！ム**リだと思ったらかえって落ち着いた。発カーム。類quiet、still。a calm sea「穏やかな海」。Calm yourself.「落ち着け」。

□1149 **hunch** /hʌ́ntʃ/

名 勘、虫の知らせ

☺ **班長**、勘で行動決める（部下はたまらんね）。I've got a hunch.「虫の知らせがするんだ」。

□1150 **distract** /distrǽkt/

動 （注意を）そらす

dis-「離して」、tract はラテン語trahere「引く」から。参attract「引きつける」。「気晴らしさせる」の意味も。I was distracted by the noise.「騒音で気が散っていた」。

名 distraction（気をそらすもの、邪魔；気晴らし）

□1151 **vent** /vént/	**名 通気孔、はけ口　動 発散させる** ☺ **弁当**のいいにおいが通気孔から。The air went through the vent on the ceiling.「空気は天井の通気孔を通り抜けた」。She vented her anger on him.「彼女は怒りを彼にぶつけた」。
□1152 **reject** /ridʒékt/	**動 拒絶する** re-「再び」、jectはラテン語iacere「投げる」から。投げ返す→拒絶。参 subject「主題」(下に投げたもの)、inject「注射」(中に投げる)。reject an offer「提案を拒否する」。
□1153 **sinister** /sínəstər/	**形 不吉な** ☺ **「死に」っす、たぁ**不吉な。ラテン語「左手の」から→正しくない→不吉。right「右」が「正しい」の意味になるのとは対照的。a sinister sign「不吉な兆候」。
□1154 **compromise** /kámprəmàiz/	**動 妥協する** ☺ **この風呂、まあいずれ**入るわ、と妥協する。com-「共に」promise「約束する」→お互いが譲り合って妥協し、契約を交わす。Politics is the art of compromise.「政治は妥協の産物だ」。
□1155 **disadvantage** /dìsədvǽntidʒ/	**名 不利な点、欠点** 利点(advantage)がない(dis-)。The advantages will outweigh the disadvantages.「利点が欠点を上回るだろう」。
□1156 **timid** /tímid/	**形 臆病な** ☺ **チミッと**賭ける臆病な人(「みみっちい」と音が似ている)。ラテン語timere「恐れる」から。参intimidate「怖がらせる」。This dog is too timid for use as a hunting dog.「この犬は臆病過ぎて狩猟犬には使えない」。
□1157 **lag** /lǽg/	**動 遅れる　名 遅れ** ☺ **楽**して遅れる(手を抜くと遅れていく)。He's lagging behind in the class.「彼はクラスで遅れを取っている」。jet lag「時差ぼけ」。
□1158 **dwell** /dwél/	**動 居住する；あれこれ考える** ☺ **どえれ**えこっちゃ、こんなとこに住むのは。いずれの意味も一所にとどまる感じが共通。dwell in the suburbs「郊外に住む」。dwell on things「物事についてあれこれ考える」。 名 dweller(住人)
□1159 **smother** /smʌ́ðər/	**動 窒息させる** ☺ 窒息では**済まされ**んぞ！ I was nearly smothered with smoke.「煙で窒息するところだった」。She smothered her children with affection.「彼女は子どもたちに愛情をたっぷり注いだ」。
□1160 **backfire** /bǽkfàiər/	**動 裏目に出る、逆発する** 後ろに(back)火(fire)が出る。善かれと思ってやったことが逆効果になること。The advertising campaign backfired on us.「その広告キャンペーンは逆効果だった」。

117.mp3

□1161 **craze** /kréiz/

【動】熱狂させる、狂わせる 【名】熱狂

☺ **くれ！いず**れの人も熱狂させる流行。crazy「狂った」はこの単語の形容詞形。She was crazed with horror.「彼女は恐怖で狂わんばかりになった」。number puzzle craze「数字パズルの大流行」。

□1162 **impulse** /ímpʌls/

【名】衝動、刺激

im-=in-「中で」、pulはラテン語pellere「押す」から。内側から人を突き動かす衝動。pulse「脈」とも関連。【参】propel「進ませる」、impel「駆り立てる」。Sam bought the CD on impulse.「サムはそのCDを衝動買いした」。

□1163 **compliment** /kάmpləmənt/

【名】褒め言葉、お世辞

☺ **このふり**かけ、**麺と**合うねえ、と褒め言葉（そんなふりかけある？）。complete「完全な」と同語源。礼儀を完全に尽くす→褒める、お世辞を言う。Take it as a compliment.「褒め言葉だと思いなさいよ」。

□1164 **sparkle** /spάːrkl/

【動】きらっと輝く

☺ **スパ**（spa「温泉」）**来る**と目がきらっと輝く人（どんだけ温泉好きなんだ？）。spark「火花」から派生。-leはくり返しの動作を示す接尾辞。Janet's eyes sparkled with hope.「ジャネットの目は希望で輝いていた」。

□1165 **divert** /divə́ːrt/

【動】そらす、方向転換させる

di-「2つの」、vertはラテン語vertere「向ける」から。2つのものを逆方向に向ける。【参】adverse「不利な」、convert「転換する」。divert attention from ～「～から注意をそらす」。divert the course of the river「川の流れを変える」。

□1166 **ignite** /ignáit/

【動】火をつける、発火する

☺ **いくない**（良くない）**と**いう言葉が心に火をつける（くそ～、見返してやる！）。ラテン語ignis「火」から。【日】自動車のイグニション。ignite a fire「火をつける」。

【名】ignition（点火、点火装置）

□1167 **extract** /ikstrǽkt/

【動】引き出す、抽出する

ex-「外に」、tractはラテン語trahere「引く」から。【参】distract「（注意を）そらす」、attract「引きつける」。extract information from a person「人から情報を引き出す」。extract oil from plants「植物から油を抽出する」。

□1168 **plural** /plúərəl/

【形】複数の 【名】複数形

☺ **プルッ**！**売らる**複数のプリン。plus「プラス」と関連。pl-は「重ねる」イメージ。【参】plenty「多数」、multiply「掛け算する」。"Media" is the plural of "medium."「『media』は『medium』の複数形だ」。

□1169 **canopy** /kǽnəpi/

【名】天蓋、張り出し屋根

☺ **かのピー**ッと張り出した天蓋。ギリシャ語konops「蚊」から派生。蚊帳→天蓋。The canopy of trees blocked the sun.「木々の織り成す天蓋で太陽は見えなかった」。

□1170 **query** /kwíəri/

【名】質問、疑問

☺ **食い有り**？と質問、釣り人に。【発】クウィアリ。ラテン語quearere「求める、探す」から。answer queries from the participants「参加者からの質問に答える」。

□1171 **malfunction** /mælfʌ́ŋkʃən/	名 不具合、故障 mal-「悪く」function「機能する」。参malign「悪意のある」。The accident was due to the malfunction of the brake system.「事故はブレーキの故障が原因だった」。
□1172 **anchor** /ǽŋkər/	動 固定する、据え付ける ☺ **安価**な部品で固定する。名詞で「いかり」の意味が基本だが、「いかりでつなぐ」から「固定する」などの意味になる。One function of the root system is to anchor the plant in the soil.「根の役割の一つは植物を土壌に固定することだ」。
□1173 **inhale** /inhéil/	動 吸い込む ☺ **胃にへえる**（入る）、息吸い込むと（いや、肺です）。発インヘイル。in-「中に」、haleはラテン語halare「呼吸する」から。反exhale「吐き出す」。inhale smoke「煙を吸い込む」。
□1174 **flare** /fléər/	名 炎　動（炎が）揺らめく ☺ **振れや**！ああ、炎を！と言う魔術師。Kelly felt a flare of anger within her.「ケリーは怒りの炎が燃え上がるのを感じた」。Tempers flared during the negotiations.「交渉中感情がぶつかり合った」。
□1175 **obscure** /əbskjúər/	形 あいまいな、ぼんやりした ob-=over「上から」、scureはラテン語scurus「覆われて」から。覆われて見えない→あいまいな。「無名の」の意味も。an obscure author「無名の作家」。 名 obscurity（あいまいさ、不明瞭）
□1176 **makeshift** /méikʃìft/	形 間に合わせの、その場しのぎの ☺ **メーク、シフト**（勤務時間）が迫っているので間に合わせ。shift は「変える→代用→その場しのぎ」と意味が発展。The refugees live in makeshift shelters.「難民たちは間に合わせの避難所で生活している」。
□1177 **shrewd** /ʃrú:d/	形 鋭い ☺ **シュルド**い（鋭い）ねえ、キミぃ（滑舌の悪いボスに褒められた）！　頭の切れが良いという意味の鋭さ。a shrewd politician「できる政治家」。his shrewd insight「彼の鋭い洞察力」。
□1178 **shimmer** /ʃímər/	動 光が揺らめく ☺ **島あ**、光が揺らめくだ。Shimmering lights on the island came into view on the horizon.「水平線に揺れる島明かりが見え始めた」。
□1179 **concede** /kənsí:d/	動 認める、容認する ☺ **この指導**いい、と認める（いい先生だ！）。con-「共に」、cedeはラテン語cedere「行く、譲る」から。参proceed「進む」、recede「後退する」。 名 concession（譲歩、容認）
□1180 **artificial** /à:rtəfíʃəl/	形 人工の、人為的な art「技」、ficはラテン語facere「する、作る」から。技によって作られた、が原義。参factory「工場」、fiction「作り事」。The patient was given an artificial heart.「患者には人工心臓が移植された」。

119.mp3

□1181
commerce
/kάmə:rs/

名 商業、通商

☺ **困るっす**、こんなとこで商売されると。com-「共に」、merce はラテン語 mercari「商う」から。参merchant「商人」、market「市場」。

形 名 commercial（商業の／広告）

□1182
supervise
/sú:pərvàiz/

動 監督する

super-「上から」、vise はラテン語videre「見る」から。参vision「視界」。The U.N. is supervising the peace process.「国連が和平プロセスを監視している」。

名 supervision（監督、管理） 名 supervisor（監督者）

□1183
attic
/ǽtik/

名 屋根裏

☺ **あ、チッ、く**そ〜屋根裏部屋に閉じ込められた！ The attic was full of furniture and clothes.「屋根裏は家具と服でいっぱいだった」。

□1184
confront
/kənfrʌ́nt/

動 直面する、対峙する

☺ **このフロント**どうよ、と対峙する。（ホテルでケンカ）。con-「共に」front「前、額」。オデコを付き合わせてにらみ合っている感じ。The candidates confronted each other.「候補同士が対峙した」。

□1185
infrastructure
/ínfrəstrʌ̀ktʃər/

名 社会の基盤となる設備

infra-「下の」structure「構造」。目インフラを整備する。improve infrastructure「インフラを整備する」。

□1186
summon
/sʌ́mən/

動 呼び出す

☺ **査問**にcome on! と呼び出す。sum-=sub-「下に」、mon はラテン語 monere「思い出させる」から。密かに注意を喚起する→呼び出す。Frank was summoned by the court.「フランクは裁判所に呼び出された」。

□1187
minute
/mainjú:t/

形 極めて小さい

「分」の意味はご存じの通り。「極小の」の意味を覚えよう。発マイニュート。参minor「より小さい、重要でない」、minus「マイナス」。minute details「細かい詳細」。

□1188
inhabit
/inhǽbit/

動 住む、生息する

☺ **犬は人と**共に住む、と覚えよう。発インハビット。in-「中に」、habit はラテン語habitare「住む」から。参habitat「居住地」。

名 inhabitant（居住者、住民）

□1189
slaughter
/slɔ́:tər/

名 虐殺 動 虐殺する

☺ 虐殺するのが**スローたあ**どういうこと（早いほうがいいと言うの？）？ A lot of people were slaughtered in the civil war.「内戦で多くの人が虐殺された」。「食肉解体処理をする」の意味も。slaughterhouse「食肉処理工場」。

□1190
tactics
/tǽktiks/

名 戦術

☺ **宅地くす**ねる戦術（悪徳不動産屋）。ギリシャ語tassein「整える」から。The general ordered a change in tactics.「司令官は戦術の変更を命じた」。

2周目や3周目で印が消えるなんて期待しないこと。ゼロが一つ違いますよ！

□1191
labyrinth
/lǽbərìnθ/

名 **迷宮、迷路**

ギリシャ神話に登場する大迷宮ラビュリントスから。He got lost in the labyrinth of corridors.「彼は迷宮のような廊下で迷った」。

□1192
reluctant
/rilʌ́ktənt/

形 **渋々の、気乗りしない**

☺ **利？楽？担当**渋々腰上げる（餌で釣ってやっと動いてもらう）。re-「逆らって」、luctaはラテン語luctari「闘う」から。反抗→～したがらない。

副 reluctantly（渋々、嫌々）

□1193
intact
/intǽkt/

形 **損なわれていない、無傷の**

触れ（tact）られていない（in-）。tact はラテン語 tangere「触れる」から。参 contact「接触する」。The radio was still intact after it was dropped.「ラジオは落としても無傷だった」。

□1194
marvel
/mɑ́ːrvəl/

動 **驚く** 名 **驚異**

☺ **まあ、ベル**（bell）が鳴ってるわ、と驚く。marvels of nature「自然の驚異」。

形 marvelous（驚くべき、素晴らしい）

□1195
hierarchy
/háiərɑ̀ːrki/

名 **階層、階級制度**

hier はギリシャ語 hieros「聖なる」から。聖職者の階級→階層。「ヒエラルキー」として日本語に取り入れられているが、発音はハイアラーキー。Maslow's famous hierarchy of basic needs「マズローの有名な欲求階層説」。

□1196
delight
/diláit/

名 **喜び**

☺ **で、ライト**がついて大きな喜び。accept the offer with delight「喜んで申し出に応ずる」。

形 delightful（楽しい、愉快な） 形 delighted（喜んで）

□1197
indispensable
/ìndispénsəbl/

形 **絶対に必要な、欠かせない**

なしで済ます（dispense）ことができ（-able）ない（in-）。Water is indispensable for life.「水は生命に欠かせない」。

□1198
pessimistic
/pèsəmístik/

形 **悲観的な**

☺ **屁、染みstick**（くっ付く）とは、悲観的な見方。ラテン語 pessimus「最悪の」から。常に最悪の事態を考える→悲観的。反 optimistic「楽観的な」。

名 pessimism（悲観主義）

□1199
conscience
/kɑ́nʃəns/

名 **良心、分別**

con-「共に」、scienceはラテン語scire「知る」から→良識→良心。参 science「科学」。Let your conscience be your guide.「良心に従え」。

□1200
speculate
/spékjulèit/

動 **推測する、熟考する**

☺ **すべき、冷凍**、と推測する（クール便で送ったほうがいいかも）。ラテン語 specere「見る」から→見守る→熟考する→推測する。「臆測する；投機する」の意味も。

名 speculation（推測；投機）

□1201 **evil** /íːvəl/	形 邪悪な 名 悪 devil「悪魔」の d を取ったもの、と考えよう。the axis of evil「悪の枢軸」。
□1202 **tread** /tréd/	動 踏む；歩く ☺ **取れっ**、**ド**ロを！と言われ泥沼を踏み歩く。The village women tread grapes to make wine.「村の女性たちはブドウを踏んでワインを造る」。
□1203 **freight** /fréit/	名 貨物 ☺ **フレー**！**と**貨物列車を応援。㊫フレイト。fraught「詰め込んだ」と関連。a freight train「貨物列車」。
□1204 **anticipate** /æntísəpèit/	動 予期する、期待する anti-「前もって」、cipa はラテン語capere「取る」から。これから起こることを先取りして心に思い描く。㊟capable「～できる」。 名 anticipation（予期、期待）
□1205 **renowned** /rináund/	形 著名な、名声のある re-「くり返し」、nown はラテン語nominare「名前を呼ぶ」からで、name「名前」と関連。くり返し名前を呼ばれる→著名。Her mother is a renowned professor.「彼女のお母さんは著名な大学教授だ」。
□1206 **inherent** /inhíərənt/	形 本来備わっている、生まれつきの ☺ **犬here**（ここで）**乱闘**するのは本来備わっている性質。in-「中に」。内側のここ（here）にある、と考えよう。There is an inherent tension between government and the media.「政府とメディアは本来的に緊張関係にある」。
□1207 **rigid** /rídʒid/	形 堅い；厳密な ☺ **理事**、**ど**うしてあんなにお堅いの？ rigid rules「厳格な規定」。
□1208 **compile** /kəmpáil/	動 編集する；集める com-「一緒に」、pile はラテン語pilare「押し込む、詰め込む」から。㊟pile「積み重ね、山（積み）」。compile a report「報告書をまとめる」。compile data「データを集める」。
□1209 **interpret** /intə́ːrprit/	動 解釈する；通訳する inter-「間に」。間に入って説明するべく物事を解釈・理解する→通訳する。analyze and interpret data「データを分析・解釈する」。 名 interpretation（解釈；通訳） 名 interpreter（通訳者）
□1210 **deem** /díːm/	動 ～を…と考える ☺ **ディー無**理だと考える（アルファベットのDだけ書けない！）。doom「運命を定める」と関連。consider やregard と似た意味だが、やや硬い表現。I deem him a genius.「彼は天才だと思います」。

□1211 **hollow** /hálou/	形 うつろな、空の　名 穴、へこみ ☺ **掘ろう**、うつろな穴を。hole「穴」と同語源。発ハロウ。a hollow promise「空約束」。「くぼんだ、へこんだ」の意味も。the hollow surface of the street「道のくぼんだ表面」。
□1212 **rust** /rʌ́st/	名 さび　動 さびつく ☺ **ラスト**(last)です、とはさびついた腕(もう引退！)。red「赤」と同語源→赤さび。Sailors are chipping the rust from the hull.「水兵たちは船体からさびを削り取っている」。 形 rusty(さびた；へたになった)
□1213 **deputy** /dépjuti/	名 代理人　形 代理の、副の ☺ **で、ピューッて**飛んでく代理人(なかなかやる気ある)。発デピュティー。I'm appointing you as my deputy.「君を私の代理として指名する」。deputy chief「副長官」。
□1214 **align** /əláin/	動 一列に並べる ☺ **あ、ライン**に一列に並ぶのね。a-=ad-「〜に」、lignはラテン語linea「線」から。参line「線」。The seats were aligned to give a clear view of the stage.「席はステージがはっきり見えるように並べられていた」。
□1215 **optimistic** /àptəmístik/	形 楽観的な ☺ **オー！プチミス**(小さなミス)**適**当に、という楽観的な上司、と覚えよう。optimum「最適な」と関連。反pessimistic「悲観的な」。I am optimistic about the outcome.「結果については楽観視しております」。
□1216 **sheer** /ʃíər/	形 完全な；(崖などが)切り立った ☺ **しゃ〜**、そりゃ完全なナンセンスだよ、キミ。sheer nonsense「完全なナンセンス」。☺**しゃ〜**、急な崖だなあ！　a sheer cliff「切り立った崖」。
□1217 **embrace** /imbréis/	動 抱きしめる、抱く　名 抱擁 ☺ い**いん、無礼す**るとも、と抱きしめる。em-=in-「中に」、braceは古フランス語「両腕」から。参bracelet「腕輪、ブレスレット」。embrace an idea「考えを抱く」。
□1218 **confidential** /kὰnfədénʃəl/	形 秘密の ☺ **この秘伝、シャレ**にならんと秘密の扱い。confidence「信用；秘密」の形容詞形。The official stamped the report “confidential.”「役人はその報告書に『マル秘』のハンコを押した」。
□1219 **grief** /gríːf/	名 深い悲しみ、悲嘆 grieve「深く悲しむ」の名詞形。grave「重大な」とも関連。Nick was overcome with grief.「ニックは悲しみに打ちひしがれていた」。 名 grievance(不平)　動 grieve(深く悲しむ)
□1220 **condemn** /kəndém/	動 非難する ☺ **こんで**(これで)**無**理だと非難する。con-は強意、damn「ののしる」。参Damn!「ちくしょう！」。The United Nations condemned the attacks on civilians.「国連は一般市民に対する攻撃を非難した」。

コア単語80レベル 1st 2nd

□1221
melancholy
/mélənkàli/

名 憂鬱、哀愁

melan「黒い」chol「胆汁」。昔黒い胆汁が鬱の原因とされていたことから。His letter was tinged with melancholy.「彼の手紙は哀愁を漂わせていた」。

□1222
imply
/implái/

動 暗示する、ほのめかす

im-=in-「中に」、plyはラテン語plicare「折り重ねる」から。内面に折り重なる複雑な思い・意図。The chairman implied he would be stepping down.「議長は辞任をほのめかした」。

形 implicit（暗黙の、潜在する）

□1223
hurl
/hə́ːrl/

動 強く投げつける、たたきつける

半円軌道を描きながらブン！と投げるような動き。hurler「野球の投手」はこの単語から。日本語の「放る」に音が似ている。He hurled the chair across the room.「彼は部屋の向こうに椅子を投げつけた」。

□1224
minimal
/mínəməl/

形 最小限の、最低限の

minimum に -al が付いて形容詞化。The firefighters tried hard to keep the damage minimal.「被害を最小限に食い止めようと消防士たちは頑張った」。

名 minimum（最小限、最低限）

□1225
hospitality
/hàspətǽləti/

名 温かいもてなし、親切

ラテン語 hospes「もてなす」から派生。参hospital「病院」（患者を手厚く看護する場所）。I am grateful for your hospitality.「あなたのおもてなしに感謝しております」。

動 hospitalize（入院させる）

□1226
grind
/gráind/

動 （臼で）挽く；すり減らす

☺ **ぐら～**（これは）い**いんだ**、と臼で挽く（この小麦はおいしいんだよ！）。grain「穀物」を grind する、と考えてもよい。The mill grinds wheat into flour.「ひき臼は小麦を挽いて小麦粉にする」。

□1227
remainder
/riméindər/

名 残り

remain「残る」から派生。発リメインダー。remind「思い出させる」からできたreminder「思い出させるもの」と混同しないよう。My father stayed in his study for the remainder of the day.「父はその日、それからずっと書斎にこもった」。

□1228
dread
/dréd/

動 恐れる　名 恐怖

☺ **どれど**れと恐れて見る。「不安、心配」の意味も。dread failure「失敗を恐れる」。

形 dreadful（恐ろしい）

□1229
ditch
/dítʃ/

名 排水溝、溝　動 溝を掘る

☺ **丁稚**（でっち）に排水溝を掃除させる。an irrigation ditch「灌漑用水路」。動詞で「（恋人などを）捨てる」の意味も。排水溝に捨てられる恋人……。It's time to ditch him.「彼を捨てるべき時だわ」。

□1230
ascend
/əsénd/

動 登る、上昇する

☺ あ**あ先導**して登る。a-=ad-「～へ」、scendはラテン語scandere「登る」から。反descend「降りる」。ascend the ladder to the roof「ハシゴを登って屋上に上がる」。

名 ascent（上昇）

□1231 **principle** /prínsəpl/	名 原則；主義 ☺ **プリンしぶる**のが原則（客においしいプリンは出さない）。prime「第一の」や prince「王子」（王位の第一継承者）と関連。第一に優先される基本原則。the principles of physics「物理学の基本原則」。
□1232 **amplify** /ǽmpləfài/	動 拡大する、増強する ample「十分な、広い」に -fy が付いて動詞化。日アンプ。amplify sound「音声を増幅する」。amplify vocabulary「語彙を増強する」。
□1233 **outrageous** /autréidʒəs/	形 法外な、とんでもない 怒り（rage）を引き出す（out）ような、と考えよう。MLB teams are paying outrageous salaries to free agents.「大リーグの球団は FA 選手に法外な給料を払っている」。 名 outrage（激怒）
□1234 **margin** /mɑ́:rdʒin/	名 余白；余地 ☺ **まあ人**生こんなもの、と教科書の余白に書き込む高校生（退屈な授業……）。mark「（ふちに）印をする」と同語源。write in the margin「余白に書き込む」。There was no margin for error.「失敗の余地はなかった」。「余裕、ゆとり」の意味も。
□1235 **susceptible** /səséptəbl/	形 影響を受けやすい 下で（sus-=sub-）受け止め（cept）やすい（-ible）。参sustain「支える」、accept「受け入れる」。Untended plants are susceptible to disease.「手入れしていない植物は病気にかかりやすい」。
□1236 **utility** /ju:tíləti/	名 役に立つこと；公共施設 野球で内野も外野も守れる使い勝手の良い選手を「ユーティリティープレーヤー」という。参use「使う」。This product has no utility in the office.「オフィスではこの製品は役に立たないよ」。 動 utilize（役立てる）
□1237 **comply** /kəmplái/	動 従う、応じる ☺ **昆布ら、い**やが応でも海流に従う。complete「完全な」と同語源。従うことで相手の要求を満たす。日コンプライアンス（法令順守）。comply with the law「法律に従う」。 名 compliance（従うこと、［法令］順守）
□1238 **facility** /fəsíləti/	名 施設 ☺ **走りてえ**設備整った施設で。ラテン語facere「する、作る」から。人が造った建物→施設。参facilitate「容易にする」。The university plans to build new facilities.「大学は新しい施設を造ろうとしている」。
□1239 **tact** /tǽkt/	名 機転 ☺ **焚くと**いい、お風呂、という機転（風呂でおもてなし）。ラテン語tangere「触れる」から。機微に触れる気配り→機転。参contact「接触する」、touch「触れる」。 形 tactful（機転の利く）
□1240 **doze** /dóuz/	動 うたた寝する ☺ **どう、ず**っとうたた寝したあとの気分は？　He dozed off on the couch.「彼はカウチの上でうたた寝した」。

□1241 **stumble** /stʌ́mbl/	動 つまずく、よろめく ☺ **スタン**ッ、とつまずいて、**ブル**ッと震える、と覚えよう。stammer「どもる」と関連。She stumbled down the stairs.「彼女は階段をよろめき降りた」。
□1242 **objective** /əbdʒéktiv/	形 客観的な 名 目的 object「物体；目的」に-iveを付けて形容詞化。概念でなく実物を対象に議論→客観的。an objective view「客観的見方」。one's first objective「第一の目標」。
□1243 **impartial** /impɑ́ːrʃəl/	形 公平な、偏らない 一部分(part)に偏ることがない(im-=in-「無」)性質の(-ial=-al)。It is important that a judge be impartial.「裁判官は公平であることが大切だ」。
□1244 **discern** /disə́ːrn/	動 見分ける、識別する ☺ **this案**悪いと見分ける。dis-「離す」、cernはラテン語cernere「分ける」から。参concern「関係する」(共にふるいにかける)。discern a distinct pattern「明確なパターンを見分ける」。
□1245 **definite** /défənit/	形 明確な、限定された ☺ **で、羽根と**しっぽの明確な区別を。発デフィニット。define「定義する」から派生。de-「完全に」fini「終わり」。境界線をはっきりと定める→明確。 副 definitely(確かに、全く)
□1246 **conscious** /kɑ́nʃəs/	形 意識がある；意識している ☺ **婚しやす**、と結婚の意識がある二人。con-「共に」、sciはラテン語scire「知る」から。「自覚している」などの訳語も。参science「科学」(知ること)、subconscious「潜在意識」。 名 consciousness(意識があること)
□1247 **seasoned** /síːznd/	形 年季が入った、熟練した season「季節」から派生。いくつもの季節を越えて熟練した、と考えよう。「年季」という言葉にも季節の「季」が。He is a seasoned traveler.「彼は旅慣れてるからね」。「味付けされた」の意味も。季節を越えて熟成→味も熟成。
□1248 **repel** /ripél/	動 追い払う、撃退する re-「後ろに」、pelはラテン語pellere「押す」から。参compel「強制する」、propel「推進する」。repel mosquitoes「蚊を追い払う」。repel the enemy「敵を撃退する」。 名 repellent(防虫剤)
□1249 **distinguish** /distíŋgwiʃ/	動 区別する、見分ける 形容詞distinct「明確な；異なる」から派生。di-「分ける」。distinguish apples from oranges「リンゴとオレンジを区別する」。
□1250 **shady** /ʃéidi/	形 日陰の；いかがわしい shade「陰」から派生。shadow「影」と同語源。a shady street「木陰になった道」。a shady deal「いかがわしい取引」。

□1251 **intimidate** /intímədèit/	動 怖がらせる、脅す in-「中に」、timidはラテン語timere「恐れる」から。参timid「臆病な」。The politician was not intimidated by the threat.「その政治家は脅迫にも動じなかった」。 名 intimidation（脅し、脅迫）
□1252 **crouch** /kráutʃ/	動 かがむ、しゃがむ ☺ **倉・家**でかがむ（背が高くて、古い建物だと頭ぶつけるもんで）。crook「曲げる」と同語源。日陸上のクラウチングスタイル。The boy crouched under the desk.「少年は机の下にしゃがんだ」。
□1253 **likewise** /láikwàiz/	副 同じように like「同様の」-wise「方法、やり方」。Libby can't resist chocolate and, likewise, eats a lot of ice cream.「リビーはチョコに目がないが、アイスクリームもよく食べる」。
□1254 **fabulous** /fǽbjuləs/	形 非常に素晴らしい、驚くべき ☺ **歯ブラシ**とは非常に素晴らしい習慣、と覚えよう。fable「寓話」の中の世界のような素晴らしさ。My wife is a fabulous cook.「妻の料理は素晴らしくてね」。
□1255 **merger** /mə́ːrdʒər/	名 合併、合同 ☺ **まあ、じゃあ**合併しますか、と握手。merge「合流する」の名詞形。The merger created the largest bank in the world.「合併で世界最大の銀行が誕生した」。
□1256 **circumstance** /sə́ːrkəmstæ̀ns/	名 状況、事情 ☺ **さあ、噛むスタンス**を取る状況（やばい、あの犬噛む気だ！）。circum-「周りに」、stanceはラテン語stare「立つ」から。人を取り巻くあれやこれやの事情→状況、情勢。通例複数形で用いられる。under the circumstances「そのような状況では」。
□1257 **browse** /bráuz/	動 ぶらぶらする；拾い読みする 「（牛などが草を）食べる」の意味も。牛がぶらぶら browse する、と覚えよう。日ブラウザー（インターネット閲覧ソフト）。browse through shops「お店を見て回る」。browse through a magazine「雑誌を拾い読みする」。
□1258 **allegedly** /əlédʒidli/	副 伝えられるところによれば ☺ **あれ痔だろう**、伝えられるところによれば。allege「主張する、言い立てる」から派生。「真実は不明だが」という含みがある。The president allegedly had an affair with his secretary.「社長は秘書と関係を持ったとのことだ」。
□1259 **rural** /rúərəl/	形 田舎の、地方の room「部屋；余地」と関連。広々とした空間のある田舎。反urban「都会の」。I live in a rural area.「田舎に住んでいます」。
□1260 **defect** /díːfekt/	名 欠点、欠陥 de-「下に、離れて」、fectはラテン語facere「する」から。基準を下回る（離れた）行い→欠点。参perfect「完全な」（完全に行う）、deficiency「不足、欠点」。 形 defective（欠点のある、欠陥のある）

□1261 **shallow** /ʃǽlou/	形 浅い；浅薄な ☺ 浅瀬で波に**しゃらわ**れた、と覚えよう。発シャロウ。shallow water「浅瀬」。shallow view of life「人生に対する浅はかな考え」。
□1262 **circulate** /sə́ːrkjulèit/	動 循環する；流通する circle「円」から派生。Blood circulates through the body.「血液は体内を循環する」。 名 circulation（循環；流通）　形 circular（円形の）
□1263 **incorporate** /inkɔ́ːrpərèit/	動 組み込む；合併する in-「中に」、corpはラテン語corpus「体」から。体系の中に組み込む。参 corpse「死体」。We will incorporate your suggestion into the plan.「あなたの提案を計画に組み込みましょう」。「会社組織にする」の意味も。
□1264 **intrude** /intrúːd/	動 侵入する；押しつける ☺ **犬取る、と**言って侵入する。in-「中に」、trudeはラテン語trudere「押す」から。参protrude「突き出す」。thrust「ぐいと押す」、threat「脅し」とも関連。 名 intrusion（侵入；押しつけ）
□1265 **acquaintance** /əkwéintəns/	名 知り合い ac-=ad-「～へ」、quaはラテン語gnoscere「知る」から。参recognize「認識する」。I don't want lots of acquaintances; I want a few good friends.「多くの知り合いはいらない。少しの良き友人が欲しい」。 動 acquaint（知らせる）
□1266 **coffin** /kɑ́fin/	名 ひつぎ ☺ **コホン**、とひつぎの中で咳（おい、生きてるよ！）。発コフィン。The ship's cabin felt like a coffin.「船室はひつぎのようだった」。
□1267 **framework** /fréimwə̀ːrk/	名 枠組み、構成 frame「枠」から派生。Diplomats agreed on a framework for a treaty.「外交団は条約の枠組みについて合意した」。
□1268 **blast** /blǽst/	名 爆発　動 大きな音を立てる ☺ **ブラすっと**視線爆発。「突風、突然の大きい音」の意味も。blow「打つ」と同語源。burst「破裂する」、bust「破産する」など、bが付いて「バンと破裂」のイメージを持つ単語は多い。bという子音自体が破裂音。
□1269 **sibling** /síbliŋ/	名 兄弟、姉妹 ☺ **支部**、**リンク**してる、兄弟で経営してるから。sib「血縁関係のある」ling=little。How many siblings do you have?「ご兄弟は何人ですか」。
□1270 **interrupt** /ìntərʌ́pt/	動 邪魔する、中断する inter-「間に」、ruptはラテン語rumpere「破る」から。会話や物事の流れを破り、せっかくの心地良さを邪魔する感じ。参erupt「爆発する」（外に破れる）。 名 interruption（妨害）

□1271 **thrive** /θráiv/	動 繁栄する、繁盛する ☺ **そらイブ**は商売繁盛やがな。Some plants can thrive even in soil that is poor in nutrients.「栄養に乏しい土壌でも成長できる植物もある」。His business is thriving.「彼の商売は繁盛している」。
□1272 **submerge** /səbmə́:rdʒ/	動 沈める sub-「下に」、mergeはラテン語mergere「潜る、浸す」から。参emerge「現れる」(潜っていたものが外に出る)。The rock is submerged under water most of the year.「その岩は一年のほとんどは水面下に沈んでいる」。
□1273 **crisp** /krísp/	形 パリパリした；キビキビした ☺ **クリッ！スプッ！**という音の感じを捉えよう。日本語のカリッ、ピシッという擬音に近い感じ。crisp bacon「カリカリに焼けたベーコン」。a crisp style of writing「引き締まった文体」。
□1274 **enterprise** /éntərpràiz/	名 企業、事業 enter-=inter-「間に」、priseはラテン語prendere「取る」から。仕事を手と手の間につかむ→事業を行う→企業。参prize「賞」(勝ち取ったもの)。They started a new enterprise in Brazil.「彼らはブラジルで新しい事業を始めた」。
□1275 **splendid** /spléndid/	形 豪華な、素晴らしい ☺ **スープ、れんげでいいど！**と豪華な食事。He has done a splendid job for the company.「彼は会社のために素晴らしい業績を上げてきた」。 名 splendor(豪華さ、素晴らしさ)
□1276 **spontaneous** /spɑntéiniəs/	形 自然に起こる、自発的な ☺ **スッポン手にいやす**、自発的に。The audience erupted in a spontaneous burst of applause.「観衆は自然と拍手喝采した」。 副 spontaneously(自発的に)
□1277 **maternal** /mətə́:rnl/	形 母の、妊婦の mother「母」から派生。日マタニティー。maternal instincts「母性本能」。My maternal grandfather is 90 years old.「私の母方の祖父は90歳だ」。 名 maternity(母であること、母性)
□1278 **strive** /stráiv/	動 奮闘する；争う ☺ **スト、ライブ**で行って奮闘する。The contenders all strived for the first prize.「競技者たちは1等賞を狙って皆頑張った」。 名 strife(闘争；口論)
□1279 **peer** /píər/	名 同僚、仲間 ☺ **ピヤーッ**とはやす仲間たち。par「等しい」から派生。等しい地位の人→仲間。peer pressure「周囲(仲間)の圧力」。
□1280 **contemporary** /kəntémpərèri/	形 同時代の、現代の 名 同時代人 con-「一緒の」、tempoはラテン語tempus「時間」から。contemporary music「現代音楽」。the author and his contemporaries「作家と、同時代の作家たち」。

129.mp3

□1281 **queer** /kwíər/	形 奇妙な ☺ **食いや**！奇妙な食い物やけど。Wearing a suit with bright red sneakers, he was a queer sight.「スーツに真っ赤なスニーカーの彼は奇妙だった」。
□1282 **enrich** /inrítʃ/	動 豊かにする；濃縮する 豊かな(rich)状態にする(en-)。Hardships enrich our lives as much as pleasures.「困難は楽しいことと同じくらい我々の生活を豊かにする」。enrich uranium「ウランを濃縮する」。
□1283 **apt** /ǽpt/	形 ～しがちな、～する傾向がある ☺ **あ、プッと**おならする傾向がある。My roommate is apt to think out loud.「ルームメイトが考えていることをよく声に出すんです」。 名 aptitude（傾向；適性）
□1284 **moderate** /mádərət/	形 穏やかな、適度な ☺ **もうデレ**デレ**と**しないで穏やかに振る舞いなさい！　modest「控えめな」と関連。a moderate opinion「穏健な意見」。a moderate climate「温和な気候」。
□1285 **adhere** /ædhíər/	動 くっつく；支持する ☺ **あ、ドヒャー**！接着剤がくっついた！　ad-「～へ」、hereはラテン語haerere「くっつく」から。adhere to an idea「ある考えに固執する」（賛成する）。 名 adherence（堅持；執着）　形 adherent（粘着性の）
□1286 **cannonball** /kǽnənbɔ̀:l/	名 砲弾 大砲(cannon)に入れる球(ball)。The cannonball penetrated the castle wall.「砲弾は城壁を撃ち抜いた」。 名 cannon（大砲）
□1287 **milestone** /máilstòun/	名 道しるべ；画期的出来事 1マイルごとに置かれた石の道しるべ。歴史上の道しるべとなる出来事。a milestone in the history of space exploration「宇宙探索の歴史における画期的出来事」。
□1288 **fraction** /frǽkʃən/	名 断片；分数 break と関連。☺**ブレークしよん**→断片、と考えよう。「ほんの一部、破片」などの意味も。参fracture「破砕する」。for a fraction of a second「ほんの一瞬の間」。
□1289 **demolish** /dimáliʃ/	動 （建物などを）破壊する、取り壊す ☺ **で、無理っす**、と壊す。de-=down。demolish buildings「建物を破壊する」。demolish the opponent's argument「相手の主張を覆す」。 名 demolition（破壊）
□1290 **celebrity** /səlébrəti/	名 有名人 神に祝福(cerebrate)された人、という感じ。❶セレブ。Celebrities frequent the club.「そのクラブには有名人がよく訪れる」。

□1291 **counterpart** /káuntərpɑ̀:rt/	名 同等のもの counter「逆の」part「パート」。The Finance Minister met with his Russian counterpart.「財務大臣はロシアの財務大臣と会合した」。
□1292 **significant** /signífikənt/	形 重要な sign「記号」→意味を持つもの→重要な。名前をサインするほど重要な、と覚えよう。a significant issue「重要な問題」。 名 significance（重要性）
□1293 **notorious** /noutɔ́:riəs/	形 悪名高い ☺ **ノート売りやす**、と悪名高い学生。notify などと関連。「知られる」が「悪いことで知られる」に変化。be notorious for ～「～で悪名高い」。 名 notoriety（悪評）
□1294 **spouse** /spáus/	名 配偶者 ☺ **スパ薄**くても食べてくれる配偶者（スパゲティの味が薄いぐらいで文句言いません）。ラテン語 spondere「約束する、誓う」から。Spouses and children are also invited.「配偶者や子どもも招待されます」。
□1295 **applaud** /əplɔ́:d/	動 拍手喝采する；称賛する ☺ **アップロード**（upload）したぐらいで拍手喝采。ap-=ad-「～へ」、plaude はラテン語plaudere「手を叩く」から。参plausible「もっともらしい」（思わず手を叩きたくなる）。 名 applause（拍手喝采）
□1296 **mock** /mák/	動 あざける；だます　名 あざけり ☺ **もう苦**？とランナーをあざける。His colleagues mocked his idea.「同僚は彼のアイデアをばかにした」。「模造品」の意味も。mock leather「模造革」。 名 mockery（あざけり）
□1297 **vendor** /véndər/	名 売る人、行商人 ☺ **便だ**！と言って売る人（便利ですよ、この商品！）。vend「売る」の名詞形。ラテン語vendere「売る」から。a software vendor「ソフトウエアを売る会社」。
□1298 **frustrate** /frʌ́streit/	動 イライラさせる ☺ **振らずと零と**はイライラさせる打線（せめてバット振れ！）。ラテン語frustra「無駄に」から。日無駄な作業はフラストレーションがたまる。 名 frustration（欲求不満、イライラ）
□1299 **distribute** /distríbju:t/	動 分配する ☺ **this取り分、と**分配する。dis-「分ける」、tribute はラテン語tribuere「割り当てる」から。参contribute「貢献する」。 名 distribution（分配；分布）
□1300 **knack** /nǽk/	名 こつ、才覚 ☺ **ノック**アウト（knock out）するにはコツがある。Ed has a knack for persuading others.「エドは人を説得するコツを知ってるね」。

□1301 **toil** /tɔ́il/	動 骨折って働く 名 苦労 ☺ **10**(とお)**要る**、と言うので、骨折って集める。Many people toiled to make the new road.「その新しい道を造るのに多くの人が骨折って働いた」。
□1302 **fluent** /flú:ənt/	形 流暢な、滑らかな ☺ **震えん**、**と**ても流暢な発音に。ラテン語fluere「流れる」から。Donna is fluent in three languages.「ドナは３カ国語を流暢に話す」。a fluent move「滑らかな動き」。 名 fluency(流暢さ)
□1303 **indifferent** /indífərənt/	形 無関心な、無感動な 違い(difference)に気を払わない(in-)→無関心。The government is indifferent to the welfare of the poor.「政府は貧しい人の福祉には関心がない」。 名 indifference(無関心)
□1304 **haste** /héist/	名 急ぐこと ☺ **ヘイ**！**スト**があるかもしれないから急いで出掛けな。There is an old saying: "Haste makes waste."「『急いては事をし損じる』というではないか」。in haste「急いで」。 形 hasty(急ぎの)
□1305 **sniff** /sníf/	動 クンクンとにおいをかぐ ☺ **スニッ**、**フ**ンフン、とにおいをかぐ感じの音。snで始まる単語には「鼻」関連のものが多い。Police dogs sniffed the baggage for drugs and explosives.「警察犬は麻薬や爆発物がないかと荷物のにおいをかいだ」。
□1306 **ingredient** /ingrí:diənt/	名 材料、要素 in-「中に」、grediはラテン語gradi「行く」から。☺料理の中に(**in**)グリ**グリ**、**デ～ンと**入った材料、と覚えよう。Cheese and meat are common ingredients of lasagna.「ラザニアには通常チーズと肉が入っている」。
□1307 **infamous** /ínfəməs/	形 悪名高い、不評な in-「不」、famはラテン語fama「話、評判」から。悪い意味でfamous「有名」であること。㊟インファマス。an infamous political figure「悪名高い政治家」。 名 infamy(不名誉)
□1308 **ensure** /inʃúər/	動 確かにする、保証する 確か(sure)な状態にする(en-)。His diligence and hard work ensured success.「彼の勤勉さとハードワークが成功を確かなものにした」。
□1309 **authentic** /ɔ:θéntik/	形 本物の、正真正銘の ☺ **おお千**の**テク**ニックより本物の力。語源は違うがauthority「権威」と結び付け、権威ある人が認めたもの→本物、と考えよう。These are authentic 19th-century French coins.「これらは本物の19世紀フランスのコインです」。
□1310 **horrible** /hɔ́:rəbl/	形 ひどい、恐ろしい ☺ **ほら**、**ブル**ブル震えるぐらいひどいでしょ(怒りで震えるほどhorribleなゴロ)？ horror「恐怖」-ible「できる」。What a horrible thing to say!「なんてひどいことを言うんだ！」。

□1311 **vain** /véin/	形 無駄な ラテン語 vanus「空の」から。vacuum「真空」などと絡めて覚えよう。in vain「無駄に」。vain efforts「無駄な努力」。 名 vanity（虚栄心）
□1312 **streak** /strí:k/	名 筋；ひと続き strike「打つ」などと関連。ペンをポンッと紙に当てて書いた線→一筋。I saw a streak of lightning.「私は一筋の稲妻を見た」。The team's winning streak ended at 10 games.「チームの連勝は10で止まった」。
□1313 **migrate** /máigreit/	動 移住する、（鳥などが）渡る ☺ **まあいい、グレて**も、移住すれば（引っ越して解決！）。Some birds migrate long distances.「ある種の鳥は長い距離を渡る」。
□1314 **obey** /oubéi/	動 従う ☺ **欧米**に従う。ob-「〜のほうへ」。力ある者のほうへ傾いている感じ。参 obtain「得る」（保持するほうへ）。obey orders「命令に従う」。 形 obedient（従順な、服従している） 名 obedience（従順さ；服従）
□1315 **urge** /ə́:rdʒ/	動 駆り立てる 名 衝動 ☺ **ああ、ジッ**としてられないと駆り立てる衝動。「せき立てる」などの意味も。The manager urged his sales team to make more phone calls.「マネジャーは、もっと電話をかけるよう販売チームをせき立てた」。
□1316 **scrutiny** /skrú:təni/	名 精査；監視 ☺ **スクリュー、地に**穴開けて精査する。The company is under scrutiny for hiring illegal immigrants.「その会社は不法移民を雇用した疑いで捜査を受けている」。 動 scrutinize（詳しく調べる、精査する）
□1317 **disorder** /disɔ́:rdər/	名 混乱、無秩序 秩序（order）が無い（dis-）。disorder and chaos「無秩序と混乱」。「障害、疾患」の意味も。mental health disorders「精神健康障害」。
□1318 **gadget** /gǽdʒit/	名 道具、小物 ☺ **貸せっ！と**道具取り上げるいじめっ子。新しい携帯電話やパソコンなど、新しもの好きのためのおもちゃ的なニュアンスがある。A lot of new gadgets hit the market every day.「毎日いろんな新製品が売り出される」。
□1319 **buoy** /bú:i/	名 浮標、ブイ beacon「信号」と関連。海に浮かぶ信号としてのブイ。The buoy marks a danger to navigation.「そのブイは航行危険の印だ」。 形 buoyant（浮力のある；活発な）
□1320 **appropriate** /əpróupriət/	形 適切な ☺ **あ、プロ、プリッと**適切なお尻（さすがプロの投手は尻がデカいなあ）。ap-=ad-「〜へ」。propri は property と同語源で「自分の」。動詞で「自分の物にする」の意味も。自分の物にする→自分に合っている→適切。

133.mp3

1321 **defy** /difái/

動 反抗する；拒む

☺「では、いい」と言わずに反抗する。de- を down と捉え、相手の言うことを下に下げて拒む、反抗すると考えてもよい。defy the government「政府に対抗する」。

形 defiant（反抗的な、挑戦的な） 名 defiance（反抗、挑戦）

1322 **privilege** /prívəlidʒ/

名 特権

☺ プリンセス、ヴィレッジ（village「村」）に泊まるのは特権。privi=private、leg=legal。個人に対して法律で認められた特権。the privileges given only to major leaguers「メジャーリーガーだけに与えられる特権」。

1323 **delude** /dilú:d/

動 欺く

☺ オバケが出るど！と欺く。The president deluded people into thinking the war would be short.「大統領は戦争はすぐ終わると言って国民をだました」。

名 delusion（欺くこと；思い違い）

1324 **devoid** /divɔ́id/

形 ～がない、～を欠く

☺ でぼ（でも）井戸がないので水に困る。de-「～がない」void「空白」。参 void「空間」。devoid of と前置詞を付けて覚えよう。leave the land devoid of any plants「土地を植物が全くない状態にする」。

1325 **phony** /fóuni/

形 偽の

☺ 本人？いえ、偽ものです。a phony $100 bill「偽の100ドル札」。a phony smile「見せかけの笑顔」。

1326 **notable** /nóutəbl/

形 注目すべき、顕著な

気づく（note）ことができる（-able）ような。a notable difference「顕著な違い」。

1327 **terror** /térər/

名 恐怖；テロ

ラテン語 terrere「驚かす」から。参 terrorism「テロリズム」。tremble with terror「恐怖で震える」。

1328 **bolster** /bóulstər/

動 支える、強化する

☺ 出演料をぼるスターを支えるらつ腕マネジャー。We bolstered the window with a board.「窓に板を張って補強した」。

1329 **grace** /gréis/

名 優雅、優美

☺ ぐれ、椅子取りゲームに参加する優雅な不良。女性名（Grace）にも使われる。「優美（ゆみ）さん」といったところか。a woman of grace「優雅さを備えた女性」

形 graceful（優雅な） 形 gracious（親切な、上品な）

1330 **penetrate** /pénətrèit/

動 貫通する

☺ ペンね、取れ～と障子を貫通（投げないでよ！）。ラテン語 penitus「奥に」から。The sunlight penetrated the curtain.「太陽の光がカーテンを貫いていた」。

□1331 **cave** /kéiv/	名 ほら穴、洞くつ ☺ **警部**、ほら穴に落ちる。ラテン語 cavum「穴」から。The expedition explored a number of caves.「探検隊はいくつもの洞くつを調べた」。
□1332 **swirl** /swə́:rl/	動 渦巻く ☺ **座～る**と風が渦巻く体の大きい人。whirl「渦巻き」と結び付けて覚えよう。A gust of wind swirled the discarded newspapers.「一陣の風が古新聞を巻き上げた」。
□1333 **conform** /kənfɔ́:rm/	動 順応する；合致する ☺ **このフォーム**に順応する(変わったフォームを自分のものに)。con-「一緒の」form「形」。conform to the customs「習慣に順応する」。 名 conformity(適合、調和)
□1334 **reside** /rizáid/	動 住む、居住する ☺ **理財ど**うしても増やすため住む(マンション買って自分も住んで)。re-「くり返し」、sideはラテン語sedere「座る」から。参sit「座る」。 名 residence(住居)　名 resident(住人)
□1335 **appraise** /əpréiz/	動 査定する、評価する ☺ 給料を**アップ**、**raise**するかどうか査定する。appreciate「真価を認める」、praise「称賛する」と同語源。「鑑定する」などの訳語も。have an expert appraise the antique「専門家に古美術品を鑑定してもらう」。
□1336 **plaintiff** /pléintif/	名 原告 complain「不平を言う」と関連。The plaintiff is an ex-employee.「原告は元従業員だ」。
□1337 **worsen** /wə́:rsn/	動 悪化する bad の比較級 worse に -en を付けて動詞化。His condition worsened with the onset of winter.「冬を迎えて彼の状態は悪化した」。
□1338 **expel** /ikspél/	動 追放する、放出する ex-「外に」、pelはラテン語pellere「押す」から。参propel「推進する」(前に押す)。He was expelled from school for a misdemeanor.「彼は非行により退学させられた」。expel air from the lungs「肺から空気を押し出す」。
□1339 **intent** /intént/	名 意図　形 熱心な intend「～するつもりである；意図する」から派生。the original intent「もともとの意図」。何かに気持ちが傾いており、強い意志がある→熱心。companies intent on reducing costs「コスト削減に熱心な会社」。
□1340 **weep** /wí:p/	動 (涙を流して)泣く ☺ **ウィ～**と泣いて**プッ**と涙が出る。She wept for joy.「彼女はうれし涙を流した」。

□1341 **impatient** /impéiʃənt/	**形 せっかちな、イライラする** 我慢強く(patient)ない(im-=in-)。The children were impatient for their father to return.「子どもたちは父親の帰りを待ちきれなかった」。I grew impatient as time passed.「時間がたつにつれイライラは募った」。
□1342 **occasional** /əkéiʒənəl/	**形 時折の、時々発生する** ☺ **桶異常なる**、時折の出来事。occasion「出来事」に-alを付けて形容詞化。I enjoy an occasional beer.「ビールも時折たしなみます」。 副 occasionally(時々、たまには)
□1343 **stimulate** /stímjulèit/	**動 刺激する、促進する** sting「刺す」と同語源。参stick「棒」。The book stimulated my interest in psychology.「その本を読んで心理学への興味がわいた」。 名 stimulation(刺激)　名 stimulus(刺激)
□1344 **marginal** /má:rdʒinl/	**形 ささいな、取るに足らない；へり(縁)の** margin「余白」から派生。本の余白のようなへりにあるもの→ささいな、取るに足りない。The damages to our army were only marginal.「我が軍にとってのダメージはささいなものにすぎなかった」。marginal space「余白のスペース」。
□1345 **chaos** /kéiɑs/	**名 大混乱、混沌** ☺ **軽**自動車**押す**ほどの大混乱(脱輪した！)。発ケイオス。chasm「割れ目」、gape「口を開ける」などと同語源。口を開けた真っ暗な空間→混沌。The blackout caused chaos in city streets.「停電で町の通りは大混乱となった」。
□1346 **undergo** /ʌ̀ndərgóu/	**動 (苦難などを)経験する、受ける** 下を(under)行く(go)。つらい状況下を耐え忍んで進む感じ。undergo surgery「手術を受ける」。
□1347 **resent** /rizént/	**動 憤る** ☺ **リーゼント**！と憤る先生(校則に反する！)。re-「再、復」、sentはsense「感じる」と関連。resent the remark「発言に憤る」。 名 resentment(憤慨)
□1348 **brochure** /brouʃúər/	**名 パンフレット、小冊子** broach「穴を開ける」と同語源。穴を開けて閉じた冊子。発ブロウシュア。The company designs corporate brochures.「その会社は企業のパンフレットをデザインしている」。
□1349 **anonymous** /ənánəməs/	**形 匿名の；無名の** ☺ **あのね、マス**オさん匿名で投稿したんだって。発アノニマス。an-=un-「〜がない」、onymはギリシャ語onoma「名前」から。The donor preferred to remain anonymous.「寄贈者は匿名を望んだ」。 名 anonymity(匿名性、無名)
□1350 **boundary** /báundəri/	**名 境界** bound「境界」から派生。ボールがバウンドして垣根を越える、とイメージしよう。類border。the boundary between science and philosophy「科学と哲学の境界」。

□1351 **esteem** /istíːm/	動 尊重する、高く評価する 名 尊敬；評価 ☺ **Sチーム**とは高く評価されたチーム。estimate「見積もる」と同語源。高く見積もる→尊敬。The professor esteemed his students' opinions.「教授は学生の意見を尊重した」。self-esteem「自尊心」。
□1352 **fragile** /frǽdʒəl/	形 もろい、壊れやすい ☺ もろくてフラ**フラ**？**じゃあいる**ね、支えが。break と関連。注意深く丁寧に扱わないと壊れる感じ。類frail。参fracture「破砕する」。These bones are very fragile.「これらの骨は非常にもろい」。
□1353 **profound** /prəfáund/	形 深遠な、奥深い ☺ **プロ**が **found**（見つけた）奥深い真理。pro-「前」found「底、基」。底を突き破ってさらに奥深く進んだ先→深遠、と考えよう。参foundation「基礎」。a profound understanding「深い理解」。
□1354 **bias** /báiəs/	名 偏見、偏向 ☺ **倍安**いというのは偏見。フランス語 biais「斜めの」から。日バイアスがかかった見方。a cultural bias「文化的偏見」。 形 biased（偏った）
□1355 **permanent** /pə́ːrmənənt/	形 永遠の、不変の per-「通して」、maneはラテン語manere「とどまる、残る」から。参remain「残る」。筆者は髪にかける「パーマ」（perm）がこの単語と知って覚えました。変なパーマって永遠に残っちゃうような不安を覚えますね。
□1356 **solitary** /sálətèri/	形 唯一の；孤独な ☺ **そり足り**る？唯一の移動手段なのに。sole「唯一の」から派生。a solitary exception「唯一の例外」。a solitary life「孤独な生活」。「単独の」などの訳語も。
□1357 **precedent** /présədənt/	名 先例 形 先行する ☺ **プリッ！し、デーンと**した先例。precede「先行する」に-ent「～するもの、～するような」を付けて名詞・形容詞化。set a precedent「先例を作る」。 名 precedence（優先、先行）
□1358 **sewage** /súːidʒ/	名 下水 ☺ **吸う、意地**になって下水を（オエッ！）。発スーイッジ。Drains were built to carry off sewage.「下水を流すために排水溝が造られた」。 名 sewer（下水管）
□1359 **segregate** /ségrigèit/	動 隔離する；差別する se-「離して」、gregはラテン語grex「群れ」から。参select「選ばれた」（離して集めた）。segregate one patient from the others「ある患者を他から隔離する」。 名 segregation（隔離；人種差別）
□1360 **prospect** /práspekt/	名 見通し、展望 pro-「前を」、spectはラテン語specere「見る」から。the future prospect of the economy「経済の見通し」。What are the prospects for success?「成功の見込みはどんなもんだい？」。

□1361 **blur** /blə́ːr/	動 ぼやける；汚す ☺ **ぶら～**っ、とぼやけた写真。The image was blurred.「映像はぼやけていた」。
□1362 **preoccupied** /priːákjupàid/	形 没頭して、心を奪われて pre-「前もって」occupy「占める」。頭の中を何かの考えに占領されている状態。I have been preoccupied with finishing the report.「レポートを終わらせることに没頭している」。 名 preoccupation（没頭すること；偏見）
□1363 **hesitate** /hézətèit/	動 ためらう、躊躇する ☺ **屁してえと**思ったがためらった。Don't hesitate to ask questions.「ためらわずに質問してくれ」。 形 hesitant（ためらう） 名 hesitation（ためらい、躊躇）
□1364 **sophisticated** /səfístəkèitid/	形 洗練された 古代ギリシャで弁論術を操った知識人「ソフィスト」(sophist) と関連。うまいことを言う→洗練。a sophisticated style of writing「洗練された文体」。 動 sophisticate（洗練させる）
□1365 **sufficient** /səfíʃənt/	形 十分な ☺ **さ、費せんと**する十分な予算。suffice「満たす」の形容詞形。suf-=sub-「下に、～まで」、ficはラテン語facere「作る」から。The troops had sufficient water and food.「軍隊には十分な水と食糧があった」。 動 suffice（満足させる）
□1366 **probe** /próub/	動 調査する、検査する 名 調査、検査 ☺ **プロ、うぶ**だという意見を調査する（それは意外）。prove「証明する」やproof「証拠」と関連。証明するために証拠を求めて調査する、と考えよう。probe into a problem「問題を精査する」。
□1367 **enroll** /inróul/	動 入学する；登録する en-=in-、roll「巻物」。巻物に書かれたリストの中に入る感じ。We enrolled our son in the local kindergarten.「私たちは息子を地元の幼稚園に入れた」。 名 enrollment（入学、入隊）
□1368 **comprehensive** /kàmprihénsiv/	形 包括的な；理解の comprehend「理解する」の形容詞形。con-「共に」、prehendはラテン語prehendere「つかむ」から。全体像をつかむ→理解。This book is a comprehensive guide to the city.「この本はその街を総合的に紹介している」。
□1369 **brink** /bríŋk/	名 瀬戸際；縁 ☺ **ブリン**！と投げられ、**クッ**と瀬戸際に追い込まれた。on the brink of ～「～の瀬戸際で」(on the verge ofと同じ)。 名 brinkmanship（瀬戸際政策）
□1370 **drain** /dréin/	動 排水する 名 排水管 ☺ **ドーッrain**（雨）排水する。dry「乾いた」と同語源。「流出する、使い果たす」の意味も。Long work hours drained me of energy.「長時間の仕事で疲れ果てた」。 名 drainage（排水；排水路）

□1371 **breach** /bríːtʃ/	名 破れ目　動（約束などを）破る ☺ **ブリッ**と服破って**チ**ッと舌打ち。break と同語源。a breach of contract「契約不履行」。breach the peace「平和を破る」。
□1372 **prosecute** /prásikjùːt/	動 起訴する pro-「前に」、secはラテン語sequi「追う」から。参sequence「連続」。The government decided to prosecute him.「政府は彼を起訴することに決めた」。 名 prosecutor（検事）
□1373 **readily** /rédəli/	副 容易に；直ちに ready「準備のできた」から派生。準備万端→物事が容易、直ちにできる。発レディリー。Burt readily agreed to the proposal.「バートは提案にすぐ同意した」。
□1374 **exhaust** /igzɔ́ːst/	動 疲れ果てさせる、使い果たす ex-「外に」。エネルギーを外に放出しきる感じ。haust の音を「放出」と考えよう。They were exhausted from the climb.「登りで彼らは疲れ果ててしまった」。 名 exhaustion（消耗、放出）
□1375 **clan** /klǽn/	名 一族、一味 ☺ **蔵ん**中にいる一族。The whole clan got together for the celebration.「祝いの席に一族が全員集まった」。
□1376 **cunning** /kʌ́niŋ/	形 ずるい、悪賢い can「できる」と関連。どちらの単語もknow「知る」と関わりがある。試験の答えをあらかじめ知っているからできる→ずるい、と考えよう。ただし日本語の「カンニング」は和製英語で、英語ではcheating。
□1377 **archetype** /ɑ́ːrkitàip/	名 原型；典型 arche-「最初の」type「型」。参archaeology「考古学」。*Frankenstein* is an archetype of the horror movie.「『フランケンシュタイン』はホラー映画の原型だ」。
□1378 **drastic** /drǽstik/	形 徹底的な、思い切った drama「劇」と関連。劇的な→徹底的な。日ドラスチックな改革案。a drastic change「劇的な変化」。drastic measures「思い切った手段」。
□1379 **ashamed** /əʃéimd/	形 恥ずかしい ☺ **汗無駄**とは恥ずかしい（あれだけ頑張ったのに）。発アシェイムド。a-「～へ」shame「恥」。I am ashamed of the errors I made.「私は自らのミスを恥じております」。
□1380 **allege** /əlédʒ/	動 主張する、言い立てる ☺ **あれ痔**だ、と主張する。al-=ad-「前に」、lege は legal「法律の」と関連→正当性うんぬんより先に主張する。はっきりした根拠なしに言い立てる感じ。

139.mp3

□1381 **wharf** /hwɔ́ːrf/	名 埠頭、波止場 ☺ **ウォー、ふね**がいる！と埠頭で叫ぶ。They waved as the ship slowly pulled away from the wharf.「船がゆっくり埠頭を離れると彼らは手を振った」。
□1382 **chunk** /tʃʌ́ŋk/	名 大きい塊；大量 ☺ **ちゃんこ**に入った肉の塊。a large chunk of meat「分厚い肉の塊」。
□1383 **succumb** /səkʌ́m/	動 屈服する ☺ **サッカー無**理、と屈服する（やっぱオレ、野球が向いてるわ）。発サカム。suc-=sub-「下に」、cumbはラテン語cubare「横たわる」から。参incumbent「現職の」（中に横たわる、居座る）。succumb to the enemy「敵に屈する」。
□1384 **linear** /líniər/	形 一直線の line「線」から派生。日リニア新幹線。The 100-meter dash is run on a linear section of the track.「100メートル走はトラックの直線部分を走る」。
□1385 **bash** /bǽʃ/	動 激しく打ちつける バシッと打つ音から。日バッシング。Giant hail bashed against the roof.「大きなあられが屋根を打ちつけた」。The media bashed the prime minister.「メディアは首相を叩いた」。
□1386 **triumph** /tráiəmf/	名 勝利 ☺ **トライ**！**アンフ**ェア（unfair「不公平な」）な判定でも勝利。ギリシャ語thriambos「神への賛歌」から。勝って歌う賛歌→勝利。 形 triumphant（勝ち誇った）
□1387 **mutual** /mjúːtʃuəl/	形 お互いの、相互の ラテン語mutare「交換する」から。ものを交換する→相互の。参mutant「突然変異体」（状態が転換）。a mutual relationship「相互関係」。
□1388 **modify** /mɑ́dəfài/	動 修正する、変更する ☺ **詣で**、**不和いい**、と行動を修正する（神社詣でするようにしたら、仲が良くなった！）。mode「様式」と関連。様式に合わせるため変更を加える。modify the plan「計画を修正する」。modify one's behavior「行動を変える」。
□1389 **tribute** /tríbjuːt/	名 献げ物；賛辞 ☺ **取り分と**して捧げる。ラテン語tribuere「割り当てる」からで、tribe「部族」と関連。部族間で分配する→分け与える→捧げる。日トリビュートアルバム。参distribute「分配する」、contribute「貢献する」。
□1390 **conceive** /kənsíːv/	動（考えなどを）心に抱く；妊娠する con-は強意、ceiveはラテン語capere「取る」から。子どもを受け取る→妊娠。参receive「受け取る」。conceive a plan「計画を思いつく」。 名 concept（概念、コンセプト） 名 conception（概念；妊娠）

1391 **reinforce** /rìːinfɔ́ːrs/

動 強化する

再び(re-) 力(force) がある状態にする(in-=en-)。reinforce the glass with a special coating「特殊コーティングでガラスを補強する」。

1392 **tease** /tíːz/

動 からかう

☺ **tea ず**っと飲んでる、とからかう。ease の音から、いじる→からかう、と覚えてもよい。My classmates teased me when I made a mistake.「クラスメートは僕の失敗をからかった」。

1393 **concise** /kənsáis/

形 簡潔な

☺ **この際す**ぐに簡潔な説明を(長いゴタクはもううんざり)。con-「一緒にする→小さくする」、cise はラテン語caedere「切る」から。小さく切る→簡潔な。参precise「正確な」。

名 concision(簡潔さ)

1394 **shatter** /ʃǽtər/

動 粉々に打ち砕く

☺ **シャッター**(shutter) で足、粉々に打ち砕く(足の上に閉めちゃった！)。scatter「まき散らす」と関連。My hopes were shattered by the accident.「その事故で希望が打ち砕かれた」。

1395 **assert** /əsə́ːrt/

動 断言する、強く主張する

☺ **朝～！と**断言するニワトリ。自分の言うことに確信を持っているが根拠はない感じ。類declare。He asserted his innocence.「彼は無実を強く主張した」。

名 assertion(主張、断言)

1396 **affection** /əfékʃən/

名 愛情

affect「影響を与える」と関連。心に働き掛ける→深く心に染みるような愛情。The teacher treated her students with deep affection.「その先生は深い愛情を持って生徒に接した」。

形 affectionate(愛情のこもった)

1397 **depressed** /diprést/

形 落ち込んで、意気消沈して

de-「下に」press「押す」。depress「落ち込ませる」の過去分詞形。She looked a little depressed, but she'll be OK.「彼女ちょっと落ち込んで見えたけど、大丈夫だよ」。

動 depress(落ち込ませる)

1398 **wage** /wéidʒ/

名 賃金　動 (戦争などを)行う

☺ **上いじ**れない賃金(上の給料を上げると下も……)。ゲルマン語の「誓う」が語源で、engage「関わらせる；婚約させる」やwed「結婚する」と関連。誓う→担保→賃金。minimum wage「最低賃金」。挑戦を誓う→戦争。wage war against ～「～と戦争する」。

1399 **provoke** /prəvóuk/

動 憤慨させる；引き起こす

☺ **プロ、ボーク**(balk) と言われ憤慨する(ヘボ審判め！)。pro-「前に」、voke はラテン語vocare「呼ぶ」から。参vocation「職業」(神が呼ぶ)。provoke anger in others「他の人を怒らせる」。provoke a riot「暴動を引き起こす」。

1400 **coalition** /kòuəlíʃən/

名 連合、同盟

☺ 肩**凝りは一緒の**同盟。co-「共に」、ali はラテン語alere「養う」から。「共に養う」が原義。参coalesce「連合する」。a coalition of organizations「様々な組織の連合」。

141.mp3

□1401 **cling** /klíŋ/	動 くっつく、しがみつく ☺ 雨にぬれた衣服が**クリン！グ**ッと身にまとわりつく感じ。「執着する」の意味も。類stick。Peter clung to his original idea.「ピーターは自分の元のアイデアに固執した」。
□1402 **troop** /trúːp/	名 軍隊；群れ ☺ **通る**、**パ**リッとした軍隊、と覚えよう。発トゥループ。軍隊の意味では通常複数形。a troop of children「子どもの一群」。
□1403 **elaborate** /ilǽbərət/	形 入念な、精巧な ☺ **選ばれっと**入念に見えるデザイン。骨折り（labor）の結果が外に出た（e-）感じ。an elaborate design「手の込んだデザイン」。「念入りに作る；詳細に述べる」の意味も。elaborate on a term「用語について詳しく説明する」。
□1404 **mediate** /míːdièit/	動 仲介する、調停する ☺ **目でええ**（良い）**と**伝え、仲介する。medi-「中間」。参media「メディア」。The U.N. attempted to mediate an end to the conflict.「国連は紛争を終結させようと仲介を試みた」。
□1405 **distinct** /distíŋkt/	形 明確な；異なる dis-=off、stinctはラテン語stinguere「刺す」からでsting「刺す」と関連。異なった刺激→異なる→目立つ→明確な。「目立つ；目覚ましい、独特な」の意味も。a distinct character「はっきりした特徴」。
□1406 **noteworthy** /nóutwəːrði/	形 注目に値する、特筆すべき note「注目する」worthy「価値がある」。This car has noteworthy features.「この車には注目すべき特徴がある」。
□1407 **plea** /plíː/	名 嘆願 please と関連。☺**プリー**ズ（please）と嘆願する、と覚えよう。make a plea to save wildlife「野生動物を守るための嘆願をする」。plea-bargain「司法取引」。
□1408 **toast** /tóust/	動 乾杯する ☺ **通すと**（合格させると）乾杯する予備校。もちろんパンの「トースト」の意味も。お酒にパンを入れて乾杯したことから。I would like to toast to your success.「君の成功を祝して乾杯しよう」。
□1409 **blink** /blíŋk/	動 まばたきする　名 まばたき ☺ **ブリン**、**ク**ッ、とまぶたが動く感じを想像しよう。in the blink of an eye「一瞬のうちに」。
□1410 **frantic** /frǽntik/	形 取り乱した、半狂乱の ☺ 髪を**振らんチック**に狂乱（気も狂わんばかり）。frenzy「狂乱、熱狂」と関連。She was frantic with worry when she lost sight of her son.「息子の姿を見失い、彼女は心配で気も狂わんばかりだった」。

□1411 **scramble** /skrǽmbl/	動 奪い合う、よじ登る ☺ **スクランブル**エッグを奪い合う。People scrambled for food.「人々は食料を奪い合った」。They scrambled up the hill.「彼らは丘をよじ登った」。「かき混ぜる、ごちゃごちゃにする」の意味も。scrambled egg「スクランブルエッグ」。
□1412 **abuse** /əbjúːz/	動 悪用する、虐待する 名 悪用、虐待 ☺ **あ**、**ビューッ**、**ず**っと走るのは車の悪用。通常を離れた(ab-)使い方(use)。abuse privileges「権利を悪用する」。child abuse「児童虐待」。 形 abusive(言葉遣いが悪い；悪用された)
□1413 **restrict** /ristríkt/	動 制限する、規制する ☺ **リス獲り苦闘**して制限する(リスを守れ！)。restrain「制止する」と関連。参strict「厳しい」。restrict access to the room「部屋への立ち入りを制限する」。 名 restriction(制限、規制)
□1414 **dense** /déns/	形 濃い、密度の高い ☺ **デン**と**座**った脂肪密度の高い人。参condense「濃縮する」。The dense fog was the cause of the accident.「濃い霧が事故の原因だった」。 名 density(密度、濃度)
□1415 **awe** /ɔ́ː/	名 畏敬の念 動 畏敬の念を起こさせる ☺ **オー**！という畏敬の念。恐れ・尊敬・驚きの入り交じった感情。People stared at the gladiator with awe.「人々は畏敬の目で剣闘士を見つめた」。in awe「恐れおののいて」。 形 awesome(畏敬の念を抱かせる；素晴らしい)
□1416 **stun** /stʌ́n/	動 たまげさせる；気絶させる ☺ **スタン**！とコケてたまげさせる。「衝撃を与える、あぜんとさせる」などの訳語も。日スタンガン(stun gun)。参astonish「驚かす」。 形 stunning(素晴らしい、驚くべき)
□1417 **perplex** /pərpléks/	動 当惑させる、惑わす per-「通して」、plexはラテン語plexsus「込み入った」から。込み入った中を通る→困惑。参complex「複雑な」。Officials are still perplexed by the washed-up whales on the shore.「クジラが岸に打ち上げられ当局はまだ当惑している」。
□1418 **congestion** /kəndʒéstʃən/	名 混雑、密集 con-「共に」、gesはラテン語gerere「運ぶ」から。道混んでるじゃんcongestion、と覚えよう。参digestion「消化」(分けて運ぶ)。traffic congestion「交通渋滞」。 形 congested(混雑した、密集した)
□1419 **utmost** /ʌ́tmòust/	形 最大限の out-「越えて」＋most「最大」が縮んだ形。an issue of the utmost importance「最重要の問題」。
□1420 **sting** /stíŋ/	動 刺す ☺ **スティン**！と輝く針で**グ**ッと刺す、と覚えよう。stiで始まる単語には「とがった感じ」を思わせるものがいくつかある。参stick「棒」、stimulate「刺激する」。The smoke stung my eyes.「煙が目を刺した」。

□1421 **rupture** /rʌ́ptʃər/	名 破裂、裂け目　動 裂く ラテン語rumpere「破る」から。参interrupt「中断する」、erupt「噴火する」。The flood resulted from a rupture in the water tank.「貯水槽の破裂から洪水になった」。
□1422 **shudder** /ʃʌ́dər/	動 身震いする　名 身震い ☺ アタ**シやだ～**、と身震いする。発 シャダー。The memory of the incident made her shudder.「その事故を思い出して彼女は体が震えた」。
□1423 **cosmetic** /kɑzmétik/	形 美容の；表面的な ギリシャ語 kosmos「秩序」が語源で、cosmos「宇宙」と関連。秩序が取れた均整美。秩序ある体系としての宇宙。もちろん「化粧品」の意味もある。日 コスメ。a cosmetic change「見た目の変更」。
□1424 **puddle** /pʌ́dl/	名 水たまり ☺ **パドル**（paddle）で漕ぐ水たまり（そんな大きな水たまり、ある？）。The heavy rain made puddles on the dirt road.「土砂降りで泥の道に水たまりができた」。
□1425 **rein** /réin/	名 手綱；統制 ☺ **rain**（雨）の中でも手綱離さず。retain「引き留める、保持する」と関連。「統率、主導権」などの訳語も。The dictator refused to let go of the reins of government.「独裁者は政権を手放そうとしなかった」。
□1426 **spectacle** /spéktəkl/	名 見もの、壮観 ラテン語specere「見る」から。The spectacle of Niagara Falls moved us.「ナイアガラの滝の壮観さに私たちは感動した」。「見せ物」の意味も。 形 spectacular（見事な）　名 spectator（見物人）
□1427 **craft** /kræft/	名 技術；工芸 ☺ **くら**あ（これは）**ふと**したことで身につけた技術。「力、技」が原義。「船舶；飛行機」の意味も。参aircraft「航空機」。craft arts「工芸品」。
□1428 **remark** /rimɑ́ːrk/	名 発言　動 述べる re-「再び」mark「注意する」。注意を喚起するような発言。The president made only a few brief remarks.「大統領はいくつかの短いコメントを述べるにとどまった」。
□1429 **compete** /kəmpíːt/	動 競争する com-「共に」、peteはラテン語petere「求める」から。The company had to compete against big corporations.「その会社は大企業と競争しなければならなかった」。 名 competition（競争）
□1430 **litter** /lítər/	名 くず、ごみ　動 散らかす ☺ **リッター**（liter）単位のごみくず。Singapore streets are nearly completely free of litter.「シンガポールの道はごみがほとんどない」。Do not litter.「ごみを捨てるな」（観光地などの看板）。

□1431 **ample** /ǽmpl/	形 十分な、広い ☺ **ああん、プル**プルしてる十分な量のプリン。pl- には「プリプリと量がたっぷり」なイメージがある。参plenty「たっぷりの」、plus「加える」。a log cabin with ample space「十分なスペースのある丸太小屋」。
□1432 **sparse** /spɑ́ːrs/	形 まばらな ☺ **スパ**（温泉）**明日**はまばらな客（明日は平日だし）。I watched the ballgame with the sparse crowd.「私はまばらな観客の中でその試合を見た」。
□1433 **whim** /hwím/	名 気まぐれ、思いつき ☺ **フイ**に**無**にする気まぐれな人（あれ、なかったことにして！）。I went to the beach on a whim.「気まぐれで浜辺に行ったんだ」。
□1434 **narrative** /nǽrətiv/	名 物語、談話 ☺ **奈良って武**士がいた、という物語。narrate「話をする、物語る」から派生。目ナレーター。形容詞で「物語的な」の意味も。 動 narrate（話をする、物語る） 名 narrator（ナレーター）
□1435 **obstacle** /ɑ́bstəkl/	名 障害、邪魔 ☺ **おぶさってくる**（振りかかってくる）障害、と覚えよう。ob-=against、staはラテン語stare「立つ」から。逆らって立つ→障害。overcome obstacles in life「人生における障害を克服する」。
□1436 **irrational** /irǽʃənl/	形 不合理な、分別のない 理性的（rational）でない（ir-=in-）。Phobias are irrational fears of specific objects or situations.「恐怖症とは特定の物や状況に対する非理性的な恐怖である」。
□1437 **mumble** /mʌ́mbl/	動 つぶやく、ぶつぶつ言う ☺ **マンブ**マンブと、いかにもつぶやいているような発音。He mumbled something that I couldn't understand.「彼はよくわからないことをつぶやいた」。
□1438 **comprehend** /kɑ̀mprihénd/	動 理解する；包含する con-「共に」、prehendはラテン語prehendere「つかむ」から。参apprehend「捕まえる、理解する」。comprehend the nature of the issue「問題の性質を理解する」。 名 comprehension（理解；包括）
□1439 **retreat** /ritríːt/	動 退却する、後退する 名 退却、後退 re-「後ろへ」、treatはラテン語trahere「引く」から。参distract「（注意を）そらす」、extract「引き出す」。The army retreated to the river.「軍は川まで退却した」。
□1440 **inventory** /ínvəntɔ̀ːri/	名 在庫目録、一覧表 ☺ **いい弁当売り**の在庫目録。invent「発明する」と関連。考案して作った製品の目録、と考えよう。The warehouse staff will check the inventory to see if the part is in stock.「部品の在庫があるかどうか倉庫のほうで目録をお調べします」。

□1441 **console** /kənsóul/	動 慰める ☺ **このソウル**(魂)を慰める。con-「共に」、soleはラテン語solari「慰める」から。参solace「慰め」。He consoled her in her moment of grief.「彼は悲しみに沈む彼女を慰めた」。
□1442 **chimney** /tʃímni/	名 煙突 camera「カメラ」と関連。camera はもともと「部屋」の意味。暖かい部屋→暖炉→煙突。A chimney is hard to clean.「煙突は掃除するのが大変だ」。
□1443 **assess** /əsés/	動 評価する、査定する ☺ **汗、酢**っぱいと評価する。日環境アセスメント(開発がもたらす環境への影響を、事前に予測・評価すること)。assess academic achievement「学業成績を評価する」。 名 assessment(評価、査定)
□1444 **facilitate** /fəsílətèit/	動 容易にする;促進する ☺ **走りてえと**いうランナーのため、道を舗装し容易にする。faciはラテン語facere「する」から。「する」→「することが容易」へと変化。参fact「事実」(なされたこと)。 名 facilitator(物事の進行を促進するもの・人;司会者)
□1445 **injustice** /indʒʌ́stis/	名 不正義、不公平 in-「不」justice「正義」。It was an injustice to reject his application because of his skin color.「肌の色で彼の入学を拒否するのは公平にもとっていた」。
□1446 **durable** /djúərəbl/	形 耐久性のある、長持ちする ☺ **ズラ**(かつら)**ブル**ブルせず耐久性ある、と覚えよう。dur「続く」-able「できる」。参during「〜の間に」。durable goods「耐久消費財」。 名 duration(継続期間、持続時間)
□1447 **contemplate** /kɑ́ntəmplèit/	動 熟考する ☺ **このテンプレート**どうかな、と熟考する。con-「共に→中に」temple「寺」と考え、寺院の中で静かに物思いにふける感じを想像してもよい。類consider、ponder。contemplate the facts「事実をよく考慮する」。
□1448 **exclaim** /ikskléim/	動 叫ぶ、大声で言う ex-「外に」、claimはラテン語clamare「呼ぶ、叫ぶ」から。参claim「主張する」。exclaim in surprise「驚いて大声を上げる」。 名 exclamation(叫び)
□1449 **anxiety** /æŋzáiəti/	名 不安、心配 ☺ **ああん、臭**!**エチ**ケットに反するかと不安になる。発アングザイエティ。形容詞anxious「心配している」から派生。anxiety disorder「不安症」。 形 anxious(心配している)
□1450 **aftermath** /ǽftərmæ̀θ/	名 (災害・事件などの)結果、余波 ☺ **あたふたします**、災害の結果、と覚えよう。草刈り(math)のあと(after)。the aftermath of the bombings「爆撃の余波」。

□1451 **intelligible** /intélədʒəbl/	形 わかりやすい、明瞭な ～の中で（inter-）見分ける（tell）ことができる（-able）。intelligent「知的な」と関連。Your paper wasn't exactly intelligible.「君のペーパーはあまりよくわからなかったんだよ」。
□1452 **somber** /sámbər/	形 陰気な、重苦しい ☺ **sun**（太陽）**バー**ッと照っても日陰は陰気。発サンバー。somb=sub-「下に」。「陰にする」が原義。The mood at the conference was somber after the news.「その知らせのあと、会議の空気は重苦しいものとなった」。
□1453 **belonging** /bilɔ́:ŋiŋ/	名 所持品 動詞belong「～に属している」から派生。その人に属しているもの。Watch out for your belongings.「所持品に気をつけて」。
□1454 **overwhelm** /òuvərhwélm/	動 圧倒する、打ちのめす over-「上から」whelm「かぶせる」。参helm「かぶと」、helmet「ヘルメット」。overwhelm the rival team「ライバルチームを圧倒する」。 形 overwhelming（圧倒的な）
□1455 **compress** /kəmprés/	動 圧縮する、詰め込む 共に（con-）押す（press）。compress data「データを圧縮する」。compress a lot of information into a brief lecture「多くの情報を短い講義に詰め込む」。 名 compressor（圧縮器）
□1456 **specimen** /spésəmən/	名 見本 ☺ **しばし見ん**とする見本、と覚えよう。ラテン語specere「見る」から。a magnificent specimen of a dinosaur skeleton「恐竜の骨の素晴らしい標本」。
□1457 **remnant** /rémnənt/	名 名残り、残り ☺ **例無、何と**かして残したい昔の名残り（あんな建物はもう例がないからね）。remain「残る」から派生。The Colosseum is a remnant of the Roman Empire.「コロシアムはローマ帝国の名残りである」。
□1458 **consecutive** /kənsékjutiv/	形 連続した ☺ **今世紀恥部**は連続する（過ちはなかなか消えない）。con-「共に」、secはラテン語sequi「続く」から。参subsequent「続いて起こる」。He homered in three consecutive games.「彼は3試合連続でホームランを放った」。
□1459 **caution** /kɔ́:ʃən/	名 注意、警戒 ☺ **こうション**ベンする人を警戒する。ラテン語cavere「警戒する」から。Caution: Bridge slippery when wet.「橋はぬれていると滑るので注意」。 形 cautious（用心深い、慎重な）
□1460 **weary** /wíəri/	形 疲れ切った wear「使い古してボロボロにする」の形容詞形と考えると覚えやすい。He felt weary after 16 hours of work.「16時間も働いて彼は疲れ切っていた」。

□1461 **mold** /móuld/	名 鋳型 動 形作る ☺ **盛る土**、鋳型の中に。pour molten iron into the mold「溶けた鉄を鋳型に流し込む」。
□1462 **rouse** /ráuz/	動 目覚める；喚起する ☺ **裸ウズ**ウズして目覚める。参arouse「起こす；刺激する」。images that rouse strong feelings「強い感情を喚起する映像」。
□1463 **appetite** /ǽpətàit/	名 食欲 ☺ 食べ物を**浴びたいと**、すごい食欲。ap-=ad-「〜へ」、petiはラテン語petere「求める」から。参compete「競争する」(共に求める)。I lost my appetite.「食欲なくなっちゃったよ」。
□1464 **interfere** /ìntərfíər/	動 妨害する、邪魔する inter-「間に」、fereはラテン語ferire「打つ」から。人と物事の間に立って妨害する感じ。interviewerと絡めて、「インタビュアーを妨害する」と覚えてもよい。 名 interference(妨害)
□1465 **refine** /rifáin/	動 洗練する；精製する くり返し(re-)良い(fine)状態にする。refine oil「原油を精製する」。 名 refinement(洗練；精製) 名 refinery(精製所)
□1466 **roar** /rɔ́:r/	動 叫ぶ、うなる 名 叫び声、うなり声 ライオンが「ロアー」とほえてる声を想像しよう。A gust of wind roared across the plain.「一陣の風がうなりを上げて平原を吹き渡った」。
□1467 **attain** /ətéin/	動 達成する；獲得する at-=ad-「〜へ」、tainはラテン語tangere「触れる」から。触れる→手に入れる→達成。努力の結果、目標などを達成する感じ。attain one's goal「目標を達成する」。 名 attainment(達成；獲得)
□1468 **relish** /réliʃ/	動 味わう、楽しむ ☺ **怜悧、し**っかり楽しみも味わう(頭が良くて、かつ遊びもする)。release「放す」と関連。あとに残ったもの→後味→味わう。relish the moment「その瞬間を味わう」。
□1469 **eject** /idʒékt/	動 放出する；追い出す e-=ex-「外へ」、jectはラテン語iacere「投げる」から。参injection「注射」(中に投げる)。eject a DVD from the player「プレーヤーから DVD を取り出す」。 名 ejection(放出、排出)
□1470 **skim** /skím/	動 すくい取る；ざっと読む skiの部分を「すくい」に掛けて覚えよう。日スキムミルク(脂肪分をすくい取って除去したミルク)。skim the fat off the milk「牛乳の脂肪分を除去する」。情報をすくい取るように読む。skim through a book「本をざっと通して読む」。

□1471
idle
/áidl/

形 ぶらぶらしている、怠惰な

☺ **アイドル**(idol)、暇でぶらぶらする。日自動車のアイドリング。Idle workers hung out at the local bars.「暇な労働者が地元のバーにたむろしていた」。

□1472
tedious
/tíːdiəs/

形 退屈な

☺ 面白さは**低でやす**、退屈な話。a tedious job「退屈な仕事」。

□1473
virtue
/və́ːrtʃuː/

名 美徳

☺ **バツ**は美徳、という生徒(たまにはマルもらえ!)。ラテン語vir「男」から。男らしさ→美徳。反vice「悪徳」。Patience is a virtue.「我慢は美徳だ」。

□1474
maze
/méiz/

名 迷路、迷宮

☺ **迷**、**ず**っと迷路で。amaze「驚かす」のaが取れた形。a maze of backstreets「裏道の迷宮」。

□1475
ridiculous
/ridíkjuləs/

形 ばかげた、おかしな

☺ **理事狂わす**ばかげた発言(いい加減にしろッ!)。ridicule「あざける」から派生。Don't be ridiculous.「ばかなことを言うな」。

□1476
sane
/séin/

形 正気の、健全な

☺ **正ん→**正気、と考えよう。発セイン。ラテン語sanus「健康な」から。参sanitary「衛生の」。反insane「ばかげた」。He didn't seem to be sane.「彼は正気には見えなかった」。

名 sanity(正気)

□1477
edible
/édəbl/

形 食用になる、食べられる

ediはラテン語edere「食べる」からでeatと関連、-ible=-able「できる」。an edible plant「食べられる植物」。

□1478
discipline
/dísəplin/

名 鍛錬;規律 動 鍛える

☺ **弟子プリン**プリンのお尻なので鍛錬が必要。Teachers should have the authority to discipline students.「教師は生徒をしつける権威を持つべきだ」。

名 disciple(弟子、信奉者)

□1479
might
/máit/

名 力、権力

☺ **まあいい、と**力のある人(さすがに鷹揚ですな)。助動詞mayの過去形と区別しよう。political might「政治力」。

形 mighty(力強い)

□1480
nourish
/nə́ːriʃ/

動 栄養を与える、育てる

naやnu、nouは「生」に関わる感じ。参nurse「看護師」。The plants were well nourished.「植物にはよく栄養が与えられていた」。

名 nourishment(栄養分)

149.mp3

□1481 **demote** /dimóut/	動 降格させる de-「下に」、moteはラテン語movere「動かす」から。Pluto was demoted to the status of dwarf planet.「冥王星は準惑星に格下げとなった」。 名 demotion（降格）
□1482 **intake** /íntèik/	名 摂取 in-「中に」take「取り込む」。The doctor told her to reduce her salt intake.「医者は塩の摂取を控えるよう彼女に指示した」。
□1483 **fury** /fjúəri/	名 激怒 ☺ **ヒュー**、**理**が通じないほど怒ってら。Charlie could barely contain his fury.「チャーリーは辛うじて怒りを抑えた」。 形 furious（激怒した）
□1484 **integrate** /íntəgrèit/	動 統合する、一体化する 触れる（teg）ことのできない（in-）→完全な→統合して完全になる。teg はラテン語 tangere「触れる」から。参integer「整数」（欠くところのない数）、integral「不可欠な」。 名 integrity（誠実、高潔；完全性）
□1485 **sterile** /stéril/	形 不毛な；殺菌した ☺ **捨てり**！**要る**！と不毛な議論。発ステリル。反fertile「肥沃な」。sterile land「不毛な土地」。a sterile discussion「不毛な議論」。「不妊の」の意味も。 動 sterilize（殺菌する；不妊にする）
□1486 **perceive** /pərsíːv/	動 知覚する、気づく per-「完全に」、ceiveはラテン語capere「取る」から。外界からの刺激を受け取って知覚する。参receive「受け取る」。 名 perception（知覚、認知）
□1487 **displace** /displéis/	動 移す；立ち退かせる 場所（place）を離れる（dis-）。類replace。The villagers were displaced by the construction of the dam.「ダム建設で村人は立ち退かされた」。
□1488 **flutter** /flʌ́tər/	動 羽ばたきする、はためく　名 羽ばたき、はためき いかにも「パタパタ」する感じの音。The birds fluttered their wings.「鳥たちは羽を羽ばたかせた」。I was tense and my stomach fluttered.「緊張して胃がおかしくなった」（胃がバタバタする感じ）。
□1489 **detach** /ditǽtʃ/	動 切り離す、分離する くっついて（tach=attach）いたものを離す（de-）。You can detach the liner from the jacket.「裏地をジャケットから取り外すことができます」。 名 detachment（分離、孤立；無関心）
□1490 **majestic** /mədʒéstik/	形 雄大な、荘厳たる ☺ **まあジェスチ**ャーで雄大な説明、と覚えよう。major「大きな」と関連。majestic mountain scenery「雄大な山の眺め」。「威厳のある」などの訳語も。

□1491 **insight** /ínsàit/	名 洞察力、見識 in-「中を」sight「見る」。The novelist demonstrates insight into human nature.「作家は人間の本性に対する洞察を示す」。
□1492 **onset** /ánsèt/	名 始まり、開始 もろもろの準備がsetされ、物事がonになった状態→始まり。from the onset「始めから」。
□1493 **prosper** /práspər/	動 (事業・商売などが)成功する、繁盛する ☺ **プロ、スパッ**と成功する(ずいぶんすぐ繁盛したもんだ)。pro-「前に」、speはspeedと関連。His business is prospering.「彼の商売は繁盛している」。 名 prosperity(繁栄) 形 prosperous(繁栄している)
□1494 **mourn** /mɔ́:rn/	動 嘆く;追悼する ☺ **もぉ～ん**、と嘆く。mourn the loss of one's pet「ペットの死を嘆く」。
□1495 **scheme** /skí:m/	名 計画、基本構想 ☺ **スキー、無**理矢理計画する。school「学校」と同語源。日新たなスキームを策定する。a scheme for financial reconstruction「財政再建のための計画」。
□1496 **equivalent** /ikwívələnt/	形 同等の 名 同等のもの equal「等しい」と関連。Eighty dollars is equivalent to approximately 10,000 yen.「80ドルは約1万円に相当する」。He has no equivalent.「彼に並ぶ者はいない」。
□1497 **humane** /hju:méin/	形 人間味のある、人道的な human「人間の」の異形。発ヒューメイン。The government demanded humane treatment of the war prisoners.「政府は戦争捕虜の人道的扱いを要求した」。
□1498 **diligent** /dílədʒənt/	形 勤勉な;念入りな ☺ **で、リーゼント**の人は勤勉。di-=dis-「分ける」、ligent はラテン語 ligere「選ぶ」から。良い穀物を一生懸命に選別→勤勉な。参intelligent「知的な」。 名 diligence(勤勉さ)
□1499 **dismiss** /dismís/	動 退ける;解散させる ☺ **This ミス**(これはミスだ)!と提案退ける。dis-「離して」、missはラテン語mittere「送る」から。He dismissed the idea.「彼はその考えを退けた」。You are dismissed!「解散!」。 名 dismissal(解散;解雇)
□1500 **prominent** /prámənənt/	形 顕著な;著名な ☺ **プロ、見ねえと**損する顕著なプレー。pro-「前に」、mineはラテン語minere「突き出る」から。a prominent feature「顕著な特徴」。a prominent writer「著名な作家」。

学習終了日

151.mp3

□1501 **immerse** /iməːrs/	動 浸す、浸ける ☺ **いま〜す**、と言いながら風呂に漬かる(宅配便が来てるのに)。im-=in-「中に」、merseはラテン語mergere「飛び込む、浸す」から。参merge「合流する」。 名 immersion(浸すこと、没頭)
□1502 **shed** /ʃéd/	動 (光などを)注ぐ;(涙などを)流す ☺ **シェッ**(シャッ)**と**光が差し込む、と覚えよう。shed light on 〜「〜に光明を投じる」。shed tears「涙を流す」。
□1503 **utter** /ʌ́tər/	動 口に出す 形 完全な ☺ **アタッ**(あいたっ)と叫ぶ、完全な痛み。out「外に」と関連→声を外に出す。out には「すっかり」の意味も→完全な。utter a cry of pain「痛みで叫びを上げる」。This is utter nonsense.「これは完全なナンセンスだ」。
□1504 **proclaim** /proukléim/	動 宣言する、公言する pro-「前に出て」、claimはラテン語clamare「呼ぶ、叫ぶ」から。参claim「主張する」。proclaim war「宣戦する」。
□1505 **dip** /díp/	動 ちょっと浸す;下落する 名 くぼみ 液体などに浸してすぐ引き上げること。deep「深い」と同語源→下落。名詞で「くぼみ」の意味も。He dipped the bread in the sauce.「彼はパンをソースに浸した」。
□1506 **efficient** /ifíʃənt/	形 効率的な;有能な ☺ **いい日銭湯**に行けば仕事も効率的。effect「効果」から派生。make efficient use of one's time「時間を効率的に使う」。 名 efficiency(効率)
□1507 **fabric** /fǽbrik/	名 織物;基本構造 ☺ **羽振り**、**く**るしい(苦しい)のわかる、織物を見れば。fab に「手先の技術で作り上げる」感じがある。参fabrication「製作;偽造物、嘘」。The villagers wove beautiful fabrics.「村人たちは美しい織物を織った」。
□1508 **wedge** /wédʒ/	名 くさび 動 くさびを打ち込む ☺ **ウエッ**、**ジ**ッとしてたらくさびを打ち込まれた。drive a wedge between the allies「同盟関係にくさびを打ち込む」。
□1509 **void** /vɔ́id/	名 空間 形 無効な ☺ **ぼう**(もう)**移動**したあとの空間。vacuum「真空」と関連。the satellite traveling in the void of space「宇宙空間を行く人工衛星」。a void contract「無効な契約」。void of 〜で「〜が欠けた」の意味も。参devoid「〜を欠いている」。
□1510 **deprive** /dipráiv/	動 奪う、剥奪する プライベート(prive=private)な領域にあるものを引き離す(de-)。The cold deprived him of energy.「寒さが彼の体力を奪った」。 名 deprivation(剥奪;喪失)

□1511 **incline** /inkláin/	動 傾く；傾向がある in-「内側に」、clineはラテン語clinare「曲げる」から。参decline「断る」（それて曲げる）。I am inclined to accept the offer.「そのオファーを受けようかと思ってるんだ」。 名 inclination（傾向；傾斜）
□1512 **suppress** /səprés/	動 抑える ☺ **さあプレス**（press「報道陣」）の報道を抑えよう（スキャンダル！）。sup-=sub-「下に」press「押す」。参depress「落ち込ませる」。Suppressing your feelings can lead to stress.「感情を抑え込むとストレスになりますよ」。
□1513 **manipulate** /mənípjulèit/	動 操作する、巧みに扱う mani-=manu-はラテン語manus「手」、pulはplere「満たす」から。「不正に操作する」というニュアンスが強いが、目的語が機械などの場合は「上手に扱う」感じ。類maneuver。 名 manipulation（操作；ごまかし）
□1514 **predominant** /pridámənənt/	形 支配的な、優勢な pre-「先んじて」dominant「支配的な」。参dominate「支配する」。Grass is the predominant type of plant in this area.「この地域で支配的な植物種は牧草だ」。 名 predominance（優勢、優位）
□1515 **excel** /iksél/	動 秀でる、卓越する ☺ **エクセル**（表計算ソフト）に秀でる、と覚えよう。ex-「外に」、cel はラテン語 cellere「そびえる」から。My daughter excels in school.「我が娘は学業優秀だ」。
□1516 **premise** /prémis/	名 前提；敷地 pre-「前もって」、miseはラテン語 mittere「送る」から。参mission「使節団；任務」（送られた人たちとその任務）。based on the premise that SV「～という前提に基づいて」。No smoking on the premises.「敷地内禁煙」。
□1517 **despise** /dispáiz/	動 軽蔑する、ひどく嫌う ☺ **で、スパイず**っとやってたのね、と軽蔑する。de-「下に」、spiseはラテン語specere「見る」から。見下げる→軽蔑する。類look down on、loathe。I despise smoking.「タバコは嫌いだ」。
□1518 **ambush** /ǽmbuʃ/	動 待ち伏せする 名 待ち伏せ am-=im-=in-、bush「茂み」。茂みの中に隠れて待ち伏せ。The soldiers were ambushed by the guerrillas.「兵隊たちはゲリラに待ち伏せされた」。
□1519 **intense** /inténs/	形 激しい、強烈な ☺ **院、点数**で激しい競争（大学院のランキング）。intend「～するつもりである」からの派生だが、in-「中に」tense「張りつめた」と考えてもよい。intense pressure「激しいプレッシャー」。intense heat「猛烈な暑さ」。
□1520 **underlie** /ʌ̀ndərlái/	動 基礎にある、根拠をなす 下に（under）横たわる（lie）。the philosophy underlying their actions「彼らの行動の基盤をなす哲学」。

153.mp3

□1521 **substitute** /sʌ́bstətjùːt/	名 代理の物（人）　形 代わりの sub-「副・下」、stituteはラテン語statuere「立てる」から。日本語でも代理を立てる、という。参institute「機関」。We had a substitute math teacher today.「今日は代わりの数学の先生が来た」。a substitute plan「代替案」。
□1522 **tangle** /tǽŋgl/	動 もつれる、絡まる ☺ **痰グル**グル絡まる。Lisa's earphones became tangled with her necklace.「リサのイヤホンはネックレスに絡まった」。
□1523 **glimpse** /glímps/	動 ちらっと見る、垣間見る　名 ちらっと見ること ☺ **グリン**と指を回し、**ブス**ッと障子に穴開けてちらっと見る、と覚えよう。glimmer「光の明滅」と同語源。glance とも語感が似ているが、glance は顔を向けて一瞥する感じなのに対し、glimpse はすき間から物体の動きが一瞬見える感じ。
□1524 **insane** /inséin/	形 正気でない 正気で（sane）ない（in-）。反sane「正気な」。That's insane!「そんなのおかしいよ！」。
□1525 **maneuver** /mənúːvər/	動 操作する；巧みに扱う　名 策略 ラテン語manuopera（manu-「手で」opera「操る」）から。類manipulate「操る、操作する」。The driver skillfully maneuvered the car through traffic.「運転手は車の間をスルスルと抜けていった」。
□1526 **pension** /pénʃən/	名 年金　動 年金を給付する ☺ 軽井沢の**ペンション**で年金暮らし。ラテン語 pendere「量る」から。量って支払いをする→年金。My uncle is living on a pension.「叔父は年金で生活している」。
□1527 **dispatch** /dispǽtʃ/	動 （軍隊などを）急派する、（人を）急行させる patch は pedi「足」から派生。傭兵の足かせを外して（dis-）戦地に急いで送り込む感じ。dispatch troops「軍隊を送り込む」。名詞で「発送；派遣；特報」の意味も。
□1528 **brag** /brǽg/	動 自慢する、大げさに言う ☺ **ブラ**、**ぐ**っと寄せて自慢する。類boast。Audrey bragged about her parents.「オードリーは両親を自慢した」。
□1529 **consistent** /kənsístənt/	形 首尾一貫した、一致した con-「共に」、sistはラテン語sistere「置く、立たせる」から。consist「～から成る」から派生。様々な要素が矛盾せず、一貫して同時に成り立っている感じ。a consistent pattern「一貫したパターン」。
□1530 **corrupt** /kərʌ́pt/	形 腐敗した、不正の cor-=co-「完全に」、ruptはラテン語rumpere「破る、壊す」から。参rupture「破裂」。The city's police department is totally corrupt.「その街の警察は完全に腐敗している」。 名 corruption（腐敗）

□1531 **stingy** /stíndʒi/	形 ケチな ☺ **ステン！ジー**ッとしているケチな人（転んでも病院代払いたくない？）。sting「刺す；苦しむ」から派生。He was a stingy man, and he never gave money to the poor.「彼はケチな男で、貧乏な人にお金をあげたこともない」。
□1532 **acclaim** /əkléim/	動 称賛する；歓呼して迎える ☺ **悪零無**、と称賛された町（犯罪率ゼロ！）。ac-=ad-「～へ向けて」claimはラテン語clamare「呼ぶ」から。イヨッ、素晴らしい！と声を浴びせる感じ。The novel was acclaimed by the media.「その小説はメディアで称賛された」。
□1533 **appliance** /əpláiəns/	名 器具 ☺ **油イヤンす**、台所道具に付いちゃうのは。apply「適用する」と関連。適用、応用→器具。apparatus「（医療・科学用の）器具」に対して、家庭用器具をいう。kitchen appliances「台所道具」。
□1534 **intensive** /inténsiv/	形 集中的な；激しい ☺ **院転**、**支部**で集中的な治療（病院を変えて徹底的に）。intense「激しい」と関連。intensive care「集中治療」。
□1535 **currency** /kə́:rənsi/	名 通貨 ☺ **彼氏**の持つ通貨（彼、どこの国の人？）。current「海流」と同語源。世の中を流れるもの。The U.S. dollar is the world's currency.「米ドルは世界の通貨だ」。foreign currency「外貨」。
□1536 **forecast** /fɔ́:rkæst/	名 予想、予測　動 予想する fore-「前に」cast「投げる」。事前にサイコロを投げて予測する感じ。天気予報や経済予測などに用いることが多い。類predict。weather forecast「天気予報」。Rain is forecast for the weekend.「週末の予報は雨だ」。
□1537 **satire** /sǽtaiər/	名 風刺 ☺ **沙汰**（裁定）**嫌**！と風刺する張り紙（殿様が下した沙汰が気に入らない）。ラテン語 satira「詩」から。政治や社会に対する風刺。a satire on American politics「アメリカ政治に対する皮肉」。
□1538 **brisk** /brísk/	形 活発な、元気の良い ☺ **ブリ**、**すく**すくと活発に育つ。Trading was brisk today.「今日は取引は活発だった」。a brisk wind「冷たくさわやかな風」。
□1539 **amid** /əmíd/	前 ～に囲まれて；～の最中に ☺ **網戸**に囲まれて暮らす人。He stood amid the enemy.「彼は敵に囲まれて立っていた」。People stole things amid the chaos.「人々は混乱の中、物を盗んだりした」。
□1540 **stubborn** /stʌ́bərn/	形 頑固な ☺ **スター坊**（ぼん）は頑固（スターの子どもは人の言うこと聞かない）。発スタバーン。stone「石」のように固い頭の坊（ぼん）と考えてもよい。 名 stubbornness（頑固さ）　副 stubbornly（頑固に）

155.mp3

□1541 **stern** /stə́ːrn/	形 厳しい、厳格な ☺ **スターン**スターンと音を立てて歩く厳しい先生。She gave him a stern look.「彼女は彼に厳しい視線を投げた」。
□1542 **arouse** /əráuz/	動 引き起こす、刺激する ☺ **あら、渦**が興奮引き起こす(鳴門海峡にて)。発アラウズ。arise「起きる」と同語源だが、こちらは他動詞。「喚起する」などの訳語も。His comment aroused my curiosity.「彼の発言に好奇心を誘われた」。
□1543 **pedestrian** /pədéstriən/	名 歩行者 pede-=pedi-「足」。a pedestrian crossing「横断歩道」。
□1544 **collaborate** /kəlǽbərèit/	動 共同で行う col-=con-「共に」labor「働く」。日音楽と写真のコラボ。I collaborated with the professor on the research.「私はその研究を教授と共同で行った」。 名 collaboration(協力)
□1545 **ultimate** /ʌ́ltəmət/	形 究極の ☺ **ある血見た**究極のケンカ。ultra-「超」と関連。the ultimate goal of life「人生の究極の目的」。 副 ultimately(最後には)
□1546 **cynical** /sínikəl/	形 世をすねた、皮肉な ☺ **死にかかる**と世をすねる。日シニカルな笑い。Don't be so cynical.「そんなにヒネクレるなよ」。
□1547 **lid** /líd/	名 ふた ☺ 腐**り、ど**うしてもふたしたい。箱や瓶などのふた。参eyelid「まぶた」。Where did you put the lid for the can?「缶のふた、どこやった?」。抽象的に「制限」などの意味にも。put a lid on ～「～を隠す;～を禁止する」。
□1548 **criteria** /kraitíəriə/	名 基準、尺度 ☺ **暗い**イン**テリア**、と決める基準。criterion の複数形で、こちらを使うことが多い。cri-「分ける、決める」。分類や決定のための基準。参critic「批評家」。
□1549 **concrete** /kánkriːt/	形 具体的な 建築材料の「コンクリート」も同じ単語。コンクリートのように固い中身がある→具体的、と考えよう。concrete evidence「具体的な証拠」。concrete proposals「具体的な提案」。
□1550 **pebble** /pébl/	名 丸い小石 ☺ **ペッ**と投げて**ブッ**と当て**る**小石遊び。The kids played with pebbles.「子どもたちは小石で遊んだ」。

□1551 **extraordinary** /ikstrɔ́:rdənèri/	**形 並外れた** 普通（ordinary）を超えた（extra-）。The jury granted the plaintiff an extraordinary amount of money in compensation.「陪審は並外れた賠償金を原告に認めた」。
□1552 **accord** /əkɔ́:rd/	**動 一致する、調和する　名 一致、調和** ☺ **ああこうだ**、と一致する。ac-=ad-「～へ」、cordはラテン語cor「心」から。相手の心に向かう→気持ちが一致する。(参)cordial「心からの」。 名 accordance（一致、調和）
□1553 **launch** /lɔ́:ntʃ/	**動 開始する、打ち上げる　名 開始；発射** ☺ **ロン**！**チー**！とマージャンを開始する。lance「やり」と関連。やりのようにロケットを打ち上げる感じ。(発)ローンチ。NASA is planning to launch another Mars probe.「NASAはまた火星探査機を打ち上げようと計画している」。
□1554 **decay** /dikéi/	**動 腐る、朽ちる** ☺ **でけえ**フルーツが腐る。「衰える」の意味も。(発)ディケイ。Carpenters replaced the decayed pillars of the ancient temple.「大工は古寺の朽ちた柱を取り換えた」。
□1555 **flee** /flí:/	**動 逃げる** ☺ お尻**フリ**フリして逃げる。あるいは発音は違うが、逃げて**フリー**（free）になる、と覚えては？　flee from danger「危険から逃れる」。flee the country「亡命する」。
□1556 **intimate** /íntəmət/	**形 親密な；詳細な** ☺ **犬って見て**ると親密な様子。(発)インティミット。in-「中に」、timaはラテン語で最上級を表す接尾辞timusから。(参)optimum「最適な」。性的関係を含意することがあるので注意が必要。
□1557 **frigid** /frídʒid/	**形 ひどく寒い、極寒の** ☺ **振り、じっと**してると寒い（極寒の中のパントマイム）。rigid「堅い」と関連。freeze「凍る」とも絡めて、凍って固くなるほど寒い、と覚えよう。the frigid winter air「冷たい冬の空気」。
□1558 **fragment** /frǽgmənt/	**名 破片、断片** break「壊す」と関連。壊した結果としてできたもの（-ment）。(参)fracture「破砕する」。fragments of ancient pottery「古代の陶器の破片」。
□1559 **regress** /rigrés/	**動 後退する、退行する** re-「後ろに」、gressはラテン語gradi「進む」から。(参)progress「進む」。Under the Communist regime, the nation regressed to a primitive economy.「共産党政権の下、その国は原始的経済に戻ってしまった」。
□1560 **synthesize** /sínθəsàiz/	**動 統合する** syn-「同じ」、thesはギリシャ語tithenai「置く」から。(日)シンセサイザー。synthesize compounds from various different chemicals「様々な異なる化学物質を組み合わせて化合物を作る」。 名 synthesis（統合）

157.mp3

□1561 **genuine** /dʒénjuin/	**形 本物の、真正の** ☺ **じゃあ入院**しよう、本物の病気。gen-「生まれ」。生まれついての→真正の。Amy showed a genuine interest in the project.「エイミーはそのプロジェクトに本当の興味を示した」。
□1562 **unify** /júːnəfài/	**動 統一する** uni-「1」に-fyを付けて動詞化。unify a country「国を統一する」。
□1563 **retail** /ríːteil/	**名 小売り** re-「くり返し」、tailは古フランス語taillier「切る」から。切り売り→小売り。参tailor「仕立業者」（切る人）。The retail price of the product is going up.「その製品の小売価格は上がっている」。 名 retailer（小売業者）
□1564 **compel** /kəmpél/	**動 強制する** com-「共に」、pelはラテン語pellere「押す」から。参expel「追放する」（外に押す）。類force。I was compelled to testify against the defendant.「私は被告に不利な証言をするよう強要された」。
□1565 **dispute** /dispjúːt/	**名 論争　動 論争する** dis-「離して」、puteはラテン語putare「熟考する、数える」から。内にある思いや考えを吐き出して論争する。参compute「計算する」（要素を合わせて考える）。類debate、argue。settle the dispute「論争を終わらせる、解決する」。
□1566 **crumb** /krʌ́m/	**名 くず、かけら** ☺ **倉**、**む**やみにあるパンのくず（誰がこんなところでパンを……）。発クラム。crumble「ボロボロに崩れる」と関連。She cleaned the crumbs of bread off the table.「彼女はテーブルにあったパンのくずを掃除した」。
□1567 **initial** /iníʃəl/	**形 最初の** ラテン語initium「始まり」から。日イニシャル（名前の最初のアルファベット）。The initial results were promising.「最初に出た結果は明るいものだった」。 動 initiate（開始する；手ほどきする）　名 initiative（主導権）
□1568 **tumble** /tʌ́mbl/	**動 転ぶ；崩壊する　名 転倒；崩壊** ☺ **タン**！と転んで**ブルッ**と震える。The old woman tumbled on the ice.「老女は氷の上で転んだ」。
□1569 **stagger** /stǽgər/	**動 よろめく** ☺ **スターが**よろめきながら歩いてる。音がいかにもよろめいている感じ。The drunk students staggered home.「酔っぱらった学生たちはよろめきながら帰宅した」。
□1570 **mimic** /mímik/	**動 まねる** ☺ **耳駆**使してまねる歌。ギリシャ語mimos「まねる人」から。パントマイム（mime）と関連。Children mimic their parents.「子どもは親のまねをするものだ」。

158.mp3

□1571 **unanimous** /juːnǽnəməs/	形 満場一致の ☺ **You！何言います**！と満場一致（反対できない雰囲気）。un-「一つの」、anim はラテン語animus「精神」から。参anima「魂」、animate「生き生きした」。The bill was passed by a unanimous vote.「法案は満場一致で可決された」。
□1572 **persist** /pərsíst/	動 断固として貫く；固執する per-「通して」、sist はラテン語sistere「立たせる」から。「存続する」の意味も。These symptoms persisted for more than a week.「これらの症状は1週間以上続いた」。 形 persistent（永続的な；頑固な）
□1573 **sorrow** /sárou/	名 悲しみ ☺ **ソロ**ソロと悲しんでいる人に近づく（声を掛けにくいので）。She wept with sorrow.「彼女は悲しみにすすり泣いた」。
□1574 **complicate** /kámpləkèit/	動 複雑にする ☺ **このブリ芸当**ができると嘘ついて事態を複雑にする。com-「共に」pli「重ねる」。参complex「複雑な」。Don't complicate things.「ことを複雑にしないでくれ」。 形 complicated（複雑な）
□1575 **frighten** /fráitn/	動 怖がらせる ☺ **フライ天**ぷら怖い！と言いながらパクパク食べる（まんじゅう怖い、ですな）。The deer was frightened by the noise.「シカはその物音におびえた」。 名 fright（恐怖）
□1576 **causal** /kɔ́ːzəl/	形 因果関係の、原因の 名詞cause「原因」から派生。発コーザル。casual「気張らない、カジュアルな」と間違えないよう。a causal relationship「因果関係」。a causal factor「原因となった要素」。
□1577 **turmoil** /tə́ːrmɔil/	名 騒動、混乱 ☺ **タモ要る**大魚で大騒ぎ（タモ網が必要なほどデカイ魚が釣れちゃった）。参turbulent「荒れ狂う」。social turmoil「社会的混乱」。
□1578 **tiresome** /táiərsəm/	形 うんざりさせる、退屈な tire「疲れさせる」と関連、-some「～しやすい、～しそうな」。参handsome「かっこいい」（手で扱いやすい→よくできた）。類tiring、boring。「うんざりする；やっかいな」などの訳語も。tiresome work「うんざりするような仕事」。
□1579 **magnificent** /mægnífəsnt/	形 壮麗な、堂々たる magni-「大きい」、fic はラテン語facere「する、作る」から。参magnify「大きくする」、magnitude「大きさ」。The church has magnificent stained glass windows.「その教会には壮麗なステンドグラスの窓がある」。
□1580 **sled** /sléd/	名 そり ☺ **それっ！ドーン**と滑るそり。slide「滑る」と関連。sl で始まる単語にはスルッと滑る感じのものが多い。参slick「滑らかな」。The Inuit still use dog sleds today.「イヌイット族は今日でも犬ぞりを使います」。

159.mp3

□1581 **revenge** /rivéndʒ/	名 **復讐** 動 **復讐する** ラテン語 vindicare から。vindicate「汚名をすすぐ、復讐する」と関連。re-を「復」と考えれば覚えやすい。類vengeance、retaliate。take revenge「復讐する」。
□1582 **rephrase** /ri:fréiz/	動 **言い換える** re-「再び」phrase「表現」。Let me rephrase what I just said.「今言ったことを言い換えさせて」。
□1583 **frank** /fræŋk/	形 **率直な** free「自由な」と関連。古フランス語franc「フランク族の、自由な」から。フランク族が自由民であったため。give a frank assessment of the chances of victory「勝利の可能性について率直な見通しを述べる」。 副 frankly（率直に言って）
□1584 **decent** /dí:snt/	形 **まともな、ちゃんとした** ☺ **痔**、**銭湯**に行くのはまともな人。He is a decent man.「彼はまともな人だ」。This is my first decent meal in ages.「ちゃんとした食事なんて久々だぜ」。「まずまずの；上品な」などの訳語も。
□1585 **mandatory** /mǽndətɔ̀:ri/	形 **義務的な、強制的な** ☺ **manで鳥**、義務的な仮装。mandate「委任する」と関連。権力者が業務を委任する→義務的。Car insurance is mandatory.「自動車保険加入が義務付けられている」。 動名 mandate（委任する／委任）
□1586 **approximately** /əprɑ́ksəmətli/	副 **おおよそ** ☺ あ**あプロ、串見てり**ゃおおよそ焼け具合わかる（と焼き鳥屋さんの主人）。ap-=ad-「～へ」、proximはラテン語proximus「最も近い」から。参proximity「近いこと、接近」。 形 approximate（おおよその；近い）
□1587 **allot** /əlɑ́t/	動 **割り当てる** a-=ad-「～へ」lot「分け前」。lot は「分け前」から「場所；多量」の意味に発展。The time allotted for the job was limited.「その仕事に割ける時間は限られていた」。 名 allotment（割り当て、分け前）
□1588 **wary** /wέəri/	形 **用心深い、慎重な** ☺ **上あり**落下物、と用心して歩く。aware「気づいて」と関連。発ウェアリイ。類cautious、careful。Nowadays, parents teach their children to be wary of strangers.「最近、親たちは他人に気をつけるよう子どもに教えている」。
□1589 **fatigue** /fətí:g/	名 **疲労、疲れ** ☺ **果て行ぐ**と疲れんべ。発ファティーグ。He fell asleep from the fatigue of the long trip.「長旅の疲れで彼は眠り込んだ」。
□1590 **confine** /kənfáin/	動 **閉じ込める；限定する** con-「共に」、fineはラテン語finis「終わり」から。参finish「終える」。confine the epidemic to the area「疫病をその地域に閉じ込める」。 名 confinement（監禁；制限）

□1591 **assume** /əsúːm/	動 仮定する、想定する ☺ **明日産む**だろうと仮定する。as-=ad-「～へ」、sumeはラテン語sumere「取る」から。考え方として採用する→仮定、想定。参resume「再開する」(再び取り上げる)。 名 assumption(仮定)
□1592 **quarrel** /kwɔ́ːrəl/	動 口論する　名 口論 ☺ **くつ、折れる**のは悔しい、と口論する。I got in a quarrel with David.「私デービッドと口ゲンカしたのよ」。
□1593 **premature** /prìːmətʃúər/	形 時期尚早な、早まった 熟す(mature)前の(pre-)。It would be premature to take further action.「これ以上の行動を起こすのは時期尚早だろう」。
□1594 **dizzy** /dízi/	形 目が回る、クラクラする ☺ **で、ジィ**ーっと見て目が回る。I felt dizzy at that height.「高さで目が回りそうだった」。 名 dizziness(めまい)
□1595 **segment** /ségmənt/	名 部分、断片 seg-=sec-はラテン語secare「切る」から、-ment「行為の結果できたもの」。参sector「部門」、section「区画」。a segment of a movie「映画の一部分」。 名 segmentation(区分、分割)
□1596 **subside** /səbsáid/	動 静まる；落ち込む sub-「下に」、sideはラテン語sedere「座る」から。The flood subsided.「洪水は収まった」。The excitement of the victory did not subside for several days.「勝利の興奮は数日間は収まらなかった」。
□1597 **affluent** /ǽfluənt/	形 裕福な、豊富な ☺ **あふれんと**する富、と覚えよう。財などが有り余って減らない感じ。an affluent family「裕福な家庭」。land affluent in natural gas「天然ガスの豊富な土地」。 名 affluence(豊富さ)
□1598 **mill** /míl/	名 工場 ☺ **みる**みる製品できる工場。ラテン語 mola「石臼」から。木材・織物・紙などを扱う工場。a paper mill「製紙工場」。名詞で「ひき臼；製粉所」、動詞で「挽く」の意味も。
□1599 **plead** /plíːd/	動 懇願する；(訴訟で)主張する ☺ **プリ**ン、**ど**うしても買ってと懇願する。plea「嘆願」から派生。plead for aid「援助を懇請する」。The defendant pleaded not guilty.「被告は無罪を主張した」。
□1600 **indict** /indáit/	動 起訴する；非難する in-「内に」、dictはラテン語dicere「言う」から。被告を法廷内に呼び入れて起訴することを宣する。発インダイト。参predict「予測する」(前もって言う)。He was indicted for bribery.「彼は贈賄で起訴された」。

□1601 **outlook** /áutlùk/	名 見通し、展望 遠く(out)を見る(look)→見通し。a positive outlook for the economy「明るい経済見通し」。
□1602 **presume** /prizú:m/	動 仮定する、推測する ☺ **プリズム**(prism)で見て仮定する。pre-「前もって」、sumeはラテン語sumere「取る」から。類assume。参consume「消費する」。presume innocence「無実と推定する」。 名 presumption(仮定、推定)
□1603 **emit** /imít/	動 放出する、発散する e-=ex-「外へ」、mitはラテン語mittere「送る、出す」から。参admit「認める」。Some comets emit gas.「彗星の中にはガスを放出するものもある」。 名 emission(放出、発散)
□1604 **itinerary** /aitínərèri/	名 旅程、旅行プラン ☺ **相手寝られ**る、なんてどんな旅行プラン？　ラテン語 iter「旅」から。The itinerary includes a famous museum.「旅程には有名美術館の見学が含まれている」。
□1605 **pillar** /pílər/	名 柱 ☺ **ピラー**ッと立派なギリシャ建築の柱、と覚えよう。pile「山」と同語源。the pillars of the cathedral「大聖堂の柱」。a pillar of society「社会の支柱となる人」。
□1606 **materialize** /mətíəriəlàiz/	動 実現する；姿を現す ☺ **待てり、あら、いずれ**実現する。実体(material)を伴うものにする、ということ。His promises never materialized.「彼の約束は一つも実現しなかった」。 名 material(材料；原料)
□1607 **phenomenon** /finámənàn/	名 現象 ☺ **屁の目の**中に入る現象。ギリシャ語 phainein「現れる」から。出現した事態→現象。参phase「段階」、fantasy「空想」(目の前に現れるビジョン)。 形 phenomenal(驚くべき、驚異的な)
□1608 **boost** /bú:st/	動 押し上げる、引き上げる　名 上昇；後押し ☺ **ブー**！**すっと**やる気を押し上げる(ブーイングでかえって選手のやる気が上がる)。日ロケットブースター。The announcement boosted the stock price.「その発表で株価は上昇した」。give a boost「後押しする、弾みをつける」。
□1609 **manifest** /mǽnəfèst/	形 明白な　動 明らかにする ラテン語manifestus(mani-「手で」festus「捕まえられた」)から→現行犯→明らかな罪状。政党が選挙で示す政策綱領(マニフェスト[manifesto])と関連。政策を明らかにするもの。 名 manifestation(明示；しるし)
□1610 **entrust** /intrʌ́st/	動 委ねる、委託する ☺ **縁 trust**して(信じて)委ねる。信頼(trust)して任せた状態にする(en-)。entrust the future of the company to the new CEO「新しい CEO に会社の将来を委ねる」。

□1611 **emerge** /imə́ːrdʒ/	動 現れる
	☺ **え、マジ？**と思ってる間に現れる。e-=ex-「外へ」、mergeはラテン語mergere「沈む」から。沈んでいた潜水艦が水面に浮上する感じ。参submerge「潜水する」。emerge out of nowhere「突然現れる」。
□1612 **withhold** /wiðhóuld/	動 抑える；保留する
	with-「離れて」hold「保つ」。参withdraw「引き出す」(離れて引く)。withhold anger「怒りを抑える」。They'll withhold their answer until the deadline.「彼らは期限まで回答を保留するでしょう」。
□1613 **exploit** /iksplɔ́it/	動 開発する；利用する
	ex-「外に」、ploitはラテン語plicare「折り畳む」から→内に重なっているものを切り開く→開発。exploit a mine「鉱山を開発する」。exploit this opportunity「この機会を利用する」。「搾取する」の意味も。
	名 exploitation(開発；搾取)
□1614 **grin** /grín/	動 ニッコリ笑う　名 にこやかな笑顔
	☺ **グリン**と歯をむき出して笑う。歯を見せてニッコリ笑うこと。「ニヤニヤ笑う」の意味にもなる。Susan grinned at the sight of the puppies.「スーザンは子犬を見てニッコリした」。
□1615 **accelerate** /æksélərèit/	動 加速する、促進する
	☺ **悪せらる、と**加速する、と覚えよう(悪いことをされると仕返ししたくなる)。ac-=ad-「〜へ」、celerはラテン語「速い」から。日車のアクセル。
	名 acceleration(加速；促進)
□1616 **absorb** /æbzɔ́ːrb/	動 吸収する
	ab-=「離して」、sorbはラテン語sorbere「吸い込む」から。液体などを、もともとあった場所から引き離して吸い込む。The soil absorbs water.「土壌が水を吸収する」。
	名 absorption(吸収)
□1617 **sprinkle** /spríŋkl/	動 まき散らす、振り掛ける
	芝生などに水をかけるスプリンクラーでおなじみ。spring「バネ；泉」と同語源。She sprinkled powder on the cake.「彼女はケーキの上にパウダーを振り掛けた」。
□1618 **fume** /fjúːm/	名 煙　動 怒る
	☺ **フーム**、と怒る親父の頭から煙。Leave the window open to release the fumes from the stove.「ストーブの煙出すから窓開けといて」。My father was fuming with rage.「ウチの親父は怒り狂っていた」。
□1619 **bizarre** /bizáːr/	形 奇妙な、異様な
	☺ **ビザぁ**ないとは奇妙な旅行者。the bizarre landscape of Mars「火星の奇妙な地形」。He's bizarre!「彼って変だよね！」。
□1620 **conceal** /kənsíːl/	動 隠す
	☺ **このシール**(seal)を張って隠す。con-「共に、全く」、cealはラテン語celare「隠す」からで、hall「講堂」、hole「穴」などと関連。類hide。conceal weapons「武器を隠す」。conceal one's true feelings「本当の気持ちを隠す」。

□1621 **cradle** /kréidl/	名 揺りかご；幼年期 ☺ **くれい、ドル**！と揺りかごから手を出す赤ちゃん。❸デジタルカメラなどのクレードル。from the cradle to the grave「揺りかごから墓場まで」。
□1622 **merchant** /mə́:rtʃənt/	名 商人 ☺ **まあ、ちゃんと**した商人なのね（詐欺かと思った）！　ラテン語mercari「商う」から。参commerce「商業」、market「市場」。merchant guilds「商人のギルド」。 名 merchandise（商品、製品）　形 mercantile（商業の）
□1623 **generous** /dʒénərəs/	形 気前の良い、寛大な ☺ **銭いらず**、と気前の良い人、と覚えよう。gen-「生まれ」。「気高い生まれ」が原義→高貴な地位からくる寛大さ。generous support「寛大な支援」。 名 generosity（気前の良さ、寛大さ）
□1624 **verdict** /və́:rdikt/	名 評決 ☺ **バーで苦闘**し評決を出す（バーで苦悩する裁判官）。ver「正しく」、dictはラテン語dicere「言う」から。参verify「立証する」。The jury handed down a verdict of not guilty.「陪審は無罪の評決を言い渡した」。
□1625 **derive** /diráiv/	動 ～に由来する；引き出す de-「離れて、下に」、riveはラテン語rivus「川」から。川から水を引いてくる→由来する。Many English words are derived from Latin.「多くの英単語がラテン語に由来している」。
□1626 **fragrance** /fréigrəns/	名 良い香り ☺ **ほらごらん、す**ごく良い香りの花だよ。the fragrance of flowers「花の香り」。
□1627 **smear** /smíər/	動 塗り付ける；汚す ☺ **炭や**！と言って塗り付けて汚す。発スミアー。The child's face was smeared with mud.「その子の顔は泥で汚れていた」。
□1628 **acknowledge** /əknálidʒ/	動 認める ☺ **悪knowledge**があったと認める。語源は違うが、ac-=ad-「～へ」knowledge「知識」→知る→認知する、と考えてもよい。acknowledge defeat「敗北を認める」。 名 acknowledgment（認めること、認知）
□1629 **drift** /dríft/	動 漂流する　名 漂流；海流 ☺ 頭**取ふと**したことから漂流（銀行の仕事に疲れた？）。drive と関連。The lifeboat drifted toward shore.「救命ボートは浜辺へ流れていった」。The conversation drifted from baseball to politics.「話は野球から政治へと流れた」。
□1630 **profession** /prəféʃən/	名 職業 pro-「前に出て」、fessはラテン語fateri「言う」から。神に宣誓した仕事。法律、医学など専門的知識や訓練を必要とする職業。類occupation。People from all different professions participated.「いろんな職業の人が参加した」。

□1631
identical
/aidéntikəl/

形 全く一致した、同一の

☺ **ああ遺伝、血軽**んじられない同一の顔（血は争えないね、似てるよ）。identity「自己同一性」から派生。They are identical twins.「彼らはそっくりの双子だ」。

□1632
collide
/kəláid/

動 衝突する

☺ **コラ！井戸**使うな！と衝突する。col-=com-「共に」、lideはラテン語laedere「打つ」から。The meteorite collided with the planet.「隕石は惑星と衝突した」。

名 collision（衝突）

□1633
resign
/rizáin/

動 辞める、辞任する

re-「再び」sign「印を付ける」。名前をサインして就任した人が、再びサインして退任する。The secretary of defense resigned last week.「国防長官は先週辞任した」。

名 resignation（辞任、辞職；あきらめ）

□1634
stale
/stéil/

形 新鮮でない；面白みのない

☺ **捨て！要る**としても新鮮でないものは。stand「立つ」と関連。その場に立ったまま→新鮮さを失う。She toasted the stale bread.「彼女は古くなったパンを焼いた」。

□1635
burglar
/bə́:rglər/

名 強盗、泥棒

☺ **バッグら**強盗に盗まれる。こっそり盗む thief に対し、burglar は住居に押し込む強盗。The burglar entered the house through a second-floor window.「泥棒は２階の窓から入った」。

名 burglary（押し込み強盗）

□1636
impose
/impóuz/

動 課する；押しつける

☺ **犬ポーズ**を課するとはパワハラ（犬のかっこしろ！と飲み会で……）。im-=in-「中に」、poseは古フランス語poser「置く」から。impose sanctions「制裁を課す」。

□1637
dazzle
/dǽzl/

動 （光で）目を眩ませる；ぴかぴかと輝く

☺ **だ～っ！ずる**い目眩ましなんて！　daze「ボーッとさせる」と同語源。Her smile dazzled him.「彼女の笑顔が彼にはまぶしかった」。

□1638
strain
/stréin/

動 緊張させる、負担をかける　名 緊張、負担

☺ **酢摂れん**と筋肉緊張させる。ラテン語stringere「ピンと張る」→緊張→負担。train（引っ張られる電車）やtraining（負担をかけて鍛える）と共通のイメージ。「（引っ張る力が働いて）体を痛める」の意味も。strain one's back「腰を痛める」。

□1639
kin
/kín/

名 親族、親類

☺「**近**」→近しい縁者、と覚えよう。His death was reported to his next of kin.「彼の死は親族に知らされた」。

名 kinship（親族関係）

□1640
grave
/gréiv/

形 重大な；厳粛な

☺ **グレ**ても**イブ**には重大な発表（えっ、あの不良が結婚？）。ラテン語gravis「重い」から。名詞で「墓」の意味も。墓のように厳粛→重大、と考えてもよい。bring about grave consequences「重大な結果をもたらす」。

□1641 **clue** /klúː/	名 手掛かり ☺ **狂う**よ刑事、手掛かりがなくて。clew「糸玉」と関連。手掛かりの糸。A footprint outside the window was the only clue.「窓の外の足跡が唯一の手掛かりだった」。
□1642 **diminish** /dimíniʃ/	動 減少させる ☺ 経費を減少させて**地味にす**る。di-「分ける」mini「小さい」。Soaring costs diminished profits.「高騰するコストが利益を減少させた」。
□1643 **orphan** /ɔ́ːrfən/	名 孤児 ☺ **おお不安**でいっぱいの孤児。He became an orphan at the age of 6.「彼は6歳で孤児になった」。 名 orphanage（児童養護施設）
□1644 **namely** /néimli/	副 すなわち、はっきり言うと name「名付ける」に-lyを付けて副詞化。For the mission, he chose one man, namely, James Bond.「彼はそのミッションに一人の男を選んだ。すなわちジェームズ・ボンドだ」。
□1645 **acute** /əkjúːt/	形 鋭い ☺「**あ、キュッ**」**と**いかにも鋭い感じ。参acupuncture「はり治療」、ache「痛み」。類sharp。an acute pain「鋭い痛み」。an acute observation「鋭い観察」。
□1646 **vice** /váis/	名 悪徳 ☺ **倍っす**、儲け、悪徳商法。ラテン語 vitium から。反virtue「美徳」。Womanizing was his only vice.「彼は女癖だけが悪かったんだ」。 形 vicious（邪悪な）
□1647 **butt** /bʌ́t/	名 端；尻 buttock「尻」の略。☺尻を**バット**（bat）で殴る、と覚えよう。The man threw his cigarette butt into the can.「男は吸い殻を缶に投げ入れた」。
□1648 **greed** /gríːd/	名 欲張り、強欲 ☺ グリ**グリ井戸**掘る強欲な人（そんなに掘ったら井戸枯れるって）。Greed drove the politician to crime.「政治家の強欲が犯罪につながった」。 形 greedy（強欲な）
□1649 **gem** /dʒém/	名 宝石；逸品 ☺ **じぇ〜**、**無**理だよそんな高い宝石。発ジェム。Uehara pitched a gem of a game in the playoffs.「上原はプレーオフで素晴らしいピッチングをした」。
□1650 **shriek** /ʃríːk/	動 金切り声を上げる；甲高い音を出す 音の感じを捉え、シュルドいscream「叫び声」＝shriek と覚えよう。The woman shrieked at the sight.「女性はその光景を見て金切り声を上げた」。The tires shrieked as he made a U-turn.「Uターンするとタイヤが悲鳴を上げた」。

166.mp3

□1651 **consensus** /kənsénsəs/	名 総意、意見の一致 ☺ **この線挿す**よ、と同意を得る。con-「共に」、sensusはラテン語sentire「感じる」から。参sense「感覚」、consent「同意する」。日コンセンサスを得る。reach consensus「合意に達する」。
□1652 **exception** /iksépʃən/	名 例外 except「～を除いて」から派生。ex-「外に」、ceptはラテン語capere「取る」から。参intercept「妨害」（割り込んで取る）。It's only an exception.「それは例外にすぎない」。No exceptions.「例外は認めない」。
□1653 **ripple** /rípl/	動 さざ波が立つ、波打つ　名 さざ波、波紋 ☺ **プリップル**ッと波打つプリン。The rumor of the president's resignation rippled through the whole company.「社長が辞任するといううわさが会社中に広がった」。
□1654 **remote** /rimóut/	形 遠く離れた、遠隔の re-「後ろに」、moteはラテン語movere「動かす」から。日リモコン（リモートコントロール）。名詞で「リモコン」の意味も。Our family came from a remote village in Northern Ireland.「我々の一族は北アイルランドの辺ぴな村の出身なんだ」。
□1655 **quest** /kwést/	動 探し求める　名 探求 ラテン語quaere「求める、探す」から。日ゲームの「ドラゴンクエスト」。参question「質問」、request「要求」。Jane is on a quest for the perfect man.「ジェーンは完璧な男を求めている」。
□1656 **furnace** /fə́:rnis/	名 炉、かまど ☺ **ふあ～、寝過**ぎた炉のそばで（暖かいと寝ちゃいます）。発ファーニス。Janis dozed off on the couch near the furnace.「ジャニスは炉のそばにあるカウチでうたた寝した」。
□1657 **proponent** /prəpóunənt/	名 提案者；支持者 考えを前に（pro-）置く（pone）人（-ent）。poneはラテン語ponere「置く」から。参propose「提案する」（前に置く）、postpone「延期する」（後ろに置く）、opponent「敵対者」（逆に置く）。a proponent of political reform「政治改革の支持者」。
□1658 **expedition** /èkspədíʃən/	名 探検旅行、遠征 住み慣れた領域の外側に（ex-）足を（pedi）延ばす。pediはラテン語pes「足」から。expedition to Antarctica「南極探検」。
□1659 **bless** /blés/	動 恩恵を与える、神の恵みがある ☺ **無礼する**とも恩恵与える（さすが神様、心が広い！）。blood「血」と関連。God bless America.「アメリカに祝福あれ」。くしゃみをした人にBless you! というのも、神の祝福を祈っている。
□1660 **humiliate** /hju:mílièit/	動 恥をかかせる、屈辱を与える ☺ **踏み入り、ええと**こ持っていき、恥をかかせる（人のギャグを取りやがって！）。humble「謙虚な」は自分を、humiliateは他人を低める。 名 humiliation（屈辱）

コア単語80レベル 1st 2nd

167.mp3

□1661 **immediate** /imíːdiət/	形 即座の；直接的な ☺ **君でええ、と**即座の返答、と覚えよう。間に立つ(mediate)ものがない(im-=in-)。an immediate response「即座の返答」。one's immediate family「肉親」。 副 immediately(すぐに)
□1662 **dignity** /dígnəti/	名 尊厳、威厳 ☺ **字、グニッて**曲がって威厳ある(達人の字は読みにくい)。pride and dignity「誇りと尊厳」。
□1663 **recede** /risíːd/	動 後退する；減少する re-「後ろに、戻って」、cedeはラテン語cedere「行く」から。㊀proceed「進む」。The tidal wave receded quickly.「津波はすぐに引いた」。 名 recession(景気後退)
□1664 **colleague** /kɑ́liːg/	名 同僚、仲間 ☺ 同僚と**かり～く**(軽く)飲んだんだよ(口調がすでに酔っぱらってる)。co-「一緒の」league「同盟、リーグ」。㊉カリーグ。I went for a drink with my colleagues.「同僚と飲みに行った」。
□1665 **rebel** /ribél/	動 反抗する　名 反逆者 ☺ **レベル**が上がって反抗する。re-「再び」、bel はラテン語 bellum「戦い」から。rebel against one's parents「親に反抗する」。 名 rebellion(反乱、反抗)
□1666 **furnish** /fə́ːrniʃ/	動 (家具などを)備え付ける furniture「家具」の動詞形。We would like to rent a furnished apartment.「家具備え付けの部屋を借りたいんですけど」。 名 furniture(家具)
□1667 **implant** /implǽnt/	動 埋め込む、植え付ける　名 移植 im-=in-「中に」plant「植える」。implant a pacemaker「ペースメーカーを埋め込む」。implant strong faith in God in children「神への強い信仰を子どもたちに植え付ける」。
□1668 **isolate** /áisəlèit/	動 孤立させる；隔離する ☺ **愛想、礼、と**もに欠けて孤立。island「島」と関連。本土と隔離し、孤立した島。㊇insular「島の；孤立した」、insulate「断熱する」。an isolated village「孤絶した村」。 名 isolation(孤立、隔離)
□1669 **fatal** /féitl/	形 致命的な；決定的な ☺ **屁、至る**ところで致命的。fate「運命」と関連。sustain a fatal wound「致命傷を負う」。
□1670 **preside** /prizáid/	動 議長を務める、取り仕切る pre-「前に」、sideはラテン語sedere「座る」から。president「大統領；社長」もここから派生。preside over the meeting「会議の議長を務める」。

168.mp3

□1671 **enlarge** /inlɑ́ːrdʒ/	動 拡大する 大きな (large) 状態にする (en-)。enlarge the image on the screen「スクリーンに映像を拡大する」。
□1672 **assent** /əsént/	動 同意する ☺ **あ、銭湯**に行こうと同意する。as-=ad-「～へ」、sentはラテン語sentire「感じる」から。意を同じくする、ということ。類agree、consent。The president assented to the measures.「社長はその施策に同意した」。
□1673 **resolution** /rèzəlúːʃən/	名 決意；抱負 resolve「決心する」から派生。make a New Year's resolution「新年の抱負を考える」。 形 resolute（意志の固い、断固たる）
□1674 **moan** /móun/	動 うめく、うなる　名 うめき声 ☺ **もう～ん**、とうめく彼女。The injured man was moaning in pain.「けが人は痛みでうめいていた」。
□1675 **roam** /róum/	動 歩き回る、放浪する ☺ **浪夢**とは夢うつつで歩き回ること。Dinosaurs once roamed the earth.「かつて恐竜は地上をうろつき回っていた」。
□1676 **soothe** /súːð/	動 落ち着かせる、なだめる ☺ **涼**しげな音で落ち着かせる。発スーズ。soothing sound of water「心を落ち着かせる水の音」。
□1677 **prototype** /próutətàip/	名 原型 proto-「最初の、原」type「型」。参protoplasm「原形質」。He produced a prototype of the aircraft.「彼がその飛行機の原型を作った」。
□1678 **sanction** /sǽŋkʃən/	名 認可　動 認可する ☺ **son**（息子）**クション**！は認可（厳しい親父もくしゃみだけは）。ラテン語sancire「聖なるものと規定する」から。「是認、許可；支持」などの訳語も。「制裁措置」の意味もある。give sanction to a plan「ある計画に認可を与える」。
□1679 **inevitable** /inévətəbl/	形 避けられない、必然的な ☺ **否、エビ食べる**のは避けられない。避ける (evit) ことができ (-able) ない (in-)。Two things are inevitable in life: death and taxes.「人生で避け難いものは2つ、死と税金だ」。
□1680 **blunt** /blʌ́nt/	形 鈍い；ぶっきらぼうな ☺ **ブランと**遊んでる鈍い奴。murder with a blunt weapon「鈍器による殺人」。to be blunt「（ぶしつけだが）率直に言えば」。

169.mp3

□1681
insult
/insʌ́lt/

動 侮辱する **名** 侮辱

☺ **犬、猿と**呼ばれたのは侮辱。in-「中で」、sultはラテン語salire「跳ぶ」から。部屋の中で猿のように跳び回る→失礼→侮辱、と考えよう。The salary was an insult to a man of his ability.「その給料は彼のような才能を持った人間にとっては侮辱であった」。

□1682
slack
/slǽk/

形 緩い **動** 緩める

☺ **すらっ**（そらっ）**く**すぐると表情緩む。㊐スラックス（ゆったりとしたズボン）。This is a slack season for our business.「この時期、我々の仕事は暇だ」。

□1683
hearth
/hɑ́ːrθ/

名 暖炉、炉辺

☺ **ハー、ス**ッキリした、暖炉の前で居眠りしたら（暖かい所でうたた寝すると気持ちいい）。㊕ハース。The family likes to sit near the hearth in winter.「その家族は冬場、暖炉の近くに座るのを好む」。

□1684
layperson
/léipəːrsən/

名 素人

☺ **零 person**（0点を取る人）は素人。layman とも。The book is written for laypeople.「その本は素人向けに書かれている」（複数形は laypersonsとも）。

□1685
investigate
/invéstəgèit/

動 調査する、取り調べる

in-「中に」vestige「痕跡」。刑事が犯人の足跡を調べる感じ。vest を「衣類」と考えて、犯人の服の中に手を突っ込んで調べるイメージで覚えてもよい。

名 investigation（調査、捜査）

□1686
component
/kəmpóunənt/

名 構成要素、部品

com-「共に」、pone はラテン語ponere「置く」から。集めて配置し、全体を作るための要素・部品。㊟postpone「延期する」（後ろに置く）。the essential components「欠かせない要素」。electric components「電子部品」。

□1687
grateful
/gréitfəl/

形 感謝している

grate「喜ばしい、好ましい」-ful「いっぱい」。great なことがいっぱいで感謝、と考えてもよい。I am grateful for your hospitality.「あなたのご親切に感謝しております」。

□1688
despair
/dispéər/

名 絶望、落胆 **動** 絶望する

☺ **で、スペア**もない、と絶望する。de-「〜がない」、spairはラテン語sperare「望む」から。㊟aspire「熱望する」。Authorities despaired at the rising number of victims.「当局者は増え続ける犠牲者の数に絶望を感じた」。

□1689
daze
/déiz/

動 ボーッとさせる **名** ボーッとした状態

☺ **で、いず**れの人もボーッとさせる美人。㊟dazzle「目を眩ませる」。He was dazed by a heavy blow on the head.「頭にガツンと食らい、彼はクラクラとなった」。

□1690
miraculous
/mirǽkjuləs/

形 奇跡的な

miracle「奇跡」の形容詞形。They made a miraculous escape from the mountain in winter.「彼らは冬山から奇跡的な生還を果たした」。

副 miraculously（奇跡的に） **名** miracle（奇跡）

□1691 **taut** /tɔ́:t/	形 ピンと張った；緊張した ☺ **とうと**うピンと張った糸（絡まっていたのをほどいて伸ばして）。発トート。tow「引く」と関連。a taut rope「ピンと張ったロープ」。
□1692 **compatible** /kəmpǽtəbl/	形 互換性がある、両立できる 共に（com）苦しむ（pati）ことができる（-ible）→気が合う→互換性がある。patiはラテン語「苦しむ」から。参compassion「同情」。Today, Mac and Windows are generally compatible.「今日ではマックとウィンドウズは概して互換性がある」。
□1693 **mediocre** /mì:dióukər/	形 平凡な、凡庸な ☺ **目で言おうか**、平凡だって（口で言うと角が立つから）。medi-「中間」。「中ぐらいで良い」というよりは「よくてまあまあ」というネガティブなイメージ。I'm just a mediocre piano player.「僕のピアノの腕は可もなく不可もなくってとこだ」。
□1694 **intuition** /ìntju:íʃən/	名 直感 in-「中で」、tuiはラテン語tueri「見守る」から。心の目で見る→直感。tuition「授業料」と関連。見守る→教育→授業料。trust one's intuition「直感を信じる」。 形 intuitive（直感的な）
□1695 **accustomed** /əkʌ́stəmd/	形 慣れている、習慣としている accustom「慣れさせる」の過去分詞形が形容詞化。参custom「習慣」、costume「服装」。「身についたもの」のイメージが共通。He was accustomed to hard work from boyhood.「彼は子どもの頃からきつい仕事に慣れていた」。
□1696 **transition** /trænzíʃən/	名 移り変わり、移行 ☺ **虎のじいさん**に移り変わる時期、と覚えよう。trans-「交互に」。参transaction「取引」（相互のアクション）。a period of transition「移行期」。
□1697 **gross** /gróus/	形 総計の　名 総計 ☺ **グロ過**ぎるだろ、収支の総計（ひどく損してるじゃないか！）。ラテン語grossus「大きい、厚い」から。「嫌な、ゾッとする」の意味も。大きい→きめが粗い→粗野な→嫌な。gross income「総収入」。Ugh! Gross!「うわ！ゾッとする！」。
□1698 **notion** /nóuʃən/	名 考え、概念 ☺ **No！ション**ベン！という考えの地主（立ちション禁止！）。know「知る」、notice「気づく」と関連。This notion of freedom was revolutionary at the time.「自由に対するこのような考え方は当時画期的だった」。
□1699 **eliminate** /ilímənèit/	動 排除する、削除する ☺ **襟見ねえと**排除する（襟のついてない服のほうはダメです）。e-=ex-「外へ」、liminはラテン語limen「入り口」から。内から外へ追い出すこと。Our team was eliminated in the semifinals.「我がチームは準決勝で敗れてしまった」。
□1700 **elderly** /éldərli/	形 年配の、初老の ☺ **Lだりい**、年配になると（食が細ってポテトのLは食べられない）。old「年を取った」と関連。old よりやや若い感じ。Companies are recruiting more elderly people than before.「企業は年配者を以前より多く採用している」。

□1701 **perish** /périʃ/	動 死ぬ、消滅する per-「通して」。「通っていく」が原義。人生を完全に通り過ぎる→死ぬ。「朽ちる、腐る」の意味も。筆者は音の「ペシュッとつぶれる感じ」で覚えました。 形 名 perishable（傷みやすい／傷みやすいもの）
□1702 **evade** /ivéid/	動 避ける、逃げる e-=ex-「外に」、vadeはラテン語vadere「行く、歩く」から。参invade「侵略する」（中に進む）。He took a back road to evade the police.「警官を避けて彼は裏道を通った」。 名 evasion（逃れること、回避）
□1703 **award** /əwɔ́:rd/	動（賞などを）授与する、報いる　名 賞 ☺ **アウォ～、ど**うしてアイツに賞をあげるの？　発アウォード（アワードではない）。The school awarded Beth a scholarship.「学校はベスに奨学金を与えた」。Academy Award「アカデミー賞」。
□1704 **abundant** /əbʌ́ndənt/	形 豊富な ☺ **ああ晩、暖取**って豊富な食事（幸せの光景）。abound「豊富にある」から派生。abundant natural resources「豊富な天然資源」。a lake abundant in fish「魚の豊富な湖」。 名 abundance（豊富さ）
□1705 **eccentric** /ikséntrik/	形 一風変わった、突飛な ☺ **駅、1000鳥来**るとは一風変わった。ec-=ex-「外へ→外れる」center「中心」。日エキセントリックな行動。eccentric behavior「突飛な行動」。
□1706 **cope** /kóup/	動 取り組む、対処する ☺ **こうプ**ッとつかんで取り組む（相撲のまわし？）。「打つ」が原義。戦場で敵と打ち合う→対処する。cope with problems「問題に対処する」。自動詞で「ストレスに対処する」などの意味も。stress and coping「ストレスとその対処法」。
□1707 **momentum** /mouméntəm/	名 勢い、弾み ☺ **木綿たたむ**勢い、と覚えよう。moment「運動」から派生。The candidate's campaign is gaining momentum.「候補者の選挙運動は勢いを得つつある」。
□1708 **correlation** /kɔ̀:rəléiʃən/	名 相互関係 cor-=com-「お互いの」relation「関係」。a correlation between smoking and lung cancer「喫煙と肺癌の関係」。
□1709 **lawsuit** /lɔ́:sù:t/	名 訴訟 law「法律」suit「訴訟」（←ラテン語sequi「追う」）。file a lawsuit「訴訟を起こす」。
□1710 **hedge** /hédʒ/	名 生け垣　動 リスクを回避する ☺ **ヘッ？ジッ**としてても危険は回避できないでしょ。生け垣に身を潜める→危険を回避する、と考えよう。日ヘッジファンド。a hedge against inflation「インフレに対する備え」。

□1711 **venture** /véntʃər/	動 危険を冒して～する　名 冒険 adventure「冒険」の ad- が取れた形。日ベンチャー企業。He ventured out in the storm to buy necessities.「彼は必需品を買うため嵐の中危険を冒して飛び出した」。
□1712 **unprecedented** /ʌ̀nprésədəntid/	形 先例のない 先例(precedent)がない(un-)。Paying a rookie this amount of money is unprecedented.「新人にこれほどのお金を払うのは先例がない」。
□1713 **recall** /rikɔ́:l/	動 思い出す　名 想起；不良品回収 re-「再び」call「呼ぶ」。類remember。Larry could not recall the exact date.「ラリーは正確な日付を思い出すことができなかった」。
□1714 **outwit** /àutwít/	動 出し抜く、機知において勝る 機知(wit)で相手に先んじる(out)。類outsmart。The thief outwitted the detective.「泥棒は刑事を出し抜いた」。
□1715 **interrogate** /intérəgèit/	動 尋問する、問いただす ☺ **いたろゲート**に、と尋問する、と覚えよう。inter-「間に」、roga はラテン語 rogare「尋ねる」から。interrogate the captured robbers「逮捕された強盗を尋問する」。 名 interrogation(尋問)
□1716 **modest** /mádist/	形 控えめな、謙虚な ☺ **喪です、と**控えめな未亡人。mode「様式」と関連。様式を順守→礼儀正しい→控えめ。He is modest about his success.「彼は自身の成功に関して謙虚だ」。a modest income「そこそこの収入」。
□1717 **intellect** /íntəlèkt/	名 知性 ☺ **犬照れ苦闘**、知性がある(恥の概念があるなんて頭いい!)。intelligence「知性」と関連。理解力があることに加え、知的関心が高い感じ。 形 intellectual(知的な)
□1718 **comprise** /kəmpráiz/	動 ～から成る、含む ☺ **昆布ら、いず**れの要素から成る？　comprehend「理解する；包含する」から派生。com-「共に」、prehend はラテン語prehendere「つかむ」から→いろいろな要素を含む→要素から成る。The United States comprises 50 states.「アメリカ合衆国は50州から成る」。
□1719 **ban** /bǽn/	動 禁止する　名 禁止 ☺ **バンッ**！と机を叩いて禁止する(相当怒ってます)。ラテン語fari「話す」と関連があり、「呼び出す」が原義。類prohibit。put a ban on the import of elephant tusks「象牙の輸入を禁止する」。
□1720 **undertake** /ʌ̀ndərtéik/	動 引き受ける；着手する 下で(under)取る(take)→受け止める→引き受ける。「保証する」の意味も。undertaker は「葬儀屋」の意味になる。undertake a task「仕事を引き受ける」。

173.mp3

□1721 **envision** /invíʒən/	動 想像する、思い描く 映像(vision)にする(en-)。The singer envisioned a world without war.「その歌手は戦争のない世界を思い描いたのだ」。
□1722 **prevail** /privéil/	動 広く行き渡る；勝つ ☺ **プリッ！ベール**(veil「覆い」)をかぶせても広く行き渡る香り。pre-「先んじて」、vail はラテン語 valere「力がある」から。We will prevail!「我々は勝つ！」。
□1723 **prejudice** /prédʒudis/	名 偏見、先入観 pre-「前もって」、judiceはラテン語iudex「審判」から。参judge「判断する；裁判官」。racial prejudice「人種偏見」。
□1724 **upright** /ʌ́pràit/	形 垂直な；直立した 上に向かって(up)正しい(right)位置にある。Please bring your seat back to the upright position.「お席を垂直の位置にお戻しください」。
□1725 **commitment** /kəmítmənt/	名 (物事への真剣な)関わり、約束 ☺ **こう認めんと**、もっと真剣に関わるしかない(仕事を認めてもらうのは大変)。動詞commit「身を入れて関わる」から派生。I want to see your commitment to work.「私は君が仕事に身を入れているところを見たいんだよ」。
□1726 **miscellaneous** /mìsəléiniəs/	形 種々雑多な、その他の ☺ **店、例に明日**種々雑多な商品並べる(こんな品もあります！)。mix「混ぜる；混合」と関連。miscellaneous expenditures「雑費」。
□1727 **brilliant** /bríljənt/	形 素晴らしい、光り輝く ☺ **ブリリ！イヤ～ンと**言うほど素晴らしい。bright「明るい」と結び付けて覚えてもよい。brilliant performance「素晴らしいパフォーマンス」。
□1728 **condolence** /kəndóuləns/	名 お悔やみ、弔意 con-「共に」、doleはラテン語dolere「痛みを感じる、嘆く」から。send/offer one's condolences to ～「～に悔やみ(の言葉)を申し伝える」。
□1729 **deed** /dí:d/	名 行為 do と同語源。His words don't match his deeds.「彼は言ってることと行動がバラバラだ」。a dubious deed「疑わしい行為」。
□1730 **ponder** /pándər/	動 熟考する、じっくり考える ☺ **ポンだ！**と熟考して言う雀士。ラテン語pendere「ぶら下げる」からで、pending「未決の」と同語源。課題がぶら下がったままの状態で熟考する。He pondered every possibility.「彼は全ての可能性をじっくり考えた」。

□1731 **coincide** /kòuinsáid/	動 同時に起こる；一致する co-「共に」、incideはラテン語incidere「降りかかる」から。参incident「事件」。The commencement coincided with Miranda's birthday.「卒業式はミランダの誕生日と（偶然）重なった」。 名 coincidence（偶然の一致）
□1732 **hub** /hʌ́b/	名 中心、中枢 ☺ **ハブ**（ヘビ）が集まる巣の中心。「ハブ空港」（航空ネットワークの拠点となる空港）の意味もある。The cafe was the social hub for locals.「そのカフェは地元の社交の中心であった」。
□1733 **hover** /hʌ́vər/	動 浮かぶ；さまよう ☺ **ほう、バー**ッと桜の花びらが浮かんでますな。ヘリコプターのホバリング（空中静止）はこの単語。The news helicopters hovered above the accident site.「報道のヘリコプターが事件現場上空を舞っていた」。
□1734 **obsession** /əbséʃən/	名 取りつかれること、強迫観念 obsess「取りつく」の名詞形。ob-「上に、覆って」、sesはラテン語sedere「座る」から。考えなどが幽霊のように頭上に居座り、離れない感じ。参possess「所有する」。 動 obsess（取りつく）
□1735 **conflict** /kɑ́nflikt/	名 衝突、対立　動 衝突する、対立する ☺ **コーンフレークと**ミルク出す嫁と衝突（和食が食いたい！）。con-「共に」、flictはラテン語fligere「打つ」から。参inflict「（負担・苦痛などを）負わせる」（内側に打ちのめす）。a conflict of interest「利害の対立」。
□1736 **endanger** /indéindʒər/	動 危険にさらす 危険（danger）な状態にする（en-）。International agencies keep lists of endangered species.「国際機関が絶滅の危機に瀕する種をリストにしている」。
□1737 **savor** /séivər/	動 味わう　名 風味 ☺ **セーブは**いいと、勝利を味わうリリーフ投手。flavor「味わい、風味」と絡めて覚えてもよい。He leisurely savored the wine.「彼はゆっくりとワインを味わった」。 形 savory（おいしい）
□1738 **beware** /biwέər/	動 注意する、用心する ☺ **bee**（蜂）**上や**、と注意する。wareに「注意深い」の意味があり、それにbe動詞がついた形。参aware「～に気づいている」。Beware of pickpockets.「スリにご注意」。
□1739 **agenda** /ədʒéndə/	名 議題、するべきこと ☺ **あぜんだ**！議題がまだ残っているとは。ラテン語agere「する」から。What's on the agenda this morning?「今朝の議題は何かね？」。Everyone has an agenda.「人間皆やるべきことがあるんだよ」。
□1740 **slick** /slík/	形 滑らかな、ツルツルした ☺ **スリッ**！**クッ**！と滑る感じ。slで始まる単語にはスルッと滑る感じのものが多い。参slide「滑る」、sled「そり」。The road was slick with ice.「氷で道がツルツルしていた」。

175.mp3

□1741 **subtle** /sʌ́tl/	形 微妙な、繊細な ☺ **悟る**、微妙な違いを。発サトル。sense a subtle difference「微妙な違いに気づく」。
□1742 **obstruct** /əbstrʌ́kt/	動 妨害する ob-=against、structはラテン語struere「建てる」から。道に障害物を建てる→妨害。A fallen rock is obstructing the highway.「落石が高速道路の通行を妨げている」。 名 obstruction（妨害、障害）
□1743 **discriminate** /diskrímənèit/	動 差別する；区別する ☺ **This栗見ねえ、と**差別する（こんな見たことない栗おいしいわけない！）。The law aimed to discriminate against black people.「その法律は黒人を差別するためのものだった」。
□1744 **whirl** /hwə́ːrl/	名 回転　動 グルグル回る ☺ ま**わーる**、まわーる、と覚えよう。発ワール、フワール。「騒動」などの意味も。a whirl of wind「つむじ風」。The small child was fascinated by the whirling tumbler.「その小さな子は乾燥機の回転に見入っていた」。
□1745 **poised** /pɔ́izd/	形 落ち着きのある；態勢の整った ポーズ（pose）を取った状態で留まっている→落ち着いている、と考えよう。The cat is poised to jump on my lap.「ネコは私のヒザに飛び乗ろうと構えている」。 名 poise（平衡；落ち着き）
□1746 **imbalance** /imbǽləns/	名 不均衡、不安定 バランス（balance）を欠いた（im-=in-）。Congress is complaining about the trade imbalance with China.「議会は中国との貿易不均衡に不満を表明している」。
□1747 **odor** /óudər/	名 におい ☺ **オウッ**！**だ**れ（誰）のおなら？このにおい？　発オウダー。body odor「体臭」。
□1748 **vogue** /vóug/	名 流行 voyage「航海」と関連。世間の波→流行。Designer sunglasses are in vogue.「デザイナーサングラスがはやっている」。
□1749 **raid** /réid/	名 襲撃　動 襲撃する ☺ 号**令**、**ド**ッと襲撃する。road「道」、ride「（馬に）乗る」と関連。道を通ってきた騎馬隊が敵を急襲するイメージ。Israeli troops raided a Gaza refugee camp.「イスラエル軍はガザ難民キャンプを急襲した」。
□1750 **considerate** /kənsídərət/	形 思いやりのある；慎重な consider「考慮する」から派生。いろいろと考慮してくれる→思いやりがある。類thoughtful。a considerate person「思いやりのある人」。considerate behavior「思慮深い行動」。

□1751 **blaze** /bléiz/	動 燃え上がる　名 炎 ☺ **無礼、ずっ**と怒りが燃え上がる。「たいまつ」が原義。A fire was blazing in the hearth.「暖炉で火が燃えていた」。Tony was blazing with rage.「トニーは怒りに燃えていた」。
□1752 **antipathy** /æntípəθi/	名 反感、嫌悪 ☺ **アンチ、パシ**ッと叩くほどの反感。anti-「反対の」pathy「感情」。参 apathy「無関心」。John's antipathy toward racial prejudice was deeply rooted.「ジョンの心には人種偏見への深い嫌悪が刻まれていた」。
□1753 **nightmare** /náitmèər/	名 悪夢 ☺ **night 目開**く悪夢。I had a nightmare last night.「昨日の夜悪い夢を見ちゃった」。
□1754 **armor** /ɑ́ːrmər/	名 よろい、防護具 ☺ **ああ、まあ**いいか、こんなよろいでも、と投げやりな兵隊。arm「武器」と関連。Clad in heavy armor, the warriors drowned when the boat sank.「船が沈んだ時、重いよろいを身につけた兵士たちはおぼれてしまった」。
□1755 **murmur** /mə́ːrmər/	動 つぶやく、ささやく　名 つぶやき ☺ **まあまあ**、と耳元でささやく。擬声語。He murmured something, but I couldn't understand it.「彼は何かつぶやいたがわからなかった」。
□1756 **binocular** /bənɑ́kjulər/	名 双眼鏡 ☺ **美の蔵**見る、双眼鏡で。発 バナキュラー、バイノキュラー。bi-「2つの」ocular「目の」。a pair of binoculars「1台の双眼鏡」。
□1757 **transmit** /trænsmít/	動 送信する、伝える trans-「向こうへ」、mitはラテン語mittere「送る」から。参 admit「認める」(〜へ送る)、permit「許可する」(通して送る)。transmit data via the Internet「インターネットを通じてデータを送信する」。
□1758 **primary** /práimeri/	形 第一の、主要な prime と同語源。prior「前の、先の」とも関連。primary concern「最重要の懸案事項」。「初期の」の意味も。primary school「小学校」。 副 primarily(主として、第一に)
□1759 **prestige** /prestíːʒ/	名 名声、威信 ☺ **振り、ステージ**でして名声(ものまねで有名に)。pre-「前もって」、stigeはラテン語stringere「縛る」から。手品師の仕掛け→幻惑させるもの→目も眩むような名声。参 string「ひも」。 形 prestigious(名声のある、一流の)
□1760 **bully** /búli/	動 いじめる、威張る　名 いじめっ子 雄牛(bull)のようないじめっ子、と覚えよう。It feels like the government is bullying small businesses.「まるで政府が小さな企業をいじめているようだ」。

コア単語80レベル 1st 2nd

□1761
simultaneous
/sàiməltéiniəs/

形 同時の

☺ **債務あるってニュアンス**を同時通訳、と覚えよう。発サイマルテイニアス。ラテン語simul「同時に」から。参similar「似ている」。simultaneous interpretation「同時通訳」。

副 simultaneously(同時に)

□1762
juvenile
/dʒúːvənl/

名 青少年、未成年者　形 青少年向けの

young と関連。y と j の音が転換した。juvenile delinquency「青少年の非行」。

□1763
incredible
/inkrédəbl/

形 信じられない、すごい

信じ(cred)られ(-ible)ない(in-)。ポジティブな意味で使われることのほうが多い。That's incredible!「すごい!」。

□1764
alley
/ǽli/

名 路地

☺ **ありい**?ウチのネコが路地にいる。発アリー。The man stood in the narrow alley between two old buildings.「男は古いビルの間の狭い路地に立っていた」。

□1765
superb
/supə́ːrb/

形 素晴らしい

☺ **スーパーブ**リッ子、素晴らしい。super「飛び抜けた」と関連。A superb play by the second baseman!「セカンドの素晴らしいプレーだ!」。

□1766
dispose
/dispóuz/

動 処分する、配置する

dis-「離して」、poseはラテン語ponere「置く」から。自身から切り離してごみ捨て場に置く。dispose of old books「古い本を処分する」。

形 disposable(使い捨ての;自由に使える)

□1767
hostile
/hástl/

形 敵意のある、敵対的な

☺ **ほ~、スタイル**はいいけど敵対的な女性。host「主人」には「軍隊;大勢」の意味もあり、ここから派生。a hostile takeover「敵対的買収」。a hostile environment「不利な状況」。

名 hostility(敵意)

□1768
bankrupt
/bǽŋkrʌpt/

形 破産した　動 破産させる

bank「銀行」、ruptはラテン語rumpere「破れる」から。参rupture「破裂」。The company went bankrupt.「その会社は破産した」。

名 bankruptcy(破産)

□1769
preclude
/priklúːd/

動 妨げる;除外する

pre-「前もって」、cludeはラテン語claudere「閉じる」から。類exclude「除外する」。参include「含む」。Inadequate preparation precluded our making a successful presentation.「準備不足で良いプレゼンができなかった」。

□1770
energetic
/ènərdʒétik/

形 精力的な、活動的な

energy「エネルギー」から派生。energetic efforts to develop new product lines「新しい製品ラインを開発する精力的な取り組み」。

名 energy(エネルギー)

□1771 **tremendous** /triméndəs/	形 (数量・程度などが)とてつもない、ものすごい ☺ **取れ！麺出す**！と、とてつもない量の流しそうめん。tremble「震える」と関連。震えるほどすごいこと。The CEOs earn tremendous salaries.「CEOたちは途方もない給料を稼いでいる」。
□1772 **discard** /diskáːrd/	動 捨てる、廃棄する dis-「離れる」card「カード」。トランプでいらない札を捨てる感じ。discard the old methods「古いやり方を捨てる」。
□1773 **lethal** /líːθəl/	形 致命的な、致死の ☺ **リースある**と致命的な(借金には気をつけて！)。ラテン語 letum「死」から。映画『リーサル・ウェポン』などで日本でも知られるようになった単語。類deadly。a lethal dose of sleeping pills「致死量の睡眠薬」。
□1774 **hut** /hʌ́t/	名 小屋、山小屋 ☺ **ハッと**した、気づいたら小屋にいて。独語、仏語では hutte。スキー場で見掛ける「ヒュッテ」はここから。hide「隠れる」とも関連。We spent the night in a mountain hut.「我々は山小屋で夜を明かした」。
□1775 **apparatus** /æ̀pərǽtəs/	名 器具、装置 ☺ **アバラ出す**ダイエット器具。ap-=ad-「～へ向けて」、paratusはラテン語parare「準備する」から。準備された装備→器具。参prepare「準備する」。類appliance。laboratory apparatus「実験器具」。
□1776 **annoy** /ənɔ́i/	動 悩ます、苦しめる ☺ あ**あ**、**ノイ**ズ(noise)で人を苦しめる。His presence at the meeting annoyed her.「会議に彼がいることが彼女はイヤだった」。 名 annoyance(迷惑、頭痛の種)
□1777 **corridor** /kɔ́ːridər/	名 廊下、通路 ☺ **コリ**(コレ)、**ダ**メだよ廊下を走っちゃ。current「流れ」と同語源。水が流れる水路→通路、廊下。I passed Dennis in the corridor this morning.「今朝、廊下でデニスとすれ違った」。
□1778 **rip** /ríp/	動 裂く ☺ ビ**リッ**、**プ**リプリと裂く。rip off で「搾取する、食い物にする」などの意味も。財布をはぎ取る感じが出ている。Johnny ripped a page from the book.「ジョニーはその本のページを破り取った」。
□1779 **refuge** /réfjuːdʒ/	名 避難、避難所 ☺ **理不尽**に堪えかねて避難。re-「再び」、fugeはラテン語fugere「走り去る」から。find refuge in music「音楽に避難場所(救いの場)を見いだす」。 名 refugee(避難民、難民)
□1780 **trivial** /tríviəl/	形 ささいな tri-「3つの」、viaはラテン語「道」から。三差路の→街角の→市井の→平凡な→取るに足りない。3つの方向のどちらに行っても構わない→どうでもいい、と考えてもよい。日トリビア。trivial matters「つまらない問題」。 名 trivia(ささいなこと)

179.mp3

□1781 **stalk** /stɔ́:k/	動 つきまとう 「ストーカー」(stalker) は stalk する人、の意。「ストーカーする」は本来「ストークする」というべき。steal「盗む」と関連。Somebody is stalking me.「誰かがつきまとってるの」。
□1782 **brace** /bréis/	動 (物事に)備える、覚悟を決める 名 留め金、補強材 ☺ **無礼す**ることないようしっかり備える。ギリシャ語brakhion「腕」から。自分自身をしっかり抱える→物事に備える。腕でしっかり抱える→留める、補強。参embrace「抱きしめる」。brace oneself「気を引き締める、踏ん張る」。
□1783 **sarcasm** /sá:rkæzm/	名 皮肉、嫌み ☺ **咲かず無**理でしょ、と皮肉を言う。ギリシャ語 sarkazein「肉を引き裂く」から。I can't stand your sarcasm any more.「アンタの皮肉にゃもう耐えられないわ」。 形 sarcastic(皮肉な、嫌みな)
□1784 **desperate** /déspərət/	形 自暴自棄の、やけくその ☺ death (死) **パラッと**見えたと自暴自棄(どうせ死ぬなら!)。名詞 despair「絶望」から派生。a desperate move「やけっぱちの行動」。 名 desperation(自暴自棄、やけくそ)
□1785 **salute** /səlú:t/	動 あいさつする;敬礼する 名 あいさつ;敬礼 ☺ **去るとき**にあいさつする(実際は会ったときですが)。The guard saluted the president.「守衛は大統領に敬礼した」。
□1786 **assassinate** /əsǽsənèit/	動 暗殺する アラビア語で「大麻(hashish)を吸う人たち」が語源。イスラム教アサシン派がキリスト教の重要人物を暗殺する前に大麻を吸引したことから。 名 assassination(暗殺) 名 assassin(暗殺者)
□1787 **omit** /oumít/	動 省く ☺ **お、身と**こは省くなよ(肉の部分捨ててどうする!)。o-=ob-「離して」、mitはラテン語mittere「送る」から。omit a whole paragraph「段落を丸ごと省く」。 名 omission(省略)
□1788 **streamlined** /strí:mlàind/	形 流線型の 流れる(stream)線(line)。The train has a streamlined body to reduce air resistance.「その電車は空気抵抗を下げるために流線型のボディーをしている」。 名 streamline(流線型)
□1789 **feat** /fí:t/	名 偉業、快挙 ☺ **ひー、と**驚くばかりの偉業。ラテン語facere「する」から。人がなしたこと→偉業、快挙。参fact「事実」。This machine is a remarkable feat of engineering.「この機械を作ったのはエンジニアリング的快挙だね」。
□1790 **contradict** /kɑ̀ntrədíkt/	動 矛盾する contra-「反対に」、dictはラテン語dicere「言う」から。参predict「予言する」。The evidence contradicts the accepted theory.「受け入れられている理論と証拠は矛盾している」。 名 contradiction(矛盾)

印の消えた単語は二度と振り返らないこと。忘れたら忘れたで放っておくこと。

□1791 **infer** /infə́:r/	動 推測する ☺ **犬不和**と推測する（あれだけ吠えてりゃ仲悪いな）。in-「中に」、ferはラテン語ferre「運ぶ」から。手掛かりを頭の中に運んで推測する感じ。 名 inference（推測）
□1792 **tame** /téim/	形 飼いならされた　動 飼いならす ☺ 到**底ム**リ、この馬飼いならすのは。tame a wild horse「暴れ馬を飼いならす」。
□1793 **sneak** /sní:k/	動 コソコソする 古英語snican「這う」から。snake「ヘビ」のようにsneakする、と覚えよう。The burglar sneaked into the house.「泥棒はその家にこっそり忍び込んだ」。
□1794 **subordinate** /səbɔ́:rdənət/	形 下位の　名 部下 sub-「下の」order「順番」。subordinate categories「下位のカテゴリー」。a subordinate clause「従属節」。
□1795 **wizard** /wízərd/	名 専門家；魔法使い wise「賢い」-ard「人」。男の魔法使い。魔法使いのようにうまい、知識がある→専門家、名人。a computer wizard「コンピューターの天才」。
□1796 **vigorous** /vígərəs/	形 精力的な、活発な ☺ **美・柄**（体格）**す**ごい精力的な人。viには「生命」のニュアンスがある。参 vivid「生き生きした」、vital「生命の」。a vigorous effort「精力的な努力」。 名 vigor（元気、活力）
□1797 **transcend** /trænsénd/	動 超える、超越する trans-「向こうへ」、scendはラテン語scandere「登る」から。参ascend「登る」。transcend race, age, and gender「人種、年齢、性別を超える」。
□1798 **resonance** /rézənəns/	名 反響、共鳴 re-「くり返し、跳ね返って」、sonanceはラテン語sonare「鳴る」から。参 sound「音」、sonar「ソナー」（水中音波探知機）。Lincoln's speeches have resonance even today.「リンカーンの演説は今日にもその響きをとどめている」。
□1799 **simmer** /símər/	動（料理が）ぐつぐつ煮える ☺ **しま**った！とハラワタぐつぐつ煮える。「（液体が）ごぼごぼ沸く；怒りが爆発寸前である」の意味も。擬音語。The stew is simmering on the stove.「コンロの上でシチューが煮えている」。
□1800 **riddle** /rídl/	名 なぞなぞ、謎 ☺ **利、ドル**？儲かるかどうか謎だ。Oedipus solved the riddle of the Sphinx.「オイディプスはスフィンクスのなぞなぞを解いた」。

181.mp3

□1801 **tract** /trǽkt/	名 (土地の)広がり；(臓器の)管 ☺ **トラック通**る土地の広がり。ラテン語 trahere「引く」から。線を引いた土地の区画。線のような管。vast tracts of farmland「広大な農地」。the digestive tract「消化管」。
□1802 **enthusiastic** /inθùːziǽstik/	形 熱心な、熱狂的な en-=in-、thusはギリシャ語theos「神」から。神が取りつく→熱狂。He was enthusiastic about learning new things.「彼は熱心に新たなことを学んだ」。 名 enthusiasm(熱狂)
□1803 **alter** /ɔ́ːltər/	動 変える ☺ 君が**おるたー**(いるとは)気が変わった、君に頼もう！　ラテン語 alter「他の」から。参alternative「代わりの」。The thief altered his appearance.「盗っ人は外見を変えた」。 名 alteration(変更)
□1804 **rude** /rúːd/	形 不作法な；粗野な こんな所で nude とは rude だ！と覚えよう。参raw「生の；粗野な」。I didn't mean to be rude.「無礼なことをするつもりはなかったんだ」。 名 rudeness(不作法)
□1805 **shabby** /ʃǽbi/	形 みすぼらしい ☺ **シャ～、貧**乏くせえ。a man wearing shabby clothes「みすぼらしい服を着た男」。
□1806 **compensate** /kámpənsèit/	動 償いをする、補償する ☺ **この弁**償**せい、と**償わせる。com-「共に」、pensateはラテン語pensare「重さを量る」から。互いの利益を計る→埋め合わせる。参pensive「考え込んだ」(物事の重さを量る)。 名 compensation(補償、償い)
□1807 **scrawl** /skrɔ́ːl/	動 走り書きする、落書きする sprawl「投げ出す」とcrawl「這う」が合わさった形。日本語の「ミミズの這うような字」と近い感覚。Researchers tried to decipher the words scrawled on the wall.「研究者たちは壁に走り書きされた言葉を判読しようとした」。
□1808 **mob** /mɑ́b/	名 群衆、暴徒　動 押し寄せる ☺ **も**う、**ぶ**っ飛ばされそうな暴徒。mobile「移動しやすい」と同語源。移り気な群衆。An angry mob gathered outside city hall.「怒れる群衆が市庁舎前に集まった」。
□1809 **gasp** /gǽsp/	動 あえぐ、息を切らす　名 あえぎ ☺ **ガスぶ**っと出されてあえぐ。gape「口を大きく開ける」と関連。He emerged from the water, gasping for air.「彼は空気を求めてあえぎながら水から上がってきた」。
□1810 **surge** /sə́ːrdʒ/	名 高まり；殺到 ☺ **さあ、ジ**ッとしてても高まる興奮。sur- から「上へ→高まる」と考えてもよい。I felt a surge of adrenaline.「私はアドレナリンが高まるのを感じた」。「高騰」などの訳語も。

□1811 **fraud** /frɔ́:d/	名 詐欺、不正 ☺ **不労、ど**うも詐欺らしい（不労所得が多いと思ったら）。be charged with electoral fraud「選挙違反で告発される」。
□1812 **cater** /kéitər/	動 料理を提供する；要求を満たす ☺ **軽**自動車**いた**ら料理を提供するお店。日ケータリングサービス（仕出しサービス）。We cater for parties.「パーティーのための仕出しいたします」。cater to the tastes of the masses「大衆の好みに合わせる」。
□1813 **stink** /stíŋk/	動 悪臭を放つ　名 悪臭 ☺ **捨てん**！**く**るしい、悪臭を放つごみ。sting「刺す」と絡めて「鼻を刺す悪臭」と覚えてもよい。The alley stunk of garbage.「路地はごみのにおいがした」。
□1814 **perspective** /pərspéktiv/	名 展望、見通し per-「通して、貫いて」、spectはラテン語specere「見る」から。文字通り「見通し」。from my perspective「私の見方では」。
□1815 **terminal** /tə́:rmənl/	形 末端の；終末の ラテン語terminus「終わり」から。参term「期間」（両端を区切られた時間）。terminal care「末期医療」。「終着駅」の意味も。 動 terminate（終わらせる）
□1816 **attitude** /ǽtitjù:d/	名 態度、考え方 ☺ **アチッ**！**チューと**はずいぶんお熱い態度だ。物事に対する考え方や心の態度。have a positive attitude「肯定的な態度を取る」。
□1817 **creep** /krí:p/	動 這う；ゆっくり進む crawl「這う」と関連。四つ足の動物にはcreepを用いることが多いものの、互換は可能。The euro is creeping toward an all-time high against the U.S. dollar.「ユーロは対米ドルで史上最高値に達しようとしている」。
□1818 **apprentice** /əpréntis/	名 徒弟、見習い ラテン語apprehendere「つかむ」から。「徒弟がコツをつかむ」と考えよう。参apprehend「理解する」（意味をつかむ）。 名 apprenticeship（見習い期間；実習生）
□1819 **fascinate** /fǽsənèit/	動 魅了する ☺ **フワッ**として、**死ねと**言われてもいいぐらい魅了された。The beauty of mathematics fascinates me.「数学の美が私を魅了するのだ」。 名 fascination（魅力；魅了されること）
□1820 **innate** /inéit/	形 生まれついての、生得の ☺ **稲**、**いと**おいしいのは生まれつき。in-「中に」。nateには「生」のイメージがある。参nature「自然」、native「天然の、土地の」（生まれついての）。innate ability to learn language「言語を学ぶ生まれついての能力」。

183.mp3

□1821 **stoop** /stúːp/	動 かがむ ☺ **ストーップ**！それ以上かがむと危険！ 発ストゥープ。steep「(傾斜が)急な」と同語源。体が傾斜→かがむ。The man stooped to pick up the coins he'd dropped.「その人は落とした小銭を拾うためにかがんだ」。
□1822 **crawl** /krɔ́ːl/	動 這う、腹這いになって動く ☺ **苦労得る**、這って進むのは。creep「這う」と関連。日水泳の「クロール」。The explorers crawled under low-hanging pine boughs.「探検家たちは垂れ下がった松の枝の下を這って進んだ」。
□1823 **destruction** /distrʌ́kʃən/	名 破壊 de-=down、structはラテン語struere「建てる」から。The hurricane caused destruction along the coast.「ハリケーンは海岸沿いの地域を破壊した」。 動 destroy(破壊する)
□1824 **precede** /prisíːd/	動 先行する pre-「前に」、cedeはラテン語cedere「行く」から。参proceed「進む」。An earthquake precedes a tsunami.「津波の前には地震が起こる」。
□1825 **industrious** /indʌ́striəs/	形 勤勉な ☺ **意味出しとりやす**、と勤勉な労働者(意味ある製品を一生懸命生産してます)。参industry「産業」。Dave is an industrious worker.「デイブは勤勉な労働者だ」。
□1826 **region** /ríːdʒən/	名 地域、領域 ☺ **リー・ジョン**さんの支配する地域。ラテン語 regere「支配する」から。rule「支配する；規則」と関連。支配が及ぶ範囲→地域。Heavy rains are forecast for the entire region.「地域全体で激しい雨が予想されている」。
□1827 **vessel** /vésəl/	名 船舶；容器 vase「花瓶」と関連。船舶もおわんのような器の形が共通。blood vessel「血管」。The Coast Guard is inspecting all vessels for drugs.「沿岸警備隊は全ての船舶を麻薬検査している」。
□1828 **residue** /rézədjùː/	名 残り、残留物 re-「後ろに」、sid はラテン語 sedere「座る」からで、sit と関連。後ろに残されたもの。Ash is the residue that remains after something has been burned.「灰は何かが燃えた残りだ」。
□1829 **haunt** /hɔ́ːnt/	動 よく訪れる；(幽霊が)出没する ☺ **ホ～ント**にオバケがよく訪れるな、この家は。「取りつく；悩ませる」などの訳語も。haunted house「オバケ屋敷」。He was haunted by the memory of the accident.「彼は事故の記憶に悩まされていた」。
□1830 **retrospect** /rétrəspèkt/	名 回想、回顧 retro-「後ろを」、spectはラテン語specere「見る」から。日レトロな感じ。In retrospect, I had a good time in high school.「振り返ってみれば高校時代は楽しかった」。

□1831 **tolerate** /tálərèit/	動 耐える ☺ **トイレット**(toilet)のにおいに耐える、と覚えよう。I can't tolerate his arrogance.「彼の傲慢さには我慢ならん」。 名 tolerance(忍耐；寛容) 形 tolerant(寛容な)
□1832 **riot** /ráiət/	名 暴動、騒乱 ☺ **雷、おっと**大騒ぎ。The shooting of the unarmed man caused a riot.「丸腰の人を撃ったことが暴動につながった」。
□1833 **resolve** /rizálv/	動 決心する；分解する 名 決心 re- は強意、solve「解く」。もやもやとこんがらがっていた気持ちが解けて、決意が固まる。「解決する」の意味も。参solve「解決する」。one's resolve to win「勝つという決意」。
□1834 **cherish** /tʃériʃ/	動 慈しむ、大切にする ☺ **チェリー**(cherry)**し**まって慈しむ(腐るっつーの)。charity「慈善」と同語源。Life is short, so you should cherish each moment.「人生は短いのだから一瞬一瞬を大切にしなければ」。
□1835 **qualify** /kwáləfài/	動 資格がある、適している quality「質」がある→資格がある、と考えよう。I'm not sure I'm qualified for the position, but I'll do my best.「そのような立場に就く資格があるかどうかはわかりませんが、精一杯やります」。
□1836 **current** /kə́:rənt/	形 現在の、現状の 名 流れ、海流 ☺ **彼んと**ころ、現在の家に流れで泊まっちゃって。ラテン語 currere「走る」から。目の前で流れている→現在の。参currency「通貨」。the current situation「現在の状況」。go against the current「流れに逆らって進む」。
□1837 **yield** /jí:ld/	動 産出する；屈服する 名 収穫 ☺ **いる**！**ど**うしても、だから産出する。古英語 g(i)eldan「払う、与える」から。「利益を生む」の意味も。与える→作物や利益を生む。他人に利益を与える→屈服する。crop yields「農作物の収穫量」。
□1838 **inhibit** /inhíbit/	動 抑制する、妨げる in-「内側に」、hibiはラテン語habere「持つ」から。内側からしっかり押さえている→抑制、妨げ。inhibit the growth of the tumor「腫瘍の成長を抑制する」。
□1839 **considerable** /kənsídərəbl/	形 かなりの、多量の 考える(consider)ことができる(-able)。考慮に値するぐらい大量の。The candidate spent a considerable amount of money on his campaign.「その候補者は選挙戦でかなりのお金を使った」。
□1840 **dull** /dʌ́l/	形 退屈な；鈍い ☺ **だる**い退屈な授業。a dull lecture「退屈な講義」。a dull pain「鈍痛」。

□1841 **embarrass** /imbǽrəs/	動 恥ずかしい思いをさせる、当惑させる ☺ **縁バラす**、と言われて恥ずかしい思いをする（あんな男と付き合ってたなんて！）。横棒（bar）で仕切られた場所に入って（em-）隠れてしまいたいほど恥ずかしい、と考えてもよい。I'm so embarrassed.「すっごく恥ずかしいわ」。
□1842 **preliminary** /prilímənèri/	形 予備的な、暫定的な ☺ **プリリ**！と**身なり**が良いのは予備的なおしゃれ。pre-「前に」、liminalはラテン語limen「入り口」から。We are in the preliminary stages of designing the building.「我々はこのビルを設計する準備段階にある」。「選挙の予備選」などの意味も。
□1843 **authority** /əθɔ́:rəti/	名 権威；権限 ☺ 権威を**恐り**（れ）**ている**人。Teachers should have the authority to discipline students.「教師は生徒をしつけるための権威を持つべきだ」。 動 authorize（権限を与える、認可する）
□1844 **unveil** /ʌ̀nvéil/	動（秘密などを）明かす ベール（veil）をはがす（un-）。類reveal。unveil a plan「計画を明かす」。
□1845 **transient** /trǽnziənt/	形 一時的な、短期の trans-「向こう側へ」。向こう側への移動の途中で一時的に通り過ぎる。類temporary。a transient phenomenon「一時的現象」。
□1846 **breadth** /brédθ/	名 幅、広さ broad「広い」の名詞形。このタイプの語形変化には、他にstrong「強い」→strength「強さ」、long「長い」→length「長さ」など。The breadth of his knowledge is surprising.「彼の知識の広さには驚くよ」。
□1847 **amend** /əménd/	動 修正する、改善する ☺ あ**あ面倒**だなあ、修正なんて。a-=ex-「外へ」、mendはラテン語menda「欠点」から。参mend「修理する」。amend a speech「スピーチを修正する」。 名 amendment（修正、改善）
□1848 **adolescent** /ӕdəlésnt/	名 青年　形 青年期の、思春期の ☺ **ああどれ銭湯**、と入る青年（入ったことないから）。adult「大人」と同語源。大人になりつつある段階。発アドレスント。adolescent rebellion「青年期の反抗」。 名 adolescence（青年期）
□1849 **magnify** /mǽgnəfài/	動（レンズなどで）拡大する；誇張する ラテン語magnus「大きい、偉大な」から。参magnitude「大きさ」。a magnifying glass「虫眼鏡」。The student magnified his strong points.「その学生は自分の長所を誇張した」。
□1850 **lesser** /lésər/	形 より小さい、より劣った little「小さい」の比較級lessに、さらに比較級語尾の-erを付けた形。a lesser artist「二流の芸術家」。a lesser crime「まだましな罪」（罪がより軽いほうの罪）。

186.mp3

□1851 **intervene** /ìntərví:n/	動 仲裁する；干渉する inter-「間に」、vene はラテン語 venire「来る」から。「調停する、仲介する」の訳語も。参convene「集まる」(共に来る)、avenue「大通り」。 名 intervention（仲裁；干渉）
□1852 **inferior** /infíəriər/	形 劣った、下位の ☺ **犬ヒヤリや**、と劣った奴（犬ぐらいで怖がるなよ）。under の意味のラテン語 infer が比較級になったもの。反superior「優れた、上級の」。 名 inferiority（劣っていること）
□1853 **skeptical** /sképtikəl/	形 懐疑的な scope「見る」と関連。よく見る→吟味する→懐疑的。The public remained skeptical about the president's policy.「人々は大統領の政策にいまだ懐疑的だった」。 名 skeptic（懐疑論者）
□1854 **legislation** /lèdʒisléiʃən/	名 法律；立法 ☺ **礼、辞すれしよう**と法律で定める。legis は legal「法律の」と関連。enact new legislation concerning immigration「移民に関する新しい法律を制定する」。 動 legislate（法律を制定する）
□1855 **perch** /pə́:rtʃ/	動（木に）止まる；腰掛ける　名 止まり木 ☺ **パー**ッと飛んできて木に止まる、**チ**ッと鳴く鳥、と覚えよう。ラテン語 pertica「棒」から。The crows perched on the power line.「カラスは電線に留まっていた」。
□1856 **abstract** /ǽbstrækt/	形 抽象的な abs-=ab-「離れて」、tract はラテン語trahere「引く」から。世俗的な事物から引き離されて存在する→抽象的。参absent「不在である」。abstract art「抽象美術」。 名 abstraction（抽象）
□1857 **brittle** /brítl/	形 もろい ☺ **ブリ取る**、もろいタモ網で（本当に取れる？）。break「壊れる」と関連。弾力がなくてもろい感じ。類fragile。brittle bones「もろい骨」。
□1858 **scorn** /skɔ́:rn/	動 軽蔑する、さげすむ　名 軽蔑 ☺ **スコーン**と殴りたいぐらい軽蔑する。At first, his business plan was scorned by his colleagues.「当初、彼のビジネスプランは同僚にばかにされた」。
□1859 **ruthless** /rú:θlis/	形 無慈悲な、非情な ruth「哀れみ、同情」-less「～がない」。ruthless exploitation of natural resources「天然資源の容赦ない開発」。
□1860 **mutter** /mʌ́tər/	動 ボソボソ言う、つぶやく　名 つぶやき ☺ **また**ボソボソ言ってる。He muttered something to himself.「彼は何やらボソボソと独り言を言った」。

コア単語80レベル 1st 2nd

187.mp3

□1861 **pious** /páiəs/	形 敬虔な ☺ **パイ明日**に回す<u>敬虔な</u>信者（今日食べちゃうと神様に申し訳ない！）。発 パイアス。a pious Muslim「敬虔なイスラム教徒」。
□1862 **endure** /indjúər/	動 耐える、持ちこたえる en-=in-「中で」、dureはラテン語durare「持続する」から。参during「～の間」。endure the unendurable and bear the unbearable「耐え難きを耐え忍び難きを忍ぶ」。 名 endurance（耐久性、持続力）
□1863 **composure** /kəmpóuʒər/	名 落ち着き、平静 ☺ **このポーズは**<u>落ち着き</u>ます（ヨガ？）。compose「構成する」から派生。com-「共に」pose「置く」。心のいろいろな要素が乱れず、一所に落ち着いている感じ。maintain one's composure「落ち着きを保つ」。
□1864 **reservation** /rèzərvéiʃən/	名 予約；保留 re-「後ろに」、serveはラテン語servare「保つ」から。「保留」の意味も大事。「後ろに取っておく」感じが共通。「ためらい、留保」などの訳語も。express reservations about ～「～についてためらいの気持ちを述べる」。
□1865 **decease** /disí:s/	動 死亡する　名 死亡 ☺ **で、**<u>**死す**</u>。de-=down、ceaseはラテン語cedere「行く、退く」から。参 cease「やめる」。the deceased「亡くなった人」。No one was saddened by the decease of the evil king.「悪い王様が死んでも誰も悲しまなかった」。
□1866 **cite** /sáit/	動 引用する；言及する ☺ **さ、伊藤**さんの発言を<u>引用</u>しよう。「呼び出す」が原義。site「場所」と区別。類quote。The candidate cited the constitution to make his point.「候補者は憲法を引用しながら主張した」。
□1867 **headquarters** /hédkwɔ̀:rtərz/	名 本部、本社 組織の head となる区画（quarter）。通例 -s が付き、単複同形。My uncle was transferred to the company's New York headquarters.「私の叔父はニューヨーク本社に転勤になった」。
□1868 **depict** /dipíkt/	動 描写する、描く de-「下に」、pictはラテン語pingere「描く」から。参paint「塗る；描く」、picture「絵画；写真」。These drawings depict scenes from the Bible.「これらの絵は聖書の情景を描いています」。
□1869 **masculine** /mǽskjulin/	形 男らしい、男性的な ☺ **マスク**（顔）**凛**として<u>男らしい</u>。筋肉（muscle）と結び付けて、筋肉モリモリ→男らしい、と考えてもよい。Joey prefers masculine pastimes such as boxing.「ジョーイはボクシングのような男っぽい趣味を好む」。
□1870 **mischief** /místʃif/	名 いたずら；害 ☺ **ミス！血！フ**ッと見たら<u>いたずら</u>（な～んだ）。mis-「悪い」chief「頭」。悪いことに頭からぶつかる→害→いたずら。get into mischief「いたずらをする」。 形 mischievous（いたずらっぽい、おちゃめな）

□1871 **slay** /sléi/

動 殺す、絶滅させる

☺ **すれい**、財布を！と命令し、逆らうと殺す親分（ひどい奴だ！）。slay-slew-slain と変化。Bison were slain for their hides.「皮を取るためにバイソンたちは殺された」。

□1872 **crescent** /krésnt/

形 三日月型の　名 三日月型

☺ **暮れ銭湯**の上に三日月（煙突の上にポッカリ）。increase「増加する」と関連。上昇カーブ→三日月型、と考えよう。A crescent moon hovered above the chimney.「三日月が煙突の上に浮かんでいた」。

□1873 **nurture** /nə́ːrtʃər/

動 育てる　名 養育

☺ **なあ、ちゃ〜**んと育ててるか？子ども（なんでアンタが偉そうに）。nourish「栄養を与える」と関連。栄養を与える→育てる。参nurse「看護師」、nursery「保育園、託児所」、nutrition「栄養摂取」。Nature or nurture?「生まれか育ちか？」。

□1874 **assortment** /əsɔ́ːrtmənt/

名 分類；組み合わせ

☺ **あ、そーっと麺**を分類する。as-=ad-「〜へ」sort「種類」。種類分けする→いろいろな種類をそろえる。an assortment of wines「各種のワイン」。

動 assort（分類する；[各種]取りそろえる）

□1875 **mortal** /mɔ́ːrtl/

形 死ぬ運命の

☺ **もう足る**、という気持ちで死にたいものです。参morgue「遺体安置所」。We are all mortal.「皆限られた命だ」。

□1876 **fiscal** /fískəl/

形 財務の、会計の

☺ **費す**、**軽**！我が家の財務状況（こんなに使っちゃ、財布も軽くなる）。ラテン語 fiscus「財布」から。fiscal year「会計年度」。「国庫の」の意味も。

□1877 **prone** /próun/

形 〜する傾向がある、〜しがちな

☺ **プロ〜ン**、と前に曲がる傾向があるスプーン（超能力？）。pro-「前に」。「前に曲がった」が原義。通常好ましくないことに用いる。people prone to anxiety「不安に襲われがちな人々」。

□1878 **verge** /vəːrdʒ/

名 端、へり；瀬戸際

☺「**バージ**」と「はじ」で音が似ている。ラテン語vergam「さお、杖」から。さおの先端→へり、瀬戸際。The two nations are on the verge of war.「両国は戦争の瀬戸際にある」。

□1879 **terrify** /térəfài/

動 怖がらせる

☺ **照りhigh**、女性を怖がらせる太陽（日焼けが心配！）。ラテン語terrere「驚き」から。参terror「恐怖」。The prospect terrifies me.「その予想にはゾッとする」。

□1880 **disaster** /dizǽstər/

名 大災害、天災

dis-「離れる」、astro はギリシャ語astron「星」から。運命の星に見放される→大災害。His investment ended in disaster.「彼は投資で大損害を被った」。

形 disastrous（災害を引き起こす、悲惨な）

♫ 189.mp3

□1881
rage
/réidʒ/

名 激怒

☺ **零時**を過ぎて帰ったら親父が激怒。My father was shaking with rage.「親父は激怒のあまり震えていた」。

□1882
trifle
/tráifl/

名 取るに足らないこと

☺ **トライ**！**古**いセリフかもなんて取るに足らない心配（言葉なんて気にせずプロポーズ！）。Stop worrying about trifles.「つまらないことをいつまでも気にしなさんな」。

□1883
postpone
/pous*t*póun/

動 延期する

post-「あとに」、poneはラテン語ponere「置く」から。(類)put off。The exam was postponed.「試験は延期になった」。

□1884
kerosene
/kérəsì:n/

名 灯油

☺ **軽らしいん**、この灯油（軽油ってこと？）。(発)ケラスィーン。ギリシャ語keros「ろう」から。-eneは「不飽和炭化水素」を表す。(参)benzene「ベンジン」。He lit the kerosene lamp.「彼は灯油ランプをつけた」。

□1885
barter
/bá:*r*tə*r*/

動 交換する　名 物々交換

☺ **バタッ**と途絶えた物々交換。(日)バーター取引。The Indians and settlers bartered cloth for tobacco.「インディアンと入植者は服とタバコを交換した」。

□1886
prohibit
/prouhíbit/

動 禁止する

☺ **プロ、日々捕**るのは禁止する（魚の数を減らさないのがプロの漁師）。pro-「前に→離して」、hibitはラテン語habere「持つ、保つ」から。prohibit smoking「喫煙を禁じる」。

名 prohibition（禁止；禁酒法）

□1887
sober
/sóubə*r*/

形 しらふの

☺ **そば**食って酔い覚ます、と覚えよう。(発)ソウバー。I stayed sober all through the party.「パーティーの間中、酒は飲まなかった」。

□1888
contrary
/kántreri/

形 反対の、逆の

☺ **今度売られる**反対の取引、と覚えよう。contra-「反対に」。(参)contradict「矛盾する」（反対に言う）。The defense presented contrary evidence.「弁護側は反対の証拠を提出した」。on the contrary「これに反して、一方」。

□1889
vulnerable
/válnərəbl/

形 弱い、ぜい弱な

☺ **春ならブル**ブル弱い寒さに（春でもまだ震える）。ラテン語vulnus「傷」から。-able「できる」。傷ができやすい→弱い。This type of computer system is vulnerable to viruses.「このタイプのコンピューターシステムはウイルスに弱い」。

□1890
discourage
/diskə́:ridʒ/

動 落胆させる；思いとどまらせる

勇気（courage）から引き離す（dis-）。(反)encourage「勇気づける」。<discourage 人 from doing>「人に～するのを思いとどまらせる」。The test results were discouraging.「テストの結果にはがっかりだった」。

□1891 **frequent** /fríːkwənt/	形 頻繁な 動 足しげく訪れる ☺ **ふりい**(古い)**食えん**!**と**しばしば言う夫(賞味期限にうるさい)。My colleagues frequent this restaurant.「僕の同僚はよくここに来るんだ」。 副 frequently(頻繁に)
□1892 **harass** /həræ̀s/	動 困らせる ☺ **腹擦**って困らせる(人前でおなか出すなんて!)。目セクハラ(sexual harassment)。The troops were harassed by enemy fire.「軍は敵の砲火に手を焼いた」。 名 harassment(困らせること、嫌がらせ)
□1893 **crimson** /krímzn/	名 深紅 形 深紅の ☺ **栗、無残**にも紅く染まる。His face was crimson with rage.「彼の顔は怒りで真っ赤だった」。
□1894 **attorney** /ətə́ːrni/	名 法律家、弁護士 ☺ **あとに**してよ、と偉そうな弁護士。at-=ad-「〜へ」torn=turn「向く」と捉え、いざという時に振り返るべき人、と考えよう。consult an attorney「弁護士に相談する」。
□1895 **apathy** /ǽpəθi/	名 無関心 ☺ **あ、パスいい**?なんて無関心な。a-=in-「無」、pathyはギリシャ語pathos「感情;感覚;苦しみ」から。He showed apathy toward the election.「彼は選挙には無関心だった」。
□1896 **gratitude** /grǽtətjùːd/	名 感謝、謝意 ☺ 気持ちが**グラッ**!**チューど**うしても!と言うほど感謝、と覚えよう。参grate「喜ばしい、好ましい」、grateful「感謝している」。show one's gratitude「感謝の気持ちを示す」。 動 gratify(満足させる、喜ばせる)
□1897 **purify** /pjúərəfài/	動 浄化する 形容詞pure「純粋な」に-ifyを付けて動詞化。purify water「水を浄化する」。
□1898 **quote** /kwóut/	動 引用する 名 引用 ☺ **食おうと**いう発言を引用する。ラテン語quot「どのくらい多くの」→量を区切る→引用符で区切る→引用。「見積もり」の意味も。quote Shakespeare「シェイクスピアを引用する」。 名 quotation(引用;見積もり)
□1899 **commodity** /kəmɑ́dəti/	名 商品、日用品 ☺ **こうモテて**ると、商品いっぱい(プレゼントが山のように)。com-「同じ」mode「やり方」→便利さ→便利な物→日用品。commodities such as coffee, corn, and soybeans「コーヒー、トウモロコシ、大豆のような商品」。
□1900 **dent** /dént/	名 へこみ、くぼみ 動 へこませる ☺ **デン**!**と**ぶつけて車をへこませる。dent a car's hood「自動車のボンネットをへこませる」。Welfare reform hasn't made a dent in poverty.「福祉改革を行っても貧困は全く解消されていない」。

191.mp3

□1901 **mortgage** /mɔ́ːrgidʒ/	名 住宅ローン、抵当 ☺ **もうキチ**キチと住宅ローン払わなきゃ。発モーギッジ。mort「死んだ」gage「担保品」(命を保証として差し出したことから)。mortal「死ぬ運命の」と関連。He has a 20-year mortgage on his house.「彼は20年の住宅ローンを組んでいる」。
□1902 **pound** /páund/	動 強く叩く、ドンドンと打つ ☺ **パウン**!ドン!という擬音語と考えよう。He pounded on the door.「彼はドアをドンドンと叩いた」。もちろんイギリス通貨の「ポンド」の意味も。
□1903 **warfare** /wɔ́ːrfὲər/	名 戦争 war「戦争」とほぼ同意だが、「戦争状態」のように若干抽象度が高い感じ。do everything to avoid warfare「戦争を避けるために手段を尽くす」。
□1904 **asset** /ǽset/	名 財産;長所 ☺ 投資で**あせっと**(焦ると)財産なくす。Jack is an irreplaceable asset to this company.「ジャックはこの会社にとって掛け替えのない財産だ」。
□1905 **boast** /bóust/	動 自慢する ☺ オレは**ボス**、**っと**自慢する奴。発ボウスト。David boasted about his accomplishments.「デービッドは業績を自慢した」。
□1906 **hostage** /hástidʒ/	名 人質 host「主人」と関連。主人が客を人質に取っている、と考えよう。The bank robbers took several customers hostage.「銀行強盗は何人かの客を人質に取った」。
□1907 **tremble** /trémbl/	動 震える ☺ **取れん**!**ブル**ブル震える手。tremble with fear「恐怖で震える」。 名 tremor(振動)
□1908 **entrepreneur** /ὰːntrəprənə́ːr/	名 起業家、事業家 enterprise「企業、事業」と関連。「アントレプレナー」は日本語になりつつある。The entrepreneur plays a key role in the economy.「その事業家は経済のカギを握る人物だ」。
□1909 **peril** /pérəl/	名 危険 ☺ **へり**(縁)**いる**と危険、と覚えよう。ラテン語 periculum「試み、危険」から。参experiment「実験」。at one's peril「自己責任で」。 形 perilous(危険な)
□1910 **gaze** /géiz/	動 じっと見る 名 凝視 ☺ **ゲイず**っとオレ見てる。I tried to avoid his gaze.「オレはヤツの視線から逃れようとした」。

□1911 **numerous** /njúːmərəs/	形 非常に多くの、おびただしい number と関連。This island is home to numerous rare species.「この島には非常に多くの希少動物がいる」。
□1912 **superstition** /sùːpərstíʃən/	名 迷信 super-「上に」、sti はラテン語stare「立つ」から。上に立つ→宗教的高揚感→迷信。 A widely believed superstition is that a black cat brings bad luck.「黒猫は悪運を運ぶという迷信は広く信じられている」。 形 superstitious（迷信的な）
□1913 **dubious** /djúːbiəs/	形 疑わしい doubt「疑い」から派生。His résumé is dubious.「彼の履歴書は怪しいなあ」。
□1914 **cavity** /kǽvəti/	名 穴；虫歯の穴 ☺ **カバーって**、穴の上にするの？ 発キャヴィティー。cave「ほら穴」と同語源。The dentist filled a cavity.「歯医者は虫歯に詰め物をした」。
□1915 **cuisine** /kwizíːn/	名 料理、料理法 ☺ **食い人**（食べるのが好きな人）の好む料理。kitchen と同語源。発クウィズィーン。Thai cuisine「タイ料理」。
□1916 **jury** /dʒúəri/	名 陪審団 ☺ **10理**がある陪審団（皆それぞれに理屈があって、結論が出ない）。ラテン語 jurare「誓う」から。The jury has reached a verdict.「陪審団は評決に達した」。
□1917 **foresee** /fɔːrsíː/	動 予期する、予見する 前を（fore-）見る（see）。これから起こることを心に思い描く。類predict。I couldn't foresee it happening.「そんなことが起こるとは予見できなかった」。 名 foresight（洞察力、先見の明） 形 foreseeable（予見可能な）
□1918 **prolong** /prəlɔ́ːŋ/	動 延長する、長引かせる pro-「前に」long「長い」。prolong the negotiation「交渉を長引かせる」。treatments to prolong life「延命措置」。
□1919 **disguise** /disgáiz/	動 ふりをする；変装する 名 変装、偽装 ☺ **this guy ず**っとフリしてた。dis-「外す」guise「身なり」。The bank robbers entered the building disguised as businessmen.「銀行強盗たちはビジネスマンのふりをして建物に入った」。
□1920 **consent** /kənsént/	動 同意する 名 同意 ☺ **コンセント**挿すよ、と同意を得る。con-「共に」、sent はラテン語sentire「感じる」から。consensus「意見の一致」と同語源。類assent。The patient gave his consent to undergo the surgery.「患者は手術を受けることに同意した」。

193.mp3

□1921 **verify** /vérəfài/	動 (真実であることを)証明する；確認する	☺ **部**分的に**襟**が**high**だと証明する、と覚えよう(あなたが時々襟を立てていたのを見た人が……)。ラテン語verus「真実の」から。His testimony was verified.「彼の証言は立証された」。
□1922 **mute** /mjú:t/	形 沈黙した、無音の 動 音を消す	mu を「無」と考えよう。テレビのリモコンにも「ミュート」と書いてあるものがある。All the members at the meeting remained mute for a while.「会議の参加者たちはしばらく押し黙ったままだった」。
□1923 **reward** /riwɔ́:rd/	動 報いる、お返しする 名 報酬、褒美	regard「見なす」と関連。功労のあった者を振り返って見る→報いる。参 award「賞」。The king rewarded his soldiers substantially.「王様は兵隊に報賞をはずんだ」。
□1924 **itchy** /ítʃi/	形 かゆい	☺ **いちい**ちかくと血が出るかゆみ。My mosquito bite is itchy.「蚊に食われてかゆい」。itchy eyes「目のかゆみ」。 名 動 itch(かゆみ／むずがゆい、～したくてうずうずする)
□1925 **solemn** /sáləm/	形 厳粛な、まじめくさった	☺ **皿無**、と厳粛な顔つきの料理長(どうやって料理出すかなぁ)。発 サーラム。「聖なる」が原義。The priest offered a solemn prayer.「神父は厳粛な祈りを捧げた」。a solemn face「まじめくさった顔」。
□1926 **annex** /ǽneks/	動 併合する、付け加える 名 別館	☺ **姉**、**くす**り屋さんに併合される(それをいうなら「嫁ぐ」でしょ！)。an-=ad-「～へ」、nexはラテン語nectere「縛り付ける」から。The United States annexed Hawaii in 1898.「アメリカは1898年にハワイを併合した」。
□1927 **sanctuary** /sǽŋktʃuèri/	名 聖域；保護区	sac、sancで始まる単語には「聖なる」の意味を含むものが多い。参 sacred「聖なる」、sacrifice「(神への)生け贄」、sanctum「神聖なる場所」。a sanctuary for wildlife「野生動物にとっての聖域(保護区)」。
□1928 **annual** /ǽnjuəl/	形 1年の、年1度の	☺ **ああ**、**new ある**新しい1年。ラテン語 annus「年」から派生。「太陽の回転」が原義。参 anniversary「記念日」。an annual conference「年次大会」。 副 annually(年1回、毎年)
□1929 **revenue** /révənjù:/	名 収入、収益	re-「再び、戻って」、venueはラテン語venire「来る」から。参 avenue「大通り」。The revenue from the website is substantial.「ネットでの売り上げがかなり大きい」。
□1930 **consequence** /kánsəkwèns/	名 結果	con-「共に」、sequはラテン語sequi「続く」から。続き物の最後→結果。参 sequence「連続」。bring about grave consequences「重大な結果をもたらす」。 形 consequent(結果として生ずる)

□1931 **salvation** /sælvéiʃən/	名 救済、救出 ☺ **猿、ベーしよう**とも救済する（慣れない猿だな）。save「救う」と関連。seek salvation from poverty「貧困からの救済を求める」。
□1932 **reckless** /réklis/	形 無謀な、向こう見ずな ☺ **零くれ**、**素**敵、という生徒は無謀（0点を付けてくれ、なんて！）。reck「注意する」-less「～がない」。reckless driving「無謀運転」。
□1933 **convict** /kənvíkt/	動 有罪判決を出す　名 囚人 ☺ **このビクッと**した人、有罪です。convince「確信させる」と関連→有罪が確定。The jury convicted him of murder.「陪審は彼に殺人で有罪を宣告した」。 名 conviction（確信；有罪判決）
□1934 **superficial** /sù:pərfíʃəl/	形 表面的な、浅はかな super-「上の」face「顔」。参surface「表面」。a superficial scratch「浅い引っ掻き傷」。He has only a superficial understanding of economics.「彼は経済を表面的にしか理解していない」。
□1935 **disposal** /dispóuzəl/	名 処分 dispose「処分する」に-alを付けて名詞化。the disposal of industrial waste「産業廃棄物の処分」。He has a huge budget at his disposal.「彼は巨額の予算を自分で裁量できる」。
□1936 **uprising** /ʌ́pràiziŋ/	名 反乱 立ち（rise）上がる（up-）。a student uprising「学生暴動」。
□1937 **compassion** /kəmpǽʃən/	名 同情、哀れみ ☺ **コンパしよ～ん**、と同情のお誘い。com-「共に」passion「苦しみ→感情」。類sympathy。Sally felt compassion for the refugees.「サリーは難民に同情した」。
□1938 **feast** /fí:st/	名 ごちそう、祝宴 ☺ **ひ～、スト**ップして、と言うほどのごちそう（祝宴で食べ物が山盛り！）。Grandmother treated us to a feast.「おばあちゃんはごちそうしてくれた」。
□1939 **radical** /rǽdikəl/	形 急進的な、根本的な root「根」と関連。日ラジカルな提案。参radish「大根」。a radical reform「急進的改革」。
□1940 **mercy** /mə́:rsi/	名 慈悲、情け ☺ **まあ、シー**ッとしてよ、お願いだから、と慈悲を請う。The judge showed mercy to the guilty man.「裁判官は有罪の男に慈悲を示した」。

195.mp3

□1941 **bulk** /bʌ́lk/	名 大量、かさ ☺ かさ**ばるく**らい大量の。日バルクで購入する。類mass。The wrestler used his bulk to push his opponent from the ring.「レスラーはその巨大な体を使って相手をリングから押し出した」。
□1942 **curb** /kə́ːrb/	動 抑える　名 縁石 curve「曲線」と同語源。曲げる→抑える。☺投手が相手を**カーブ**で抑える、と考えてもよい。道の曲がっている端を石で押さえたもの→縁石。curb one's anger「怒りを抑える」。
□1943 **curse** /kə́ːrs/	名 呪い；たたり ☺ **カーッ**！**スッ**とする、人を呪うと、と変な人。"The Curse of the Bambino"「ベーブ・ルースの呪い」(ベーブ・ルースをトレードで放出後、レッドソックスがワールド・シリーズに勝てなくなったことから)。
□1944 **thrifty** /θrífti/	形 倹約的な ☺ **スリ**、**太え**野郎だ、盗んだ金を倹約するとは。a thrifty housewife「倹約家の主婦」。
□1945 **subsidiary** /səbsídièri/	形 補助的な、副次的な sub-「下に」、sidはラテン語sedere「座る」から。subsidiary materials「補助教材」。subsidiary issues「副次的な問題」。名詞で「子会社」の意味も。 名 subsidy(補助金)
□1946 **patent** /pǽtnt/	名 特許　動 特許を取る ☺ **パー**、**テント**で特許を取る(アホだったアイツが)。ラテン語patere「開かれた」→開かれた証書→特許状。日パテントを取る。Edison patented the Kinetoscope in 1891.「エジソンはキネトスコープの特許を1891年に取った」。
□1947 **forbid** /fərbíd/	動 禁じる ☺ **褒美ド**ルで渡すのを禁じる(日本円にしてください)。参加すること(bid)から離れる(for-)。Marie's parents forbade her to date him.「マリーの両親は彼とのデートを禁じた」。
□1948 **rim** /rím/	名 縁、へり ☺ へ**りむ**ずかしい、見分けるのが。the rim of the moon「月の縁」。Pacific Rim「環太平洋」。
□1949 **lessen** /lésn/	動 減少させる より少ない(less)状態にする(-en)。lessen calorie intake by 500 calories per day「カロリー摂取を1日500落とす」。
□1950 **flatter** /flǽtər/	動 お世辞を言う 歯の浮くような言葉で頬をパタパタと叩いているような音。☺お世辞言われて**フラッた**(フラッとした)。I'm flattered.「あらうれしいわね」。 名 flattery(お世辞)

□1951 **encounter** /inkáuntər/	**動 出会う 名 出会い** ☺ **縁、カウンター**で出会うとは（バーのカウンターで偶然）。en-=in-、counter「逆に」。両方向からぶつかる感じ。参counter「反対の」。encounter the enemy「敵と出くわす」。encounter difficulties「困難にぶつかる」。
□1952 **enclose** /inklóuz/	**動 囲む；同封する** 中に（en-）閉じる（close）。a park enclosed by high fences「高いフェンスに囲まれた公園」。I am enclosing a check for $50.「50ドルの小切手を同封しております」。 名 enclosure（囲い込み）
□1953 **drape** /dréip/	**名 厚手のカーテン、掛け布 動 優美に覆う** ☺ **どれ？ブッ**と厚手のカーテン開けて見る。カーテン（curtain）よりも厚みがあり、優美な感じ。drape a shawl over one's shoulders「ショールを肩にまとう」。 名 drapery（厚地のカーテン、優美なひだのある覆い）
□1954 **crumble** /krʌ́mbl/	**動 ボロボロに崩れる、崩壊する** ☺ **蔵、ブル**ブル揺れて崩れる（地震だ！）。パンやクッキーがボロボロ崩れる感じ。The cookies crumbled when the box was dropped.「箱を落としたらクッキーがボロボロに崩れた」。
□1955 **convene** /kənvíːn/	**動 集まる、会議を招集する** ☺ **コンビニ**で集まる、と覚えよう。con-「共に」、veneはラテン語venire「来る」から。convene to discuss an issue「問題について話し合うために集まる」。 名 convention（大会、コンベンション）
□1956 **hoist** /hɔ́ist/	**動 持ち上げる、引き上げる** ☺ **ホイッ、スッ、と**持ち上げる引っ越し屋さん（さすがプロ！）。boost「押し上げる」と同語源。Hoist your sail when the wind is fair.「順風の時に帆を張れ」（好機に行動せよ）。
□1957 **stiff** /stíf/	**形 硬い、硬直した** ☺ **捨て！ふる**くて硬いパン。stick（棒）のようにstiff、と覚えてもよい。He looked stiff at the podium.「彼は壇上で硬くなっているように見えた」。
□1958 **collapse** /kəlǽps/	**動 崩壊する** ☺ **コラッ！プス**ッと刺したら風船が崩壊するだろ！ col-=com-「共に」、lapはラテン語labi「落ちる」から。The roof collapsed under the weight of the snow.「雪の重みで屋根が崩れた」。
□1959 **prompt** /prámpt/	**形 即座の、迅速な** pro-「前に」。前もって準備のできた→即座の。Thank you for your prompt reply.「早速のお返事ありがとうございます」。
□1960 **crude** /krúːd/	**形 加工されていない；粗野な** ☺ **狂うど**！とは粗野な言い方。「生の；未熟な；下品な」などの訳語も。類raw。crude oil「原油」。The crude joke cost the candidate the election.「下品な冗談を言ったおかげでその候補は落選した」。

197.mp3

□1961 **interim** /íntərəm/	形 仮の、一時的な ☺ **インテリ無**理、仮の仕事しか（机上の空論だけじゃ実務は厳しい）。inter-「間の」。interim CEO「暫定 CEO」。The agency released an interim report.「政府機関は中間報告を出した」。
□1962 **honorable** /ɑ́nərəbl/	形 尊敬すべき、立派な ☺ **おならブリ**ブリする尊敬すべき人。honor「敬意を払う」-able「できる」。The mayor is an honorable man.「市長は立派な方だ」。 名 動 honor（名誉／尊重する）
□1963 **disgrace** /disgréis/	名 不名誉 優美さ（grace）がない（dis-）。What a disgrace!「何と不名誉なことだ！」。
□1964 **notify** /nóutəfài/	動 知らせる、告知する notice「告知」の動詞形。know「知る」とも関連。notify the students of the fire drill「生徒に消防訓練について知らせる」。
□1965 **precaution** /prikɔ́:ʃən/	名 用心、警戒 pre-「前もって」caution「注意、警戒」。take precautions「予防措置を講じる」。
□1966 **domain** /douméin/	名 領土；領域 ラテン語 dominus「主人」から。domestic「家庭の」、dome「円蓋状の建物」なども関連。家の主人の支配が及ぶ範囲→領土。By asking this question, we enter the domain of philosophy.「この質問は哲学の領域だね」。
□1967 **devise** /diváiz/	動 考案する、工夫する ☺ **出刃**、**いず**れの鍛冶屋さんも考案する（創意工夫！）。発ディバイズ。divide「分ける」と関連。物を分解し、各部分に工夫をこらして新たな物を発明する感じ。参device「装置」。devise a new scheme「新しい計画を立案する」。
□1968 **domestic** /dəméstik/	形 家庭の；国内の ☺ **どうもエステく**るしいのは家庭の問題（エステにお金使い過ぎ！）。ラテン語 domus「家」から。参dome「円蓋状の建物」。「（家畜などが）飼いならされた」の意味も。domestic violence「家庭内暴力」。domestic flights「国内線」。
□1969 **premier** /primíər/	形 第一位の、最初の 名 総理大臣、首相 ☺ **振り見や**、一位の人の（上手な人のまねをしなさい）。primary「第一の」、premiere「（芝居、映画などの）初日」と関連。日イングランドのプレミアリーグ。Europe's premier motor show「ヨーロッパーの自動車ショー」。
□1970 **diverse** /divə́:rs/	形 多様な；異なった ☺ **だいぶ明日**は多様な客来る。発ディバース、ダイバース。divert「そらす」から派生。diverse opinions「多様な意見」。 名 diversity（多様性）

□1971 **infinite** /ínfənət/	**形 無限の** 終わり(fine)がない(in-)。参finish「終わる」。There are an infinite number of stars in the universe.「宇宙には無限の星が存在する」。
□1972 **relevant** /réləvənt/	**形 関係がある** ☺ あ**れら番頭**さんと関係ある人たち。re-「再び」、leva はラテン語levare「上げる」から。取り上げる→関係がある。relative「関係がある」と絡めるほうが覚えやすいかも。反irrelevant「無関係の」。
□1973 **clarify** /klǽrəfài/	**動 明確にする** clearに-ifyを付けて動詞化。類make clear。clarify a point「ポイントを明確にする」。
□1974 **scarce** /skέərs/	**形 乏しい、わずかな** ☺ **スッ消えやす**乏しい痕跡。the distribution of scarce resources「乏しい資源の分配」。 副 scarcely(わずかに、ほとんど〜ない)
□1975 **foster** /fɔ́:stər/	**動 育てる、成長を促す** ☺ **ほー、スター**を育てる番組なの？　food「食物」と関連。a foster home「児童養護施設」。foster a sense of pride「自尊心をはぐくむ」。
□1976 **rattle** /rǽtl/	**動 ガタガタ鳴らす** 擬声語。☺歯が**ら**(鳴)っ**とる**。rattlesnake「ガラガラヘビ」。My teeth rattled with cold.「寒さで歯がガタガタ鳴った」。
□1977 **crucial** /krú:ʃəl/	**形 重大な、決定的な** ☺ **狂うし、やる**！と重大な決断(ここでやらないと計画狂うからな)。cross「十字架」と同語源。十字架のように極めて重要な。It was a crucial moment in his career.「それは彼のキャリアの中で重大な瞬間だった」。
□1978 **justify** /dʒʌ́stəfài/	**動 正当化する** just「正しい」に-ifyを付けて動詞化。参justice「正義」。I keep receipts to justify expenses.「経費を説明できるよう領収書は取ってあるんだ」。
□1979 **horrific** /hɔ:rífik/	**形 恐ろしい、ゾッとする** ☺ **ほり**(ほら)、**ひっく**り返るほど恐ろしいだろ？　horror「恐怖」から派生。a horrific crime「恐ろしい犯罪」。 動 horrify(怖がらせる)
□1980 **urgent** /ə́:rdʒənt/	**形 緊急の** ☺ **ああジェント**ルマンも緊急事態。urge「駆り立てる」の形容詞形。He says it's urgent.「彼は緊急だって言ってますけど」。

199.mp3

□1981 **absolute** /ǽbsəlùːt/	形 完全な ☺ **ああ武去ると**完全な平和。ab-「離れて」solve「解き放つ」。制約を受けない→混じり気がない→完全な。参solve「解決する」。Absolute power corrupts absolutely.「絶対的権力は絶対的に腐敗する」。 副 absolutely（完全に；もちろん）
□1982 **beverage** /bévəridʒ/	名 飲料 ☺ **ビバ**（viva）！**レジ**で売ってる飲み物（つい買ってしまう）。日「キリンビバレッジ」など社名にも使われている。Do you serve any nonalcoholic beverages?「アルコールじゃない飲み物はありますか」。
□1983 **strategy** /strǽtədʒi/	名 戦略 ☺ **スト、裸ってじい**さん、どういう戦略？　stratはギリシャ語stratos「軍隊」から、egyはギリシャ語agein「率いる」から。 形 strategic（戦略的な）
□1984 **sneeze** /sníːz/	動 くしゃみをする 鼻をすする時の音に似ている。snで始まる単語には鼻を連想させるものが多い。参snore「いびきをかく」、sneer「あざ笑う（鼻で笑う）」。Are you all right? You're sneezing.「大丈夫？クシュンクシュン言ってるじゃないの」。
□1985 **descend** /disénd/	動 降りる、下降する de-「下に」、scendはラテン語scandere「登る」から。反ascend「登る」。descend from the ladder「ハシゴから下りる」。The country descended into chaos after the war.「戦後、その国は混乱に陥った」。 名 descent（下降）
□1986 **kidnap** /kídnæp/	動 誘拐する kid「子ども」。nap は nab「ひっつかむ」の異形。The girl was kidnapped on her way home from school.「少女は学校からの帰り道で誘拐された」。
□1987 **grant** /grǽnt/	動 与える；許可する ☺ **グラン、と**した人に支えを与える。creed「信条」と同語源。信じて与える。take ~ for granted「～を当然のことと思う」。The government granted aid to repair the houses.「政府は住宅修復のための援助を与えた」。
□1988 **stray** /stréi/	動 それる、はぐれる　形 はぐれた ☺ **酢摂れい**！と命令され、道それる。extra-「外に」と関連。stray from the main road「本道からそれる」。a stray cat「野良ネコ」。
□1989 **rational** /rǽʃənl/	形 理性的な、道理にかなった ☺ **裸しようなる**理性的な考え（お風呂ではそちらが正しい！）。reason「理性」、ratio「割合」と関連。理性的に物事を分けることができること。a rational decision「理性的決断」。
□1990 **shred** /ʃréd/	動 細かく裂く　名 断片 ☺ **しれっと**して細かく裂く証拠書類。「シュレッダー」（shredder）はこの単語から。He shredded the letter into pieces.「彼はその手紙をずたずたに引き裂いた」。We didn't have a shred of hope.「我々には一筋の希望もなかった」。

忘れた単語は、音声ファイルでまた覚えればいい。それでも忘れたら2回目をやればいい。

□1991 **extinguish** /ikstíŋgwiʃ/	動 (火などを)消す;絶滅させる ex-「外に」、tingはsting「刺す」などと関連。☺タバコを**グイッ**と地面に突き刺して**シュッ**と消す、と考えよう。They extinguished the fire with water.「彼らは水を掛けて火を消した」。
□1992 **outlet** /áutlet/	名 出口、排出口 ものを外に(out)出す(let)口。Having no outlet for one's anger can be unhealthy.「怒りのはけ口を持たないのは不健康だ」。
□1993 **evacuate** /ivǽkjuèit/	動 立ち退く;空にする e-=ex-「外に」、vacuはラテン語vacuus「空」から。参vacuum「真空」。When the fire alarm sounded, everyone evacuated the building.「火災報知器が鳴り、皆建物の外に退去した」。 名 evacuation(避難)
□1994 **trickle** /tríkl/	動 したたる、ちょろちょろ流れる ☺ **鳥来る**、水のしたたるところに。少量の水が流れる様子のこと。Water trickled from the pipe.「水がパイプからしたたり落ちていた」。
□1995 **surplus** /sə́ːrplʌs/	名 余剰;黒字 sur-「上に」plus「プラス」。trade surplus「貿易黒字」。
□1996 **mystical** /místikəl/	形 神秘的な mystery「神秘」と関連。a mystical experience「神秘的体験」。
□1997 **token** /tóukən/	名 しるし、あかし;代用硬貨 ☺ **遠くに**いた印。発トウクン。昔ニューヨークの地下鉄に乗るにはトークン(代用硬貨)が必要だった。a token of love「愛のしるし」。by the same token「同様に」(同じ印で)。
□1998 **eternal** /itə́ːrnl/	形 永遠の、とわの ☺ **板なる**橋は永遠の橋(たぶん腐っちゃう)? dream of eternal life「永遠の命を夢見る」。 名 eternity(永遠)
□1999 **regardless** /rigáːrdlis/	副 ~に関わらず regard「見る」に -less がついた形。物事をしっかり見て考慮することなく→~に関わらず。regardless of の形で使われることが多く、2語で合わせて前置詞と考えてもよい。
□2000 **restrain** /ristréin/	動 制止する、抑制する ☺ **リス**、**train**(電車)で制止する(リスが車内を走り回ってるのを捕まえた!)。re-「後ろで」strain「引っ張る」。参strain「緊張、負担」、strict「厳しい」。 名 restraint(制限;拘束)

学習終了日

ここで一息！
コラム③

“80%で終えるのも一つの手”

p.118のコラム②でもお話ししましたが、「単語集はその後の学習を容易にする手段」という考え方からすれば、「単語集を完璧に覚えている必要もない」ということになります。

例えば本書の4000語を全て覚えて、その３カ月後に３割の1200単語を忘れたとします。それでも2800語は覚えているのですから、TOEFLの学習は以前と比べて相当楽になっているはずです。実際のTOEFLでは文章の中で単語に出合うので、うろ覚えでも文脈から思い出せる場合もあるでしょう。語源の知識をもとに、意味を推測することも可能でしょう。

仮に、本当に意味を忘れてしまっていたとしても、何度もくり返し見たあとですから、「その単語を見掛けた」ということは覚えているはず。それは、辞書をあと１、２回引けば覚えられる状態です。「覚える直前まで馴染みになった」こと自体、大きな進歩なのではないでしょうか。

p. 8、9で紹介した学習法では「Step 1で付いた印を全て消す」ことを仮目標としていますが、上記からすれば、必ずしも「全て」でなくてよい、という考え方もできます。

本書では、Step 2を20周することを想定しており、日付を入れるボックスも20個にしてあります。しかし、これより少ない回数で終えられる人がいる反面、20周でも印が消えない人もいるでしょう（特に100レベルや分野別など）。その場合は、「20周で区切りを付け、印の消え具合に関わらずStep 3に進む」のも一つの手です。また、回数ではなく「80%の印が消えていたらStep 3に進む」と決めてもよいでしょう。Step 3においても、「10単語のうち８単語までの意味を言うことができたら次のファイルに進む」のように決めるのもよいと思います。

とにかく完璧主義というのは息苦しく、気が重いもの。「完璧かどうか」ではなく「進歩しているか」どうかを基準として、自分の実力に応じて「仮目標」を定めてみてください！

Chapter 3

コア単語100レベル

ITP600レベル

「100レベル」には、TOEFL iBTの120点満点中、100点を目標とする場合に全て知っておきたい単語を掲載しています。80レベルよりは頻度が落ちますが、「単語で困らない」ためには必要であり、留学先で読む教科書や文献などにも登場します。ITP 600点に相当し、難関大学院への留学に必要となるレベルです。

201.mp3

□2001 **abhor** /æbhɔ́:r/	**動 忌み嫌う** ☺ **虻！ホアッ**！と飛びのくほど忌み嫌う。恐怖（hor=horror）で離れる（ab-）→尻込みする→忌み嫌う。「嫌悪感を伴う恐怖」。I abhor violence.「私は暴力が大嫌いだ」。
□2002 **equilibrium** /ì:kwəlíbriəm/	**名 均衡；落ち着き** equiはラテン語aequus「等しい」、libriはlibra「バランス」から。㊜equal「等しい」。establish an equilibrium between competing factions「争い合う派閥間に均衡をもたらす」。
□2003 **robust** /roubʌ́st/	**形 頑丈な、強固な** ☺ **ロバ、スッと**立って頑丈そう。ラテン語ruber「赤」から。赤い木（オークなど）→固い→強い（ラテン語robus）。㊜corroborate「裏付ける」。a robust plant「丈夫な植物」。
□2004 **negate** /nigéit/	**動 否定する；打ち消す** ☺ **逃げ～！と**戦法を否定する（故意四球は良くない！）。Alcohol will negate the effects of the drug.「アルコールは薬の効果を帳消しにしてしまうだろう」。 形 negative（負の、マイナスの）　名 negation（否定）
□2005 **agony** /ǽgəni/	**名 激しい痛み、苦痛** ☺ **アゴに**激痛。ギリシャ語 agon「競技」から。耐え難いほど激しい苦痛。Many cancer patients would be in agony without drugs.「多くの癌患者は薬がなければ相当な苦痛を感じるであろう」。
□2006 **adversary** /ǽdvərsèri/	**名 敵** ☺ **あと**で**バッサリ**敵をやっつける。形容詞adverse「敵対的な」から派生。a formidable adversary「恐るべき敵」。
□2007 **tangible** /tǽndʒəbl/	**形 明確な；触れられる** 触れる（tangi）ことができる（-ble）→はっきりとわかる→明確な。tangiはラテン語 tangere「触れる」から。㊜tangent「接線」。㊝palpable。tangible improvements「明確な進歩」。
□2008 **deter** /ditə́:r/	**動 阻む；思いとどまらせる** ☺ オバケが**出た～**！とトイレに行くのを阻む。怖がらせて（ter）引き離す（de-）。terはラテン語terrere「怖がらせる」から。㊜terrible「ひどい」。 名 deterrence（抑止；戦争抑止）　名 形 deterrent（戦争抑止力／抑止力のある）
□2009 **temperance** /témpərəns/	**名 節制；禁酒** 動詞temper「抑える、和らげる」から派生。Temperance is the best medicine.「節制は最良の薬」。a temperance movement「禁酒運動」。
□2010 **ramification** /ræ̀məfikéiʃən/	**名 結果、影響** ラテン語ramus「枝」から。ある行為から派生（枝分かれ）して生じた結果。the ramifications of the tax cut「減税の結果」。「支流」などの意味も。 動 ramify（枝状に分かれる）

□2011 **wring** /ríŋ/	動 絞る、絞り取る ☺ **ウリン**、**グ**リン、といかにもタオルを絞って水を出すような音。wring a wet towel「ぬれたタオルを絞る」。I wrung a witness account from her.「私は彼女から目撃証言を苦労して引き出した」。
□2012 **avert** /əvə́ːrt/	動 背ける；避ける a-=ab-「離れて」、vertはラテン語vertere「向ける」から。参convert「転換する」。He averted his eyes from the scene.「彼はその光景から目を背けた」。
□2013 **wilt** /wílt/	動 しおれる；しょげる ☺ **飢えると**しおれる。発ウィルト。The plants wilted away in the heat.「植物は熱でしおれてしまった」。
□2014 **imperative** /impérətiv/	形 絶対必要な、緊急を要する emperor「皇帝」と関連。皇帝の命令のように非常に重要。類important。It is imperative to know what the customer wants.「お客様の望むものを知ることが絶対に重要です」。
□2015 **surrogate** /sə́ːrəgèit/	形 代理の　名 代理 sur-=sub-「代わりに」、rogate はラテン語 rogare「頼む、申し込む」から。類substitute。surrogate mother「代理母」。
□2016 **vulgar** /vʌ́lgər/	形 粗野な、下品な ☺ **場あるが**無視する粗野な人（場に合った言動というものがあろうに）。ラテン語 vulgus「大衆」から。一般大衆→身分が低い→下品、と変化。類crude、coarse。vulgar speech「下品な話し方」。
□2017 **drench** /dréntʃ/	動 水浸しにする、ずぶぬれにする ☺ **誰ん家**、水浸しになったのは？　drink「飲む」と関連。I got drenched in the rain.「雨でずぶぬれになった」。
□2018 **appall** /əpɔ́ːl/	動 ぞっとさせる ☺ あ**あポール**（Paul）の格好にはゾッとする。ap-=ad-「～へ」、pallはラテン語pallere「青白くなる」からで、pale「青白い」と関連。 形 appalling（ぞっとするような）
□2019 **inscribe** /inskráib/	動 （文字などを）記す、刻み込む in-「中に」、scribeはラテン語scribere「書く」から。参describe「描写する」。the slate inscribed with ancient letters「古代の文字の刻まれた石版」。
□2020 **hefty** /héfti/	形 重い；たくさんの ☺ **ヘフッ**、**て**ゲップが出るほど重い食事。heavy「重い」と関連。ずっしり、たっぷりした量感。a hefty dictionary「重々しい辞書」。a hefty salary「たっぷりの給料」。

コア単語100レベル 1st 2nd

203.mp3

□2021 **override** /òuvərráid/	動 無効にする、覆す 新しい決定を上から（over-）乗っける（ride）→覆す。The CEO overrode the committee's decision.「CEO は委員会の決定を覆した」。
□2022 **prowess** /práuis/	名 優れた能力 ☺ **プロ上す**ごい、優れた能力（上には上がいる！）。proud「誇るべき」と関連。his prowess as a politician「彼の政治家としての優れた能力」。
□2023 **relentless** /riléntlis/	形 無慈悲な、容赦ない 再び（re-）曲げる（lent）ことがない（-less）。lentはラテン語lentare「曲げる」から。the relentless tropical sun「容赦ない熱帯の太陽」。 副 relentlessly（容赦なく）
□2024 **auspicious** /ɔːspíʃəs/	形 幸先の良い、吉兆の ☺ **おお薄日**差**しやす**、幸先の良い光が、と覚えよう。au-はラテン語avis「鳥」から、spiciはラテン語specere「見る」から。鳥を使った占い→吉兆。The rookie made an auspicious debut.「新人は幸先の良いデビューをした」。
□2025 **voluntary** /váləntèri/	形 自発的な；随意的な volunteer「進んで～する」と関連。Attendance is completely voluntary.「出席するかどうかは完全に自由です」。voluntary muscles「随意筋」。
□2026 **bestow** /bistóu/	動（栄誉などを）授ける ☺ **ベスト**な人に授ける、と覚えよう。発ビストウ。be=by「そばに」stow「置く」。The university bestowed an honorary doctorate on the ex-president.「その大学は元大統領に名誉博士号を授与した」。
□2027 **pundit** /pʌ́ndit/	名 評論家、専門家 ☺ **パンでいい、と**ダイエット評論家。サンスクリット語payndita「学者」から。TV pundits tend to offer little more than old cliches.「テレビに出てくるような評論家はたいてい古くて月並みなことしか言わない」。
□2028 **lateral** /lǽtərəl/	形 横の；側面の ☺ あ**らって**（洗って）**ある**洗濯物が横棒に、と覚えよう。ラテン語latus「側面」から。a lateral view「側面図」。lateral thinking「水平思考」。
□2029 **illegible** /ilédʒəbl/	形 判読できない 読む（legi）ことができ（-ible）ない（il-=in-）。legはラテン語legere「読む」から。His handwriting is illegible.「彼の書いた字は読めないよ」。
□2030 **sly** /slái/	形 ずるい、こそこそした ☺ **すら～**（それは）**い**いですなあ、とおだてるずるいやつ。That man is as sly as a fox.「あの男はキツネのようにずるいからな」。

204.mp3

□2031 **multitude** /mʌ́ltətjù:d/	名 多数 multi-「多い」。参multiply「掛け算する」。He's got a multitude of supporters.「彼には数多くの支持者がいる」。
□2032 **depot** /dí:pou/	名 バス発着所、(バスや電車の)車庫 ☺ **で、ポー**ッとしてる、バスの発着所で(彼女は行ってしまった……)。発ディーポウ。deposit「置く」と関連。車などを置く場所。There's a bus depot near the train station.「その駅の近くにバスの発着所があります」。「倉庫」の意味も。
□2033 **exaggerate** /igzǽdʒərèit/	動 誇張する、大げさに言う ☺ **戦ずら〜！と**誇張する人。発イグザジャレイト。ex-「徹底的に」ag-=ad-「〜へ」、gerはラテン語gerere「運ぶ」から。 名 exaggeration(誇張)
□2034 **menial** /mí:niəl/	形 (仕事が)単調で退屈な、技術を要しない ☺ **マニュアル**(manual)どおりの単調で退屈な仕事、と覚えよう。発ミーニアル。「召し使いの」が原義。He had several menial jobs before he started his own business.「彼は自分のビジネスを始める前、いくつかのつまらない仕事を経験した」。
□2035 **enumerate** /injú:mərèit/	動 数え上げる、列挙する e-=ex-=out、numera=number。参numerous「非常に多くの」。enumerate flaws「欠点を数え上げる」。
□2036 **meager** /mí:gər/	形 乏しい、劣る ☺ **身が**乏しい、劣った魚。発ミーガー。meager income「乏しい収入」。
□2037 **phenomenal** /finámənl/	形 並外れた、驚くべき ☺「**屁の目」なる**並外れた発想(おならにも中心が！)。phenomenon「現象」から。大きな自然現象にも例えられるほど並外れた。The musician's phenomenal performance amazed the audience.「そのミュージシャンの並外れた演奏に観客は驚嘆した」。
□2038 **detest** /ditést/	動 ひどく嫌う、憎む ☺ **で、テスト**をひどく嫌う学生。de-「下に」、testはラテン語testari「証人になる」から。あるものを口頭でおとしめるぐらい嫌う。参testify「証言する」。When I was in high school, I detested mathematics.「高校の頃は数学超嫌いだったなぁ」。
□2039 **fictitious** /fiktíʃəs/	形 虚構の、架空の ラテン語fingere「形作る」から。参fiction「作り話」。発フィクティシャス。a fictitious name「偽名」。
□2040 **feeble** /fí:bl/	形 か弱い、弱々しい ☺ **ヒー、ブル**ブルと、か弱い人。類weak、frail。a feeble man「か弱い人」。a feeble excuse「説得力に欠ける言い訳」。

コア単語100レベル 1st 2nd

□2041 **impart** /impɑ́ːrt/	**動 分け与える；知らせる** im-=in-「中へ」、part「分ける」。情報・知識などを分けて相手の耳に入れる。My grandfather imparted good advice to me.「祖父が良いアドバイスを私にくれた」。
□2042 **hearsay** /híərsèi/	**名 聞き伝え、風聞** hear「聞く」とsay「言う」の組み合わせ。Don't pay too much attention to hearsay.「聞き伝えを気にし過ぎなさんな」。
□2043 **antidote** /ǽntidòut/	**名 解決法；解毒剤** 対抗する（anti-）ために与えられた（dote）もの。doteはギリシャ語didonai「与える」から。参data「データ」（与えられた数字）。There seems to be no antidote for the trouble the company is in.「会社の苦境には解決策がないようだ」。
□2044 **eulogy** /júːlədʒi/	**名 称賛、賛辞** ☺ **ユーロ**（euro）、**じい**さんが称賛（わしらの頃は両替が大変じゃった）。良く（eu-）言う（-logy）。-logyはギリシャ語logia「話す」から。「弔辞」の意味も。
□2045 **abject** /ǽbdʒekt/	**形 悲惨な** ☺ **ああ、無事へ苦闘**する悲惨な暮らし（安泰はなかなか手に入らない）。ab-「離れて」、jectはラテン語iacere「投げる」から。人生の主流から引き離された→悲惨。live in abject poverty「赤貧の生活をする」。
□2046 **lucid** /lúːsid/	**形 明快な；頭脳明晰な** ☺ ある**指導**、明快な解説。ラテン語lux「光」から。頭の上に豆電球がピカッ、という図を思い浮かべよう。参lux「ルクス」（照度の単位）。His writing is always concise and lucid.「彼の文章は常に簡潔で明快だ」。
□2047 **idyllic** /aidílik/	**形 牧歌的な、のどかな** ☺ **愛で陸**地を愛でる牧歌的な生活（広い土地を眺めてご満悦）。発アイディリック。idyはwide「広い」と関連。田舎の広がった景色→牧歌的。idyllic life「田舎生活」。
□2048 **flair** /fléər/	**名 才能；ひらめき** ☺ **フレー**！**あ**る、才能のある選手には（応援にも熱が）。ラテン語flagrare「燃える、輝く」から。きらめく才能。Joey has a flair for telling jokes at the right time.「ジョーイは絶妙のタイミングで冗談を言う才能がある」。
□2049 **discharge** /distʃɑ́ːrdʒ/	**動 放出する；解任する** 課されて（charge）いたものが解き放たれる（dis-）。discharge electricity「放電する」。I was honorably discharged from the army.「私は軍を名誉除隊となった」。
□2050 **rectify** /réktəfài/	**動 修正する、調整する** rectiはラテン語rectus「真っすぐな、正しい」、fyはラテン語facere「する」から。参right「正しい」、rectangle「長方形」。rectify security weaknesses「安全上の欠点を修正する」。

□2051 **default** /difɔ́:lt/	名 不履行　動 履行を怠る ☺ **で**、「**放る**」**と**は約束不履行のこと。fault「過ち、落ち度」と結び付けて覚えよう。「怠慢」の意味も。Bob defaulted on the loan.「ボブはローンを返済しなかった」。
□2052 **adjacent** /ədʒéisnt/	形 隣り合った ☺ **あ**、**ジェイソン**（Jason）**と**隣り合う。発アジェイスント。ad-「～へ」、jacent はラテン語 iacere「投げる→横たわる」から。～に対して投げられた→～に寄りかかるように位置する。the adjacent building「隣の建物」。
□2053 **taunt** /tɔ́:nt/	動 あざける、なじる　名 あざけり ☺ **とーんと**勉強できないとあざける。The teacher was often taunted by his students.「その先生はしばしば生徒たちにからかわれた」。
□2054 **rubbish** /rʌ́biʃ/	名 くず、がらくた rubble「破片」と関連。The rubbish is collected every Tuesday and Friday.「ごみは毎週火曜日と金曜日に収集されます」。talk rubbish「くだらないことを言う」。
□2055 **overt** /ouvə́:rt/	形 公然の、あからさまな ☺ **オーバー**！**と**公然の批判（あの政治家はいつも大げさ）。類obvious。反covert「隠れた」。overt hostility「あからさまな敵意」。
□2056 **meander** /miǽndər/	動（川などが）曲がりくねって進む；あてもなくさまよう ☺ **身あんだ**、と曲がりくねって進む箸（魚の身を残さず食べてやる！）。発ミアンダー。The river meanders through the valley.「その川は峡谷を曲がりくねって進む」。
□2057 **unilateral** /jù:nilǽtərəl/	形 一方的な uni-「一つの」lateral「側面からの」。unilateral declaration of independence「一方的な独立宣言」。
□2058 **tempting** /témptiŋ/	形 魅力的な、してみたくなる tempt「誘惑する」から派生。The offer was tempting, but something didn't sit right with me.「その申し出は魅力的だったが、何かがおかしく思えた」。
□2059 **alleviate** /əlí:vièit/	動 緩和する ☺ **あれ**、**鼻炎と**頭痛が和らいだ。al-=ad-「～へ」、levi はラテン語 levis「軽い」から。痛み、負担などを和らげること。alleviate pain「痛みを和らげる」。
□2060 **curfew** /kə́:rfju:/	名 門限；夜間外出禁止令 ☺ **かあ**っ、門限に遅れる！**ヒュー**、間に合った。cur は cover「覆う」、few は fire「火」と関連。昔、夜寝るときに火を消したことから→消灯時間→門限。break the curfew「門限を破る」。

207.mp3

□2061 **candid** /kǽndid/	形 率直な ☺ **キャンディーど**う？と率直に聞く。ラテン語 candidus「白い」→無垢→率直。参candidate「候補者」。I'll be candid with you. The project is doomed to fail.「率直に言うが、その計画は失敗するぞ」。 名 candor（率直さ）
□2062 **usher** /ʌ́ʃər/	動 案内する、誘導する　名 案内係；門衛 ☺ **あっしゃ～**（私が）ご案内しますんで。ラテン語ostium「ドア」から。The guard ushered in the guest.「守衛は来客を案内した」。
□2063 **discreet** /diskríːt/	形 分別のある、思慮深い ☺ **This栗、と**見分ける分別ある人（栗名人？）。dis-「分けて」、creetもラテン語cernere「分ける」から。善し悪しを見分けられる→分別がある。参discern「見分ける」。
□2064 **meek** /míːk/	形 おとなしい、従順な ☺ **me**（私）**く**るしい（苦しい）と言わないおとなしい人。meek as a lamb「小羊のようにおとなしい」。 副 meekly（おとなしく、従順に）
□2065 **populous** /pάpjuləs/	形 人口の多い、（動物などの）数が多い ラテン語populus「人々」から。参people「人々」、popular「人気のある」。Tokyo is one of the most populous cities in the world.「東京は世界で最も人口の多い都市の一つだ」。
□2066 **retrieve** /ritríːv/	動 取り戻す；回復する ☺ **利取り、イブ**には取り戻す業績（年末までには何とか）。re-「再び」、trieveは古フランス語trouver「見つける」から。He retrieved his jacket from the cloakroom.「彼はクロークから服を取ってきた」。
□2067 **acquiesce** /æ̀kwiés/	動 黙認する、渋々従う ☺ **悪Yes**、と黙認する。ac-「～へ」、quiはラテン語quietis「静かな」から。目をつぶって鎮静化へ。参quiet「静かな」。acquiesce to the plan「その計画を黙認する」。 名 acquiescence（黙認）
□2068 **chasm** /kǽzm/	名 （深い）割れ目；相違 ☺ **カーっ！ズム**ッとハマりそうな割れ目だなあ。発カズム。It took two million years for the chasm to form in the earth's surface.「地表にこのような割れ目ができるには200万年かかった」。
□2069 **bigotry** /bígətri/	名 偏狭な考え、頑迷さ ☺ **美が取り**柄という偏狭な考え（アンタそんな美しくないだろ！）。religious bigotry「宗教的偏狭」。 名 bigot（偏狭な人）
□2070 **precarious** /prikɛ́əriəs/	形 不安定な、危ない prayer「祈り」と関連。pre を「前に」ととらえ、care する前の状態→不安定、と考えてもよい。a precarious position「不安定な立場」。「当てずっぽうの、あやふやな」などの訳語も。

□2071 **peripheral** /pərífərəl/	形 周辺的な；重要でない peri-「周りの」、pherはギリシャ語pherein「運ぶ」から。boring and peripheral details「つまらない些末な詳細」。peripheral nerve「末梢神経」。パソコンの「周辺機器」を指すことも。 名 periphery（周辺、外周）
□2072 **flex** /fléks/	動 筋肉を曲げる、収縮させる ラテン語flectere「曲げる」から。参reflect「反射する」（後ろへ曲げる）、flexible「柔軟な」。「手足などを曲げる」の意味も。His elbow joint doesn't flex very well.「彼の肘関節はよく曲がらない」。
□2073 **heterogeneous** /hètərədʒíːniəs/	形 異種の；混成の 異なる（hetero-）生まれ（gene）の。geneはギリシャ語genos「生まれ、種類、性、人種」から。参heterosexual「異性愛の」。反homogeneous「同種の；均質の」。New York has a heterogeneous population.「ニューヨークには様々な人種の人々がいる」。
□2074 **fringe** /fríndʒ/	名 周辺、へり ☺ **不倫**、**ジ**ッと待つ家の周辺で。the fringes of the town「町の周辺」。
□2075 **pertinent** /pə́ːrtənənt/	形 適切な、妥当な ☺ **パーティー念頭**に置き、適切な準備。pertain「関係する」から派生。関係がある→的を射ている→適切。pertinent and concise answers「適切で簡潔な回答」。 動 pertain（関係する）
□2076 **petition** /pətíʃən/	名 請願、嘆願 ラテン語petere「追う、求める」から。追い求める→請う。参competition「競争」（共に求める）。My lawyer filed a petition for a change of venue.「私の弁護士は裁判地変更の申し立てをした」。
□2077 **seclude** /siklúːd/	動 隔離する；隠遁させる se-「離して」、cludeはラテン語claudere「閉める」から。参include「含む」、exclude「除外する」。Many youths seclude themselves from society.「多くの若者が社会から引きこもっている」。 名 seclusion（隔離；隠遁）
□2078 **jeopardize** /dʒépərdàiz/	動 危険にさらす、危うくする ☺ **じぇっ**（驚き）、**パーだ**！**いず**れは会社を危険にさらすだろう（えっ、あんなバカが上司に……）。古フランス語のjeu parti「五分五分の試合」から→負ける危険。 名 jeopardy（危険、危機）
□2079 **sullen** /sʌ́lən/	形 むっつりとした、不機嫌そうな ☺ **去れん**、こんなにむっつりされては（出て行くに行けない）。Clayton was sullen with me.「クレイトンは私に対してむっつりしていた」。a sullen attitude「不機嫌そうな態度」。
□2080 **smuggle** /smʌ́gl/	動 密輸入する ☺ **妻グル**になって密輸入する。smuggle narcotics into a country「麻薬を国内に密輸する」。 名 smuggler（密輸業者）

□2081 **kindred** /kíndrid/	名 親族、親類 ☺ **金どれどれ**と親族見に来る。kin「親族、親類」に状態・性質を表す接尾辞-red が付いた形。参akin「同族の」、hatred「憎しみ」。形容詞で「気の合う」の意味も。They are kindred spirits.「彼らは気の置けない仲間です」。
□2082 **funnel** /fʌ́nl/	名 じょうご　動 注ぐ ☺ **ファン寝る**、じょうご状の通路に（前の晩から席取り）。a funnel with a filter「フィルター付きのじょうご」。funnel kerosene into a tank「タンクに灯油を注ぐ」。
□2083 **jot** /dʒɑ́t/	動 手早く書き留める ☺ **ちょっと**書き留める。ギリシャ語iota「微量」から。jot downの形で使われることが多い。Jot down the password before you forget it.「忘れる前にパスワードを書き留めなさい」。
□2084 **shun** /ʃʌ́n/	動 避ける ☺ **シャン**としてない人を避ける（変な人と付き合いたくない！）。The villagers shunned him after the incident.「その事件のあと、村人たちは彼を避けるようになった」。
□2085 **reminiscent** /rèmənísnt/	形 思い出させる、連想させる re-「再び」、minisはラテン語mens=mind から。発レミニスント。参remind「思い出させる」。reminiscent of a bygone era「過ぎた時代を思い起こさせる」。 名 reminiscence（追憶）
□2086 **intrepid** /intrépid/	形 勇敢な、恐れを知らない ☺ **犬取れ！ピッと**！と勇敢な飼育係。不安を感じ（trepid）ない（in-）。trepidはラテン語trepidus「不安な」から。参trepidation「戦慄」。類fearless、brave、bold。反timid「臆病な」。intrepid soldiers「勇敢な戦士たち」。
□2087 **fierce** /fíərs/	形 どう猛な、激しい ☺ **冷や〜っする**どう猛な獣見て（サファリパーク？）。ラテン語ferus「野生の、飼いならされていない」から。参ferocious「どう猛な」。a fierce bear「どう猛な熊」。a fierce attack from the enemy「敵の激しい攻撃」。
□2088 **disseminate** /disémənèit/	動 広める、流布させる ☺ **Thisセミナー！と**広める支持者。発ディセミネイト。dis-=off / away、semin はラテン語semen「種」から。類spread。disseminate information「情報を広める」。
□2089 **integrity** /intégrəti/	名 正直さ、誠実さ；完全な状態 触れる（teg）ことのできない（in-）→完全な→発言と行動が合致→正直。tegはラテン語tangere「触れる」から。参integer「整数」、integrate「統合する」。doubt one's integrity「〜（人）の誠実さを疑う」。the integrity of the theory「理論の整合性」。
□2090 **bliss** /blís/	名 無上の喜び、至福 ☺ **ブリッ！する**のが無上の喜び。Ignorance is bliss.「無知は至福」（知らぬが仏）。

□2091 **malign** /məláin/	形 悪意のある；悪性の　動 中傷する ☺ **まあ、ライン**（列）を乱す悪意ある人。発マライン。mal-「悪い」。参malfunction「機能不全」。反benign「良性の」。malign intent「悪意」。a malign tumor「悪性腫瘍」。
□2092 **anomalous** /ənámələs/	形 変則的な、異常な ☺ **あの～、まらす**か（まだですか）？と変則的な聞き方。an-「非、不」、omalousはギリシャ語homalos「平らな」からで、homo-「同じ」と関連。参homogeneous「同種の」。 名 anomaly（変則、異常）
□2093 **waive** /wéiv/	動 放棄する；延期する ☺ 手を振って（**wave**）「いいよ、要らないよ」と言う感じ。waive one's rights「権利を放棄する」。
□2094 **apprehend** /æprihénd/	動 逮捕する；理解する ☺ **アプリ変動**させた罪で逮捕する（ウイルス？）。ラテン語 prehendere「つかむ」から。「逮捕する」も「理解する」も「つかむ」イメージが共通（日本語も同じ）。参comprehend「理解する；包含する」。
□2095 **hype** /háip/	名 あおり立てること、誇大宣伝　動 あおり立てる、誇大に宣伝する ☺ **はい、プ**リプリですよ！とエビを誇大宣伝する。The movie didn't live up to all the media hype.「メディアがあおった割にはその映画はイマイチだった」。
□2096 **averse** /əvə́ːrs/	形 ひどく嫌って avert「（顔・目・考えを）背ける」から派生。He is averse to meeting people.「彼は人に会うのがとても嫌いだ」。 名 aversion（反感、嫌悪）
□2097 **exert** /igzə́ːrt/	動 （力を）発揮する、行使する ☺ **戦と**なれば力を発揮する。発イグザート。ex-「外に」、xertはラテン語serere「くっつける」から。力を合わせて外に向かって発揮。参insert「挿入する」、series「連続」。exert influence on～「～に影響を及ぼす」。
□2098 **dismantle** /dismǽntl/	動 取り壊す、分解する ☺ **this man 取る**、分解して部品を。マント（mantle）を取る（dis-=off）、が原義。dismantle nuclear weapons「核兵器を解体する」。
□2099 **warrant** /wɔ́ːrənt/	動 正当化する；保証する ☺ **笑わん**！**と**失笑を正当化する。guarantee「保証する」と関連。Nothing can warrant such a measure.「そのようなやり方は正当化されるものではない」。 名 warranty（保証）
□2100 **impasse** /ímpæs/	名 行き詰まり、難局 ☺ **印パ**（インド・パキスタン）**政**治、どうしようもない行き詰まり。通過（pass）できない（im-=in-）。We should try hard to overcome this apparent impasse.「我々はこの明らかな行き詰まりを打破すべく頑張るべきだ」。

□2101
venerate
/vénərèit/

動 崇める、尊ぶ

☺ **美ね、礼！と**崇める。発ヴェネレイト。Venus「ビーナス」と関連。He venerated the professor as though he were a god.「彼はその教授を神のごとく崇拝した」。

□2102
morbid
/mɔ́ːrbid/

形 病的な、不健全な

☺ **もう美ど**うしても欲しい、と病的なダイエット。ラテン語morbus「病気」から。morbid obsession with dieting「ダイエットへの病的な執着」。

□2103
frugal
/frúːgəl/

形 つましい、倹約的な

☺ **ブルがる**（寒がる）、つましい生活をしていると、と覚えよう。fruit「果実」と関連。果実がある→経済が潤う→経済的→倹約、といつの間にか意味が逆転。a frugal lifestyle「つましい生き方」。

□2104
proprietor
/prəpráiətər/

名 所有者

property「財産」と関連。土地、会社などのオーナーや経営者。the proprietor of a large estate「広大な土地の所有者」。

名 proprietary（所有者）

□2105
beset
/bisét/

動 悩ませる；包囲する

囲まれてセットされた（set）状態になる（be）。囲まれて攻められる→悩まされる。This company is beset with numerous problems.「この会社は多くの問題に悩まされている（取り囲まれている）」。

□2106
terse
/tə́ːrs/

形 素っ気ない；簡潔な

☺ **タァ～、す**ごく素っ気なくて参ったよ彼女には。She was terse on the phone.「彼女は電話で素っ気なかった」。a terse statement「簡潔な声明」。

□2107
insurgent
/insə́ːrdʒənt/

名 反乱者、暴徒　形 反乱を起こした

☺ **いいさ、ジェント**ルマンの反乱者（いいわけないだろ！）。内部で（in-）高まる（surge）→反乱。The insurgent army has grasped the southern town.「反乱軍が南部の町を掌握した」。

□2108
diminutive
/dimínjutiv/

形 非常に小さい、小柄の

☺ **で、ミニってば**非常に小さい。di-「離れて」、minuはmini「小さい」と関連。通常のサイズから離れた小ささ。The elves were diminutive in size.「妖精たちは大きさが非常に小さかった」。

□2109
plunge
/plʌ́ndʒ/

動 飛び込む；急落する

☺ **プラン実**行するため難局に飛び込む。plumb「錘（おもり）」と関連。参 plummet「急落する」。plunge into the water「水に飛び込む」。The U.S. dollar plunged against the yen.「米ドルが円に対して急落した」。

□2110
vie
/vái/

動 競う、優劣を争う

☺ **倍**の力で競い合う。発ヴァイ。invite「招待する」と関連。競技会に招かれた競技者同士が競う、と考えよう。vie for the trophy「トロフィーを求めて競う」。

□2111 **impede** /impíːd/	動 妨げる、遅らせる 足かせをかけて足 (-pede) がない (im-=in-) かのように感じさせる→妨げる。The storm is impeding the rescue operation.「嵐が救助活動を妨げている」。
□2112 **paltry** /pɔ́ːltri/	形 わずかばかりの、微々たる try→鳥→すずめの涙、と連想しよう。Workers at these factories get only paltry wages.「これらの工場で働く労働者はわずかばかりの賃金しかもらっていません」。
□2113 **austere** /ɔːstíər/	形 厳粛な；質素な ☺ **おお、捨てや**！俗世間を、とは厳粛な。the austere atmosphere of the temple「寺院の厳粛な雰囲気」。
□2114 **appease** /əpíːz/	動 なだめる、和らげる 平和 (peace) へ (ap-=ad-) 向かう。People made human sacrifices to appease their angry gods.「怒れる神々をなだめるため、人々は人身御供を捧げた」。
□2115 **inflict** /inflíkt/	動 (負担を)負わせる、(打撃などを)加える in-=on、flict はラテン語 fligere「打つ、叩く」から。上から打ちのめすようにどさっと重荷を負わせる。参conflict「争い」(共に打つ)。inflict damage upon ～「～にダメージを与える」。
□2116 **vanity** /vǽnəti/	名 虚栄心 ☺ **バーにいてぇ**！という虚栄心 (なぜバーで飲むのが自慢かはわからない)。形容詞vain「無駄な；虚栄心の強い」から派生。out of vanity「虚栄心から」。
□2117 **benevolent** /bənévələnt/	形 慈悲深い、親切な bene-「良い」、vol はwill「意志」と関連。良い意志を持った→慈悲の心に満ちた。参benefit「利益」、benign「良性の」。benevolent behavior「慈悲深い行動」。
□2118 **sprawl** /sprɔ́ːl/	動 手足を伸ばす；(まとまりなく)広がる 名 (不規則な)広がり rawl の音からローラー (roller) で伸ばしたように広がる、と覚えよう。手足を不作法に広げて寝そべる→都市などが無計画に広がる。urban sprawl「都市のスプロール化」(住宅が無秩序に広がる現象)。
□2119 **offset** /ɔ̀ːfsét/	動 相殺する、埋め合わせる 動詞句 set off「埋め合わせる」から。債務などを off の状態に set する。類balance。We've got to get more contracts to offset this loss.「この損失を埋めるには私たちはもっと契約を取らなくては」。
□2120 **laden** /léidn/	形 重荷を負った；悩んでいる ☺ **冷**凍貨物、**ドン**と重荷を背負ったトラック。lade「～に荷を積む」の形容詞形。a heavily laden truck「重荷を積んだトラック」。foods laden with chemical additives「化学添加物でいっぱいの食物」。

□2121 **yearn** /jə́:rn/	動 切望する、あこがれる ☺ **イヤ〜ン**と身をよじってあこがれる。類desire。yearn for success「成功を切望する」。
□2122 **duplicate** /djú:plikèit/	動 複製する、複写する 名 複製、複写 du=two、pliはラテン語plicare「畳む、重ねる」から。参imply「暗示する」(中に重ねる)、explicit「明快な」(畳まれていたものを外に広げる)。duplicate bills「お札を複製する」。
□2123 **reprimand** /réprəmæ̀nd/	動 叱責する 名 叱責 ☺ **プリプリまんど**うして食べたの！と叱責する(私の肉まんだったのに！)。repress「制圧する」と関連。The politician was reprimanded for the scandal.「その政治家はスキャンダルで叱責された」。
□2124 **meddle** /médl/	動 干渉する；勝手にいじる ☺ **目ドル**になっている人に干渉する(そんなにお金のことばかり考えるんじゃないよ！)。Don't meddle in someone else's affairs.「他人のことに干渉するな」。Don't meddle with my camera.「僕のカメラを勝手にいじらないでよ」。
□2125 **cohesive** /kouhí:siv/	形 粘着力のある、結合力のある ☺ **コーヒー、支部**では粘着力ある(そんな支部ヤダ！)。co-「共に」、heはラテン語haerere「くっつく」から。cohesive soil「粘性土」。a cohesive organization「団結力のある組織」。 名 cohesion(粘着、結合) 動 cohere(結合する；首尾一貫する)
□2126 **renounce** /rináuns/	動 放棄する；断念する re-「再び」、nounceはラテン語nuntiare「知らせる」から。参announce「知らせる」。The Japanese constitution renounces the right to wage war.「日本国憲法は戦争の権利を放棄している」。
□2127 **conceit** /kənsí:t/	動 うぬぼれる 名 うぬぼれ ☺ **このシート**に座れる自分にうぬぼれる(VIP席に座れるなんて！)。conceive「心に抱く」から派生。心に抱いた自分のイメージ→うぬぼれ。without conceit「うぬぼれがなく」。
□2128 **erratic** /irǽtik/	形 突飛な、風変わりな ☺ **イラッてく**る突飛な行動。発イラティック。err「誤る」と関連。参error「誤り」。John exhibited erratic behavior after he began taking medication.「ジョンは薬を飲み出してから奇妙な行動をするようになった」。
□2129 **topple** /tápl/	動 倒す ☺ **トップ**、**プル**ッとぐらつかせる、と覚えよう。topple the government「政府を転覆させる」。
□2130 **ensue** /insú:/	動 続いて起こる、結果として起こる ☺ **因数**分解のあとに続いて起こる問題。en-=in-、sueはラテン語sequi「続く、追う」から。参sue「訴える」、pursue「追いかける」(前に追う)。Flooding ensued after the heavy rains.「豪雨のあと、洪水が起こった」。

□2131 **expertise** /èkspərtíːz/	名 専門的知識・技能 expert「専門家」から類推可能。Men of his expertise are hard to find.「彼のような専門的技能を持った人間はなかなか見当たらない」。
□2132 **reckon** /rékən/	動 推測する；数える ☺ **レンコン**の穴の数を推測する、と覚えよう。発レコン。類estimate、calculate。reckon the size of the crowd at the festival「お祭りの人出を推測する」。「考える」などの意味も。
□2133 **grudge** /grʌ́dʒ/	名 恨み、わだかまり 動 恨みを持つ ☺ グラ**グラじ**いさん恨み持つ（入れ歯がうまくはまらず歯医者を恨む老人）。hold a grudge against someone「～（人）に恨みを抱く」。
□2134 **skid** /skíd/	名 横滑り、スリップ 動 横滑りする ☺ **好きっ、ど**うしても～！と言いながら横滑りする男（どんな愛情表現？）。The car went into a skid on the icy road.「凍りついた道でその車は横滑りした」。
□2135 **vernacular** /vərnǽkjulər/	形 その土地固有の、方言の 名 方言 ☺ **バナ**ナ、**蔵**に入れるのはその土地固有の風習。発バーナキュラー。vernacular architecture of the region「その土地特有の建築方式」。Scottish vernacular「スコットランド方言」。
□2136 **debilitate** /dibílətèit/	動 衰弱させる、弱体化させる ☺ **で、ビリってえと**どれくらい衰弱してたんだ？ de-「下げる」。Hunger and coldness left the troops debilitated.「飢えと寒さで部隊は衰弱した」。
□2137 **legion** /líːdʒən/	名 （古代ローマの）軍団、軍隊 region「地域」と結び付け、この地域に駐留する軍隊、と覚えよう。ラテン語legere「集める、選ぶ」から。Most of the Roman legions eventually left Britain.「ローマ軍のほとんどは最終的にイギリスを離れた」。
□2138 **deflate** /difléit/	動 しぼませる、減らす ☺ **デフレと**税金で経済しぼませる。de-「下げる」、flateはラテン語flare「吹く」から。反inflate「膨らませる」。deflate a balloon「風船をしぼませる」。 名 deflation（空気を抜くこと；デフレ）
□2139 **impoverished** /impɑ́vəriʃt/	形 貧困な；（土地などが）やせた 貧しい（pover=poor）状態に（im-=in-）された（-ed）。参poverty「貧困」。impoverished soil「やせた土壌」。 動 impoverish（貧しくする；［土地などを］やせさせる）
□2140 **refurbish** /riːfə́ːrbiʃ/	動 改装する、一新する re-「再び」furbish「磨く」。furbish にも「一新する」の意味がある。類renovate。Our office has been completely refurbished.「我々のオフィスは完全に改装された」。

コア単語100レベル 1st 2nd

215.mp3

□2141 **strew** /strúː/	動 まき散らす、ばらまく ☺ **酢取る〜**、と言って酢をまき散らす我が子。過去分詞形は strewn または strewed。The ground was strewn with fallen leaves.「地面には落ち葉が散らばっていた」。
□2142 **implement** /ímpləmènt/	動 実行する、履行する im-=in-「中に」、pleはラテン語plere「満たす」から。参complete「完全にする、完全な」。類carry out。implement a plan「計画を実行する」。 名 implementation（履行、実施）
□2143 **congeal** /kəndʒíːl/	動 凝結させる；凍らせる ☺ **感じ入る**気持ちを凝結させる（気持ちを一つにして闘おう！）。発コンジール。con-「共に」、gealはラテン語gelare「凍らせる」から。The blood had congealed.「血液は固まっていた」。
□2144 **opulent** /ápjulənt/	形 豪奢な；裕福な ☺ **アップrent**（家賃）、豪奢なアパート、と覚えよう。発アピュレント。ラテン語opulentus「富んだ」から。類lavish、luxurious。the opulent interior of the house「その家のぜいたくな内装」。
□2145 **twitch** /twítʃ/	動（筋肉などが）ぴくっと動く；ぐいと引っ張る 名 痙攣 ☺ **ついチ**ッと筋肉動かす、怒りで。発トウィッチ。His cheek muscles twitched with anger.「彼の頬は怒りでぴくっと動いた」。The kid twitched my sleeve for attention.「その子どもは私の注意を引こうと袖を引っ張った」。
□2146 **retention** /riténʃən/	名 保持；記憶 動詞retain「保持する」から派生。What's important right now is customer retention.「今重要なことは顧客の保持だ」。We conducted a visual retention experiment.「我々は視覚の記憶力に関する実験を行った」。
□2147 **eavesdrop** /íːvzdràp/	動 盗み聞きする、立ち聞きする ☺ **イブずっ**と盗み聞きする、と覚えよう。「軒（eaves）から落ちる雨垂れ」から派生か。雨垂れのように落ちてくる（漏れ聞こえてくる）情報を聞く。She eavesdropped on his conversation.「彼女は彼の会話を立ち聞きした」。
□2148 **implication** /ìmplikéiʃən/	名 影響；含み imply「暗示する、ほのめかす」の名詞形だが、「影響」の意味が大事。ある出来事が、その後の展開にとって密かに意味するもの→影響。The incident had significant implications.「その出来事は重大な影響をもたらした」。
□2149 **exasperate** /igzǽspərèit/	動 憤慨させる ☺ **戦、スパ**（温泉）**零と**は戦士を憤慨させる。ex-「完全に」、asperateはラテン語asper「粗い、粗野な」から。粗野な言動で完全に怒らせる。 名 exasperation（憤慨、激怒）
□2150 **yarn** /jáːrn/	名 編み糸、織り糸 ☺ **や〜ん**、編み糸が絡まったわ！　chord「弦」と関連。spin cotton into yarn「綿を紡いで糸にする」。

□2151
dreary
/dríəri/

【形】わびしい；退屈な

☺ **どれ、ありぃ**？わびしい光景だな。古英語のdreorig「悲しげな」から。a dreary winter resort「わびしい冬の行楽地」。

□2152
mystify
/místəfài/

【動】当惑させる、けむに巻く

mystery「謎」から派生。This syndrome has mystified researchers for generations.「この症候群は長いこと研究者を悩ませてきた」。

□2153
muse
/mjú:z/

【動】熟考する、考えにふける

☺ **む〜ず**かしい顔して熟考する。【発】ミューズ。museum「美術館」で思いにふける、と考えてもよい。muse over the past「過去のことを考える」。

□2154
meticulous
/mətíkjuləs/

【形】細かいことにこだわる；綿密な

☺ **目、血、狂わす**、細かいことにこだわる人（目、充血させちゃって）。【発】メティキュラス。metiはラテン語metus「恐れ」から。「臆病な」が原義。meticulous nature「細かいことにこだわる性格」。

□2155
amenable
/əmí:nəbl/

【形】従順な、素直な

☺ **網な、炙る**んや、と言われて従う従順な人。【発】アミーナブル。ラテン語minari「脅かす」から。脅かして従わせる→従順。I find my secretary amenable and pleasant to work with.「私の秘書は素直で、一緒に働いて心地の良い人だ」。

□2156
ambivalent
/æmbívələnt/

【形】相反する；不確かな

☺ **安否！バレん！と**相反する気持ち（愛人の安否が知りたいが……）。ambi-「両方の」、valeはラテン語valere「力がある」から。【参】ambiguous「あいまいな」。

【名】ambivalence（葛藤；あいまいさ）

□2157
harness
/há:rnis/

【名】馬車馬の引き具　【動】（自然力を）動力化する

☺ **歯にする**と痛い、馬の引き具（なんでアンタが引き具を噛んでるの？）。馬を引っ張るように、自然の力を引っ張ってきて利用→動力化。harness energy from ocean currents「海流のエネルギーを動力化する」。

□2158
languish
/lǽŋgwiʃ/

【動】衰える、元気がなくなる

☺ **乱食いし**、衰える健康。ラテン語languere「弱る」から。【参】lax「緩んだ」。【類】weaken。He began to languish in the hospital.「彼は病院で衰え始めた」。

【形】languid（気だるい、無気力な）

□2159
solicit
/səlísit/

【動】誘う；請う

☺ **そりゃ嫉妬**する、誘いに乗ったら（奥さんウチで怒ってます）。She was dressed in such attire to solicit male attention.「彼女は男性の目を引くすごい服装をしていた」。solicit one's view「人に意見を請う」。

□2160
insatiable
/inséiʃəbl/

【形】飽くことを知らない、満足しない

満足させる（sati）ことができ（-able）ない（in-）。sati はラテン語 satis「十分に」から。【参】satisfy「満足させる」。【発】インセイシャブル。insatiable hunger for love「飽くなき愛への渇望」。

217.mp3

□2161
absurd
/æbzə́:rd/

形 ばかげた、道理に合わない

☺ **虻サード**にする<u>ばかげた</u>監督（虫が守備？）。ab- は強意、surd はラテン語 surdus「聞こえない」から。聞いたことがないほどばかげている。☺ab- を「離れる」ととらえ「**さあ道**<u>理を離れる</u>」と考えてもよい。an absurd idea「ばかげた考え」。

□2162
tumult
/tjúːmʌlt/

名 騒動、混乱

☺ 不満が**詰まると**大<u>騒動</u>。発テューマルト。ラテン語 tumere「膨らむ」→騒動が広がる。参tumor「腫瘍」。The tumult in the stock market had settled.「株式市場の混乱は収まった」。

形 tumultuous（騒々しい）

□2163
attest
/ətést/

動 証言する

at-=ad-「～に向かって」、test はラテン語 testari「証言する」から。参testify「証言する」。Her brilliant performance attested to her long hours of practice.「彼女の素晴らしいパフォーマンスが長時間の練習を物語っていた」。

□2164
pseudo
/súːdou/

形 見せかけの、偽りの

☺ **修道**、<u>見せかけの</u>悟り。発スードウ、シュードウ。People often believe in pseudo science.「人は往々にしてエセ科学を信じる」。

□2165
genial
/dʒíːnjəl/

形 愛想の良い；温暖な

☺ **銭ある**<u>愛想の良い</u>人（最高じゃん！）。発ジーニアル。The professor is a very genial character.「その教授は非常に愛想の良い人だ」。I was attracted by the country's genial climate.「私はその国の温暖な気候に引かれたんです」。

□2166
embed
/imbéd/

動 埋め込む、組み込む

ベッド（bed）の中に入れる（em-=in-）→埋め込む。The fossils were found embedded in the ancient soil.「化石は古い土壌に埋まっているところを発見された」。

□2167
belittle
/bilítl/

動 過小評価する、見くびる

小さく（little）する（be-）。Don't belittle their efforts.「彼らの努力を低く見積もってはいけないよ」。

□2168
embark
/imbɑ́:rk/

動（乗り物に）乗り込む；（事業などを）始める

em-=in-「中に」、bark はラテン語 barca「船」から。He embarked on a new research project.「彼は新しい研究プロジェクトに乗り出した」。

□2169
minuscule
/mínəskjùːl/

形 非常に小さい

ミニ（mini）スケール（scale）、と考えよう。発ミナスキュール。参minus「マイナス」。A minuscule amount of the radioactive material can kill thousands.「その放射性物質はほんの少しの量で何千もの人を殺せる」。

□2170
adequate
/ǽdikwət/

形 適切な；十分な

☺ **ああ、で、食え、と**<u>適切な</u>アドバイス。ad-「～へ」equate「平等にする」。平等へ向かう→適切。adequate support for mental health「精神的健康のための適切なサポート」。adequate laboratory facilities「十分な実験施設」。

□2171
benign
/bináin/

形 良性の；親切な

☺ **美ないん**？でも良性の人（美しくはないが……）。発ビナイン。ben-=bene-「良い」。参benefit「利益；ためになること」。反malign「悪性の；悪意ある」。a benign tumor「良性の腫瘍」。「（気候が）穏やかな」などの意味も。

□2172
stalemate
/stéilmèit/

名 行き詰まり、膠着状態

☺ **捨て要るメイト**なんてかなりの行き詰まり（友達を捨てなきゃいけないなんて）。参stale「新鮮でない」。Our negotiations ended in a stalemate.「我々の交渉は行き詰まって終わった」。

□2173
virtuosity
/vəːrtʃuásəti/

名 （特に音楽家の）妙技、技巧

☺ **バー**ッと飛び出て**チューをしてえ**ぐらいの妙技（演奏会中にやめてください！）。virtue「美徳」と関連。

名 virtuoso（巨匠、名人）

□2174
circumvent
/səːrkəmvént/

動 迂回する；回避する

☺ **さあcome弁当**、でも迂回する弁当屋（腹減ったのに）。circum-「周りに」、ventはラテン語venire「来る」から。参prevent「防ぐ」（前もって来る）。circumvent a problem「問題を回避する」。「阻止する；欺く」の意味も。

□2175
protrude
/proutrúːd/

動 突き出る

☺ **プロ取るど**、と突き出る岩で釣り。pro-「前に」、trude はラテン語trudere「押す、突く」から。参intrude「介入する；侵入する」。the rock protruding from the sea「海面から突き出た岩」。

□2176
decimate
/désəmèit/

動 多くを殺す、滅ぼす

☺ **で、死ねえ**！**と**多くを殺す、と覚えよう。発デシメイト。deci-「10」。古代ローマで反乱者などに対し、くじ引きで10人中一人を罰したことから。

□2177
agile
/ǽdʒəl/

形 素早い；明敏な

☺「**あ、じゃ**！」**する**素早い人（できる人は帰りも早い）。発アジャル。ラテン語agere「する」から。参agent「代理人」。The infielder is very agile and quick.「その内野手は非常に機敏で動きが速い」。a man of agile and acute mind「頭の回転が速く鋭いヤツ」。

□2178
hindsight
/háindsàit/

名 あと知恵、あとになっての判断

後ろ（hind）から見る（sight）。in hindsight「結果論として」。

□2179
hinder
/híndər/

動 妨げる、遅らせる

☺ **貧打**が優勝妨げる。発ヒンダー。hind「後ろ」に足を引っ張るもの、と考えよう。Heavy snow hindered plant growth.「豪雪が植物の成長を妨げた」。

名 hindrance（妨害、障害）

□2180
belch
/béltʃ/

動 （煙などが）噴出する

bellow「吠える、わめく」と関連。「ゲップする」の意味もある。口から出るもの→ゲップ→ゲップのように出る煙。smoke belching from the chimney「煙突からモクモク出る煙」。

219.mp3

□2181 **recession** /risé∫ən/	名 景気後退、不況 recede「後退する」から派生。re-「後ろに、戻って」、cedeはラテン語cedere「行く」から。The country went into recession.「その国は不況になった」。
□2182 **vanquish** /væŋkwi∫/	動 打ち勝つ、征服する ☺ **晩食いす**、という誘惑に打ち勝つ(夜食は太るから)。ラテン語vincere「打ち勝つ」から。参convince「説得する」。vanquish evil「悪に打ち勝つ」。vanquish the enemy「敵を征服する」。
□2183 **flimsy** /flímzi/	形 薄っぺらな；軽薄な flimはfilm「フィルム」が変化したもの。フィルムのように薄い。The flimsy roof collapsed in the snow.「薄い屋根が雪でつぶれた」。a flimsy excuse「見え透いた言い訳」。
□2184 **exemplify** /igzémpləfài/	動 実証する、例証する example「例」から派生。The fact he turned down the lucrative offer exemplifies his character.「その儲かる話を断ったという事実が彼の性格を表している」。
□2185 **proliferate** /prəlífərèit/	動 増殖する、拡散する pro-「前に」life「生命」→増殖、と考えよう。The rumor proliferated on the Internet.「そのうわさはネット上で広まった」。 名 proliferation(増殖；拡散)
□2186 **dissent** /disént/	動 異を唱える 名 意見の相違 dis-「分かれて→異なって」、sentはラテン語sentire「感じる」から。参sense「感覚」。Only one lawmaker dissented from the party line.「一人の政治家だけが党の路線に異を唱えた」。
□2187 **banish** /bæni∫/	動 追い出す、追放する ☺ **晩にし**て追い出す(もう遅いので)。ban「禁止する」と関連。vanish「消える」と区別。ただし意味は多少似通っている。He was banished to the island.「彼は島流しになった」。
□2188 **nimble** /nímbl/	形 敏捷な；鋭敏な ☺ **鈍る**、と言いつつ敏捷な人。He is nimble like a rabbit.「彼はウサギのように敏捷だ」。She has a nimble mind.「彼女は鋭い人だ」。
□2189 **augment** /ɔ:gmént/	動 増大する 名 増加 ☺ **おお、グ〜ッ、麺と**ても増えたつけ麺屋。類increase。augment one's income「収入を増やす」。
□2190 **murky** /mə́:rki/	形 暗くて陰気な、どんよりした；あいまいな ☺ **まあ気い**にするなよ、暗くて陰気な空(行楽に出掛けよう！)。murk「暗闇」の形容詞形。The afternoon became murky as the typhoon approached.「台風が近づくにつれ、午後の空は暗くなった」。

２回目でも忘れたら、３回目をやればいい。

□2191
strand
/strǽnd/

動 座礁させる；立ち往生させる

☺ **ストッ！とランド**（陸地）にぶつかって船座礁させる。shore「海岸」と関連。The tanker was stranded on the shore.「タンカーは海岸で座礁していた」。

□2192
perfunctory
/pərfʌ́ŋktəri/

形 おざなりの、気のない

per-「通して」、functはラテン語fungi「行う、実行する」から。表面的な仕事だけして終える→おざなり。参function「機能」。He made a perfunctory comment about the scandal.「彼はスキャンダルに関しておざなりなコメントをした」。

□2193
malice
/mǽlis/

名 悪意、恨み

☺ **まりいっす**ね（まあ悪いっすね？）、と悪意ある謝り方。mal-「悪い」。参malign「悪意のある、悪性の」、malfunction「機能不全、故障」。

□2194
decompose
/dìːkəmpóuz/

動 分解する；腐敗させる

組み立てて（compose）あるものを壊す（de-=down）。The bacteria decompose the bodies of dead animals.「バクテリアは動物の死体を分解する」。

□2195
eradicate
/irǽdəkèit/

動 全滅させる、根絶する

☺ **エラでけえ！と**因縁つけて魚を絶滅させる。e-=ex-「外に」、radiはラテン語radix「根」から→まさに根絶。参root「根」、radish「大根」。類annihilate。a program to eradicate polio「ポリオを根絶するための計画」。

□2196
incur
/inkə́ːr/

動（損害などを）招く、被る

in-「中に」、curはラテン語currere「走る」から。良くないことをこちらに引き寄せる。参current「流れ」。incur one's anger「～（人）の怒りを買う」。incur a huge debt「莫大な借金を背負う」。

□2197
embody
/imbɑ́di/

動 体現する、具体化する

具体的な形（body）を持った状態にする（em-=en-）。Lincoln embodied democratic ideals.「リンカーンは民主主義的理想を体現していた」。

□2198
potent
/póutnt/

形 強大な、強力な

☺ **ポテン、と**目に落とす強力な目薬。ラテン語potensからで、possible「可能な」と関連。参potential「潜在能力」。a potent enemy「強大な敵」。a potent drug「強力な薬」。

□2199
fiasco
/fiǽskou/

名 大失敗

☺ 肝**冷やすこ**の大失敗。The project was a fiasco.「そのプロジェクトは大失敗に終わった」。

□2200
plummet
/plʌ́mit/

動 急落する

plumb「錘（おもり）」と関連。錘を付けたように急に落ちる。参plunge「飛び込む；急落する」、plumber「配管工」（錘で深さを測ったことから）。The price of the stock plummeted at the news.「その株はニュースを受けて急落した」。

221.mp3

□2201 **enact** /inǽkt/	動 (法律などを)制定する 法令(act)の状態にする(en-=in-)。enact a new law「新法を制定する」。
□2202 **languid** /lǽŋgwid/	形 気だるい、活気のない ☺ **乱食い、ど**うも気だるい(食い過ぎだよ、そりゃ!)。ラテン語languere「弱る」から。参languish「衰える」、lax「手ぬるい、緩んだ」。feel languid「気だるく感じる」。the languid atmosphere of the town「町の活気のない感じ」。
□2203 **curt** /kə́:rt/	形 ぶっきらぼうな、言葉が短い ☺ **カーッと**する、ぶっきらぼうな言い方されて。ラテン語curtus「切り詰めた」から。参curtail「切り詰める」。He sent me a curt reply that read, "I'm not interested."「彼は『興味ないです』とぶっきらぼうな返事を私に送ってきた」。
□2204 **ephemeral** /ifémərəl/	形 束の間の、短命の ☺ **えへ、見られる**のは束の間の桜。発エフェメラル。ギリシャ語 hemera「日」から。1日しか持たない→束の間の。類temporary、transitory、momentary。Cherry blossoms are ephemeral.「桜は束の間に散る」。
□2205 **yoke** /jóuk/	名 くびき、束縛　動 くびきをかける、結合する ☺ **よう苦**しめる専制君主のくびき。put oxen to the yoke「牛をくびきにつなぐ」。I just wanted to escape from the yoke my father put on me.「私は父の束縛からただ逃れたかったんだ」。
□2206 **permeate** /pə́:rmièit/	動 浸透する;広がる per-「通して」、meate はラテン語meatus「道、管」から。Water permeates the soil.「水が土壌に染み込む」。A gas-like odor permeated parts of the city.「ガスのような臭気が町の一部に広がった」。
□2207 **duly** /djú:li/	副 正式に、正当に ☺ **ずり〜**(ずるい)と言われても、正式に決定する。due「〜することになっている」から派生。すべきことをちゃんとしている感じ。He was duly authorized to represent the group.「彼はそのグループの代表となることを正式に認められた」。
□2208 **extrovert** /ékstrəvə̀:rt/	形 外向的な　名 外向的な人 extro-=extra-「外に」、vertはラテン語vertere「向く」から。反introvert「内向的な」。His wife is such an extrovert.「彼の妻は大変社交的な人だ」。
□2209 **spatial** /spéiʃəl/	形 空間の、空間を占める space「空間」に-alを付けて形容詞化。発スペイシャル。The painting evokes a spatial illusion.「その絵は空間的な錯覚を呼び起こす」。
□2210 **grapple** /grǽpl/	動 取り組む;つかむ ☺ **グラッ、プルッ**、と揺れる棒に取り組んでしっかりつかむ。grapple with a problem「問題に取り組む」。

□2211 **dichotomy** /daikάtəmi/	名 二項対立、二分 di-は「2」、dichoは「2つに分かれて」、-tomyはギリシャ語temneinから で「切断」。参divert「そらす」、anatomy「解剖学」。the dichotomy of nature and nurture「生まれか育ちかという二項対立」。
□2212 **adorn** /ədɔ́:rn/	動 装飾する、美を引き立てる ☺ **あ、ど〜ん**と装飾された部屋。ad-「〜へ」、ornはラテン語ornare「飾る」から。参ornament「装飾品」。The wives adorned themselves with jewelry.「妻たちは宝石で自らを飾った」。
□2213 **analogous** /ənǽləgəs/	形 類似した ☺ あ**あなろ**う、**が**、**す**でに類似した(あこがれの人にもう似てる)。analogy「類似性；たとえ」と関連。類similar。A camera is analogous to the human eye.「カメラは人間の目に似ている」。
□2214 **null** /nʌ́l/	形 無価値な、無効な ☺ **ナル**シストは無価値な恋人。noやnot、neverなど、nで始まる否定語と結び付けて覚えてもよい。null and void「無価値で無効の」。 動 nullify(無効にする、破棄する)
□2215 **prodigy** /prάdədʒi/	名 神童、天才児 ☺ **プロで字**書く神童(天才習字少年、プロの書道家に)。pro-「前に」。物事が起こる前に告げる予言者→神童。He was a musical prodigy at a very young age.「彼は非常に小さい頃に音楽の天才だった」。
□2216 **ammunition** /æ̀mjuníʃən/	名 弾薬、弾丸 a-「〜へ」、munitはラテン語munitio「要塞」から。要塞へ運び込むべきもの→弾薬。☺口語ではammoと略されることもあるので、「**あ**、**も**う弾薬がない！」と覚えよう。We're out of ammunition!「もう弾薬がないぞ！」。
□2217 **obsess** /əbsés/	動 取りつく ob-「上に」、sesはラテン語sedere「座る」から。考えなどが幽霊のように頭に取りついて離れない感じ。He has been obsessed with the idea ever since.「彼はそれ以来、その考えに取りつかれている」。
□2218 **improvise** /ímprəvàiz/	動 即興でやる、アドリブ演奏する 準備(provise=provision)なし(im-=in-)でやる。Jazz musicians improvise.「ジャズミュージシャンは即興演奏する」。 名 improvisation(即興、アドリブ演奏)
□2219 **reimburse** /rì:imbə́:rs/	動 返済する、補償する 再び(re-)財布(burse)の中に(im-=in-)。burseはラテン語bursa「財布」から。参purse「財布」。Your deposit will be reimbursed upon departure.「保証金は出発の際にお返しします」。 名 reimbursement(返済、補償)
□2220 **slumber** /slʌ́mbər/	名 眠り　動 うとうとする、無活動状態になる ☺ **スラン**と、**ばあ**さん眠りに入る(うとうとして頭がスランと傾く……)。fall into a deep slumber「深い眠りに落ちる」。Mount Fuji has been slumbering for over 300 years.「富士山は300年以上活動を休止している」。

コア単語100レベル 1st 2nd

223.mp3

□2221
optimal
/άptəməl/

形 最適の、最高の

☺ **おお！プッと丸**する最適な解答（素晴らしい答えだ！）。ラテン語optimus「最良の」から。optimal growing conditions for plants「植物のための最適な成長条件」。

□2222
unrest
/ʌ̀nrést/

名 動揺、騒乱

平静（rest）を失った（un-）。social unrest「社会不安」。

□2223
stipulate
/stípjulèit/

動 規定する；条件として明記する

☺ **吸って、プレート**（皿）と規定する（食べたら皿まで舐めてください！）。The company rule stipulates that every employee wear a uniform.「社則では全ての社員が制服を着用するよう規定している」。

□2224
lax
/lǽks/

形 手ぬるい、緩んだ

☺ **裸くす**ぐる手ぬるいお仕置き。ラテン語laxus「緩んだ」から。languish「衰える、元気がなくなる」と関連。lax regulations「手ぬるい規制」。lax abdomen「たるんだおなか」。

□2225
obstinate
/άbstənət/

形 頑固な

☺ **おお、ぶすっ**として**泣いて**る頑固な子。逆らって（ob-）立つ（stin）。stinはラテン語stare「立つ」から。参obstacle「障害」。an obstinate refusal「頑固な拒否」。

□2226
brigade
/brigéid/

名（軍の）旅団、（軍隊式の）組織

☺ **ブリ芸当**をする旅団（魚に芸を仕込む軍！）。a brigade of cavalry「騎馬旅団」。a fire brigade「消防隊」。

□2227
incense
/ínsens/

名 香（かおり、こう）、芳香

☺ **いいセンス**してる、香なんか焚いちゃって。ラテン語incendere「火をおこす」から→香を焚く。

□2228
eligible
/élidʒəbl/

形 資格のある、ふさわしい

選ぶ（elig）ことができる（-ible）→ふさわしい、資格がある。elig はラテン語 eligere「選ぶ」からで、elect「選ぶ」と関連。eliと「選り」は音も似ている。people eligible to vote「選挙資格のある人々」。

□2229
gigantic
/dʒaigǽntik/

形 巨大な

ラテン語gigas「巨大な」から。参giant「巨人」。発ジャイギャンティック。類colossal。gigantic rocks「巨大な岩」。

□2230
dilemma
/dilémə/

名 ジレンマ、二者択一の悩み

di-「２つの」lemma「主題」。発ディレマ、ダイレマ。参lemma「補助定理；主題」。Hamlet's internal dilemma「ハムレットの内的葛藤」。

□2231 **smolder** /smóuldər/	動 くすぶる 名 くすぶり ☺ **積もるだ～**、くすぶり続ける怒り、と覚えよう。smother「窒息させる」と関連。The woods were still smoldering.「木々はまだくすぶっていた」。Anger smoldered inside him.「彼の中では怒りがくすぶっていた」。
□2232 **confiscate** /kánfəskèit/	動 没収する ☺ **この日スケート**靴没収する。con-「一緒に」fisc「公庫」→没収して公庫に入れる。The officers at the airport confiscated the little knife in my bag.「空港の係員は私のバッグにあった小さなナイフを没収した」。
□2233 **infuse** /infjúːz/	動（考え・思想などを）吹き込む in-「中に」、fuseはラテン語fundere「注ぐ」から。㊇refuse「拒否する」（注ぎ返す）。The professor infused the students with a love of nature.「その教授は学生に自然を愛する心を教え込んだ」。「（お茶などを）煎じる」の意味も。
□2234 **incite** /insáit/	動 引き起こす、誘発する in-「中で」、cite はラテン語 citare「動かす、呼ぶ」から。㊇excite「興奮させる」、cite「引用する」。incite curiosity「好奇心を引き起こす」。「駆り立てる」などの訳語も。
□2235 **raft** /rǽft/	名 いかだ、救命用小型ボート ☺ **裸婦と**いかだで逃亡。He went down the river on a rubber raft.「彼はゴムボートで川を下った」。
□2236 **divergent** /divə́ːrdʒənt/	形 異なる；分岐した ☺ **だいぶあぜんと**する異なる意見。di-「分かれて」、vergeはラテン語vergere「曲がる、向く」から。㊇divert「変える、そらす」、diverse「様々の、多様な」。divergent views「異なった意見」。
□2237 **acerbic** /əsə́ːrbik/	形 酸っぱい；辛辣な ☺ **朝ビク**ビクしながら食べる酸っぱい梅干し。ラテン語acer「鋭い」からで、acid「酸」、oxygen「酸素」と関連。an acerbic lime「酸っぱいライム」。acerbic criticism「辛辣な批判」。
□2238 **fallacy** /fǽləsi/	名 間違った考え、誤った推論 ☺ **ほ～、らしい**間違った考え（もっともらしい間違い！）。語源は違うがfallを「転ぶ→失敗する」ととらえ、失敗した考え方と覚えてもよい。a logical fallacy「論理上の間違い」。
□2239 **akin** /əkín/	形 同族の；同種の ☺ **あ、近**所に同族住んでます。a-=of-「～に属する」kin「一族」。㊇kindred「親族」。「類似の」の意味も。a fabric akin to lace「レースに似た布地」。
□2240 **pedigree** /pédəgrìː/	名 血統、家系；起源 ☺ **屁でグリ**グリする血統。pedi-はラテン語pes「足」から→「ツルの足」が原義。系統図がツルの足に似ていることから。a pedigree record「家系図」。boast an impeccable pedigree「非の打ち所のない血統を誇る」。

225.mp3

□2241 **grumble** /grʌ́mbl/	動 不平を言う、ぶつぶつ言う 名 不平、不満 ☺ **ごらん、ブリ**ブリ不平を言ってるよ。いかにもブツブツと聞き取りにくい言葉を発している感じの音。He kept grumbling about the food.「彼は食べものについて不平を言い続けた」。
□2242 **demise** /dimáiz/	名 死亡、終焉 ☺ **で、まあいず**れは死亡する(生きているうちが花)。de-「離して」、misはラテン語mittere「送る」から。参dismiss「解散する」。His untimely demise is a great loss to the community.「彼が若くして亡くなったことは地域にとって大きな損失です」。
□2243 **jolt** /dʒóult/	動 急に揺さぶる、衝撃を与える ☺ **上得ると**急に揺さぶる(アンタ、上寿司買ってきたよ！)。発ジョウルト。The train suddenly stopped, jolting him awake.「列車が急に止まり、彼はハッと目を覚ました」。
□2244 **evoke** /ivóuk/	動 (感情、記憶などを)喚起する ☺ **い**!? **僕**？と感情を喚起する。e-=ex-「外に」、vocはラテン語vocare「呼ぶ」から。思わず声を上げてしまうほどの感情を呼び起こす。The photos evoked memories of my youth.「写真を見て若い頃を思い出した」。
□2245 **idiosyncratic** /ìdiousiŋkrǽtik/	形 独特な、特異な idio-「自分自身の→特有の」syn「共に」cra「融合」。craはギリシャ語krasis「融合」から。特徴がいくつか融合し、独自性を生んでいる感じ。 名 idiosyncrasy(特異性、特質)
□2246 **sizable** /sáizəbl/	形 かなり大きな サイズ(size)を一目で測ることができる(-able)ぐらい大きな。There was a blackout in a sizable portion of the city.「町のかなりの部分で停電が起こった」。
□2247 **eerie** /íəri/	形 不気味な ☺ **イ？あり**？と言いたくなるほど不気味な。少々恐怖心を呼び起こすような気味の悪さ。発イアリー。an eerie silence「不気味な静けさ」。
□2248 **devour** /diváuər/	動 むさぼる、使い果たす de-「完全に」、vourはラテン語vorare「食べ尽くす」から。☺完全に**バウワ**ッと食べ尽くす、と覚えよう。Humans are devouring oil reserves.「人間は石油資源を使いまくっている」。
□2249 **inept** /inépt/	形 不適切な；能力に欠ける ☺ **いね**むり**プッと**する人はこの職に適さない。適さ(ept=apt)ない(in-)。The president's handling of the matter has been totally inept.「大統領のこの問題の扱いは完全に不適切だ」。
□2250 **reciprocal** /risíprəkəl/	形 相互の；返礼の ☺ **礼し、プロ借る**相互の関係(そっちの職人貸してくださいよ)。ラテン語reciprocus「同じ道を帰る、行ったり来たりする」(re-「返る」)から。reciprocal altruism「互恵主義」。reciprocal aid「お返しの援助」。

□2251
exorbitant
/igzɔ́ːrbətənt/

形 途方もない

ex-「超えて」orbit「軌道」。数量や程度が甚だしく大きいこと。参orbit「軌道」。The French restaurant charges exorbitant prices.「そのフランス料理店はとんでもなく高い」。

□2252
clutter
/klʌ́tər/

動 散らかす　名 散らかったもの

☺ **食らった**！そして散らかった（ケンカの残骸）！　散らかったおもちゃがぶつかり合う感じの音。I couldn't find the paper in the clutter on my desk.「机の上が散らかっていてその書類が見つからなかった」。

□2253
kiln
/kíln/

名 窯　動 窯で焼く

☺ **切るん**？窯を設置する部分、と尋ねる大工。The ancient kiln excavated at the site is dated to the fifth century.「その場所で発掘された古代の窯は５世紀のものとされている」。

□2254
lure
/lúər/

動 誘惑する　名 おとり

☺ **あるある**おいしい話、と誘惑する。釣りの「ルアー」はこの単語。lure small animals into a trap「小動物をわなに誘い込む」。

□2255
lubricant
/lúːbrikənt/

名 潤滑油

☺ ツ**ルッ**！**ブリッ**！**カーン**！とこける、潤滑油が塗ってあって、と覚えよう。ラテン語lubricare「滑りやすくする」から。Humor is an important lubricant in social relations.「ユーモアは社会関係における重要な潤滑油だ」。

□2256
aloof
/əlúːf/

形 超然として；冷淡で

☺ **あるふ**ん（雰）囲気は超然としてる人。a-=on、loof=luff「縦帆の前ぶち」。The man remained aloof, withdrawn, and indifferent.「その男は超然として孤立し、無関心であった」。

□2257
revoke
/rivóuk/

動 取り消す、無効にする

呼び（voke）戻す（re-）。vokeはラテン語vocare「呼ぶ」から。revoke a driver's license「運転免許を取り消す」。

□2258
encroach
/inkróutʃ/

動 侵害する；侵食する

en-=in-、croach は crook「曲げる」と同語源で「鉤」の意味。手が鉤になっている海賊が侵略してくるところを思い浮かべよう。The sea is encroaching upon the island's shoreline.「海は島の海岸線を浸食している」。

□2259
engulf
/ingʌ́lf/

動 飲み込む、巻き込む

en-=in-「中に」gulf「湾」。湾の中に飲み込まれる感じ。After the war ended, hunger and poverty engulfed the nation.「戦争が終わったあと、その国は飢えと貧困に飲み込まれた」。

□2260
disparity
/dispǽrəti/

名 差異、不均衡

dis-「不」、parity は par「等価、同等」から派生。等しくない→差異。類 difference、discrepancy。the growing disparity in income between urban and rural areas「都市部と地方の間での拡大する収入格差」。

コア単語100レベル 1st 2nd

□2261 **advocate** /ǽdvəkèit/	動 提唱する、唱道する ad-「前に向かって」、voca はラテン語vocare「呼ぶ」から。デモの先頭に立って声を出し、全体を導く感じ。advocate political reform「政治改革を提唱する」。「推奨する、主張する」などの訳語も。
□2262 **gloom** /glúːm/	名 憂鬱；暗がり 動 憂鬱になる ☺ **グル有無**、考えるのも憂鬱（アイツとアイツが……）。groom（新郎）の gloom、と覚えてもよい。the gloom of an overcast winter morning「どんよりした冬の朝の憂鬱」。 形 gloomy（暗い、憂鬱な）
□2263 **snug** /snʌ́g/	形 居心地の良い、暖かくて心地いい ☺ **砂グ**ッと乗っけて居心地の良い別府の砂風呂。a snug Japanese-style inn「居心地の良い日本式旅館」。「心地良い状態にある」の意味も。The dog was snug in his bed.「その犬は自分のベッドで心地良さそうに寝ていた」。
□2264 **wane** /wéin/	動 弱まる、衰える ☺ **ウェ～ン**と泣いて弱まる。「月が欠ける」の意味も。His political clout is waning.「彼の政治的影響力は衰えつつある」。
□2265 **stampede** /stæmpíːd/	動 殺到する；どっと逃げ出す ☺ **スタンプ移動**で殺到する（ハンコを押せ～）。ハンコ（stamp）を押す音のようにドンドンと足（-pede）を踏みならして殺到する、と考えてもよい。The crowd stampeded to the exit.「人々は出口に殺到した」。
□2266 **deploy** /diplɔ́i/	動 （軍隊などを）配置する、展開する de-=dis-「離して」、ploy はラテン語plicare「折り畳む」から。折り畳まれていたものを広げる→展開→配置。deploy troops「軍隊を配置する」。 名 deployment（［軍隊などの］配置、展開）
□2267 **capricious** /kəpríʃəs/	形 気まぐれの、不規則な ☺ **カプリしやす**（噛みます）、とは気まぐれな行動。capricious behavior「気まぐれな行動」。
□2268 **conundrum** /kənʌ́ndrəm/	名 謎、難問 ☺ 名探偵**コナン**、**ドラム**を叩いているのは謎。resolve the conundrum of our existence in the universe「宇宙に我々が存在している謎を解く」。
□2269 **savage** /sǽvidʒ/	形 どう猛な；野蛮な ☺ **さあベジ**タブル（野菜）食べるどう猛な動物（ベジタリアンに転向？）。発 サヴィッジ。ラテン語 silva「森」から。a savage wave of violence「野蛮な暴力の嵐」。「未開の」の訳語も。
□2270 **morale** /mərǽl/	名 士気、やる気 ☺ **もら**え**る**と士気高まる。発 モラール。moral「道徳、倫理」と関連。ただし意味、発音が違うので区別しよう。high morale「高い士気」。

□2271 **prevalent** /prévələnt/	形 広く行き渡った、優勢な prevail「広く行き渡っている」の形容詞形。a prevalent view「広く行き渡った考え方」。 名 prevalence（普及、流行）
□2272 **rife** /ráif/	形 広まっている、流行している 悪いことが広まっている状態。life は悪いことで rife（満ちている）、と覚えよう。Our city is rife with crime.「我々の街には犯罪がはびこっている」。
□2273 **liquidate** /líkwidèit/	動 （負債などを）清算する ☺ **陸いいで、と**海の疲れを清算する（遠洋漁業？）。liquid「液体」から派生。固定した負債を水を流すようにきれいにする。liquidate one's debt「～（人）の負債を清算する」。
□2274 **pulverize** /pʌ́lvəràiz/	動 粉にする、粉砕する pollen「花粉」と同語源。「粉」のイメージが共通。The blast pulverized the building.「爆発で建物は粉砕された」。
□2275 **myriad** /míriəd/	形 無数の　名 無数 ☺ **見れ、あっと**驚く無数のダイヤ。ギリシャ語myrias「10,000」から。There are a myriad of issues looming ahead of us.「我々の前には無数の問題が立ちふさがっている」。
□2276 **astute** /əstjú:t/	形 明敏な、洞察力のある ☺ **明日っちゅうと**予想が当たる明敏な人。ギリシャ語asty「都市」からか。都会の洗練→鋭さ。She is astute in business matters.「ビジネスのことになると彼女は明敏だ」。
□2277 **culprit** /kʌ́lprit/	名 犯人、刑事被告人 ☺ **軽くブリッと**犯人牢屋に入れる（そんな扱いでいいの？）。He is the sole alleged culprit in this case.「彼はこの事件で単独犯だと言われている」。
□2278 **plausible** /pló:zəbl/	形 あり得る、もっともらしい 手を叩いて（plaude）称賛できる（-able）ような。plaudeはラテン語plaudere「手を叩く」から。a plausible explanation「あり得る説明」。
□2279 **hallucinate** /həlú:sənèit/	動 幻覚を起こさせる ☺ **春死ね～、と**言われた？そりゃ幻覚だ。The tribes smoked these grasses and hallucinated.「部族たちはこれらの草を吸って幻覚を起こした」。 名 hallucination（幻覚）
□2280 **delve** /délv/	動 徹底的に調べる、掘り下げる ☺ **出るブツ**は徹底的に調べる刑事。Investigators delved into the politician's finances and uncovered some dubious transactions.「捜査官たちはその政治家の財務を精査し、いくつかの疑わしい取引を発見した」。

229.mp3

□2281 **relinquish** /rilíŋkwiʃ/	動 放棄する、断念する re-「後ろに」、linquish はラテン語 linquere「残す」から。類abandon。Tom relinquished all rights to the property.「トムはその土地の全ての権利を放棄した」。
□2282 **folly** /fάli/	名 愚かなこと、愚劣 ☺ **ほり**(ほれ)見たことか、愚かなやつめ。fool「ばか」と関連。The project is the current administration's latest piece of folly.「そのプロジェクトは現政権の新たなる愚行だ」。
□2283 **assault** /əsɔ́:lt/	動 攻撃する 名 攻撃 as-=ad-「～へ」、sault はラテン語salire「跳ぶ」から。「アソールト」と「襲うと」の音が似ている。The AK-47 is an assault weapon.「AK-47は急襲用銃器だ」。
□2284 **unleash** /ʌnlí:ʃ/	動 解き放つ、(怒りなどを)爆発させる 革ひも(leash)を外す(un-)。That one bullet unleashed hell in the city.「その一弾が街に地獄をもたらすことになった」。
□2285 **sage** /séidʒ/	名 賢者 形 賢明な ☺ **政治**に関わるのは賢者、かな？ 発セイジ。the seven sages of ancient Greece「古代ギリシャの七賢人」。
□2286 **abandon** /əbǽndən/	動 捨てる、断念する ☺ あ**あ晩だん**だん暑くなって毛布を捨てる(夏到来！)。古フランス語a bandon「誰かの裁量に任せる」から。参ban「禁止する」。abandon a research project because of financial difficulties「財政難のために研究計画を断念する」。
□2287 **discord** /dískɔ:rd/	名 不一致、不和 心(cord)が離れて(dis-)。cordはラテン語cor「心臓」から。参cordial「心からの」。反accord「一致する」。racial discord「民族間の不和」。
□2288 **crave** /kréiv/	動 切望する、懇願する ☺ **くれイブ**に！とクリスマスプレゼントを切望する。類desire。Sometimes I badly crave cigarettes.「無性にタバコが欲しくなるときがあるんだ」。
□2289 **captivate** /kǽptəvèit/	動 心を奪う、魅惑する capture「捕まえる」と同語源。Her beauty captivated the audience.「彼女の美しさに観客は心を奪われた」。 名 captive(捕虜；囚人)
□2290 **intangible** /intǽndʒəbl/	形 触れることのできない、無形の 触れる(tangi)ことができ(-ible)ない(in-)。tangiはラテン語tangere「触れる」から。参tangible「明確な」。intangible assets「無形の財産」。

□2291 **statute** /stǽtʃuːt/	名 法令、制定法 ☺ **スターっちゅうと**法令で罰せられる(有名人は大変)。ラテン語statuere「立つ」から。法律として立てられたルール、と考えよう。by statute「法令により」。
□2292 **scant** /skǽnt/	形 乏しい、貧弱な ☺ **好かんと**言ってられない乏しい食料。We were left with scant food.「我々に残された食料は乏しかった」。
□2293 **eclectic** /ikléktik/	形 多岐にわたる；取捨選択した 選び(lect)出し(ec-=ex-)た状態(-ic)→様々な要素を取り入れる→多岐にわたる。lectはギリシャ語legein「選ぶ」から。参elect「選ぶ」、elite「エリート」(選ばれた人)。have eclectic tastes in art「美術に関して幅広い趣味を持つ」。
□2294 **deficient** /difíʃənt/	形 不足している、不十分な ☺ **で、費せんと**して不足する(それでも費やそうとして……)。de-=down、away、ficiはラテン語facere「する、作る」から。参deficit「損失」。These kids are deficient in nutrition.「この子どもたちは栄養が不足しているんです」。
□2295 **furtive** /fə́ːrtiv/	形 密かな、内密の ☺ **ふわ～恥部**は密かにしないと恥ずかしい。ラテン語furtum「盗み」から。類clandestine。a furtive affair「秘密の情事」。
□2296 **abreast** /əbrést/	副 進度が遅れずに、横に並んで breast「胸」と関連。徒競走で胸と胸が並ぶように並走している感じ。keep abreast of the times「時流に乗り遅れないようにする」。
□2297 **quench** /kwéntʃ/	動 (火を)消す；(渇きを)癒やす ☺ **食えん！チッ**、火を消してから食おう(焼き肉が燃えちゃった！)。quench the fire「火を消す」。「熱を冷ます」の意味も。
□2298 **aptitude** /ǽptətjùːd/	名 適性、素質 形容詞apt「～しがちな、～する傾向がある」から派生。-tudeは「性質・状態」を表し、名詞を作る接尾辞。She has a special aptitude for linguistics.「彼女は語学に特別な適性がある」。
□2299 **fabricate** /fǽbrikèit/	動 作る；でっち上げる fabric「織物」と同語源。fabricate a story「話をでっち上げる」。
□2300 **proficient** /prəfíʃənt/	形 熟練した、敏腕な pro-「前に」、ficはラテン語facere「する、作る」から。物を作り出す腕の良さ。参efficient「効果的な」。a proficient sculptor「彫刻の達人」。 名 proficiency(熟達、進歩)

231.mp3

□2301 **rapport** /ræpɔ́ːr/	名 信頼関係、共感 ☺ **裸、ぼーっと**する信頼関係（仲間とサウナ）。心が通じ合う、共感的な信頼関係。report「報告する」と関連。It is important for salespeople to build a rapport with their clients.「営業は顧客と信頼関係を築くことが大切だ」。
□2302 **incisive** /insáisiv/	形 鋭利な；痛烈な in-「中に」、cisはラテン語caedere「切る」から。刃物で中に切り込むような。参precise「正確な」（前もって切っておいた）、incision「切り傷」。His analysis revealed an incisive mind.「彼の分析を聞けば切れる男なのがわかった」。
□2303 **immaculate** /imǽkjulət/	形 汚れのない、完璧な ☺ **今くれ～！と**汚れなき子ども（プレゼント今頂戴！今！）。汚点（macula）がない（im-=in-）。maculaはラテン語で「染み、汚れ」。immaculate dress「染み一つないドレス」。immaculate timing「申し分のないタイミング」。
□2304 **inadvertent** /ìnədvə́ːrtnt/	形 故意でない、不注意な 意図がそちらへ（ad-）向かった（vert）のではない（in-）。vertはラテン語vertere「向く」から。参advertise「広告する」。an inadvertent error「うっかりミス」。 副 inadvertently（不注意に、うっかりして）
□2305 **covert** /kóuvərt/	形 隠れた、密かな cover「覆い」と関連。類hidden、concealed、secret。反overt「公然の、あからさまな」。a covert operation「秘密の作戦」。
□2306 **rake** /réik/	動 かき集める、かきならす　名 熊手 ☺ **例、苦**労してかき集める（例文を集めるのは大変！）。熊手でガサッとかき集める感じ。rake votes in「票をかき集める」。rake the ground flat「地面を平らにならす」。
□2307 **calamity** /kəlǽməti/	名 災難、惨事 ☺ **絡みてえ、**誰かに、と思うほどの災難。claim「主張する」などと関連→叫びたくなるほどの災難。類disaster、catastrophe。It was a calamity for me.「僕にとっては災難だった」。
□2308 **eminent** /émənənt/	形 著名な；顕著な ☺ **絵見ねえと**著名な画家とはわからない。e-=ex-「外へ」、mineはラテン語minere「突き出る」から。参imminent「切迫した」。an eminent professor「著名な教授」。
□2309 **repudiate** /ripjúːdièit/	動 拒否する re-「返す」、pud は -ped「足」と関連か。申し出を拒否して引き返す、と考えよう。類reject。repudiate a claim「要求を拒否する」。
□2310 **persevere** /pə̀ːrsəvíər/	動 我慢する；頑張り通す per-「通して」severe「厳しい」。厳しい状況を頑張って通り抜ける。The ability to persevere is genius in itself.「頑張り通す能力はそれ自体が天賦の才だ」。 名 perseverance（忍耐、粘り強さ）

□2311
tier
/tíər/
名 階層、列
☺ **てやっ**！と落とすだるま落としの階層。I am aiming at top-tier schools.「私はトップレベルの学校を狙っている」。

□2312
withstand
/wiðstǽnd/
動 耐える、持ちこたえる
対抗して(with-)立つ(stand)。類bear、endure。withstand the heat of the desert「砂漠の暑さに耐える」。

□2313
ambiguous
/æmbígjuəs/
形 あいまいな、多義的な
ラテン語ambigere「討論する」(ambi-「両方に」agere「行く」)から。2つ以上の解釈が可能であいまいなこと。参ambivalence「心理的葛藤；あいまいさ」。ambiguous attitude「あいまいな態度」。

□2314
configuration
/kənfìgjuréiʃən/
名 配置；構成
☺ **この日暮れ衣装**の配置を考える(スタイリスト？)。con-「共に」figure「形」。いろいろな要素が組み合わさったものとその配置。参figure「形；人物」。The configuration of the system is complex.「そのシステムの構成は複雑だ」。

□2315
hypothesis
/haipɑ́θəsis/
名 仮説、仮定
hypo-「下にある」thesis「論題」。議論の下敷きとするために立てる仮説。参hypothalamus「視床下部」。test a hypothesis「仮説を検証する」。
形 hypothetical(仮説の、仮定の)

□2316
complacent
/kəmpléisnt/
形 のうのうとして、無頓着な
com-「完全に」、placentはラテン語placere「喜ばせる」から。現状に完全に満足している感じ。参please「喜ばせる」。Humankind can't be complacent about global warming.「人間は地球温暖化に無頓着ではいられない」。

□2317
mighty
/máiti/
形 強力な、力のある
☺ **まあ痛え**、力のある人(すごい握力！)。名詞might「力」から派生。the once mighty Roman army「かつて強大であったローマ軍」。

□2318
liaison
/lìːeizɔ́ːŋ/
名 連絡、渉外
☺ **リエ、損**と連絡する(えっ、リエちゃんが株で？)。ラテン語ligare「結ぶ、縛る」から。フランス語で、語尾の子音と語頭の母音が結び付く現象も「リエゾン」。参ligature「絆；結紮(けっさつ)」。a liaison officer「連絡将校」。

□2319
revolt
/rivóult/
動 反乱を起こす
☺ **利ぼる、と**反乱起こす客。revolve「回転する」と関連。参revolution「革命」。The army revolted against the government.「軍は政府に対し反乱を起こした」。

□2320
jubilant
/dʒúːbələnt/
形 大喜びの
☺ **準備要らんと**大喜び。The players were jubilant after their victory.「選手たちは勝利に沸いた」。
名 jubilation(歓喜)

コア単語100レベル 1st 2nd

233.mp3

□2321 **arrogant** /ǽrəgənt/	形 傲慢な ☺ **あら、ガンと**して動かない傲慢な人。ar-=ad-「〜へ」、rogaはラテン語rogare「求める」から。He was an arrogant man who always demanded the best table in the restaurant.「彼はいつもレストランの最上の席を要求する傲慢な男だった」。
□2322 **fling** /flíŋ/	動 投げる；動かす ☺ **不倫、グッ**とこらえて物投げる。どちらの意味においても、放り出すような激しい動き。He flung his backpack onto the floor.「彼はバックパックを床にドンと投げ出した」。
□2323 **sundry** /sʌ́ndri/	形 雑多な、様々な ☺ **サンデー**(Sunday)に雑多な買い物をする、と覚えよう。発サンドリー。sundry services「様々なサービス」。
□2324 **awkward** /ɔ́ːkwərd/	形 ぎこちない、不格好な ☺ 部屋の**奥はど**うもぎこちない雰囲気。an awkward movement「ぎこちない動き」。「気まずい、不器用な」などの訳語も。awkward silence「気まずい沈黙」。
□2325 **rampant** /rǽmpənt/	形 広がっている、はびこっている ☺「**乱汎と**」と考え、むやみに広がる様子を思い浮かべよう。Rumors are rampant about the prime minister's resignation.「首相の辞職についてうわさが広まっている」。
□2326 **counterfeit** /káuntərfìt/	動 偽造する　名 偽造品 counter-=against「〜に対する」、feitはラテン語facere「する、作る」から。参factory「工場」。counterfeit bills「お札を偽造する」。形容詞で「偽の、まがい物の」の意味も。
□2327 **indelible** /indéləbl/	形 消せない、払拭できない 消す(del)ことができ(-ible)ない(in-)。delはラテン語delere「消す」から。参delete「削除する」。an indelible memory「消すことのできない記憶」。
□2328 **bulge** /bʌ́ldʒ/	名 出っ張り　動 膨れる ☺ bulの部分を「張る」と考えよう。ラテン語bulga「袋」から。袋のような形のこぶ→出っ張り。equatorial bulge「(地球の)赤道付近の膨らみ」。Her eyes bulged with fear.「彼女は恐怖で目を見開いた」。
□2329 **forge** /fɔ́ːrdʒ/	動 作り出す；偽造する ☺ **ほ〜、痔を作る**デスクワーク。forge a relationship「関係を構築する」。forge coins「コインを偽造する」。「鍛造(たんぞう)する」の意味も。forge a sword from iron「鉄から剣を鍛冶で作る」。 名 forgery(偽造)
□2330 **commence** /kəméns/	動 開始する、し始める ☺ 仕事が**come onす**る→仕事を始める、と覚えよう。発コメンス。commence work「仕事を始める」。My trial will commence tomorrow.「私の裁判は明日始まる」。「学位を授ける」の意味も。参commencement「卒業式」。

□2331 **mar** /mάːr/	動 損なう、台無しにする、傷つける ☺ **まあ**、ひどい傷つけ方ね。Problems with the lighting marred the event.「照明の不具合がそのイベントを台無しにした」。
□2332 **passable** /pǽsəbl/	形 基準を辛うじて満たす、まずまずの 通る(pass)ことができる(-able)。The food at the restaurant was only passable.「そのレストランの食事は、どうにか食べられるという程度だった」。
□2333 **refute** /rifjúːt/	動 反論する、反駁する ☺ **理、ふっと**思いついて反論する(理屈を思いついた!)。叩き(fute)返す(re-)→反論する。fute はラテン語 futare「叩く」から。The candidate refuted his opponent.「その候補者は相手に反論した」。
□2334 **obliterate** /əblítərèit/	動 消し去る、取り除く ob-=over「覆って」literate=letter「文字」。上から文字を書きつけることで前にあった文字を消す。obliterate the memory「記憶を消し去る」。
□2335 **ooze** /úːz/	動 染み出る、流れ出る ☺ **う〜**、**ず**っと染み出る血。Blood oozed from the wound.「傷口から血が出た」。
□2336 **diffuse** /difjúːz/	動 拡散させる;普及させる di-「分けて」、fuse はラテン語fundere「注ぐ、流し込む」から。参infuse「吹き込む」。Over time, Christianity diffused throughout Europe.「時がたつにつれ、キリスト教は全ヨーロッパに広まった」。
□2337 **endorse** /indɔ́ːrs/	動 支持する、是認する ☺ **円**、**どうせ**支持される。en-=in-「中に」、dorse はラテン語dorsum「背」から。「裏書きする」が原義。類support。Many parents endorse the idea of school uniforms.「制服に賛成する親は多い」。
□2338 **bail** /béil/	動 保釈する 名 保釈金 ☺ jail(牢獄)からbailと覚えよう。アメリカには bail bond service という「保釈金立て替え業」がある。bail out「保釈する;救済する;回避する」。
□2339 **commend** /kəménd/	動 称賛する ☺ **小面倒**でも称賛する(社交辞令でとりあえず)。com- は強意、mend はラテン語mandare「委ねる」から。安心して委ねられるぐらいに素晴らしい→称賛。参recommend「推薦する」。The soldiers were commended for bravery in the rescue mission.「兵士たちは、救助活動における勇敢さを称賛された」。
□2340 **congruent** /kάŋgruənt/	形 適合する、一致する ☺ **このグル**、**延々と**適合する(悪い仲間だが気は合うね)。con-「共に」。The prime minister's remarks were not congruent with the party's position on the issue.「首相の発言はその問題における党の立場と合致しなかった」。

□2341 **ardent** /ɑ́ːrdnt/	形 熱烈な ☺ **ああデンと**構えて実は熱烈。ラテン語 ardere「燃える」から。燃えるような思い。類passionate、enthusiastic、eager。ardent fans「熱心なファン」。
□2342 **blunder** /blʌ́ndər/	名 大失敗、へま ☺ ブラン**ブラン**、**ダ**ラダラして失敗する。古北欧語 blunda「居眠りする」から。The decision to go to war was a blunder.「戦争をするという決断は大失敗だった」。
□2343 **ascribe** /əskráib/	動 原因を〜に帰する、（功績などが）〜の作とみなす a-=ad-「加えて」、scribeはラテン語scribere「書く」から。物事の原因として、記録に刻まれている。参describe「描写する」。The alphabet is ascribed to the Phoenicians.「アルファベットはフェニキア人が作ったとされている」。
□2344 **speck** /spék/	名 斑点、染み　動 染みを付ける ☺ **スペッ**と**く**ろく（黒く）付いた斑点。specks of soot「すすによる斑点」。「少量の」の意味も。I didn't find a speck of truth in his story.「彼の話には真実のかけらすら見当たらなかった」。
□2345 **barrage** /bərɑ́ːʒ/	名 集中砲火、連発 ☺ **バラ**バラと降ってくる爆弾に**ジ**ーッと耐える、と考えよう。barrier「バリア、障壁」と関連。敵を防ぐ弾幕→集中砲火。The mayor was greeted by a barrage of questions from reporters.「市長は報道陣の質問責めに遭った」。
□2346 **liable** /láiəbl/	形 （法的に）責任がある；（好ましくないことを）しがちな 法律で縛る（li）ことができる（-able）→負債・損害などの法的責任。liはラテン語ligare「縛る」から。参obligation「義務」。 名 liability（債務；責任）
□2347 **incongruous** /inkɑ́ŋgruəs/	形 不適当な；不一致の 一致（congruous）しない（in-）。☺一緒に（con-）**グル**にはならない（in-）と考えてもよい。反congruous「一致した、調和した」。参congruent「適合する」。His incongruous behavior drew stares.「彼の不適切な行動が人目を引いた」。
□2348 **cutlery** /kʌ́tləri/	名 食事用金物類、刃物類 語源は違うがcut「切る」するものと考えよう。ナイフ、フォーク、スプーンなど。The woman showed us how to properly handle cutlery.「その女性は私たちにナイフやフォークの正しい使い方を教えてくれた」。
□2349 **snuff** /snʌ́f/	動 においをかぐ、鼻から吸う ☺ **砂フ**ンフンとにおいかぐ（鼻に砂が入るっつーの）。snで始まる単語には「鼻関係」が多い。参sneer「あざ笑う」（鼻で笑う）。「ロウソクなどを消す」の意味も。snuff a prey「獲物をかぎつける」。
□2350 **slant** /slǽnt/	動 傾ける；ゆがめる　名 傾斜 ☺ **スラン**、**と**斜めになった感じ。a slanting roof「傾斜した屋根」。

□2351 **paramount** /pǽrəmàunt/	形 最高の、最重要な par-=per-「通して」、a-「〜へ」、mountはラテン語mont「上方」からで、mountain「山」と関連。参amount「総計〜になる」。Accomplishing the job is of paramount importance.「この仕事をやり遂げることが最重要だ」。
□2352 **tremor** /trémər/	名 震え、震動 ☺ **取れ**、**真**ん中の人形をと言われて鉄砲に震え(お祭りの射的)。ラテン語tremere「震える」から。参tremble「震える」。I heard a tremor in her voice.「彼女の声が震えているのがわかった」。
□2353 **empirical** /impírikəl/	形 経験による、経験主義の ☺ い**いんピリ辛**！とは経験による味覚。piri はギリシャ語 peira「試み」から。参experience「経験」。Empirical evidence suggests this treatment should work.「経験的証拠によると、この治療法は効くはずです」。
□2354 **lithe** /láið/	形 しなやかな、柔軟な ☺ **ライ**ンに沿って**ず**〜っと伸びるしなやかな体、と覚えよう。The ice skater stretched her lithe body.「アイススケート選手はしなやかな体を伸ばした」。
□2355 **protract** /proutrǽkt/	動 引き延ばす pro-「前に」、tractはラテン語trahere「引く」から。参attract「引きつける」。類prolong。a protracted civil war「長く続く内戦」。
□2356 **contingency** /kəntíndʒənsi/	名 不測の事態、偶発事故 ☺ **この地**、**全死**とは不測の事態。ラテン語 contingere「起こる」から。I'm factoring in every contingency.「考えられる全ての不測の事態を考慮しています」。 形 contingent(偶発的な；あり得る)
□2357 **underpinning** /ʌ́ndərpìniŋ/	名 基盤、根拠 下を(under)ピン留め(pinning)しているもの。What are the underpinnings of democracy?「民主主義の基盤となっているものは何ですか」。
□2358 **assimilate** /əsíməlèit/	動 同化する as-=ad-「〜へ」、similはラテン語simulare「似せる」から。参similar「似ている」。The Romans assimilated the people of conquered nations.「ローマ人は征服した国の人々を同化させた」。 名 assimilation(同化)
□2359 **foil** /fɔ́il/	動 失敗させる、くじく ☺ **ほー**、**要る**の？あげない！と言って失敗させる。Their attempt was foiled by an unfortunate happenstance.「彼らの試みは不遇な出来事によってくじかれた」。
□2360 **infuriate** /infjúərièit/	動 激怒させる 怒り(fury)の中に入れる(in-)。His behavior infuriated me.「彼の行動が私を怒らせた」。

□2361 **assail** /əséil/	動 攻撃する；悩ます ☺ **汗いる**、くり返し攻撃すると（攻撃側も大変）。as-=ad-「～へ」、sailはラテン語salire「跳ぶ」から。参assault「攻撃する」。 名 assailant（襲撃者）
□2362 **impromptu** /imprámptju:/	形 即席の、即興の　副 即興で 即座に（prompt）準備ができている状態に入る（in-）。参prompt「即座の、敏速な」。give an impromptu speech「即興のスピーチをする」。
□2363 **abstain** /æbstéin/	動 控える、慎む abs-=ab-「離れて」、tainはラテン語tenere「持つ」から。自分自身を物事から引き離して保つ→抑制→控える、慎む。参retain「保つ」。abstain from drinking「飲酒を控える」。
□2364 **gush** /gʌ́ʃ/	動 勢いよく流れ出る、噴出する　名 ほとばしり、噴出 ☺ **ガッ**、**シュ**ッ、といかにも水が噴出するような音。参gust「一陣の風」、rush「急ぐ、殺到する」。Water gushed out of the pipe.「水がパイプから噴出した」。Tears gushed from her eyes.「彼女の目から涙があふれた」。
□2365 **wrath** /rǽθ/	名 憤怒（ふんど／ふんぬ） ☺ 恨み晴**らす**まで続く憤怒。発ラース。類anger。*The Grapes of Wrath*『怒りの葡萄』（ジョン・スタインベックの小説）。My careless remarks incurred the wrath of my wife.「私の不注意な発言が妻の怒りを買った」。
□2366 **intermission** /ìntərmíʃən/	名 中断；休憩時間 動詞intermit「中断する」の名詞形。inter-「間に」、mitはラテン語mittere「送る」から。without intermission「中断することなく」。
□2367 **afflict** /əflíkt/	動 苦しめる af-=ad-「～に向かって」、flictはラテン語fligere「打つ」から。参conflict「衝突」（共に打つ）。Emily was afflicted with asthma.「エミリーは喘息で苦しんだ」。 名 affliction（苦悩）
□2368 **ragged** /rǽgid/	形 ボロボロの；ギザギザの rag「ぼろきれ」から派生。ぼろきれの周囲→ギザギザ。発ラギッド。a ragged blanket「ボロボロの毛布」。the ragged surface of the moon「月のでこぼこした表面」。
□2369 **enormous** /inɔ́:rməs/	形 巨大な、莫大な ☺ **胃**で**飲みます**、とは巨大なヘビ（動物を丸飲みしておなかが膨らんでいる）。e-=ex-「外へ」norm「標準」→並外れて大きい。参norm「基準、標準」。類huge。an enormous amount of money「莫大な金額」。
□2370 **intrigue** /intrí:g/	動 興味をそそる ☺ **犬**！**鳥**！**グ**ッと興味をそそる物語（桃太郎？）。in-「中に」、trigueはギリシャ語thrix「頭髪」から。昔、女性が髪で男性を誘惑したことから。 形 intriguing（興味をそそる）

□2371 **detain** /ditéin/	動 引き留める、拘留する de-「離れて」、tainはラテン語tenere「持つ、保つ」から。参retain「保つ」。He was arrested and detained for three months.「彼は逮捕され３カ月拘留された」。 名 detention（拘留）
□2372 **distress** /distrés/	名 苦悩、悩み dis-「離れて」、stressはラテン語stringere「引っ張る」から。心をあらぬ方向へ引っ張る→苦悩。ストレス（stress）はこの単語の頭が取れたもの。参strain「緊張させる」。
□2373 **dormant** /dɔ́ːrmənt/	形 休眠中の、活動をしていない ☺ **どう**？**マント**をかぶって眠るのは？　ラテン語dormire「眠る」から。参dormitory「ドミトリー、寮」（眠る場所）。a dormant volcano「休火山」。
□2374 **entity** /éntəti/	名 存在；団体 ☺ **縁っ**て言っ**ていい**存在。ラテン語 esse「存在する」から。an abstract entity「抽象的な存在」。
□2375 **caress** /kərés/	動 優しくなでる　名 愛撫 ☺ **彼好**き、と優しくなでる。The professor caressed the dictionary.「その教授はその辞書を優しくなでた」。The breeze caressed my skin.「そよ風が私の肌をそっとなでた」。
□2376 **lunatic** /lúːnətik/	形 狂気の　名 狂人 ラテン語luna「月」から。月の満ち欠けが狂気をもたらすとの発想から。参lunar「月の」。
□2377 **lust** /lʌ́st/	名 情欲、渇望 ☺ **ラスト**（last）にしろよ、そんな情欲（女遊びばっかりしやがって！）。キリスト教の７つの大罪（the seven deadly sins）の一つ。lust for power「権力欲」。
□2378 **gape** /géip/	動 大口を開ける　名 裂け目 ☺ **ゲップ**して大口開ける、と考えよう。北欧語 gapa が語源なので、ガパッと口を開く、と考えてもよい。I almost fell into the gaping hole in the ground.「地面に開いた大穴に落ちるところだった」。
□2379 **hideous** /hídiəs/	形 おぞましい、忌まわしい ☺ **ヒ～**！**でやす**、おぞましい出来事。発ヒディアス。He's got hideous dress sense.「彼の服のセンスはひどいね」。
□2380 **adept** /ədépt/	形 熟達した　名 名人 ☺ **ああ**、**でっぷりと**してる割に熟達している手品師。Keith is adept at magic tricks.「キースは手品がうまい」。He is an adept at vanishing from parties.「アイツはパーティーから消えるのがうまいなあ」。

239.mp3

□2381 **repress** /riprés/	動 抑制する；制圧する re-「再び、後ろに」press「押す」。repress emotions「感情を抑える」。
□2382 **affinity** /əfínəti/	名 類似性；親近感 ☺ **ああ、日**に日に**似て**くる。ラテン語 affinis「親戚」→類似性→親しみ。「近しい」感じが共通。類similarity、familiarity。Whales have affinities with land mammals.「クジラは陸生哺乳類と数々の類似性を持つ」。
□2383 **respite** /réspit/	名 小休止、一時的中断 ☺ **リス、バイト**で小休止（やれやれ、ちょっとクルミでもかじるか）。re-「振り返って」、spiteはラテン語specere「見る」から。ちょっと休んで我に返る時間。苦痛を伴う物事が中断する、という感じが強い。参respect「尊敬する；点」。
□2384 **obsolete** /ɑ̀bsəlíːt/	形 廃れた、時代遅れの ☺ **おぶさり、父**ちゃん廃れる（それをいうなら「年取る」？）。ob-「～へ」、solはラテン語solere「慣れる」から。古くなって慣れていく→古くなり過ぎて廃れる。That expression is obsolete.「その表現は時代遅れだよ」。
□2385 **zest** /zést/	名 熱意、強い興味 ☺ **ぜー**ぜー**すっと**熱意示せる（息荒く！）。フランス語のzeste「風味を加えるためのレモンやオレンジの皮」から。英語でもその意味もあり。He seems to have lost his zest for research.「彼は研究への熱意を失ったように見える」。
□2386 **formidable** /fɔ́ːrmidəbl/	形 恐るべき、大変な ☺ **ほ～、淫らぶる**女は恐ろしい。畏敬の念も含んでの「恐るべき」から「手に負えない」まで意味が広がる。a formidable entrepreneur「並外れた企業家」。a formidable task「手に負えない仕事」。
□2387 **construe** /kənstrúː/	動 解釈する、理解する con-「共に」、struеはラテン語struere「組み立てる、建てる」から。様々の情報を組み合わせて解釈・理解する。参construct「建設する」。What he said in his speech was badly construed.「スピーチで彼が言ったことは悪く解釈された」。
□2388 **pragmatic** /prægmǽtik/	形 実利的な、実際的な practical「実用的な」と関連。a pragmatic approach「実際的な方法」。
□2389 **suffocate** /sʌ́fəkèit/	動 窒息させる ☺ **さあ呆けと**らんで働け、とは息詰まる会社。suf-=sub-「下」、focateはラテン語fauces「のど」から。The room was damp and filled with a suffocating odor.「その部屋は湿っており、息の詰まりそうなにおいがした」。
□2390 **mayhem** /méihem/	名 騒乱；暴力 ☺ **迷、へ？無**理！と騒乱（政府迷走の結果……）。中期英語maym「傷害、切断」からで、maim「障害を負わせる」と関連。「身体障害」の意味も。cause mayhem「騒乱を引き起こす」。

まずは「とりあえず終わらせる(印を全部消す)」ことだけを考えよう。

240.mp3

□2391 **lucrative** /lúːkrətiv/	形 儲かる、金になる ☺ 得**る蔵**、**恥部**は儲かる(パパラッチ?)。発ルークラティブ。ラテン語lucrum「儲け、利益」から。There is a lucrative trade in stolen artifacts.「盗んだ美術品を売って儲ける商売がある」。
□2392 **demeanor** /dimíːnər/	名 振る舞い、態度 ☺ **で、見な**!あの振る舞いを。de-「完全に」、meanはラテン語menare「脅す」から。人を脅す→人を導く→ある仕方で行動する。現在は良い振る舞いにも使われる。professional demeanor「プロフェッショナルな振る舞い」。
□2393 **contour** /kántuər/	名 輪郭;概略 ☺ **今度は**見えた輪郭が。発コントゥアー。con-「中に」tour=turn「回転」。中に入ったものの周りをぐるっと囲んでいる感じ。the contour of the shore「海岸線」。the contour of the statue「彫刻の体の線」。
□2394 **intercept** /ìntərsépt/	動 途中で取り押さえる、封じる　名 妨害、阻止 間に入って(inter-)捕まえる(cept)。ceptはラテン語capere「取る」から。参accept「受け入れる」。intercept a message「通信を傍受する」。
□2395 **deform** /difɔ́ːrm/	動 形をゆがめる、変形させる de-「離れて」form「形作る」。本来の姿から離れた形にする。birds with deformed wings「羽の変形した鳥」。
□2396 **dexterity** /dekstérəti/	名 器用さ、抜け目なさ ☺ **でくの坊捨てり**、**手**の器用な人を雇う。形容詞dexter「右側の」から派生。右利き→左利きより器用という偏見に基づく(著者は左利き)。manual dexterity「手の器用さ」。
□2397 **malleable** /mǽliəbl/	形 打ち延ばしできる、展性のある ☺ **まれ、炙る**と打ち延ばしできる鉄。malle はラテン語malleus「ハンマー」から。叩いて伸ばすことができる(-able)。「順応性のある」の意味にも。malleable iron「可鍛鉄」。 名 malleability(展性;順応性)
□2398 **attire** /ətáiər/	名 豪華な衣装、服装 ☺ **あたいや**!豪華な衣装がふさわしいんは(あの人ちゃうで!)。wedding attire「婚礼衣装」。
□2399 **heinous** /héinəs/	形 憎むべき、凶悪な ☺ **ヘイ**!**茄子**!なんて憎むべきあだ名。発ヘイナス。hate「憎む」と関連。a heinous crime「憎むべき犯罪」。
□2400 **notwithstanding** /nàtwiðstǽndiŋ/	前 ~にも関わらず ある事柄の側に(with)立つこと(standing)なく(not)。He continued to play his best, notwithstanding the hopelessly lopsided score.「絶望的に一方的なスコアにも関わらず、彼はベストを尽くしてプレーを続けた」。

241.mp3

☐2401
enthrall
/inθrɔ́:l/

動 魅了する、夢中にさせる

☺ **縛っす、ロール**ケーキに魅了されるのは(スウィーツとの出会い!)。奴隷(thrall)状態にする(en-)→魅力の虜にする。thrallは古北欧語の「奴隷」から。The circus enthralled the children.「そのサーカスは子どもたちを魅了した」。

☐2402
resilience
/rizíljəns/

名 立ち直る力;弾力

☺ **理事、離縁す**!と言われても驚異の立ち直り。re-「再び」、silieはラテン語salire「跳ぶ」から。参assail「攻撃する」。

形 resilient(立ち直りの早い;弾力のある)

☐2403
throng
/θrɔ́:ŋ/

名 群衆;多数　動 群がる

☺ **すっごく long**に並んだ群衆、と覚えよう。a throng of people「群衆」。

☐2404
torrent
/tɔ́:rənt/

名 激しい流れ、奔流

☺ **取れんと**思う、水の流れが急過ぎて(何か流してしまったらしい)。ラテン語torrere「焼く」→沸騰する→水が激しい音を立てて流れる。a torrent of water「水の奔流」。

☐2405
weld
/wéld/

動 溶接する;統合する

well「井戸」と関連か。噴出する→沸騰する→熱い金属を溶接する。weld the different races and tribes into a unified nation「多様な人種や部族を統合して統一国家を作る」。

☐2406
ubiquitous
/ju:bíkwətəs/

形 至るところに存在する、遍在する

☺ **指来たっす**、あそこにもここにも(どんなホラー映画?)。ubiはラテン語で「どこ?」、quiは強調→どこにでも。Internet access is increasingly becoming ubiquitous.「ますます、どこでもインターネットにアクセスできるようになってきている」。

☐2407
volatile
/válətl/

形 不安定な;揮発性の

☺ **暴落してる**不安定な相場。ラテン語volare「飛ぶ」から。The currency market has become volatile.「通貨市場が不安定になっている」。「(感情が)激しやすい、気まぐれな」などの意味も。

☐2408
deplete
/diplí:t/

動 使い果たす、激減させる

☺ **でっぷりと**して食糧使い果たす(食い過ぎだ!)。de-=away/off、pleteはラテン語plere「満たす」から。参complete「満たす」。These chemicals deplete the ozone layer.「これらの化学物質がオゾン層を激減させるのです」。

☐2409
enhance
/inhǽns/

動 高める、強める

☺ **縁、反す**うして高める(くり返し会えば縁も深まる)。高い(hance)状態にする(en-)。hanceはhighと関連か。質的、機能的に高めること。類improve。

名 enhancement(増強)

☐2410
viable
/váiəbl/

形 生存できる;実行可能な

生きる(vi)ことができる(-able)。viはラテン語vita「生命」から。参vital「重要な」(生命に関わる重要さ)、vivid「生き生きした」。a plant viable in arid environments「乾燥した環境でも生きていける植物」。a viable plan「実行可能な計画」。

242.mp3

□2411 **deterioration** /ditíəriərèit/	動 悪化する、低下する ☺ **出たらお礼と**思っても悪化する病（退院したいが……）。de-「下へ」。Her health deteriorated while she was in the hospital.「入院中に彼女の健康は悪化した」。 名 deterioration（悪化、低下）
□2412 **astound** /əstáund/	動 ビックリ仰天させる ☺ **明日タウンど**う？と驚かす（デートの誘いに「タウン」って……）。astonish「仰天させる」の異形。類surprise。I was astounded by the results.「結果を聞いて驚いた」。
□2413 **contempt** /kəntémpt/	名 軽蔑 ☺ **この添付！と**軽蔑する（ファイル添付を忘れるなんて！）。類scorn。He treated his subordinates with contempt.「彼は部下を軽蔑的に扱った」。 形 contemptuous（軽蔑的な）
□2414 **lump** /lʌ́mp/	名 塊 ☺ **ランプ**（lamp）の燃料、脂の塊。a lump of coal「石炭の塊」。
□2415 **repent** /ripént/	動 悔やむ、悔い改める ☺ **利便、と**思って結局悔やむ。re-「振り返って、くり返し」。夜中にくり返し思い出しては悔やむ感じ。repent one's bad behavior「悪い行動を悔やむ」。 名 repentance（悔い改め）
□2416 **proxy** /prɑ́ksi/	名 代理；代理人 ☺ **プロ、くし**で髪とかすのも代理に任す。ラテン語procurare「面倒を見る」（前に出てケアする）から。The lawyer is acting as the athlete's proxy.「その弁護士がそのスポーツ選手の代理人をしている」。
□2417 **allocate** /ǽləkèit/	動 配分する al-=ad-「～へ」locate「置く」。allocate a significant proportion of the workforce to a project「あるプロジェクトに大変多くの人員を割り振る」。 名 allocation（配分）
□2418 **stout** /stáut/	形 どっしりした；頑丈な ☺ **スタッ！ウド**のようにどっしりした脚。stout legs「どっしりとした脚」。
□2419 **enchant** /intʃǽnt/	動 大いに喜ばせる、魅了する ☺ **宴ちゃんと**歌って喜ばす。en-=in-「中に」、chantはラテン語cantare「歌う」から。観衆を歌の世界に引き込んで魅了する感じ。The beautiful young woman enchanted the men at the party.「その若く美しい女性はパーティーで男性を魅了した」。
□2420 **collateral** /kəlǽtərəl/	形 二次的な、付随的な co-「共に」lateral「横の」。本筋と同時に脇で起こること。参unilateral「一方的な」。collateral damage「巻き添え被害」。名詞で「担保」の意味も。

243.mp3

□2421 **barge** /bá:rdʒ/	名 はしけ、屋形船 ☺ **バー**ッと**アジ**釣れる、はしけの上から（なぜか入れ食い状態）。運河などで使う平底荷船のこと。コプト語（エジプト）bari「小舟」からか。参embark「（船などに）乗り込む」。a barge delivering cargo「貨物を運んでいるはしけ」。
□2422 **discrepancy** /diskrépənsi/	名 相違、食い違い ☺ **This くれ**！**パンし**てぇ！という人とは意見の相違（オレはご飯がいい！）。dis-「分かれて」、crepaはラテン語crepare「割れる、鳴る」から。How do you explain this discrepancy in the data?「このデータの食い違いをどう説明する？」。
□2423 **mitigate** /mítəgèit/	動 和らげる、緩和する ☺ **道**で**ゲーと**やって苦痛を和らげる。mitiはラテン語mitis「優しく、柔らかに」からで、mild「穏やかな」と関連。igaはラテン語agere「する」から。The medicine mitigated his pain.「その薬が彼の痛みを和らげた」。
□2424 **dwindle** /dwíndl/	動 次第に減少する；衰える ☺ **ドイ～ン**と**ドル**の影響力が低下する。類decline、decrease。My savings dwindled.「私の貯金は減ってしまった」。His health dwindled.「彼の健康は衰えた」。
□2425 **flint** /flínt/	名 火打ち石 ☺ **不倫と**思い、火打ち石で警告（何ていう警告の仕方！）。The ranger showed us how to make fire with flint.「レンジャーは私たちに火打ち石で火をつけるやり方を教えてくれた」。
□2426 **mum** /mʌ́m/	形 黙っている ☺ **まあ無**口な黙っている人。しゃべると不利な事柄について黙っている感じ。The politician was mum about his scandal.「その政治家は自らのスキャンダルについて一言も発しなかった」。
□2427 **grope** /gróup/	動 模索する、手探りする　名 手探り ☺ **グ**ッと**ロープ**を模索する。grasp「つかむ」と関連。探し物をつかむため、手を突っ込んで探す感じ。grope for an answer「答えを模索する」。grope in one's pocket「ポケットの中を手探りする」。
□2428 **converge** /kənvə́:rdʒ/	動 合流する、収束する con-「共に」、verge はラテン語vergere「向く、曲がる」から。線や道などが近寄って交わる。反diverge「分岐する」（分かれて傾く）。 名 convergence（一点に集まること）
□2429 **lukewarm** /lú:kwɔ́:rm/	形 生ぬるい、熱のこもらない warm「温かい」から派生。☺ぬ**る～く**温かい（**warm**）、と覚えよう。lukewarm coffee「生ぬるいコーヒー」。lukewarm applause「熱のこもらない拍手」。
□2430 **lavish** /lǽviʃ/	形 ぜいたくな、必要以上に豪華な ☺ **裸ビシ**ッとしている上にぜいたくなスーツ。古フランス語lavasse「土砂降りの雨」から。洪水のごとくバシャバシャ金を使う感じ。a lavish lifestyle「ぜいたくなライフスタイル」。

□2431 **mentor** /méntɔːr/	名 よき指導者、師 ☺ **面たあ**(とは)師から教わった技(剣道の師)。ホメロス(Homer)の叙事詩『オデュッセイア(The Odyssey)』の登場人物で、オデュッセウスの息子の養育を依頼されたメントルの名前から。メンタル面の教育をしてくれる人、と考えてもよい。
□2432 **pervade** /pərvéid/	動 普及させる、広がる per-「通して」、vadeはラテン語vadere「行く」から。参invade「侵略する」。Christianity pervaded every part of life in medieval Europe.「中世ヨーロッパでは生活の至る場面にキリスト教が浸透していた」。
□2433 **brew** /brúː/	動 醸造する 名 混合物 ☺ **ブリュ**ッ!と絞って醸造するビール。Life came from a rich brew of organic molecules.「生命は豊潤な有機分子の混合物から誕生した」。 名 brewer(醸造業者) 名 brewery(醸造所)
□2434 **emulate** /émjulèit/	動 見習う、張り合う ☺ **M売れい**!**と**、売り上げの良い店員を見習う(Mサイズの服を売れ!)。emuはimitate「模倣する」のimiと関連。ある人の業績を見習い、それに追いつこうとする→張り合う。「匹敵する、肩を並べる」などの訳語も。
□2435 **superfluous** /supə́ːrfluəs/	形 余分な、過剰な ☺ **スーパー震わす**余分な在庫(売れ残っちゃった!)。super-「上を、超えて」、fluはラテン語fluere「流れる」から。superfluous materials「余分な材料」。
□2436 **decrepit** /dikrépit/	形 老朽化した;老衰した ☺ **で**、**くれ**、**ピッと**、老朽化した家(ただで気前よく譲ってくれよ)。de-=down、crepiはラテン語crepare「衰える」から。decrepit old buildings「老朽化した古い家」。
□2437 **abrasion** /əbréiʒən/	名 擦り傷;摩耗 ☺ 擦り傷負って、**あぶねえじゃん**と言う、と覚えよう。発アブレイジャン。ab-「離れる」、raisionはラテン語radere「引っ掻く」から。 動 abrade(擦りむく;擦り減らす)
□2438 **tranquil** /trǽŋkwil/	形 穏やかな ☺ **虎も悔いる**、穏やかな暮らし失えば。類calm。a tranquil life in the countryside「田舎での静かな暮らし」。 名 tranquilizer(精神安定剤)
□2439 **indigenous** /indídʒənəs/	形 (その土地に)固有の、土着の ☺ **インドgenius**(天才)生まれるのが固有の風土、と覚えよう。in-「中に」gen「生まれる」。参generate「生み出す」。indigenous plants in California「カリフォルニア固有の植物」。
□2440 **pathetic** /pəθétik/	形 痛ましい、哀れな ☺ **ぱせって**(焦って)**くる**しむ(苦しむ)痛ましい人、と覚えよう。pathos「悲哀、ペーソス」と同語源。You're pathetic.「哀れなやつだ」。

245.mp3

□2441 **novice** /návis/	名 初心者、未熟者 ☺ **伸びす**るのは初心者(座禅のベテランは静かに座っている)。ラテン語novus「新しい」から。参novel「新奇な」、supernova「超新星」。I'm a complete novice at playing *go*.「私は碁については完全な初心者です」。
□2442 **obnoxious** /əbnákʃəs/	形 不快な、醜悪な ☺ **危な**！**臭過**ぎる不快なにおい(食べたら食中毒になりそう)。発オブノクシャス。ob-「～のほうへ」、noxious はラテン語noxius「有害な」から。obnoxious odors「悪臭」。
□2443 **vehement** /víːəmənt/	形 熱心な、激しい ☺ **ビア**(beer)、**麺と**捨てて熱心なダイエット。発ヴィーアメント(hは発音しない)。violent「乱暴な」と関連。a vehement speech「熱のこもったスピーチ」。
□2444 **latent** /léitnt/	形 潜在的な ☺ **零点取**る潜在的天才(学校での成績は当てにならないもの)。発レイテント。ラテン語latere「隠れる」から。latent talent「隠れた才能」。the latent meaning behind the comment「発言の裏の隠れた意味」。
□2445 **heyday** /héidèi/	名 絶頂期、最盛期 ☺ **ヘイ**！**でイ**ケてた絶頂期(声さえ掛ければナンパ成功！)。high dayから変化。during the heyday of the bubble economy「バブル経済華やかなりし頃」。
□2446 **peruse** /pərúːz/	動 熟読する；精査する ☺ **ペロし**て熟読する資料(指を舐めてページをめくる)。発ペルーズ。per-「通して」。紙の裏まで視線が貫くような精緻な読み方。The man perused the menu before he made his order.「男は注文前にメニューを舐めるように読んだ」。
□2447 **embellish** /imbéliʃ/	動 美しく飾る、装飾する en-「～な状態にする」、bellはラテン語bellus「美しい」からで、beautiful「美しい」と関連。The temples were embellished with sculptures of gods and goddesses.「寺院は神々の彫刻で彩られていた」。
□2448 **discrete** /diskríːt/	形 分離している、別個の discreet「分別のある」から派生。dis-「分ける」、creteもラテン語cernere「分ける」から。類separate、distinct。discrete parts「バラバラのパーツ」。
□2449 **centennial** /senténiəl/	名 100年祭、100周年 centはラテン語の「100」から。ennialはラテン語annus「年」から。参century「世紀」、annual「1年の」。Vienna is celebrating the centennial of the composer's birth.「ウィーンはその作曲家の生誕100年を祝っている」。
□2450 **dilute** /dilúːt/	動 薄める、希釈する ☺ 水**出ると**薄める。発ディルート、ダイルート。di-=dis-「離す」、lute はラテン語lavere「洗う」から。水で割って成分と成分を引き離す。diluted solution「薄められた溶液」。

□2451 **intrinsic** /intrínzik/	形 本来備わっている、内在的な ☺ **犬・鳥sick**（病気になる）は本来備わっている傾向。発インドリンズィック。interior「内部」と関連。人間が内部にもともと持っているもの。類inherent。反extrinsic「外在的な」。intrinsic value「内在する価値」。
□2452 **derivative** /dirívətiv/	形 派生的な、二次的な　名 派生物 ☺ **出り、派生物**と覚えよう。derive「～に由来する；引き出す」から派生。a derivative form of a word「ある単語の派生形」。
□2453 **precipice** /présəpis/	名 絶壁；危機 pre-「前に」、cipiはラテン語caput「頭」から。頭から前に落ちそうな絶壁→危機。参cap「帽子」。発プレスィピス。a political precipice「政治的危機」。 形 precipitous（断崖の、非常に険しい）
□2454 **inflate** /infléit/	動 膨らませる；上昇させる in-「中に」、flateはラテン語flare「吹く」から。反deflate「しぼませる」。inflate a balloon「風船を膨らませる」。inflated prices「上昇した価格」。 名 inflation（膨張；インフレ）
□2455 **intermittent** /ìntərmítnt/	形 断続的な；周期性の inter-「間に」、mitはラテン語mittere「送る」から。物事が合間合間に入ってくる感じ。参transmit「送信する」（越えて送る）。intermittent rain「断続的な雨」。 名 intermission（中断；中休み）
□2456 **conspicuous** /kənspíkjuəs/	形 目立つ、顕著な ☺ **今週ピカッす**る、目立つタワー。発コンスピキュアス。spiはラテン語specere「見る」から。参auspicious「幸先の良い」（鳥を見る占い）。☺**ピキュッ**と目立つ感じ。a conspicuous sign「顕著な兆候」。類salient。
□2457 **abide** /əbáid/	動 （規則などを）順守する；我慢する ☺ あ**あバイト**は規則を順守する。古英語abidan「とどまる」から。abide by the law「法律を順守する」。
□2458 **adamant** /ǽdəmənt/	形 頑固な、断固たる ☺ **頑んと**こ固い頑固な人。ギリシャ語adamas「最も固い石」からで、diamond と関連。類stubborn。Rachel was adamant about going to grad school.「レイチェルは頑として大学院に進むと言い張った」。
□2459 **courtship** /kɔ́ːrtʃip/	名 求愛、求婚 court「宮廷」から。宮廷内でのおべんちゃら→女性のご機嫌を伺いつつ言い寄る→求愛。「結婚までの交際期間」の意味も。Our courtship lasted for three years.「結婚まで3年かかったね」。
□2460 **enmity** /énməti/	名 憎しみ、恨み ☺ **縁見て**憎しみつのらす（縁が深いほど憎悪も深い？）。enemy「敵」と関連。the nature of enmity between the Muslims and the Jews.「イスラム教徒とユダヤ教徒の間にある憎しみの本質」。

247.mp3

□2461 **tinge** /tíndʒ/

名 かすかな色合い　動 かすかに染める

☺ **珍事**に混じるかすかな悲しみの色。ラテン語tingere「染める」から。My father's hair is starting to show a tinge of gray.「父の髪に白いものが混じり始めている」。The trees were tinged with yellow.「木々は薄く黄色に染まっていた」。

□2462 **ventilate** /véntəlèit/

動 通気を行う

☺ **弁当入れた**ら通気を行う（食べ物のにおいを消さないと）。wind「風」と関連。ventilate the room by opening the windows「窓を開けて部屋の通気を行う」。

名 ventilation（通気；[感情の]表出）

□2463 **pane** /péin/

名 窓枠；窓ガラス

☺ **pain**（痛み）、窓枠にぶつかって。ラテン語pannus「布」→切片→仕切り。window pane「窓ガラス」の形で使われることが多い。参panel「仕切り、パネル」。

□2464 **remorse** /rimɔ́ːrs/

名 後悔、良心の呵責

☺ **理、申す**暇なかったと後悔（論理的に説明していれば）。re-「再び、くり返し」、morseはラテン語mordere「噛む、悩ます」から。without remorse「容赦なく」。

□2465 **zeal** /zíːl/

名 熱意、熱中

☺ **じーり**じりして燃やす熱意。参jealous「嫉妬深い」。I admire the professor's zeal for teaching.「その教授の教える情熱には頭が下がる」。

形 zealous（熱心な）

□2466 **deft** /déft/

形 器用な、腕の良い

☺ **で、フッと**仕事を片付ける器用な職人。That kid on the left is very deft.「あの左側の子はずいぶん器用だね」。

□2467 **predicament** /pridíkəmənt/

名 窮地、苦境

☺ **pre痔**（痔の前触れ）、**かめへん**（構わない）**と**思ったが窮地。pre-「前に」、dicaはラテン語dicare「示す」から。危険な状態だと断定される→苦境。

動 predicate（断定する）

□2468 **diverge** /divə́ːrdʒ/

動 分岐する、逸脱する

di-=dis-「分かれて」、vergeはラテン語vergere「傾く」から。反converge「集中する」。Our paths diverge from now.「オレたちは今から別々の道を行くんだ」。

□2469 **endeavor** /indévər/

動 努力する、熱心に試みる　名 努力、試み

☺ **縁でバー**を繁盛させる努力。en-=in-、deavor「義務、責務」。責任を負って頑張る。We endeavor to give our customers superior service.「我々はお客様に素晴らしいサービスを提供できるよう努力します」。「活動」などの訳語も。

□2470 **slash** /slǽʃ/

動 さっと切る；削る　名 さっと切りつけること；削減

☺ **スラッ、シュ**ッといかにも切りつける感じの音。「/」の記号はslash mark。Someone slashed the canvas with a knife.「何者かがナイフで画布を切り裂いたんだ」。

□2471 **animosity** /ænəmɑ́səti/	名 敵意、憎悪 ☺ **兄もしてる**！と敵意満々の弟（お兄ちゃんだってずるしてるじゃないか！）。anima「生命；魂」と関連。元気がある→カッカしている→敵意がある、と変化。参animate「生命を与える」。The two nations have a history of animosity.「両国には対立の歴史がある」。
□2472 **rugged** /rʌ́gid/	形 ゴツゴツした；岩だらけの ☺ **裸、きっと**ゴツゴツした体（体育会系？）。rug「絨毯」と関連。羊毛のような形の→デコボコした→ゴツゴツした。a rugged mountain「岩だらけの山」。
□2473 **forbear** /fɔːrbέər/	動 我慢する、差し控える ☺ **褒美や**、と言われなくても我慢する。離れて（for-）耐える（bear）、と考えよう。The spokesman forbore to comment on the matter.「スポークスマンはそのことについてはコメントを控えた」。
□2474 **annihilate** /ənáiəlèit/	動 全滅させる、殲滅する ☺ あ**あないや**、**零**！**と**いうまで全滅させる。発アナイアレイト。an-=ad-「～へ」nihil「無」。The bombs annihilated the village.「爆撃はその村を全滅させた」。 名 annihilation（絶滅）
□2475 **hoax** /hóuks/	名 悪ふざけ、いたずら 動 だます ☺ **ほう、くす**ぐったのは悪ふざけ？　hocus「だます」という単語もあり、その変化した形。類prank。a hoax warning「悪ふざけの警告」。
□2476 **altruism** /ǽltruːìzm/	名 利他的行為、愛他主義 ☺ **あれ取る、イズム**（主義）は他人のため（自分のためにその果実を取ったんじゃないんです）。alter「変える」と関連→自分の代わりに他人のために。 形 altruistic（利他的な）
□2477 **backdrop** /bǽkdrɑ̀p/	名 背景 舞台で後ろ（back）に垂れ下がっている（drop）背景幕→事件などの背景。類background。the backdrop of this incident「この事件の背景」。
□2478 **utilitarian** /juːtìlətέəriən/	形 実用的な utility「実用性」の形容詞形。類practical。utilitarian functions「実用的な機能」。
□2479 **involuntary** /invɑ́ləntèri/	形 無意識の、不随意の 自発的（voluntary）でない（in-）。参volunteer「進んで～する」。involuntary movement「無意識の動き」。involuntary muscles「不随意筋」。
□2480 **galvanize** /gǽlvənàiz/	動 活気づかせる；電気で刺激する ☺ **ギャルバナ**（ギャルについての話）**いずれ**も男を活気づかせる。生体電気を発見したイタリアの生理学者ガルバーニ（Luigi Galvani）から。The incident galvanized people into marching.「その事件がきっかけで人々はデモを始めた」。

□2481 **confound** /kanfáund/	動 困惑させる；ごちゃまぜにする ☺ **コンパ運動**して困惑させる、と覚えよう。con-「共に」。本来分けられるべきものが混ざる→困惑。His directions left us confounded.「彼の指示は私たちを混乱させた」。facts confounded with fabrications「嘘に混ざった真実」。
□2482 **decipher** /disáifər/	動 暗号を解読する；判読する ☺ **で、財布は**どこか、暗号を解読して探せ！　暗号(cipher)を元に戻す(de-)。de-=down ととらえ、暗号を崩す、と考えてもよい。参decompose「分解する」。Nobody can decipher my handwriting.「誰もオレの字を読めないんだよ」。
□2483 **trench** /tréntʃ/	名 深い溝、堀 ☺ **取れん、地**下に溝を掘られちゃ。The soldiers dug trenches.「兵隊たちは溝を掘った」。
□2484 **ordeal** /ɔːrdíːəl/	名 苦難、試練 ☺ **おお、deal**(取引)迫られるとは苦難(こんな取引条件は……)。Sitting through the lecture was such an agonizing ordeal.「講義の間中座っているのはとてもつらい試練だった」。
□2485 **nominal** /námənl/	形 名目上の、名ばかりの ☺ 名前**のみなる**名目上の責任者。name「名前」と関連。I am a nominal Christian.「クリスチャンとは名ばかりでね」。「ほんのわずかの」の意味も。The cost of the repairs was nominal.「修理代はわずかで済んだ」。
□2486 **interminable** /intə́ːrmənəbl/	形 延々続く、長たらしい 終わらせる(terminate)ことができ(-able)ない(in-)。an interminable discussion「延々続く議論」。
□2487 **sporadic** /spərǽdik/	形 散発的な、まばらな ☺ **ズボラでく**るしむ、散発的な学習(集中的にやらないと伸びない)。spore「胞子」と関連。胞子のようにばらまかれる→まばら。There was sporadic gunfire in the area.「その近辺で散発的な発砲があった」。
□2488 **salient** /séiliənt/	形 目立った、顕著な；突き出た ☺ Say「**離縁**」！**と**目立った発言。発セイリエント。ラテン語salire「跳ぶ」から。目に飛び込んでくる→目立つ。参assail「攻撃する」。類prominent、conspicuous、outstanding。salient features「顕著な特徴」。
□2489 **aloft** /əlɔ́ːft/	副 空高く ☺ **ある**日**ふと**空高く飛びたくなった。loft「屋根裏」と同語源。Some birds can stay aloft without flapping their wings.「羽ばたかずに飛んでいられる鳥もいる」。
□2490 **horrid** /hɔ́ːrid/	形 ひどく不快な、恐ろしい ☺ **ほり、ど**うだ？と押しつけられるのはひどく不快。horror「恐怖」と関連。My sister's room is a horrid mess!「オレの姉ちゃんの部屋はひどく散らかってる！」。

□2491 **notch** /nátʃ/	名 刻み目；段階 ☺ オレ**の血**で記す刻み目。With his words, the audience's interest moved up another notch.「彼の言葉で、観客の興味はさらにひと段階上がった」。
□2492 **obituary** /oubítʃuèri/	名 死亡記事、死亡告知 ラテン語 obitus「死」から。☺葬式で係員がする黒い腕章を「**帯**」ととらえ、こじつけて覚えよう。His obituary in *The Times* was two pages long.「『タイムズ』紙の彼の死亡記事は2ページにわたった」。
□2493 **litigation** /lìtəgéiʃən/	名 訴訟 ☺ **律義**に**しよ**うと訴訟に持ち込む。They reached a settlement after years of litigation.「何年にもわたる訴訟のあと、彼らは和解に達した」。 動 litigate（訴訟を起こす）
□2494 **spank** /spǽŋk/	動 （罰として）叩く 名 平手打ち スパン！という音からの擬音語。Is it a good thing to include spanking in child discipline?「子どものしつけにおいて叩くことは良いことだろうか」。
□2495 **retract** /ritrǽkt/	動 引っ込める；撤回する re-「後ろに、再び」、tractはラテン語trahere「引く」から。参protract「引き延ばす」。The plane retracted its landing gear.「飛行機は着陸装置を引っ込めた」。
□2496 **tint** /tínt/	名 色合い 動 色合いをつける ☺ き**ちんと**色合いのついたガラス。発ティント。ラテン語tingere「染める」から。参tinge「かすかな色合い」。Trees are taking on autumn tints.「木々は秋の色合いを帯び始めている」。tinted glass「薄い色のついた反射ガラス」。
□2497 **allude** /əlúːd/	動 ほのめかす ☺ **ある**ドロボウをほのめかす。al-=ad-「～へ」、lude はラテン語 ludere「遊ぶ」から。「冗談を言う」が「ほのめかす」になった。「当てつける」などの意味も。参ludicrous「こっけいな」。類suggest。
□2498 **invincible** /invínsəbl/	形 無敵の；ゆるぎない 勝つ（vince）ことができ（-ible）ない（in-）。vinceはラテン語vincere「勝つ、征服する」から。参victory「勝利」。The Roman army was invincible.「ローマ軍は無敵だった」。
□2499 **daunting** /dɔ́ːntiŋ/	形 圧倒されるような、手ごわい ☺ **ドーンと**圧倒される。daunt「怖がらせる」の形容詞形。Establishing peace in the Middle East is a daunting task.「中東に平和をもたらすのは大変な仕事だ」。 形 daunted（おじけづいて、ひるんで）
□2500 **garment** /gáːrmənt/	名 衣類、衣服 ☺ **我慢と**思ってボロい衣類を着続ける。I hang my suits in a garment bag.「私はスーツを衣装袋に入れて掛けた」。

学習終了日 ／

251.mp3

□2501 **conjecture** /kəndʒéktʃər/	名 推測　動 推測する ☺ **混んでくちゃ**くちゃになると推測する。発コンジェクチャー。con-「共に」、jectはラテン語iacere「投げる」から。様々な要因をつなぎ合わせて推測する。参injection「注射」。It's mere conjecture.「それは単なる臆測だ」。
□2502 **din** /dín/	名 騒音　動 騒音を立てる ☺ 耳が**ディン**ディンする騒音。make a din「騒音を立てる」。
□2503 **recite** /risáit/	動 暗唱する；物語る re-「再び」、citeはラテン語citare「引用する」から。参cite「引用する」。recite a passage from Shakespeare「シェイクスピアの一節を暗唱する」。 名 recitation（暗唱）
□2504 **batch** /bǽtʃ/	名 一束、一群 ☺ **バッチ**イ靴下の束。a batch of letters「手紙の束」。a batch of students「生徒の一群」。
□2505 **lapse** /lǽps/	名 時の経過；過失　動 時が経過する；道を踏みはずす ☺ **裸ブス**ッと障子に穴開けてから時は過ぎた。ラテン語labi「滑る」から。時が滑るように過ぎ去る。注意力が滑って散漫になる→過ち。after a considerable lapse of time「かなり時間が経過したあとで」。a lapse of memory「記憶違い」。
□2506 **procrastinate** /proukrǽstənèit/	動 ぐずぐずと引き延ばす ☺ **プロ、クラスってねえ**（ない）**と**宿題引き延ばす（勉強をしないことにかけてはプロ！）。pro-「前に」、cras はラテン語「明日」から。テストの準備や宿題などをやらなければいけないのに明日明日と前に引き延ばす感じ。類postpone。
□2507 **arduous** /ɑ́ːrdʒuəs/	形 骨の折れる、困難な ☺ **ああ重圧**、困難な仕事。非常な努力を必要とする仕事や作業、状況。発アージュアス。類hard、difficult、laborious。an arduous task「骨の折れる仕事」。
□2508 **cajole** /kədʒóul/	動 うまく説得する、おだてて～させる ☺ 10**箇条**、**縷**々（るる）説明してうまく説得する。フランス語cajoler「甘言でだます」から。He cajoled many rich people into helping the museum.「彼は多くの金持ちをおだてて美術館への援助をさせた」。
□2509 **wake** /wéik/	名 航跡 ☺ **上行く**（先に行く）船の航跡。the wake of the ship「船の航跡」。in the wake of ～で「～のあとで、～の影響が残る中で」の意味も。in the wake of the economic crisis「経済的危機のあとで」。語源は違うが「（人を）起こす」の意味も。
□2510 **sneer** /sníər/	動 あざ笑う、あざけって言う　名 冷笑、軽蔑 ☺ **スネ**ろ**や**いくらでも、とあざ笑う。鼻で笑う感じ。snで始まる単語には「鼻関連」が多い。参snore「いびきをかく」。Critics sneered at his new novel.「批評家たちは彼の新しい小説をあざ笑った」。

□2511
malignant
/məlígnənt/

形 悪意に満ちた、悪質な

☺ **マリ、ぐにゃんと**して悪意に満ちたポーズ。発マリグナント。「（病気などが）悪性の」の意味も。malign「悪意のある」と関連。a malignant glance「悪意のこもった一瞥」。a malignant tumor「悪性腫瘍」。

□2512
bogus
/bóugəs/

形 偽の、いんちきの

☺ 延べ**棒がす**ごい価値、という偽の話。19世紀の偽金製造器の名前から。bogus money「偽金」。

□2513
euphoria
/juːfɔ́ːriə/

名 幸福感、陶酔

☺ **UFOリア**ルに幸福感。eu-「良い」、phorはギリシャ語pherein「運ぶ」から。頭の中に気持ち良さが運ばれてくる感じ。

形 euphoric（幸福感にあふれた）

□2514
abridge
/əbrídʒ/

動 簡約する、短縮する

a-=ab-「離れて」。bridge は brief「短い」と関連。文章内容の要点を保ちながら全体を縮めること。小説の縮約版などを abridged edition という。参abbreviate「短縮する、省略する」。

□2515
nullify
/nʌ́ləfài/

動 無効にする、破棄する

null「無価値な、無効な」に-ifyを付けて動詞化。nullify a decision「決定を無効にする」。

形 null（無価値な；無効な）

□2516
curtail
/kərtéil/

動 切り詰める、削減する

☺ **かーって**（これって）**いる**？と切り詰める。curtはラテン語curtus「短縮した」からで、curt「ぶっきらぼうな」と関連。tailはtailor「仕立業者」（切る人）と関連→切って縮める。curtail the number of troops「軍隊の数を削減する」。

□2517
subsistence
/səbsístəns/

名 必要最低限の生活；生存

☺ **さぶ**（寒）！**死す**って言っ**てんす**、必要最低限の生活じゃ。sub-「わずかに」、sistはラテン語stare「立つ」から。参existence「存在」。food needed for basic subsistence「基本的な暮らしに必要な食糧」。

□2518
astonish
/əstániʃ/

動 驚かす

☺ **ああスターにし**ては謙虚、と驚かす。「雷が鳴る」が語源か。類surprise。Her rapid progress astonished her teacher.「彼女は急速な進歩を見せて先生を驚かせた」。

名 astonishment（[大変な]驚き）

□2519
versatile
/və́ːrsətl/

形 多才な；多目的な

versatはラテン語vertere「向く、回る」から、-ile「〜する能力がある」。いかようにも使い回せる→多才。参reverse「ひっくり返す」。a man of versatile talents「多才な人」。

名 versatility（多才さ、汎用性）

□2520
airborne
/ɛ́ərbɔ̀ːrn/

形 空気で運ばれる、飛行中の

air「空気」、borneはbear「運ぶ」の過去分詞形で「運ばれた」。airborne pollen「風で運ばれる花粉」。airborne troops「空輸部隊」。

コア単語100レベル 1st 2nd

□2521 **supposedly** /səpóuzidli/	副 たぶん、おそらく suppose「〜と思う；仮定する」から派生。考えられるところでは→たぶん。a robot supposedly more intelligent than humans「人間より知能が発達していると言われるロボット」。
□2522 **homogeneous** /həmádʒənəs/	形 同種の；均質の 同じ（homo-=same）生まれ（gene）の。参homosexual「同性愛」。反heterogeneous「異種の」。Japanese society is said to be rather homogeneous.「日本社会はやや均質的だといわれている」。
□2523 **facile** /fǽsil/	形 簡単な、滑らかな ☺ **走るのは**簡単、とコメントするランナー。facはラテン語facere「する」から。するのが簡単。参facilitate「容易にする」。類easy。a facile task「簡単な仕事」。Janet has a facile mind.「ジャネットはよく頭の回る子だ」。
□2524 **teem** /tí:m/	動 満ちる、豊富である team「チーム」と関連。チームが組めるほどいっぱいいる、と考えよう。類abound。The river teems with salmon in this season.「この時期、その川は鮭でいっぱいになる」。
□2525 **hegemony** /hidʒéməni/	名 主導権、覇権 ☺ **へっ？ゲッ、モニ**カが主導権を握ってる！　ギリシャ語hegemon「指導者」から。American hegemony may be over.「アメリカの覇権は終わっているかもしれない」。
□2526 **stint** /stínt/	名 （一定期間の）任務、仕事；（仕事の）任期 ☺ **ステンと**転んでも任務は果たす。He came back from a 9-month stint of establishing a subsidiary in India.「彼はインドに子会社を作る9カ月間の業務から帰ってきた」。
□2527 **ethos** /í:θɑs/	名 精神、気風 ☺ **ええどす**、その精神どす。発イーサス、イーソウス。ギリシャ語ethos「精神」から。その集団や文化、時代の根底にある精神のこと。the prevailing ethos「広がりつつある時代精神」。
□2528 **clog** /klág/	動 詰まらせる、塞ぐ ☺ **黒**、**グッ**と配管詰まらせる（黒い汚れが……）。High cholesterol levels can lead to clogged arteries.「コレステロールのレベルが上がると血管が詰まる可能性がある」。
□2529 **smelt** /smélt/	動 （鉱石などを）溶解する ☺ **smell**（におい）**飛**ばして溶解する鉄。melt「溶ける」と関連。smelt ore into useful metal「鉱石を溶解して使える金属にする」。
□2530 **constrain** /kənstréin/	動 束縛する；抑制する strainはラテン語stringere「縛る」から。参strain「引っ張る；緊張」。Politicians are constrained by public opinion.「政治家は民意によって束縛されている」。「強制する」などの意味も。

□2531 **haphazard** /hæ̀phǽzərd/	**形 偶然の、行き当たりばったりの　名 偶然** hap「運」hazard「偶然」。happen と同語源。運任せ、偶然任せ。The governing party's policies seem haphazard at best.「与党の政策はよく言っても行き当たりばったりに見える」。
□2532 **abrupt** /əbrʌ́pt/	**形 突然の** ☺ **油ブッと**突然跳ねた。ab-=off、ruptはラテン語rumpere「破る」から。流れていたものを突然断つ。The story came to an abrupt end.「物語は突然終わった」。 副 abruptly（突然に）
□2533 **accrue** /əkrúː/	**動 結果として生じる、増やす** ☺ **あ、来る～**、努力の結果としてお金が生じる～！　㊟アクルー。ac-=ad-「～へ」。Points accrue as a result of credit card spending.「クレジットカード払いの結果としてポイントが生じる」。
□2534 **wobble** /wάbl/	**動 ふらつく、がたがたする** ☺ **うぉー、ブル**ブル震えながらふらつく。The old man wobbled a bit and held on to the edge of the table.「その老人は少しふらつき、テーブルの端に捕まった」。
□2535 **recur** /rikə́ːr/	**動 くり返し起こる** re-「再び」、curはラテン語currere「走る」から。㊜occur「起こる」。a recurring dream「くり返し見る夢」。
□2536 **rift** /ríft/	**名 亀裂** ☺ **利、ふと**考えて亀裂する。a sectarian rift「派閥間の亀裂」。
□2537 **facet** /fǽsit/	**名（宝石などの）小平面、一面** face「顔」と関連。This diamond has 96 facets.「このダイヤは96面あります」。various facets of modern life「現代生活の多様な側面」。
□2538 **complexion** /kəmplékʃən/	**名 顔色、肌の色** complex「複雑な」から派生。いろいろな要素の複合が体調を決め、それが顔色に表れる。「様子」の意味も。She has a pale complexion.「彼女は青白い顔をしている」。
□2539 **stagnant** /stǽgnənt/	**形 停滞した；よどんだ** stand「立つ」と関連。立って動かない水→よどむ→停滞する。㊜standing water「よどんだ水、静水」。stagnant economy「停滞した経済」。 動 stagnate（よどむ；停滞する）
□2540 **awesome** /ɔ́ːsəm/	**形 すごい、畏敬の念を起こさせる** ☺ **お～、寒**！あんなつまらないギャグを言うとはすごい。awe「畏敬の念」から派生。アメリカ英語で「すごい」の意味で使った場合は、ややくだけた感じ。That's awesome!「それ、すげえじゃん！」。

□2541 **epitome** /ipítəmi/	名 典型、縮図 ☺ **エピ富**は養殖業者の典型（そんなに儲かるの？）。㊫エピトミー。epi-「近くに」、tomeはギリシャ語temnein「切る」→要約→縮図→典型。㊜dichotomy「二項対立」。the epitome of old-fashioned values「古い価値観の典型」。
□2542 **maverick** /mævərik/	名 一匹狼、異端者 ☺ ふす**まベリッ、クッ**と破る一匹狼、と覚えよう。テキサス州の開拓者S. A. Maverickの名から。Mat was too much of a maverick to work for a company.「マットは会社に勤めるには一匹狼過ぎた」。
□2543 **gruesome** /grú:səm/	形 凄惨な、身の毛もよだつ ☺ ちょっと（**some**）**狂う**ほど凄惨な、と考えよう。流血や暴力性を感じさせる語。a gruesome murder scene「凄惨な殺人現場」。
□2544 **villain** /vílən/	名 悪党、悪者 ☺ 悪**びれん**悪党。㊫ヴィラン。village「村」と関連。村に住む田舎の人→粗野な→悪者、と変化した。The media turned him into a villain.「メディアは彼を悪者にした」。
□2545 **colossal** /kəlάsəl/	形 巨大な ☺ **殺される**！と思うくらい巨大な像。ギリシャ語kolossos「像」から。巨像→巨大。㊝huge、gigantic。Saturn is a colossal ball, mostly made of gas.「土星は大半がガスでできた巨大なボールだ」。
□2546 **rave** /réiv/	動 熱弁を振るう、激賞する ☺ **礼**、**不**作法だと熱弁を振るう。The media are raving about the actor.「メディアはその俳優について激賞している」。「うわごとを言う、怒鳴り散らす」の意味も。
□2547 **ingenious** /indʒí:njəs/	形 巧妙な；独創的な in-「中に」geni「生まれ」。生来持つ器用さ。㊜genius「天才」、gene「遺伝子」。an ingenious method「巧妙なやり方」。an ingenious idea「独創的な考え」。 名 ingenuity（巧妙さ、工夫）
□2548 **guise** /gáiz/	名 見せかけ；外見 ☺ **guy**（男）**ず**っと見せかけだけの優しさ。He sneaked into the party in the guise of an invited guest.「彼は招待客を装ってそのパーティーに侵入した」。
□2549 **anguish** /ǽŋgwiʃ/	名 激しい苦痛、苦悶 ☺ **ああん、グイッ、シュッ**、とやられてすごく痛い。anger「怒り」と同語源。Cries of anguish were heard in the field hospital.「苦痛の叫びが野戦病院から聞こえてきた」。
□2550 **fluke** /flú:k/	名 まぐれ、（思わぬ）幸運 ☺ **振る、苦**労して、まぐれ当たりのホームラン（あの好投手から！）。It was a pure fluke.「あれは全くまぐれだった」。

□2551 **reconcile** /rékənsàil/	動 仲直りさせる、仲裁する ☺ **離婚さ**！**要る**よ仲裁が。re-「再び」。concile はcouncil「集会」と関連し、人と人を結び付けるイメージ。reconcile hostile parties「対立するグループを融和させる」。 名 reconciliation（和解、調停）
□2552 **wag** /wǽg/	動（動物が尾などを）振る、（体の一部を）揺らす ☺ **わっ**！**ぐ**るぐると振り回してるよ、しっぽが犬を！　It was like the tail wagging the dog.「それはしっぽが犬を振り回しているようなものだった」（本末転倒だった）。
□2553 **elapse** /ilǽps/	名 時の経過　動 時が経過する ☺ **えら**い**プス**ッと時が経過したもんですな。発イラプス。e-=ex-「外に」、lapseはラテン語labi「滑る」から。lapse のみでも「時の経過」の意味に。Four years have elapsed since I graduated.「卒業から4年がたった」。
□2554 **coerce** /kouə́ːrs/	動 強要する、強制する ☺ **こう明日**しろ！と強要する人。発コウアース。I was coerced into signing the contract.「私はその契約書にサインするよう強要された」。 名 coercion（強要）
□2555 **par** /páːr/	名 同等、等価；平均 ☺ **パー**とは、侮辱されたと同等。ラテン語par「等しい」から。日ゴルフのパー（定められた打数と等しい）。He is an amateur, but he's on a par with professional golfers.「彼はアマだが、プロゴルファーと同等だ」。above par「平均以上」。
□2556 **arbitrary** /ɑ́ːrbətrèri/	形 恣意的な、任意の ☺ **ああ美取られ**る恣意的な決定（館長の気まぐれで美術館閉館）。arbiter「仲裁者」から派生。仲裁者を必要とするほどバラバラの状態→恣意的。 動 arbitrate（仲裁する）　名 arbiter（仲裁者）
□2557 **exquisite** /ikskwízit/	形 非常に美しい、絶妙な ex-「越えて」、quisiteはラテン語quaerere「探す、求める」から。探しても見つからないぐらい素晴らしい。参conquer「征服する」。I enjoyed watching the exquisite sunrise from the pier.「私は埠頭に昇る美しい朝日を楽しく眺めた」。
□2558 **dub** /dʌ́b/	動 ～という名前を付ける、～を…と呼ぶ ☺ **ダブ**る名前、あだ名を付けると。本来の名前でない名前を付けること。The politician was dubbed "the Emperor" by the media.「その政治家はメディアから『皇帝』と呼ばれた」。
□2559 **horde** /hɔ́ːrd/	名 大群、多数 ☺ **ほう**、**ど**うしようもない。イナゴの大群が来る？　hordes of locusts「イナゴの大群」。
□2560 **milieu** /miljú/	名 社会的環境、文化的環境 ☺ **見る**？私が住む社会の環境。発ミリュー。mi=medium「中間の」、lieuはフランス語「場所」から。自分と社会の間にある環境。provide a more favorable milieu for working women「働く女性に、より好適な環境を提供する」。

コア単語100レベル　1st　2nd

257.mp3

□2561 **precursor** /prikə́ːrsər/	名 先駆者；前触れ ☺ **振り**、**傘**、先頭に立つ先駆者。先に(pre-)cursor(走る人、急使)。curはラテン語currere「走る」から。参occur「起こる」、cursor「(コンピューター画面の)カーソル」。Plum blossoms are a precursor of spring.「梅の開花は春の前触れだ」。
□2562 **halt** /hɔ́ːlt/	動 止まる　名 中止 hold と同語源。Halt! Or I'll shoot!「止まれ！さもないと撃つぞ！」。
□2563 **opaque** /oupéik/	形 不透明な；不明瞭な　名 不透明なもの ☺ **オペ**(手術)**行く**？と不明瞭な指示の医者。ラテン語opacus「陰になっている」から。opaque glass「不透明なガラス」。What he said earlier was somewhat opaque to me.「さっき彼が言ったことは、私にはあまりよくわからなかった」。
□2564 **seethe** /síːð/	動 (沸騰するように)泡立つ；煮えくり返る ☺ **シー**、**ズ**ズズズズッと湯気が立ち上る音の感じで覚えよう。I was seething with anger.「私は怒りで煮えくり返っていた」。
□2565 **hue** /hjúː/	名 色、色合い ☺ **ヒュー**！色っぽいね。The orange hue of the sunset was reflected in the windows of buildings.「夕暮れのオレンジ色が建物の窓に反射していた」。
□2566 **compulsory** /kəmpʌ́lsəri/	形 強制的な、義務的な ☺ **このパラソル**、強制的に使わせる、と覚えよう。発コンパルソリー。compel「強制する」から派生。compulsory education「義務教育」。 名 compulsion(強制)
□2567 **expedite** /ékspədàit/	動 促進する；迅速に処理する ex-「外に」、pedはラテン語pes「足」と関連。足かせを外す→前に進ませる。expedite a business plan「事業計画を促進する」。
□2568 **flap** /flǽp/	動 パタパタ動く、はためく いかにも旗などが風にはためいている感じの音。参slap「平手打ち」。The flag was flapping in the wind.「旗は風にはためいていた」。「片方を留めて垂れ下がった薄いもの」の意味も。「飛行機のフラップ(下げ翼)」など。
□2569 **mesmerize** /mézməràiz/	動 魅惑する；催眠術をかける ☺ **眼ず**〜っと、メラ**メラ**、**いず**れ魅惑する、と覚えよう。I was mesmerized by her beauty.「私は彼女の美しさにメロメロになった」。
□2570 **recount** /rikáunt/	動 詳しく述べる、順を追って話す re-「再び」count「数える」。物事を思い出し、起こった順に指折り数え上げていく感じ。Witnesses recounted the accident.「目撃者たちは事故について詳しく語った」。

□2571
sag
/sǽg/

動 垂れ下がる

☺ sagaru(下がる)と覚えよう。the sagging cheeks of the old man「その老人の垂れ下がった頬」。

□2572
efface
/iféis/

動 取り除く、ぬぐい去る

表面(face)の外へ(ef-=ex-)追い出す。㊜effect「効果」(したことの結果が外へ)。efface the memory of the unfortunate past「不運な過去の記憶を消す」。

□2573
impetus
/ímpətəs/

名 原動力、弾み

☺ **淫靡だす**、と口説く原動力。ラテン語impetere「攻撃する」(im-=in-「中に」petere「狙う、殺到する」)から。心を襲い、刺激するもの。「勢い;刺激;衝動」などの訳も。gain impetus「勢いを得る」。

□2574
champion
/tʃǽmpiən/

動 擁護する、~のために闘う

☺ **チャンピオン**が擁護する(そりゃ心強い)。ラテン語campus「戦士」から。もちろん「優勝者、チャンピオン」の意味も。The astronomer championed the radical theory.「その天文学者はその過激な理論を擁護した」。

□2575
cluster
/klʌ́stər/

名 集団、群れ

☺ **暮らすた**より(頼り)は集団(一人じゃ生きていけない)。We passed a cluster of pastel houses near the waterfront.「私たちは海辺のパステル調の家々を通り過ぎた」。「房;星団」の意味も。

□2576
nuisance
/njú:sns/

名 迷惑なもの

☺ **ニューざんす**、と迷惑な新しい隣人。ラテン語nocere「傷つける」から。What a nuisance!「全く迷惑だなあ!」。

□2577
repeal
/ripí:l/

動 (法律などを)無効にする、取り消す

re-「再び」、pealはappeal「訴える」と関連。repeal the law「法律を無効にする」。

□2578
liability
/làiəbíləti/

名 不利となるもの;負債

☺ **lie ability**(嘘をつく能力)は不利になる、と覚えよう。liable「法的に責任がある」から派生。会社などに法的責任や損害をもたらしかねないもの。He's a liability for the company.「彼は会社のお荷物だ」。

□2579
equivocal
/ikwívəkəl/

形 あいまいな、どうとでも解釈できる

equiはラテン語aequus「等しい」、vocaはvocare「呼ぶ」から。皆が等しく声を上げ、誰が正しいかわからない状態→明確でない→あいまい。㊜equal「等しい」。give an equivocal answer「あいまいな解答をする」。

□2580
jettison
/dʒétəsn/

動 捨てる

☺ **ジェット機いい損**、燃料捨てて。ラテン語iacere「投げる」から。緊急時に船などが船体を軽くするために積み荷などを捨てること。そこから「不要なものを捨てる」の意味も派生。jettison excess fuel「余分な燃料を捨てる」。

259.mp3

□2581 **ravage** /rǽvidʒ/	動 破壊する、略奪する 名 破壊 ☺ **裸美児**は雰囲気破壊する（いくら自信あるからって脱がなくても……）。発ラヴィッジ。The village was ravaged by the flood.「その村は洪水により破壊された」。
□2582 **avid** /ǽvid/	形 熱烈な；貪欲な ☺ **あ、美！ど**うしても買いたくなる熱烈な美術コレクター。ラテン語avere「熱望する」から。A friend of mine is an avid Swallows fan.「友達が熱烈なスワローズファンでね」。
□2583 **denote** /dinóut/	動 示す、意味する ☺ 手ぶり**でNo！と**示す。de-「完全に」、noteはラテン語notare「印を付ける」から。参note「記す」。This symbol denotes hot springs.「この記号は温泉を示す」。 名 denotation（表示；意味）
□2584 **senile** /síːnail/	形 老年の；もうろくした ☺ **She萎える**、老年の域（あの可愛かった彼女も）。発スィーナイル。senior「年上の；年上の人」と同語源。senile weakness「老衰」。
□2585 **forfeit** /fɔ́ːrfit/	動 喪失する、剥奪される 名 没収 ☺ **ホー！ヘイ！と**呼ばれ、没収される。feitはラテン語facere「する、作る」と関連。行った罪により財産を没収される。参factory「工場」。forfeit the right to play「試合に出る権利を失う」。
□2586 **paternal** /pətə́ːrnl/	形 父の、父親らしい ラテン語 pater「父」からで、father と関連。paternal authority「父親の権威」。
□2587 **flicker** /flíkər/	名 揺らめく光 動 揺らめく 光がパタパタと揺れる感じの擬音化。the flickering lights of the city「揺らめく街の光」。
□2588 **posture** /pástʃər/	名 姿勢、態度 ☺ **ポスター**のために姿勢取る。発ポスチャー。ラテン語ponere「置く」からで、posit「置く」、pose「姿勢」と関連。置かれた形→姿勢。心の姿勢→態度。You should correct your poor posture.「君は悪い姿勢を直すべきだよ」。
□2589 **abate** /əbéit/	動 和らぐ、衰える a-「完全に」、bateはフランス語batre「打つ」から。打ってへこます→衰える。参debate「討論」、bat「野球のバット」。The storm abated during the night.「夜の間に嵐は弱まった」。「軽減する、減少する」などの訳語も。
□2590 **empathy** /émpəθi/	名 共感、感情移入 em-=in-、pathyはギリシャ語pathos「感情」から。I have empathy for parents whose children have died in the war.「戦争で子を失った親の気持ちはわかる」。 動 empathize（感情移入する、共感する）

260.mp3

単語が本当に「染み込む」のは読書やリスニングを通じて。単語集は早く卒業しよう！

□2591
scrupulous
/skrúːpjuləs/

形 綿密な、良心的な

☺ **スクリュー、プラス**に合わせる綿密な大工（プラスのねじをマイナスドライバーで回したりしない）。発スクルーピュラス。with scrupulous attention「細心の注意を払って」。You are too scrupulous.「あなたは良心的過ぎる」。

□2592
prudent
/prúːdnt/

形 慎重な

☺ **プル**ッと震えながらも**デンと**している慎重な人。ラテン語 providere「用心する」（pro-「前もって」videre「見る」）が短縮。参provide「供給する」。He was prudent in his investments.「彼は慎重に投資した」。

□2593
fathom
/fǽðəm/

動 推測する；水深を測る

☺ **father無**理、と推測する（運動会では走れんな、こりゃ）。古英語 fæthm「両腕を広げた長さ」→水深を測る単位→推測する。「探求する」などの訳語も。fathom the mystery of the human mind「人の心の不思議を探求する」。

□2594
proximity
/praksíməti/

名 近いこと、近接

☺ **プロ、串見て**近づく焼き鳥に（串を見ればおいしいかどうかわかる！）。参approach「近づく」。The courthouse is in close proximity to the city hall.「裁判所は市庁舎のすぐ近くにある」。

□2595
comrade
/kámræd/

名 同輩、同僚

☺ **こむら**返り**同**時にする同輩。ラテン語camera「部屋」から。同室の兵隊→同輩。参camera「カメラ」、chamber「部屋」。a comrade in arms「戦友」。

□2596
replenish
/ripléniʃ/

動 満たす、補給する

☺ **リフレッシュ**して心を満たす、と覚えよう。発リプレニッシュ。re-「再び」、plen はラテン語plenus「十分な」から。参plenty「たっぷりの」、complete「完全な」。replenish the stock of food「食糧を補充する」。

□2597
bleak
/blíːk/

形 荒涼とした、わびしい

☺ **ブリ行く**、荒涼とした海を。bleach「漂白する」と同語源。青白く、寒々とした感じ。類desolate。bleak future「暗い未来」。

□2598
devastate
/dévəstèit/

動 荒廃させる、破壊する

☺ **で、バス停と**駅荒廃させる寂れた町。de- は強意、vast はラテン語vastus「空の、荒れた」から。The tsunami devastated villages.「津波は村々を破壊した」。

名 devastation（破壊、荒廃）

□2599
ingenuity
/ìndʒənjúːəti/

名 発明の才、創意、工夫

形容詞ingenuous「率直な、純真な」と関連。しかしむしろgenius「天才」と絡めたほうが覚えやすい。Poverty is the mother of ingenuity.「貧困は発明（の才）の母」。

□2600
oppress
/əprés/

動 虐げる、圧迫する

op-=ob-=on / over「上から」press「押す」。oppressed people「虐げられた人々」。

名 oppression（圧迫、圧政）

□2601 **advent** /ǽdvent/	名 到来 ☺ **あと弁当**が到来する。ad-「〜へ」、vent はラテン語 venire「来る」から。adventure「冒険」と同語源。大文字で始まる Advent は「キリストの降臨」。the advent of new technology「新技術の到来」。
□2602 **custody** /kʌ́stədi/	名 保護；拘留 ☺ **課study** させるため子どもを保護（1課やってから遊びなさい！）。ラテン語custos「保護者、管理者」から。dispute over custody「親権を争う」。The police took the shooter into custody.「警察は発砲者を拘留した」。
□2603 **latch** /lǽtʃ/	名 掛け金（がね） 動 掛け金を掛ける ☺ **らち**があかない、掛け金掛けなきゃ（ペットはすぐに外に出ちゃう）。lift the latch「掛け金を外す」。latch the door「扉に掛け金を掛ける」。
□2604 **concoct** /kənkákt/	動 混ぜ合わせて作る；でっち上げる ☺ **このコクと**あのコクを混ぜ合わせて作る料理。con-「共に」、coct はラテン語coquere「料理する」からで、cook と関連。類make up。concoct a story「話をでっち上げる」。
□2605 **poise** /pɔ́iz/	名 釣り合い、平衡 動 平衡を保つ ☺ **ポイず**っとして釣り合い取れた（不要品を捨てて、ようやくいい感じの部屋に）。ラテン語pendere「ぶら下がる」→錘で測る→バランスを取る。maintain poise「平衡を保つ」。「（心の）落ち着き、平静」の意味も。a man of poise「落ち着き払った人」。
□2606 **coherent** /kouhíərənt/	形 首尾一貫した、筋の通った ☺ **コーヒーあらん、と**首尾一貫した方針。co-「共に」、here はラテン語 haerere「くっつく」から。参cohesive「粘着力のある」。 動 cohere（まとまる）
□2607 **invert** /invə́ːrt/	動 逆にする、ひっくり返す in-「中に」、vert はラテン語vertere「向ける」から。外のものを内に、内のものを外に向ける。参convert「転換する」。invert the logic「論理を逆転する」。
□2608 **requisite** /rékwəzit/	名 必需品；必要要件 require「要求する」から派生。形容詞で「必要な」の意味も。参prerequisite「必要条件」。Great ability is not a requisite for winning.「勝つためにものすごい才能が必要なわけではない」。
□2609 **immense** /iméns/	形 広大な、巨大な ☺ い**い面す**ごく広大な。測る（mense）ことができない（im-=in-）ほど大きい。mense はラテン語metiri「測る」からで、meter と関連。an immense amount of work「メチャクチャな量の仕事」。
□2610 **pry** /prái/	動 詮索する、好奇心を持ってのぞく ☺ **プラ**プラしてるやつが**い**らん詮索。wink「ウインクする」と関連。It's rude to pry into someone's business.「他人事を詮索するのは無礼だ」。語源は違うが「てこで動かす」の意味も。pry the door open「てこで扉をこじ開ける」。

□2611 **elastic** /ilǽstik/	形 **弾力性のある、柔軟性のある** ☺ **えらい スティック**（棒）弾力性ありますなあ。The judge believed in an elastic interpretation of the law.「その判事は法は柔軟に解釈すべしと信じていた」。
□2612 **irrevocable** /irévəkəbl/	形 **取り消しの利かない、変更できない** 呼び（voca）戻す（re-）ことができ（-able）ない（ir-=in-）→取り消せない。vocaはラテン語vocare「呼ぶ」から。参revoke「取り消す」。an irrevocable decision「取り消しの利かない決定」。
□2613 **vicinity** /visínəti/	名 **付近、周辺** ☺ **ビシッと似てる**付近の人たち（みんな親戚？）。ラテン語 vicus「村」から。everyone in the vicinity「近所のみんな」。
□2614 **agitate** /ǽdʒitèit/	動 **興奮させる；扇動する** ☺ **アジ**（鯵）**ってええ！と**興奮させる。ラテン語agere「する、動かす」→追い立てる。「動揺させる、不安にさせる」の意味も。 名 agitation（興奮；扇動）
□2615 **naughty** /nɔ́:ti/	形 **やんちゃな、わんぱくな** ☺ **No！って**言う子はやんちゃな子。発ノーティー。naughtはnoと関連。頭が空っぽ（何もない）→役に立たない→ちょっと悪いことをする子。a naughty boy「やんちゃな子」。
□2616 **whereas** /hwèərǽz/	接 **一方で、～であるのに対して** where「～するところでは」と関連。「Aが～であるところ、一方Bは～である」ということ。Mira came first, whereas her sister came last.「ミラが最初に来た一方で、彼女の妹は最後にやってきた」。
□2617 **deplore** /diplɔ́:r/	動 **嘆く、残念に思う** ☺ **で、プロは**そんなミスしない、と嘆く。de-「完全に」、ploreはラテン語plorare「泣き叫ぶ」から。参explore「探検する」（狩猟の際の叫び声から）、implore「懇願する」。 形 deplorable（嘆かわしい）
□2618 **implicit** /implísit/	形 **暗黙の、潜在する** imply「暗示する、ほのめかす」から派生。implicit understanding「暗黙の了解」。implicit effect「潜在的な影響」。
□2619 **repercussion** /rì:pərkʌ́ʃən/	名 **影響、余波** ☺ **利ばっかしよう**とした影響。re-「再び」、percussionはラテン語percutere「打つ」からで、楽器の「パーカッション」と同語源。The repercussions of the political turmoil were severe.「政治的混乱の影響は深刻だった」。
□2620 **postulate** /pástʃulèit/	動 **前提とする；要求する** ☺ **ポスト**（郵便）**late**（遅れ）は前提とする国（まだまだあります、そういう国）。発ポステュレイト。postulate the existence of extraterrestrial life「地球外生命の存在を前提とする」。

263.mp3

□2621 **vindicate** /víndəkèit/	動 (正しさを)立証する、疑惑を晴らす ☺ **ビンでけえと**立証する(もっと小さいビンがあるじゃないですか!)。The new evidence vindicated him, proving his innocence.「新しい証拠のおかげで彼の潔白が証明された」。「汚名を晴らす」などの訳語も。
□2622 **glean** /glíːn/	動 集める 「落ち穂拾いをする」の意味も。☺枯れた**グリーン**(green)を集める、と考えよう。苦心してコツコツ集める感じ。㊜グリーン。㊝gather。glean information「情報を集める」。
□2623 **stifle** /stáifl/	動 抑圧する;(あくび・笑いなどを)抑える ☺ **スタイル古**いと抑圧する。stifle free speech「言論の自由を抑圧する」。stifle a laugh「笑いをこらえる」。
□2624 **incessant** /insésnt/	形 絶え間ない 止む(cess)ことがない(in-)。cessはラテン語cessare「やめる」からで、cease「やめる」と同語源。incessant noise「絶え間ない騒音」。
□2625 **altercate** /ɔ́ːltərkèit/	動 激論する、口論する ☺ **おるたー**(いるって)**ケイト**はそこに、と激論する(どんな海外ドラマ?)。ラテン語alter「他の」から。㊟alter「変える」、alternate「代わりの」。 名 altercation(激論、口論)
□2626 **eloquent** /éləkwənt/	形 雄弁な ☺ **エロ食えん、と**雄弁な老人。e-=ex-「外へ」。外に向かって話す、が原義。an eloquent speaker「雄弁家」。 名 eloquence(雄弁)
□2627 **preeminent** /priémənənt/	形 秀でた、傑出した pre-「前に」eminent「優れた、顕著な」。a preeminent political figure「傑出した政治家」。
□2628 **taxing** /tǽksiŋ/	形 ひどく骨の折れる、大変な tax「税金;重荷を負わせる」から派生。They performed the taxing duties.「彼らはその大変な仕事を遂行した」。
□2629 **debacle** /dibǽkl/	名 崩壊;大災害;大失敗 ☺ **出刃来る**!町の平和は崩壊。The company's new business ended up in such a debacle.「その会社の新事業はそのような大失敗に終わった」。
□2630 **sedentary** /sédntèri/	形 座りっぱなしの;定住性の ☺ **背出たり**、座りっぱなしの生活でも(あまり動かないのに背は伸びた!)。sedはラテン語sedere「座る」からで、sit「座る」と関連。一所に居座る→定住。sedentary lifestyle「座りっぱなしの生活」。

□2631 **ridicule** /rídikjùːl/	動 あざける、冷やかす ☺ **理事、来る**客を<u>あざける</u>（やってはいけない態度）。His classmates ridiculed him.「クラスメートは彼を笑いものにした」。 形 ridiculous（ばかばかしい）
□2632 **angular** /ǽŋgjulər/	形 角張った；角のある ☺ **アングラ**（underground）劇場、<u>角</u>にある。angle「角度」の形容詞形。an angular rock「角張った岩」。 名 angle（角度）
□2633 **superlative** /səpə́ːrlətiv/	形 最高の 超えて（super-）運ぶ（lat）→強調する→最高。lat はラテン語ferre「運ぶ」から。a superlative meal「極上の食事」。
□2634 **relapse** /rilǽps/	動 逆戻りする、ぶり返す　名 再発；退歩 再び（re-）落ちる（lapse）。lapse はラテン語labi「滑る」から。参lapse「時の経過；過失」、elapse「時の経過」。Three months after leaving the hospital, he relapsed into his depression.「退院後３カ月で、彼は鬱に戻ってしまった」。
□2635 **placid** /plǽsid/	形 穏やかな、落ち着いた ☺ **プレイ嫉妬**したが、今は<u>穏やかな</u>気持ち。発プラスィッド。please「喜ばせる」と同語源。類calm。a placid child who rarely cries out「めったに泣き叫んだりしない子ども」。
□2636 **filmy** /fílmi/	形 薄い、薄皮状の film「膜」に-yを付けて形容詞化。The students examined the insect's filmy wings under a microscope.「生徒たちはその虫の薄い羽根を顕微鏡で調べた」。
□2637 **obscene** /əbsíːn/	形 わいせつな ☺ お**お無粋ね**、<u>わいせつな</u>ことを言うとは。発オブスィーン。☺語源は違うがscene「場面」と絡め、**危**ない**シーン**→<u>わいせつ</u>、と覚えてもよい。obscene pictures「春画」。 名 obscenity（わいせつ；卑猥な言葉）
□2638 **glisten** /glísn/	動 きらきら輝く、きらめく ☺ **グリ**ッと<u>輝いて</u>**ステン**！と転びそうな廊下。gli- の付く単語の「チラチラ感」が共通。滑らかなものがつやつやかに光ること。The sea was glistening in the summer sun.「夏の太陽で海がきらめいていた」。
□2639 **ebb** /éb/	動 衰える；（潮が）引く　名 衰退；引き潮 ☺ **えっ**？**ぶ**り返した病気で<u>衰えた</u>の？　類decline, dwindle。The athlete's strength ebbed.「その運動選手の体力は衰えた」。The tide ebbed.「潮は引いた」。
□2640 **conjure** /kɑ́ndʒər/	動 （記憶・イメージなどを）思い起こす；魔法をかける ☺ **こんじゃ**（これなら）どう？と<u>記憶を呼びさます</u>催眠術師。con-「共に」、jure はラテン語「誓う」から。共に誓う儀式→魔術→魔術のように記憶を呼ぶ。参jury「陪審団」、justice「正義」。conjure up memories「記憶を思い起こす」。

□2641
detrimental
/dètrəméntl/

形 有害な、不利益な

☺ **で、鳥、メンタル**やばいと有害な（あの鳥イカレてるから気をつけて！）。de-「下に」、triはラテン語terere「こする、穴を開ける」から。Smoking is detrimental to one's health.「喫煙は健康に有害だ」。

□2642
pinnacle
/pínəkl/

名（山の）頂上；頂点

☺ **ひな来る**、山の頂上に（いや、飛べませんって！）。ラテン語pinna「翼」から。The pitcher has yet to reach the pinnacle of his career.「そのピッチャーがキャリアの頂点に達するのはまだこれからだ」。

□2643
fortify
/fɔ́:rtəfài/

動 強化する；防備を強化する

fort「砦」に-ifyを付けて動詞化。fortify cereal with vitamin D「シリアルにビタミンDを加えて強化する」。They fortified their settlements against attack.「彼らは攻撃に備えて集落の守りを固めた」。

□2644
incumbent
/inkʌ́mbənt/

形 現職の；義務がある

☺ **印鑑弁当**に押す現職の社長（もうそろそろ引退したほうが……）。in-=on、cumbはラテン語cumbere「横たわる」から。the incumbent president「現職大統領」。the duties incumbent on every Muslim「全てのイスラム教徒が果たすべき義務」。

□2645
destitute
/déstətjù:t/

形 極貧の；～を欠いている

☺ **で、捨てっちゅうと**ない極貧生活（捨てるものもない）。de-「離れて、不足で」、stiはラテン語stare「立つ」から。生活が成り立たないほどの貧困。The asylum seekers were literally destitute.「亡命希望者たちは文字通り極貧だった」。

□2646
puncture
/pʌ́ŋktʃər/

動 刺して穴を開ける　名 とがった物で刺すこと

☺ 風船に針を刺して**パン**！と破裂し、**クチャ**ッとなる、と覚えよう。㊐車のタイヤがパンクする。㊊punctual「時間を厳守する」（針で突くほど正確な）、acupuncture「ハリ治療」。puncture a lung「肺に穴を開ける」。

□2647
hamper
/hǽmpər/

動 妨げる、阻止する　名 妨害

☺ 妨げられて仕事が**ハンパ**に。The storm hampered the search for the mountaineers.「嵐が登山家たちの捜索を妨げた」。

□2648
gratify
/grǽtəfài/

動 満足させる、喜ばせる

ラテン語 gratus「快い、感謝している」から。㊊grateful「感謝している」、gratitude「感謝、謝意」。He was gratified by the award.「彼は賞をもらって満足だった」。

□2649
cardinal
/kɑ́:rdənl/

形 極めて重要な、枢要の

☺ **カーッ**！**痔なる**とは極めて重要な病気。cardiac「心臓の」とは違う語源だが、心臓→重要と考えると覚えやすい。a cardinal sin「極めて重い罪」。名詞で「枢機卿」の意味も。

□2650
abound
/əbáund/

動 豊富にある

☺ あ**あ**、**バウンド**するほど豊富にあるボール（カゴからあふれてあちこちへ）。ab-=away、undはラテン語unda「波」から。水が波打つほどある→豊富、たっぷり。The lake abounds in fish.「その湖にはたくさん魚がいる」。

266.mp3

□2651
hapless
/hǽplis/

形 不幸な、不運な

hap をhappen「起こる」と結び付け、起こる出来事があまりない (-less) 不幸な人、と覚えよう。hapless heroes「不運なヒーローたち」。

□2652
obscurity
/əbskjúərəti/

名 無名、人知れぬこと

形容詞obscure「あいまいな、ぼんやりした」から派生。よく見えない→無名。a period of obscurity「無名時代」。live in obscurity「人知れず暮らす」。

□2653
reproach
/ripróutʃ/

動 非難する、叱責する　名 非難、叱責

re-「翻って→反対側から」、proach はラテン語prope「近い」から。顔を近づけ激しく非難する感じ。参approach「近づく」。The wife reproached her husband for breaking his promise.「妻は夫が約束を破ったと非難した」。

□2654
gripe
/gráip/

動 文句を言う

☺ **愚ら、いっぱ**い文句を言う (愚かな人は愚痴が多い)。grip「つかむ」と関連。不満があってつかみ合い→文句を言う。He kept griping about this and that.「彼はあれやこれやについて文句を言い続けた」。

□2655
droop
/drúːp/

動 垂れ下がる、うなだれる

drop「落ちる」と同語源。Her head drooped against my shoulder.「彼女は頭を僕の肩にもたせ掛けた」。「衰える」の意味も。

□2656
momentous
/mouméntəs/

形 重大な、ゆゆしい

☺ **木綿足す**という重大な決定 (布団会社にとっては社運がかかって……)。moment「時；重要性」から派生。時機を得るかどうかの境目→重要。a momentous decision「重大な決定」。

□2657
forsake
/fərséik/

動 見捨てる、捨て去る

☺ **ほう酒**捨てるの？と覚えよう。発フォーセイク。for-「離れて」→事物や人間との関わり合いを捨てる。参forbear「我慢する」(離れて耐える)。forsake the world and all its pleasures「世間とそれに伴う喜びを捨て去る」。

□2658
contentious
/kənténʃəs/

形 議論を呼ぶ、異論のある

☺ **この点指す**、議論を呼ぶ話題。contend「争う」の形容詞形。類controversial。This topic is quite contentious.「この話題についてはいろいろと議論がある」。

□2659
obligation
/ɑ̀bləgéiʃən/

名 義務；債務

obligate「義務を負わせる」の名詞形。ob-「～へ」、liga はラテン語 ligare「結ぶ」から。feel an obligation to do something「何かをしなければならないという義務を感じる」。

動 obligate (義務を負わせる)　動 oblige (強いる、義務付ける)

□2660
solace
/sɑ́ləs/

名 慰め　動 慰める

☺ **そらス**ゴイと慰める。ラテン語solari「慰める」から。参console「慰める」。She could not find solace in anything.「何ものも彼女の慰めにはならなかった」。「痛みを和らげる」の意味も。☺痛みを**そらす**。

267.mp3

□2661 **trot** /trát/	動 速足で駆ける、小走りに歩く ☺ **トロッと**してるようで、速足で駆けるやつ。The horse trotted before us.「その馬は私たちの前を速足で駆けていった」。
□2662 **deflect** /diflékt/	動 そらす、屈折させる de-「下へ」、flectはラテン語flectere「曲げる」から。参flexible「柔軟性のある」。Light can be deflected by lenses.「光はレンズによって曲げることができる」。 名 deflection（[通路が]それること；屈折）
□2663 **entangle** /intǽŋgl/	動 絡ませる、巻き込む ☺ **円タングる**ぐる絡まり、しゃべれない（し、舌が円状に……）。en-=in-、tangle「もつれた状態」。Their fishing lines were entangled.「彼らの釣り糸は絡まってしまった」。
□2664 **steadfast** /stédfæ̀st/	形 しっかりした、固定された 場所（stead）に固定（fast）した。参instead「代わりに」、fasten「しっかり留める」。He was steadfast in his belief.「彼の信念は強固だった」。
□2665 **feign** /féin/	動 装う；でっち上げる ☺ **屁？いん**や、してねえ、と装う。発フェイン。figure「形」と関連。偽の装いで形をでっち上げる。feign happiness「幸せを装う」。feign a story「話をでっち上げる」。
□2666 **falter** /fɔ́:ltər/	動 くじける、つまずく ☺ **放るたあ**、くじけること（物事を途中で投げちゃいけない）。The project faltered due to lack of funds.「その計画は資金不足で頓挫した」。He walked with faltering steps.「彼はつまずきそうになりながら歩いた」。
□2667 **primordial** /praimɔ́:rdiəl/	形 原始の、原初の ☺ **プリッ！モードある**のは原始の欲求（どうしても出したくなる）。primはラテン語primus「最初に」、ordはラテン語odiri「始める」から。参prime「第一の」。primordial soup「原始スープ」（様々な生命物質が溶け込んだ原始の海）。
□2668 **hilarious** /hiléəriəs/	形 とても面白い、陽気な ☺ **ヒラリ！明日**も来やす、ととても面白い芸人。ローマ末期の司教ヒラリウス（Hilarius）の祭りから。Hillaryという女子の名前と同語源。I found the show utterly hilarious!「そのショーはとても面白かったよ！」。
□2669 **gnaw** /nɔ́:/	動 くり返し噛む；苦しめる ☺ **No**！噛み切れない！とくり返し噛む！　発ノー。類bite。The bugs are gnawing at the plant stems.「虫が茎を食っている」。Guilt gnawed at him day and night.「罪の意識が昼夜彼を苦しめた」。
□2670 **adversity** /ædvə́:rsəti/	名 逆境、不運 形容詞adverse「不利な；敵対する」から派生。ad-「〜に対して」、vertはラテン語vertere「向く」から。The seminar was about how to overcome adversity.「そのセミナーは逆境の乗り越え方についてだった」。

268.mp3

□2671 **hypocrisy** /hipákrəsi/	名 偽善 ☺ **秘宝、暮らし**が質素なふりは偽善(隠し持つ財産)。hypo-「下の、不完全な→仮の」→仮の姿→偽善、と考えよう。参hypothesis「仮説」。 名 hypocrite(偽善者)　形 hypocritical(偽善的な)
□2672 **vagabond** /vǽgəbɑ̀nd/	名 放浪者　形 さすらいの ☺ **バカボンど**うして放浪してるの。ラテン語vagari「さまよう」から。参 extravagant「ぜいたくな」。He led a vagabond life.「彼はさすらいの人生を送った」。
□2673 **cumbersome** /kʌ́mbərsəm/	形 重荷となる、やっかいな ☺ **看板some**(ちょっと)重荷となる三代目。発カンバーサム。ber=bear「重荷に耐える」。「かさばる、扱いにくい」などの訳語も。cumbersome luggage「重たい[かさばる]荷物」。
□2674 **concord** /kánkɔːrd/	名 一致;平和 心(cor)を共に(con-)する。参cordial「心からの」。他国と心(意見)を一致→平和。in concord with ～「～と協調して」。The two countries have been in perfect concord for the last 200 years.「その二国は過去200年間全く平和だ」。
□2675 **extant** /ékstənt/	形 現存する、実在の ex-「外に」、staはラテン語stare「立つ」から。I possess the only extant copy of the book.「私はその本の唯一現存する版を持っている」。
□2676 **exonerate** /igzánərèit/	動 疑いを晴らす;(義務などを)免除する ☺ **行くぞ、寝れ、と**疑いを晴らす(ようやく出所して寝られる)。ex-「外に」、one はラテン語onus「荷」から。疑いという重荷から外れる。The new evidence exonerated the defendant.「新しい証拠が出て被告に対する疑いは晴れた」。
□2677 **render** /réndər/	動 ～にする;与える ☺ **連打**で勝利を可能にする。ラテン語 reddere「再び与える」から。make の堅い語。The numerous errors rendered the report worthless.「多くの間違いがその報告書を無価値なものにしてしまった」。
□2678 **scorch** /skɔ́ːrtʃ/	動 焦がす、表面を焼く ☺ **スコッチ**(Scotch:スコットランドのウイスキー)で胃を焦がす、と覚えよう。torch「たいまつ」と関連。The fire scorched most of the forest.「火事は森の大半を燃やした」。
□2679 **sluggish** /slʌ́giʃ/	形 動きの鈍い、不活発な ☺ **スローぎっし**り、ナメクジのように動き鈍い群衆。発スラギッシュ。slug「ナメクジ」から派生。sluggish market「不活発な市場」。 名 slug(ナメクジ)
□2680 **drawback** /drɔ́ːbæ̀k/	名 不利、難点 足を後ろに(back)引っ張る(draw)もの。Low pay is one drawback of the job.「給料の低さがその仕事の難点だ」。

♫ 269.mp3

□2681 **implore** /implɔ́ːr/	動 懇願する、請う im-=in-「中に」、ploreはラテン語plorare「泣く、叫ぶ」から。身を折って泣きながら懇願する感じ。参deplore「嘆く」。I implore you to heed my advice.「お願いですから私の助言を聞いてください」。
□2682 **woe** /wóu/	名 悲哀、苦難 ☺ **ウォー**、と悲哀のこもった叫び。wail「泣き叫ぶ」と関連。Woe is me!「なんと不幸な私！」。after 10 years of woe「苦難に満ちた十年の後」。
□2683 **bemused** /bimjúːzd/	形 困惑した；物思いにふけった ☺ **微妙、ずっと**困惑した。発ビミューズド。沈思黙考している(muse)状態(be-)。museはフランス語muser「深く考える」から。The rookie was bemused by the sudden attention.「その新人は突然注目を浴びて困惑していた」。
□2684 **vengeance** /véndʒəns/	名 復讐 ☺ 勘**弁全然す**ることなく復讐する。ラテン語 vindicare「復讐する」から。類vindicate、revenge。with a vengeance「激しく」。
□2685 **taper** /téipər/	動 先細りになる、徐々に弱くなる ☺ **テープ**(tape)**は**先細りになる。long tapering fingers「先細の長い指」。The initial excitement tapered off.「当初の興奮は薄れていった」。
□2686 **optimize** /ɑ́ptəmàiz/	動 最適化する、最大限に利用する ☺ **お、プチ**(小さい)、**まあいず**れは最適化する。ラテン語optimus「最良の」から。参optimistic「楽観的な」。optimize the performance of the machine「機械の動きを最適化する」。 形 optimum(最善の、最適の)
□2687 **fuss** /fʌ́s/	名 大騒ぎ　動 大騒ぎする ☺ **不和過**ぎると大騒ぎ。They made a fuss over nothing.「彼らはしょうもないことで大騒ぎしたもんだ」。
□2688 **divulge** /divʌ́ldʒ/	動 (秘密などを)漏らす、打ち明ける 知識を分けて(di-)公布する(vulge)。vulgeはラテン語vulgare「公布する、一般的にする」から。参vulgar「粗野な、下品な」(一般の人→平民→身分が低い)。divulge secrets「秘密を漏らす」。
□2689 **culmination** /kʌ̀lmənéiʃən/	名 頂点、最高点 ☺ **軽み、ねえ一緒に**頂点目指そう(みんなで荷物を分ければ軽い)。ラテン語culmen「頂点」からで、column「柱、列」と関連。This tiny microchip is the culmination of modern technology.「この小さなマイクロチップは現代技術の極みだ」。
□2690 **thwart** /θwɔ́ːrt/	動 阻止する ☺ **吸おうと**するのを阻止する(ストローの真ん中をキュッ)。発スウォート。他人の計画などを邪魔し、頓挫させること。The authorities thwarted a terrorist attack.「当局はテロ攻撃を阻止した」。

□2691 **pun** /pʌ́n/	**名 だじゃれ、ゴロ合わせ** ☺ **パン**でおなかがパンパンというpun、と覚えよう。pound「強く叩く」と関連。言葉をドンドンと叩いて虐待→だじゃれ。This vocabulary book is full of witty puns.「この単語集は気の利いたゴロがいっぱいだ」。
□2692 **strife** /stráif/	**名 対立、不和** ☺ **スト**ライキが、**ライフ**ワークという対立の人生。strive「奮闘する；争う」と関連。civil strife「内戦」。strife between social classes「社会階級間の不和」。
□2693 **laconic** /ləkánik/	**形 簡潔な、端的な** ☺ **楽お肉**、と簡潔な答え（肉料理は作るのが楽だから）。ギリシャ語Lakonikos「ラコニア人」（スパルタ人）が語源。スパルタ人の話し方がぶっきらぼうであったことから。a laconic response「簡潔な回答」。「無口な」の意味も。
□2694 **allegiance** /əlíːdʒəns/	**名 忠誠** ☺ **あれ、痔あんす**か（あるんですか）？でも忠誠誓います。古フランス語liege「君主」から。君主への忠誠。No one doubted his allegiance to his country.「彼の国への忠誠を疑う者は誰もいなかった」。
□2695 **peculiar** /pikjúːljər/	**形 風変わりな、特異な** ☺ **ペッ、キュウリや**！なんて風変わりな人。他に例を見ない独特な奇異さ。類idiosyncratic。a peculiar custom「風変わりな習慣」。
□2696 **figment** /fígmənt/	**名 作り事；空想事** ☺ **ひ～、ゴメン**！**と**謝ったのも作り事。figはラテン語facere「する、作る」から。参fiction「作り話」、fictitious「虚構の」。That's just a figment of your imagination.「そんなのあなたが勝手に思い込んでるだけだよ」。
□2697 **bewilder** /biwíldər/	**動 当惑させる** ☺ ボディー**ビルダー**私を当惑させる（なんであんなに筋肉あるの？）。発ビウィルダー。迷っている（wilder）状態にする（be-）。wild「野生」と同語源。I am bewildered.「私は困惑している」。
□2698 **succinct** /səksíŋkt/	**形 簡潔な** suc-=sub-「下に」、cinct はラテン語cingere「帯を締める」から。帯を締め、すそを下に押し込む→余りがない→簡潔。☺sucを「**サク**ッと簡潔」と覚えてもよい。His comments were succinct and to the point.「彼のコメントは簡潔で的を射ていた」。
□2699 **beckon** /békən/	**動 合図する、差し招く** ☺ **ベーコン**（bacon）あるよ、と合図する。発ベコン。beacon「信号」と同語源。The professor beckoned me to come to the front of the classroom.「教授は私にクラスの前に出るよう合図した」。
□2700 **increment** /ínkrəmənt/	**名 増加、増大** ☺ **犬くれ**！**面倒**増加する（ペットを飼うのは大変だよ）。increase「増加する」と関連。increment in salary「給与の増加」。

コア単語100レベル 1st 2nd

271.mp3

□2701 **brim** /brím/	名 縁、へり ☺ **ブリ**、**無**理して縁取りする（暴れる魚を押さえて魚拓を……）。to the brim で「いっぱいに」の意味も。The hall was filled to the brim with people.「ホールは人であふれかえっていた」。
□2702 **futile** /fjúːtl/	形 無益な、効果のない ☺ **フー**、言う**とる**割には無益な努力（口だけで「大変だ」と言ってもダメ）。発フュートル。He always makes futile efforts.「彼はいつも無駄な努力をする」。
□2703 **abyss** /əbís/	名 底知れず深いもの；深海 ☺ **あ**、**ビス**を落とした、深海に。底（byss）がない（a-=an-）。byss はギリシャ語 byssos「海底」から。the abyss of oblivion「忘却の彼方」。 形 abysmal（底知れぬ）
□2704 **percolate** /pə́ːrkəlèit/	動 浸透する；濾過する per-「通して」、cola はラテン語colare「引っ張る」から。布地を通して濾す・染み出る感じ。参permeate「浸透する」。日コーヒーのパーコレーター。Rainwater percolated the soil.「雨水は土壌に染み込んだ」。
□2705 **circumspect** /sə́ːrkəmspèkt/	形 慎重な、熟慮した 周りを（circum-）見る（spect）。spect はラテン語specere「見る」から。The government should be more circumspect in deciding foreign policy.「外交政策を決めるときは政府はより慎重であるべきだ」。
□2706 **tantrum** /tǽntrəm/	名 かんしゃく ☺ **担当ら無**理し、顧客はかんしゃくを起こす。子どものかんしゃく・不機嫌をいうことが多いが、大人の子どもっぽいかんしゃくのこともいう。語源不明。throw tantrums「かんしゃくを起こす」。
□2707 **batter** /bǽtər/	動 続けざまに叩く、打ち壊す ☺ **バター**ッと倒れる、続けざまに叩かれて。bat は古フランス語batre「打つ」から。参debate「討論」、abate「和らぐ」、bat「野球のバット」。The storm battered the region.「嵐はその地域を打ちのめした」。
□2708 **plagiarism** /pléidʒərìzm/	名 盗用、剽窃 ☺ **プレイ**、**じゃあリズム**を盗んでしまおう（いわゆるパクリ曲？）！ Plagiarism is strictly prohibited in all forms.「いかなる形であれ盗用は厳しく禁止されています」。
□2709 **abolish** /əbáliʃ/	動（法律・制度などを）廃止する ☺ **ああ**、**ボリ**ボリ**し**ながら法律の廃止を決める役人（頭掻いて悩んでる）。ab-「離れて」。abolish slavery「奴隷制度を廃止する」。 名 abolition（廃止）
□2710 **canny** /kǽni/	形 抜け目のない、用心深い ☺ **カニ**抜け目なく穴に潜る。can は助動詞のcan や動詞know「知る」と同語源。知識があり、状況に応じた行動ができる→抜け目ない。He is a canny investor.「彼は抜け目のない投資家だ」。

□2711 **hallmark** /hɔ́ːlmɑ̀ːrk/	名 特質、顕著な特徴 ロンドンのあるホール（hall）で金銀の検証が行われ、印（mark）を押したことから。The social and age mix is a traditional hallmark of English pubs.「いろんな身分・年齢の人が来ることがイギリスのパブの伝統的特徴だ」。
□2712 **waver** /wéivər/	動 揺れる；（光などが）瞬く wave「波」と関連。波のように揺れる。wavering lights「揺らめく光」。
□2713 **aviation** /èiviéiʃən/	名 飛行、航空 ☺ **エビええっしょ**、飛行するエビ（元気に飛び跳ねてる！）。ラテン語avis「鳥」から。aviation's impact on climate change「航空が気候変動に与える影響」。 名 aviator（飛行士、航空機操縦士）
□2714 **ramp** /rǽmp/	名 傾斜路、（高速道路の）ランプ ☺ **ランプ**（lamp「明かり」）のついた傾斜路、と覚えよう。The exit ramp was shut down for inspection.「（高速道路の）その出口ランプは検査のため閉鎖された」。
□2715 **aggravate** /ǽgrəvèit/	動 悪化させる；怒らせる ☺ **あぐら、ベーッと**やって悪化させる人間関係（ひどい態度だ！）。ag-=ad-「～へ」grave「重い」。病気や負担を重くする→悪化させる。Smoking aggravated his chronic bronchitis.「喫煙が彼の慢性気管支炎を悪化させた」。
□2716 **blemish** /blémiʃ/	名 傷、汚点　動 傷つける、損なう ☺ **ぶれ、身染**みる汚点（方針がぶれてついに失敗を……）。remove surface blemishes「表面の傷を取る」。That misstep blemished his reputation.「その失敗は彼の評判を傷つけた」。
□2717 **flank** /flǽŋk/	名 側面、横腹　動 側面に位置する ☺ 彼の**フランク**な人柄とジョークに横腹よじれる。They discussed the invasion of the western flank of the country.「彼らはその国の西側を侵略することについて話し合った」。the river flanking the mountain「山の横を流れる川」。
□2718 **desolate** /désələt/	形 荒れ果てた　動 荒廃させる ☺ **で、それと**なく荒れた土地。de-「離れて」、solaはラテン語solus「一人で」からで、sole「唯一の」と関連。見捨てられ荒れ果てた感じ。a desolate landscape「わびしい風景」。
□2719 **recluse** /réklu:s/	名 隠遁者、世捨て人 re-「後ろに」、cluseはラテン語claudere「閉じる」から。まさに「引きこもり」という感じ。ただしこちらは自らの強い意志を感じさせる。参close「閉じる」、include「含む」。発レクルース。
□2720 **audacious** /ɔːdéiʃəs/	形 大胆な、向こう見ずな ☺ **大出しやす**、とは大胆なパチンコ屋。発オーデイシャス。類bold。The general came up with an audacious plan to capture the fort.「将軍は砦攻略の大胆な案を思いついた」。

273.mp3

□2721	**stash** /stǽʃ/	動 隠しておく ☺ **スタッ**とキャッ**シュ**積んで隠しておく。stow「積み込む」と cache「貯蔵する」の合成。He stashed cash in the attic.「彼は現金を屋根裏に隠しておいた」。
□2722	**contrive** /kəntráiv/	動 考案する ☺ **コント、ライブ**で受けるやり方を考案する。contrive a story「話を作る」。「工夫する；発明する；企てる」などの意味も。
□2723	**glitter** /glítər/	名 輝き、きらめき　動 ピカピカ光る gl のつく単語の「チラチラ感」が共通。光を反射する金や宝石などがピカピカ光る感じ。参glow「発光する」。All that glitters is not gold.「輝けるもの全て金ならず」(物事は見掛けだけではわからない)。
□2724	**temperate** /témpərət/	形 節度ある；温暖な ☺ **天、パラッと**節度ある雨。temper「和らげる」と関連。感情の抑制が利いた、穏やかな感じ。My uncle is a man of temperate habits.「叔父は節制する人です」。a temperate climate「温暖な気候」。
□2725	**foe** /fóu/	名 敵 ☺ **ふぉ～**、敵は強いなあ。feud「確執」と同語源。類enemy。Is he friend or foe?「彼は友か敵か」。
□2726	**coarse** /kɔ́:rs/	形 粗い；粗野な ☺ **こう擦**ったら粗くなる。発コース。反fine「きめ細かい」。coarse skin「きめの粗い肌」。
□2727	**innocuous** /inákjuəs/	形 無害な；退屈な ☺ **いいの？食わす**には無害な食べ物でないと。有毒で(nocuous)ない(in-)。nocuous はラテン語nocere「傷つける」から。参noxious「有毒な」。These plants are innocuous.「これらの植物は無害です」。
□2728	**coax** /kóuks/	動 説得する、なだめて～させる ☺ **こうくす**ぐって、なだめすかして説得する。発コウクス。coax someone into doing「人をなだめすかして～させる」。
□2729	**convex** /kɑnvéks/	名 凸面　形 凸形の con- は強意、vex はラテン語vehere「運ぶ」から。運ばれたものの山→凸。参vehicle「乗り物」。反concave「凹面；凹形の」。The human eye is a sort of convex lens.「人間の目は凸レンズのようなものだ」。
□2730	**concave** /kánkeiv/	名 凹面　形 凹形の con- は強意、cave「穴」。反convex「凸面；凸形の」。Concave lenses are primarily used in eyeglasses.「凹レンズは主に眼鏡に使われている」。

274.mp3

□2731 **tarnish** /tάːrniʃ/	動（名声・名誉などを）汚す；曇らせる ☺ **田にし**て名誉を汚す立ちション（村長さん！なんで田んぼに！）。発ターニッシュ。The governor's name was tarnished by the scandal.「知事の名声はスキャンダルによって傷つけられた」。
□2732 **integral** /íntigrəl/	形 不可欠な；完全な ラテン語integer「完全な」（in-「〜ない」tangere「触れる」）から。全体を保つために欠かすことのできない→不可欠。参integrate「統合する」、integer「整数」。He is an integral part of this company.「彼はこの会社に欠かすことができない存在だ」。
□2733 **disinterested** /disíntərèstid/	形 公平無私な；関心を持たない 利害または興味（interest）を持たない（dis-）。A judge should be disinterested.「裁判官は公平無私でなくてはならない」。 名 disinterest（公平無私；無関心）
□2734 **fissure** /fíʃər/	名 裂け目、亀裂 ☺ **ひっ**！**シャ**ッと亀裂が入った。The hemispheres are separated in the center of the brain by a longitudinal fissure.「脳半球は脳の中央を走る縦の割れ目で分かれている」。
□2735 **imminent** /ímənənt/	形 切迫した、差し迫った ☺ **意味ねえと**文句言っても切迫した事態。minはラテン語minere「突き出る」から。悪いことが持ち上がって迫っている感じ。参eminent「顕著な」（外に突き出た）。
□2736 **envisage** /invízidʒ/	動 心に描く、予想する en-=in-「中に」、visageはフランス語「顔→様相」から。参envision「想像する」。envisage the creation of new services「新しいサービスの創造を心に描く」。
□2737 **degrade** /digréid/	動（身分、価値などを）下げる グレード（grade）を下げる（de-）。The questioning by police was a degrading experience for him.「警察に尋問されたのは彼にとって不名誉な経験だった」。
□2738 **retard** /ritάːrd/	動 遅くする、妨げる ☺ **利他ど**うしても遅くなる（ひとごとよりも自分が大事だから）。re-「後ろに」、tardはラテン語tardere「遅らせる」から。参tardy「遅い」。These chemicals help retard plant growth.「これらの化学物質は植物の成長を遅くします」。
□2739 **implicate** /ímplikèit/	動（犯罪などに）巻き込む、関係させる im-=in-「中に」、plyはラテン語plicare「重ねる」から。I have evidence that implicates the governor in the crime.「その知事が犯罪に関与していることを示す証拠がある」。 名 implication（関わり合い；物事に絡んで起こると予想される結果）
□2740 **regiment** /rédʒiment/	動 厳しく管理する ☺ **レジ**閉**めんと**厳しく管理する（こらっ、レジをちゃんと閉めろ！）。ラテン語regere「支配する」から。厳しく画一的に支配・管理する。「支配、統治；連隊」の意味も。Factories regimented workers.「工場は労働者を厳しく管理した」。

□2741 **inflame** /infléim/	動 刺激する；悪化させる 炎（flame）の中に入れる（in-）。「燃やす；炎症を起こさせる」の意味も。inflame one's passion「情熱を刺激する」。 名 inflammation（点火、燃焼）
□2742 **infringe** /infríndʒ/	動（権利を）侵す、侵害する ☺ い**いん**？**不倫時**は権利を侵す。in-「中に」、fringe はbreakと同語源で「破る」。境界線を破って内側に侵入する感じ。The law could infringe on the rights of the individual.「その法律は個人の権利を侵すかもしれない」。
□2743 **abrade** /əbréid/	動 すり減らす、浸食する ☺ **あぶれ**、**移動**し、靴すり減らす。ab-=off、rade はラテン語 radere「引っ掻く、削る」から。The glacier abraded the ground as it slowly advanced.「氷河はゆっくりと進みながら地表を浸食した」。
□2744 **sift** /síft/	動 ふるいにかける ☺ **シフト**（当番）に入れる人をふるいにかける。sift through large amounts of data「データの山をより分ける」。
□2745 **frenzy** /frénzi/	名 熱狂、狂乱 ☺ **フレー**、**じい**さん！とギャル熱狂。The rock star's arrival created a frenzy of excitement.「そのロックスターの到着で熱狂的興奮が巻き起こった」。
□2746 **acquit** /əkwít/	動 無罪とする、解放する ☺ **悪**と**言っと**いて無罪とする。刑罰を科すのをやめる（quit）方向へ（ac-=ad-）。He was acquitted of the fraud charge.「彼は詐欺罪に関して無罪とされた」。
□2747 **laborious** /ləbɔ́:riəs/	形 骨の折れる、困難な labor「労働」から派生。発ラボーリアス。a laborious process「骨の折れる手順」。
□2748 **dismal** /dízməl/	形 陰気な、荒涼とした；ひどく悪い ☺「**辞す。**（**マル**）」と陰気な辞表。ラテン語 dies mali「縁起の悪い日」から。類gloomy、bleak。dismal weather「陰鬱な天気」。a dismal failure「ひどい失敗」。
□2749 **distill** /distíl/	動 蒸留する 不純物を取り分けて（dis-）、水を落ち着いた状態（still）にする、と考えよう。distilled water「蒸留水」。
□2750 **mince** /míns/	動（肉・野菜などを）細かく切る；控えめに言う ☺ **身にす**ごく切れ目入れ、細かく切る。目ミンチにする。言葉を小出しにして衝撃を和らげる→控えめに言う。mince garlic「ニンニクを細切れにする」。Dennis never minces his words.「デニスは言葉を控えたりはしない人だ」。

□2751
assuage
/əswéidʒ/

動 （苦痛などを）和らげる、（気持ちなどを）静める

☺ **明日へ維持**と苦痛を和らげる（健康維持にはケアが必要！）。発アスウェイジ。as-=ad-「～へ」、suageはラテン語suavis「甘い」から。assuage one's grief「悲しみを和らげる」。assuage one's guilt「罪の意識を和らげる」。

□2752
aspire
/əspáiər/

動 熱望する、あこがれる

☺ **あ、スパイや**！とあこがれる。a-=ad-「～へ」、spireはラテン語spirare「呼吸する」から。He aspired to financial success.「彼は経済的成功を強く望んだ」。

名 aspiration（強い願望、大志）

□2753
treachery
/trétʃəri/

名 裏切り

☺ **盗れ、チャリ**（自転車）！というボスを裏切る（そんなことできません）。trick「だます；手品のトリック」と関連。The boss suspected treachery.「ボスは裏切りを疑っていた」。

形 treacherous（裏切りをする、危険な）

□2754
pitfall
/pítfɔ̀ːl/

名 落とし穴、陥穽

fallの原義は「わな」だが、落ちる（fall）穴（pit）と考えてもよい。類trap。avoid the pitfall of blaming someone「誰かを責めるという落とし穴を避ける」。

□2755
tavern
/tǽvərn/

名 居酒屋、宿屋

☺ **食べるな**、飲め、と言われる居酒屋。発タヴァーン。ラテン語taberna「居酒屋、宿屋」から。ギリシャ語やイタリア語では「食堂」の意。My father used to run a successful tavern.「父は昔居酒屋を経営して成功していました」。

□2756
gist
/dʒíst/

名 主旨、要点

☺ **辞すと**いう主旨はわかった。grasp the gist of the lecture「講義の要点をつかむ」。

□2757
affiliate
/əfílièit/

動 提携する；加盟する

af-=ad-「～へ」、fili はラテン語 filius「息子」から。「養子にする」が原義。日企業とユーザーがパートナーになるアフィリエイト。

□2758
quell
/kwél/

動 （反乱などを）鎮める；（怒り・恐怖などを）抑える

☺ **食える**と怒り鎮める（腹が減ってただけかい！）。quell the riot「暴動を鎮める」。quell the fear「恐怖を抑える」。

□2759
ferocious
/fəróuʃəs/

形 どう猛な、猛烈な

☺ **屁恐ろしやす**どう猛な感じで、と覚えよう。ラテン語ferus「野生の」から。参fierce「どう猛な」。Rodents are considered one of the most ferocious types of animal in the world.「齧歯（げっし）類は世界で最もどう猛な動物の一種と考えられている」。

□2760
rogue
/róug/

名 悪者、ごろつき；群れをはぐれた動物

☺ **浪愚**とはふらつき回る悪者のこと。The president called certain countries "rogue nations."「大統領はある国々のことを『ならず者国家』と呼んだ」。

277.mp3

□2761 **equate** /ikwéit/	動 同等と見なす ラテン語aequus「等しい」からで、equalと関連。参equivocal「あいまいな」(皆が等しく声を出す)。equate the color of red with communism「赤を共産主義と結び付ける」。
□2762 **enrage** /inréidʒ/	動 激怒させる ☺ **あん、零時**！と激怒させる(こんなに遅くまで！)。怒り(rage)を持った状態にさせる(en-)。The delay in delivery enraged customers.「配達の遅れが顧客を怒らせた」。
□2763 **exacerbate** /igzǽsərbèit/	動 悪化させる；憤慨させる ☺ **戦**(いくさ)**やべえと**状況悪化、と覚えよう。発イグザサベイト。ex-「完全に」、acerはラテン語「鋭い」→厳しい→悪い。参acerbic「酸っぱい；辛辣な」類aggravate。exacerbate the situation「状況を悪化させる」。
□2764 **besiege** /bisí:dʒ/	動 包囲する ☺ **ビシ**ッと包囲し、**ジ**ッと座り込む。包囲(siege)する(be-)。siegeはラテン語sedere「座る」から。取り囲んで居座る→包囲。The castle was besieged.「城は包囲された」。
□2765 **disparage** /dispǽridʒ/	動 見くびる、けなす ☺ **で**、**スパ**ゲティ**ラージ**、と見くびる(やっぱ細いパスタがいいよね！)。dis-「離れて」、parageはラテン語「つながり」からでpeer「仲間」と関連。「軽んじる、軽蔑する」などの訳語も。
□2766 **assiduous** /əsídʒuəs/	形 勤勉な、根気強い ☺ **汗出やす**、とは勤勉な学生。発アスィジュアス。as-=ad-「～へ」、siduはラテン語sedere「座る」から。いつも座って仕事→勤勉。an assiduous student「勤勉な学生」。an assiduous card collector「熱心なカード収集家」。
□2767 **tardy** /tá:rdi/	形 遅い；遅刻した ☺ お～く～れ～**た**～**で**～、と覚えよう。ラテン語tardus「遅い、鈍い」から。参retard「遅くする」。I apologize for my tardy response.「お返事遅れて申し訳ありません」。 名 tardiness(遅れ、遅さ)
□2768 **baffle** /bǽfl/	動 当惑させる；くじく ☺ **ばふる**(馬糞を踏む)→まごつく、と覚えよう。The case baffled the police.「その事件に警察は戸惑いを見せた」。
□2769 **herald** /hérəld/	動 前触れとなる、先駆けとなる ☺ **屁らる**、**ど**うぞ前触れとなるお知らせをください(変な敬語)。古フランス語 herault「軍隊の指揮官」から。先頭に立つ人→物事の前触れ。a chilly wind heralding the long winter「長い冬の到来を告げる冷たい風」。
□2770 **clumsy** /klʌ́mzi/	形 不器用な、ぎこちない ☺ **こら～ムズイ**(難しい)、と不器用な人。I'm still clumsy with the cash register.「いまだにレジを扱うのが下手でね」。

□2771 **extravagant** /ikstrǽvəgənt/	形 ぜいたくな；度を越えた 境界を越えて（extra-）さまよう（vagant）。vagant はラテン語 vagari「さまよう」から。フラフラ遊び歩いて金を使いまくる感じ。参vagabond「放浪者」。 名 extravagance（ぜいたく、浪費）
□2772 **rebuttal** /ribʌ́tl/	名 反論、反駁 re-「再び」、but は古フランス語 bouter「押す」から。再び but「しかし」と言う→反論、と考えてもよい。issue an official rebuttal「公式に反論する」。 動 rebut（反論する、反駁する）
□2773 **prank** /prǽŋk/	名 いたずら、からかい ☺ **プラン**（計画）して**来る**いたずら電話。We receive many prank calls.「私たちの家には多くのいたずら電話がかかってきます」。
□2774 **rumble** /rʌ́mbl/	動 ゴロゴロ音を立てる、とどろく　名 轟音 ☺ **乱ブル**ブルと音を立てる。擬音語。雷や乗り物、機械などの出す低く重々しい音。The trucks rumbled through before us.「トラックは私たちの前を轟音を立てて通り過ぎていった」。
□2775 **outskirts** /áutskə̀ːrts/	名 郊外、町はずれ；限界 ☺ 都市の中心部を離れて（**out**）**スカート**（skirt）のように広がる郊外、と考えよう。the outskirts ofの形で使われることが多い。I live on the outskirts of Tokyo.「私は東京近郊に住んでいる」。
□2776 **taint** /téint/	動 汚す　名 汚れ ☺ **手**、**印と**指紋で書類汚れる。ラテン語tingere「触る」から。触ってついた汚れ。tainted reputation「傷ついた評判」。
□2777 **penal** /píːnl/	形 刑の、刑事上の ☺ **ペーなる**人に刑の仕打ち（ペーペーの下っ端が差し出されるのが世の常）。ギリシャ語poine「罰」から。参penalty「刑罰」。penal servitude「懲役」。
□2778 **suffice** /səfáis/	動 十分である、足りる ☺ **ソファー・椅子**で十分である。発サファイス。suf-=sub-「下に→ある基準に達するまで」、fice はラテン語facere「作る」から。 形 sufficient（十分な）
□2779 **hurtle** /hə́ːrtl/	動 突進する、高速で動く ☺ **ハートる**んるんしながら突進する。hurt「傷つける」と関連。The earth hurtles through space at an incredible speed.「地球は信じられないようなスピードで宇宙空間を駆け抜けている」。
□2780 **indignant** /indígnənt/	形 立腹して、憤慨して 価値（dign）が無い（in-）かのような扱いを受けて腹を立てる。dign はラテン語 dignus「価値がある」から。参dignity「威厳、品位」（価値のある）。 名 indignity（侮辱、軽蔑）

279.mp3

□2781 **elude** /ilúːd/	動 かわす、回避する ☺ **得るど**ころか、かわされた！　e-=ex-「外へ」、lude はラテン語 ludere「遊ぶ、欺く」から。敵を欺き、うまく逃れる感じ。参delude「だます」。elude an attack「攻撃をかわす」。 形 elusive（とらえどころのない、わかりにくい）
□2782 **aberrant** /əbérənt/	形 常軌を逸した、異常な ☺ **あべ**（やべえ）！、**乱闘**、常軌を逸した行動。ab-「離れて」、errant はラテン語errare「さまよう」からで、error「誤り」と関連。aberrant behavior「常軌を逸した行動」。 名 aberration（常軌を逸脱すること）
□2783 **fervor** /fə́ːrvər/	名 熱い思い、熱情 ラテン語fervere「沸騰する」からで、fever「熱」と関連。The fans cheered with great fervor.「ファンは非常に熱を込めて応援した」。
□2784 **loathe** /lóuð/	動 忌み嫌う ☺ **rose**（バラ）のとげを忌み嫌う、と覚えよう。The two renowned professors loathed each other.「二人の有名教授はお互いを嫌っていた」。
□2785 **sturdy** /stə́ːrdi/	形 頑丈な、がっしりした ☺ **study** するための頑丈な机、と覚えよう。a sturdy bookcase「しっかりした本棚」。
□2786 **perpetual** /pərpétʃuəl/	形 永久の、果てしない ☺ **パー**な人**ペッ**、**チューある**、永久に（唾付きのキスをし続けるアホな人）。per-「通して」、petu はラテン語petere「求める、行く」から。参petition「誓願」。perpetual love「永遠の愛」。a perpetual state of crisis「終わりなき危機状況」。
□2787 **elicit** /ilísit/	動 引き出す ☺ **襟嫉妬**して引き出す（なんで？）。外へ（e-=ex-）誘い出す（lici）。lict はラテン語lacere「誘い出す」から。elicit a positive response「前向きな反応を引き出す」。
□2788 **bask** /bǽsk/	動 浴びる、日光浴をする ☺ **バスく**らかった（暗かった）ので、日光に当たりたい。bathe「入浴する」と関連。bask in the sun「日光浴をする」。
□2789 **havoc** /hǽvək/	名 大混乱、大惨事 ☺ **は～**、**僕**の家庭は大混乱。The sudden decline in the stock market caused economic havoc.「急激な株価の下落が経済的大混乱を引き起こした」。
□2790 **propensity** /prəpénsəti/	名 傾向、性癖 ☺ **プロ**、**ペンしてぇ**という傾向（プロの作家はペンで書きたい！）。pro-「前に」pen はラテン語pendere「ぶら下げる」から。前のめり→傾向。参suspend「つるす」（下にぶら下げる）。propensity for violence「暴力的な傾向」。

> 「とりあえず一つ」意味を覚えるのが単語集の意義。あとは英語をたくさん読んで！ 聞いて！ そして使って！

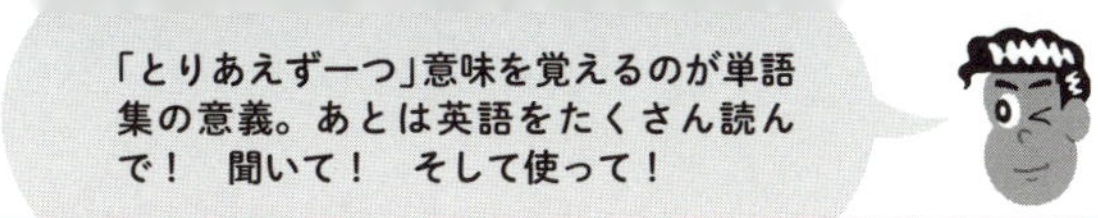

□2791 **dispense** /dispéns/	動 分配する；実施する
	☺ this pen すべて分配する（ホントはthese pensですが）。🇯🇵キャッシュディスペンサー。dispense food and clothing「食物と衣服を分配する」。dispense with ～で「～なしで済ます」の意味も。

□2792 **congenial** /kəndʒíːnjəl/	形 （環境・人などが）性分に合った、適した
	☺ この銭ある人、性分に合う（お金持ち大好き！）。con-「共に」、gen「生まれ」。生まれつきの性分が合う。a congenial friend「気の合う友人」。The climate is congenial to my health here.「ここの気候は私の健康に適しているんだ」。

□2793 **allure** /əlúər/	動 そそのかす、誘い込む
	☺ ああルアーで魚をそそのかす。釣りのルアー「疑似餌 (lure)」と同語源。The clear and sweet air of this island allured me.「この島のきれいでおいしい空気が僕を引きつけた」。

□2794 **venue** /vénjuː/	名 開催地、会場
	☺ ベーッとしながらニューッと現れる仮装大会の開催地。ラテン語venire「来る」から。The venue for the 2020 Olympics is Tokyo.「2020年五輪の開催地は東京だ」。

□2795 **ornament** /ɔ́ːrnəmənt/	名 装飾品
	☺ おう、舐めん(る)と装飾品見せびらかすぞ！ ラテン語ornare「装備する、飾る」から。The children enjoy hanging ornaments on the Christmas tree.「子どもたちはクリスマスツリーの飾り付けを楽しんでいる」。

□2796 **placate** /pléikeit/	動 なだめる、（怒りを）静める
	ラテン語placere「喜ばす」からでplease「喜ばせる」と同語源。⊗complacent「のうのうとして」。I attempted to placate my wife by saying that no attractive women would be attending the party.「パーティーには魅力的な女なんか来やしないよ、と私は妻をなだめにかかった」。

□2797 **detergent** /ditə́ːrdʒənt/	名 合成洗剤、洗剤
	☺ 出てあぜんとする汚れ、合成洗剤。de-「離す、落とす」、tergent はラテン語 tergere「こする、磨く」から。磨いて汚れを取り去るもの。

□2798 **quiver** /kwívər/	動 震える、揺れる 名 震え
	☺ 食えば震えるほどうまい。earthquake「地震」のquake「震え」と関連。She was quivering with anger.「彼女は怒りで震えていた」。

□2799 **bland** /blǽnd/	形 つまらない；穏やかな
	☺ ブランド (brand) で固めたつまらないやつ。穏やか、爽やか→刺激がない→つまらない、無味乾燥な。a bland novel「つまらない小説」。a bland smile「穏やかなほほ笑み」。

□2800 **commotion** /kəmóuʃən/	名 激動、動乱
	一緒の (com-) 動き (motion)。物事が一斉に動く→激動。I was awoken by a commotion in the street.「私は通りの騒ぎで目が覚めた」。

コア単語 100 レベル
1st

281.mp3

□2801 **harsh** /há:rʃ/	形 厳しい、過酷な ☺ **はあ？シュ**ーズがおかしい！と厳しい監督（なんだその色は！）。Your harsh criticism might have hurt her feelings.「君が厳しく批判したから彼女は傷ついたかもしれないよ」。
□2802 **bilateral** /bailǽtərəl/	形 双方の、2国間の bi-「２つの」lateral「横の」。参unilateral「一国だけの；片務的な」。bilateral talks「２国間交渉」。
□2803 **palpable** /pǽlpəbl/	形 明白な、容易にわかる 触れて（palpa）確かめられる（-ble）→明白な。palpa はラテン語 palpare「触れる、擦る」から。類tangible、obvious。a palpable difference「明白な違い」。
□2804 **auxiliary** /ɔ:gzíljəri/	形 補助の、付加的な ☺ **多く尻あり**補助のダンサー（みんなで腰振ってダンス！）。発オーグズィリアリー。ラテン語auxilium「助け」から。auxiliary verb「助動詞」。
□2805 **emanate** /émənèit/	動（光、においなどが）発する、生じる ☺ **え、マネー** !? **と**輝き発する彼の顔。e-=ex-「外へ」、mana はラテン語 manare「流れる」から。Obnoxious odors emanated from the factory.「その工場からは悪臭が生じていた」。
□2806 **retrace** /ri:tréis/	動 引き返す；さかのぼって調べる 再び（re-）たどる（trace）。trace はラテン語trahere「引っ張る」から。We retraced the path we took three days ago.「私たちは３日前に来た道を引き返した」。retrace the family line「家系をさかのぼって調べる」。
□2807 **spindly** /spíndli/	形 細長い、ひょろっとした ☺ **すっぴん？どれ、**細長い人（意外と細いな）。spindle「軸、心棒」の形容詞形。類lean、thin。I was a spindly little boy.「僕はひょろっとした子どもだったんだ」。 名 spindle（軸、心棒）
□2808 **torment** /tɔ:rmént/	動 苦しめる　名 苦痛 ☺ **当面と**っても苦しめる問題。ラテン語torquere「ねじる」と関連。参torture「拷問」、distort「ゆがめる」。I was tormented by guilt.「私は罪の意識に悩まされた」。
□2809 **corroborate** /kərάbərèit/	動 裏付ける、確証する ☺ **こら亡霊、と**裏付ける。cor- は強意、robor はラテン語robus「強さ」から。参robust「強い」。He corroborated my explanation of what happened.「何が起こったかという私の説明を彼は裏付けてくれた」。
□2810 **jolly** /dʒάli/	形 陽気な、楽しい ☺ **ジョリ**ッとひげそる陽気なサンタ。joy「喜び」と結び付けて覚えてもよい。Santa Claus is depicted as a jolly old man.「サンタクロースは陽気な老人として描かれている」。

282.mp3

□2811 **pang** /pǽŋ/	名 激痛、悲痛 ☺ **パンッ**！といかにも急に強い痛みが走る感じの音。a pang of hunger「空腹からくる（胃の）痛み」。feel a pang of guilt「痛切な罪の意識を感じる」。
□2812 **entice** /intáis/	動 誘惑する ☺ **引退す**る？と誘惑する。巧みにそそのかして誘惑する感じ。The manager tried to entice me into the job by the promise of a high salary.「そのマネジャーは高い給料を約束して私をその仕事に誘おうとした」。
□2813 **hardy** /há:rdi/	形 頑丈な、たくましい hard「固い」に -y が付いたと考えればイメージにピッタリ。「（植物が）耐寒性の」の意味も。a hardy plant「耐寒性の植物」。
□2814 **inaugurate** /inɔ́:gjurèit/	動 就任させる；開始する in-「入れる」augur「占い」。就任した政治家の業績を占ったことから。The president will be inaugurated on January 20.「大統領は1月20日に就任します」。 名 inauguration（就任、開始） 形 inaugural（就任の、開会の）
□2815 **leeway** /lí:wèi/	名 余地、余裕 ☺ **利**、**上行く**余地ある（もっと儲かるかな？）？ lee「風の当たらない場所、風下」から派生。I have given you the leeway to choose the best course of action.「君にベストなやり方を選ぶ余裕をあげたつもりだがね」。
□2816 **egocentric** /ì:gouséntrik/	形 自己中心的な 自己（ego）中心的な（centric）。類self-centered、selfish。
□2817 **liken** /láikən/	動 なぞらえる、例える 前置詞like「〜のような」に-enを付けて動詞化したものと考えよう。Life is often likened to a voyage.「人生はしばしば航海に例えられる」。
□2818 **antagonist** /æntǽgənist/	名 敵対者、敵 ☺ **アンタ**、**ゴネると**敵が増えるよ。ant-=anti-「反対の」、agonはギリシャ語「争い」から。agony「苦痛」と同語源。The bull was a formidable antagonist for the matador.「その雄牛は闘牛士にとって手ごわい敵だった」。
□2819 **deviate** /dí:vièit/	動 それる、逸脱する 道（via）をそれる（de-）。viaはラテン語「道」から。参via「〜経由で」。deviate from the norm「基準から逸脱する」。 名 deviation（逸脱）
□2820 **exude** /igzú:d/	動 にじみ出る；発散する ☺ **行く**、**数度**、汗にじみ出る（真夏に行ったり来たりしてちゃね）。発イグズード、イクスード。ex-「外へ」、xudeはラテン語sudare「汗をかく」からで、sweat「汗」と関連。He exudes confidence.「彼は自信がにじみ出ている」。

283.mp3

□2821 **hobnob** /hábnɑ̀b/	**動** 打ち解ける **名** 打ち解けた話し合い hob は have と関連。「持つ、持たない」が原義。酒瓶を持って差しつ差されつ→打ち解けた飲み仲間、と考えよう。The journalist hobnobs with the president.「その記者は大統領と気の置けない間柄だ」。
□2822 **grim** /grím/	**形** 険しい、厳しい ☺ **グリム**童話読んで険しい顔つき。What's with the grim face?「険しい顔してどうしたの？」。a grim outlook for the economy「経済に対する厳しい見通し」。
□2823 **eschew** /istʃúː/	**動** 控える、避ける ☺ **一蹴**されて発言控える。発イスチュー、イッシュー。shy「内気な」と関連。類avoid。The doctor told me to eschew alcohol.「医者は私にアルコールを控えるよう言った」。
□2824 **gregarious** /grigέəriəs/	**形** 社交好きな；群生する ☺ **グレ・ガリいやす**（います）、社交好きには（やせた元不良が社交的に？）。greg はラテン語grex「群れ」から。I'm a fairly gregarious man.「私は結構社交的でね」。These birds are highly gregarious.「これらの鳥はかなり群れる性質がある」。
□2825 **concur** /kənkə́ːr/	**動** 同意する ☺ **今回**は同意する。con-「共に」、cur はラテン語currere「走る」から。参current「海流」。類agree。Do you concur with his assessment?「彼の見立てに同意しますか」。
□2826 **defer** /difə́ːr/	**動** 延期する、引き延ばす de-「離して」、fer はラテン語ferre「運ぶ」から。他のものと引き離して置いておく→延期。参differ「異なる」。defer payment「支払いを延ばす」。 **名** deferral（延期）
□2827 **ludicrous** /lúːdəkrəs/	**形** こっけいな、ばかばかしい ridiculous「ばかばかしい」と似ているので、まとめて覚えよう。ラテン語ludere「遊ぶ」から。参allude「ほのめかす」、elude「かわす」。These accusations are ludicrous!「これらの非難はばかげている！」。
□2828 **staple** /stéipl/	**形**（生産物として）主要な **名** 主要生産物 語源は違うが staple「ホチキスの針」と結び付け、ホチキスは必需品、と考えよう。The couple stored a lot of flour, sugar, salt, and other staples.「夫婦は小麦、砂糖、塩、その他の基本食品を貯蔵していた」。
□2829 **surmise** /sərmáiz/	**動** 推量する ☺ **さあ、ま、いず**れ、と言う人の気持ちを推量する。sur-「上に」、mise はラテン語mittere「送る」→訴える→罪状を推量。We can only surmise what really happened that night.「その晩本当は何が起こったのか、我々は推測する以外にない」。
□2830 **aggregate** /ǽgrigət/	**形** 集合した、総計の ☺ **ああ、グリ**ッと**ゲート**ボールに集まる集団。群れ（greg）に（ag-=ad-）加える→集合した。参gregarious「群生する」。名詞で「集団；集合」の意味も。 **名** aggregation（集団、集合体）

□2831
appropriation
/əpròupriéiʃən/

名 専有；充当；予算

形容詞appropriate「適切な」には、動詞で「自分の物にする」の用法もあり、その名詞形。金などをある目的のためのものとする→充当。resource appropriation「資源の専有」。the defense appropriation「防衛予算」。

□2832
nonchalant
/nànʃəlá:nt/

形 平然とした、無頓着な

☺ **Non**！と**シャラン**（しれっ）**と**言う感じ。non-「～がない」。「心の温かさを欠く」が原義。The actress remained nonchalant during the barrage of questions from the media.「報道陣からの質問の集中砲火にも、その女優は平然としていた」。

□2833
utensil
/ju:ténsəl/

名 台所用品

☺ **言うてん、汁**入れる台所用品が必要やって。use「使用する」から派生。「用具」の意味だが、特に「家庭用品、台所用品」の意味で使われることが多い。

□2834
intriguing
/intrí:giŋ/

形 興味をそそる

☺ **犬鳥銀**紙で作ると興味をそそる。intricate「込み入った」と関連し、ラテン語intricare「もつれさせる、巻き込む」から。いろいろな要素が入り組んで面白い。

動 intrigue（興味をそそる）

□2835
grandeur
/grǽndʒər/

名 雄大さ、壮麗さ

☺ **ぐらん、じゃ**この雄大な光景見たら（体が揺れる思い）。発グランジャー。形容詞grand「雄大な、壮麗な」から派生。I felt so small next to the grandeur of the canyon.「峡谷の雄大さに比べたら、私などちっぽけだと感じた」。

□2836
mingle
/míŋgl/

動 混じる；人と交わる

☺ **みん**な**グル**グル交じり合う。The candidate stepped down from the podium and mingled with the crowd.「その候補者は壇上から降りて聴衆と交わった」。

□2837
censure
/sénʃər/

名 強い非難　動 強く非難する

☺ **選手は**非難しないで、と負けたチームの監督。censor「検閲する」と関連。類criticize。The city council censured the mayor for misconduct.「市議会は市長の不祥事を非難した」。

□2838
mishap
/míshæp/

名 不幸な出来事、災難

ミス（mistake）が起こる（happen）→災難、と考えよう。The expedition reached the summit without mishap.「登山隊は無事に頂上にたどり着いた」。

□2839
indulge
/indʌ́ldʒ/

動 ふける；甘やかす

☺ **インド主**（あるじ）快楽にふける。indulge in video games「テレビゲームに浸る」。indulge children「子どもたちを甘やかす」。

名 indulgence（耽溺；甘やかし）

□2840
loom
/lú:m/

動 ヌッと現れる；不気味に立ちはだかる

☺ **ル～ム**（う～む）……不気味な雲が現れた。Ominous clouds loomed on the horizon.「不吉な雲が水平線に現れていた」。

285.mp3

□2841 **parity** /pǽrəti/	名 同等；同価 ☺ **パリッて**したスーツは中身と同等の価値（スーツ良ければかっこ良く見られる）。par「等しい」から派生。参par「（ゴルフの）パー」（基準スコアと自分のスコアが等しい）。on a parity with ～「～と同等である」。
□2842 **snort** /snɔ́ːrt/	動 鼻を鳴らす ☺ **スノー**（snow「雪」）！**と**喜ぶ子どもに鼻を鳴らす（別に喜んでもいいじゃないか）。動物が鼻を鳴らす、または人間が怒りや軽蔑などを表すために鼻を鳴らすこと。The boar snorted loudly.「そのイノシシは大きく鼻を鳴らした」。
□2843 **inverse** /invə́ːrs/	形 逆の、正反対の invert「逆にする」から派生。内へ（in-）向ける（vert）→逆にする。vertはラテン語vertere「向ける」から。in inverse proportion to～「～に反比例して」。 動 invert（逆にする）
□2844 **impeccable** /impékəbl/	形 申し分のない、非の打ち所がない ☺ **隠蔽かぶる**申し分のない部下（いやいや、上司のあなたが責任取りなさい！）。罪（pecca）を問うことができ（-ble）ない（im-=in-）。pecca はラテン語 peccare「罪を犯す」から。impeccable manners「申し分のないマナー」。
□2845 **seduce** /sidjúːs/	動 誘惑する、引きつける se-「離れて」、duceはラテン語ducere「導く」から。手を引っ張って離れたところへ連れて行く。参segregate「隔離する」、introduce「紹介する」。I was seduced by the colorful display.「カラフルな展示に引かれたんです」。
□2846 **retaliate** /ritǽlièit/	動 報復する ☺ **利足り得て**ない、と報復する。re-「返す」、tali はラテン語talis「このような」から。やり返してお前もこのような状態にしてやる、ということ。類revenge、vengeance。 名 retaliation（報復）
□2847 **grueling** /grúːəliŋ/	形 へとへとに疲れさせる、つらい ☺ **グル、襟、ングッ**とつかまれてへとへとに疲れた（みんなグルになってオレに作業を……）。cruel「残酷な」とglue「のり」の合成で、残酷なほどきつい仕事にのり付けされてへとへと、と考えてもよい。grueling work「大変な仕事」。
□2848 **enigma** /ənígmə/	名 謎 ☺ **絵に熊**、画家の意図は謎。類mystery。The construction of the Pyramids is an enigma.「ピラミッドの建設は謎めいている」。 形 enigmatic（謎めいた）
□2849 **despondent** /dispɑ́ndənt/	形 落胆した、意気消沈した ☺ **で、スポン！デン！と**穴にはまって落胆する。de-「離して」、spondはラテン語spondere「約束する」→あきらめる→魂が抜ける→落胆。 名 despondency（落胆、失望）
□2850 **ductile** /dʌ́ktəl/	形 引き伸ばせる、展性のある 導き（duct）やすい（-ile）→伸ばしやすい。ductはラテン語ducere「導く」から。類malleable。Copper is a ductile metal.「銅は展性のある金属だ」。

□2851 **wail** /wéil/	動 泣き叫ぶ、もの悲しい音を出す ☺ **上いる**、幽霊が～と泣き叫ぶ子ども。発ウェイル。woe「悲哀」と関連。wail with sorrow「悲しみで泣き叫ぶ」。The wind wailed through the trees.「風が樹の間をヒューヒューと吹き抜けた」。
□2852 **sublime** /səbláim/	形 崇高な、素晴らしい ☺ **さぶらい**（侍）**無**理しても崇高な（武士は食わねど高楊枝）。the sublime beauty of nature「自然の崇高な美しさ」。
□2853 **fugitive** /fjúːdʒətiv/	名 逃亡者 ☺ **富士低部**に逃亡者潜む（青木ヶ原樹海？）。発フュージティブ。ラテン語fugere「走り去る、逃げる」から。参refuge「避難」。
□2854 **mull** /mʌ́l/	動 じっくり考える、検討する ☺ **丸**くなって考える。類ponder。Well, mull it over.「ま、よく考えてくれ」。
□2855 **supersede** /sùːpərsíːd/	動 取って代わる；後任となる 上に（super-）座る（sede）。sedeはラテン語sedere「座る」から。Word processors started to supersede typewriters in the 80s.「ワープロがタイプライターに取って代わり始めたのは80年代だった」。
□2856 **disdain** /disdéin/	動 軽蔑する；価値がないと考える ☺ **this**（これ）**でいいん**？と軽蔑する（こんなもので満足するとは）。He disdained hard work.「彼は一生懸命働くことを軽蔑していた」。
□2857 **longing** /lɔ́ːŋiŋ/	名 あこがれ、熱望 動詞long「待ち望む、熱望する」から派生。形容詞long「長い」とも関連。首を長くして待つ→それだけ望む気持ちが強い→あこがれ、と考えよう。a strong longing for freedom「自由への強いあこがれ」。
□2858 **glitch** /glítʃ/	名（機械などの）故障、不調 ☺ 機械が**グリッ**と音を立てて故障し、**チ**ッと舌打ち。A glitch in the assembly line stopped production.「組み立てラインの故障で生産が止まった」。
□2859 **coalesce** /kòuəlés/	動 連合する、合体する ☺ **こうあれす**っと連合する（手を組む条件）。発コウアレス。co-「共に」、alesce はラテン語alescere「成長する」から。参coalition「連合」。The two villages coalesced into one.「2つの村は併合して一つになった」。
□2860 **attrition** /ətríʃən/	名 摩耗、摩滅；（数などの）減少 ☺ **跡**取**りしょう**もない経営で会社を摩耗させる、と覚えよう。at-=ad-「～へ」、triはラテン語terere「こする」から。参detrimental「有害な」。tooth attrition「歯の摩耗」。staff attrition「人員の減少」。

287.mp3

□2861 **huddle** /hʌ́dl/	**動 群れ集まる 名 群衆** ☺ **ハァどれ**どれと集まる群衆。bundle「束」との dle つながりで覚えてもよい。The children huddled around the fire.「子どもたちがたき火に集まった」。
□2862 **hatred** /héitrid/	**名 強い嫌悪、憎しみ** ☺ **ヘイ、取れ！ど**突かれて先輩憎む。hate「憎む」から派生。His hatred for injustice motivated him to become a lawyer.「不正への憎しみから彼は弁護士を志した」。
□2863 **repose** /ripóuz/	**動 休息する 名 休息** re-「再び」、pose はラテン語pausare「止まる」から。参pause「休止する」。take repose「休息する」。
□2864 **delinquent** /dilíŋkwənt/	**形 非行の；支払期日を過ぎた** ☺ **デリ**(delicatessen「調整食品」)**食えんと**非行少年(生意気な！)。de-「完全に」、linque はラテン語linquere「離れる」から。delinquent juveniles「非行少年」。 名 delinquency(非行；滞納[金])
□2865 **strenuous** /strénjuəs/	**形 精力的な、熱心な** ☺ **酢取れぬ明日**、と精力的なストレッチ(酢では体は柔らかくならない！)。古英語stierne からで、stern「厳しい」と関連。strenuous efforts「精力的な取り組み」。「骨の折れる、激しい」の意味も。strenuous training「激しいトレーニング」。
□2866 **skew** /skjúː/	**動 斜めにする、歪曲する** ☺ **すくう**ために器を斜めにする。発スキュー。shy「内気な」、eschew「避ける」と関連。人を避けるために身を斜めに曲げる、と考えよう。形容詞で「斜めの、ゆがんだ」の意味も。a skewed sense of humor「ゆがんだユーモア感覚」。
□2867 **wrench** /réntʃ/	**動 ねじる；歪曲する** ☺ **俺んち**の柱ねじれてるんだ。日工具のレンチ。名詞で「苦痛、悲しみ」の意味も。a heart-wrenching incident「胸の痛む出来事」。wrench the facts「事実を歪曲する」。
□2868 **bustle** /bʌ́sl/	**名 大騒ぎ、活気 動 忙しく動き回る** ☺ **罰する**と刑務所は大騒ぎ。ワイワイ、ガヤガヤ、ワサワサしている感じ。the bustle of Bourbon Street「バーボンストリートの喧噪」。 形 bustling(騒がしい)
□2869 **entail** /intéil/	**動 必然的に伴う、必要とする** ☺ **縁って要る**、成功には必然的に伴う。切った(tail)状態にする(en-)→限定する→必然。参tailor「仕立業者」、curtail「切り詰める」。A doctoral program entails hard work.「博士課程では勤勉さが必要だ」。
□2870 **dire** /dáiər/	**形 悲惨な、ひどい** ☺ **だ〜イヤ**だな、こんな悲惨な状況。live in dire straits「ひどい苦境に暮らす」。dire economic situation「悲惨な経済状況」。

□2871 **influx** /ínflʌ̀ks/	名 流入、到来 内側への(in-)流れ(flux)。fluxはラテン語fluere「流れる」から。参flow「流れ」、fluent「流暢な」、influence「影響」。influx of foreign investment「海外からの投資の流入」。「殺到；河口」の意味も。
□2872 **atrocity** /ətrɑ́səti/	名 残虐行為、凶悪さ ☺ **あ**ぁオ**トロシイ**（恐ろしい）残虐行為、と覚えよう。the atrocities of the war「その戦争の残虐性」。
□2873 **dusk** /dʌ́sk/	名 夕暮れ、薄暮 ☺ **蛇足**はいらない夕暮れの仕事（もう帰るんだから余計なことさせないで！）。dusky「ほの暗い」から派生。from dusk till dawn「夕暮れから夜明けまで」。
□2874 **tacit** /tǽsit/	形 暗黙の ☺ ア**タシと**だったら暗黙の了解。ラテン語tacere「静かにしている」から。a tacit agreement「暗黙の了解」。
□2875 **amass** /əmǽs/	動 集める、蓄える ☺ **余す**ところなく集める。a-=ad-「～へ」mass「塊」。He amassed a great fortune with the success of his software.「彼はソフトウエアの成功で莫大な富を築いた」。
□2876 **clandestine** /klændéstin/	形 秘密の ☺ 目が**眩んでしてん**、秘密の情事。類secret。clandestine diplomacy「秘密外交」。a clandestine relationship「秘密の関係」。
□2877 **pivotal** /pívətl/	形 極めて重要な、中枢の pivot「軸、中心」の形容詞形。類critical、vital。play a pivotal role「極めて重要な役割を演じる」。 名 pivot（軸、中心）
□2878 **disposition** /dìspəzíʃən/	名 気質；配置 ☺ **This pose**（このポーズ）**しよ～ん**、という気質。dispose「配置する」から派生。人間の中に配置された様々な性格的側面→気質。a man of adventurous disposition「冒険的気質の男」。
□2879 **inert** /inə́ːrt/	形 自力で動けない；不活性の ☺ **犬、アーッと**、自力で動けない。技術(ert=art)がない(in-)→未熟な→自力で動けない。one's inert body「～の動けなくなった体」。inert gas「不活性ガス」。「のろい、緩慢な」の意味も。
□2880 **encompass** /inkʌ́mpəs/	動 包囲する、包含する 境界(compass)の中に入れる(en-)。参compass「(製図用)コンパス」。類surround、include。The lake is encompassed by mountains.「その湖は山に囲まれている」。

289.mp3

□2881 **locomotion** /lòukəmóuʃən/	名 移動；交通手段 loco はラテン語 locus「場所」から、motion「動き」。参local「その土地の」。 名 locomotive（機関車）
□2882 **fidelity** /fidéləti/	名 忠誠、厳守 ☺ **日照りって**神への忠誠が足りないから（どこまで忠誠を誓えばいいんだ？）？ faith「信仰」と関連。He served the company with utmost fidelity.「彼は最大限の忠誠を持って会社に勤めた」。
□2883 **fluctuate** /flʌ́ktʃuèit/	動 変動する、上下する ☺ **フラ**ッ！**ク**ッ！**チューええ、と**変動する気持ち（キスがうまいのよね）。ラテン語fluere「流れる」から。Oil prices fluctuated wildly this month.「今月原油価格が大きく変動した」。 名 fluctuation（変動、ばらつき）
□2884 **roster** /rástər/	名 名簿、勤務当番表 ☺ **老スター**の名簿。roast「炙り焼く、ローストする」と関連。網焼きの焼き目のようなもの→名簿。a roster of artists「アーティストの名簿」。a duty roster「勤務当番表」。
□2885 **flake** /fléik/	名 薄片、ひとひら ☺ **降れ**、**行く**先々で桜ひらひら、と覚えよう。日コーンフレーク。うろこのような薄いかけらのこと。a snow flake「雪片」。
□2886 **seeming** /síːmiŋ/	形 見せかけの、うわべの seem「～のように見える」から派生。with seeming kindness「さも親切そうに」。 副 seemingly（外見上は）
□2887 **invoke** /invóuk/	動（感情などを）引き起こす；（政策などを）発動する ☺ **陰謀駆**使して怒りを引き起こす。in-「中に」、vokeはラテン語vocare「呼ぶ」。内面に呼びかける→感情などを引き起こす。The roaring wind invoked fear into all of us.「風がうなりを上げ、我々全員が恐怖した」。
□2888 **wade** /wéid/	動 水に漬かりながら歩く ☺ **ウエッ**、**井戸**水の中を歩くとは。We waded through the muddy water.「我々は泥水の中を進んだ」。
□2889 **lousy** /láuzi/	形 ひどい、下手な ☺ **裸**、**ウジ**がたかってひどい。louse「シラミ」の形容詞形で、「シラミのたかった」が原義。a lousy article「ひどい（俗悪な）記事」。You're a lousy liar.「アンタ、嘘が下手ねえ」。
□2890 **disperse** /dispə́ːrs/	動 分散させる、追い散らす ☺ **This**、**パーッする**（パーッとばらまく）、と覚えよう。di-=dis-「離して」、sperse はラテン語 spargere「ばらまく」から。参sparse「まばらな」。a device to disperse heat「熱を分散させる仕掛け」。disperse knowledge「知識を広める」。

□2891 **fastidious** /fæstídiəs/	形 好みのうるさい、気難しい ☺ **葉捨てでやす**、と好みのうるさい人（サラダなのに……）。My aunt is fastidious about manners.「私の叔母はマナーにうるさい」。
□2892 **articulate** /ɑːrtíkjulət/	形 発音の明瞭な；はっきりした　動 はっきり発音する ☺ cula を「**切れ**る発音」と考えよう。articulate pronunciation「明瞭な発音」。articulate one's ideas「考えを明確に表現する」。 名 articulation（はっきり発音すること）
□2893 **defiant** /difáiənt/	形 反抗的な、挑戦的な ☺ ～**ではイヤンと**反抗的な態度。動詞defy「反抗する」から派生。Josh stormed out of the room, still defiant.「ジョッシュはいまだ反抗的な態度で部屋を飛び出した」。
□2894 **unsung** /ʌnsʌ́ŋ/	形 無名な、称賛されていない 歌われ（sung=singの過去分詞形）ない（un-）。an unsung hero「陰のヒーロー」。
□2895 **feud** /fjúːd/	名 確執、反目　動 反目する ☺ **ヒュー**、**ど**うしても解決できない確執。the long-lasting feud between the two families「２つの家の間の長く続く確執」。
□2896 **contract** /kəntrǽkt/	動 収縮する　名 契約 con-「共に→中に」、tractはラテン語trahere「引っ張る」から。内側に引っ張る→収縮。双方を引っ張って結び付ける→契約。 名 contraction（収縮）
□2897 **excerpt** /éksəːrpt/	名 抜粋、引用　動 抜粋する ☺「**戦ブッと**やんだ」という部分を抜粋する（歴史物？）。ex-「外に」、cerptはラテン語carpere「引き抜く、集める」から。Excerpts from the book are in the handout.「そのハンドアウトにこの本の抜粋が載っています」。
□2898 **serene** /səríːn/	形 静かで落ち着いた、穏やかな ☺「**シリーン**」と風鈴が鳴って心が落ち着く感じの静けさ。a kind, serene lady「優しくて、落ち着いた女性」。a beautiful, serene lake「美しく、穏やかな湖面」。
□2899 **disrupt** /disrʌ́pt/	動 混乱させる、分裂させる dis-「離して」、ruptはラテン語rumpere「破る」から。参erupt「噴火する」。disrupt the life of the community「コミュニティーの生活を乱す」。 名 disruption（混乱、途絶）
□2900 **puberty** /pjúːbərti/	名 思春期、年ごろ ☺ **ピュー、バッ！って**すぐ大きくなる思春期の子ども。発ピューバティ。Pregnancy in puberty is a worldwide problem.「思春期の妊娠は世界的な問題だ」。

□2901 **hoard** /hɔ́ːrd/	名 蓄え、貯蔵　動 貯蔵する ☺ **ほ～**、**ど**のくらい蓄えてるの？　hoard wealth「富を蓄える」。a vast hoard of diamonds「山とため込んだダイヤモンド」。
□2902 **lament** /ləmént/	動 嘆く　名 悲嘆 ☺ **ラーメン取**られて嘆く。lament a person's death「人の死を嘆く」。
□2903 **cordial** /kɔ́ːrdʒəl/	形 心からの、誠心誠意の ☺ **こうじゃろ**、と心からの意見。発コージャル。ラテン語 cor「心臓、心」から。参coronary「心臓の」。類sincere。a cordial greeting「心のこもったあいさつ」。
□2904 **feasible** /fíːzəbl/	形 実現可能な する（feasi）ことができる（-ible=-able）。feasi はラテン語facere「する」から。参facilitate「容易にする」。類possible。a feasible solution「実現可能な解決策」。
□2905 **inflammatory** /inflǽmətɔ̀ːri/	形 怒りをかき立てるような；炎症性の in-「中に」flame「炎」。The lawmaker's remarks were irresponsible and inflammatory.「その政治家の発言は無責任であり、怒りを呼んだ」。inflammatory bowel disease「炎症性腸疾患」。
□2906 **luminous** /lúːmənəs/	形 光を発する；明るい ラテン語lumen「光」から。参illumination「イルミネーション」。Only the luminous numbers of my watch were visible in the dark.「暗闇の中で私の時計の発光する数字だけが見えた」。
□2907 **groan** /gróun/	動 うめく　名 うめき声 grin「歯を見せて笑う」と関係。苦痛・不満・悲嘆などで、歯を食いしばりながらグルルルとうめく感じ。The patient groaned with pain.「患者は痛みでうめき声を上げた」。
□2908 **revulsion** /rivʌ́lʃən/	名 強い嫌悪、反感 ☺ あの人**威張るじゃん**、強い嫌悪！と覚えよう。re-「後ろに」、vulse はラテン語vellere「引っ張る」から。まさに「引いてしまうほどの」嫌悪感。参convulsion「痙攣」。feel strong revulsion against～「～に強い嫌悪を感じる」。
□2909 **maxim** /mǽksim/	名 格言 ☺ **まくし**立てる**む**ずかしい格言。maximum「最大限の」と関連。最大の命題→原理→格言。I believe in the maxim, "When in Rome, do as the Romans do."「僕は『郷に入っては郷に従え』という格言を信じてますから」。
□2910 **pent** /pént/	形 閉じ込められた ☺ **ペン取**られて閉じ込められた怒り。pen「閉じ込める」の過去分詞形。pent-up anger「鬱積した怒り」。

□2911 **perimeter** /pərímətər/	名 周囲；周辺の長さ ☺ **へり見たら**周囲の長さ判明。peri-「周りの」、meterはギリシャ語metron「測る」から。参periscope「潜望鏡」(周りを見る装置)。Soldiers guard the perimeter of the presidential mansion.「兵士たちが大統領邸の周辺を警備している」。
□2912 **defuse** /di:fjú:z/	動 危険を取り除く；鎮める、和らげる 爆弾の信管(fuse)を外す(de-)→危険を取り除く。defuse tensions between rival factions「対立する派閥間の緊張関係を和らげる」。
□2913 **astray** /əstréi/	副 形 道に迷って、道を踏みはずして ☺ **明日捕れい**！と命令されて道に迷う(明日は獲物を捕れと殿様が……)。His false leadership led us astray.「彼の間違ったリーダーシップが僕たちに道を誤らせている」。
□2914 **palatable** /pǽlətəbl/	形 (考えなどが)好ましい；(食物が)口に合う ☺ アス**パラ食べれ**ば口に合うかも、という好ましい考え。palate「口蓋→味覚」-able「できる」。The agreement was palatable for both parties.「その合意は双方にとって好ましいものだった」。
□2915 **trample** /trǽmpl/	動 踏みつける ☺ **取らん振り**して踏みつける(取ってあげると言いながら、ひどいやつ)。The dictator trampled on the people's rights.「独裁者は人権を踏みにじった」。
□2916 **filthy** /fílθi/	形 汚れた；下品な ☺ **昼し**か見えない汚れた染み。foul「悪い」と関連。filthy air「汚い空気」。 名 filth(不潔なもの；不道徳)
□2917 **prodigious** /prədídʒəs/	形 驚異的な、並外れた ☺ **プロで？じゃあす**ごく驚異的な才能。prodigy「天才」と関連。大きさ・量・範囲・程度などが並外れていること。She has prodigious talents.「彼女は驚くべき才能の持ち主だ」。 名 prodigy(天才；驚異)
□2918 **cutthroat** /kʌ́tθròut/	形 競争の激しい、容赦のない 首(throat)を切る(cut)。There is cutthroat competition in the home appliance industry.「家電業界には激烈な競争がある」。
□2919 **lofty** /lɔ́:fti/	形 そびえ立つ；気高い loft「屋根裏」と関連。参aloft「空高く」。「高位の；高貴な」から「高慢な」まで意味が広がる。lofty ceilings「高い天井」。He had lofty ideals.「彼には気高い理想があった」。
□2920 **digress** /digrés/	動 話がそれる di-「分かれて」、gressはラテン語gradi「行く」から。参progress「進む」。The professor often digressed during lectures.「その教授は授業中何度も話が脱線した」。

293.mp3

2921
traverse
/trəvə́ːrs/

動 横断する；越える

tra=trans-「越えて」verse=versus「反対側へ」。A herd of moose traversed the vast land.「ムースの群れは広大な土地を横断した」。

2922
catastrophe
/kətǽstrəfi/

名 大惨事、大災害

☺ **片すトロフィー**大惨事（片付けようとしたら……）。cata-「下へ」、stropheはギリシャ語「回る」から。天地をひっくり返す大変動、大災害。Safety inspections could have prevented the catastrophe.「安全検査をしていれば大惨事を防げただろう」。

2923
earnest
/ə́ːrnist/

形 熱心な、真剣な

☺ **兄っす、と**熱心に紹介する弟。㊕アーニスト。an earnest debate「熱のこもった議論」。「まじめな」の意味も。an earnest young man「まじめな若者」。

2924
tantalizing
/tǽntəlàiziŋ/

形 じれったがらせる；興味をかき立てる

☺ **アンタらいず**れやってよね！とじらされた人。ギリシャ神話タンタロス王の逸話（水を飲もうとしても飲めない罰を与えられた）から。じらされる→興味をかき立てられる。

動 tantalize（じらす）

2925
churn
/tʃə́ːrn/

動 激しくかき混ぜる；激しく動揺する

☺ **ちゃーん**と激しくかき混ぜる納豆。churn milk into butter「牛乳をかき混ぜてバターを作る」。Anger made my stomach churn.「怒りで胃をかき回される思いだった」。

2926
stringent
/stríndʒənt/

形 厳しい；緊急の

ラテン語stringere「縛る、強く引っ張る」から。㊜strict「厳しい」。法律・要求などが厳格、事態が緊迫、財政状態が逼迫するなどの厳しさ。stringent rules「厳しいルール」。stringent necessity「緊急の必要性」。

2927
fraught
/frɔ́ːt/

形 （困難・問題などに）満ちた、はらんだ

☺ **不良と**欠陥に満ちた製品（ダメじゃん！）。freight「積み荷」と関連。積み荷がいっぱい→満ちた。通例ネガティブな事柄に用いる。Any new product launch is fraught with danger.「どんな新製品の発表も危険に満ちている」。

2928
exhort
/igzɔ́ːrt/

動 強く勧める

☺ **行ぐぞ～、と**強く勧める。ex-「超えて」hortはラテン語hortari「促す」から。The teacher exhorted me to go to college.「その先生は私に大学に行くよう強く勧めた」。

2929
rustic
/rʌ́stik/

形 田舎の、素朴な

rural「田舎の」と関連。The small village had some rustic charm.「その小さな村には何かしら素朴な魅力があった」。

2930
acrid
/ǽkrid/

形 （味やにおいが）刺すような；辛辣な

☺ **えい、栗ど**うだ？刺すような味（腐ってるじゃん！）。ラテン語acer「鋭い」から。㊜acid「酸」。㊩pungent。acrid scent of chemicals「化学物質の刺すようなにおい」。acrid criticism「辛辣な批判」。

□2931 **endow** /indáu/	動 授ける；寄付する ☺ **いいんだ、う**ん、賞を授けよう。en-=in-、dowはdonate「寄付する」と関連。He is endowed with talent and good health.「彼は才能と健康を授けられている」。 名 endowment（寄贈）
□2932 **soot** /sút/	名 すす、煤煙　動 すすだらけにする ☺ **吸うと**健康害するすす。The workers' faces were smeared with black soot.「労働者たちの顔は黒いすすで汚れていた」。
□2933 **dismay** /disméi/	動 狼狽させる；落胆させる　名 狼狽；落胆 「～してもよい」(may)という許可を取り消して(dis-)、相手を困らせる、と考えよう。to one's dismay「困ったことに」。
□2934 **crucify** /krú:səfài/	動 十字架にはりつけにする；責める cross「十字架」と関連。Jesus was crucified and resurrected.「イエスははりつけにされ、復活した」。 名 crucifixion（磔刑）
□2935 **decoy** /dí:kɔi/	名 おとり ☺ **で、来い**来いとおとりを使う。オランダ語de kooi「鳥かご」から。Hunters use decoys to attract ducks.「ハンターはカモをおびき寄せるのにおとりを使う」。
□2936 **preposterous** /pripástərəs/	形 不合理な、本末転倒の 後ろの(post)ものを前に(pre-)するような。a preposterous notion「不合理な考え」。
□2937 **finite** /fáinait/	形 有限の ☺ **はい、ない、と**有限なお金（え、給料もうないの?）。発 ファイナイト。ラテン語finis「終わり、限界」から。参 finish「終える」。Natural resources are finite.「天然資源は有限だ」。
□2938 **flux** /flʌks/	名 流れ ラテン語fluere「流れる」から。参 flow「流れ」、fluid「流動体、液体」、influx「流入、殺到」。the flux of data「データの流れ」。
□2939 **rigor** /rígər/	名 厳しさ、厳密さ ☺ **理が**勝つ人の厳しさ（あの人理屈で責めてくるからな）。ラテン語rigere「固い」から。参 rigid「堅い；厳密な」。academic rigor「学問的な厳密さ」。
□2940 **illicit** /ilísit/	形 道徳的に許されない；違法な ☺ **入り**婿**嫉妬**する許されぬ恋。許され(licit)ない(il-=in-)。licitはラテン語licere「許される」から。参 license「免許」。illicit liquor「密造酒」。illicit love「道ならぬ恋」。

295.mp3

□2941 **ascertain** /æsərtéin/	動 確かめる、突き止める ☺ **朝定員**確かめる。発アサテイン。as-=ad-「～へ」certain「確かな」。実験・調査などによって物事を確かめる。ascertain how many have been injured「けが人の数を確かめる」。
□2942 **quaint** /kwéint/	形 古風な趣がある、風変わりな ☺ **食え**！**いいん**？**と**古風な趣があるやりとり（遠慮するなんて）。発クウェイント。cognition「認知」などと関連。古くから知って認知している→古風な。a quaint old house「古風な趣のある家」。
□2943 **exalt** /igzɔ́:lt/	動（地位・名誉などを）高める；褒める ex-「外へ」、altはラテン語altus「高い」から。発イグゾールト。参altitude「高度」。This book exalts John Adams as a truly heroic figure.「この本はジョン・アダムズを真に英雄的な人物として称揚している」。
□2944 **flop** /fláp/	動（物・体の一部が）どさっと落ちる；失敗する 名 失敗 ☺ **風呂プ**ッと滑ってどさっと倒れる（風呂場では気をつけないと！）。flap「ばたばた動く」と関連。バタッ、ドスンと音を立てて落ちたり崩れたりする感じ。He flopped into a chair with a sense of relief.「彼はホッとして椅子にドスンと座った」。
□2945 **docile** /dásəl/	形 従順な、扱いやすい ☺ **どうする**？と従順な夫。発ドスィル（ダスルに近い）。教える（doc）ことができる（-ile）。docはラテン語docere「教える」から。参doctor「医者」。I want a docile husband!「私は従順な夫が欲しいの！」。
□2946 **tingle** /tíŋgl/	動 ひりひりする；ぞくぞくする ☺ **ティン**！**グル**ッ！といかにもチクチク刺してくる感じの音。tinkle「チリンチリンと音を出す」の異形。feel a tingling sensation「ひりひりする感じを覚える」。
□2947 **oblivion** /əblíviən/	名 忘れられている状態、忘却 ob-=ab-「離れる」。人々の記憶を離れる。cast sins into oblivion「罪を忘れ去る」。 形 oblivious（忘れっぽい、記憶していない）
□2948 **surmount** /sərmáunt/	動 乗り越える sur-「上に」mount「登る」。surmount hardships「困難を乗り越える」。
□2949 **hectic** /héktik/	形 非常に忙しい、てんてこ舞いの ☺ **ヘック**！**ティック**！としゃっくりが出るほど忙しい。My days are hectic as always.「私は相変わらず忙しい」。
□2950 **amiable** /éimiəbl/	形 愛想の良い、友好的な ☺ **網炙る**愛想の良い人。発エイミアブル。愛する（ami）ことができる（-able）。amiはラテン語amare「愛する」から。参amicable「友好的な、平和的な」。an amiable man「愛想の良い男」。

□2951 **ferret** /férit/	**動 追い出す、探し出す** ☺ **へれっ**!? **と**驚いている間に追い出される。もともとは「白イタチ、フェレット」を指す名詞→白イタチを使ってウサギなどを穴から追い出す。ferret out enemies「敵を追い出す」。ferret out the truth「真実を見つけ出す」。
□2952 **zenith** /zí:niθ/	**名 絶頂、頂点** ☺ **銭す**ごく儲けて絶頂。類height、climax、pinnacle。He was at the zenith of his power.「彼は権勢の絶頂にあった」。
□2953 **rebuke** /ribjú:k/	**動 叱責する、非難する** ☺ **理吹く**人を叱責する(理屈を言うな!)。打ち(buke)返す(re-)→ある人の行いに対して叱責、非難を返す。bukeは古フランス語buchier「打つ」から。He was rebuked for his comments.「彼は発言を非難された」。
□2954 **impel** /impél/	**動 駆り立てる、推進する** im-=in-「中で」、pelはラテン語pellere「押す、動かす」から。参propel「進ませる」。He was impelled by a strong desire to win.「彼は勝ちたいという強い欲求に駆り立てられていた」。
□2955 **pungent** /pʌ́ndʒənt/	**形 (味やにおいが)刺すような、刺激性の;痛烈な** ラテン語pungere「突く、刺す」から。参punctual「時間を厳守する」(針で突くほど正確な)。point「点」やpoignant「痛切な」とも関連。pungent odor「刺すようなにおい」。
□2956 **menace** /ménis/	**名 脅威　動 脅威を与える** ☺ **眼**で**成す**脅威。The country's nuclear weapons are a menace to neighboring countries.「その国の核兵器は近隣の国々にとって脅威だ」。「威嚇、脅迫」などの訳語も。
□2957 **idiosyncrasy** /ìdiəsíŋkrəsi/	**名 特異性;特異体質** ☺ **出でよ**!**新暮らし**、特異な生き方。idio-「独自の」syn「共に」、crasyはギリシャ語krasis「混ざったもの」から。His idiosyncrasy is to wear only T-shirts, even in winter.「彼の変わったところは冬でもTシャツしか着ないことだ」。
□2958 **jeopardy** /dʒépərdi/	**名 危険、危機** ☺ **じぇ**っ!(驚きの声)、**パーティー**は危険。発ジェパーディー。Your action has put us in jeopardy.「君の行動が我々を危険にさらしてるんだ」。参jeopardize「危険にさらす」。
□2959 **figurative** /fígjurətiv/	**形 比喩的な、文字通りでない** figure「形」と関連。言葉という形式上での相似→比喩。The word "hand" has some figurative meanings, as in "give me a hand."「『手』という言葉にはいくつかの比喩的な意味がある。例えば『手を貸してくれ』のように」。
□2960 **incentive** /inséntiv/	**名 動機、刺激** in-「中に」、cenはラテン語canere「歌う」から。歌に調子を合わせる→物事とリズムが合う→人を物事に駆り立てるもの。日インセンティブ(スポーツ選手に対する出来高払い)。

297.mp3

□2961 **exempt** /igzémpt/	動 免除する 形 免除されている ex-「外に」。義務を外に取り除いて空（empty）になった、と考えよう。be exempt from duties「義務を免除されている」。 名 exemption（免除、［税の］控除）
□2962 **frivolous** /frívələs/	形 取るに足らない、つまらない ☺ **振り、ばらす**ぞ！と取るに足らない脅し（別にいい人の振りしてるわけじゃないし）。Don't worry about such frivolous complaints.「そんな取るに足らない苦情なんか気にするなよ」。「浅はかな、不真面目な」などの訳語も。
□2963 **deride** /diráid/	動 あざける、嘲笑する ☺ **出ら井戸**いいよ、そりゃ、とあざける（そんなに簡単に出るもんじゃないって、水なんて）。ridicule「あざける」と同語源。deride someone's ideas「人の考えをあざける」。
□2964 **vicious** /víʃəs/	形 悪意のある、ひどい ☺ **美刺す**悪意のある行為（絵画のキャンバスにブスッ！）。vice「悪徳」から派生。a vicious rumor「悪意あるうわさ」。a vicious circle「悪循環」。
□2965 **abbreviate** /əbríːvièit/	動 短縮する、省略する ab-=ad-「～へ」、breviはラテン語brevis「短い」から。文・表現などを短縮・省略すること。参brief「短い」。an abbreviated form of a word「単語の省略形」。 名 abbreviation（短縮、省略）
□2966 **dissipate** /dísəpèit/	動（雲・霧などを）消散させる ☺ **弟子、ペーッと**給料を消散させる（親方嘆く）。disperse「散らす」から派生。「追い払う；消す；浪費する」などの訳語も。My entire bonus dissipated into thin air.「ボーナスなんか全部消えたよ」。
□2967 **stark** /stáːrk/	形 殺風景な；全くの ☺ **スターく**るしむ（苦しむ）、殺風景な部屋で（かつては人気があったのに）。starch「でんぷん」と関連。でんぷんが固まる→硬い→硬い土地→荒涼、殺風景。a stark room「殺風景な部屋」。堅い結論→全くの、明確な。a stark difference「明確な違い」。
□2968 **crisscross** /krískrɔ̀ːs/	動 交差する、十字を記す Christ's cross「キリストの十字架」がchristcross「×印」になり、この単語になった。名詞で「十文字」も。The president is crisscrossing the country.「大統領は全国を駆け回っている」。
□2969 **ameliorate** /əmíːljərèit/	動 改善する、改良する ☺ **余りを零と**は収益を改善する（余り物がゼロのレストラン）。a-=ad-「～へ」、melioはラテン語melior「より良い」から。ameliorate the situation「状況を改善する」。ameliorate the living conditions「生活条件を良くする」。
□2970 **uncanny** /ʌnkǽni/	形 人間離れした、神秘的な ☺ **安価に**物を買う人間離れした能力。canはcan「できる」やknow「知る」と関連。知ることができない（un-）ということ。He has an uncanny ability to read people.「彼は人の心を読む人間離れした能力を持っている」。

□2971 **persona** /pərsóunə/	名 表向きの人格、仮面 person「人」と関連。日ペルソナ。People using social networks often adopt different personas.「ソーシャルネットワークを使う人はしばしば別の人格をまとう」。
□2972 **furor** /fjúərɔ:r/	名 激怒；大騒ぎ ☺ **ひゅ～ら**（ほ～ら）、激怒した！ fury「激怒」と同語源。provoke a public furor「公衆の怒りを呼ぶ」。cause a furor「大騒ぎを起こす」。
□2973 **nag** /næg/	動 口うるさく言って悩ます、絶えず悩ます ☺ **殴**られるぞ、これ以上口うるさく言って悩ますと。gnaw「くり返し噛む；苦しめる」と関連。Stop nagging me!「ゴチャゴチャ言うな！」。
□2974 **blatant** /bléitənt/	形 見え透いた、露骨な ☺ **無礼担当**、見え透いたお世辞（あの担当セールスマンおかしいよね）。a blatant lie「見え透いた嘘」。a blatant rip-off「露骨なぼったくり」。
□2975 **plight** /pláit/	名 苦境、窮地 ☺ **プライド**傷つく苦境、と覚えよう。発プライト。ラテン語plicare「畳む」→畳み方→状態→悪い状態。the plight of African countries「アフリカの国々の苦境」。
□2976 **tamper** /tǽmpər/	動 不正に手を加える、改ざんする ☺ 牛**タン**、**パー**ッと食べて会計に手を加える。temper「和らげる」が変化したもの。The official record was tampered with.「その公式記録は改ざんされていた」。
□2977 **capsize** /kǽpsaiz/	動 （ボートなどを）転覆させる、ひっくり返す ラテン語caput「頭」から。頭から沈んでいくこと。If you rock the boat, it will capsize.「ボートを揺らすと転覆するぞ」。
□2978 **muster** /mʌ́stər/	動 かき集める；（勇気を）奮い起こす ☺ **マスター**金をかき集める（バーの経営も大変）。He kept swimming with all the strength he could muster.「彼は力の限り泳ぎ続けた」。
□2979 **manslaughter** /mǽnslɔ̀:tər/	名 故殺、過失致死 人を（man）殺す（slaughter）。参slaughter「食肉解体；虐殺」。事前の殺意、謀議がなく殺害すること。
□2980 **adore** /ədɔ́:r/	動 崇める ☺ **あ**あ、**ドア**を崇めるとは奇妙な。ad-「～へ」、oreはラテン語orare「祈る、正式に言う」から。神に祈る→崇拝。参oral「口の」。口語では「大好きである」の意味にも。I adore you.「大好きだよ」。

□2981 **stigma** /stígmə/	名 汚名、不名誉 ☺「**捨て熊**」という汚名を着た熊。stick「鋭い物で突き刺す」と関連。鋭い針で入れた入れ墨→汚点、汚名。参sting「刺す」。There is still a stigma attached to divorce.「離婚にはいまだ不名誉がつきまとう」。
□2982 **engrave** /ingréiv/	動 彫りつける、刻む en-=in-「中に」grave「掘る」。語源は違うがgraveには「墓」の意味もあるので、「墓石に文字を彫りつける」と覚えてもよい。The plaque was engraved with the names of the past winners.「その盾には過去の勝者の名前が刻んであった」。
□2983 **equity** /ékwəti/	名 公平さ；純資産額 ☺**え？食いてえ**人に公平に与えれば？　ラテン語aequus「等しい」から。参equal「等しい」。justice and equity「正義と公正」。財産の本当の価値と等しい数値→純資産額。
□2984 **poignant** /pɔ́injənt/	形 痛切な；辛辣な ☺**ポイ**したネコが**ニャンと**泣いて痛切な思い。発ポイニャント。pungent「（味やにおいが）刺すような」と関連。The regret is unbearably poignant.「悔恨が耐え難いほど心を刺す」。「感動的な」の意味も。
□2985 **gutter** /gʌ́tər/	名 溝、側溝；貧民街 ☺**ガタ**ッと落ちる、側溝に。日ボウリングのガーター。道脇の排水溝、側溝などを表す。溝の中で暮らすような生活→貧民街、どん底。The gutters collect and carry away rainwater.「溝が雨水を集め、流します」。
□2986 **intricate** /íntrikət/	形 込み入った、複雑な ☺**犬鳥きっと**込み入った関係。発イントリキット。「もつれさせる」が原義。中に（in-）トリック（trick）があってややこしい、と考えよう。類complex。intricate patterns「複雑なパターン」。
□2987 **revamp** /rìːvǽmp/	動 刷新する、改訂する　名 刷新 re-「再び」vamp「靴のつま皮」。靴のつま皮を張り替える→作り直して、新しくする。The company carried out a major revamp of its website.「その会社は大きなウェブサイト刷新を行った」。
□2988 **adroit** /ədrɔ́it/	形 器用な ☺**驚いた**、器用な手先に、と覚えよう。発アドロイト。a-=ad-「～へ」、droitはdirect「真っすぐな」と関連し「正しい」。正しい方向へ向かう技術→器用、巧み。The ambassador is an adroit negotiator.「その大使は交渉が巧みだ」。
□2989 **adjourn** /ədʒə́ːrn/	動 休会する；休廷する ☺**あ、じゃあ**休会しましょう。発アジャーン。ad-「～へ」、journは「日」でjournal「日誌」と関連。会を中断し、次の日へ回す→休会。The court was adjourned for a week.「裁判は一週間休廷となった」。
□2990 **convolute** /kɑ́nvəlùːt/	動 渦状に巻く、絡み合う　形 渦巻き型の ☺**このボルト**、渦巻き型だ。con-「共に」、voluはラテン語volvere「巻く」から。参involve「含む」（内側に巻き込む）。The road is convoluted.「その道はくねくねしている」。The story is convoluted.「その物語は複雑だ」。

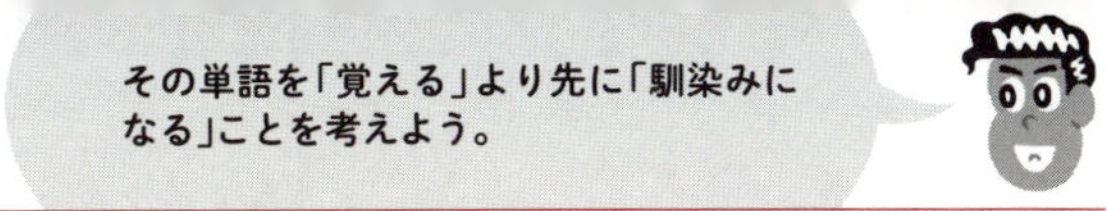
その単語を「覚える」より先に「馴染みになる」ことを考えよう。

□2991 **redundant** /ridʌ́ndənt/	**形 冗長な** ☺ **理、だんだんと**冗長な話（理屈が多い！）。red-=re-「再び」、undaはラテン語「波」から。波のようにくり返す→冗長。参abundant「豊富な」。 名 redundancy（冗長、過剰）
□2992 **denounce** /dináuns/	**動 非難する** ☺ **次男す**ること非難する。de-=down、nounceはラテン語nuntiare「知らせる」から。参announce「知らせる」。The U.N. Security Council denounced the country's nuclear test.「国連安全保障理事会はその国の核実験を非難した」。
□2993 **frail** /fréil/	**形 か弱い、もろい** ☺ **フレー！要る**か弱い人（応援してあげなきゃ！）。fragile「もろい」と関連。参fracture「破砕する」、fragment「破片」。her frail body「彼女のか弱い体」。 名 frailty（もろさ；弱点）
□2994 **rigorous** /rígərəs/	**形 厳格な、厳密な** rigor「厳しさ」に-ousを付けて形容詞化。ラテン語rigere「固くなる」から。参rigid「堅い；厳密な」。類strict、demanding。rigorous standards「厳格な基準」。
□2995 **dispel** /dispél/	**動 追い払う** dis-「離して」、pelはラテン語pellere「押す、追う」から。参expel「除名する、追い出す」（外に追う）。dispel a notion「ある考えを頭から追い払う」。
□2996 **drudgery** /drʌ́dʒəri/	**名 骨の折れる単調な仕事** ☺ **どら、ジェリー**に任せろ、そんな退屈な仕事は（ひどい親方）。The invention of the washing machine freed people from drudgery.「洗濯機の発明で人々は大変な仕事から解放された」。
□2997 **halo** /héilou/	**名 後光；（太陽・月の）かさ** ☺ **ヘイ、浪**人生よ、君らの背中には光が差してるぜ（未来は明るい！）。the halo effect「後光効果」（人などを判断・評価する際、ある目立つ特徴に影響されて、他の側面が見えなくなること。テレビに出ている人なので信じた、など）。
□2998 **foretell** /fɔːrtél/	**動 予言する、予告する** 前もって（fore-）告げる（tell）。foretell one's future「人の将来を予言する」。
□2999 **blot** /blát/	**名 汚れ、汚点　動 汚す** ☺ **ぶろっと**こぼして付いた汚れ。an ink blot「インクの染み」。The scandal blotted the lawmaker's reputation.「その醜聞は、その議員の名声を汚した」。
□3000 **revere** /rivíər/	**動 崇める、畏敬する** ☺ **リビア**（Libya）を崇める。re-は強意、vereはラテン語vereri「恐れる」から。畏れを含んだ尊敬。My father revered his father.「私の父は、自分の父（祖父）を崇めていた」。

学習終了日 ／

ここで一息！
コラム④

“ゴロと発音”

ゴロで英単語を覚えるやり方に対する批判として、「発音がメチャクチャになる」というのがあります。しかし、自分自身ゴロで英単語を覚えた筆者の経験からしても、筆者の塾に通っている生徒さんの発音からしても、これは事実と全く異なります。ですから、読者の皆さんには安心してこの本で学習してほしいと思います。

こうした批判は「学習者はゴロの発音を本当の発音と思い込み、それが修正できない」という考えに基づいています。しかし筆者の長年の教授経験からすれば、学習者は「ゴロはゴロ、発音は発音」と切り分けて考えることできます。「ゴロは意味を思い出すためのきっかけに過ぎず、本当の発音とは違う」ことを（筆者が特に指摘しなくても）理解しているので、実際の発音と相当違うゴロでも、ゴロの通りに発音することはありません。正しい発音をしつつ、ゴロで意味を思い出すことができます。

また、英語が苦手な人は、発音が全く想像できず、もともとメチャクチャな読み方をしていた単語も多いはず。その場合、ゴロは正しい発音への橋渡しにもなります。例えばscent「香り」を「銭湯の香り」と覚えれば、この単語が「スセント」や「スケント」でないことがわかります。筆者も高校までは英語が全く苦手でしたが、ゴロのおかげで読み方の想像がついた単語が多くありました。苦手な人にとっては、「全く発音がわからない→ゴロである程度の発音がわかる→発音記号や音声などで本当の発音がわかる」というプロセスが有効なことが往々にしてあるのです。

本書では念のため、ゴロと発音が大きく違う場合はカタカナで読み方を示しています。もちろん発音記号も掲載していますし、音声ファイルもあります。これらを有効活用すれば「発音がメチャクチャになる」ことは決してありません。ただし発音学習はとても大切ですから、単語を覚えるのとは別途、発音を学ぶ機会をぜひ得てほしいと思います。

Chapter 4

分野別頻出英単語

「分野別」には、TOEFLに登場する各アカデミック分野（天文学や地質学など）に頻繁に登場する単語をまとめてあります。日本語であればほとんど知っているはずの単語であり、そうしたものは英語でも知っていなければならないという意味において、目標点に関わらず重要な単語です。

TOEFL頻出トピック

理系編

TOEFLでは理系のトピックが頻繁に出題されます。ここでは、TOEFLで説明なく登場する可能性があり、なおかつパッセージ理解のキーにもなり得る「知っておくと楽になる理系単語」をまとめてあります。

人体・医学

人体そのものに関するトピックの出題頻度はさほど高くありませんが、それでも出題の可能性はあります。医学関係のトピックも同様です。また、人体の部位は絵画や彫刻などの芸術関連のトピックに関わってきますし、特に「脳の働き」に関する話題は、心理学やビジネスといった様々な分野のトピックに登場する可能性があります。

生物・動物

生物学は極めて出題頻度の高い分野です。中でも動物に関するトピックはほぼ毎回登場します。話題は動物の種類の数だけあると言っても過言ではなく、切り口も「動物の群れ行動」や「環境への適応」から「昆虫の進化史」など様々です。恐竜などの絶滅した動物のほか、細胞や細菌に関するトピックも考えられます。

植物

植物も動物と並んで出題頻度の極めて高い分野であり、「植物の根の構造と機能」「植物が繁殖するプロセス」など多彩な出題が考えられます。「森林の喪失」や「砂漠化」など、環境問題と絡む出題も可能性があります。聞いたことのないような珍しい植物の話題などもあり得ますが、植物の構造などに関わる基本単語を押さえておけば対応できます。

天文・地球

「天文・地球」は生物に次ぐ頻出分野です。天文学や地学・地質学に関するトピックも出題されますが、環境や気象など他の分野と絡めて登場することもあります。この分野を苦手とする人は多いのですが、最近は中学レベルの理科の知識を英語で学べる本も増えてきました。苦手な人はこのような本も活用して、ぜひ基礎知識を培っておきましょう。

気象・環境・農業

これも頻出の分野です。気象では「ある地域の気候変動とその理由」などのトピックの出題が考えられます。環境に関しては「森林破壊」「砂漠化」など、おなじみの話題がよく登場します。気候の変化や農業の発展が環境に及ぼす影響など、分野をまたぐ出題もあります。農業についてはアメリカ史と絡めた出題も考えられます。

物理・化学

どちらも他の理系トピックと比べると出題頻度は低いといえます。しかし、「光の性質」や「てこの原理の応用」などの出題は考えられます。また建築や絵画、考古学などにも、物理・化学の知識が関連してくることがあります。ただし、その場で理解できる話題が多いので、基本単語さえ覚えておけば、それ以外の基礎知識はさほど必要ありません。

数学

TOEFL で数学そのもののトピックが出題される可能性はかなり低めです。しかし天文から物理・化学までの全ての理系分野、また建築や芸術など文系分野に至るまで、簡単な計算式や図形の話題が登場する可能性はあります。数学に関しては、母語なら常識的な言い回しも英語だと思いつかないことがよくあるので、学んでおく価値があります。

□3001 **physique** /fizí:k/	名 体格、体形 physical「身体的な」と関連。Steve has the powerful physique of a bodybuilder.「スティーブはボディービルダーのようなたくましい体格をしている」。
□3002 **skeleton** /skélətn/	名 骸骨 ☺ **透けるトン**（豚）の骸骨。ギリシャ語 skellein「乾かす」→ミイラ→骨格。The human skeleton has 206 bones.「人間の骨格には206個の骨がある」。
□3003 **skull** /skʌ́l/	名 頭蓋骨 ☺ 殴ると**スカル**ッという音がする頭蓋骨。北欧語skalliから。バイキングと骸骨のイメージで覚えよう。The human skull is not one solid bone.「人間の頭蓋骨は一つのがっちりした骨ではない」。
□3004 **spine** /spáin/	名 背骨、脊柱 ラテン語spina「とげ」から。spin「回転する」と絡め、回転軸→背骨、と考えてもよい。The news sent chills up and down my spine.「知らせを聞いて背筋が寒くなった」。 形 spinal（脊椎の）
□3005 **rib** /ríb/	名 肋骨 古英語ribbから。もともとは「屋根；囲むもの」という意味か。スペアリブ（骨付きアバラ肉）のリブはこの単語。The football tackle broke one of his ribs.「フットボールのタックルで彼は肋骨を折った」。
□3006 **sinew** /sínju:/	名 腱 ☺ **死にゅ**ほど痛い腱断裂。発 スィニュー。He is so thin that he is just muscle and sinew.「彼はあまりにもやせて筋と腱だけになっている」（日本語なら「骨と皮」か）。「力の源泉、財源」などの意味も。
□3007 **tendon** /téndən/	名 腱 ☺ **天丼**と思ったら腱丼かい（牛すじはおいしいからね）！ ラテン語tendere「伸びる」から。参 extend「伸ばす」。Achilles tendon「アキレス腱」。
□3008 **cerebrum** /sərí:brəm/	名 大脳 ☺ **セレブら無**駄に大脳使う。ラテン語「脳」から。脳の高次機能を司る。形容詞のcerebralもcerebral cortex「大脳皮質」などの表現でよく使われる。 形 cerebral（大脳の、脳の）
□3009 **cerebellum** /sèrəbéləm/	名 小脳 ラテン語cerebrum「脳」から。「大脳」との区別は、つづりの長いほうが逆に「小」脳、と考えよう。The cerebellum is responsible for coordinating motor activities.「小脳は運動活動の調節を司る」。
□3010 **thalamus** /θǽləməs/	名 視床 ギリシャ語 thalamos「小部屋、寝室」から。知覚刺激の中継地点。The thalamus is like the brain's control center.「視床は脳のコントロールセンターのようなものだ」。

□3011
hypothalamus
/hàipəθǽləməs/

名 視床下部

視床（thalamus）の下に（hypo-）あるもの。参hypothesis「仮説」（議論の下敷き）。自律機能の調節に関わる。発 ハイポサラマス。The hypothalamus is no larger than a kidney bean.「視床下部はインゲン豆ぐらい小さい」。

□3012
hippocampus
/hìpəkǽmpəs/

名 海馬

ギリシャ語hippos「馬」とkampos「海の怪獣」の組み合わせ。タツノオトシゴに似た形をしており、記憶を司る。発 ヒポキャンパス。参 hippopotamus「カバ」（河馬）。

□3013
cortex
/kɔ́:rteks/

名 皮質

ラテン語「樹皮」から。frontal cortex「前頭皮質、前頭葉」。The cerebral cortex contains over 10 billion neurons.「大脳皮質には100億個以上の神経細胞が含まれている」。

□3014
nerve
/nə́:rv/

名 神経

☺ **なぶる**と痛い神経。ラテン語nervusから。「図太さ」の意味にもなるのは日本語の「神経」と似た発想。You've got some nerve!「図太いヤツだ！」。

形 nervous（神経の；神経質な）

□3015
neuron
/njúərɑn/

名 神経細胞、ニューロン

ギリシャ語「神経」から。nerve「神経」と同語源。Neurons are individual cells in the nervous system.「ニューロンとは神経システムの一つ一つの細胞のことである」。

□3016
synapse
/sínæps/

名 シナプス

syn-「共に」、apseはギリシャ語haptein「締める」から。神経細胞の接合部。Information is transmitted from one neuron to another across synapses.「情報はシナプスを越えて神経細胞から神経細胞へと伝えられる」。

□3017
sensory
/sénsəri/

形 感覚の、知覚の

sense「感覚」から派生。sensory disorder「知覚障害」。

□3018
threshold
/θréʃhould/

名 境界、閾

「敷居、入り口；始まり」の意味も。tread「踏む」と結び付け、踏んで入る敷居、と考えよう。敷居→外界と内側との境目→感覚刺激が人間に知覚されるかされないかの境界線→境界、閾。

□3019
optic
/ɑ́ptik/

形 目の、視力の

☺ おお、**ブティック**（boutique）は目の保養。ギリシャ語optikos「視覚の」から。the optic nerve「視神経」。

□3020
pupil
/pjú:pil/

名 瞳孔

ラテン語pupus「少年」、またはpupa「少女；人形」から。目を見ると小さい像が瞳に反映することから。参puppet「操り人形」、puppy「子犬」、pupa「さなぎ」。「生徒、弟子」の意味も。

□3021 **retina** /rétənə/	名 網膜 ラテン語rete「網」から。語源は違うがreteがnet「網」になったと考えれば覚えやすい。発レティナ。The new security system includes a retina scan.「新しいセキュリティーシステムには網膜スキャンが含まれる」。
□3022 **cornea** /kɔ́ːrniə/	名 角膜 ラテン語cornu「角（つの）」からで、corner「角（かど）」、horn「角（つの）」と関連。His contact lens scratched his cornea.「コンタクトレンズで彼の角膜は傷ついてしまった」。
□3023 **iris** /áiəris/	名 （眼球の）虹彩 ☺ **愛あり過**ぎて虹彩に映る。発アイアリス、アイリス。ギリシャ神話の虹の女神「イリス」から。The iris is the colored ring around the pupil.「虹彩とは瞳孔の周りにある色のついた輪のことである」。花の「アヤメ」の意味も。
□3024 **auditory** /ɔ́ːditɔ̀ːri/	形 聴覚の ラテン語audire「聞く」から。参audio「音声」、auditor「聴講生」。He did not respond to auditory stimuli such as clapping.「彼は拍手のような聴覚刺激に反応しなかった」。
□3025 **nasal** /néizəl/	形 鼻の ラテン語nasus「鼻」からで、nose「鼻」と関連。発ネイザル。I used a nasal spray to help me breathe.「私は息を楽にするために鼻腔用スプレーを使った」。 名 nose（鼻）
□3026 **jaw** /dʒɔ́ː/	名 あご 映画『ジョーズ』（*Jaws*）はこの単語から。chew「噛む」と関連。The toothache made my entire jaw ache.「歯の痛みであご全体が痛くなった」。
□3027 **tongue** /tʌ́ŋ/	名 舌 ☺ 牛**タン**の「タン」はこの単語から。「言語」の意味も。one's mother tongue「母語」。
□3028 **saliva** /səláivə/	名 唾液 ☺ **さらえば**よだれ、しゃぶしゃぶの肉。発サライバ。ラテン語「唾液」から。Saliva helps us to swallow and digest our food.「唾液は食物を飲み込むことや消化を助ける」。
□3029 **limb** /lím/	名 肢、腕；大枝 ☺ ム**リム**リッと突き出たぶっとい肢と腕。発リム。古英語lim から。全ての意味に「大本から突き出ているもの」のイメージが共通。out on a limb「（枝先から身を乗り出すように）危険な状態で」。
□3030 **groin** /grɔ́in/	名 脚の付け根、股間 ☺ **グロいん**です、脚の付け根の入れ墨。古英語grynde「深淵」から。

□3031 **joint** /dʒɔ́int/	名 関節；継ぎ目 ラテン語iungere「つなぐ」からで、join「つなぐ」と関連。My joints ache when the weather is humid.「湿気が多いと私の関節は痛む」。
□3032 **thumb** /θʌ́m/	名 親指 ☺ **サム**（Sam）の<u>親指</u>。古英語thumaから。目サムネール（thumbnail：画像データを親指のつめのように小さくして並べたもの）。a rule of thumb「大ざっぱな方法、経験則」（物の長さを測るときに親指を使ったことに由来すると言われる）。
□3033 **index finger** /índeks fíŋgər/	名 人さし指 indexはラテン語indicare「示す」からで、indicate「示す」と関連。「指し示す」から「索引、印」の意味にも発展。指し示す指が「人さし指」。forefingerとも。
□3034 **middle finger** /mídl fíŋgər/	名 中指 読んで字のごとし。long finger、third finger とも。
□3035 **ring finger** /ríŋ fíŋgər/	名 薬指 他にも the fourth finger や日本語の「薬指」に近い medicinal finger などの呼び方がある。
□3036 **pinkie** /píŋki/	名 小指 オランダ語pink「小指」から。pinkyとつづることも。little fingerとも。pinkish「ピンク色がかった」と間違えないよう。
□3037 **organ** /ɔ́:rgən/	名 臓器；器官 「する、働く」が原義か。するための道具→器具。体内の器具→器官。楽器の「オルガン」もこの単語。音楽器具→オルガン。参organize「組織する」。donate one's organs「臓器を提供する」。
□3038 **lung** /lʌ́ŋ/	名 肺 古英語 lungen から。参 aqualung「アクアラング」（水＋肺）。Smoking can seriously harm your lungs.「喫煙は肺に重大な害を及ぼし得る」。
□3039 **respiration** /rèspəréiʃən/	名 呼吸 re-「くり返し」、spire はラテン語 spirare「息をする」から。参 spirit「魂」、inspire「刺激する」（息を吹き込む）、respiratory system「呼吸器系」。 動 respire（呼吸する） 形 respiratory（呼吸の）
□3040 **cardiac** /ká:rdiæk/	形 心臓の、心臓病の ☺ **カー**（車）**であっ苦**しい、<u>心臓の</u>発作。ギリシャ語 kardia「心臓」から。 参 cordial「心からの」。cardiac attack「心臓発作」。

分野別頻出英単語 理系 文系

☐3041
artery
/ɑ́ːrtəri/
名 動脈；幹線道路
☺ **アート**(art) のように全身を走る動脈、と考えよう。Arteries carry blood away from the heart.「動脈は心臓から血液を運ぶ」。
形 arterial（動脈の；幹線の）

☐3042
vein
/véin/
名 静脈
☺ **ベイン**！と浮き出る静脈。ラテン語vena「道筋」から。肌の上から道筋が見えるのが静脈。Veins run closer to the skin than arteries.「静脈は動脈よりも皮膚に近いところを走る」。

☐3043
pulse
/pʌ́ls/
名 脈
ラテン語pulsus「打つ」（←pellere「押す、動かす」）から。Johnny always checks his pulse after running.「ジョニーは走ったあと必ず脈を測る」。

☐3044
throb
/θrɑ́b/
動 脈打つ　名 鼓動
☺ **スロッブ**、スロッブと脈打つ音の感じで覚えよう。His heart throbbed with the thought of her.「彼は彼女のことを考えて心臓がドキドキした」。

☐3045
circulation
/sə̀ːrkjuléiʃən/
名 循環、血行；雑誌の発行部数
circle「円」から派生。全ての意味に「円を描いて回るもの」のイメージが共通。Regular exercise will improve your circulation.「定期的な運動は循環をよくする」。

☐3046
dilate
/dailéit/
動 （瞳・血管などが）膨張する、（体の器官を）広げる
☺ **辞令**！**と**言われて瞳が膨張。発ダイレイト、ディレイト。di-「離れて」、lateはラテン語latus「広い」から。参inflate「膨らませる」。Pupils dilate naturally to let light in.「瞳孔は光を取り込むため自然に広がる」。

☐3047
perspiration
/pə̀ːrspəréiʃən/
名 発汗；努力
per-「通して」、spireはラテン語spirare「呼吸する」から。「息を吐く」が「汗を出す」に変化。参spirit「魂」。
動 perspire（汗をかく）

☐3048
secrete
/sikríːt/
動 分泌する
se-「分離して」、cernはラテン語cernere「分ける」から。体から分かれて出てくる。参secret「秘密」、discern「見分ける」。発スィクリート。
名 secretion（分泌）

☐3049
gland
/glǽnd/
名 腺
☺ **グラウンド**(ground)に引かれた線→腺、と覚えよう。ラテン語glans「樫の実」から。a secreting gland「分泌腺」。

☐3050
pore
/pɔ́ːr/
名 毛穴
☺ **ポア**ッと開いた毛穴。ギリシャ語poros「通路」からで、emporium「大規模商業施設」などと関連。また、per-「通して」やport「港」などとも関わりがある。
形 porous（穴が多い、穴だらけの）

□3051 **liver** /lívər/	名 肝臓 古英語liferから。日本語では「レバー」と発音されるが、実際はリバー。He had liver damage from drinking too much.「彼は飲み過ぎて肝臓を痛めた」。
□3052 **bosom** /búzəm/	名 胸 ☺ **ブザーむ**ね（胸）に掛ける（防犯で）。発ブザム。古英語bosmから。a bosom buddy = a good friend「親友」（胸襟を開いた友達）。
□3053 **belly** /béli/	名 腹；胃 ☺ **ベリー**ッと腹でシャツ破る。blow「吹く」やbag「袋」と関連。a protruding belly「突き出たおなか」。
□3054 **abdomen** /ǽbdəmən/	名 腹部 ☺ **あ、武道、面**！間違えた腹だった（剣道で胴を打ったけど、間違えて「面！」と言ってしまった）。ラテン語abdere「隠す」からか（服で隠れる部分）。He had surgery on his chest and abdomen.「彼は胸部と腹部の手術を受けた」。
□3055 **torso** /tɔ́ːrsou/	名 胴 ☺ **逃走**できない胴だけじゃ。人体や彫刻などの胴部。イタリア語から。「幹、茎」が原義。Only the torso of the statue has been found.「その彫刻は胴部のみが見つかっている」。
□3056 **navel** /néivəl/	名 へそ ☺ **ねえ**、**ブル**ッと震えるよ、へそ出して寝てると。発ネイブル。古英語nafelaから。日本語同様、「中心、真ん中」の意味もある。口語ではbellybuttonとも。
□3057 **digest** /didʒést/	動 消化する；理解する di-「分けて」、gestはラテン語gerere「運ぶ」から。Some people have difficulty digesting milk.「牛乳を消化しにくい体質の人もいる」。 名 digestion（消化） 形 digestive（消化の）
□3058 **ingest** /indʒést/	動 摂取する、取り込む in-「中に」、gestはラテン語gerere「運ぶ」から。ingest food「食物を摂取する」。The virus can be ingested through contaminated water.「ウイルスは汚染された水から取り込まれることがある」。
□3059 **gut** /gʌ́t/	名 腸；内臓 「ガッツ」はこの単語の複数形。「気力、根性」や「腹部」の意味もあるのは日本語の「はら」と同様。His gut hangs over his belt.「彼のおなかはベルトに乗ってる」。a gut feeling「直感」（腹で感じる感覚）。
□3060 **intestine** /intéstin/	名 腸 ☺ **院**、**テストいいん**、腸の検査（人間ドックで評判の病院）。ラテン語intus「内部の」から。in-「中の」。Food leaves the stomach and enters the small intestine.「食物は胃を過ぎて小腸に入る」。

□3061 **bowel** /báuəl/	名 腸、はらわた ☺ **馬、飢える**と腸縮む。ラテン語botulus「ソーセージ」から。Large polyps can affect bowel movements.「大きなポリープは腸の動きに影響することがある」。
□3062 **kidney** /kídni/	名 腎臓 ☺ **きっと2個ある**腎臓。The doctor checked for stones in the patient's kidney.「医師は患者の腎臓に石がないかと調べた」。
□3063 **bladder** /blǽdər/	名 膀胱 ☺ ブラ**ブラだ、**膀胱。blow「吹く」と関連。動物の膀胱に息を吹き込んで浮袋にしたことから。「(魚の)浮袋」の意味も。Urine is transmitted from each kidney to the bladder.「尿はそれぞれの腎臓から膀胱へと運ばれる」。
□3064 **prostate** /prásteit/	名 前立腺　形 前立腺の 前に(pro-)立つ(sta)。正式には prostate gland。prostate cancer「前立腺癌」。
□3065 **urine** /júərin/	名 尿 ☺ **有利な**結果、尿検査(あ〜よかった)。㊫ユーリン。「流れるもの」を指す語根からで、water「水」やrain「雨」と関連。Urine contains the by-products of the body's metabolism.「尿は体の代謝の副産物を含んでいる」。
□3066 **buttock** /bʌ́tək/	名 尻、臀部 ☺ **バット食**らったお尻に(いわゆるケツバット)。短縮してbuttとも。古英語buttuc「終わり」から。「(タバコの)吸いさし」の意味も。He threw the cigarette butt into the gutter.「彼はタバコの吸い殻を溝に投げ込んだ」。
□3067 **genital** /dʒénətl/	形 生殖の、生殖器の　名 生殖器(〜s) gen-には「生む」のイメージ。㊜generate「生み出す」。the genital organs「生殖器」。
□3068 **defecate** /défikèit/	動 排便する ☺ **で、屁かと**思って排便する。㊫デフィケイト。かす(feca)を取り除く(de-)。fecaはラテン語faex「かす、沈殿物」から。When cats defecate, they try to bury the waste.「ネコは排便するとそれを埋めようとする」。
□3069 **toe** /tóu/	名 足指、つま先 ☺ **トーッ**！足踏まれて痛い！　古英語taから。I stubbed my toe against the table leg.「つま先をテーブルの脚にぶつけてしまった」。
□3070 **metabolism** /mətǽbəlìzm/	名 代謝 ギリシャ語 metaballein「変化する」(meta-「上に」ballein「投げる」)から。古い垢が落ちた上に新しい細胞ができる感じ。㊐メタボリックシンドローム。 形 metabolic(代謝の)

□3071 **fat** /fǽt/	名 脂肪　形 太った ☺ **フワッと**したおなかの人は脂肪がいっぱい。Body fat is essential for good health.「体脂肪は健康に欠かせない」。
□3072 **gender** /dʒéndər/	名 性、性別 sex と比較して、より社会的に規定された性別、というニュアンス。gen-には「生まれ」に関わるイメージがある。参 gene「遺伝子」。
□3073 **pregnant** /prégnənt/	形 妊娠している 生まれる (gna) 前の (pre-)。gnaはラテン語gnasci「生まれる」から。参 nature「自然」。 名 pregnancy（妊娠）
□3074 **uterus** /júːtərəs/	名 子宮 ☺ **言うてら、す**ごいこと、子宮内の子ども（天才？）。発ユーテラス。ラテン語「子宮」から。Babies grow upside down in the uterus.「赤ん坊は子宮内で逆さになって育つ」。
□3075 **womb** /wúːm/	名 子宮 ☺ **う～む、**子宮に子どもが。発ウーム。古英語から。woman「女性」と結び付けて覚えてもよい。
□3076 **embryo** /émbriòu/	名 胎児；胚 em-=in-「中で」、bryoはギリシャ語bryein「大きくなる」から。母の体の中で大きくなるもの。発エンブリオウ。
□3077 **fetus** /fíːtəs/	名 胎児 ラテン語「子、子孫」から。人間では妊娠８週目以降。embryo の次の段階。A four-month-old fetus is less than five inches long.「４カ月の胎児は５インチ（約13cm）にも満たない身長だ」。
□3078 **abortion** /əbɔ́ːrʃən/	名 妊娠中絶 生まれる (or) ことから離れる (ab-)。orはラテン語oriri「生まれる、現れる」から。
□3079 **infant** /ínfənt/	名 赤ん坊、幼児 ☺ 医**院不安と**生意気な幼児。まだ話せ (fant) ない (in-) 赤ん坊。fant はラテン語 fari「話す」からで、fame「名声」と関連。
□3080 **prolific** /prəlífik/	形 多産の、多作の 語源は違うが、生命 (life) をどんどん前に (pro-) 出す→多産、と考えよう。Rabbits are extremely prolific and reproduce quickly.「ウサギは非常に多産で、繁殖も早い」。

□3081 **medicine** /médəsin/	名 医学；薬 ☺ **目で死ん**でるかどうか見分ける医学。ラテン語mederi「治す、癒やす」から。 形 medical（医学の） 名 medication（投薬、薬）
□3082 **pharmacy** /fɑ́:rməsi/	名 薬局；薬学 ☺ **はあ**、**マシ**、こっちの薬局。ギリシャ語pharmakon「薬」から。 名 pharmacist（薬剤師）
□3083 **pharmaceutical** /fɑ̀:rməsú:tikəl/	形 薬剤の、薬学の ギリシア語 pharmakon「薬」から。日本の製薬会社にも「ファーマ」を社名に入れている会社がある。a pharmaceutical company「製薬会社」。 名 pharmaceutics（薬剤学）
□3084 **pediatrics** /pì:diǽtriks/	名 小児科 ☺ おなか**ピーで**、**あとくす**り（薬）与える小児科、と覚えよう。ギリシャ語pais「子ども」が語源だが、pedi-「足」からの連想で「よちよち歩きの子どものための医者」と考えてもよい。 名 pediatrician（小児科医）
□3085 **physiology** /fìziɑ́lədʒi/	名 生理学 肉体の（physio-）学問（-logy）。-logyはギリシャ語logos「言葉、考え」からで、「学問、文章、言葉」などを表す接尾辞。参 physical「肉体の、身体的な」。
□3086 **pathology** /pəθɑ́lədʒi/	名 病理学；異常行動 疾病の（patho-）学問（-logy）。patho-はギリシャ語pathos「苦しみ」から。参pathos「悲哀」（心の苦しみ）。
□3087 **anatomy** /ənǽtəmi/	名 解剖学；解剖 ☺ **あなた見**なさい、この解剖を。ギリシャ語 anatome「切り分ける」から。『ターヘルアナトミア』（解体新書）も同語源。参 analyze「分析する」。
□3088 **dissect** /disékt/	動 解剖する；分析する dis-「離して」、sectはラテン語secare「切る」から。参section「区画」、insect「昆虫」（切り込みのあるもの）。 名 dissection（解剖）
□3089 **psychology** /saikɑ́lədʒi/	名 心理学 心の（psycho-）学問（-logy）。psycho-はギリシャ語psykhe「心、精神、魂」から。 形 psychological（心理的な） 名 psychologist（心理学者）
□3090 **psychiatry** /saikáiətri/	名 精神医学 ☺ **再会**、**あと理**性的にする精神医学。発サイカイアトリー。精神の（psych-=psycho-）治療（-iatry）。-iatryはギリシャ語iatreia「治療」から。 名 psychiatrist（精神科医）

□3091 **psychoanalysis** /sàikouənǽlisis/	**名 精神分析** 精神の(psycho-)分析(analysis)。 名 psychoanalyst(精神分析医)
□3092 **disease** /dizí:z/	**名 病気** 安らぎ(ease)がなくなった(dis-)状態。参easy「簡単な」。
□3093 **ailment** /éilmənt/	**名 病気、疾患** ☺ **絵要るが面倒**!という病気の画商。ail「苦しめる」の名詞形。remedies for a particular ailment「特定の疾患に対する治療法」。 形 ailing(病気の)
□3094 **malady** /mǽlədi/	**名 疾患;悪弊** mal-「悪い」、adyはラテン語habere「持つ」から。主に慢性的な疾患をいう。参malfunction「誤作動」、malign「悪意のある」。She was in bed for a week with a mysterious malady.「彼女は謎の疾患で1週間寝ていた」。
□3095 **disorder** /disɔ́:rdər/	**名 障害、不調;無秩序** 秩序(order)から離れる(dis-)。eating disorder「摂食障害」。
□3096 **chronic** /kránik/	**形 慢性の** ☺ **苦労人く**るしい(苦しい)慢性の病気。ギリシャ語khronos「時間」から。chronic illness「慢性の病気」。参 chronicle「年代記」。
□3097 **predisposed** /prì:dispóuzd/	**形 (病気などに)かかりやすい;〜の傾向がある** 前もって(pre-)分けて(dis-)置く(pose)→もともとの傾向→病気にかかる傾向。Some people are genetically predisposed to heart disease.「遺伝的に心臓病にかかりやすい人たちもいる」。
□3098 **symptom** /símptəm/	**名 症状;兆候** ☺ **神父とみ**にかかる症状。sym-=syn-「同じ」。病気にかかると同時に発現する症状、兆候。Cold symptoms include a runny nose, sneezing, and coughing.「風邪の症状には鼻水、くしゃみ、咳がある」。
□3099 **cough** /kɔ́:f/	**名 咳　動 咳をする** ☺ **コフ**ッ、という咳の音で覚えよう。I have a bad cough.「咳がひどいんだ」。
□3100 **nausea** /nɔ́:ziə/	**名 吐き気** ☺ **脳**に**ジワ**ッと来る吐き気。発ノージア。ギリシャ語naus「船」からで、naval「船の、海軍の」と関連。 形 nauseous(胸がむかついて)

□3101 **vomit** /vάmit/	動 嘔吐する ☺ **ボウッ！ミッ**（水の音）**と**、吐くときの音に似ている。ラテン語vomere「前に吹き出す」から。A drunken man was vomiting at the side of the road.「酔っぱらいが道の脇で吐いていた」。
□3102 **diarrhea** /dàiəríːə/	名 下痢 ☺ **大、あれや**、下痢や！ 発ダイアリーア。ギリシャ語diarrhein「貫流する」(dia-=through、rhein「流れる」)から。
□3103 **pain** /péin/	名 痛み ギリシャ語 poine「罰」からで、penalty「罰」と同語源。罰→苦痛。 形 painful（痛みを伴う、痛ましい）
□3104 **ache** /éik/	名 痛み 動 痛む ☺ **えい！クッ**とこらえる痛み。古英語acanから。参headache「頭痛」。類pain「痛み」。My body is aching all over.「体のあちこちが痛いよ」。
□3105 **sprain** /spréin/	名 捻挫 動 くじく ☺ **スプレー要ん**じゃね？この捻挫。strain「引っ張る」と関連。ひねって筋を伸ばしてしまう→捻挫。strain 自体にも「体の一部を痛める」の意味がある。I sprained my ankle.「足をくじいてしまった」。
□3106 **cramp** /krǽmp/	名 痙攣、ひきつり ☺ **クラン**とよろめき、**ブッ**と痙攣。「曲げられた、押し込められた」が原義。痙攣して体が折れ曲がる感じ。「締め付け金具；締め付ける」の意味も。suffer cramps in one's muscles「筋肉の痙攣に苦しむ」。
□3107 **bruise** /brúːz/	名 打撲傷 動 傷つける ☺ **ブルー**、**ず**っと打ち身が治らず（青あざがず〜っと）。発ブルーズ。古英語brysan「壊す、叩く」から。break「壊す」と関連付けて覚えてもよい。
□3108 **gash** /gǽʃ/	名 深い切り傷；裂け目 slash「（ナイフなどで）深く切りつける」から派生か。☺**ガッ**とつかんで**シュッ**と切った傷、と覚えよう。He bled a lot from the gash in his shoulder.「彼は肩の切り傷から大量に出血した」。
□3109 **incision** /insíʒən/	名 切り傷；切開；切り口 in-「中に」、ciseはラテン語caedere「切る」から。参precise「正確な」。The doctor inserted a tube into the incision.「医者は切開部分にチューブを挿入した」。 動 incise（切り込みを入れる）
□3110 **lesion** /líːʒən/	名 損傷、障害 動 障害を負わせる ☺ region「地域」と絡め、体のある区域（**リージョン**）を損傷、と覚えよう。発リージョン。Lesioning the brain structure in animals is invaluable in research on brain function.「動物の脳を損傷させる手法は脳機能の研究には重要だ」。

□3111 **maim** /méim/	動 障害を負わせる ゲルマン語源で、mayhem「騒乱；暴力」と関連。children maimed by land mines「地雷で障害を負った子どもたち」。
□3112 **fracture** /frǽktʃər/	動 骨折する；破砕する　名 骨折；割れ目 ラテン語frangere「壊す」からで、break「壊す」と関連。参fragment「破片」。☺**フラ**ッとコケて**クチャ**ッとなった骨、と考えてもよい。He has a stress fracture in one of his ribs.「彼は肋骨に疲労骨折がある」。
□3113 **inflammation** /ìnfləméiʃən/	名 炎症、腫れ 炎(flame)の中に入れる(in-)→赤くなる、腫れる。The inflammation in her throat was so bad that she couldn't speak.「のどの炎症があまりにひどく、彼女はしゃべれないほどだった」。
□3114 **blister** /blístər/	名 水ぶくれ、まめ ☺ **ブリ**トニー、**スター**になったらマメできた。blow「吹く」と関連。吹く→膨らむ。After the six-hour hike, he had blisters on his feet.「6時間ものハイキングのあと、彼の足にはまめができた」。
□3115 **rash** /rǽʃ/	名 発疹、吹き出物 ☺ **ラッシュ**(rush hour)で押されて吹き出物。ラテン語radere「引っ掻く」→掻きたくなるようなかゆい発疹。The rash on her hands was red and itchy.「彼女の手の発疹は赤くてかゆかった」。
□3116 **bleed** /blí:d/	動 出血する blood「血」から派生。The bear was bleeding from the wound on its shoulder.「熊は肩の傷から出血していた」。 形 bloody(流血の)
□3117 **hemorrhage** /hémərid3/	名 大出血；大量流出　動 大出血する ☺ **へ**？**もり**(れ)**ち**ったの？血液。発ヘモリッジ。hemo-「血液の」、rhageはギリシャ語「破裂」から。cerebral hemorrhage「脳出血」。
□3118 **clot** /klát/	名 凝血塊(かい)　動 凝固させる ☺ **コロッと**した塊が血管を詰まらせる。古英語clott「丸い塊」から。blood clot「血栓」。
□3119 **stroke** /stróuk/	名 発作、卒中 strike「打つ」と関連。heart stroke「心臓発作」。He had difficulty speaking after he had a stroke.「脳卒中のあと、彼は言葉がしゃべりにくくなった」。
□3120 **seizure** /sí:ʒər/	名 発作、卒中 seize「つかむ」の名詞形。心臓をつかまれる→発作。a heart seizure「心臓発作」。「差し押さえ；占領」などの意味も。

□3121 **spasm** /spǽzm/	名 痙攣；発作 ☺ **スパ**（温泉）**ず**っと**無**理に入って痙攣する。ギリシャ語span「引っ張る」から。muscular spasms「筋肉の痙攣」。
□3122 **convulsion** /kənvʌ́lʃən/	名 痙攣、引きつけ ☺ **困るじゃん**、痙攣するとは。convulse「痙攣を起こさせる」の名詞形。con-は強意、vulseはラテン語vellere「引っ張る」から。参revulsion「強い嫌悪」（後ろに引く）。
□3123 **coma** /kóumə/	名 昏睡 ☺ **困**った昏睡状態。ギリシャ語koma「深い眠り」から。The patient suddenly woke from her coma.「その患者は急に昏睡から覚めた」。
□3124 **dehydration** /dìːhaidréiʃən/	名 脱水、脱水症状 de-「脱、非」、hydroはラテン語hydor「水」から。参hydrogen「水素」。The man found in the desert was suffering from dehydration.「砂漠で見つかった男は脱水症状を起こしていた」。
□3125 **migraine** /máigrein/	名 片頭痛 ギリシャ語hemikrania（hemi-「半分の」kranion「頭蓋骨」）から。☺ gをbに入れ替えて、my brainが片頭痛、と覚えてもよい。Migraine causes include certain foods.「片頭痛の原因にはある種の食物も含まれる」。
□3126 **concussion** /kənkʌ́ʃən/	名 脳震盪 ☺ **このクッション**で脳震盪を起こすとは。con-「共に」、cusはラテン語quatere「揺れる」から。The child suffered a mild concussion when she fell off the swing.「その子どもはブランコから落ちて軽い脳震盪を起こした」。
□3127 **arthritis** /ɑːrθráitis/	名 関節炎 ☺ **ああつらいです**関節炎。発アースライティス。ラテン語artus「継ぎ目、関節」から。参article「記事」（文章をつなぎ合わせたもの）。
□3128 **asthma** /ǽzmə/	名 喘息 ☺ **明日ま**で続く咳、喘息。発アズマ。ギリシャ語「苦労して呼吸する」から。
□3129 **pneumonia** /njumóunjə/	名 肺炎 ギリシャ語pneumon「肺」から。-iaは病名を表す接尾辞。発ニューモウニア。
□3130 **leukemia** /luːkíːmiə/	名 白血病 白い（leuk）血（em）の病気（-ia）。leukはギリシャ語leukos「白い、明るい」からで、light「光」やlux「ルクス」（光の照度の単位）と関連。emはギリシャ語haima「血」から。参hemorrhage「大出血」。発ルーキーミア。

□3131 **diabetes** /dàiəbí:ti:z/	名 糖尿病 dia-=through、betesはギリシャ語bainein「行く、通る」から。糖尿病の主な症状の一つである頻尿から。常に複数形。発ダイアビーティーズ。参diarrhea「下痢」。
□3132 **tumor** /tjú:mər/	名 腫瘍 ☺ **つまり**腫瘍ができてるんです。ラテン語tumere「膨らむ、腫れる」から。Not every tumor is cancerous.「全ての腫瘍が癌性であるわけではない」。
□3133 **cancer** /kǽnsər/	名 癌 ラテン語 cancer「カニ」が語源。癌腫瘍の形から。
□3134 **ulcer** /ʌ́lsər/	名 潰瘍 ☺ **あるさ**、潰瘍ぐらい誰だって。
□3135 **germ** /dʒə́:rm/	名 細菌、病原菌 ☺ **じゃあ無**理、こんなに細菌がいては。gen-「生」→新芽→何やらウヨウヨとうごめく小さい生物。Even the cleanest bathrooms can be full of germs.「非常にきれいな風呂場にも細菌はいっぱいいるとされる」。
□3136 **virus** /váiərəs/	名 ウイルス ラテン語「毒」から。発ヴァイアラス、ヴァイラス。Experts worry that the bird flu virus will spread to humans.「専門家は鳥インフルエンザウイルスが人間に広がるのを危惧している」。
□3137 **epidemic** /èpədémik/	名 伝染病、疫病 形 伝染性の 人々の(demi=demo)間(epi-)に広がる疫病。参democracy「民主主義」。The Black Death was an epidemic that killed many people.「黒死病は多くの人を殺した疫病だ」。
□3138 **endemic** /endémik/	名 風土病 形 ある地域特有の 特定の地域内の(en-=in-)人々(demi=demo)に流行する病気。Dengue fever is said to be endemic in India.「デング熱はインドの風土病だと言われている」。
□3139 **plague** /pléig/	名 疫病 ☺ **プレイグ**ラウンド(運動場)で疫病発生。一般的に「疫病」を指す単語だが、the Plague の形で中世ヨーロッパで大流行した「ペスト」のことを特に指す場合も多い。「不幸、不運；悩ませる」の意味も。
□3140 **outbreak** /áutbrèik/	名 発生、突発 病気が break して外に出てくる(out)こと。outbreak of an epidemic「疫病の発生」。

□3141 **contagious** /kəntéidʒəs/	形 伝染性の contact「触れる」と関連。触れて伝染する性質の病気。Chicken pox is a very contagious childhood disease.「水ぼうそうは伝染性の高い子どもの病気だ」。
□3142 **infect** /infékt/	動 感染する、伝染する 内側に(in-)作用する(fect)。fectはラテン語facere「する」から。My computer got infected with a virus.「私のコンピューターはウイルスに感染した」。 名 infection(感染、伝染) 形 infectious(伝染性の)
□3143 **immune** /imjú:n/	形 免疫(性)の；免除された im-=in-「不、無」。muneはラテン語munis「公共の仕事」からで、common「共通の」と関連。公の任務から免除→免疫。immune system「免疫システム」。 名 immunity(免疫；免責)
□3144 **flu** /flú:/	名 インフルエンザ、流感 influenzaの短縮形。中に(in-)流れ込む(fluen)。fluenはラテン語fluere「流れる」から。
□3145 **measles** /mí:zlz/	名 はしか ゲルマン語源のmasele「斑点」から。misery「みじめさ」と関連か。☺ measlesにかかってmisery、と覚えよう。発ミーズルズ。単複同形。
□3146 **tuberculosis** /tjubə̀:rkjulóusis/	名 結核 ☺ **つば九郎**(東京ヤクルトスワローズのマスコット)**死す**、結核で(ウソッ！)。ラテン語tuber「こぶ、塊」から(日本語訳「結核」の「核」に当たる)。TBと略されることも。
□3147 **smallpox** /smɔ́:lpɑ̀ks/	名 天然痘 -poxは「痘症」。pock「発疹、あばた」から。Smallpox was responsible for killing many South American natives.「天然痘のせいで多くの南アメリカの先住民が死んだ」。
□3148 **cowpox** /káupɑ̀ks/	名 牛痘 牛の天然痘。The cowpox virus was used to help protect people from smallpox.「牛痘ウイルスは人々を天然痘から守るために使われていた」。
□3149 **tetanus** /tétənəs/	名 破傷風 ☺ **出たな！すぐ**注射、破傷風の予防。ギリシャ語teinein「伸ばす」→筋肉の緊張→破傷風の症状である痙攣・硬直。tetanus shot「破傷風予防注射」。
□3150 **vaccine** /væksí:n/	名 ワクチン ラテン語vacca「雌牛」から。牛痘にかかった人は天然痘にかからなくなることから発明された。発ヴァクスィーン。 動 vaccinate(予防接種をする)

□3151 **deaf** /déf/	形 耳の聞こえない ☺ **で、フッ**と耳が聞こえなくなる。発デフ。「他人の意見などに耳を傾けない」の意味も。 形 deafening（耳をつんざくような）
□3152 **narcotic** /nɑːrkátik/	形 麻薬の　名 麻薬 ☺ **なあこっち来**いと誘われる麻薬（手を出してはいけません！）。ギリシャ語narke「しびれ、まひ」から。Morphine is a powerful narcotic used by hospitals.「モルヒネは病院で使われる強力な麻薬だ」。
□3153 **addiction** /ədíkʃən/	名 中毒 ad-「～へ」、dictはラテン語dicere「言う」から。身を捧げると宣言→委ねる→悪いものへの屈服。This organization helps people to fight drug addiction.「この組織は麻薬中毒と闘う人々を助ける」。
□3154 **venom** /vénəm/	名 毒 ☺ **ベー**して**飲む**毒。元は「媚薬」の意味で、Venus「ビーナス」と関連。Cobra venom causes most animals to die within minutes.「コブラの毒はほとんどの動物を数分で死に至らしめる」。 形 venomous（有毒な）
□3155 **poisonous** /pɔ́izənəs/	形 有毒な poison「毒」の形容詞形。Puffer fish can be poisonous when eaten if not prepared correctly.「フグは適切に調理されないと、食べる際に有毒になり得る」。 名 poison（毒）
□3156 **toxic** /táksik/	形 有毒な ☺ **毒**で**sick**（病気）になった、と覚えよう。The fumes from this chemical are toxic.「この化学物質から発生する煙は有毒だ」。 名 toxin（毒素）
□3157 **noxious** /nákʃəs/	形 有毒な、有害な ☺ **脳腐す**有毒物質。ラテン語noxa「害」から。noxious gas「有毒ガス」。
□3158 **obese** /oubíːs/	形 肥満した ese はラテン語 edere「食べる」から。ob- を away ととらえ、通常の量から離れて大量に食べる→肥満、と考えよう。 名 obesity（肥満）
□3159 **depression** /dipréʃən/	名 憂鬱；鬱病 depress「落ち込ませる」の名詞形。「くぼみ、凹部」の意味も。
□3160 **trauma** /tráumə/	名 精神的外傷 ☺ **虎**、**馬**を傷つける（お前、馬面だな）。発トラウマ、トローマ。ギリシャ語「傷」から。日トラウマ。 動 traumatize（精神的外傷を与える）

分野別頻出英単語　理系　文系

□3161 **amnesia** /æmní:ʒə/	名 記憶喪失、健忘症 ☺ **ああ、胸しわ**くちゃにしても思い出せない。思い出す(mne)ことができない(a-=an-)。mne はギリシャ語 mimneskesthai「思い出す」から。参 amnesty「恩赦」(罪を忘れる)。
□3162 **insomnia** /insámniə/	名 不眠症 眠れ(somn)ない(in-)症状。somn はラテン語 somnus「眠る」から。☺イソムニア、**一生無理や**寝るなんて、と覚えよう。
□3163 **dyslexia** /disléksiə/	名 失読症 言葉(lexi)を読めない(dys-=dis-)症状。lexi はギリシャ語lexis「言葉」から。視覚などに異常がないのに、文字を理解する、または読むことのできない症状。参 lexicon「語彙、辞書」。
□3164 **phobia** /fóubiə/	名 恐怖、恐怖症 ☺ **褒美や**、この恐怖症(何のご褒美?)。接尾辞-phobia「恐怖症」から。参agoraphobia(広場恐怖症、外出嫌い)。I have a phobia of cockroaches.「わたしゃゴキブリ恐怖症なんだ」。
□3165 **claustrophobia** /klɔ̀:strəfóubiə/	名 閉所恐怖症 claustはラテン語claudere「閉じる」からで、closeと関連。-phobia「恐怖症」。参acrophobia「高所恐怖症」。
□3166 **autism** /ɔ́:tizm/	名 自閉症 auto-「自」-ism「状態、性質」。A child with autism may display an extraordinary talent in art or music.「自閉症の子どもは美術や音楽に飛び抜けた才能を示すことがある」。
□3167 **cognitive** /kágnətiv/	形 認識の、認知の co-「共に」、gni はラテン語 gnoscere「知る」から。cognitive science「認知科学」。 名 cognition(認知)
□3168 **subconscious** /sʌ̀bkánʃəs/	形 潜在意識の　名 潜在意識 下にある(sub-)意識(conscious)。Dreams are sometimes a link to your subconscious mind.「夢は潜在意識と関連を持っていることがある」。
□3169 **physician** /fizíʃən/	名 内科医；医者 physical「身体的な」と関連。
□3170 **surgeon** /sə́:rdʒən/	名 外科医 ☺ **さあ、ジョン**は外科医になりました。surはギリシャ語kheir「手」、geonはergon「作業、仕事」から。surを「上の」ととらえ、体の表面に術を施す人、と考えてもよい。

□3171 **paramedic** /pæ̀rəmédik/	**名 救急医療士** 医者(medic)のそばに(para-)いる人。救急的に補助的な医療行為をする人。
□3172 **ambulance** /ǽmbjuləns/	**名 救急車** ☺ **アンバランス**な救急車(安心して乗れません)。amble「ゆっくり歩く」と同語源。病院へ歩く、から。Call an ambulance immediately!「すぐに救急車を呼べ！」。
□3173 **patient** /péiʃənt/	**名 患者　形 我慢強い** 苦しむ(pati)人(-ent)。patiはラテン語「苦しむ、耐える」から。 名 patience(我慢、忍耐)
□3174 **diagnosis** /dàiəgnóusis/	**名 診断** 分けて(dia-)知る(gnosis)。gnosisはギリシャ語gignoskein「知る」から。 動 diagnose(診断する)
□3175 **cure** /kjúər/	**動 治療する　名 治療** ☺ **キュッ**！**あ**っという間に治療する。ラテン語curare「世話をする」からで、care「世話をする」と関連。There is no cure for the common cold.「普通の風邪に治療法はない」。
□3176 **remedy** /rémədi/	**名 治療法；改善策　動 治療する** re-「再び」、mediはラテン語mederi「治す」から。参medicine「医学」。Sleep is the best remedy for a cold.「風邪には寝るのが一番だ」。
□3177 **disinfect** /dìsinfékt/	**動 殺菌する、消毒する** 感染(infect)から引き離す(dis-)。The surgeon disinfected his instruments.「外科医は手術道具を消毒した」。
□3178 **hygiene** /háidʒiːn/	**名 衛生** ☺ **廃人**になるよ、衛生を保たないと。ギリシャ語hygies「健康な」から。Hospital wards have to meet high standards of hygiene.「病棟は高い衛生水準を満たさなければならない」。
□3179 **sanitary** /sǽnətèri/	**形 衛生の** ラテン語sanus「健康な」からで、sane「正気の」と関連。健康に関わる→衛生上の。Water from the river is not very sanitary.「川の水はあまり衛生的ではない」。
□3180 **injection** /indʒékʃən/	**名 注射** in-「中に」、jectはラテン語iacere「投げる」から。 動 inject(注入する、注射する)

□3181 **anesthesia** /ænəsθíːʒə/	名 麻酔 ☺ **姉涼しい**顔で麻酔受ける。発アネスシージャ。an-「不、無」、esthesiaはギリシャ語aisthesis「感覚」から。
□3182 **paralyze** /pǽrəlàiz/	動 まひさせる ☺ **ハララ**？**いず**こへ？と感覚がまひ。lyはギリシャ語lyein「緩める」から。緩めて(ly)意識を脇に(para-)やる。 名 paralysis(まひ)
□3183 **surgery** /sə́ːrdʒəri/	名 外科手術 ☺ **さあジェリー**(Jerry)、手術するわよ。surを「上の」ととらえ、体の表層の部分に施す手術、と考えよう。undergo surgery「手術を受ける」。
□3184 **transplant** /trænsplǽnt/	動 移植する　名 移植 移して(trans-)植える(plant)。undergo a kidney transplant「腎臓移植を受ける」。
□3185 **pill** /píl/	名 錠剤 ラテン語pila「球」→丸い錠剤。「経口避妊薬」(ピル)の意味も。
□3186 **dose** /dóus/	名 (薬の)一服 ☺ **どうす**れば飲める？この薬。ギリシャ語dosis「与えること」から。The doctor gave the patient three doses of medicine.「医者は患者に3回分の薬を与えた」。 名 dosage(投薬量、[薬などの]1回分の服用量)
□3187 **placebo** /pləsíːbou/	名 偽薬、気休め please「喜ばせる」と関連。効果のない薬で喜ばせる。発プラスィーボウ。the placebo effect「偽薬効果」(偽薬の効果を信じることにより、実際に症状が改善すること)。
□3188 **nutrition** /njuːtríʃən/	名 栄養摂取；栄養分 ☺ **乳摂り**、**消**化、栄養摂取。ラテン語nutrire「育てる」からで、nourish「栄養を与える」と関連。 形 nutritious(栄養のある)　名 nutrient(栄養物、栄養素)
□3189 **protein** /próutiːn/	名 タンパク質 ギリシャ語protos「最初の、元の、最重要の」→筋肉の元となる重要な栄養素。日 補助食品のプロテイン。発 プロウティーン。参 prototype「原型」。
□3190 **carbohydrate** /kὰːrbouháidreit/	名 炭水化物 carbon「炭素」、hydrはギリシャ語hydor「水」から。参dehydration「脱水[症状]」。

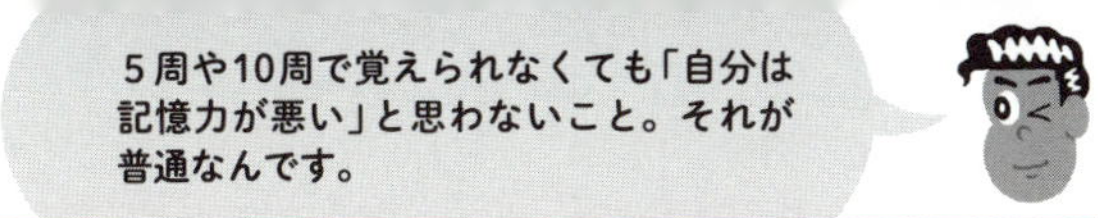
5周や10周で覚えられなくても「自分は
記憶力が悪い」と思わないこと。それが
普通なんです。

□3191 **starch** /stá:rtʃ/	名 でんぷん ☺ **スター、ちょっとでんぷん**食べる（旅番組）。古英語stercean「固める、強固にする」から。stare「じろじろ見る」（強く見る）と関連。でんぷんがのり状になったときのゴワゴワした感じから。
□3192 **antibiotics** /æ̀ntaibaiɑ́tiks/	名 抗生物質 生物（bio）に対抗する（anti-）。通常複数形。Antibiotics are useless against viruses.「抗生物質はウイルスには効かない」。
□3193 **acupuncture** /ǽkjupʌ̀ŋktʃər/	名 鍼治療 acuはラテン語acus「針」、punctはpungere「刺す」から。参acute「鋭い」、punctual「時間に正確な」。
□3194 **hypnosis** /hipnóusis/	名 催眠術；催眠状態 ☺ **ヒップの**大きい**シス**ターに催眠術かける。ギリシャ語hypnos「寝る」から。 形 hypnotic（催眠の）
□3195 **resuscitate** /risʌ́sətèit/	動 蘇生させる；復活させる 再び（re-）下から（sus-=sub-）呼ぶ（cita）。citaはラテン語citare「呼ぶ」から。参excite「興奮させる」、recite「暗唱する」。The paramedics resuscitated the man at the poolside.「救急医療士たちはプールサイドでその男を蘇生させた」。
□3196 **recuperate** /rikjú:pərèit/	動 健康を取り戻す、回復する re-「再び」、cuperはラテン語capere「受け取る」から。It took me nearly a week to recuperate from the flu.「インフルエンザから回復するのに1週間ぐらいかかったよ」。
□3197 **longevity** /lɑndʒévəti/	名 長生き、寿命 long「長い」から派生。発 ロンジェヴィティ。Medicine has long been trying to improve longevity.「医学はこれまでずっと寿命を延ばすことに取り組んできた」。
□3198 **malpractice** /mælprǽktis/	名 医療過誤、不正行為 mal-「悪い」practice「仕事、業務」。参malfunction「誤動作」、malady「疾患」。The doctor was sued for malpractice.「その医者は医療過誤で訴えられた」。
□3199 **euthanasia** /jù:θənéiʒə/	名 安楽死 eu-「良い」、thanasiaはギリシャ語thanatos「死」から。痛みのない良い死、が原義。発 ユーサネイジア。Euthanasia is legal in the Netherlands.「オランダでは安楽死は合法だ」。
□3200 **corpse** /kɔ́:rps/	名 死体 ラテン語corpus「身体」から。参 corpus「集大成；コーパス」、corporate「法人」（企業体）。

□3201 **biology** /baiálədʒi/	名 生物学 生命の(bio-)学問(-logy)。
□3202 **biosphere** /báiəsfìər/	名 生物圏 bio-「生命の」sphere「球体→領域、圏」。参atmosphere「大気」(空気の圏)。All life on Earth exists within the biosphere.「地球上の全ての生物は生物圏の中に存在している」。
□3203 **organism** /ɔ́:rgənìzm/	名 有機体、生物体 organ「器官」などの各組織から成る総体。Amoebae are single-celled organisms.「アメーバは単細胞生物だ」。 形 organic(有機的な)
□3204 **heredity** /hərédəti/	名 遺伝 ☺ **ヒレ出て**いるのは遺伝的特徴。heir「相続人」と関連。Is personality primarily the product of heredity or environment?「性格は主に遺伝か、それとも環境の産物か」。 形 hereditary(遺伝性の、遺伝的な)
□3205 **gene** /dʒí:n/	名 遺伝子 ☺ **ジーン**と来る、遺伝子一緒と知って(親戚でしたか!)。gen-は「生まれ」のイメージ。参genius「天才」(生まれついての才能)、gender「性別」。 形 genetic(遺伝的な) 形 genetical(遺伝学的な) 副 genetically(遺伝学的に)
□3206 **genome** /dʒí:noum/	名 ゲノム、遺伝子情報 ☺ **字の生む**遺伝子情報。発ジーノゥム。gene「遺伝子」とchromosome「染色体」の合成語。染色体上にある遺伝情報。It took many years to map the human genome.「ヒトのゲノム地図を描くには何年もかかった」。
□3207 **chromosome** /króuməsòum/	名 染色体 chromoはギリシャ語khroma「色」から、-someは「～体」を表す接尾辞。参color「色」。Only men have a Y-shaped chromosome.「男性だけがY染色体を持っている」。
□3208 **mutant** /mjú:tnt/	形 突然変異の ラテン語mutare「変える」から。参mutual「お互いの」。Some diseases are caused by a mutant gene.「ある種の病気は突然変異した遺伝子が引き起こす」。 動 mutate(変化する;突然変異させる)
□3209 **cell** /sél/	名 細胞;個室 ラテン語cella「小部屋」から。「独房」の意味も。仕切られた小さい空間のイメージが共通。参cellular phone「携帯電話」。
□3210 **tissue** /tíʃu:/	名 細胞組織 texture「織り方」と関連。もちろん紙の「ティッシュ」の意味もある。一つ一つが集まって全体を織り成すもの。

□3211 **membrane** /mémbrein/	**名 細胞膜** member「グループの一員」と関連。体の一部→皮・肌→膜、と変化。発 メンブレイン。
□3212 **microbe** /máikroub/	**名 微生物、細菌** 微小な (micro-) 生命 (be)。beはギリシャ語bios「生命」から。Microbes are the most common forms of life present in almost any environment.「微生物はどんな環境にも存在する、最もありふれた生物である」。
□3213 **microscope** /máikrəskòup/	**名 顕微鏡** 微小な (micro-) ものを見る (scope) ための器具。scopeはギリシャ語skopein「見る」から。 形 microscopic(顕微鏡で見るような、極小の)
□3214 **propagate** /prápəgèit/	**動 繁殖する、増殖させる** ラテン語propagare「挿し木や接ぎ穂で植物を増やす」(pro-「前に」pagare「くっつける」) から。参propaganda「(政治的主張などの) 宣伝、プロパガンダ」。Rats propagate very quickly.「ネズミは非常に早く繁殖する」。
□3215 **ferment** /fərmént/	**動 発酵させる；刺激する 名 発酵；興奮** ラテン語 fermentum「イースト (菌)」から。気持ちがグツグツと発酵→興奮。Natto is fermented soybeans.「納豆は発酵させた大豆だ」。ferment the imagination「想像力をかき立てる」。
□3216 **bug** /bʌ́g/	**名 虫、昆虫** ☺ **バッグ**に入った虫。羽根を持った小さな虫を指すことが多い。コンピュータープログラムの誤りや不具合を意味する「バグ」もこの単語。
□3217 **ecology** /ikálədʒi/	**名 生態学** eco- はギリシャ語 oikos「家」から。人間の住む「家」である地球上の生態に関する学問(-logy)。
□3218 **niche** /nítʃ/	**名 生態的地位；すき間** nest「巣」と関連。日 ニッチなビジネス。This tiny animal has a very small niche in the ecosystem.「この小動物は生態系の中で非常に小さな生態的地位を確保している」。
□3219 **habitat** /hǽbitæ̀t/	**名 生息環境；居住地** ☺ **は～、ビタッと**住んでる一つの生息環境に (住めば都で長居する)。ラテン語 habitare「住む」から。habit「習慣」と結び付け、1カ所に長く住む→習慣が生じる、と考えてもよい。参 inhabit「住む」。
□3220 **nest** /nést/	**名 巣** ☺ **ねえ、スト**ライキして愛の巣にこもろうよ。stはsit「座る」と関連か。This bird builds its nest in the highest tree branches.「この鳥は一番高い木の枝に巣を作る」。

3221 **herd** /hə́ːrd/	名 群れ ☺ **はあ、ど**うしたんだろ、あんなに大きな群れが。牛などの大きな動物の群れ。We saw a herd of bison on the plains.「我々は大草原にバイソンの群れを見た」。
3222 **swarm** /swɔ́ːrm/	名 群れ　動 群がる ☺ **巣を無**理に作るハチの群れ。昆虫・魚・鳥など比較的小さな動物の群れ。As soon as I got off the bus, children swarmed around me.「バスを降りるや否や子どもたちが私の周りに群がってきた」。
3223 **flock** /flɑ́k/	名 群れ　動 集まる ☺ **風呂く**るしい（苦しい）、群れで入ると。羊・ヤギ・鳥の群れ。A flock of geese flew south overhead.「ガチョウの群れが南を目指して頭上を飛んでいった」。
3224 **parasite** /pǽrəsàit/	名 寄生生物 para-「そばで」、siteはギリシャ語sitos「食物」から。宿主の側で餌を食べる生物。参parallel「平行の」。Eyelash mites are a kind of parasite.「まつ毛につくダニは寄生虫の一種だ」。
3225 **host** /hóust/	名 宿主 「主人；司会者」から発展し、寄生生物を宿す「宿主」の意味になった。The host animal slowly dies as the parasite grows stronger.「寄生生物が強大になるにつれ、宿主の動物はゆっくりと死んでいく」。
3226 **reproduce** /rìːprədjúːs/	動 繁殖する、生殖する 再び（re-）作り出す（produce）。One-celled animals reproduce by splitting into two.「単細胞動物は２つに分裂することで繁殖する」。 名 reproduction（生殖；再現；複製[品]）
3227 **sperm** /spə́ːrm/	名 精液 ギリシャ語 speirein「種をまく」から。semen とも。発 スパーム。It takes only one sperm cell to fertilize an egg.「卵子を受精させるのに必要な精子細胞は一つだけだ」。
3228 **spawn** /spɔ́ːn/	動 卵を産む、子どもを産む　名 卵 ☺ **スポーン**と卵を産む魚。魚やカエルの卵のように小さな粒状のものを生むこと。expand「広げる」と関連。Salmon swim long distances to spawn in rivers.「サケは川で卵を産むため、長い距離を泳ぐ」。
3229 **incubate** /ínkjubèit/	動 卵をふ化させる；培養する in-=on、cubateはラテン語cubare「横たわる」から。卵の上に乗って温める→ふ化させる。The rare eggs were incubated in a laboratory.「その珍しい卵は実験室でふ化した」。 名 incubation（抱卵、ふ化）
3230 **hatch** /hǽtʃ/	動 ひなをかえす；（計画などを）企てる ☺ 戦車や飛行機の**ハッチ**（hatch）が開くように卵がかえる、と考えよう。Chicken eggs hatch in about 21 days.「ニワトリの卵は約21日でかえる」。

□3231 **offspring** /ɔ́:fsprìŋ/	名 子、子孫 祖先から下に(off)わき出てきた(spring)もの。Kangaroos raise their offspring in a pouch.「カンガルーは子を腹袋の中で育てる」。
□3232 **hybrid** /háibrid/	名 雑種、混血児 bridをbreed「生む」と関連付けて覚えよう。名詞で「混合物」、形容詞で「複合型の」の意味も。日 ハイブリッドカー。
□3233 **metamorphosis** /mètəmɔ́:rfəsis/	名 変形;(生物の)変態 形態(morph)が変わる(meta-)作用(-osis)。morphはギリシャ語morphe「形」から。Butterflies perform their metamorphosis inside a cocoon.「チョウはまゆの中で変態を行う」。
□3234 **carnivorous** /kɑ:rnívərəs/	形 肉食性の ☺ **カニばらす**、肉食性の動物(肉食系オヤジがカニと格闘)。carniはラテン語caro「肉」、vorousはvorare「むさぼる」から。参carnival「謝肉祭」。The Venus flytrap is a carnivorous plant.「ハエトリソウは肉食性の植物だ」。
□3235 **prey** /préi/	名 餌食、犠牲 ☺ **pray**しても(祈っても)結局餌食に、と覚えよう。prehension「捕捉」と関連。Owls stalk their prey at night.「フクロウは夜中に餌を追いかける」。
□3236 **predator** /prédətər/	名 捕食者、略奪者 ☺ **プレ**(前に)**出た～**捕食者! 餌食(prey)を取る者(-tor)、と考えよう。The shark is a very effective predator.「サメは非常に効率的な捕食者だ」。
□3237 **scavenger** /skǽvindʒər/	名 腐食物などを食べる動物 ☺ **吸うか、便所や**、この動物、と覚えよう。動物ではハゲタカやハイエナ、昆虫ではコガネムシなどのこと。日スカベンジャー。The hyena is the most notorious scavenger.「ハイエナは最も悪名高いスカベンジャーだ」。
□3238 **nocturnal** /nɑktə́:rnl/	形 夜行性の noctはラテン語nox「夜」からで、nightと関連。参nocturne「夜想曲」。Raccoons are nocturnal.「アライグマは夜行性だ」。
□3239 **hibernate** /háibərnèit/	動 冬眠する ☺ **飼い葉ねえ、と**冬眠する馬(馬って冬眠する?)。ラテン語hiems「冬」から。nateを「寝て」ととらえても可。Bears hibernate for up to seven months in their dens.「熊は最高で7カ月まで巣穴で冬眠する」。
□3240 **creature** /krí:tʃər/	名 生物 神が創造(create)したものたち。The jellyfish is a simple but sometimes deadly creature.「クラゲは単純だが、時に危険な生物だ」。

□3241 **species** /spíːʃiːz/	名 種 ラテン語specere「見る」から。目に見える特徴→種の違い。単複同形。The firefly is actually a species of beetle.「ホタルは実はカブトムシの一種だ」。
□3242 **evolution** /èvəlúːʃən/	名 進化 e-=ex-「外に」、voluはラテン語volvere「回る」から。参revolve「回転する」。 動 evolve（進化する）
□3243 **dinosaur** /dáinəsɔ̀ːr/	名 恐竜 dino-「恐ろしい」、saur はギリシャ語 sauros「トカゲ」から。発ダイナソー。Scientists believe an asteroid impact may have killed the dinosaurs.「科学者は小惑星の衝突で恐竜が死滅した可能性があると考えている」。
□3244 **fossil** /fάsəl/	名 化石 ☺ **ほじる**と出てくる化石。発フォスル。ラテン語fodere「掘る」から。掘って出てきたもの。The museum displays a 10-meter fossil of a dinosaur.「その博物館は体長10メートルの恐竜の化石を展示している」。
□3245 **invertebrate** /invə́ːrtəbrət/	名 無脊椎動物　形 無脊椎動物の 無（in-）脊椎動物（vertebrate）。
□3246 **snail** /snéil/	名 カタツムリ ☺ **脛**（すね）**要る**？要らないよ、はって行くから、とカタツムリ。snake「ヘビ」と同語源。貝殻がなければ似てるかも。
□3247 **coral** /kɔ́ːrəl/	名 サンゴ ☺ **こ～ら立**派なサンゴだ。coral reef「サンゴ礁」。
□3248 **clam** /klǽm/	名 二枚貝 クラムチャウダー（clam chowder）はこの単語から。clam up「（貝のように）黙り込む」。
□3249 **jellyfish** /dʒélifiʃ/	名 クラゲ ゼリー（jelly）のような魚（fish）。
□3250 **squid** /skwíd/	名 イカ ☺ **すくい**、**ど**うしても取れないイカ。

□3251 **octopus** /άktəpəs/	名 タコ octo-「８つの」、pus はギリシャ語pous「足」から。
□3252 **arthropod** /ά:rθrəpὰd/	名 節足動物 arthro-「関節のある」、pod はギリシャ語pous「足」から。参arthritis「関節炎」。固い殻と関節を持つ動物。甲殻類、昆虫など。
□3253 **lobster** /lάbstər/	名 イセエビ、ロブスター 古英語loppe「クモ」が語源か。確かに形は似ている。
□3254 **prawn** /prɔ́:n/	名 エビ ☺ **プロン**！とむけるエビの皮。中期英語prane からか。手長エビや車エビなど、shrimp よりも大きく、lobster よりも小さいエビ類。
□3255 **shrimp** /ʃrímp/	名 小エビ 「細い甲殻類」を指す中期英語shrimpe から。prawn よりも小さいエビ。shrink「縮む」と「小さい」を結び付けて覚えよう。
□3256 **crayfish** /kréifiʃ/	名 ザリガニ ☺ **くれい**、fish を！と貪欲なザリガニ。crab「カニ」と関連。
□3257 **insect** /ínsekt/	名 昆虫 in-「中に」、sect はラテン語secare「切る」から。切り込みのあるもの。参section「区画」。
□3258 **cocoon** /kəkú:n/	名 まゆ ラテン語 coco「殻」から。This cocoon was spun by a tiny caterpillar.「このまゆは小さな芋虫が作ったものだった」。
□3259 **pupa** /pjú:pə/	名 さなぎ ☺ **ピュッ**！**パッ**！と突然大人になるさなぎ。発ピューパ。ラテン語pupa「人形」から。参pupil「弟子；瞳孔」。
□3260 **caterpillar** /kǽtərpìlər/	名 芋虫、毛虫 cat は「ネコ」と関連か。動きが似ている。日 戦車のキャタピラ。

□3261 **larva** /lɑ́ːrvə/	名 幼虫 完全変態する前の段階。青虫など。ラテン語「お化け、仮面」から。成虫になる前の仮の姿。
□3262 **maggot** /mǽgət/	名 うじ虫 ☺ **まごつく**うじ虫。印欧語で「虫」を意味するmoth「蛾」と関連。
□3263 **worm** /wɔ́ːrm/	名 環形動物 サナダムシ、ミミズ、ゴカイなど。☺**うぉ～、**無理無理、ミミズなんか食べられない！　語幹vert「向ける」と関連か。左右にグネグネと向く虫。I used to catch worms to use for fishing.「昔はよくミミズなどを捕まえて釣りに使ったものだ」。
□3264 **leech** /líːtʃ/	名 ヒル ☺ leech（ヒル）が肌にreach（**リーチ**）して、いい血を吸われてしまった！と覚えよう。
□3265 **centipede** /séntəpìːd/	名 ムカデ centi-「100の」、pedeはラテン語pes「足」から。
□3266 **mosquito** /məskíːtou/	名 蚊 ☺ **もう好き～！と**言いながら寄ってくる蚊。ラテン語musca「ハエ」から。
□3267 **fly** /flái/	名 ハエ fly「飛ぶ」と同語源。
□3268 **flea** /flíː/	名 ノミ flee「逃げる」と同語源。 ⓐ フリーマーケット（free market だと思っている人が多いが、flea market「ノミの市」です）。
□3269 **termite** /tə́ːrmait/	名 シロアリ ☺ **た～、参った、**シロアリだよ。ラテン語termesから。
□3270 **scorpion** /skɔ́ːrpiən/	名 サソリ ギリシャ語skorpiosから。

□3271 **moth** /mɔ́:θ/	名 蛾 ☺ **もうす**ごく飛んで火に入る蛾。maggot「うじ虫」と関連。日怪獣モスラ(moth と mother を掛け合わせた名前)。
□3272 **cicada** /sikéidə/	名 セミ ☺ **仕方**ない短命なのは、と鳴くセミ。発シケイダ、シカーダ。ラテン語 cicada から。
□3273 **locust** /lóukəst/	名 バッタ、イナゴ ☺ **ろうかすっと**(どうかすると)バッタが大量発生。ラテン語locusta から。
□3274 **bee** /bí:/	名 ミツバチ ☺ **ビー**と音を立てて飛んでくるミツバチ。honeybee とも言う。古英語 beo から。
□3275 **wasp** /wásp/	名 ハチ ☺ **ワッ**!**スプ**ッと刺されたスズメバチに! スズメバチやジガバチなど大型のハチの総称。古英語から。
□3276 **vertebrate** /və́:rtəbrət/	名 脊椎動物 vertebra「脊椎」から派生。ラテン語verte はvertere「回る」から。参 vertical「垂直な」。反invertebrate「無脊椎動物」。
□3277 **sardine** /sɑ:rdí:n/	名 イワシ 地中海の島「サルディニア島」(Sardinia) が語源か。日オイルサーディン(イワシの缶詰)。
□3278 **tuna** /tjú:nə/	名 マグロ ギリシャ語thunnus から。日 ツナ缶。
□3279 **gill** /gíl/	名 エラ ☺ エラで手を**ギル**と覚えよう。ブルーギル(青いエラ)という魚は日本湖沼の生態系への脅威となっている。発ギル。Some salamanders use gills to breathe underwater.「サンショウウオにはエラを使って水中で呼吸するものもいる」。
□3280 **scale** /skéil/	名 うろこ ☺ た**すけ**(助け)**いる**、うろこはがすの、と覚えよう。scale「てんびん、てんびん皿」と関連。うろこがてんびん皿の形に似ていることから。

□3281 **tentacle** /téntəkl/	名 触手 ☺ **天たぐる**ように見える触手。ラテン語 tentare「触れて探る」から。参 tentative「一時的な」。
□3282 **aquarium** /əkwéəriəm/	名 水族館；水槽 ラテン語aqua「水」から。発アクウェァリアム。
□3283 **amphibian** /æmfíbiən/	名 両生類、両生動物 amphi-「２つの、両方の」、biはギリシャ語bios「生活」から。参 ambiguous「あいまいな」。
□3284 **frog** /frάg/	名 カエル ☺ **付録**付いてきたカエルのおもちゃ。古英語froggaから。
□3285 **toad** /tóud/	名 ヒキガエル ☺ **どうど**う(堂々)としてるヒキガエル。発トウド。古英語tadigeから。
□3286 **tadpole** /tǽdpòul/	名 オタマジャクシ ヒキガエル(tad=toad)の頭(pol)。参poll「世論調査；投票」(頭数を数える)。
□3287 **reptile** /réptail/	名 は虫類 風呂の**タイル**を這うトカゲ、と覚えよう。ラテン語repere「這う」から。
□3288 **lizard** /lízərd/	名 トカゲ ☺ いざり寄るlizard、と覚えよう。ラテン語lacertusから。
□3289 **turtle** /tə́ːrtl/	名 カメ ラテン語 tortuca から。カメの総称だが、tortoise「(主に)陸ガメ」と区別して海ガメを指すことも。日 タートルネック。
□3290 **tortoise** /tɔ́ːrtəs/	名 カメ ☺ **淘汰する**陸ガメ。発トータス。ねじれた足の形から、ラテン語tortus「ねじれた」の影響を受けたと思われる。主に陸ガメのことをいう。

□3291 **ornithology** /ɔ̀ːrnəθɑ́lədʒi/	名 鳥類学 ☺ **おお、偽おるぜ**、この鳥たちには。発オーニソロジー。ギリシャ語ornis「鳥」から。
□3292 **raptor** /rǽptər/	名 猛禽 ワシ・タカなどの鳥類。rapid「素早い」と関連。Some raptors, such as the hawk, can be trained for hunting.「タカのような猛禽には訓練して狩りに使えるものもいる」。
□3293 **poultry** /póultri/	名 家禽；鳥肉 ☺ **ポール**(柱)に囲まれた**鳥**。ニワトリなど、飼育されている鳥のこと。fowl「家禽類、ニワトリ」という単語もあり、同語源。a poultry breeder「養鶏家」。
□3294 **bat** /bǽt/	名 コウモリ badなbatとは偏見だ、と覚えよう。北欧語源。*Batman*『バットマン』の「バット」はこの単語。
□3295 **dove** /dʌ́v/	名 ハト ☺ **だぶ**つくハトのおなか。発ダブ。小型のハト。古英語dufeから。平和・愛情のシンボル。
□3296 **pigeon** /pídʒən/	名 ハト 大型のハト。ラテン語 pipire「さえずる」から。発ピジョン。
□3297 **crow** /króu/	名 カラス ☺ **苦労**人のカラス。おそらく鳴き声からの擬声語。
□3298 **parrot** /pǽrət/	名 オウム 動 オウムのようにまねる 語源不詳。☺オウムのものまねとパロディー(parody)を結び付けて、**パロッて**る鳥、と覚えよう。
□3299 **canary** /kənέəri/	名 カナリア ラテン語 canis「犬」が語源。野犬の多くいた島に Canary Islands「カナリア諸島」の名がつき、そこに住んでいた鳥に島の名前が冠せられた。発カネアリー。
□3300 **peacock** /píːkɑ̀k/	名 クジャク cock「おんどり」と関連。

□3301 **goose** /gúːs/	名 ガチョウ ☺ **グーズ**グズしてるガチョウさん。「ダチョウ」との区別は、g が付いているほうが「ガ」チョウ。
□3302 **ostrich** /ɔ́ːstritʃ/	名 ダチョウ ☺ **おっす！とリッチ**なダチョウさん(余裕がある感じのあいさつ)。
□3303 **duck** /dʌ́k/	名 アヒル、カモ　動 ひょいとかがむ ドナルドダック(Donald Duck)の「ダック」はこの単語。古英語ducan「ひょいとかがむ、飛び込む」から。
□3304 **crane** /kréin/	名 ツル 起重機の「クレーン」も同じ単語。鶴の首の形に似ていることから。古英語cranから。
□3305 **owl** /ául/	名 フクロウ 鳴き声からの擬音語。発アウル。
□3306 **vulture** /vʌ́ltʃər/	名 ハゲワシ ラテン語 vultur から。比喩的に他人を食い物にする人や報道陣を指すことも。vulture fund「ハゲタカファンド」。
□3307 **bill** /bíl/	名 (鳥の)くちばし ☺ **ビール**くちばしで飲む鳥。広くくちばし状のものを指すが、タカやワシなどの鉤状のものはbeak。ゲルマン語の「剣」が語源。Ducks have a unique, flattened bill.「アヒルはユニークな形の平らなくちばしを持つ」。
□3308 **beak** /bíːk/	名 くちばし ☺ **ビーカ**ー割る、くちばしで。ラテン語beccusから。the sharp beak of an eagle「ワシの鋭いくちばし」。
□3309 **peck** /pék/	動 つつく pick「突く」と同語源。木をつつく音にも似ている。A number of pigeons pecked at the ground in the park.「公園で多くのハトが地面をつついていた」。
□3310 **chirp** /tʃɔ́ːrp/	動 さえずる 鳥の鳴く声の擬声語。比喩的に「にぎやかに話す」などの意味も。The birds chirping in the trees made the day seem very relaxed.「木々でさえずる鳥の声が一日をとてものんびりしたものにしてくれた」。

□3311 **plumage** /plú:midʒ/	名 羽、羽毛 ☺ **プルッ**と**マゲ**結う、鳥の羽で、と覚えよう。発プルーミッジ。ラテン語pluma「羽根」から。
□3312 **mammal** /mǽməl/	名 哺乳類 ラテン語 mamma「乳房」から。☺**ママ**の乳吸う哺乳類、と覚えよう。
□3313 **dolphin** /dálfin/	名 イルカ ギリシャ語 delphis から。「ネズミイルカ」を指す porpoise という単語もある。
□3314 **rodent** /róudnt/	名 齧歯（げっし）類 ネズミ、リスなどの仲間。☺**漏電と**思ったらネズミが電線かじってた。ラテン語 rodere「かじる」から。
□3315 **mouse** /máus/	名 ネズミ 小さいネズミの総称。特にハツカネズミ。複数形は mice なので注意。
□3316 **rat** /rǽt/	名 ネズミ rodent「齧歯（げっし）類」と関連か。mouse より大型。
□3317 **squirrel** /skwə́:rəl/	名 リス ☺ **救われる**、可愛いリスを見てると。ギリシャ語 skiouros (skia「影」oura「尾」)から。リスの尾が大きく、影ができることからと思われる。
□3318 **marsupial** /mɑ:rsjú:piəl/	名 有袋類 ☺ **まあスーパー**に**ある**よ袋が。発マースーピアル。ギリシャ語marsipos「袋」から。Marsupials are unique to Australia.「有袋類はオーストラリアのみに存在する」。
□3319 **beast** /bí:st/	名 獣、野獣 ラテン語 bestia から。*Beauty and the Beast*『美女と野獣』。
□3320 **bison** /báisn/	名 野牛 ☺ **倍損**した！と悔やむ野牛(餌でも取り損ねた？)。ラテン語から。

□3321 **cattle** /kǽtl/	名 牛 cap「帽子」、chief「長」などと関連。財産としての家畜の頭数を数える→牛。集合的、複数扱い。
□3322 **hog** /hɔ́:g/	名 豚 ☺ **ホグ**ホグ言いながら餌を食べる豚。食肉用の大型豚。pig は「豚」を指す一般的な用語。pork は豚肉。
□3323 **equine** /í:kwain/	名 馬 形 馬の ☺ **イーッ**？**食えん**よ馬なんて！ 発イークワイン。ラテン語equus「馬」から。
□3324 **goat** /góut/	名 ヤギ ☺ **強盗**に襲われた白ヤギさん（手紙を奪われた！）。古英語gatから。参 goatee「ヤギヒゲ」。
□3325 **rhinoceros** /rainɑ́sərəs/	名 サイ rhinoはギリシャ語rhinos「鼻」、cerosはkeras「角」から。発ライナセロス。
□3326 **hippopotamus** /hìpəpɑ́təməs/	名 カバ hippoはギリシャ語hippos「馬」、potamusはpotamos「川」から。参 Mesopotamia「メソポタミア」（川の間の土地）、hippocampus「海馬」。
□3327 **giraffe** /dʒərǽf/	名 キリン アラビア語方言 zirafah から。発ジラーフ。
□3328 **zebra** /zí:brə/	名 シマウマ ☺ **ジーッ**、**ブラ**ブラとして猛獣に食べられるシマウマ。発ズィーブラ。イタリア語から。
□3329 **camel** /kǽməl/	名 ラクダ ☺ **構える**ラクダ、さあ乗って。ギリシャ語kamelosから。
□3330 **hare** /hέər/	名 野ウサギ ☺ いきなり野原に出て**ハレ**ッ？と言うウサギ、と覚えよう。正しい発音はヘア。heir「相続人」（発エア）と区別。古英語haraから。

□3331 **mole** /móul/	名 モグラ ☺ **もう**、う**る**さいなあと潜るモグラ(工事現場?)。「スパイ」の意味も。
□3332 **snout** /snáut/	名 (豚などの)鼻 ☺ **砂うっと**うしい、鼻にくっついて。豚や熊などの突き出た鼻。snで始まる語は「鼻」のイメージ。参snort「鼻を鳴らす」。
□3333 **claw** /klɔ́ː/	名 (動物などの)かぎづめ、はさみ crow「カラス」と区別。lの字がつめのようにとがっている。All cats can retract their claws.「全てのネコはつめを引っ込めることができる」。
□3334 **hoof** /húf/	名 ひづめ、足 ひづめを持った動物の脚。☺**夫婦**で足を使った蹴り合い。This horseshoe fell off that horse's hoof.「この馬蹄はあの馬のひづめから落ちたんです」。
□3335 **hind** /háind/	形 後ろの 主に動物の脚などに使われる。参behind「後ろに」(後ろに+いる)。hind legs「後ろ足」。
□3336 **fur** /fə́ːr/	名 毛皮 ☺ **ふわ〜**っとした毛皮。古フランス語fuerre「覆う」から。fake fur「模造毛皮」。
□3337 **veterinarian** /vètərənéəriən/	名 獣医 veteran「ベテラン、熟練の」と関連。熟練して重い荷物を運べる人→荷物運搬用の動物。☺**ベテラン**の獣医、と覚えよう。発ベテラネアリアン(ベテネリアンに聞こえることも)。
□3338 **carcass** /kɑ́ːrkəs/	名 (動物・鳥などの)死骸 ☺ **乾かす**死骸、野ざらしで。Scavengers feed upon carcasses of animals.「スカベンジャーは動物の死骸を主食とする」。
□3339 **primate** /práimeit/	名 霊長類 primary「第一の」と同語源。系統樹の最高位にある動物。Chimpanzees are considered a higher primate than many other monkeys.「チンパンジーは他の多くの猿よりも上位の霊長類だと考えられている」。
□3340 **ape** /éip/	名 類人猿 ☺ **え?ぷ**っと猿が笑ったよ! 古英語apaから。Some apes can learn simple sign language.「類人猿の中には簡単な手話を覚えられるものもいる」。

□3341 **botany** /bátəni/	名 植物学 ☺ **牡丹に**植物学。
□3342 **vegetation** /vèdʒətéiʃən/	名 植生 ラテン語 vegatare「生き生きした」から。参 vegetable「野菜」。Jungle vegetation is very dense.「ジャングルの植生は非常に密集している」。
□3343 **shrub** /ʃrʌ́b/	名 低木 古英語 scrybb から。Only occasional shrubs can be seen in the desert.「砂漠には低木が時折見られるだけだ」。
□3344 **brush** /brʌ́ʃ/	名 やぶ ☺ **ブラシ**(brush)のような枝が集まったやぶ。低木の茂みのこと。Grass and brush cover the soil.「草とやぶが地表を覆う」。
□3345 **perennial** /pəréniəl/	形 多年生の per-「通して」、enn はラテン語annus「年」から。反annual「一年生の」。Perennial flowers are less work since you only plant them once.「多年生の花は一度植えればよいので手間がかからない」。
□3346 **seed** /síːd/	名 種 sow「種をまく」と関連。Dandelion seeds spread in the wind.「タンポポの種は風に乗って広がる」。
□3347 **kernel** /kə́ːrnl/	名 種子、穀粒 corn「トウモロコシ」と関連。「核心」などの意味も。The kernel of a sunflower seed is edible.「ヒマワリの種子は食べられる」。
□3348 **spore** /spɔ́ːr/	名 胞子 ☺ **スポ**ッ!と出て、**あ**っという間にばらまかれる胞子。sperm「精子」と関連。Mushroom spores are released from underneath the cap.「キノコの胞子は笠の下から放出される」。
□3349 **pod** /pád/	名 (豆などの)さや;まゆ 「さや」から、「球形を引き延ばした形の容器」まで意味が発展。iPod はこの単語から。There are three or four peas in each pod on this plant.「この植物のさやには一つにつき3つ4つの豆が入っている」。
□3350 **husk** /hʌ́sk/	名 (穀物・果実・種子などの)殻、さや house「家」と関連。穀物などを納めている家のようなもの。corn husk「トウモロコシの皮」。

□3351 **bud** /bʌ́d/	名 芽、つぼみ ☺春になると**バッと**出るつぼみ。There are already buds on the cherry trees in early March.「3月初旬だというのにもう桜のつぼみが出ている」。
□3352 **sprout** /spráut/	動 芽を出す 名 芽 ☺spring「春；ばね」と結び付け、春にばねのように芽を出すsprout（**スプラウト**）、と考えよう。The students grew sprouts from beans in the laboratory.「生徒たちは実験室でもやしの芽を育てた」。
□3353 **burgeon** /bə́ːrdʒən/	動 芽生える、新芽を出す bud「芽」と関連。☺新しい**version**が芽を出す、と覚えては？ 発 バージョン。The spring leaves suddenly burgeoned forth.「新緑が突如芽吹き始めた」。
□3354 **germinate** /dʒə́ːrmənèit/	動 発芽する；発達する ☺**じゃあ見ねえ、と**言ったら発芽した（芽が出ないのですねてたら……）。germ「微生物、細菌」と関連。These seeds were germinated in a lab, without soil.「これらの種は実験室で、土に植えられることなしに発芽された」。
□3355 **stem** /stém/	名 茎 動 起こる、生じる stand「立つ」と関連。立っている茎。By using food dyes you can watch water moving along a flower's stem.「食紅を使うことで、花の茎に沿って水が動いていくのを観察することができる」。
□3356 **vine** /váin/	名 つる ワイン（wine）→ブドウ→つる植物。These little bugs bore into the vine and eat it away.「これらの小さな虫はつるに入り込み、それを食い尽くしてしまう」。
□3357 **trunk** /trʌ́ŋk/	名 木の幹；象の鼻 もちろん「旅行用のトランク、車のトランク」の意味もある。ドンと横幅が太い幹状のもの、というイメージが共通。
□3358 **log** /lɔ́ːg/	名 丸太 動 記録する ☺**労、ぐ**ったりする丸太を運ぶと。丸太を海に投げ入れて船の速度を測る→記録する。ログイン（log in）やブログ（blog）もこの単語から。a log cabin「丸太小屋」。
□3359 **bark** /bɑ́ːrk/	名 樹皮 ☺**バ～ク**ッと食べた、木の皮を（飢えていたのでやむを得ず）。北欧語源。語源は違うが「吠える」の意味も。The soldier ate tree bark to survive.「その兵士は生き残るため木の皮を食べた」。
□3360 **stump** /stʌ́mp/	名 切り株 ☺はんこ（**stamp**）と似た形の切り株、と考えよう。The squirrel was standing on a tree stump.「そのリスは切り株の上に立っていた」。

□3361 **branch** /brǽntʃ/	名 枝；支店 ☺ **ブラン**と散ってる枝。ラテン語branca「足跡」から。The highest branch is not the safest roost.「一番高い枝が最も安全な止まり木とはいえない」(出る杭は打たれる)。
□3362 **offshoot** /ɔ́:fʃù:t/	名 枝；派生物 大本から外に(off)飛び出てきた(shoot)もの。「子孫；子会社」の意味も。参 offspring「子孫」。Cognitive science is an offshoot of psychology.「認知科学は心理学から派生してきたものだ」。
□3363 **bough** /báu/	名 大枝 ☺ **バウ**ッとかぶさる大きな枝。発バウ。古英語bog「肩、腕」から。I would climb on the bough of this tree.「昔はこの木の枝に登ったもんだ」。
□3364 **twig** /twíg/	名 小枝 「2つに分かれたもの」が原義。参twin「双子」、twice「2回」。The bird built its nest from grass, twigs, and feathers.「その鳥は草や小枝、そして羽根を使って巣を作っていた」。
□3365 **thorn** /θɔ́:rn/	名 とげ ☺ **損**するよ、とげのある発言は。Roses have thorns.「バラにとげあり」(美しく見える女性も人を傷つける要素を持っている)。
□3366 **leaf** /lí:f/	名 葉 古英語から。複数形 leaves。The maple leaves were turning red.「カエデの葉は紅く染まり始めていた」。
□3367 **bloom** /blú:m/	動 花が咲く 名 (観賞用の)花 ☺ **ブル～ン**と花が出てくる感じ。flower と同語源。「栄える」などの意味も。The cherry blossoms were in full bloom in the garden.「庭園の桜は満開だった」。
□3368 **blossom** /blɑ́səm/	動 花が咲く 名 (果樹の)花 bloom と同語源。The apple tree was full of white blossoms.「リンゴの木には白い花がいっぱいに咲いていた」。
□3369 **petal** /pétl/	名 花弁 ☺ 枯れて**ペタる**花びら。ギリシャ語petalos「広がった、平らな」から。Cherry petals were dancing about in the wind.「風に桜の花びらが舞っていた」。
□3370 **pollen** /pɑ́lən/	名 花粉 ☺ **ポロン**と落ちた花粉。ラテン語pulvis「ちり」から。参pulverize「粉にする」。Bees collect pollen in tiny baskets on their back legs.「ミツバチは後ろ足にある小さなかごに花粉を入れて集める」。

□3371 **nectar** /néktər/	名 **花の蜜** ギリシャ語nektor「神の飲み物」から。日清涼飲料水の「ネクター」。Sweet nectar attracts hummingbirds.「甘い花の蜜がハチドリを引き寄せる」。
□3372 **photosynthesis** /fòutəsínθisis/	名 **光合成** 光の(photo-)合成(synthesis)。Oxygen is a by-product of photosynthesis in plants.「酸素は植物の光合成の副産物だ」。
□3373 **resin** /rézin/	名 **樹脂** 野球のピッチャーが使うロージン(rosin「松ヤニ」)と関連。Some natural resins are used when manufacturing plastics.「ある種の天然の樹脂はプラスチックを製造するのに使われている」。
□3374 **sap** /sǽp/	名 **樹液** ☺ **サッパ**リとした樹液。The raw sap doesn't taste as sweet as maple syrup.「生の樹液はメープルシロップのように甘くはない」。
□3375 **amber** /ǽmbər/	名 **琥珀** ☺ 琥珀でできた**鞍馬**、と覚えよう。a mosquito trapped in amber「琥珀の中にとらえられた蚊」。
□3376 **lush** /lʌ́ʃ/	形 **(植物が)青々と茂った；豊富な** ☺ 緑の**ラッシュ**(rush「奔流」)→青々、と考えよう。a lush tree「葉が青々と茂った木」。
□3377 **pluck** /plʌ́k/	動 **摘み取る、むしる** 草花を摘むときの音に似ている。ラテン語pilus「髪の毛」から。He plucked a single hair from his own head.「彼は頭から一本の毛をつまみ抜いた」。
□3378 **wither** /wíðər/	動 **(植物が)しおれる** weather「天気」と関連。☺ 天候(**weather**)のせいで草木がしおれる、と考えよう。The flowers withered in the hot weather.「花は暑さでしおれてしまった」。
□3379 **shrivel** /ʃrívəl/	動 **縮む、しぼむ** shrink「縮む」やshrimp「小エビ」と関連。☺**すり減る**→縮む、と覚えてもよい。植物などが水分を失って小さくなる感じ。The plant shriveled in the dry weather.「その植物は乾燥した天気でしぼんだ」。
□3380 **lichen** /láikən/	名 **地衣類** ギリシャ語 leichen から。菌類と藻類から成る。発 ライクン。The rocks were covered in gray lichens.「岩は灰色の地衣類で覆われていた」。

□3381 **fungi** /fʌ́ndʒai/	名 菌類、キノコ類 ☺ わしゃ〜キノコの**ファンじゃい**！というおじいさん。発ファンジャイ。カビ、キノコなど。単数形はfungusだが、複数形で使われることが多い。Many species of fungi are poisonous.「キノコ類には毒を持っている種類が多い」。
□3382 **mildew** /míldjù:/	名 白カビ dew「露」と同語源。露のある湿ったところに生えるカビ、と考えよう。The best way to prevent mildew is to control moisture.「白カビを防ぐ一番良い方法は湿気をコントロールすることだ」。
□3383 **algae** /ǽldʒi:/	名 藻、藻類 ☺ **主**（あるじ）、藻に飲まれる。発アルジー（アルガエではない）。単数形はalga「藻」。通例複数形で使われる。ラテン語alga「海藻」から。
□3384 **moss** /mɔ́:s/	名 苔 ☺ 苔の**モス**まで。古英語mos「沼地」から。
□3385 **herb** /ə́:rb/	名 薬草、ハーブ ☺ **あ〜ぶ**ない薬草。発アーブ。ラテン語herba「草」から。
□3386 **dandelion** /dǽndəlàiən/	名 タンポポ dental「歯」と同語源。花びらが歯のように見えることから。
□3387 **cedar** /sí:dər/	名 ヒマラヤスギ ☺ スギなのに**シダ**とはややこしスギ！　ギリシャ語kedrosから。
□3388 **cactus** /kǽktəs/	名 サボテン ☺ サボテンのとげを角と考え、**角足す**、と覚えよう。ギリシャ語kaktos（シチリア産のとげのある植物）から。
□3389 **ginger** /dʒíndʒər/	名 しょうが；元気 ☺ **寺院じゃ**しょうがを食べて元気。しょうがと元気のイメージが結び付くのが面白い。-ly が付いて副詞になるとまたニュアンスが変わる。 副 gingerly（慎重に、恐る恐る）
□3390 **maple** /méipl/	名 カエデ、モミジ ☺ **目プル**プル感動しちゃう、カエデの紅葉を見て。メープルシロップ（maple syrup）はこの単語から。

□3391 **astronomy** /əstrɑ́nəmi/	名 天文学 星に関する(astro-)知識体系(-nomy)。astro-はギリシャ語astron「星」から。参asterisk「星印」。 名 astronomer(天文学者) 形 astronomical(天文学的な)
□3392 **cosmos** /kɑ́zməs/	名 宇宙 ☺ **コスモス**(秋桜)咲く宇宙。ギリシャ語kosmos「秩序；宇宙」から。 形 cosmic(宇宙の；壮大な)
□3393 **universe** /jú:nəvə̀:rs/	名 宇宙 uni-「1」、verseはラテン語vertere「回転する」から。回転して一つになったもの。参 convert「変える」。 形 universal(普遍的な、世界共通の)
□3394 **space** /spéis/	名 宇宙 形 宇宙空間の ラテン語spatium「広がり、空間」から。もちろん「空間」の意味も。
□3395 **celestial** /səléstʃəl/	形 天空の、空の ラテン語caelum「天、空」から。The study of celestial bodies is one of the oldest practices.「天体の観測は人間の最も古い営みの一つだ」。
□3396 **astronaut** /ǽstrənɔ̀:t/	名 宇宙飛行士 星の(astro-)水夫(naut)。nautはギリシャ語nautes「水夫」(←naus「海」)から。
□3397 **spacecraft** /spéiskræ̀ft/	名 宇宙船 宇宙の(space)船(craft)。
□3398 **space probe** /spéis pròub/	名 宇宙探査機 probe「検査する、精査する」。probeだけでも「宇宙探査機」の意味で使われる。
□3399 **telescope** /téləskòup/	名 望遠鏡 遠くを(tele-)見る道具(scope)。
□3400 **extraterrestrial** /èkstrətəréstriəl/	形 地球外の 地球(terre)を越える(extra-)。terreはラテン語terra「地球」から。Scientists have long been searching for evidence of extraterrestrial life.「科学者は長いこと地球外生命がいる証拠を探してきた」。

□3401 **solar** /sóulər/	**形 太陽の** ラテン語 sol「太陽」から。日「ソーラー発電」。the solar system「太陽系」。
□3402 **planet** /plǽnit/	**名 惑星** ギリシャ語 planasthai「さまよう」から。ちなみに star は「恒星」であり、厳密には planet は star には含まれない。
□3403 **Mercury** /mə́ːrkjuri/	**名 水星** ローマ神話の神メルクリウス（ギリシャ神話のヘルメス）から。太陽に最も近く、運行が速いことから、俊足の神の名を冠した。水星から名付けられた金属が「水銀(mercury)」。
□3404 **Venus** /víːnəs/	**名 金星** ローマ神話の愛と美の神ビーナスから。☺**美ナス**（美しい茄子）で野菜コンクール金メダル！と考え、金星と結び付けよう。
□3405 **Mars** /mɑ́ːrz/	**名 火星** ローマ神話の軍神マルスから。火星の赤い色から戦争を連想したもの。☺**まあ**、**ず**っと赤い火星。
□3406 **Jupiter** /dʒúːpətər/	**名 木星** ローマ神話の天界を司る神ユピテル（ギリシャ神話のゼウス）から。
□3407 **Saturn** /sǽtərn/	**名 土星** ローマ神話の農耕神サトゥルヌスから。太陽から遠く、運行が遅いことから年老いた神の名が付けられた。
□3408 **Uranus** /jùəréinəs/	**名 天王星** ギリシャ神話のウラノス（天の神）から。「天王星」の訳語は中国語から。
□3409 **Neptune** /néptjuːn/	**名 海王星** 古代ローマの海の神ネプチューンから。
□3410 **Pluto** /plúːtou/	**名 冥王星** ギリシャ神話の冥府の神プルートから。サイズが小さいことや軌道の形、角度の違いなどから「準惑星」(dwarf planet)と再定義された。

□3411 **Ceres** /sí(:)əri:z/	名 セレス ローマ神話の女神ケレスから。火星と木星の間にある小惑星帯(asteroid belt)にある準惑星の一つ。発 スィリーズ。
□3412 **orbit** /ɔ́:rbit/	名 軌道 ☺ **帯と**似てる軌道。ラテン語 orbita「道、軌道」から。
□3413 **lunar** /lú:nər/	形 月の 月の女神 Luna から。lunar eclipse「月食」。
□3414 **eclipse** /iklíps/	名 食(日食、月食) ギリシャ語ekleipein「省く、落とす」が語源。動詞で「輝きを失わせる、影を薄くする」の意味も。
□3415 **vernal equinox** /və́:rnəl í:kwənɑ̀ks/	名 春分；春分点 vernalはラテン語vernus「春の」、equiはaequus「等しい」からでequalと関連、noxは「夜」からでnightと関連。昼と夜の長さが等しくなる時点。
□3416 **asteroid** /ǽstərɔ̀id/	名 小惑星 ギリシャ語 asteroeides「星のような」(asteros「星の」eides「形」)から。参 asterisk「星印」。
□3417 **comet** /kɑ́mit/	名 彗星 ギリシャ語 kome「髪」から(彗星の尾が長い髪に見えたため)。A comet is often just a ball of dust and ice.「彗星は多くの場合、ほこりと氷でできたボールにすぎない」。
□3418 **meteor** /mí:tiər/	名 流星 ☺ **見てや**！あの流星。発ミーティアー。met-=meta-「上に」、eor はギリシャ語aoros「上げる」から。天空高く打ち上げられたもの。People sometimes mistake meteors for UFOs.「人は時に流星を UFO だと思い込む」。
□3419 **meteorite** /mí:tiəràit/	名 隕石 meteor「流星」が地上に落ちたもの。発ミーティオライト。Meteorites are the remnants of our solar system's formation.「隕石は太陽系が形成された時の残骸である」。
□3420 **supernova** /sù:pərnóuvə/	名 超新星 超(super-)新星(nova)。novaはラテン語novus「新しい」からで、newと関連。Most nebulae are caused by a supernova's explosion.「ほとんどの星雲は超新星の爆発によってできる」。

□3421
constellation
/kɑ̀nstəléiʃən/

名 星座

con-「共に」、stellaはラテン語stellare「輝く」(←stella「星」) から。The constellations were named and stories were told about them.「星座には名前が付けられ、それらについて物語が語られた」。

□3422
galaxy
/gǽləksi/

名 星雲、銀河

☺ **ガラク**タ流れる天の川銀河。the Galaxy「銀河系」。『銀河鉄道999』は *The Galaxy Express 999* と英訳された。

□3423
nebula
/nébjulə/

名 星雲

☺ **ねえ、ブラ**ブラしてる星雲。発ネビュラ。ラテン語「雲、かすみ」から。The Horsehead nebula is a cloud of dust and gas.「馬頭星雲はちりとガスでできた雲だ」。複数形はnebulae。

□3424
interstellar
/ìntərstélər/

形 星間の

星(stella)の間の(inter-)。interstellar matter「星間物質」。Interstellar distances are too large to measure in kilometers.「星の間の距離は遠過ぎてキロメートルで測ることはできない」。

□3425
geoscience
/dʒìːousáiəns/

名 地学

地球の(geo-)科学(science)。

□3426
geography
/dʒiɑ́grəfi/

名 地理学；地形

土地を(geo-)描く(graph)。

□3427
atlas
/ǽtləs/

名 地図帳；図表集

昔の地図帳の巻頭に巨人アトラスが地球を支える図があったことから。

□3428
globe
/glóub/

名 地球；球体

ラテン語globus「球体」から。形容詞グローバル(global「地球規模の」)はもはや日本語。参global warming「地球温暖化」。around the globe「世界中で」。

形 global (地球規模の；球状の)

□3429
axis
/ǽksis/

名 軸；枢軸

☺ **あ、串す**っかり軸みたい。ラテン語「茎、軸」から。The earth turns on a north-south axis.「地球は北から南に走る地軸を中心に自転する」。the axis of evil「悪の枢軸」。

□3430
tilt
/tílt/

動 傾ける　名 傾き

☺ **チロッと**傾けるとっくり。The earth's axis is tilted.「地軸は傾いている」。

□3431 **hemisphere** /hémisfiər/	名 半球；脳半球 半分の (hemi-) 球 (sphere)。hemi- は semi-「半分の」と同語源。the northern hemisphere「北半球」。
□3432 **terrestrial** /təréstriəl/	形 地球の；陸生の ラテン語terra「地」から。参terrace「台地；テラス」。*E.T. The Extra-Terrestrial*という異星人の映画がありました。terrestrial animals「陸生動物」。
□3433 **gravity** /grǽvəti/	名 重力 ラテン語gravis「重い」から。参grave「重大な」。Ocean tidal movement is caused by the moon's gravity.「海の潮の動きは月の重力によって起こる」。
□3434 **pole** /póul/	名 極 ギリシャ語 polos「回転軸」→回転軸の端にある極。もちろん「棒」などの意味もあるが、TOEFL では北極や南極、磁石などの「極」の意味が大切。
□3435 **arctic** /ɑ́:rktik/	形 北極の ギリシャ語 arktos「熊」から。大熊座→北極。☺**ああ、くちく**なって（おなかいっぱいで）寝るシロクマ。名詞は the Arctic「北極」。
□3436 **antarctic** /æntɑ́:rktik/	形 南極の ☺ **アンタッこっちか**、南極か？　北極の (arctic) 反対 (anti-)。名詞は the Antarctic「南極」。 名 Antarctica（南極大陸）
□3437 **latitude** /lǽtətjù:d/	名 緯度 地球を横に輪切りにした線。lateral「横の、側面の」との関連を考えれば longitude「経度」とは間違えない。
□3438 **longitude** /lɑ́ndʒətjù:d/	名 経度 ☺ **論じ中、ど**のくらいの経度かこの場所が。発ロンジテュード。long「長い」から派生。北から南まで、縦に長く延びた線。
□3439 **equator** /ikwéitər/	名 赤道 equate「等しくする」と関連。昼夜の長さを等しく分ける線。
□3440 **tropic** /trɑ́pik/	形 熱帯地方の　名 回帰線 ☺ **トロpick**する、熱帯地方で（マグロ釣りだ！）。ギリシャ語trope「回転」から。A hurricane is born in the tropics.「ハリケーンは熱帯で生まれる」。 形 tropical（熱帯の）

□3441 **Atlantic** /ætlǽntik/	形 大西洋の 神話の巨人「アトラス」にちなむ。参 atlas「地図帳」。Atlantic Ocean「大西洋」。
□3442 **terrain** /təréin/	名 地形、地勢 ☺ **地rain**（雨）降る地形。発テレイン。ラテン語terra「地」から。The terrain in the prairies is almost entirely flat.「大草原の地形はほとんど完全に平らだ」。
□3443 **landscape** /lǽndskèip/	名 景観；地勢 land「土地」、scape は shape「形」と関連。動詞で「庭造りをする」の意味も。The landscape of central Taiwan is quite mountainous.「台湾中部の景観は非常に山がちだ」。
□3444 **horizon** /həráizn/	名 水平線、地平線 ☺ **ほら出ずる**、水平線から。ギリシャ語horos「境界」から。地や水と空の境界を成す線。 The sun's disk disappeared below the horizon.「太陽面は水平線に消えた」。 形 horizontal（水平の）
□3445 **continent** /kɑ́ntənənt/	名 大陸 ☺ **この地寝んと**する大陸（ユーラシア大陸に横たわって寝る！）。continue「続く」と関連。見渡す限り続く大地→大陸。The Eurasian continent is a mosaic of continental blocks.「ユーラシア大陸は陸塊でできたモザイクだ」。
□3446 **archipelago** /ɑ̀ːrkəpéləgòu/	名 群島、列島 ☺ **秋、ペラ号**（紙の船）で群島探検。イタリア語arcipelago「エーゲ海」が語源（エーゲ海に多くの島があることから）。arch「アーチ」の形に並ぶ島々と考えると覚えやすい。発アーキペラゴウ。the Japanese archipelago「日本列島」。
□3447 **peninsula** /pənínsjulə/	名 半島 島（insula）に準ずる（pen-=pene-）。insulaはラテン語「島」から。
□3448 **channel** /tʃǽnl/	名 海峡；道筋 canal「運河」と同語源。The ship went through the narrow channel into the harbor.「船は狭い海峡を通って港へ入った」。diplomatic channel「外交ルート」。もちろんテレビの「チャンネル」の意味も。
□3449 **strait** /stréit/	名 海峡；苦境 ☺ **ストレート**（真っすぐ）に抜ける海峡。ラテン語stringere「引っ張る」から。糸を引っ張ったような形の狭い海峡。狭い海峡を通り抜けるようなギリギリの状況→苦境。the Straits of Magellan「マゼラン海峡」。
□3450 **gulf** /gʌ́lf/	名 湾 ☺ **ガール**、**ふ**としたことで湾に行く。uの字を、口を開けた湾の形と考えよう。the Gulf War「湾岸戦争」。動詞で「飲み込む、巻き込む」の意味も。gulp「飲み込む」と一緒に覚えよう。

☐3451 **cape** /kéip/	名 岬
	cap「帽子」、captain「長」などと関連。岬のとがっているところが頭に見える。

☐3452 **tide** /táid/	名 潮
	☺ 帯同する、潮の流れがきつい場所。timeと同語源。This beach almost disappears at high tide.「高潮になるとこのビーチはほとんど見えなくなる」。
	形 tidal（潮の）

☐3453 **eddy** /édi/	名 渦、渦巻き
	☺ 江、出るところで渦が巻く。スコットランド語ydyから。He swam clear of the eddy made by the sinking ship.「彼は沈む船によってできた渦を泳いで逃れた」。

☐3454 **estuary** /éstʃuèri/	名 河口、入り江
	☺ Sチューあり、河口近くで（気の強い人はなぜか河口で……）。ラテン語aestus「潮」から。Freshwater mixes with salt water in the estuary.「河口で淡水は海水と混ざり合う」。

☐3455 **stream** /strí:m/	名 小川、流れ
	古英語「水の流れ」から。小川に限らず水の流れを指す一般的な語。日 動画のストリーミング。John jumped across the stream, but I fell in.「ジョンは小川を跳び越えたが、僕は落ちた」。

☐3456 **creek** /krí:k/	名 小川；（主に英）入り江
	☺ 栗行く小川をどんぶらこ。「曲がったもの」が原義。Alaska has nearly 10,000 rivers and creeks.「アラスカには1万近い川や小川がある」。

☐3457 **brook** /brúk/	名 小川、谷川
	☺ ブルッ、くるしい（苦しい）、小川にはまって。㊟ブルック。There is a brook running through the park.「公園を貫いて流れる小川がある」。

☐3458 **tributary** /tríbjutèri/	名 川の支流
	tribute「貢ぎ物」と関連。大きな川や湖に流れ込む川、つまり大きな流れに水を捧げる川。反 distributary「分流」（本流から分かれていく川）。

☐3459 **cascade** /kæskéid/	名 （小さい）滝　動 滝のように落ちる
	☺ 貸すけど返して滝のような金。ラテン語casus「落ちる」から。The casino has an artificial cascade at the front.「そのカジノの正面には人工の滝がある」。

☐3460 **pond** /pánd/	名 池、沼
	☺ 古池や蛙ポンと飛び込む水の音。"The old pond; A frog jumps in ─ The sound of the water."（ R. H. Blyth 訳）

□3461
swamp
/swámp/

名 沼地

☺ **スワン**(swan)のいる沼地、と考えよう。木の生えているような沼地。These crayfish were caught in the swamp.「これらのザリガニはその沼地で捕まえたものだ」。

□3462
marsh
/má:rʃ/

名 沼地

☺ **まあしょ**うがない、沼にはまっちゃ進めない。藻や草で覆われている沼地。「海」を表す語根mari-からか。This marsh is home to a lot of different kinds of birds.「この沼地は多様な鳥のすみかになっている」。

□3463
bog
/bág/

名 沼地　動 泥沼にはまる

☺ **防具**付けて沼にはまる(重過ぎて身動き取れない！)。アイルランド語「柔らかい、湿った」から。His motorcycle became stuck in the bog.「彼のバイクは沼にはまった」。be bogged down「にっちもさっちもいかない」。

□3464
moor
/múər/

名 湿原地、荒れ地

☺ **む～、荒**れてるな、この湿原地。peat moors「泥炭の湿原」。語源は違うが、「(船などを)係留する」の意味も。

□3465
reservoir
/rézərvwà:r/

名 貯水池；貯蔵所

reserve「保存する」から派生。The reservoir is low because of the drought.「干魃のためその貯水池の水位は低くなっている」。

□3466
glacier
/gléiʃər/

名 氷河

☺ **グレ医者**氷河を見に行く。ラテン語glacies「氷」から。The ice from this glacier is thousands of years old.「この氷河の氷は何千年も昔のものだ」。

名 glaciation(氷河作用[氷河による浸食など])

□3467
crevice
/krévis/

名 裂け目、亀裂

地面や岩、氷などにできた割れ目のこと。日本語で「クレバス」というのは仏語 crevasse からであり、英語も古フランス語が語源。発クレビス。

□3468
iceberg
/áisbə:rg/

名 氷山

オランダ語 ijsberg(ijs「氷」berg「山」)から。ice「氷」のみ英語に変化。ドイツ語でも「山」はberg。That's just the tip of the iceberg.「それは氷山の一角にすぎないね」。

□3469
altitude
/ǽltətjù:d/

名 高度、標高

ラテン語altus「高い」から。男声の最高音域・女性の最低音域「アルト」(alto)と関連。altitude sickness「高山病」。

□3470
summit
/sʌ́mit/

名 山頂

☺ **寒いっと**思う、山頂で。sum「合計、総和」と関連。「主要先進国首脳会議」のサミットもこの単語。The view from the summit was breathtaking.「山頂からの風景は息を飲むばかりだった」。

□3471 **crest** /krést/	名 峰、山頂 ラテン語 crista「とさか」から。「頂点、絶頂；（ニワトリの）とさか」の意味も。the crest of a wave「波頭」。
□3472 **ridge** /rídʒ/	名 尾根、山の背 ☺ **理事**、尾根に上る。古英語 hrycg「背骨、尾根」から。山の背、ということ。「鼻筋」の意味も。
□3473 **plateau** /plætóu/	名 高原、台地 flat「平らな」、plate「皿」と関連。「水平状態」の意味も。上達への過程で成長が止まる停滞期を「プラトー」という。
□3474 **basin** /béisn/	名 盆地；たらい ラテン語 bacca「水おけ」から。たらい型をした土地。発ベイスン。The basin was formed after the last glacier retreated.「最後の氷河が後退したあと、この盆地ができた」。
□3475 **prairie** /préəri/	名 大草原 ☺ **プレー、リーグ**は大草原（草原で野球！）。ラテン語 pratum「草原」から。『大草原の小さな家』の原題は *Little House on the Prairie*。These prairies are a major wheat-growing area.「この大草原は小麦の一大生産地だ」。
□3476 **turf** /tə́ːrf/	名 芝生；得意分野 ☺ **た～、ふる**い（古い）なこの芝生。mown fine turf「刈られた良い芝生」。芝生のある我が家の庭のような部分→得意分野、縄張り。on one's own turf「～（人）の得意分野で」。
□3477 **clearing** /klíəriŋ/	名（森の中の）空き地、開拓地 木を切ってclearになった土地。While hiking, we saw a moose standing in a forest clearing.「ハイキング中、森の開けた場所にムースが立っているのを私たちは見た」。
□3478 **wilderness** /wíldərnis/	名 荒野 wild「野生」から派生。The expedition wandered lost in the wilderness for a week.「道を失った探検隊は荒野の中を1週間さまよった」。
□3479 **heath** /híːθ/	名 荒野、低木で覆われた荒れ地 ☺ **ひ～、ス**ーッとする！荒野の風に吹かれて。a project to restore the heath「荒れ地を回復しようとする計画」。
□3480 **desert** /dézərt/	名 砂漠 つながっているもの（sert）から切り離す（de-）→見放された土地→砂漠。sertはラテン語serere「つなぐ」から。参series「連続」。 名 desertification（砂漠化）

□3481 **arid** /ǽrid/	形 乾燥した；不毛の ☺ **ありっ、ど**うしてこんなに乾燥してるの？　ラテン語arere「乾く」から。Cacti grow in arid areas.「サボテンは乾燥した地域で育つ」。 名 aridity(乾燥)
□3482 **mirage** /mirá:ʒ/	名 蜃気楼 miracle「奇跡」と関連。ラスベガスに the Mirage というカジノホテルがある(砂漠の中の蜃気楼)。
□3483 **dune** /djú:n/	名 砂丘 ☺ **ズ～ン**、と盛り上がった砂丘。発デューン。down「下に」と関連。砂丘を滑り降りる、と考えよう。Dunes move constantly.「砂丘は常に動く」。
□3484 **geology** /dʒiálədʒi/	名 地質学 土地(geo-)の学問(-logy)。
□3485 **seismic** /sáizmik/	形 地震の ☺ **サイズビッグ**な地震、と覚えよう。発サイズミック。ギリシャ語seiein「震える」から。参seismograph「地震計」。This device measures seismic activity from volcanoes.「この装置は火山の地震活動を測定する」。
□3486 **epicenter** /épəsèntər/	名 震央；中心地 中心の(center)表面(epi-)。震源の真上にある地表の点。the epicenter of an earthquake「震央」。the epicenter of the IT revolution「IT革命の中心地」。
□3487 **crust** /krʌ́st/	名 地殻；パンの外皮 ☺ **暮らすと**都、地殻の上も(魚にはわからんだろうが)。ラテン語crusta「堅い外皮」から。The earth's crust is over five kilometers thick.「地球の地殻の厚さは5キロメートル以上に及ぶ」。
□3488 **stratum** /stréitəm/	名 地層；階層 ☺ **ストッ！(レイ)タムッ**！と積み重なった地層、と覚えよう。発ストレイタム、ストラタム。strew「まき散らす」と関連し、「広がって覆いとなるもの」が原義。複数形のstrataで出てくることも多い。
□3489 **cataclysm** /kǽtəklìzm/	名 地殻変動；激動 ☺ **片栗ズム**ッとめり込むような地殻変動。ギリシャ語kataklysmos「洪水」(kata-「下へ」klyzein「流す」)から。参catastrophe「大惨事」。
□3490 **heave** /hí:v/	動 隆起する；持ち上げる ☺ **ヒー！ブッ**とおならして胸が隆起する(寝屁？)。heavy な物を持ち上げる→隆起、と覚えよう。「あえぐ」の意味も(胸板を持ち上げるように息をする)。An earthquake made the land heave.「地震で土地が隆起した」。

□3491
upheaval
/ʌphíːvəl/

名 隆起；激変

上に（up）持ち上げる（heave）。類uplift。upheaval movement「隆起運動」。social upheaval「社会の激動」。

□3492
erode
/iróud/

動 浸食する；腐食する

☺ 色、どうしても浸食するサビ（きれいだった塗装が……）。e-=ex-「外に」、rodeはラテン語rodere「かじる」から。参rodent「齧歯（げっし）類」。

名 erosion（浸食；腐食）

□3493
precipitate
/prisípətèit/

動 沈殿させる、凝結させる

pre-「前」、cipはラテン語caput「頭」から。頭から落ちる→落ちたものが沈殿する。「突き落とす；突然ある状態に陥らせる；促進する」、名詞で「沈殿物」の意味も。

名 precipitation（沈殿；降水）

□3494
weathering
/wéðəriŋ/

名 風化作用

weather「天気」から派生。All rocks eventually crumble and break down by the processes of weathering.「全ての岩石は風化作用の過程でいずれ崩れ去る」。

□3495
boulder
/bóuldər/

名 巨岩

☺ ボールだ！と言って巨岩を投げる巨人。

□3496
rubble
/rʌ́bl/

名 がれき、破片

☺ loveる、がれきの上で（痛いでしょうに）。rubbish「くず、がらくた」と関連か。

□3497
debris
/dəbríː/

名 破片、くず

☺ で、ブリッと食べ物の破片が……。発デブリー。古フランス語debriser（de-=down、briser「壊す」）から。briserはbreakと関連か。岩が壊れたあとの破片。

□3498
deposit
/dipázit/

名 堆積物；預金

de-「下に、離して」、poseはラテン語ponere「置く」から。地学関係のトピックで出る「堆積物」の意味が大事。There were many deposits of limestone on the cave ceiling.「洞くつの天井には多くの石灰岩の堆積物があった」。

□3499
sediment
/sédəmənt/

名 堆積物

ラテン語sedere「座る」から。その場に居座った土砂→堆積物。類deposit。参sedimentary rock「堆積岩」。

形 sedimentary（堆積して生じた）

□3500
mud
/mʌ́d/

名 泥

☺ まっ、ドロが服に付いたわ！ Heavy rain sent mud sliding down the hillsides.「激しい雨で泥が斜面を滑り落ちた」。

□3501
dirt
/də́:rt/

名 土、泥；汚れ

☺ **ダーッと**塗る泥、白壁に（なんてことを！）。古ノルウェー語drit（「泥と」とも聞こえる）から。surface dirt「表土」。

□3502
clay
/kléi/

名 粘土

☺ **くれい**！粘土を、と幼稚園児。glue「のり」と同語源。This riverbed is mostly made of clay.「川底はほぼ粘土でできている」。

□3503
peat
/pí:t/

名 泥炭、ピート

☺ **ピーッと**ばらまく、肥料用の泥炭。植物が枯死して分解されずに堆積したもので、燃料や肥料として使われる。peat bog「泥炭温泉」。

□3504
gravel
/grǽvəl/

名 砂利

シャベル（shovel）ですくう gravel、と覚えよう。This old road is paved with gravel.「この古い道には砂利が敷き詰められている」。

□3505
mine
/máin/

名 鉱山；地雷

「私のもの」の意味は知っているはず。TOEFL ではその他の意味が大事。☺私の（**mine**）鉱山、地雷で爆破、と覚えよう。

名 mining（採鉱、採掘）

□3506
mineral
/mínərəl/

名 鉱物

mine「鉱山」から掘り出されるもの。「ミネラルウオーター」は鉱物を含む水。These mountains are rich in valuable minerals.「これらの山々は貴重な鉱物が豊富だ」。

□3507
ore
/ɔ́:r/

名 鉱石、原鉱

☺ **おわ**っ！鉱石見つけた！ 発オアー。This ore is being treated to extract the uranium.「この鉱石はウランを抽出するために処理されているところだ」。

□3508
petroleum
/pətróuliəm/

名 石油

ラテン語（petra「岩」、oleum=oil）から。岩盤から染み出る原油。A pipeline carries petroleum from Alaska to the rest of the United States.「パイプラインが原油をアラスカからアメリカ本土まで運ぶ」。

□3509
coal
/kóul/

名 石炭

☺ **凍る**石炭、北極圏で。Coal burning pollutes the air.「石炭を燃やすことは空気を汚染する」。

□3510
granite
/grǽnit/

名 花こう岩

grain「穀物；粒子」と関連。粗い粒子構造から。

□3511 **limestone** /láimstòun/	名 石灰岩 ☺ **ライム**(lime)をかけて食べて、なんておせっかい。古英語 lim から。
□3512 **slate** /sléit/	名 粘板岩、スレート ☺ **スラッと**した表面のスレート、と覚えよう。「石版」の意味も。
□3513 **marble** /má:rbl/	名 大理石 ☺ **まあブル**ブル、大理石の彫像壊して。「きらめく」が原義。a marble statue「大理石の彫像」。
□3514 **volcano** /vɑlkéinou/	名 火山 ☺ **暴る**(暴れる)、**かの**火山。発ボルケイノウ。古代ローマの火と鍛冶の神ウルカヌス(Vulcanus)から。 形 volcanic(火山性の)
□3515 **erupt** /irʌ́pt/	動 噴出する、爆発する e-=ex-「外に」、ruptはラテン語rumpere「破る」から。参 rupture「破裂」。 名 eruption(爆発)
□3516 **lava** /lá:və/	名 溶岩 ☺ **ラバー**(rubber)のような見た目の溶岩、と覚えよう。ラテン語lavare「流す」から。Lava covered the road after the volcano's eruption.「火山の爆発のあと、溶岩が道を覆った」。
□3517 **molten** /móultən/	形 溶融した ☺ **盛る、テン**コ盛りに溶岩を。melt の過去分詞形の古い形。molten rock「溶岩」。
□3518 **igneous** /ígniəs/	形 火成の ignite「点火する」と関連。igneous rock「火成岩」。
□3519 **fault** /fɔ́:lt/	名 断層 「欠点、欠陥」の意味も。通常の状態とズレ→欠点、地層のズレ→断層。A fault opened in the middle of the street during the earthquake.「地震の最中、道路の真ん中に断層が口を開いた」。
□3520 **geyser** /gáizər/	名 間欠泉 アイスランドの温泉の名前から。「噴出するもの」が原義。いかにもザーッと出てくる感じの音。発ガイザー、ガイサー。

□3521 **meteorology** /mì:tiərάlədʒi/	**名 気象学；気象** met-=meta-「上の」-logy「学問」。頭上の天候に関する学問。発ミーティオロロジー。参 meteor「流星」。
□3522 **atmosphere** /ǽtməsfìər/	**名 大気；雰囲気** 地球を球形(sphere)に包む空気(atmo-=air)。
□3523 **climate** /kláimit/	**名 気候** ギリシャ語 klima「傾斜」から。赤道から両極までの傾斜→それぞれの地域の気候。参 incline「傾く」、climax「絶頂」。
□3524 **weather** /wéðər/	**名 天気；気候** 古英語 weder から。weather forecast「天気予報」。
□3525 **thermometer** /θərmάmətər/	**名 温度計** ☺ **さあ、もう見た**でしょ温度計。熱(thermo-)を計るもの(-meter)。thermo-はギリシャ語thermos「熱い」、-meterはmetron「測る」から。 形 thermal(熱の)
□3526 **Celsius** /sélsiəs/	**名 摂氏** スウェーデンの天文学者セルシウスから。セ氏→摂氏。
□3527 **Fahrenheit** /fǽrənhàit/	**名 華氏** ドイツの物理学者ファーレンハイトから。華氏は中国語表記「華倫海特」から。
□3528 **moisture** /mɔ́istʃər/	**名 湿気、水蒸気** ラテン語 mucus「粘液」から。形容詞形は moist。名詞形と形容詞形を混同しないよう。The wood was bent because of excessive moisture.「過剰な湿気でその木材は曲がっていた」。 形 moist(湿った、湿気のある)
□3529 **humid** /hjú:mid/	**形 湿度の高い、湿った** ☺ **ヒュー**と**み**ず(水)が**出**て湿った、と覚えよう。名詞と勘違いしやすいが、形容詞なので注意。ラテン語humidus「湿った」から。 名 humidity(湿度、湿気)
□3530 **vapor** /véipər/	**名 蒸気** ☺ **ベ**ッと上がって**パ**ッと消える蒸気。発ヴェイパー。Vapors were rising from the natural spring.「天然の温泉から蒸気が立ち上っていた」。 動 vaporize(蒸発する、気化する)

□3531 **dew** /djúː/	名 露 古英語deawから。音が「つゆ」と似ている。㊐清涼飲料の「マウンテンデュー」。The lawn was damp with the morning dew.「芝は朝露でぬれていた」。
□3532 **drizzle** /drízl/	名 霧雨　動 霧雨が降る ☺ 霧雨が降って、**drip**（雨垂れ）が**ズル**ッと窓をしたたり落ちてくる感じ。The drizzle blew under my umbrella.「霧雨が傘の下から吹き込んできた」。
□3533 **fog** /fɔ́ːg/	名 霧 ☺ 霧が**フォグ**フォグッと出てくる感じ、と筆者は覚えました。The cars all slowed down in the heavy fog.「濃い霧で車はみんな徐行した」。 形 foggy（霧がかった）
□3534 **mist** /míst/	名 霧、かすみ ☺ **ミステ**リアスな霧の中。fog より薄い。The mountains looked unreal because of the morning mist.「山々は朝霧のせいで幻想的に見えた」。 形 misty（霧のかかった、ぼんやりした）
□3535 **haze** /héiz/	名 もや、かすみ ☺ **へ**？**いず**れへ行けばいいの？ともやの中。mist より薄い。morning haze「朝もや」。 形 hazy（かすんだ、朦朧とした）
□3536 **frost** /frɔ́ːst/	名 霜 ☺ **風呂**に**スッと**降りる霜。freeze「凍る」と同語源。 形 frosty（霜の降りた、凍る寒さの）
□3537 **turbulence** /tə́ːrbjuləns/	名 乱気流；騒乱 ラテン語turba「混乱」から。lenの部分のほうが「乱」に見える。We are expecting a bit of turbulence ahead.「この先少々気流の荒れる所がございます」。 形 turbulent（荒れ狂う）
□3538 **lightning** /láitniŋ/	名 稲妻 light「光」から派生。When struck by lightning, the tree split in half.「稲妻に打たれて木は半分に裂けた」。
□3539 **tornado** /tɔːrnéidou/	名 竜巻 ☺ **通るね**、**ど**うかな？怖い竜巻。スペイン語tronada「雷雨」から。The tornado threw cars into the air.「竜巻は車を空中に巻き上げた」。
□3540 **twister** /twístər/	名 竜巻 twist する（ねじれる）もの。tornado の口語的呼び方。

□3541 **blizzard** /blízərd/	名 猛吹雪 ☺ **ブリッ！ザーッ！と**猛吹雪。blast「突風、爆発」、blaze「炎」などと関連。The blizzard isolated the tiny village.「猛吹雪によってその小さな村は孤立した」。
□3542 **avalanche** /ǽvəlæ̀ntʃ/	名 雪崩；殺到 ☺ 雪崩が**暴れんうち**に逃げよう！ 発アバランチ。The gunshot caused a small avalanche.「その銃声で小さな雪崩が起きた」。
□3543 **icicle** /áisikl/	名 つらら、氷柱 ☺ **ice 来る**！つららが落ちてきた！ 発アイスィクル。-cleは「分離してできた小さなもの」を表す接尾辞。Several long icicles hung down from my roof.「ウチの屋根から数本の長いつららが垂れ下がっていた」。
□3544 **thaw** /θɔ́ː/	動 (雪が)溶ける ☺ **そ～**っと溶け出す雪。「和らぐ、打ち解ける」の意味も。The rivers filled up as the snow thawed.「雪解けで川は水であふれた」。
□3545 **flood** /flʌ́d/	名 洪水 古英語flodから。flには「流れ、水」のイメージがある。参flow「流れ」。
□3546 **inundate** /ínəndèit/	動 (水が)氾濫する；殺到する ☺ **イ、なんで**？**と**言ってる間に水が氾濫。in-「中に」、unda はラテン語「波」から。The town was inundated by floodwater.「洪水で街には水が氾濫した」。 名 inundation(浸水、氾濫)
□3547 **environment** /inváiərənmənt/	名 環境 en-=in-「中に」、vironは古フランス語「円」から。人を取り囲む環境。
□3548 **soil** /sɔ́il/	名 土壌 ☺ **そう、要る**んだよ豊かな土壌が。「国土」の意味も。fertile soil「肥沃な土壌」。
□3549 **greenhouse effect** /gríːnhàus ifèkt/	名 温室効果 植物(green)を育てる家(house)。オゾン層(ozone layer)の破壊などに関連してよく出る表現。
□3550 **deforestation** /diːfɔ̀ːristéiʃən/	名 森林破壊、山林伐採 森(forest)を切り倒す(de-)。Deforestation of the Amazon is a major ecological problem.「アマゾンの森林破壊は重大な環境問題だ」。 動 deforest(山林を切り開く)

□3551 **pollution** /pəlúːʃən/	名 **汚染** ☺ **ポール**（電柱）に**ション**ベンして汚染する。ラテン語polluere「汚す、けがす」から。 動 pollute（汚染する） 名 pollutant（汚染物質）
□3552 **contaminate** /kəntǽmənèit/	動 **汚染する；堕落させる** ☺ **この田**、**見ねえと**汚染しちまう。con-「共に」、tamはラテン語tangere「触れる」と関連。The mercury in the lake contaminated the fish.「湖に入った水銀は魚を汚染した」。 名 contamination（汚染）
□3553 **agriculture** /ǽgrikʌ̀ltʃər/	名 **農業** agriはラテン語ager「畑」からで、acre「エーカー」と関連。cultureはラテン語cultus「耕す」から。参cultivate「耕す」、culture「文化」。 形 agricultural（農業の）
□3554 **agrarian** /əgréəriən/	形 **農業の** ラテン語ager「畑」から。In the 19th century, the Nordic countries were agrarian.「19世紀、北欧の国々は農業国であった」。
□3555 **plantation** /plæntéiʃən/	名 **農園；植民地** plant「植物；植える」と関連。大規模農園。Large plantations employed slave labor to cultivate cotton and tobacco.「木綿やタバコを育てるため、大プランテーションは奴隷を労働力として使った」。
□3556 **peasant** /péznt/	名 **農民、小作人** ☺ どうせペー**ペーじゃん**、**と**いう農民。「田舎に住む人」が原義。発 ペズント。The majority of people in the Middle Ages were peasants.「中世における人口の大半は農民であった」。
□3557 **barn** /bάːrn/	名 **納屋** ☺ 納屋が**バーン**と燃えた。barley「大麦」と関連。The Pennsylvania Dutch painted hex signs on their barns.「ペンシルヴァニア州のドイツ系住民はヘックスサインを納屋に描いた」。
□3558 **cultivate** /kʌ́ltəvèit/	動 **耕す、開墾する** ☺ **借る地べ～ッと**広がってるのを耕す。ラテン語cultus「耕す」から。「養殖する」の意味も。参culture「文化」。The farmers cultivated the wild land.「農民たちはその荒れた土地を耕した」。
□3559 **plow** /pláu/	動 **すきで耕す** 名 **すき** ☺ **プラ（ウ）**プラ（ウ）とすきでのんびり耕す農民。発プラウ。plow fields「畑を耕す」。
□3560 **till** /tíl/	動 **耕す、耕作する** 古英語 tilian「頑張って働く」から。☺ till「～まで」（untilと同義）と結び付け、夕方まで（till［**ティル**］）頑張って畑耕す、と考えよう。till the soil「土壌を耕す」。

□3561 **sow** /sóu/	動 種をまく ☺ **そう**だ、種をまかなきゃ実はならない。seed「種」と同語源。I sowed two kinds of melons in this field.「この畑に2種類のメロンの種をまいた」。
□3562 **seedling** /síːdliŋ/	名 苗、苗木 seed「種」と関連。The tray in the greenhouse holds about 50 seedlings.「温室にあるトレーには約50の苗木がある」。
□3563 **bulb** /bʌ́lb/	名 球根；電球 ☺ **ばる**～く（丸～く）**ぶ**っとい球根。球根の形をした器具→電球。a tulip bulb「チューリップの球根」。energy-saving light bulbs「省エネ電球」。
□3564 **ripe** /ráip/	形 熟した reap「刈り取る」と同語源。熟した作物を刈り取る。The grapes were ripe enough to pick.「ブドウは摘み取れるほど熟していた」。 動 ripen（熟する）
□3565 **crop** /kráp/	名 農作物、穀物　動 刈り取る ☺ 稲を鎌で**クロップ**、クロップ、と刈り取る、と覚えよう。Crops such as sugar, rubber, tobacco, and coffee are called cash crops.「砂糖、ゴム、タバコ、コーヒーのような農作物は換金作物と呼ばれている」。
□3566 **reap** /ríːp/	動 刈り取る、収穫する ripe「熟した」と同語源。熟した作物を刈り取る。Most of the rye is reaped by machine.「ほとんどのライ麦は機械で刈り取られる」。
□3567 **prune** /prúːn/	動（枝、木などを）切り取る、剪定する ☺ **プルン**と飛び出した枝を切り取る。We pruned some of the branches to keep the shape of the tree.「木の形を保つためにいくらかの枝を切りました」。「費用などを切り詰める；文章を削る」などの意味にも。
□3568 **mow** /móu/	動 刈る ☺ 伸びた芝生を刈って**まう**。mow the lawn「芝を刈る」。
□3569 **harvest** /háːrvist/	名 収穫　動 収穫する ☺ **ハァ～、ベスト**の収穫でホッとした。ドイツ語Herbst「秋」と同語源。ラテン語carpere「切る、摘む」とも関連。The weather was good this year so the harvest was big.「今年は天候が良かったので収穫も大きかった」。
□3570 **grain** /gréin/	名 穀物；粒子 corn「トウモロコシ」と同語源。☺石臼で**グレイン**グレインと挽く感じ。This stone was used to grind grain.「この石は穀物を挽くために使われた」。

□3571 **soybean** /sɔ́ibìːn/	名 大豆 日本語の「醤油」が soy となり、それに bean「豆」が付いた形。soy だけでも「大豆」の意味がある。
□3572 **barley** /bάːrli/	名 大麦 barn「納屋」と同語源。
□3573 **wheat** /hwíːt/	名 小麦 white と同語源。小麦でできた白いパン、と考えよう。
□3574 **orchard** /ɔ́ːrtʃərd/	名 果樹園 ort は古英語wort「根、野菜」からでroot「根」と関連。chard はyard「庭」と関連。
□3575 **vineyard** /vínjərd/	名 ブドウ園 vine「ブドウの木；つる」yard「庭」。参 wine「ワイン」。発 ヴィニヤード。
□3576 **timber** /tímbər/	名 材木 ドイツ語 Zimmer「部屋」と同語源。家（部屋）を建てるための材木。
□3577 **lumber** /lʌ́mbər/	名 材木、製材　動 材木を切り出す ☺ 乱伐（**らんばつ**）してはいけない材木用の木。a lumber mill「製材所」。
□3578 **fertile** /fə́ːrtl/	形 肥沃な；多産な fer はラテン語ferre「運ぶ→生む」からで、bear「産む」と関連。発 ファーティル、ファータイル。反 infertile「不毛な、やせた」。 名 fertility（肥沃さ）　名 fertilizer（肥料）
□3579 **arable** /ǽrəbl/	形 耕作に適した ☺ **荒ぶる**土地だが、実は耕作に適してる。耕す（ara）ことができる（-able）。ara はplow「耕す」と関連。Very little arable land is available on this island.「この島には耕作に適した土地が非常に少ない」。
□3580 **irrigation** /ìrəgéiʃən/	名 灌漑 ☺ 水**入り芸当**、灌漑技術（あそこから水引っ張ってくるとは！）。ir-=in-「中に」、riga はラテン語rigare「浸す」からで、rain「雨」とも関連。 動 irrigate（灌漑する、水を引く）

□3581 **manure** /mənjúər/	名 肥料 ☺ **間に合**ってます、肥料。fertilizerが化学肥料であるのに対し、こちらは牛馬の糞でできた肥やしを指す。manu-「手」。手で耕す→肥料が必要。horse manure「馬の糞でできた肥料」。
□3582 **fertilizer** /fə́:rtəlàizər/	名 肥料 ☺ **果てりゃあいさ**肥料をまく（自然の栄養素がなくなったら肥料を）。fertile「肥沃な」から派生。特に化学肥料をいうことが多い。apply fertilizers「肥料をまく」。 動 fertilize（肥沃にする、受精させる）
□3583 **barren** /bǽrən/	形 不毛の；不妊の ☺ **バレん**かな、不毛の土地だということ（売ってしまえばこっちのもの）。「無味乾燥な、無駄な」の意味も。類 sterile。barren land「不毛の土地」。
□3584 **drought** /dráut/	名 干魃、渇水 dry「乾いた」から派生。発ドラウト。The drought destroyed this year's rice crops.「干魃で今年の米の収穫は駄目になった」。
□3585 **weed** /wí:d/	名 雑草 ☺ **イ～ッ、ど**うしてこんなに雑草が生えたの？　After the farmers left, weeds grew all over the field.「農民たちが去ったあと、畑一面に雑草が生えた」。動詞で「雑草を除く」の意味も。weed out「（雑草を）引き抜く」。
□3586 **pest** /pést/	名 害虫；疫病 ラテン語pestis「疫病」から。Using viruses to kill pests is simple and efficient.「害虫を殺すのにウイルスを使うやり方はシンプルで効果的だ」。「厄介者」の意味も。
□3587 **pesticide** /péstəsàid/	名 農薬、殺虫剤 害虫（pest）を殺す（-cide）。-cideはラテン語caedere「打つ」から。Do not apply pesticides in windy conditions.「風の強い条件下では農薬を使わないように」。
□3588 **insecticide** /inséktəsàid/	名 殺虫剤 昆虫（insect）を殺す（-cide）。Overuse of insecticides can harm plants.「殺虫剤の使い過ぎは植物を傷めることがある」。
□3589 **livestock** /láivstɑ̀k/	名 家畜 生きている（live）蓄え・財産（stock）→家畜。Humans began raising livestock thousands of years ago.「人間は何千年も前に家畜を育て始めた」。
□3590 **domesticate** /dəméstikèit/	動 （動物を）家畜化する；家庭になじませる ラテン語domus「家」から。形domestic「家庭の；国内の」。domesticated animals「家畜」。

やる気が出ないときは「とにかく１単語だけ進めよう」と考えること。

□3591
shepherd
/ʃépərd/

名 羊飼い；指導者　動 (羊の)番をする；導く

羊 (sheep) の群れ (herd) を導く人。nomadic shepherds「遊牧する羊飼い」。

□3592
coop
/kú:p/

名 (ニワトリやウサギなどを入れる)小屋、檻

☺ **クープ**クープ、とニワトリが鳴くニワトリ小屋。古英語の「かご」から。My uncle has a large chicken coop at home.「叔父の家には大きなニワトリ小屋がある」。

□3593
dairy
/déəri/

形 乳製品の　名 乳製品製造所

daily「毎日の」と区別しよう。☺ ただし、毎日 (**daily**) 乳しぼり、と覚えてもよい。発 デアリー。dairy products「乳製品」。dairy farm「酪農場」。

□3594
ranch
/rǽntʃ/

名 牧場

☺ **ランチ** (lunch) を牧場で食べる、と覚えよう。range「範囲」と関連。スペイン語の rancho「小屋」がアメリカ英語に入った。

□3595
meadow
/médou/

名 牧草地

☺ **メー** (ヤギ) **堂**々と草食む牧草地。発 メドウ。The sheep ate happily in the meadow.「羊たちは牧草地で幸せそうに草を食んでいた」。

□3596
pasture
/pǽstʃər/

名 牧草地

☺ **パスタ**のように牛が草食む牧草地。ラテン語pascere「牧草を食べる」から。A herd of cows is grazing in the pasture.「牛の群れが牧草地で草を食んでいる」。

□3597
graze
/gréiz/

動 (家畜が)牧草を食う；放牧する

☺ **グレ**、**いず**れの家畜も草を食う (ふてくされて草を食う牛)。grass「草」と関連。

□3598
hay
/héi/

名 干し草、まぐさ

☺ **ヘイ**！干し草持って来い！と言う馬。古英語heg から。He fed a pail of hay to the horses.「彼は手おけいっぱいの干し草を馬たちに与えた」。参 a needle in a haystack「まぐさの山の中の針→探しても見つけるのが困難なもの」。

□3599
straw
/strɔ́:/

名 わら

strew「まき散らす」と関連。ばらまかれたわら。日 ストロー (わらのような形から)。the last straw (breaks the camel's back)「堪忍袋の緒が切れる」(積んだわらの最後の一本でラクダの背骨が折れる)。

□3600
forage
/fɔ́:ridʒ/

名 飼料

☺ **ほ〜**、**リッチ**な馬に与える飼料とな。発 フォーリッジ。food「食物」と関連。牛、馬などに与える餌。

□3601 **physics** /fíziks/	名 物理学 ギリシャ語 physis「自然」から派生したラテン語 physica から。自然の法則に従うもの→物質→物理学。 名 physicist（物理学者）
□3602 **physical** /fízikəl/	形 物理的な、物質の ラテン語 physica「物理学」から。「身体的な」の意味も。物質→人間の持つ物質→身体。㊐ フィジカルトレーニング。physical ability「身体能力」。 名 physician（内科医）
□3603 **stationary** /stéiʃənèri/	形 静止した、固定された station と関連。駅舎のように固定された、と考えよう。stationery「文房具」と区別（ a と e の違い）。Keep the patient stationary during the operation.「手術中患者は固定しておいてくれ」。
□3604 **kinetic** /kinétik/	形 運動の、動的な ☺ **杵つく**運動の動的力学。ギリシャ語kinein「動く」から。Kinetic energy is the energy of motion.「動的エネルギーとは運動のエネルギーのことである」。
□3605 **velocity** /vəlɑ́səti/	名 速度 ☺ **ベロして**（ベーッと舌出して）駆け抜ける速度。ラテン語vehere「運ぶ」からで、vehicle「乗り物」と関連か。The velocity of the train reached 200 kilometers per hour.「その電車は時速200キロに達した」。
□3606 **inertia** /inə́:rʃə/	名 慣性、惰性 ☺ **否、あては**なく、慣性でやってるだけ。㊜イナーシャ。inert「不活性の」から派生。怠惰→惰性→慣性。Inertia is the property of matter that opposes changes in motion.「慣性とは運動変化に対抗する物質の性質である」。
□3607 **friction** /fríkʃən/	名 摩擦、抵抗 ☺ freezing（凍りそう）な冬、ハ**クション**！とくしゃみしたので乾布摩擦、と覚えよう。ラテン語fricare「こする」から。Energy from friction creates heat.「摩擦の生み出すエネルギーは熱を生み出す」。
□3608 **pendulum** /péndʒuləm/	名 振り子 ラテン語pendere「ぶら下がる」から。㊇pending「未決の」。The pendulum's swing died away slowly.「振り子はゆっくりと止まっていった」。
□3609 **solid** /sɑ́lid/	名 固体　形 堅い；固体の ☺ **総理、ど**うしても堅い答弁、と覚えよう。中身がギュッと詰まって堅い感じ。the solid surface of the ground「固い地盤」。「しっかりした」などの意味も。He is a solid person.「彼はしっかりしてるよ」。
□3610 **liquid** /líkwid/	名 液体　形 液状の ☺ **陸移動**する液体（川から海へ）。ラテン語liquere「液体である」から。㊇ liquor「酒類」。The three states of matter are solid, liquid, and gas.「物質の３つの状態とは固体、液体、気体である」。

□3611 **fluid** /flúːid/	名 流動体、液体 ☺ **古井戸**に流れる流動体。発フルーイド。ラテン語fluere「流れる」から。参flow「流れ」。body fluid「体液」。
□3612 **evaporate** /ivǽpərèit/	動 蒸発する e-=ex-「外に」vapor「蒸気」。A liquid will evaporate at a relatively fast rate if it has a low boiling point.「沸点の低い液体は比較的速く蒸発する」。 名 evaporation（蒸発）
□3613 **flame** /fléim/	名 炎 ☺ **フレー**！**無**理して燃やす炎（15-0で負けてるのに……）。ラテン語flammaから。The buildings went up in flames.「建物は燃え上がった」。
□3614 **flammable** /flǽməbl/	形 可燃性の flame「炎」-able「〜できる」。flammable gas「可燃性ガス」。 名 flame（炎）
□3615 **combustion** /kəmbʌ́stʃən/	名 燃焼 物質同士が反応して共に（com-=con-）破裂（bust）して燃える、と考えよう。No combustion will take place without oxygen.「酸素がなければ燃焼は起こらない」。
□3616 **electron** /iléktrɑn/	名 電子 ギリシャ語elektron「琥珀」から。琥珀を摩擦すると静電気が生じたことから。Electrons carry a negative charge.「電子は負の電荷を帯びている」。 名 electricity（電気、電力） 形 electric（電気の）
□3617 **static** /stǽtik/	形 静止した 名 静電気 立った（sta-）ままの状態→静止。static electricity「静電気」。
□3618 **conductor** /kəndʌ́ktər/	名 伝導体、導線 「車掌；指揮者」などの意味もあるが、TOEFLでは「伝導体」が大切。「共に（con-）導く（duct）」イメージが共通。ductはラテン語ducere「導く」から。Steel is a good conductor of heat.「鉄は熱をよく伝える伝導体だ」。
□3619 **ray** /réi/	名 光線 ラテン語radius「（車輪のスポークなど）放射状のもの」から。Most cosmic rays originate within the Galaxy.「ほとんどの宇宙線は銀河内で発生する」。
□3620 **radiate** /réidièit/	動（光などを）放射する ray「光線」と関連。参radius「半径」。The sun radiates X-rays.「太陽はエックス線を放射している」。 形 radiant（光を放つ、輝く） 名 radiation（放射）

□3621 **optical** /ápptikəl/	形 光学の；眼の ☺ **おお緑軽**い眼鏡は光学の器具。ギリシャ語optikos「視覚の」から。optical cable「光ケーブル」。optical effect「視覚的効果」。
□3622 **spectrum** /spéktrəm/	名 スペクトル ラテン語specere「見る」から。プリズムを通して見られるような、波長の順に並んだ光のグラデーション。日本語の「スペクトル」はフランス語spectre から。
□3623 **ultraviolet** /ʌ̀ltrəváiəlit/	名 紫外線 形 紫外線の 紫(violet)を超えた(ultra-)。紫線の外にある不可視光線。ultraviolet light / rayとも。Ultraviolet light has shorter wavelengths than visible light.「紫外線は可視光線より波長が短い」。
□3624 **infrared** /ìnfrəréd/	名 赤外線 形 赤外線の 赤(red)の下に(infra-)。可視光の赤色よりも波長が長く、周波数が低い不可視光線。infrared light / ray とも。参infrastructure「社会基盤、インフラ」。
□3625 **refraction** /rifrǽkʃən/	名 屈折 後ろに(re-)曲げる(fract)。fractはラテン語frangere「壊す」から。参fraction「破片」。 動 refract(屈折する)
□3626 **nuclear** /njú:kliər/	形 原子力の、核の nucleus「核」の形容詞形。nut「木の実、ナッツ」とも関連。種・芯→核。nuclear weapon「核兵器」。 名 nucleus(核、中心部分)
□3627 **radioactive** /rèidiouǽktiv/	形 放射能のある radio-「放射性の」active「活動している」。radioactive carbon dating「放射性炭素年代測定法」。Carbon-14 is a radioactive isotope.「炭素14は放射性同位体である」。
□3628 **fission** /fíʃən/	名 分裂 ☺ **ヒッション**！くしゃみでズボン分裂。fissure「割れ目、亀裂」と関連。Nuclear fission produces the energy used in nuclear power plants.「核分裂は原子力発電所で使われるエネルギーを生み出す」。
□3629 **fusion** /fjú:ʒən/	名 溶融、融合 ラテン語fundere「注ぐ、溶ける」から。参fuse「(電気の)ヒューズ」、refuse「拒否する」(注ぎ返す)。It is hypothesized that nuclear fusion occurred during the Big Bang.「ビッグバンの際に核融合が起こったという仮説がある」。
□3630 **chemistry** /kémәstri/	名 化学；化学反応 ☺ **毛見しとりゃ**化学反応。alchemy「錬金術」と関連。「人と人との相性」の意味も。 名 chemist(化学者) 形 名 chemical(化学的な／化学物質)

□3631 **atom** /ǽtəm/	名 原子 ☺ **あと無**理、もう分けられない原子。a-=an-「非、不」、tom はギリシャ語 temnein「分ける」から。これ以上分けられないもの。参anatomy「解剖学」。 形 atomic（原子の）
□3632 **molecule** /mɑ́ləkjù:l/	名 分子 ☺ **もう**キュ**ルキュル**いう体の分子（筋肉痛で体がきしむ）。mole はラテン語 moles「塊」から、-cule=-cle は「小さいもの」を表す接尾辞。Heat is created as one molecule hits another molecule.「分子がぶつかるとき熱が生まれる」。
□3633 **particle** /pɑ́:rtikl/	名 粒子；微量 小さい（-cle）部分（part）。particle physics「素粒子物理学」。
□3634 **hydrogen** /háidrədʒən/	名 水素 水を（hydro-）生むもの（-gen）。hydro- はギリシャ語hydros「水」から。参 dehydrate「脱水状態になる」。Water is made up of hydrogen and oxygen.「水は水素と酸素でできている」。
□3635 **oxygen** /ɑ́ksidʒən/	名 酸素 酸を（oxy-）生むもの（-gen）。oxy- はギリシャ語oxys「鋭い；酸っぱい」からで、acid「酸」やacrid「刺すような」とも関連。あらゆる酸に酸素が含まれていると考えられていたことから。
□3636 **carbon** /kɑ́:rbən/	名 炭素 ラテン語 carbo「炭」からの造語。carbon dioxide「二酸化炭素」は頻出（di-=two、oxi=oxygen）。carbon monoxide「一酸化炭素」（mono-=one）。
□3637 **nitrogen** /náitrədʒən/	名 窒素 ニトロ（nitro-）を生むもの（-gen）。発ナイトロジェン。Roughly three-quarters of the earth's atmosphere is nitrogen.「地球の大気の約４分の３は窒素だ」。
□3638 **sodium** /sóudiəm/	名 ナトリウム soda「ナトリウム化合物、ソーダ」から。Excessive sodium intake can lead to increased blood volume.「ナトリウムを摂取し過ぎると血液量が増加することがある」。
□3639 **sulfur** /sʌ́lfər/	名 硫黄 ☺ **猿は**硫黄でやられたの（温泉場で窒息）。発サルファー。Sulfur is used in batteries, detergents and fertilizers.「硫黄は電池や洗剤や肥料に使われている」。
□3640 **copper** /kɑ́pər/	名 銅 ☺ **河童**の銅像。Cyprus「キプロス」から。キプロス島が銅鉱山で知られていたため。Cyprus is called the island of copper.「キプロスは銅の島と呼ばれている」。

□3641
tin
/tín/

名 スズ

☺ 叩くと**ティン**！と音のするブリキ（スズをめっきした）板。Tin does not oxidize easily and therefore resists corrosion.「スズは容易に酸化せず、それゆえに腐食に強い」。

□3642
zinc
/zíŋk/

名 亜鉛

☺ **腎く**るしむ（苦しむ）亜鉛を飲んで。tin「スズ」と関連か。Oysters contain lots of zinc.「カキは多くの亜鉛を含んでいる」。

□3643
mercury
/mə́ːrkjuri/

名 水銀

Mercury「水星」の名を取って金属に付けた名前。Excessive mercury intake can cause serious health problems.「水銀の過剰摂取は深刻な健康被害につながる」。

□3644
lead
/léd/

名 鉛

古英語から。㊍レッド。It used to be more common to use lead in paint.「ペンキに鉛を使うことはかつては今より普通だった」。

□3645
metal
/métl/

名 金属

mine「鉱山」と関連か。アメリカ発音ではmedal「メダル」と似た音になるので注意。Metals are ductile and malleable.「金属は伸ばしたり鍛えたりすることができる」。

□3646
acid
/ǽsid/

名 酸　形 酸性の

☺ **足ど**うしても酸っぱい臭い。ラテン語acere「酸っぱくなる」からで、acute「鋭い」やache「痛み」と同語源。鋭く舌を刺す味。acid rain「酸性雨」。

□3647
saline
/séilain/

形 塩の、塩分を含んだ

☺ **生理〜ん**食塩水、と覚えよう。㊍セイライン。salt「塩」と関連。a saline solution「食塩水」。

名 salinity（塩分）

□3648
catalyst
/kǽtəlist/

名 触媒；物事を促進するもの

☺ **語り**、**スト**を促進して触媒の役割（みんなを説得）。cata-=down、lyはギリシャ語lyein「緩める」から。分解した化学物質同士の反応→触媒。

動 catalyze（触媒作用をもたらす）

□3649
agent
/éidʒənt/

名 媒介物、作用物質；代理人

ラテン語agere「する」から。あるものとあるものの間に立って媒介的役割を果たすもの、のイメージ。oxidizing agent「酸化剤」。

□3650
enzyme
/énzaim/

名 酵素

en-=in-、zymはjuiceと関連か。体内の分泌液（juice）に含まれる酵素、と考えよう。☺ 語義は違うが、**冤罪無**理して控訴する、と覚えてもよいかも。

□3651 **pigment** /pígmənt/	名 色素 ☺ **pig**(豚)**面と**向かって赤くなる(恥ずかしがり屋の豚さん)。paint「塗る」と関連。There is no pigment in a polar bear's fur.「シロクマの毛皮には色素が全くない」。
□3652 **saturate** /sǽtʃərèit/	動 飽和させる；染み込ませる ☺ **さあチュレ〜っと**水入れて飽和させる。satisfy「満足させる」と関連。saturate water with salt「水を食塩で飽和させる」。
□3653 **dissolve** /dizɑ́lv/	動 溶解する、分解する 分けて(dis-)溶かす(solve)。参solve「解決する；溶解する」。Hard water is caused by dissolved calcium and magnesium.「硬水はカルシウムとマグネシウムが水に溶け込んでできる」。
□3654 **solution** /səlú:ʃən/	名 溶液 solve「溶解する」から派生。「解決策」の意味も。a solution of sugar and water「砂糖水」。 動 solve(溶解する、溶ける)　名 solvent(溶剤)
□3655 **compound** /kɑ́mpaund/	名 化合物、複合物　動 構成する；混ぜ合わせる com-「共に」、pound はラテン語ponere「置く」から。chemical compound「化合物」。
□3656 **corrode** /kəróud/	動 腐食する ☺ **コロウド**ロドロ腐食する、と覚えよう。cor-=com-「共に」、rodeはラテン語rodere「かじる」から。Iron corrodes when it is oxidized.「鉄は酸化すると腐食する」。 名 corrosion(腐食)　形 corrosive(腐食性の)
□3657 **kindle** /kíndl/	動 火をつける、燃やす ☺ **キャンドル**(candle)に火をつける、と覚えよう。類ignite。When did mankind learn how to kindle fire?「人間はいつ火をつける方法を学んだのか」。
□3658 **alchemy** /ǽlkəmi/	名 錬金術 ☺ **ある、君**、金が？　al はアラビア語の冠詞、chemy はギリシャ語のchein「注ぐ」から。参chemistry「化学」。 名 alchemist(錬金術師)
□3659 **alloy** /ǽlɔi/	名 合金 ally「同盟」と同語源。金属同士を結び付ける→合金。Aluminum alloys are commonly used for aircraft.「アルミニウム合金は航空機によく用いられる」。
□3660 **brass** /brǽs/	名 真鍮 ☺ **ブラす**ごい、真鍮でできてる(そんなブラジャーあるか！)！　日ブラスバンド(真鍮でできた金管楽器を主体に演奏するバンド)。a brass plaque「真鍮の飾り板」。

□3661 **mathematics** /mæθəmǽtiks/	**名 数学** ギリシャ語 mathema「学問、知識」から。math と短縮されることも多い。do the math「計算する」。
□3662 **algebra** /ǽldʒəbrə/	**名 代数学** アラビア語 al-jabr（al は冠詞、jabr「結合する」）から。要素を結合する→代数。参arithmetic「算数」。
□3663 **statistics** /stətístiks/	**名 統計；統計学** status「状態」の記述→統計。
□3664 **arithmetic** /əríθmətik/	**名 算数、計算　形 算数の、計算の** ☺ **蟻、住め**るか計算する、と覚えよう。ギリシャ語arithmos「数字」から。
□3665 **formula** /fɔ́:rmjulə/	**名 公式；方式** ☺ **ほう、ムラ**ムラする公式があるの（数式に興奮！）？　form「形」と関連。Doing too many things at once is a formula for accomplishing none of them.「一度にいろいろやると必ず失敗する」。
□3666 **equation** /ikwéiʒən/	**名 方程式** equal「等しい」から派生。Einstein's most famous equation is E=mc^2.「アインシュタインが考えた最も有名な方程式は E=mc^2 だ」。 動 equate（等しくする）
□3667 **numeral** /njú:mərəl/	**形 数の　名 数字** ラテン語numerus「数字」からで、numberと関連。roman numerals「ローマ数字」。 形 numerical（数に関する、数の）
□3668 **integer** /íntidʒər/	**名 整数** in-「不、無」、teg はラテン語 tangere「触れる」から。触れられていない→完全な、分割されていない。発インテジャー。参integrate「統合する」。
□3669 **digit** /dídʒit/	**名 (数字の)桁、アラビア数字** ラテン語 digitus「指」から。数を数えるのに指を使ったことから。His income is one digit larger than mine.「ヤツの収入は桁が違うもんなあ」。 形 digital（デジタルの；数字で表示する）
□3670 **million** /míljən/	**名 100万** ラテン語mille「1000」から。1000に1000を掛けたもの。

□3671 **billion** /bíljən/	名 10億 bi-「2」。1000に1000を2回掛けたもの。
□3672 **trillion** /tríljən/	名 1兆 tri-「3」。1000に1000を3回掛けたもの。
□3673 **decimal** /désəməl/	形 小数の；十進法の ☺ **弟子、丸**打つの忘れてる、小数の（それを言うなら「点」でしょ）。deci-「10」。ラテン語 decima「10分の1」から。decimal point「小数点」。
□3674 **calculate** /kǽlkjulèit/	動 計算する ☺ **軽くレート**を計算する。ラテン語 calculus「小石」から。ローマ時代のそろばんに玉石を使用したことから。 名 calculus（計算法；微積分学）
□3675 **subtract** /səbtrǽkt/	動 引く；控除する sub-「下に」tract「引く」。tractはラテン語trahere「引く」から。Subtracting 4 from 8 gives you 4.「8引く4は4だ」。「足す」はplusまたはadd。
□3676 **multiply** /mʌ́ltəplài/	動 掛け算する；増殖する 多く（multi-）重ねる（ply）。plyはラテン語plicare「重ねる」から。4 multiplied by 6 is 24.「4掛ける6は24」。 名 multiplication（掛け算）
□3677 **division** /divíʒən/	名 割り算 divide「分割する」の名詞形。
□3678 **quadruple** /kwɑdrú:pl/	形 四重の、4倍の 動 4倍にする quadri-「4」。参double「二重の」、triple「三重の」。The sales of the product quadrupled this year.「その製品の売り上げは今年4倍になった」。
□3679 **quarter** /kwɔ́:rtər/	名 4分の1 ラテン語quartusから。「区域；住居」の意味も。
□3680 **quantity** /kwɑ́ntəti/	名 量 ☺ **食わんて**、これほどの量の食事、と覚えよう。ラテン語quantus（=how much）から。

□3681 **mean** /míːn/	名 平均値 形 平均の median「中央値」の異形。ただし「中央値」とは概念が違うので注意(→median「中央値」参照)。類average。
□3682 **median** /míːdiən/	名 中央値、メジアン med-=mid-「真ん中の、中間の」。参medium「中間、中ほど」。データを順に並べたときに、真ん中に来るものの値(平均値とは違うので注意)。1、5、8、13、23と並んだときの8(平均値は10)。
□3683 **matrix** /méitriks/	名 行列、マトリクス mother「母」から派生。雌の家畜→家畜を飼う区画→行列(変数を縦横に並べたもの)、と考える。「母体」の意味も。発メイトリクス。
□3684 **geometry** /dʒiámətri/	名 幾何学 土地を(geo-)測る(meter)→測量→幾何学。
□3685 **diagram** /dáiəgræ̀m/	名 図表、図形 線で分けた(dia-)図(-gram)。日電車のダイヤ。This diagram shows temperature change in this region over the last 50 years.「この図はこの地域の過去50年の気温の変化を示しています」。
□3686 **circle** /sə́ːrkl/	名 円 ☺ **さあクル**クル回って円を描こう。ラテン語circus「輪」から。「集団、団体」の意味も。 形 circular(円形の;循環する)
□3687 **ellipse** /ilíps/	名 楕円 ☺ **いいリップ**(唇)**っす**、楕円形で。ギリシャ語 ellipsis「不完全、欠陥」から。不完全な形の円。発イリプス。 形 elliptical(楕円形の;省略的な)
□3688 **oval** /óuvəl/	形 卵形の、楕円形の ☺ **叔母ル**ンルン、卵形の宝石もらって。ラテン語ovum「卵」から。the Oval Office「(アメリカ・ホワイトハウスの)大統領執務室」(形が楕円形のため)。
□3689 **diameter** /daiǽmətər/	名 直径 ☺ **ダイヤ見た**!直径のすごいでかいやつ! 発ダイアミター。dia-「分ける」→「~を横切って」、meterはギリシャ語metron「測る」から。円を横切った距離の長さ。参diagonal「対角線」。
□3690 **radius** /réidiəs/	名 半径 ☺ **零でやす**、点の半径(そりゃそうだ)。発レイディアス。ray「光線」と関連。光のように中心から放射状に延びる線。参diameter「直径」。

□3691 **circumference** /sərkʌ́mfərəns/	名 円周 周囲を(circum-)運ぶ(fere)。fereはラテン語ferre「運ぶ」から。円の周囲を回った距離。What is the circumference of this circle?「この円の円周はいくらでしょう？」。
□3692 **metric** /métrik/	形 メートル法の meter「メートル」の形容詞形。metric system「メートル法」。Canada started using the metric system in 1970.「カナダは1970年にメートル法を使い始めた」。
□3693 **square** /skwέər/	名 正方形、四角　形 四角の ラテン語quadrare「正方形にする」にex-「外側に」が付いた形が変化した。quadは「4」。動詞で「2乗する」の意味も。
□3694 **rectangle** /réktæŋgl/	名 長方形 真っすぐな(right)角(angle)を持った形。rectはラテン語rectus「正しい」からでright「正しい」と関連。 形 rectangular(長方形の)
□3695 **rhombus** /rámbəs/	名 菱形 ☺ **論破す**、菱形の会議テーブルで(向こうに座った人と熱論！)。ギリシャ語rhembein「回転する」から。正方形の角をつまんで回転させ、形が変化したもの、と考えよう。
□3696 **trapezoid** /trǽpəzɔ̀id/	名 台形 ギリシャ語trapeza「机」(tra-「4つの」peza「足」)から。pezaはped、podと関連。-oid「〜のようなもの」を表す接尾辞。参tetrapod「テトラポッド；四足類」。
□3697 **pentagon** /péntəgàn/	名 五角形 5つの(penta-)角(gon)。penta-はギリシャ語pente「5」、gonはgonia「角」から。五角形の建物からアメリカ国防総省の俗称にも。
□3698 **hexagon** /héksəgàn/	名 六角形 6つの(hexa-)角(gon)。hexa-はギリシャ語hex「6」から。
□3699 **polygon** /páligàn/	名 多角形 多くの(poly-)角(gon)。poly-はギリシャ語polys「多くの」から。
□3700 **dimension** /diménʃən/	名 寸法；面積 ☺ **地面ションベン**する寸法(立ちションするな！)。di-「分けて」、mensionはラテン語metiri「測る」からでmeter、measureと関連。a four-dimensional world「四次元世界」。「容積；局面；次元」の意味も。

□3701 **diagonal** /daiǽgənl/	名 対角線　形 対角線の 互いに分かれた(dia-)角(gon)。
□3702 **ratio** /réiʃou/	名 比率 rate「比率」と関連。発レイショウ。The ratio of women to men in this class is two to one.「このクラスの女性と男性の比は２対１だ」。
□3703 **cubic** /kjú:bik/	形 三次元の；立方体の cube「立方体」の形容詞形。one cubic meter「１立方メートル」。 名 cube(立方体)
□3704 **prism** /prízm/	名 角柱；プリズム ギリシャ語 prizein「のこぎり」から。のこぎりで切られた角材→角柱。
□3705 **pyramid** /pírəmid/	名 角錐 エジプトにあるピラミッド(pyramid)の形をしたもの。
□3706 **sphere** /sfíər/	名 球 ギリシャ語 sphaira「球」から。参atmosphere「大気」。All bubbles naturally form a sphere.「全ての泡は自然に球体を形成する」。
□3707 **cylinder** /sílindər/	名 円筒、円柱 ギリシャ語 kulindros「転がす」から。日自動車のシリンダー。
□3708 **cone** /kóun/	名 円錐 アイスクリームの「コーン」はこの単語(トウモロコシではない)。Cones were placed around the construction site.「円錐標識が建築現場の周りに置かれてあった」。
□3709 **vertical** /və́:rtikəl/	形 垂直な vertはラテン語vertere「回る」から。回転の中心となる垂直な軸→垂直な。He climbed up the almost vertical cliff.「彼はそのほとんど垂直な崖を登っていった」。
□3710 **perpendicular** /pə̀:rpəndíkjulər/	形 垂直な　名 垂線 per-「完全に」、pendはラテン語pendere「ぶら下げる、測る」から。糸の先に重りを付け、垂直な線を作ったことから。He started climbing the almost perpendicular rock.「彼はそのほとんど垂直な岩壁を登り始めた」。

学習終了日

TOEFL頻出トピック

文系編

TOEFLでは理系同様、文系のトピックも幅広く出題されます。聞いたことのない絵画の技法名なども出てくるので、前知識だけで対応することはまず不可能です。難解な用語は他の部分から意味を推測できるようにしておきましょう。

政治

TOEFLで政治学そのものに関するトピックが出題される頻度は低めです。ただしギリシャ、ローマなどの古代文明やアメリカ独立など、歴史に関するトピックの中で政治に絡む話題が登場する可能性はあります。アメリカの現代政治を詳しく知る必要はありませんが、「上院」「下院」「共和党」「民主党」くらいは英語で覚えておきましょう。

宗教・哲学

宗教や哲学そのものに関する出題の頻度は高いとはいえません。ただし歴史や心理学など、他のトピックに絡めた形で用語が登場する場合はあります。出題頻度は低いとはいえ、英語圏に留学するのであれば、キリスト教や聖書に関する基本的な知識は身につけておきたいものです。

人文科学

歴史や考古学は比較的出題頻度の高い分野です。「古代文明の特徴と興亡」「遺跡の発見と保存」「陶器の歴史」など、今後の出題が考えられるトピックは無数にあります。ただし歴史的事実を暗記したり、専門用語を知っていたりする必要は全くなく、「コア単語」とここに挙げる単語を押さえておけば十分対応できるはずです。

芸術・言語・建築

芸術も出題頻度の高い分野です。「中世の絵画の特徴」「彫刻技術の発展」など、この分野もトピックは無数にあります。言語学のトピックが直接出題される可能性は低いと考えられますが、文学や心理学に絡んで用語が登場する可能性は十分にあります。建築は、出題頻度は高いとはいえませんが、「中世の建築様式」などの出題は考えられます。

キャンパス

キャンパスでの会話はリスニング・セクションとスピーキング・セクション（iBTのみ）で必ず出題されます。よって、アメリカの大学の学期制や、授業登録から期末試験までの流れを知っておけば有利になるのは間違いありません。留学関連の書籍で基本的なことは押さえておきましょう。ここに挙げた以外の用語は、文脈から判断できるはずです。

□3711 **politics** /pάlətìks/	名 **政治学、政治** ギリシャ語 polites「市民」から。 名 politician（政治家）
□3712 **govern** /gʌ́vərn/	動 **統治する；管理する** ☺ **カバン**で統治する政治家。ラテン語gubernareから。 名 government（政府） 名 governor（［全米各州の］知事）
□3713 **administration** /ædmìnəstréiʃən/	名 **政府、政権** ad-「〜に」、ministraはラテン語ministrare「仕える」から。参minister「牧師；大臣」。 動 administer（管理する、運営する）
□3714 **federal** /fédərəl/	形 **連邦の** ラテン語 foedus「連盟」から。the federal government「連邦政府」。
□3715 **congress** /kάŋgris/	名 **議会** con-「共に」、gressはラテン語gradi「進む」から→みんなで寄り集まって議論する→議会。参progress「進歩」。アメリカ連邦議会は通例 Congress。
□3716 **senate** /sénət/	名 **上院；議会** ローマの元老院 senatus から。参senior「高齢者」。アメリカの「上院」は the Senate、「下院」は the House of Representatives。 名 senator（上院議員）
□3717 **Democrat** /déməkræ̀t/	名 **民主党員** アメリカ民主党「the Democratic Party」の党員。democracy「民主主義」から。民衆（demo-）が支配者（crat）である政治。参aristocracy「貴族政治」。 名 democracy（民主主義）
□3718 **Republican** /ripʌ́blikən/	名 **共和党員** アメリカ共和党「the Republican Party」の党員。ラテン語res publica「公共のもの」から。 名 republic（共和国）
□3719 **parliament** /pάːrləmənt/	名 **議会、国会** 古フランス語 parler「話す」から（現代フランス語でも「話す」は parler ）。話し合う場所→議会。イギリスなどの議会（立法府）。日本の国会は Diet。
□3720 **cabinet** /kǽbənit/	名 **内閣** 古フランス語 cabane「小屋」から。小部屋→会議→内閣。「戸棚」の意味も。The prime minister made staff changes to his cabinet.「首相は内閣スタッフの入れ替えを行った」。

□3721 **minister** /mínəstər/	名 大臣 ☺ **ミニ**(小)**スター**気取りの大臣。ラテン語ministrare「仕える」から。 名 ministry(省庁)
□3722 **province** /právins/	名 地方；州 ラテン語 provincia「(古代ローマの) 属州」から。カナダの州や、中国の省などをいう。「田舎；領域」の意味も。 形 provincial(地方の；州の)
□3723 **governor** /gʌ́vərnər/	名 知事 ☺ **頑張んなあ**、あの知事。統治する (govern) 人 (-or)。the governor of Texas「テキサス州知事」。
□3724 **municipal** /mjuːnísəpəl/	形 地方自治体の、市の ラテン語 municipium「自由市」から。municipal court「地方裁判所」。municipal tax「市税」。
□3725 **mayor** /méiər/	名 市長、町長 ☺ **迷や**、この市長(名市長かと思いきや)。㊕メイヤー。軍の上官などを表すmajor と関連。The mayor was arrested for bribery.「市長は収賄により逮捕された」。
□3726 **regime** /rəʒíːm/	名 政治体制 ラテン語 regere「支配する」から。region「地域」、rule「支配する；規則」と関連。ancient regime「旧体制」(フランス語ではアンシャン・レジーム)。an authoritarian regime「独裁政権」。
□3727 **throne** /θróun/	名 王座 ☺ throne に**座ろ～ん**と言う王様、と覚えよう。ギリシャ語thronosから。the heir to the throne「王位継承者」。
□3728 **monarch** /mánərk/	名 君主 ☺ **もう泣く**甘えん坊の君主。monはギリシャ語mono-「一人で」、archはarkhein「統治する」から。 名 monarchy(君主制、君主国)
□3729 **reign** /réin/	動 君臨する、支配する 名 統治；治世 ラテン語 rex「王」から。rein「手綱」と結び付け、国の手綱を握る、と考えてもよい。The reign of Queen Victoria is known as the Victorian Age.「ヴィクトリア女王の治世はヴィクトリア時代として知られる」。
□3730 **sovereign** /sávərən/	形 主権を有する；君主である 名 君主 ラテン語super「上にある」から派生し、reign「君臨する」の影響を受けて現在の形に。㊕サブリン。a sovereign state「主権国家、独立国」。 名 sovereignty(主権)

□3731 **clout** /kláut/	名 影響力 ☺ **食らうと**ヤバイ、影響力。古英語clut「塊」からで、clot「凝血塊」と関連。特に政治的影響力をいうことが多い。The senator lost clout as he aged.「上院議員は年を取るにつれ影響力を失った」。
□3732 **feudal** /fjúːdl/	形 封建的な ☺ **ふ～、だる**いね、封建社会で生きるのは。fee「料金」と同語源。領地を治める人に払う税金→料金。領地→封建的。the feudal age of Europe「ヨーロッパの封建時代」。 名 feudalism（封建制度）
□3733 **dictator** /díkteitər/	名 独裁者、専制者 dictate（命令）する人。ラテン語dicere「言う」からで、dictation「書き取り」と関連。口述した命令を書き取らせたことから。 名 dictatorship（独裁政権、独裁政治）
□3734 **tyranny** /tírəni/	名 暴政 ☺ **寺に**暴政敷く和尚。tyrant「専制君主」から派生。恐竜の「ティラノサウルス」はここから。seek asylum from tyranny「暴政からの亡命を求める」。 名 tyrant（専制君主、暴君）
□3735 **aristocracy** /ærəstákrəsi/	名 貴族社会、貴族政治 ギリシャ語aristos「最上の」から。-cracyは「体制、支配」を表す接尾辞。Aristocracy originated in the Greek polis.「貴族政治はギリシャのポリスから始まった」。 名 aristocrat（貴族） 形 aristocratic（貴族的な）
□3736 **democracy** /dimákrəsi/	名 民主主義；民主主義国 demo-「民衆」-cracy「体制、支配」。Freedom of speech is a cornerstone of democracy.「表現の自由は民主主義の根幹だ」。 形 democratic（民主主義的な）
□3737 **bureaucracy** /bjuərákrəsi/	名 官僚制度 フランス語bureau「机」から。机→事務所→官庁→官僚。 名 bureaucrat（官僚）
□3738 **autonomy** /ɔːtánəmi/	名 自治、自治権 auto-「自分の」、-nomyはギリシャ語nomos「法律」から。Many African nations sought autonomy in the 60s.「60年代、多くのアフリカの国が自治を求めた」。 形 autonomous（独立した；自発的な）
□3739 **anarchy** /ǽnərki/	名 無政府状態、無秩序 ☺ **穴空き**、無秩序なジーンズ。an-「無」。arch はギリシャ語 arkhos「先頭に立つもの→指導者、リーダー」から。The city descended into anarchy after the invasion.「侵攻のあと、その町は無政府状態に陥った」。
□3740 **dissident** /dísədənt/	名 反体制派（の人） dis-「離れて」、sidはラテン語sedere「座る、いる」から。体制から離れている人。Communications were monitored for dissident activities.「反体制派の活動がないかどうか通信は監視されていた」。

□3741 **candidate** /kǽndidèit/	名 候補者 ☺ **キャンディーでどう？と**釣る候補者（選挙違反じゃないの？）。ラテン語candidus「白」→白衣をまとった古代ローマの官職志願者→候補者。参 candid「率直な」。
□3742 **constituency** /kənstítʃuənsi/	名 有権者、選挙民 選挙母体を構成する（constitute）人たち。The politician has strong appeal in his constituency.「その政治家は有権者に絶大な人気がある」。
□3743 **vote** /vóut/	動 投票する　名 票 ☺ **ボーッと**してても投票はする。vow「誓う」と関連。vote for～「～に（賛成して）投票する」。American women won the right to vote in 1920.「アメリカの女性は1920年に選挙権を得た」。
□3744 **ballot** /bǽlət/	名 投票用紙、投票　動 投票する 昔、投票に球（ball）を使ったことが語源か。We counted the ballots and declared Matt the new club president.「我々は票を数え、マットが新しい部長だと発表した」。
□3745 **poll** /póul/	名 世論調査；投票 ゲルマン語源のpolle「髪の毛」から。頭数を数えることから。参tadpole「オタマジャクシ」。According to the latest poll, the incumbent is ahead by a small margin.「最新の世論調査では現職がわずかにリードしている」。
□3746 **constitution** /kànstətjú:ʃən/	名 憲法 constitute「構成する」と関連。条文から構成され、国の基礎的構成を示すもの。The U.S. Constitution is a living, flexible document.「アメリカ憲法は生きており、柔軟性を持った文書である」。
□3747 **partisan** /pá:rtizən/	形 党派的な　名 支持者；党員 party「党、グループ」と関連。partisan politics「派閥中心の政治」。 形 bipartisan（超党派的な）
□3748 **sect** /sékt/	名 派閥、教派 ☺ **急くと**イカン、と言う派閥の長。ラテン語sequi「続く」から。リーダーと、それに続く人たち。参sequence「連続」。Christianity started as a Jewish sect.「キリスト教はユダヤ教の一派として始まった」。
□3749 **diplomacy** /diplóuməsi/	名 外交 diplo-はギリシャ語diploos「２つの」からでdoubleと関連。元の意味は「２つに折った公文書」→外交。参diploma「卒業証書」。 名 diplomat（外交官）　形 diplomatic（外交上の）
□3750 **protocol** /próutəkɔ̀:l/	名 外交儀礼；手順 proto-「最初の」、col はラテン語 kolla「のり」から。「巻物の最初の部分に貼った覚書」が原義。「通信のための規格」などを指すコンピューター用語にもなっている。参prototype「原型」。violate protocol「外交儀礼を破る」。

□3751 **ambassador** /æmbǽsədər/	名 大使 ☺ **アンば**あさ**んだ**、偉い大使は。接頭辞ambi-「両方の」と関連。両国の間を取り持つ役目。an ambassador to the United Nations「国連大使」。
□3752 **embassy** /émbəsi/	名 大使館 ☺ **宴**、**バシ**ッと行う大使館（威信をかけて相手をもてなす）。ambassador「大使」と同語源。
□3753 **delegate** /déligèit/	動 代表する　名 代表 ☺ **出れgate**（門）を、代表者よ（出発だ！）！　de-「離れて」、legaはラテン語legare「委任する」から。Delegates from many countries gathered for the conference.「多くの国の代表がその会議に集まった」。
□3754 **envoy** /énvɔi/	名 使節、使者 ☺ **縁**、**boy**（少年）が使節とは。発エンヴォイ、アンヴォイ。ラテン語のin via「路上にある→旅に出ている」が変化したものか。The ex-president was sent to the country as a special envoy.「元大統領は特使としてその国に派遣された」。
□3755 **ally** /əlái/	動 同盟させる　名 同盟国 ☺ **あら**、**い**いわね、同盟組むなんて。発アライ。The countries allied themselves against terrorism.「国々は同盟してテロに立ち向かった」。 名 alliance（同盟；提携）
□3756 **confederate** /kənfédərət/	形 連合した　名 連合国；共犯者 共に（con-）信頼（fede）する。fedeはラテン語fides「信頼」から。参 confidence「自信」。the Confederate Army「（アメリカ南北戦争の）南部連合軍、南軍」。 名 confederacy（同盟国、連合）
□3757 **pact** /pǽkt/	名 条約 ☺ **パックと**なってる条約（あの条件とこの条件を組み合わせ）。peace「平和」と同語源。戦争のあと、条約を結んで平和になる。The international pact banning land mines lacks teeth.「地雷を禁止する国際条約は効力に欠ける」。
□3758 **treaty** /trí:ti/	名 条約 ☺ **取りてえ**あの島を、と不平等条約。treat「扱う」と関連。戦後の国家間関係の処理→条約。Unless the United States signs this treaty, it will be almost meaningless.「アメリカがこの条約にサインしなければ、ほとんど無意味だ」。
□3759 **ratify** /rǽtəfài/	動 （条約などを）承認する、批准する rate「算定する」と関連。国益にかなうかどうかを算定し、条約を承認する。ratify a treaty「条約を批准する」。
□3760 **demographic** /dèməgrǽfik/	形 人口統計の demo-「人々」graph「描く」。参democracy「民主主義」。demographic composition「人口構成」。

□3761 **imperialism** /impíəriəlìzm/	名 帝国主義 emperor「皇帝」と関連。In the 19th century, China fell victim to Western imperialism.「19世紀、中国は西欧帝国主義の犠牲となった」。 形 imperial(帝国の；皇帝の)
□3762 **colony** /kάləni/	名 植民地；集団 ラテン語 colere「耕す」→開拓地→植民地。Rwanda was a Belgian colony.「ルワンダはベルギーの植民地だった」。a colony of lilies「ユリの群生」。 形 colonial(植民地の)
□3763 **emigrant** /émigrənt/	名 移民、移住者 e-=ex-「外に」migrate「移住する」。ある国を出る(e-)人たちのこと。入ってくる移民は immigrant。参 migrate「移住する；(鳥などが)渡る」。 動 emigrate(移住する)
□3764 **immigrant** /ímigrənt/	名 移民 ☺ **移民グラント**、と覚えよう。im-=in-「中に」。入ってくるほうの移民。反 emigrant。 動 immigrate(移住する) 名 immigration(移住、移民)
□3765 **exodus** /éksədəs/	名 退去、出国 ex-「外に」、odus はギリシャ語hodos「道」から。dus を「出す」と考えてもよい。the Exodus「エジプト出国」。The civil war triggered an exodus from the region.「内戦で多くの人がその地域から脱出することとなった」。
□3766 **army** /άːrmi/	名 陸軍；軍隊 ☺ **あ**、**me**(オレ)入る、陸軍に。arm「武器」と関連。Chris's mother was left alone at home when he joined the army.「クリスが陸軍に入隊して、彼の母は一人家に残された」。
□3767 **navy** /néivi/	名 海軍 ラテン語navis「船」から。参navigation「航海」。In 1588, the English Navy defeated the Spanish Armada.「1588年、イギリス海軍はスペインの無敵艦隊を破った」。
□3768 **enlist** /inlíst/	動 軍隊に入る；参加する リスト(list)に入る(en-)。enlist in the navy「海軍に入隊する」。
□3769 **conspiracy** /kənspírəsi/	名 陰謀 con-「共に」、spire はラテン語spirare「息をする」から。犯人が一緒にハァハァ言いながら悪だくみを練っているイメージ。 動 conspire(陰謀を企てる、共謀する)
□3770 **bribe** /bráib/	名 わいろ 動 わいろを贈る ☺ **無頼**、**無**礼にもわいろを贈る。古フランス語「物乞いに与える少しのパン」から。The politician took a bribe.「その政治家はわいろを受け取った」。

□3771 **xenophobia** /zènəfóubiə/	名 外国人嫌い xeno-はギリシャ語「外国の、見知らぬ」からでguest「客」と関連、-phobia「恐怖」。発ゼノフォウビア。Racism and xenophobia are growing concerns in Europe.「人種差別と外国人嫌いはヨーロッパで大きな問題になりつつある」。
□3772 **genocide** /dʒénəsàid/	名 大量虐殺 gen-「生まれ→民族」、-cide「殺す」。Human rights groups declared that the killing of the ethnic minorities was genocide.「人権団体は少数民族の殺害は虐殺であると断じた」。
□3773 **veto** /ví:tou/	名 拒否権　動 拒否権を行使する ☺ **ベー**ッ、**と**舌出して拒否する大統領。発ヴィートウ。ラテン語vetare「禁じる」から。大統領の議会に対する拒否権を指すことが多い。The president has veto power.「大統領は拒否権を持つ」。
□3774 **impeach** /impí:tʃ/	動 告発する、弾劾する im-=in-「中に」、peachはラテン語pedica「足かせ」(←pes「足」)から。Congress is going to impeach the president for his wrongdoing.「議会は過ちを犯した大統領を弾劾することになった」。
□3775 **enforce** /infɔ́:rs/	動 強制する；施行する en-=in-、force「力」。enforce the law「法律を施行する」。 名 enforcement(強制；施行)
□3776 **realm** /rélm/	名 領域；国土 regal「王の」と関連。王の支配する領域。参 region「地域」。He is the leading figure in the realm of quantum physics.「彼は量子物理学の分野における第一人者だ」。
□3777 **census** /sénsəs/	名 人口調査、国勢調査 ☺ **精査する**人口調査。ラテン語 censere「評価する」から。censor「検閲」と同語源。A national census is conducted every 10 years.「10年ごとに国勢調査が行われる」。
□3778 **censorship** /sénsərʃìp/	名 検閲 ☺ **詮索する**検閲官、と覚えよう。ラテン語censere「評価する」から。Censorship was common in the former Soviet Union.「旧ソ連では検閲は普通だった」。 動 名 censor(検閲する／検閲官)
□3779 **referendum** /rèfəréndəm/	名 国民投票、住民投票 refer「照会する」から派生。照会されるデータ→国民投票。The local authorities rejected the proposal to hold a referendum.「地元自治体は住民投票を行うという提案を拒絶した」。
□3780 **persecute** /pə́:rsikjù:t/	動 迫害する per-「通して」、secuはラテン語sequi「追う」から。あとを追う→訴追する→迫害する。The government persecuted minorities.「政府は少数民族を迫害した」。 名 persecution(迫害)

□3781
exile
/égzail/

動 追放する 名 追放、亡命

☺ **戦あると**亡命者が出る。発エグザイル。ex-「外に」。in exile「亡命して」。

□3782
repatriate
/ri:péitrièit/

動 本国に送還する

re-「再び」、patriateはギリシャ語pater「父」から。父なる国へ返す。参 patriot「愛国者」。Many refugees were forcibly repatriated.「多くの難民が強制送還された」。

□3783
oust
/áust/

動 追放する

ou=ob-「逆らって」、stはラテン語stare「立つ」から→邪魔する→追放する。☺ sとtの順番を入れ替えて**outす**る、と覚えてもよい。The head of the country was ousted from office by the military.「その国のトップは軍によって職を追われた」。

□3784
embargo
/imbá:rgou/

名 禁輸；出入港の禁止

em-=in-「不、無」bar「横棒」。barrier「障壁」と関連。横棒を通して造った障壁の中へ入れない感じ。put an embargo on all trade with a country「ある国との全ての貿易を禁止する」。

□3785
mint
/mínt/

名 造幣局 動 (貨幣を)鋳造する

☺ **見んと**する偽札の見分け方、造幣局で。古英語mynetからで、money「金」と関連。もちろん「ハッカ」の意味もあるが、語源は違う。

□3786
tariff
/tǽrif/

名 関税

☺ **足りんふり**して関税逃れる(持ち込む量が少ないからいいじゃないか！)。The tariff on imported leather goods is 20 percent.「輸入革製品にかかる関税は20%だ」。

□3787
levy
/lévi/

名 課税、徴収 動 徴収する

lever「てこ、レバー」と関連。軽くする→物を持ち上げる→お金を取り上げる→徴収。There are national and local taxes levied on tobacco.「タバコには国と地方の税金がかかる」。

□3788
patriot
/péitriət/

名 愛国者

ギリシャ語 pater「父」から。父→家族、血族→同族、国家を愛する者。My father lived and died as a patriot.「父は愛国者として生き、愛国者として亡くなりました」。

形 patriotic(愛国的な)

□3789
cosmopolitan
/kàzməpálətn/

形 国際的な 名 国際人

cosmo-「世界の、宇宙の」、politan はギリシャ語 polites「市民」から。I visited the cosmopolitan city of Istanbul.「国際色豊かな都市イスタンブールを訪れました」。

□3790
tribunal
/traibjú:nl/

名 法廷

tribe「部族」と関連。部族内の裁判機関→法廷。The Supreme Court is the highest tribunal in the United States.「最高裁はアメリカの最高法廷である」。

□3791 **religion** /rilídʒən/	名 宗教 re-「後ろに」、ligion はラテン語 ligare「結ぶ、縛る」から。神や信仰に自らを結び付ける→宗教。参liable「責任がある」。 形 religious（宗教的な）
□3792 **polytheism** /pɑ́liθi:ìzm/	名 多神教 poly-「多くの」theism「神への信仰」。theism はギリシャ語theos「神」から。Polytheism existed before the introduction of Christianity.「多神教はキリスト教誕生以前に存在した」。
□3793 **monotheism** /mɑ́nəθi:ìzm/	名 一神教、一神論 mono-「一つの」theism「神への信仰」。One of the oldest examples of monotheism is Judaism.「一神論の最古の例の一つはユダヤ教だ」。
□3794 **atheism** /éiθiìzm/	名 無神論 a-=in-「無」theism「神への信仰」。参apathy「無関心」。Nietzsche is well-known for his fierce atheism.「ニーチェはその激しい無神論でよく知られている」。 名 atheist（無神論者）
□3795 **pagan** /péigən/	形 異教の 名 異教徒 peasant「農民」と関連。田舎に住む人→コミュニティーの外に住む者→異教徒。発ペイガン。
□3796 **lord** /lɔ́:rd/	名 主；領主 loaf「パン」と関連。パンの管理者→主人。Oh, Lord!「おお、主よ！」。Bushido stressed loyalty to one's lord.「武士道は君主への忠誠を重んじた」。
□3797 **prophet** /prɑ́fit/	名 預言者 pro-「前で」、phet はギリシャ語phanai「話す」から。Moses is the greatest prophet in the Hebrew Bible.「モーゼはヘブライ語聖書中で最も偉大な預言者だ」。 名 prophecy（予言、神のお告げ）
□3798 **doctrine** /dɑ́ktrin/	名 教義；学説 ☺ **毒取りん**、とは変な教義。「主義、信条」などの意味も。ラテン語docere「教える」から。参doctor「医者」。The church doctrine forbids women priests.「その教会の教義では女性の聖職者を禁じている」。
□3799 **creed** /krí:d/	名 (宗教上の)信条、主義 ☺ **栗いい、ど**うしても！という信条（イワシの頭も……）。ラテン語 credo「私は信じる」から。The company hires people regardless of their race or creed.「その会社は人種や宗教的信条に関わらず人を雇う」。
□3800 **credo** /krí:dou/	名 信条 ラテン語 credo「私は信じる」から。creed「信条、主義」と同語源。日企業理念などを書いたクレド。follow one's credo「信条に従う」。

1単語進めれば2単語進みたくなる。そして3単語、4単語と……。

□3801
dogma
/dɔ́:gmə/

名 教義；原則

☺ **dogまあ**可愛い、という教義。ギリシャ語 dokein「考える」から。考える→信条・意見→教義→原則。free from dogma「教義から自由な」。

形 dogmatic（教義上の；独善的な）

□3802
tenet
/ténit/

名 教義、信条

☺「〜し**てねっ**！」**と**いう教義。retain「保つ」やcontain「含む」のtainと関連。持っている信条→教義。"For the customer" is the central tenet of this company.「『顧客のために』がこの会社の基本的な信条です」。

□3803
shrine
/ʃráin/

名 神社；聖堂

ラテン語 scrinium「書類入れ」から。箱→聖遺物を入れる箱→聖堂。参 script「原稿；脚本」。

□3804
rite
/ráit/

名 儀式；習慣

☺ **ライト**な（軽い）儀式で気が楽だった。ラテン語ritusから。Pilgrimage is a rite of personal devotion.「巡礼は個人の信仰心に基づく儀式である」。

形 名 ritual（儀式の／儀式）

□3805
ritual
/rítʃuəl/

名 儀式　形 儀式の

☺ **理チューある**儀式（神父の前で理性的なキスを）。rite「儀式」から派生。political rituals「政治的儀式」。ritual sacrifice to the gods「神への儀式で捧げられる生け贄」。

□3806
sacred
/séikrid/

形 聖なる、神聖な

☺ **聖なる栗ど**うぞという牧師、と覚えよう。ラテン語 sacrare「捧げる」からで、sacrifice「犠牲」と関連。The tree was considered sacred by the tribes.「部族はその木を聖なるものと考えていた」。

□3807
divine
/diváin/

形 神の、神聖な

☺ **では医院**へ、という神のお告げ（早く診察受けろと神も言う）。ラテン語 divus「神」から。It certainly was divine intervention.「それはまさに神のご加護だった」（直訳は「神の介入」）。

□3808
secular
/sékjulər/

形 世俗の、非宗教的な

☺ **背比**べるのは世俗の習慣（聖人はそんなことしません！）。発 セキュラー。secular power「世俗の権力、政治権力」。

□3809
priest
/prí:st/

名 司祭、聖職者

ギリシャ語 presbyteros「より年老いた」→長老→司祭。Vatican priests come from many countries.「バチカンの司祭たちは様々な国から来ている」。

□3810
monastery
/mánəstèri/

名 修道院

☺ **もうな、捨てり**！修道院へ入るわ！　mona-はギリシャ語mono-「一つの」からで、「一人で暮らす」が原義。Women are not permitted in the Greek monastery.「そのギリシャの修道院には女性は入ることができない」。

□3811 **monk** /mʌ́ŋk/	名 修道士 ☺ **文句**ばかりの修道士。ギリシャ語 monakhos「隠遁者」が語源で、monastery「修道院」と関連。The monks rise early in the morning to pray.「修道士たちは朝早く起きて祈りを捧げる」。
□3812 **missionary** /míʃənèri/	名 伝道師 ラテン語 mittere「送る」から。mission「使命」と関連。参 submit「提出する」。In the 16th century, Spain sent many missionaries to the East.「16世紀、スペインは多くの伝道師を東方に送った」。
□3813 **disciple** /disáipl/	名 弟子、信徒 dis「離して」、cipはラテン語capere「取る」から、-leは小さいものを表す。小さな子を家庭から離して弟子に取る、と考えよう。発ディサイプル。Plato was a disciple of Socrates.「プラトンはソクラテスの弟子だった」。
□3814 **preach** /prí:tʃ/	動 説教する 名 説教 ラテン語praedicare「公の場で告げる」(prae-=pre-「前で」dicare「言う」)から。*Papa Don't Preach*『お父さん、お説教はやめて』は歌手マドンナのヒット曲。 名 preacher(牧師、説教師)
□3815 **enlighten** /inláitn/	動 啓発する、教え導く en-=in-、light「光」。暗闇をさまよう人を光の中へ導く感じ。I was enlightened by the professor's class.「その教授のクラスで開眼した」。
□3816 **pilgrim** /pílgrim/	名 巡礼者 ラテン語 peregrinus「外国の」から。per- は through で、「土地を通り抜ける」ということ。アメリカ建国の祖といわれる the Pilgrim Fathers「巡礼始祖」はこの単語から。 名 pilgrimage(巡礼)
□3817 **choir** /kwáiər/	名 聖歌隊、合唱団 ☺ **くわ〜、いいわ〜**、あの聖歌隊！　ラテン語 chorus「コーラス」から。発クワイアー。Joan is a member of the choir.「ジョアンは合唱団に入っている」。
□3818 **philanthropy** /filǽnθrəpi/	名 博愛、人類愛 philo-「愛する」、anthropyはギリシャ語 anthropos「人間」から。参 philosophy「哲学」(知を愛する)、anthropology「人類学」。The millionaire is very much involved in philanthropy.「その億万長者は慈善活動に熱心だ」。
□3819 **devout** /diváut/	形 敬虔な、信仰の厚い ☺ **で、バウッと**礼拝する敬虔な信者(身を投げ出すように)。devote「捧げる」と関連。devout followers of Hinduism「ヒンズー教の敬虔な信者たち」。
□3820 **fanatic** /fənǽtik/	名 狂信者 ラテン語fanum「神殿」から。「熱烈な愛好者」の意味も。fan「ファン」はこの単語の短縮形。Bob is a fitness fanatic.「ボブはフィットネス狂だ」。 形 fanatical(狂信的な)

□3821 **martyr** /máːrtər/	名 殉教者 ☺ **待った～**！殉教者になるなんて！ 発マーター。Protestant martyrs「プロテスタントの殉教者たち」。
□3822 **heresy** /hérəsi/	名 異端、異説 ☺ hereを「ここ」と考え、ここで(**here**)**シー**する異端の人たち(異端者は身を潜めないと)、と覚えよう。発ヘレスィー。
□3823 **witch** /wítʃ/	名 魔女 bitch な witch、と覚えよう。wicked「邪悪な」と関連。This is a witch hunt!「これでは魔女狩りだ！」。
□3824 **sacrifice** /sǽkrəfàis/	動 犠牲にする、捧げる 名 犠牲 sacri=sacred、ficはラテン語facere「する」から。聖なる行い→身を捧げる。参sacred「聖なる」。He is sacrificing his private life for his job.「彼は仕事のために私生活を犠牲にしている」。
□3825 **astrology** /əstrɑ́lədʒi/	名 占星術 星について(astro-)語る(-logy)。astronomy「天文学」と区別。☺星(**astro**)のみの研究、が「天文学」。占いまでするのが占星術。
□3826 **philosophy** /filɑ́səfi/	名 哲学 philo-「愛する」、sophyはギリシャ語sophia「知」から。参 philanthropy「博愛、人類愛」、Philadelphia「フィラデルフィア」(兄弟愛の町)。
□3827 **dialogue** /dáiəlɔ̀ːg/	名 対話 dia- は di-「2」と関連し「分かれて」。logue はギリシャ語 logos「言葉」から。参diameter「直径」。 名 monologue(独白)
□3828 **deduction** /didʌ́kʃən/	名 推論、演繹 de-「離して」、duceはラテン語ducere「導く」から。様々な根拠から仮説を導き出す感じ。「控除」の意味も。a tax deduction「税額控除」。 動 deduct(推論する、演繹する) 動 deduce(推論する、演繹する)
□3829 **Confucianism** /kənfjúːʃənìzm/	名 儒教 孔子(Confucius)の教え。Confucianism is more a school of philosophy than a religion.「儒教は宗教というよりは哲学の流派である」。 名 Confucius(孔子)
□3830 **ethics** /éθiks/	名 倫理、倫理学 ギリシャ語 ethos「慣習」から。人間の決まった行い→人間としての正しさ→倫理。work ethics「職業倫理」。

□3831 **humanities** /hjuːmǽnətiːz/	名 人文科学 human「人間」から派生。
□3832 **sociology** /sòusiɑ́lədʒi/	名 社会学 社会の(socio-)学問(-logy)。参society「社会」。 名 sociologist(社会学者)
□3833 **civilization** /sìvəlizéiʃən/	名 文明 civil「市民の」と関連。The book describes the ancient civilizations of Crete, Egypt, and Sumer.「その本にはクレタ、エジプト、シュメールといった古代文明のことが書かれている」。 動 civilize(文明化する)
□3834 **history** /hístəri/	名 歴史、歴史学 story「物語」と関連。人間が語り継ぐ物語→歴史。History is always written by the winner.「歴史は常に勝者によって書かれる」。
□3835 **chronological** /krɑ̀nəlɑ́dʒikəl/	形 年代順の chrono-はギリシャ語khronos「時」から、-logy「言葉」。in chronological order「年代順に、順番に」。 名 chronicle(年代記、歴史) 名 chronology(年代順配列、年譜)
□3836 **era** /íərə/	名 時代 ☺ **エラ**イ殿様がいた江戸時代。a new era of digital consumer goods「デジタル商品の新時代」。
□3837 **epoch** /épək/	名 時代、新時代 ☺ **え、ボク**が新時代を作ったなんて！ ギリシャ語epekhein「止める」→固定した時→時代。an epoch-making invention「画期的な発明」。
□3838 **Mediterranean** /mèdətəréiniən/	形 地中海の medi-「真ん中」、terra はラテン語「地」から。the Mediterranean Sea「地中海」。
□3839 **medieval** /mìːdiíːvəl/	形 中世の medi-「真ん中」。The Dark Ages refers roughly to the medieval years between A.D. 400 and A.D. 1000.「暗黒時代とは、およそ紀元400年から1000年までの中世の年代を指す」。
□3840 **slavery** /sléivəri/	名 奴隷制 slave「奴隷」から派生。Millions of Africans were forcibly taken from the continent into slavery.「何百万人ものアフリカ人がアフリカ大陸から強制的に連行され、奴隷として使われた」。 名 slave(奴隷)

□3841 **anthropology** /ænθrəpάlədʒi/	名 人類学 人間(anthropo-)に関する学問(-logy)。参philanthropy「博愛、人類愛」。
□3842 **race** /réis/	名 人種 語源は違うが「競争」の意味も。☺ **レース**(競争)の好きな人種、と覚えよう。It is, in fact, difficult to define race.「人種を定義するのは実は難しい」。 形 racial(人種の)
□3843 **ethnic** /éθnik/	形 民族の；異教の ギリシャ語 ethnos「民族、人種」から。日エスニック料理。The region was divided into three different ethnic groups.「その地域は３つの民族グループに分かれていた」。 名 ethnicity(民族性)
□3844 **tribe** /tráib/	名 部族 three「３」と関連し、「３部族」から派生か。The two tribes share customs and rituals but speak different dialects.「２つの部族は習慣も儀式も同じだが、違う方言を話す」。 形 tribal(部族の)
□3845 **aboriginal** /æbərídʒənl/	形 土着の；アボリジニの ab-=of/off、origin「最初」。最初からいた人たち。オーストラリア先住民の「アボリジニ」はAborigine。the aboriginal inhabitants「先住民」。
□3846 **nomad** /nóumæd/	名 遊牧民 ☺ **no窓**な遊牧民(家がないから)。ギリシャ語nomos「牧草地」から。「牧草地を求めてさまよう人」が原義。
□3847 **barbarian** /bɑːrbέəriən/	形 野蛮な　名 野蛮人 ☺ **バーバー**(理髪店)**いやん**！なんて野蛮な。ギリシャ語 barbaros「異国の」から。「未開の、粗野な」などの訳語も。Greeks called non-Greeks “barbarians.”「ギリシャ人は非ギリシャ人を『野蛮人』と呼んだ」。
□3848 **ancestor** /ǽnsestər/	名 先祖、祖先 ance-=ante-「先に」、cesはラテン語cedere「行く」から。参process「過程；プロセス」(前に進める)。Peking Man is not a direct ancestor of contemporary humans.「北京原人は現生人類の直接の祖先ではない」。
□3849 **descendant** /diséndənt/	名 子孫、末裔 descend「降りる」と関連。家系図を降りてきたもの。The current president is a descendant of the colonial royal family.「現大統領は植民地時代の王族の末裔だ」。
□3850 **posterity** /pɑstérəti/	名 後世の人々、子孫 あと(post-)に続く人々。These events were recorded for posterity.「これらの出来事は後世のために記録された」。

□3851 **convention** /kənvénʃən/	名 慣習、しきたり；大会 ☺ **今晩しよう**、という慣習。con-「共に」、venはラテン語venire「来る」から。共に来る→集まる→集団に根付いたしきたり。social convention「社会的慣習」。 動 convene（集まる）
□3852 **cremate** /kríːmeit/	動 火葬にする ラテン語 cremare「燃やす」から。発クリーメイト。Romans followed the Greek custom and cremated their military heroes.「ローマ人はギリシャの習慣に倣って戦争の英雄を火葬した」。
□3853 **archaeology** /àːrkiálədʒi/	名 考古学 古代の（archaeo-=archi-）学問（-logy）。archaeo-はギリシャ語arkhe「最初の」から。
□3854 **ancient** /éinʃənt/	形 古代の、古い 接頭辞 ante-「前の」と同語源。単語の ante には「ポーカーゲームの前に払う参加料」の意味も。ancient をふざけて very old の意味で使うことがある。
□3855 **excavate** /ékskəvèit/	動 発掘する、掘り出す 穴（cave）の外（ex-）に出す。Human remains and artifacts predating the Mayan culture were excavated at the site.「マヤ文明以前の人骨と芸術品がその場所で発掘された」。 名 excavation（発掘、発掘現場）
□3856 **unearth** /ʌnə́ːrθ/	動 掘り出す 地面（earth）から離す（un-）。An ancient burial site was unearthed at the construction site.「古代の埋葬地がその建設現場で掘り出された」。
□3857 **legacy** /légəsi/	名 遺産、遺物 ラテン語 legare「委任する、遺贈する」から。代々伝わるもの→遺産。The historical legacy of the great Roman Empire is scattered around England.「イギリス中にローマ帝国の歴史的遺産が点在している」。
□3858 **relic** /rélik/	名 遺物、遺跡 re-「後ろに」、licはラテン語linquere「残す」から。参relinquish「放棄する」。relics of the past「過去の遺物」。
□3859 **ruin** /rúːin/	名 遺跡、廃虚　動 破壊する、駄目にする ラテン語 ruere「落ちる、崩壊する」から。「遺跡」の意味では通常複数形。破壊されたあとの遺跡、という感じ。Ruins of Roman amphitheaters were found.「ローマの円形競技場の遺跡が発見された」。
□3860 **vestige** /véstidʒ/	名 痕跡、名残り ラテン語 vestigium「足跡」から。There are vestiges of Roman settlements all over the region.「ローマ人が居住した痕跡はその地域のあちこちにある」。 形 vestigial（痕跡の、名残りの）

□3861 **adobe** /ədóubi/	名 (日干し)れんが、日干しれんが造りの建物 ☺ **ああ**、**土塀**を作るれんが。発アドウビ。
□3862 **antique** /æntí:k/	形 時代物の、古風な 名 骨董品、古美術品 ante-「前の」。日アンティークの家具。There is an antique grand piano in the church.「教会には時代物のグランドピアノがある」。 名 antiquity(古さ；古代)
□3863 **artifact** /ɑ́:rtəfæ̀kt/	名 人工品、芸術品 技術(art)で作った(fact)もの。factはラテン語facere「作る」から。Numerous fossilized animal bones and stone artifacts were recovered from the cave.「その洞くつから多くの化石化した動物の骨と石器が発掘された」。
□3864 **mural** /mjúərəl/	名 壁画 ☺ 昔**見られ**た壁画。発ミューラル。ラテン語 murus「壁」から。Murals reveal the customs of ancient people.「壁画は古代人の習慣について教えてくれる」。
□3865 **spear** /spíər/	名 やり、もり ☺ **スッ**、**ピヤ**ッとやりで突く。a spear made from wood「木でできたやり」。
□3866 **date** /déit/	動 年代を特定する もちろん「日」や「デート」の意味も。carbon dating「炭素年代特定法」。These tools are dated circa 3000 B.C.「これらの道具は紀元前3000年前後のものと推定されている」。
□3867 **loot** /lú:t/	動 略奪する 名 略奪品 ヒンディー語 lut「盗む」から。古美術品や宝物などの盗掘の話題でよく出る。The Pyramids have been looted numerous times.「ピラミッドは数え切れないほど盗掘に遭っている」。 名 looter(略奪者)
□3868 **vandal** /vǽndl/	名 (芸術品・公共物などの)破壊者 5世紀にローマを略奪したバンダル族から。芸術品や骨董品、公共の物品を破壊する人たち。Vandals dug up part of the old grave.「古い墓を掘り返した者たちがいた」。
□3869 **mummy** /mʌ́mi/	名 ミイラ ペルシャ語 mum「蝋」から。mommy「お母さん」と同じ発音(イギリス英語ではつづりは「ミイラ」と同様mummy)。The ice of the mountain preserved the mummy.「山の氷がミイラの保存を助けていた」。
□3870 **forensic** /fərénsik/	形 法医学の forum「公共広場；公開討論」と関連→法廷→法医学。Forensic experts recreated what the mummy might have looked like when she was alive.「法医学の専門家がミイラの生前の姿を再現した」。

□3871 **aesthetic** /esθétik/	【形】美に関する ギリシャ語 aisthetikos「感知できる」から。【日】エステティックサロン。the drawing's aesthetic significance「その絵の美的価値」。
□3872 **catharsis** /kəθá:rsis/	【名】カタルシス、感情の浄化 ギリシャ語 katharsis「洗浄、浄化」から。文学作品や映画などの世界に没頭することで、日常生活で抑圧されていた感情が解放され、快感がもたらされること。☺物語を**語る**→悪役**死す**→スッキリ！と考えよう。【発】カサーシス。
□3873 **idiom** /ídiəm/	【名】様式、表現形式 ギリシャ語idiomatikos（idios-「独自の」matos「考え」）から。【参】idiosyncratic「独特な」。The author writes in a classical idiom.「その作家は古典的な手法で作品を書く」。「成句、熟語」（慣用的な表現形式）の意味も。
□3874 **Renaissance** /rénəsɑ̀:ns/	【名】ルネサンス re-「再び」、naisはラテン語nasci「生まれる」から→文芸再興。In time, Italian Renaissance ideals began to spread north of the Alps.「次第にイタリアルネサンスの精神はアルプスを越えて北へ広がった」。
□3875 **baroque** /bəróuk/	【形】バロック式の ポルトガル語 barroco「いびつな真珠」から。「怪しげな」が原義。The Palace of Versailles is an archetypal baroque building.「ヴェルサイユ宮殿は典型的なバロック様式の建物だ」。
□3876 **realism** /rí:əlìzm/	【名】写実主義 real「現実の」から派生。Realism often took nature as its subject.「写実主義は自然を主題にすることが多かった」。
□3877 **impressionism** /impréʃənìzm/	【名】印象主義 印象（impression）主義（-ism）。Impressionism emphasizes the effects of light and color on a subject.「印象主義は主題の光と色の効果に重きを置く」。
□3878 **cubism** /kjú:bizm/	【名】立体派、キュービズム 立方体（cube）主義（-ism）。Cubism ignored perspective and used geometry to create a new style of art.「キュービズムは遠近法を捨て、幾何学形態を使って美術の新しい手法を生んだ」。
□3879 **sculpture** /skʌ́lptʃər/	【名】彫刻 ラテン語 sculpere「刻む、彫る」から。 【名】sculptor（彫刻家）
□3880 **carve** /ká:rv/	【動】彫る、刻む graph「図表、グラフ」と同語源。☺彫って**カーブ**（curve）を作り出す、と覚えよう。letters carved on a stone「石に刻まれた文字」。

□3881 **statue** /stǽtʃuː/	名 彫像 ラテン語statuere「立たせる」から。立っている彫像。The Venus de Milo is an ancient Greek statue.「ミロのビーナスは古代ギリシャの彫刻である」。the Statue of Liberty「自由の女神(像)」。
□3882 **ceramic** /sərǽmik/	形 陶磁器の ギリシャ語 keramos「陶器用の粘土」から。Ceramic-coated tiles keep the space shuttle cool.「磁器タイルがスペースシャトルを熱から守る」。 名 ceramics(陶磁器)
□3883 **china** /tʃáinə/	名 陶磁器 国名の China から。元は中国から輸入された磁器を指したが、陶器まで含めることもある。
□3884 **pottery** /pátəri/	名 陶器 ☺ **ぽってり**おなかに似た陶器。pot「ポット」と関連。Pottery from the Jomon Period reveals polytheist beliefs.「縄文時代の陶器は多神教的信仰を示している」。
□3885 **porcelain** /pɔ́ːrsəlin/	名 磁器 貝の名前が語源。貝の表面の光沢が磁器に似ていたことから。陶器より高温で焼かれ、素地のガラス質が磁化して半透明になる。発 ポーセリン。
□3886 **replicate** /réplikèit/	動 複製する、模写する re-「再び」、plicaはラテン語plicareから「折り重ねる」。自 レプリカ。It's difficult to replicate her experiment.「彼女の実験を再現するのは難しいね」。 名 replica(複製、模造品)
□3887 **textile** /tékstail/	名 織物 text「織る」。The textile industry consisted of family enterprises before the Industrial Revolution.「産業革命前の繊維産業は家内企業で成り立っていた」。 名 texture(質感;織り方)
□3888 **calligraphy** /kəlígrəfi/	名 書道 ギリシャ語kaligraphia(kallos「美」graphein「書く」)から。Arabic calligraphy is a form of art.「アラブの書道は一つの芸術様式である」。
□3889 **monochrome** /mɑ́nəkròum/	名 単色;白黒写真 一つの(mono-)色(chrome)。chromeはギリシャ語khroma「色」から。The painter likes to paint in monochrome.「その画家は白黒で描くのを好む」。
□3890 **recital** /risáitl/	名 独演会、リサイタル recite「朗唱する」と関連。A recital is a performance of music or poetry given by a single person.「リサイタルとは一人で行われる音楽や詩歌の独演のことである」。

□3891
woodwind
/wúdwìnd/

名 木管楽器

木(wood)に風(wind)を送ることで鳴る楽器。Woodwind instruments have a long, thin column for air to pass through.「木管楽器には空気の通る長くて細い管がある」。

□3892
literature
/lítərətʃər/

名 文学

letter「文字」から派生。文字の連なったもの→文学。

□3893
myth
/míθ/

名 神話

ギリシャ語 mythos「物語」から。「根拠がないままに巷間で信じられていること」の意味も→ ☺ **ミス**(mistake)のある神話、と覚えよう。There are so many myths about language learning.「言語学習には多くの事実と異なる幻想がある」。

□3894
folklore
/fóuklɔ̀ːr/

名 民間伝承

folk「人々」から作られた造語。This book is a collection of Irish mythology and folklore.「この本はアイルランドの神話と民間伝承を集めたものだ」。

□3895
fable
/féibl/

名 寓話;作り話

☺ **塀ぶる**ぶる震えた、という寓話。fame「名声」と関連。「人がする話」であることが共通。Do you know the fable of *The Tortoise and the Hare*?「『ウサギとカメ』の話を知ってますか」。

□3896
anecdote
/ǽnikdòut/

名 逸話、秘話

☺ **兄**、**くど**くど**と**逸話を語る。ギリシャ語anekdotos「公表されなかった話」(an-=un-「非」ekdotos「公表」)から。The ex-president related a few good anecdotes to the audience.「元大統領はいくつかの面白い逸話を聴衆に語った」。

□3897
epic
/épik/

名 叙事詩　形 叙事詩の

ギリシャ語の epos「詩、言葉」から。Greek epics include poems that narrate heroic episodes.「ギリシャの叙事詩には英雄譚を物語る詩がある」。

□3898
lyric
/lírik/

名 叙情詩;歌詞

lyre「竪琴」に合わせて歌うことから。Most poetry, as we think of it, is lyric poetry.「我々が詩と考えるものはほとんどが叙情詩だ」。

□3899
recitation
/rèsətéiʃən/

名 暗唱;詳述

re-「再び」、cite はラテン語citare「呼び出す」から。参cite「引用する」。

動 recite(暗唱する;朗唱する)

□3900
poetry
/póuitri/

名 詩、詩歌

文学形式としての「詩」、または一編一編の詩の集合体をいう。一編の詩は a poem。発 ポウイトリー。Rhyme is a technique in poetry.「押韻は詩の技術である」。

名 poem(詩)

□3901 **rhyme** /ráim/	**動 韻を踏む 名 押韻** フランス語 rime「韻を踏む」が rhythm（リズム）と混同され現在のつづりに。Shakespeare loved to use rhymes and puns.「シェイクスピアは押韻や言葉遊びを好んで使った」。
□3902 **verse** /vəːrs/	**名 韻文、詩；（聖書などの）節** ☺ **バス**で明日行きます、という韻文。ver はラテン語vertere「回転させる」と関連。言葉の音を転がして韻を踏む、と考えよう。反prose「散文」。recite verses「詩を朗読する」。
□3903 **prose** /próuz/	**名 散文** ☺ **プロず**っと散文を書く（プロの作家）。ラテン語 prosa「率直な話」から。反verse「韻文」。Dante's youthful masterpiece combines prose and poetry.「ダンテの若い頃の傑作は散文と詩の融合だ」。
□3904 **biography** /baiágrəfi/	**名 伝記** 人生について（bio-）書く（graph）。参autobiography「自伝」、biology「生物学」。The author wrote the ex-president's biography.「作家は元大統領の伝記を書いた」。
□3905 **curator** /kjuəréitər/	**名 （美術館などの）館長、学芸員** ラテン語curare「世話をする、守る」から。展示品を守る人（-or）。参cure「治療する；治療法」、care「世話をする」。
□3906 **tragedy** /trǽdʒədi/	**名 悲劇** ☺ **虎痔で**悲劇。ギリシャ語tragodia（tragos「ヤギ」oide「歌」→「悲しい結末のお話」）から。Tragedy stresses the vulnerability of human beings.「悲劇は人間の弱さを強調する」。
□3907 **playwright** /pléiràit/	**名 劇作家、脚本家** 劇（play）を書く（write）人。つづりに注意。The playwright is famous for intense psychological drama.「その劇作家は激しい心理ドラマを描くことで有名だ」。
□3908 **manuscript** /mǽnjuskrìpt/	**名 原稿、草稿** 手で（manu）書いた（script）もの。参prescribe「薬を処方する；規定する」（前もって書く）、describe「描写する」（書き付ける）。a priceless Shakespeare manuscript「シェイクスピアの貴重な原稿」。
□3909 **plot** /plát/	**名 筋立て** ☺ **ポロッと**思いついたお話の筋。日小説のプロット。This novel is all plot with no character development.「この小説は話の筋が面白いだけで、人物描写は大したことがない」。
□3910 **choreographer** /kɔ̀ːriágrəfər/	**名 振付師** choreo-「舞踏」graph「描く」。The choreographer mixed jazz mannerisms with ballet.「その舞踏家はジャズの手法とバレエを融合させた」。 名 choreography（［舞踏などの］振り付け、構成）

分野別頻出英単語 理系 文系

□3911 **vaudeville** /vɔ́:dəvil/	名 寄席演芸 フランスの渓谷の名前から。この渓谷を題に風刺的な民謡が作曲された。The development of vaudeville marked the beginning of popular entertainment in America.「ボードビルの発展はアメリカにおける大衆娯楽の幕開けだった」。
□3912 **critic** /krítik/	名 批評家 ギリシャ語 krinein「分ける」から。良い悪いを見分ける人。参 critical「重大な」。Critics praised the new play.「批評家はその新しい劇を称賛した」。
□3913 **connoisseur** /kɑ̀nəsə́:r/	名 くろうと、目利き ☺ **このさあ**、○○がさあ、とか言うくろうと。発カナサー。conno は know「知る」、recognize「認識する」などと関連。Only a connoisseur could distinguish the difference in taste.「通でないとこの味わいの違いはわからないだろう」。
□3914 **masterpiece** /mǽstərpì:s/	名 名作、傑作 達人(master)の作った作品(piece)。This movie is a masterpiece.「この映画は傑作だ」。
□3915 **linguistics** /liŋgwístiks/	名 言語学 ラテン語lingua「言語」から。参language「言語」。
□3916 **language** /lǽŋgwidʒ/	名 言語 ラテン語 lingua「舌、言葉」から。tongue「舌」とも関連。Language is the vehicle of thought.「言語は思考の手段である」。How many languages do you speak?「あなたは何カ国語話しますか」。
□3917 **polyglot** /pɑ́liglɑ̀t/	形 多言語の 名 多言語に通じた人 poly-「多くの」、glot はギリシャ語glotta「舌」から。参polygon「多角形」。The art professor is a polyglot and has vast amounts of knowledge.「美術の教授は多言語が話せて、莫大な知識を持っている」。
□3918 **pronounce** /prənáuns/	動 発音する；宣言する pro-「前に出て」、nounce はラテン語nuntiare「知らせる、しゃべる」から。参announce「発表する」。 名 pronunciation(発音)
□3919 **grammar** /grǽmər/	名 文法 ギリシャ語 grammatike「書き方、つづり方」から。The first English grammar book was published in 1586.「最初の英文法書は1586年に出版された」。
□3920 **vocabulary** /voukǽbjulèri/	名 語彙 ラテン語vocare「呼ぶ」から。声に出して言う言葉→語彙。Becoming familiar with the vocabulary is the first hurdle in any academic field.「どんな学問分野でも用語に慣れることが最初のハードルだ」。

□3921 **noun** /náun/	名 名詞 name「名前」と関連。ものの名前→名詞。発ナウン。"Increase" can also be used as a noun.「『increase』という単語は名詞としても使える」。
□3922 **pronoun** /próunàun/	名 代名詞 名詞(noun)の代わり(pro-)。
□3923 **verb** /vә́:rb/	名 動詞 ラテン語 verbum「言葉」から。
□3924 **adjective** /ǽdʒiktiv/	名 形容詞 ad-「〜へ」、ject はラテン語iacere「投げる」から。名詞に投げ加えて意味を添える言葉→形容詞。adj. と省略される。発アジェクティブ。
□3925 **adverb** /ǽdvә:rb/	名 副詞 ad-「〜へ」verb「動詞」。動詞に付け加えられた言葉。実際には形容詞や副詞も修飾する。参adjective「形容詞」。
□3926 **synonym** /sínәnìm/	名 同義語 syn-「同じ」、onym はギリシャ語 onoma「名前」から。 形 synonymous(同義の)
□3927 **clause** /klɔ́:z/	名 節；条項 ラテン語claudere「閉じる」から。閉じられたもの→ひと固まりになったもの。接続詞によって閉じられた節、と考えてもよい。
□3928 **colloquial** /kәlóukwiәl/	形 口語の ☺ **辛くはイヤ**！と口語で伝える(カレーは甘口で)。col-=con-「共に」、loquiはラテン語「話す」から。This expression sounds rather colloquial.「この表現はどちらかというと口語的に聞こえる」。
□3929 **proverb** /právә:rb/	名 ことわざ、格言 pro-「前に」verb「言葉」。目の前に貼っておく言葉→格言、と考えよう。
□3930 **cliche** /kli:ʃéi/	名 (陳腐な)決まり文句 フランス語 clicher「ステロ板」から。金属板→型にはまった陳腐な言葉。発クリーシェイ。参stereotype「固定観念」。Avoid cliches.「決まり文句は避けなさい」。

□3931 **connotation** /kὰnətéiʃən/	名 言外の意味、含意 ☺ **この点ちょっと**含みある。con-「一緒に」、noteはラテン語notare「記す」から。言葉とともに、その裏に記された意味。 動 connote（暗示する）
□3932 **metaphor** /métəfɔ̀:r/	名 暗喩、隠喩 meta-「超えて」、phorはギリシャ語pherein「運ぶ」から。言葉を移し替える→比喩。like や as のようなクッションを挟まず、A is B. のように直接他の物で例えること（He is a machine.「ヤツは機械だ」）。
□3933 **simile** /síməli/	名 直喩 similar「似ている」と関連。like や as などを用いて「～のようだ」と例える表現方法（He works like a machine.「彼は機械のように働く」）。
□3934 **coin** /kɔ́in/	動 言葉を作る もちろん「硬貨」の意味も。硬貨を鋳造する→言葉を新しく作る。coin a new expression「新しい表現を作る」。
□3935 **dialect** /dáiəlèkt/	名 方言 ギリシャ語 dialektos「話、言葉」から。参dialogue「対話」。More than 20 dialects of English are spoken in North America.「北アメリカでは20を超える英語の方言が話されている」。
□3936 **accent** /ǽksent/	名 なまり　動 強調する 「強勢」の意味もあるが、「なまり」の意味で使われることが多い。Pedro speaks English with a strong Spanish accent.「ペドロはスペインなまりの強い英語を話す」。
□3937 **Creole** /krí:oul/	名 クレオール人；クレオール語 西インド諸島や中南米など、植民地で生まれ育ったヨーロッパ人のこと。主に彼らの母語と現地語の混成語で、その地域で独自に発達した言語のことも指す。
□3938 **architecture** /ɑ́:rkətèktʃər/	名 建築、建築物 archi-「最初の；主導的な」、tecture はギリシャ語 tekton「大工」から。大工の棟梁（建築家）が造るもの→建築。arch「アーチ」を用いて作るもの、と考えてもよい。 名 architect（建築家）
□3939 **edifice** /édəfis/	名 大建造物；体系 ☺ **絵で比す**大建造物。ラテン語aedes「家」から。The Taj Mahal is a magnificent edifice.「タージマハルは壮麗な大建築物だ」。
□3940 **skyscraper** /skáiskrèipər/	名 超高層ビル ☺ 空（sky）を引っ掻く（scrape）ようにそびえる建物。the skyscrapers of New York「ニューヨークの高層ビル群」。

□3941 **facade** /fəsɑ́ːd/	名 建物の正面 face「顔」と関連。発 ファサード。The building's 19th-century facade belies its modern interior.「その建物の正面は19世紀のものだが、内側はモダンだ」。
□3942 **spire** /spáiər/	名 尖塔 ☺ **スパイや**！あの尖塔に登っているのは。古英語 spir「釘」から。The church spires are still the highest structures in this quaint town.「教会の尖塔は、この古い町ではいまだに最も背の高い建築物だ」。
□3943 **vault** /vɔ́ːlt/	名 アーチ形の屋根、丸天井 ☺ **ボール飛**び越えるアーチ型の屋根。vaul は-volve「回る」と関連。参 involve「含む」(中に巻き込む)、revolution「革命」(物事が回転する)。「地下貯蔵室、金庫室」などの意味も。
□3944 **girder** /gə́ːrdər/	名 桁、梁 ☺ **ガダ**ガダいってる、桁が(やばいじゃん！)。gird「巻く、締める」と関連。The bridge is supported by massive iron girders.「橋は巨大な鉄桁で支えられている」。
□3945 **beam** /bíːm/	名 梁、角材 もちろん「光線」の意味もあるが、建築関係のトピックでは「梁」が大事。真っすぐ伸びる様子が共通。
□3946 **scaffold** /skǽfəld/	名 足場、やぐら ☺ **スカッ**と**fall**すると危ない足場(すき間から落ちないように！)。scaffolding とも。Workers laid planks across the scaffolding.「大工さんたちは足場に厚板をかけた」。
□3947 **plank** /plǽŋk/	名 厚板　動 板張りする ラテン語 planca「板」から。
□3948 **plaster** /plǽstər/	名 しっくい、石こう plastic「プラスチック」と関連。可塑性のあるものを練って形作る点が共通。The walls are covered with a fresh layer of plaster.「壁は塗ったばかりのしっくいで覆われている」。
□3949 **slab** /slǽb/	名 石版、厚板 ☺ **すら～**(それは)**分**厚い板ですわ。The dining table was made from a great slab of marble.「ダイニングテーブルは大きな大理石の板でできていた」
□3950 **insulate** /ínsəlèit/	動 断熱する、絶縁する island「島」と関連。孤絶した島→熱や電気から隔離。参 insular「島の；孤立した」。The walls are insulated with fiberglass.「壁は繊維ガラスで断熱されている」。 名 insulation(断熱材、絶縁体)

分野別頻出英単語 理系 文系

□3951 **admission** /ædmíʃən/	名 入学 admit「入ることを許す」の名詞形。the admissions office「入学事務局」(日本の「AO入試」はこの表現の頭文字を取ったもの)。
□3952 **undergraduate** /ʌ̀ndərgrǽdʒuət/	名 学部学生 大学院に対して学部課程の学生。undergrad と略される。
□3953 **freshman** /fréʃmən/	名 大学1年生 新鮮な(fresh)人(man)。
□3954 **sophomore** /sáfəmɔ̀:r/	名 大学2年生 sophoはギリシャ語sophia「知」からで、sophism「もっともらしい議論、詭弁」から派生か。大学ですでに1年を過ごし、ちょっとはものを知った気になってもっともらしいことを言うが、まだまだ若輩である、ということ。
□3955 **junior** /dʒú:njər/	名 大学3年生 young「若い」と関連。4年生よりは若い、と考えよう。
□3956 **senior** /sí:njər/	名 大学4年生 「年を取った」が原義→一番上の学年。「年上の;(地位などが)上級の」の意味も。
□3957 **postgraduate** /pòustgrǽdʒuət/	名 大学院生　形 大学院の post-「あと」。アメリカでは graduate ということが多い。
□3958 **bachelor** /bǽtʃələr/	名 学士号;独身男子 a Bachelor of Philosophy「哲学士」。bachelor party「結婚直前に行う男だけの独身さよならパーティー」。
□3959 **thesis** /θí:sis/	名 学位論文 ギリシャ語 tithenai「下に置く」から。下敷きとなる理論から組み立てる論文。学位取得のために書く論文。アメリカでは修士論文のことを指すことが多い。参 synthesis「統合」。
□3960 **commencement** /kəménsmənt/	名 卒業式 commence「開始する」の名詞形。卒業式→社会人の始まり、と考えよう。

□3961 **diploma** /diplóumə/	名 卒業証書 di-「2つに」、ploはラテン語plicare「折り畳む」から。折り畳んだ大切な公文書→証書。参diplomacy「外交」。
□3962 **certificate** /sərtífikət/	名 修了証 certify「証明する、保証する」から派生。大学の正規課程ではなく、専門学校や語学学校などでコース修了の証明として出される証書。 動 certify（証明する、保証する）
□3963 **department** /dipɑ́:rtmənt/	名 学部；部門 de-「離れて」part「分ける」。「(会社の）部署；分野」の意味も。日デパート（department store：区画に分かれたお店の集合)。the biology department「生物学部」。the police department「警察」。
□3964 **dean** /dí:n/	名 学部長 ☺ **デーン**と座る学部長。発ディーン。ten「10」と関連。「10人のうちで最高位の者」から。
□3965 **faculty** /fǽkəlti/	名 大学の教職員；能力 ☺ **測るって**、教職員の能力を。ラテン語facere「する」から。The university boasts a faculty of diverse backgrounds.「その大学は多彩なバックグラウンドの教職員が自慢だ」。
□3966 **scholar** /skɑ́lər/	名 学者 ラテン語schola「学校」から。学識の深い人→学者。参school「学校」。
□3967 **tenure** /ténjər/	名 在職期間；終身在職権 ラテン語 tenere「保つ」から。語幹 tain「保つ」と同語源。仕事を保持する期間。参 retain「保持する」。Professor Smith is retiring after his 40-year tenure.「スミス教授は40年間勤め上げて引退する」。
□3968 **semester** /siméstər/	名 学期 2学期制の1学期。se は six と関連、mes は month と関連→6カ月間の、ということ。実際には4カ月程度の学期が2つと、夏には summer school という希望者のみが履修する夏学期があることが多い。
□3969 **quarter** /kwɔ́:rtər/	名 学期 もちろん「4分の1」の意味も。4学期制の1学期。ただし正規の学期は3学期で、これに夏学期を加えて4学期と考える。
□3970 **scholarship** /skɑ́lərʃip/	名 奨学金 scholarはラテン語schola「学校」から、-ship「資格、地位」。参school「学校」、scholar「学者；奨学生」。「学問、学識」の意味も。

□3971 **tuition** /tju:íʃən/	**名 授業料** ラテン語 tueri「見守る」から。見守る→教育→授業料。The university is raising tuition again.「大学はまた授業料を値上げしようとしている」。
□3972 **registration** /rèdʒistréiʃən/	**名 授業登録** register「登録する」の名詞形。店の「レジ」(cash register)と関連。 動 register(登録する)
□3973 **prerequisite** /prì:rékwəzit/	**形 前もって必要な 名 必要条件;必修科目** pre-「前もって」、requiはラテン語requirere「要求する」(re-「くり返し」quaerere「求める」)から。参require「要求する」。キャンパス用語としては「あるクラスを受講するために事前に履修しておかなければならない科目」の意味。
□3974 **elective** /iléktiv/	**名 自由選択科目** elect「選ぶ」から派生。I'm an engineering major, and this psychology class is an elective.「僕は工学専攻で、この心理学のクラスは選択科目なんです」。
□3975 **extracurricular** /èkstrəkəríkjələr/	**形 課外の** extra-「外の」curricular=curriculum「課程」。Your extracurricular activities play a big part in distinguishing you from other applicants.「課外活動は他の志望者より目立つためには重要だ」。
□3976 **syllabus** /síləbəs/	**名 講義概要、シラバス** ラテン語「表、リスト」から。授業内容や進行スケジュールを記したもので、たいてい授業初日に配布される。
□3977 **handout** /hǽndàut/	**名 配布物** 手(hand)で配る(out)もの。日本語でいう「プリント」のこと。Please refer to the key points that are listed in the handout.「プリントにある重要ポイントを見ておいてください」。
□3978 **attendance** /əténdəns/	**名 出席** attend「出席する」の名詞形。Attendance is mandatory, and absences will only be excused with approval.「出席が義務付けられ、欠席には承認が必要です」。
□3979 **assignment** /əsáinmənt/	**名 宿題** 割り当て(assign)られたもの(-ment)。「課せられた任務、仕事」などの意味も。
□3980 **office hour** /ɔ́fis àuər/	**名 オフィスアワー** 教授がオフィスに滞在し、学生の相談などのために空けておく時間。I will not be holding office hours this week.「今週はオフィスアワーを空けておきません」。

☐3981 **excursion** /ikskə́ːrʒən/	名 小旅行、遠足 ex-「外に」、curはラテン語currere「走る」から。「足を伸ばす」という日本語に近い語感。参 current「流れ」。The history class took an excursion to the museum.「歴史のクラスは博物館まで出掛けた」。
☐3982 **quiz** /kwíz/	名 小テスト ラテン語のqui es?「あなたは誰？」からか。クイズというと「なぞなぞ」のイメージが強いが、キャンパス用語としては「授業への理解度を測るために行われる小テスト」を指す。
☐3983 **exam** /igzǽm/	名 試験 examination「試験」の略。
☐3984 **midterm** /mídtə̀ːrm/	名 中間試験 mid-「中間」term「学期」。
☐3985 **grade** /gréid/	名 成績 ラテン語gradus「段階」(←gradi「歩く、行く」)から。通常ABCDとFの5段階評価。Fはfailないしはflunkを表し、「落第」。平均成績はGrade Point Average (GPA)と呼ばれる。
☐3986 **flunk** /flʌ́ŋk/	動 (試験に)失敗する ☺ 一心**不乱**、**く**るしんで(苦しんで)勉強したが結局失敗した。flunk the exam「試験に落ちる」。
☐3987 **pass-fail** /pǽsfèil/	名 合否成績評価 ABCDのように段階分けするのではなく、合格か不合格のみで成績をつける制度。
☐3988 **transcript** /trǽnskript/	名 成績証明書 移して(trans-)書いたもの(script)。You will need to send an official transcript to apply for the program.「そのプログラムに出願するには正式な成績証明書が必要になります」。
☐3989 **probation** /proubéiʃən/	名 執行猶予、保護観察 probe「調査する、検査する」と関連。TOEFLではacademic probationの形で登場する可能性あり。成績や事務手続き上の理由などにより、卒業や単位認定が保留されること。
☐3990 **internship** /íntəːrnʃìp/	名 実務研修、インターンシップ internal「内部」と関連。企業や医療機関などの内部に入って研修すること。

4000単語の道も１単語から。

□3991 **dormitory** /dɔ́ːrmətɔ̀ːri/	名 寮、学生寮 ラテン語 dormire「眠る」から→眠るための場所。参 dormant「休眠中の」。
□3992 **rent** /rént/	名 家賃　動 賃貸しする、賃借りする render「～にする；与える」と関連。Rent is higher off-campus than in the dorm.「家賃はキャンパス外のほうが寮よりも高い」。
□3993 **bulletin board** /búlitən bɔ̀ːrd/	名 掲示板 bulletin は「掲示、告知」。「ニュース速報」などの意味も。put up a notice on the bulletin board「掲示板に告知を貼る」。
□3994 **reunion** /rìːjúːnjən/	名 同窓会、再会 再び(re-)一つに(uni-)なる。 動 reunite(再会する、再結合する)
□3995 **varsity** /vɑ́ːrsəti/	名 学校の代表チーム つづりは違うが、university「大学」の短縮形。
□3996 **fraternity** /frətə́ːrnəti/	名 男子学生の社交クラブ fraternal「兄弟の、友愛の」と関連。
□3997 **sorority** /sərɔ́(ː)rəti/	名 女子学生の社交クラブ sister「姉妹」と関連。
□3998 **subsidize** /sʌ́bsədàiz/	動 助成金を出す sub-「下」、sid はラテン語 sedere「座る」から。下にあって支えるもの→学校を支える助成金。Student loans are subsidized by the government.「奨学金は政府によって助成されている」。 名 subsidy(助成金)
□3999 **librarian** /laibréəriən/	名 図書館員、司書 library「図書館」から派生。
□4000 **reference** /réfərəns/	名 参考文献 refer「参照する、調べる」の名詞形。辞書・百科事典・年鑑など、わからないことを調べるのに使う本の総称。「委任；言及」などの意味も。 動 refer(参照する、調べる；言及する)

学習終了日

ここで一息！
コラム⑤

“本書を終えたら”

おつかれさまでした。何度もくり返した忍耐、消えた印を振り返らなかった勇気……4000単語を終えた方の努力には、筆者から心よりの敬意を表したいと思います。

さて、皆さんがこれから取るべき道はいくつかあります。

まずは、この本をくり返すことです。いったん覚えた単語でも忘れていくことを覚悟の上で、消えた印を振り返らずに来たわけですが、分野別まで終えた今、60レベルや80レベルの単語の一部はいい感じで忘れてきていることでしょう。この「ちょっと忘れたとき」というのは、復習の効果が高まるときでもあります。ここで本書全体をもう一度、1回目と全く同じプロセスで行えば、1回目よりも早く終えることができ、かつ定着度はグンとアップするはずです。

単語力が特に低い状態で始めた方は、本書を2回と言わず3回やることをお勧めします。2回でもまだ定着度が足りないかもしれないからです。しかしながら、4回以上やることはあまりお勧めできません。それ以上こだわると、「英文にどんどん触れる」という学習法への切り替えが遅れてしまいます。p. 118のコラム②でも述べたように、単語集は単語学習の最初のステップに過ぎません。皆さんはこれから、英文の中で単語が様々な使われ方をしている様子を何度も何度も見掛け、単語の知識を広げ、深めていかなければなりません。単語集では、単語の知識は完璧にはなり得ないのですから、完璧を目指していつまでも単語集をやっていてはダメです。多くても3回で単語集は「卒業」し、次のステップへ進んでください。

次のステップとしては、TOEFLレベル、または日本の難関大学受験レベルの英文を集めたもの（音声付き）をお勧めします。同じ英文をくり返し読み、くり返し聴き、できればくり返し声に出して読んでください。対象を絞り込み、そこに含まれている単語に幾度となく触れ、それらが徹底的に体に染み込むようにするのです。

一連の英文をさんざんくり返し、「さすがにもう飽きたなあ」となったら、いよいよ書籍や雑誌などで、生の英語に触れていきます。ここで、「あれ、TOEFLの問題集じゃないの？」と思った方がいるでしょう。もちろん問題集を行うのも一つの方法です。特にTOEFLの問題形式に慣れていないうちは、問題集を使うことには一定の効果があります。

しかし忘れてはならないのは、TOEFLは英語力を測るテストであり、表面的なテクニックや問題演習だけでは伸びにくい側面があるということです。点数の伸び悩みを訴える人の中には、TOEFL以外の英文を読んでいない人が驚くほどいます。参考書や問題集の中でしか英文に出合っておらず、今までの人生で読んだ最長の英文がTOEFLのリーディングパッセージだったりします。語学の上達には、最終的には分量をこなすことが必要になるのですが、それがこなせていないのです。TOEFLの勉強だからといって、TOEFLの枠内にいつまでも留まってしまうと、逆に非効率になり得るのです。

単語に話を戻せば、英語の書籍は「巨大な単語集」と考えることができます。1冊の本の中には膨大な単語が含まれており、本書で学んだ単語にも再び何度も出合うことになります。それは「覚えた情報を思い出すこと」をずっと行っている状態であり、知識は常に活性化されます。そうしていくうちに、徐々にゴロなどのフックを思い出さなくても意味が想起できるようになり、ついには日本語を介してではなく、「英語を英語のまま」理解する状態になります。英単語は深いレベルで「常識化」し、忘れたくても忘れられなくなるのです。

筆者の塾で学んだ皆さんの先輩がよく言うのは、「留学先でのリーディングは大変だから、留学準備の段階でできるだけ多読したほうがいい」ということです。本書で学んだ皆さんが、これをステップとして広範な英文に触れ、フックのことを忘れるぐらい英語が上達し、TOEFLを突破して、留学先で(あるいは国内で)充実した勉学をされることを願っています。

INDEX

※それぞれの語の右側にある数字は見出し語ナンバーです。

A

□ abandon	2286
□ abate	2589
□ abbreviate	2965
□ abdomen	3054
□ aberrant	2782
□ abhor	2001
□ abide	2457
□ ability	0303
□ abject	2045
□ aboard	0376
□ abolish	2709
□ aboriginal	3845
□ abortion	3078
□ abound	2650
□ abrade	2743
□ abrasion	2437
□ abreast	2296
□ abridge	2514
□ abroad	0065
□ abrupt	2532
□ absent	0747
□ absolute	1981
□ absorb	1616
□ abstain	2363
□ abstract	1856
□ absurd	2161
□ abundant	1704
□ abuse	1412
□ abyss	2703
□ accelerate	1615
□ accent	3936
□ accept	0872
□ acclaim	1532
□ accommodate	1120
□ accompany	0316
□ accomplish	0281

□ accord	1552
□ account	0036
□ accrue	2533
□ accumulate	1012
□ accurate	0470
□ accuse	0152
□ accustomed	1695
□ acerbic	2237
□ ache	3104
□ achieve	0147
□ acid	3646
□ acknowledge	1628
□ acquaintance	1265
□ acquiesce	2067
□ acquire	0014
□ acquit	2746
□ acrid	2930
□ act	0447
□ actual	0049
□ acupuncture	3193
□ acute	1645
□ adamant	2458
□ adapt	0196
□ add	0561
□ addiction	3153
□ address	0959
□ adept	2380
□ adequate	2170
□ adhere	1285
□ adjacent	2052
□ adjective	3924
□ adjourn	2989
□ adjust	0921
□ administration	3713
□ admire	0436
□ admission	3951
□ admit	0633
□ adobe	3861

□ adolescent	1848
□ adopt	0934
□ adore	2980
□ adorn	2212
□ adroit	2988
□ adulthood	0541
□ advance	0353
□ advantage	0461
□ advent	2601
□ adverb	3925
□ adversary	2006
□ adverse	1078
□ adversity	2670
□ advertise	0338
□ advocate	2261
□ aesthetic	3871
□ affair	1110
□ affect	0489
□ affection	1396
□ affiliate	2757
□ affinity	2382
□ affirm	1133
□ afflict	2367
□ affluent	1597
□ afford	0374
□ aftermath	1450
□ age	0358
□ agenda	1739
□ agent	3649
□ aggravate	2715
□ aggregate	2830
□ aggression	1093
□ agile	2177
□ agitate	2614
□ agony	2005
□ agrarian	3554
□ agree	0525
□ agriculture	3553

Word	#	Word	#	Word	#
☐ aid	0426	☐ ambush	1518	☐ anxiety	1449
☐ ailment	3093	☐ ameliorate	2969	☐ anxious	0639
☐ aim	0662	☐ amenable	2155	☐ apart	0734
☐ airborne	2520	☐ amend	1847	☐ apathy	1895
☐ aircraft	0371	☐ amiable	2950	☐ ape	3340
☐ aisle	0290	☐ amid	1539	☐ apologize	0645
☐ akin	2239	☐ ammunition	2216	☐ appall	2018
☐ alarm	0893	☐ amnesia	3161	☐ apparatus	1775
☐ alchemy	3658	☐ amount	0735	☐ apparent	0876
☐ alert	0971	☐ amphibian	3283	☐ appear	0979
☐ algae	3383	☐ ample	1431	☐ appease	2114
☐ algebra	3662	☐ amplify	1232	☐ appetite	1463
☐ alien	0517	☐ amuse	0473	☐ applaud	1295
☐ align	1214	☐ analogous	2213	☐ appliance	1533
☐ alive	0193	☐ analogy	1132	☐ apply	0776
☐ allege	1380	☐ analyze	0754	☐ appoint	1006
☐ allegedly	1258	☐ anarchy	3739	☐ appraise	1335
☐ allegiance	2694	☐ anatomy	3087	☐ appreciate	1017
☐ alleviate	2059	☐ ancestor	3848	☐ apprehend	2094
☐ alley	1764	☐ anchor	1172	☐ apprentice	1818
☐ allocate	2417	☐ ancient	3854	☐ approach	0914
☐ allot	1587	☐ anecdote	3896	☐ appropriate	1320
☐ allow	0505	☐ anesthesia	3181	☐ appropriation	2831
☐ alloy	3659	☐ anguish	2549	☐ approve	0554
☐ allude	2497	☐ angular	2632	☐ approximately	1586
☐ allure	2793	☐ animate	1025	☐ apt	1283
☐ ally	3755	☐ animosity	2471	☐ aptitude	2298
☐ aloft	2489	☐ annex	1926	☐ aquarium	3282
☐ aloof	2256	☐ annihilate	2474	☐ arable	3579
☐ aloud	0254	☐ anniversary	0600	☐ arbitrary	2556
☐ alter	1803	☐ announce	0978	☐ archaeology	3853
☐ altercate	2625	☐ annoy	1776	☐ archetype	1377
☐ alternative	1002	☐ annual	1928	☐ archipelago	3446
☐ altitude	3469	☐ anomalous	2092	☐ architecture	3938
☐ altruism	2476	☐ anonymous	1349	☐ arctic	3435
☐ amass	2875	☐ antagonist	2818	☐ ardent	2341
☐ amaze	0620	☐ antarctic	3436	☐ arduous	2507
☐ ambassador	3751	☐ anthropology	3841	☐ argue	0438
☐ amber	3375	☐ antibiotics	3192	☐ arid	3481
☐ ambiguous	2313	☐ anticipate	1204	☐ arise	0875
☐ ambition	0915	☐ antidote	2043	☐ aristocracy	3735
☐ ambivalent	2156	☐ antipathy	1752	☐ arithmetic	3664
☐ ambulance	3172	☐ antique	3862	☐ armor	1754

☐ army	3766	☐ astronaut	3396	☐ awe	1415		
☐ arouse	1542	☐ astronomy	3391	☐ awesome	2540		
☐ arrest	0891	☐ astute	2276	☐ awful	1095		
☐ arrive	0403	☐ atheism	3794	☐ awkward	2324		
☐ arrogant	2321	☐ Atlantic	3441	☐ ax	0113		
☐ artery	3041	☐ atlas	3427	☐ axis	3429		
☐ arthritis	3127	☐ atmosphere	3522				
☐ arthropod	3252	☐ atom	3631	**B**			
☐ article	0392	☐ atrocity	2872				
☐ articulate	2892	☐ attach	0800	☐ bachelor	3958		
☐ artifact	3863	☐ attain	1467	☐ backdrop	2477		
☐ artificial	1180	☐ attempt	0483	☐ backfire	1160		
☐ artisan	1004	☐ attend	0886	☐ badly	0982		
☐ ascend	1230	☐ attendance	3978	☐ baffle	2768		
☐ ascertain	2941	☐ attest	2163	☐ bail	2338		
☐ ascribe	2343	☐ attic	1183	☐ bait	0033		
☐ ash	0755	☐ attire	2398	☐ bake	0771		
☐ ashamed	1379	☐ attitude	1816	☐ bald	0797		
☐ aspect	0172	☐ attorney	1894	☐ ballot	3744		
☐ aspire	2752	☐ attract	0706	☐ ban	1719		
☐ assail	2361	☐ attribute	1072	☐ banish	2187		
☐ assassinate	1786	☐ attrition	2860	☐ bankrupt	1768		
☐ assault	2283	☐ audacious	2720	☐ barbarian	3847		
☐ assemble	1126	☐ auditory	3024	☐ bare	0037		
☐ assent	1672	☐ augment	2189	☐ barely	0388		
☐ assert	1395	☐ auspicious	2024	☐ barge	2421		
☐ assess	1443	☐ austere	2113	☐ bark	3359		
☐ asset	1904	☐ authentic	1309	☐ barley	3572		
☐ assiduous	2766	☐ author	0008	☐ barn	3557		
☐ assign	0089	☐ authority	1843	☐ baroque	3875		
☐ assignment	3979	☐ autism	3166	☐ barrage	2345		
☐ assimilate	2358	☐ autonomy	3738	☐ barrel	0936		
☐ associate	0010	☐ auxiliary	2804	☐ barren	3583		
☐ assortment	1874	☐ available	0237	☐ barter	1885		
☐ assuage	2751	☐ avalanche	3542	☐ bash	1385		
☐ assume	1591	☐ averse	2096	☐ basin	3474		
☐ assure	0377	☐ avert	2012	☐ bask	2788		
☐ asteroid	3416	☐ aviation	2713	☐ bat	3294		
☐ asthma	3128	☐ avid	2582	☐ batch	2504		
☐ astonish	2518	☐ avoid	0296	☐ bathe	0375		
☐ astound	2412	☐ awake	0174	☐ batter	2707		
☐ astray	2913	☐ award	1703	☐ beacon	1088		
☐ astrology	3825	☐ aware	0604	☐ beak	3308		

☐ beam	3945	☐ bitter	0078	☐ bowel	3061
☐ bear	0831	☐ bizarre	1619	☐ brace	1782
☐ beard	0528	☐ bladder	3063	☐ brag	1528
☐ beast	3319	☐ blade	0419	☐ branch	3361
☐ beckon	2699	☐ blame	0674	☐ brass	3660
☐ bee	3274	☐ bland	2799	☐ breach	1371
☐ beg	0165	☐ blast	1268	☐ breadth	1846
☐ behalf	1090	☐ blatant	2974	☐ breathe	0860
☐ behave	0114	☐ blaze	1751	☐ breed	0118
☐ behavior	0793	☐ bleak	2597	☐ breeze	0094
☐ belch	2180	☐ bleed	3116	☐ brew	2433
☐ belittle	2167	☐ blemish	2716	☐ bribe	3770
☐ belly	3053	☐ bless	1659	☐ brief	0142
☐ belong	0306	☐ blink	1409	☐ brigade	2226
☐ belonging	1453	☐ bliss	2090	☐ bright	0245
☐ bemused	2683	☐ blister	3114	☐ brilliant	1727
☐ bend	0128	☐ blizzard	3541	☐ brim	2701
☐ benefit	0871	☐ bloom	3367	☐ brink	1369
☐ benevolent	2117	☐ blossom	3368	☐ brisk	1538
☐ benign	2171	☐ blot	2999	☐ brittle	1857
☐ beset	2105	☐ blow	0334	☐ broad	0096
☐ besiege	2764	☐ blunder	2342	☐ broadcast	0024
☐ bestow	2026	☐ blunt	1680	☐ brochure	1348
☐ bet	0197	☐ blur	1361	☐ brook	3457
☐ betray	0071	☐ blush	0139	☐ browse	1257
☐ beverage	1982	☐ board	0849	☐ bruise	3107
☐ beware	1738	☐ boast	1905	☐ brush	3344
☐ bewilder	2697	☐ bog	3463	☐ brutal	1080
☐ bias	1354	☐ bogus	2512	☐ bud	3351
☐ bid	1102	☐ bold	0862	☐ budget	0047
☐ bigotry	2069	☐ bolster	1328	☐ bug	3216
☐ bilateral	2802	☐ bond	0514	☐ bulb	3563
☐ bill	0064	☐ boost	1608	☐ bulge	2328
	3307	☐ bore	0673	☐ bulk	1941
☐ billion	3671	☐ borrow	0239	☐ bulletin board	3993
☐ bin	0164	☐ bosom	3052	☐ bully	1760
☐ bind	0276	☐ botany	3341	☐ bump	0761
☐ binocular	1756	☐ bother	0595	☐ bunch	0590
☐ biography	3904	☐ bough	3363	☐ bundle	0363
☐ biology	3201	☐ boulder	3495	☐ buoy	1319
☐ biosphere	3202	☐ bounce	0287	☐ burden	1038
☐ bison	3320	☐ boundary	1350	☐ bureaucracy	3737
☐ bite	0252	☐ bow	0361	☐ burgeon	3353

☐ burglar	1635
☐ burst	0471
☐ bury	0082
☐ bustle	2868
☐ butt	1647
☐ buttock	3066

C

☐ cabinet	3720
☐ cactus	3388
☐ cajole	2508
☐ calamity	2307
☐ calculate	3674
☐ calligraphy	3888
☐ calm	1148
☐ camel	3329
☐ canal	0398
☐ canary	3299
☐ cancer	3133
☐ candid	2061
☐ candidate	3741
☐ cannonball	1286
☐ canny	2710
☐ canopy	1169
☐ capable	0175
☐ capacity	0188
☐ cape	3451
☐ capital	0839
☐ capricious	2267
☐ capsize	2977
☐ captivate	2289
☐ capture	1041
☐ carbohydrate	3190
☐ carbon	3636
☐ carcass	3338
☐ cardiac	3040
☐ cardinal	2649
☐ careful	0874
☐ caress	2375
☐ cargo	0718
☐ carnivorous	3234
☐ carriage	0324

☐ carve	3880
☐ cascade	3459
☐ cast	0460
☐ casualty	1067
☐ cataclysm	3489
☐ catalyst	3648
☐ catastrophe	2922
☐ cater	1812
☐ caterpillar	3260
☐ catharsis	3872
☐ cattle	3321
☐ causal	1576
☐ cause	0219
☐ caution	1459
☐ cave	1331
☐ cavity	1914
☐ cease	1143
☐ cedar	3387
☐ ceiling	0319
☐ celebrate	0056
☐ celebrity	1290
☐ celestial	3395
☐ cell	3209
☐ Celsius	3526
☐ cemetery	0887
☐ censorship	3778
☐ censure	2837
☐ census	3777
☐ centennial	2449
☐ centipede	3265
☐ ceramic	3882
☐ cerebellum	3009
☐ cerebrum	3008
☐ ceremony	0474
☐ Ceres	3411
☐ certain	0143
☐ certificate	3962
☐ chamber	0072
☐ champion	2574
☐ channel	3448
☐ chaos	1345
☐ character	0984
☐ charm	1027

☐ chase	0986
☐ chasm	2068
☐ chat	0608
☐ cheat	0146
☐ cheer	0369
☐ chemistry	3630
☐ cherish	1834
☐ chief	0819
☐ chill	0970
☐ chimney	1442
☐ china	3883
☐ chirp	3310
☐ choir	3817
☐ choke	0373
☐ chore	0284
☐ choreographer	3910
☐ chromosome	3207
☐ chronic	3096
☐ chronological	3835
☐ chunk	1382
☐ churn	2925
☐ cicada	3272
☐ circle	3686
☐ circulate	1262
☐ circulation	3045
☐ circumference	3691
☐ circumspect	2705
☐ circumstance	1256
☐ circumvent	2174
☐ cite	1866
☐ citizen	0580
☐ civil	0273
☐ civilization	3833
☐ claim	0966
☐ clam	3248
☐ clan	1375
☐ clandestine	2876
☐ clap	0354
☐ clarify	1973
☐ class	0046
☐ classify	0463
☐ clause	3927
☐ claustrophobia	3165

☐ claw	3333	☐ comfort	0250	☐ concave	2730
☐ clay	3502	☐ command	0368	☐ conceal	1620
☐ clearing	3477	☐ commemorate	1032	☐ concede	1179
☐ clerk	0728	☐ commence	2330	☐ conceit	2127
☐ cliche	3930	☐ commencement	3960	☐ conceive	1390
☐ client	0302	☐ commend	2339	☐ concentrate	0452
☐ climate	3523	☐ commerce	1181	☐ concern	0693
☐ cling	1401	☐ commit	0180	☐ concise	1393
☐ clog	2528	☐ commitment	1725	☐ conclusion	0821
☐ clot	3118	☐ committee	0828	☐ concoct	2604
☐ clout	3731	☐ commodity	1899	☐ concord	2674
☐ clue	1641	☐ common	0882	☐ concrete	1549
☐ clumsy	2770	☐ commotion	2800	☐ concur	2825
☐ cluster	2575	☐ community	0207	☐ concussion	3126
☐ clutch	0271	☐ commute	0552	☐ condemn	1220
☐ clutter	2252	☐ compare	0778	☐ condense	1063
☐ coal	3509	☐ compartment	0855	☐ condolence	1728
☐ coalesce	2859	☐ compassion	1937	☐ conduct	0275
☐ coalition	1400	☐ compatible	1692	☐ conductor	3618
☐ coarse	2726	☐ compel	1564	☐ cone	3708
☐ coax	2728	☐ compensate	1806	☐ confederate	3756
☐ cocoon	3258	☐ compete	1429	☐ conference	0769
☐ coerce	2554	☐ competence	1118	☐ confess	0108
☐ coffin	1266	☐ compile	1208	☐ confidence	0949
☐ cognitive	3167	☐ complacent	2316	☐ confidential	1218
☐ coherent	2606	☐ complain	0366	☐ configuration	2314
☐ cohesive	2125	☐ complete	0399	☐ confine	1590
☐ coin	3934	☐ complex	0944	☐ confirm	0942
☐ coincide	1731	☐ complexion	2538	☐ confiscate	2232
☐ collaborate	1544	☐ complicate	1574	☐ conflict	1735
☐ collapse	1958	☐ compliment	1163	☐ conform	1333
☐ collateral	2420	☐ comply	1237	☐ confound	2481
☐ colleague	1664	☐ component	1686	☐ confront	1184
☐ collide	1632	☐ compose	0741	☐ Confucianism	3829
☐ colloquial	3928	☐ composure	1863	☐ confuse	0073
☐ colony	3762	☐ compound	3655	☐ congeal	2143
☐ colossal	2545	☐ comprehend	1438	☐ congenial	2792
☐ column	0312	☐ comprehensive	1368	☐ congestion	1418
☐ coma	3123	☐ compress	1455	☐ congratulate	0401
☐ comb	0382	☐ comprise	1718	☐ congress	3715
☐ combine	0389	☐ compromise	1154	☐ congruent	2340
☐ combustion	3615	☐ compulsory	2566	☐ conjecture	2501
☐ comet	3417	☐ comrade	2595	☐ conjure	2640

☐ connect	0787	☐ contradict	1790	☐ courtesy	1040
☐ connoisseur	3913	☐ contrary	1888	☐ courtship	2459
☐ connotation	3931	☐ contribute	0811	☐ cousin	0429
☐ conquer	1008	☐ contrive	2722	☐ covert	2305
☐ conscience	1199	☐ controversy	1024	☐ cowpox	3148
☐ conscious	1246	☐ conundrum	2268	☐ crack	0717
☐ consecutive	1458	☐ convene	1955	☐ cradle	1621
☐ consensus	1651	☐ convention	3851	☐ craft	1427
☐ consent	1920	☐ conventional	0564	☐ cram	1075
☐ consequence	1930	☐ converge	2428	☐ cramp	3106
☐ conserve	0623	☐ convert	0804	☐ crane	3304
☐ consider	0115	☐ convex	2729	☐ crave	2288
☐ considerable	1839	☐ convey	1104	☐ crawl	1822
☐ considerate	1750	☐ convict	1933	☐ crayfish	3256
☐ consist	0941	☐ convince	0946	☐ craze	1161
☐ consistent	1529	☐ convolute	2990	☐ create	0989
☐ console	1441	☐ convulsion	3122	☐ creature	3240
☐ consolidate	1007	☐ coop	3592	☐ credible	0267
☐ conspicuous	2456	☐ cooperate	0333	☐ credit	0417
☐ conspiracy	3769	☐ cope	1706	☐ credo	3800
☐ constellation	3421	☐ copper	3640	☐ creed	3799
☐ constituency	3742	☐ coral	3247	☐ creek	3456
☐ constitute	0161	☐ cordial	2903	☐ creep	1817
☐ constitution	3746	☐ cornea	3022	☐ cremate	3852
☐ constrain	2530	☐ corpse	3200	☐ Creole	3937
☐ construct	0764	☐ correct	0630	☐ crescent	1872
☐ construe	2387	☐ correlation	1708	☐ crest	3471
☐ consult	0370	☐ correspond	1103	☐ crevice	3467
☐ consume	0309	☐ corridor	1777	☐ crime	0472
☐ contagious	3141	☐ corroborate	2809	☐ crimson	1893
☐ contain	0512	☐ corrode	3656	☐ crisis	0723
☐ contaminate	3552	☐ corrupt	1530	☐ crisp	1273
☐ contemplate	1447	☐ cortex	3013	☐ crisscross	2968
☐ contemporary	1280	☐ cosmetic	1423	☐ criteria	1548
☐ contempt	2413	☐ cosmopolitan	3789	☐ critic	3912
☐ contend	1061	☐ cosmos	3392	☐ critical	0833
☐ content	0244	☐ costly	0894	☐ criticize	0975
☐ contentious	2658	☐ cough	3099	☐ crop	3565
☐ context	0844	☐ council	0900	☐ crouch	1252
☐ continent	3445	☐ counterfeit	2326	☐ crow	3297
☐ contingency	2356	☐ counterpart	1291	☐ crowd	0195
☐ contour	2393	☐ courage	0332	☐ crucial	1977
☐ contract	2896	☐ court	0408	☐ crucify	2934

☐ deputy	1213	☐ dexterity	2396	☐ discern	1244
☐ deride	2963	☐ diabetes	3131	☐ discharge	2049
☐ derivative	2452	☐ diagnosis	3174	☐ disciple	3813
☐ derive	1625	☐ diagonal	3701	☐ discipline	1478
☐ descend	1985	☐ diagram	3685	☐ disclose	0057
☐ descendant	3849	☐ dialect	3935	☐ discord	2287
☐ describe	0006	☐ dialogue	3827	☐ discourage	1890
☐ desert	3480	☐ diameter	3689	☐ discover	0566
☐ deserve	0380	☐ diarrhea	3102	☐ discreet	2063
☐ designate	1047	☐ dichotomy	2211	☐ discrepancy	2422
☐ desire	0283	☐ dictator	3733	☐ discrete	2448
☐ desolate	2718	☐ diet	0956	☐ discriminate	1743
☐ despair	1688	☐ different	0421	☐ discuss	0599
☐ desperate	1784	☐ diffuse	2336	☐ disdain	2856
☐ despise	1517	☐ dig	0063	☐ disease	3092
☐ despite	0465	☐ digest	3057	☐ disgrace	1963
☐ despondent	2849	☐ digit	3669	☐ disguise	1919
☐ destination	0973	☐ dignity	1662	☐ disgust	1077
☐ destiny	0995	☐ digress	2920	☐ disinfect	3177
☐ destitute	2645	☐ dilate	3046	☐ disinterested	2733
☐ destroy	0209	☐ dilemma	2230	☐ dislike	0292
☐ destruction	1823	☐ diligent	1498	☐ dismal	2748
☐ detach	1489	☐ dilute	2450	☐ dismantle	2098
☐ detail	0173	☐ dim	1119	☐ dismay	2933
☐ detain	2371	☐ dimension	3700	☐ dismiss	1499
☐ detect	0571	☐ diminish	1642	☐ disorder	1317
☐ detective	1036	☐ diminutive	2108		3095
☐ deter	2008	☐ din	2502	☐ disparage	2765
☐ detergent	2797	☐ dine	0605	☐ disparity	2260
☐ deteriorate	2411	☐ dinosaur	3243	☐ dispatch	1527
☐ determine	0672	☐ dip	1505	☐ dispel	2995
☐ detest	2038	☐ diploma	3961	☐ dispense	2791
☐ detrimental	2641	☐ diplomacy	3749	☐ disperse	2890
☐ devastate	2598	☐ dire	2870	☐ displace	1487
☐ develop	0343	☐ direct	0126	☐ disposal	1935
☐ deviate	2819	☐ direction	0961	☐ dispose	1766
☐ device	0179	☐ dirt	3501	☐ disposition	2878
☐ devise	1967	☐ disadvantage	1155	☐ dispute	1565
☐ devoid	1324	☐ disagree	0582	☐ disrupt	2899
☐ devote	0378	☐ disappear	0262	☐ dissect	3088
☐ devour	2248	☐ disappoint	0912	☐ disseminate	2088
☐ devout	3819	☐ disaster	1880	☐ dissent	2186
☐ dew	3531	☐ discard	1772	☐ dissident	3740

E

☐ emotion	0336	☐ enthrall	2401	☐ essential	0122
☐ empathy	2590	☐ enthusiastic	1802	☐ establish	0695
☐ emphasize	1068	☐ entice	2812	☐ estate	0962
☐ empirical	2353	☐ entire	0906	☐ esteem	1351
☐ employ	0697	☐ entitle	1049	☐ estimate	1096
☐ empty	0705	☐ entity	2374	☐ estuary	3454
☐ emulate	2434	☐ entrepreneur	1908	☐ eternal	1998
☐ enable	0779	☐ entrust	1610	☐ ethics	3830
☐ enact	2201	☐ enumerate	2035	☐ ethnic	3843
☐ enchant	2419	☐ environment	3547	☐ ethos	2527
☐ enclose	1952	☐ envisage	2736	☐ eulogy	2044
☐ encompass	2880	☐ envision	1721	☐ euphoria	2513
☐ encounter	1951	☐ envoy	3754	☐ euthanasia	3199
☐ encourage	1048	☐ envy	0770	☐ evacuate	1993
☐ encroach	2258	☐ enzyme	3650	☐ evade	1702
☐ endanger	1736	☐ ephemeral	2204	☐ evaluate	0215
☐ endeavor	2469	☐ epic	3897	☐ evaporate	3612
☐ endemic	3138	☐ epicenter	3486	☐ eventually	1081
☐ endorse	2337	☐ epidemic	3137	☐ evidence	0665
☐ endow	2931	☐ epitome	2541	☐ evident	0515
☐ endure	1862	☐ epoch	3837	☐ evil	1201
☐ enemy	0596	☐ equate	2761	☐ evoke	2244
☐ energetic	1770	☐ equation	3666	☐ evolution	3242
☐ enforce	3775	☐ equator	3439	☐ exacerbate	2763
☐ engage	1084	☐ equilibrium	2002	☐ exact	0653
☐ engrave	2982	☐ equine	3323	☐ exaggerate	2033
☐ engulf	2259	☐ equipment	0052	☐ exalt	2943
☐ enhance	2409	☐ equity	2983	☐ exam	3983
☐ enigma	2848	☐ equivalent	1496	☐ examine	0178
☐ enlarge	1671	☐ equivocal	2579	☐ exasperate	2149
☐ enlighten	3815	☐ era	3836	☐ excavate	3855
☐ enlist	3768	☐ eradicate	2195	☐ exceed	0702
☐ enmity	2460	☐ erase	0598	☐ excel	1515
☐ enormous	2369	☐ erect	0307	☐ excellent	0587
☐ enrage	2762	☐ erode	3492	☐ exception	1652
☐ enrich	1282	☐ errand	0345	☐ excerpt	2897
☐ enroll	1367	☐ erratic	2128	☐ excess	0310
☐ ensue	2130	☐ error	0311	☐ exclaim	1448
☐ ensure	1308	☐ erupt	3515	☐ exclude	1147
☐ entail	2869	☐ escape	0187	☐ excursion	3981
☐ entangle	2663	☐ eschew	2823	☐ execute	0258
☐ enterprise	1274	☐ especially	0763	☐ executive	0492
☐ entertain	0996	☐ essence	0813	☐ exemplify	2184

☐ exempt	2961	
☐ exert	2097	
☐ exhaust	1374	
☐ exhibit	0715	
☐ exhort	2928	
☐ exile	3781	
☐ exist	0974	
☐ exodus	3765	
☐ exonerate	2676	
☐ exorbitant	2251	
☐ exotic	0177	
☐ expand	0087	
☐ expect	0969	
☐ expedite	2567	
☐ expedition	1658	
☐ expel	1338	
☐ expend	0638	
☐ experience	0342	
☐ experiment	0707	
☐ expertise	2131	
☐ expire	0725	
☐ explain	0622	
☐ explicit	1071	
☐ explode	0565	
☐ exploit	1613	
☐ explore	0148	
☐ expose	0943	
☐ express	0765	
☐ exquisite	2557	
☐ extant	2675	
☐ extend	0326	
☐ extent	0340	
☐ external	0918	
☐ extinguish	1991	
☐ extract	1167	
☐ extracurricular	3975	
☐ extraordinary	1551	
☐ extraterrestrial	3400	
☐ extravagant	2771	
☐ extreme	0908	
☐ extrovert	2208	
☐ exude	2820	

F

☐ fable	3895	
☐ fabric	1507	
☐ fabricate	2299	
☐ fabulous	1254	
☐ facade	3941	
☐ facet	2537	
☐ facile	2523	
☐ facilitate	1444	
☐ facility	1238	
☐ factor	0664	
☐ faculty	3965	
☐ fade	0631	
☐ Fahrenheit	3527	
☐ fail	0992	
☐ faint	1011	
☐ faith	0573	
☐ fake	0521	
☐ fallacy	2238	
☐ false	0221	
☐ falter	2666	
☐ fame	0412	
☐ familiar	0563	
☐ famine	1116	
☐ fanatic	3820	
☐ fare	0431	
☐ fascinate	1819	
☐ fasten	0931	
☐ fastidious	2891	
☐ fat	3071	
☐ fatal	1669	
☐ fate	0317	
☐ fathom	2593	
☐ fatigue	1589	
☐ fault	0791	
	3519	
☐ favor	0061	
☐ fear	0100	
☐ feasible	2904	
☐ feast	1938	
☐ feat	1789	
☐ feature	0282	

☐ federal	3714	
☐ feeble	2040	
☐ feed	0648	
☐ feign	2665	
☐ fellow	0583	
☐ female	0570	
☐ ferment	3215	
☐ ferocious	2759	
☐ ferret	2951	
☐ fertile	3578	
☐ fertilizer	3582	
☐ fervor	2783	
☐ fetch	0051	
☐ fetus	3077	
☐ feud	2895	
☐ feudal	3732	
☐ fever	0578	
☐ fiasco	2199	
☐ fiber	0238	
☐ fictitious	2039	
☐ fidelity	2882	
☐ fierce	2087	
☐ figment	2696	
☐ figurative	2959	
☐ figure	0549	
☐ filmy	2636	
☐ filthy	2916	
☐ finance	0109	
☐ finite	2937	
☐ firm	0731	
☐ fiscal	1876	
☐ fission	3628	
☐ fissure	2734	
☐ fix	0393	
☐ flair	2048	
☐ flake	2885	
☐ flame	3613	
☐ flammable	3614	
☐ flank	2717	
☐ flap	2568	
☐ flare	1174	
☐ flatter	1950	
☐ flaw	0004	

☐ flea	3268	☐ forgive	0659	☐ fume	1618
☐ flee	1555	☐ formidable	2386	☐ function	0493
☐ flesh	1073	☐ formula	3665	☐ fund	0025
☐ flex	2072	☐ forsake	2657	☐ fundamental	0387
☐ flexible	0112	☐ fort	0998	☐ funeral	0386
☐ flicker	2587	☐ fortify	2643	☐ fungi	3381
☐ flimsy	2183	☐ fortunate	0988	☐ funnel	2082
☐ fling	2322	☐ fossil	3244	☐ fur	3336
☐ flint	2425	☐ foster	1975	☐ furnace	1656
☐ float	0349	☐ foul	0469	☐ furnish	1666
☐ flock	3223	☐ found	0249	☐ furor	2972
☐ flood	3545	☐ fraction	1288	☐ further	0198
☐ flop	2944	☐ fracture	3112	☐ furthermore	1086
☐ flour	0867	☐ fragile	1352	☐ furtive	2295
☐ flourish	1123	☐ fragment	1558	☐ fury	1483
☐ flu	3144	☐ fragrance	1626	☐ fusion	3629
☐ fluctuate	2883	☐ frail	2993	☐ fuss	2687
☐ fluent	1302	☐ frame	0225	☐ futile	2702
☐ fluid	3611	☐ framework	1267		
☐ fluke	2550	☐ frank	1583	**G**	
☐ flunk	3986	☐ frantic	1410		
☐ flutter	1488	☐ fraternity	3996	☐ gadget	1318
☐ flux	2938	☐ fraud	1811	☐ gain	0730
☐ fly	3267	☐ fraught	2927	☐ galaxy	3422
☐ foe	2725	☐ freeze	0026	☐ galvanize	2480
☐ fog	3533	☐ freight	1203	☐ gape	2378
☐ foil	2359	☐ frenzy	2745	☐ garbage	0482
☐ fold	0027	☐ frequent	1891	☐ garment	2500
☐ folk	0228	☐ freshman	3953	☐ gash	3108
☐ folklore	3894	☐ friction	3607	☐ gasp	1809
☐ folly	2282	☐ frighten	1575	☐ gather	0216
☐ fond	0877	☐ frigid	1557	☐ gaze	1910
☐ fool	0212	☐ fringe	2074	☐ gem	1649
☐ forage	3600	☐ frivolous	2962	☐ gender	3072
☐ forbear	2473	☐ frog	3284	☐ gene	3205
☐ forbid	1947	☐ frost	3536	☐ general	0299
☐ forecast	1536	☐ frown	0416	☐ generate	0698
☐ foreign	0689	☐ frugal	2103	☐ generation	0507
☐ forensic	3870	☐ fruitful	1129	☐ generous	1623
☐ foresee	1917	☐ frustrate	1298	☐ genial	2165
☐ foretell	2998	☐ fuel	0484	☐ genital	3067
☐ forfeit	2585	☐ fugitive	2853	☐ genius	0788
☐ forge	2329	☐ fulfill	1100	☐ genocide	3772

word	num	word	num	word	num
☐ genome	3206	☐ grant	1987	☐ halt	2562
☐ genre	0413	☐ grapple	2210	☐ hamper	2647
☐ genuine	1561	☐ grasp	0350	☐ handful	0713
☐ geography	3426	☐ grateful	1687	☐ handout	3977
☐ geology	3484	☐ gratify	2648	☐ haphazard	2531
☐ geometry	3684	☐ gratitude	1896	☐ hapless	2651
☐ geoscience	3425	☐ grave	1640	☐ harass	1892
☐ germ	3135	☐ gravel	3504	☐ harbor	1139
☐ germinate	3354	☐ gravity	3433	☐ hardship	0888
☐ geyser	3520	☐ graze	3597	☐ hardy	2813
☐ gift	0927	☐ greed	1648	☐ hare	3330
☐ gigantic	2229	☐ greenhouse effect	3549	☐ harm	0879
☐ gill	3279	☐ greet	0101	☐ harness	2157
☐ ginger	3389	☐ gregarious	2824	☐ harsh	2801
☐ giraffe	3327	☐ grief	1219	☐ harvest	3569
☐ girder	3944	☐ grim	2822	☐ haste	1304
☐ gist	2756	☐ grin	1614	☐ hatch	3230
☐ glacier	3466	☐ grind	1226	☐ hate	0803
☐ glance	1107	☐ gripe	2654	☐ hatred	2862
☐ gland	3049	☐ groan	2907	☐ haul	0506
☐ glean	2622	☐ grocery	0263	☐ haunt	1829
☐ glimpse	1523	☐ groin	3030	☐ havoc	2789
☐ glisten	2638	☐ grope	2427	☐ hay	3598
☐ glitch	2858	☐ gross	1697	☐ hazard	0617
☐ glitter	2723	☐ grudge	2133	☐ haze	3535
☐ globe	3428	☐ grueling	2847	☐ headquarters	1867
☐ gloom	2262	☐ gruesome	2543	☐ heal	0523
☐ glory	0304	☐ grumble	2241	☐ heap	0786
☐ glow	0868	☐ guilt	0125	☐ hearsay	2042
☐ glue	0390	☐ guise	2548	☐ hearth	1683
☐ gnaw	2669	☐ gulf	3450	☐ heath	3479
☐ goat	3324	☐ gush	2364	☐ heave	3490
☐ goose	3301	☐ gut	3059	☐ hectic	2949
☐ govern	3712	☐ gutter	2985	☐ hedge	1710
☐ governor	3723			☐ heed	1062
☐ grab	0733	**H**		☐ hefty	2020
☐ grace	1329			☐ hegemony	2525
☐ grade	3985	☐ habit	0852	☐ heinous	2399
☐ gradual	0229	☐ habitat	3219	☐ heir	0856
☐ grain	3570	☐ hail	1022	☐ hell	0321
☐ grammar	3919	☐ hallmark	2711	☐ hemisphere	3431
☐ grandeur	2835	☐ hallucinate	2279	☐ hemorrhage	3117
☐ granite	3510	☐ halo	2997	☐ hence	0990

☐ herald	2769	☐ hostile	1767	☐ ignore	0256
☐ herb	3385	☐ household	0327	☐ illegal	0136
☐ herd	3221	☐ hover	1733	☐ illegible	2029
☐ heredity	3204	☐ hub	1732	☐ illicit	2940
☐ heresy	3822	☐ huddle	2861	☐ illiterate	1058
☐ hesitate	1363	☐ hue	2565	☐ illusion	0822
☐ heterogeneous	2073	☐ hug	0246	☐ illustrate	0585
☐ hexagon	3698	☐ humane	1497	☐ imbalance	1746
☐ heyday	2445	☐ humanities	3831	☐ imitate	0696
☐ hibernate	3239	☐ humble	1013	☐ immaculate	2303
☐ hide	0455	☐ humid	3529	☐ immediate	1661
☐ hideous	2379	☐ humiliate	1660	☐ immense	2609
☐ hierarchy	1195	☐ hunch	1149	☐ immerse	1501
☐ hilarious	2668	☐ hunger	0802	☐ immigrant	3764
☐ hind	3335	☐ hurl	1223	☐ imminent	2735
☐ hinder	2179	☐ hurt	0043	☐ immune	3143
☐ hindsight	2178	☐ hurtle	2779	☐ impact	0076
☐ hinge	0220	☐ husk	3350	☐ impair	1010
☐ hippocampus	3012	☐ hut	1774	☐ impart	2041
☐ hippopotamus	3326	☐ hybrid	3232	☐ impartial	1243
☐ hire	0467	☐ hydrogen	3634	☐ impasse	2100
☐ history	3834	☐ hygiene	3178	☐ impatient	1341
☐ hoard	2901	☐ hype	2095	☐ impeach	3774
☐ hoax	2475	☐ hypnosis	3194	☐ impeccable	2844
☐ hobnob	2821	☐ hypocrisy	2671	☐ impede	2111
☐ hog	3322	☐ hypothalamus	3011	☐ impel	2954
☐ hoist	1956	☐ hypothesis	2315	☐ imperative	2014
☐ hollow	1211			☐ imperialism	3761
☐ homicide	1144	**I**		☐ impetus	2573
☐ homogeneous	2522			☐ implant	1667
☐ honor	1000	☐ iceberg	3468	☐ implement	2142
☐ honorable	1962	☐ icicle	3543	☐ implicate	2739
☐ hoof	3334	☐ ideal	0106	☐ implication	2148
☐ horde	2559	☐ identical	1631	☐ implicit	2618
☐ horizon	3444	☐ identity	0746	☐ implore	2681
☐ horrible	1310	☐ idiom	3873	☐ imply	1222
☐ horrid	2490	☐ idiosyncrasy	2957	☐ important	0560
☐ horrific	1979	☐ idiosyncratic	2245	☐ impose	1636
☐ horror	0795	☐ idle	1471	☐ impossible	0817
☐ hospitality	1225	☐ idol	0090	☐ impoverished	2139
☐ host	0206	☐ idyllic	2047	☐ impress	0226
	3225	☐ igneous	3518	☐ impressionism	3877
☐ hostage	1906	☐ ignite	1166	☐ impromptu	2362

☐ improve	0869	☐ infant	3079	☐ insist	0446
☐ improvise	2218	☐ infect	3142	☐ insomnia	3162
☐ impulse	1162	☐ infer	1791	☐ inspect	0425
☐ inadvertent	2304	☐ inferior	1852	☐ inspire	0170
☐ inaugurate	2814	☐ infinite	1971	☐ instance	0430
☐ incense	2227	☐ inflame	2741	☐ instant	0269
☐ incentive	2960	☐ inflammation	3113	☐ instead	0058
☐ incessant	2624	☐ inflammatory	2905	☐ instinct	0845
☐ incident	0095	☐ inflate	2454	☐ institute	0857
☐ incision	3109	☐ inflict	2115	☐ instrument	0726
☐ incisive	2302	☐ influence	0167	☐ insulate	3950
☐ incite	2234	☐ influx	2871	☐ insult	1681
☐ incline	1511	☐ inform	0166	☐ insurance	0977
☐ include	0624	☐ infrared	3624	☐ insurgent	2107
☐ income	0384	☐ infrastructure	1185	☐ intact	1193
☐ incompetent	1135	☐ infringe	2742	☐ intake	1482
☐ incongruous	2347	☐ infuriate	2360	☐ intangible	2290
☐ incorporate	1263	☐ infuse	2233	☐ integer	3668
☐ increase	0841	☐ ingenious	2547	☐ integral	2732
☐ incredible	1763	☐ ingenuity	2599	☐ integrate	1484
☐ increment	2700	☐ ingest	3058	☐ integrity	2089
☐ incubate	3229	☐ ingredient	1306	☐ intellect	1717
☐ incumbent	2644	☐ inhabit	1188	☐ intelligence	0843
☐ incur	2196	☐ inhale	1173	☐ intelligible	1451
☐ indeed	0320	☐ inherent	1206	☐ intend	0093
☐ indelible	2327	☐ inherit	1089	☐ intense	1519
☐ index finger	3033	☐ inhibit	1838	☐ intensive	1534
☐ indicate	0048	☐ initial	1567	☐ intent	1339
☐ indict	1600	☐ initiate	1028	☐ intention	0656
☐ indifferent	1303	☐ injection	3180	☐ interact	0532
☐ indigenous	2439	☐ injure	0183	☐ intercept	2394
☐ indignant	2780	☐ injustice	1445	☐ interest	0812
☐ indispensable	1197	☐ innate	1820	☐ interfere	1464
☐ individual	0835	☐ innocent	0520	☐ interim	1961
☐ induce	1115	☐ innocuous	2727	☐ intermediate	0722
☐ indulge	2839	☐ innovate	0796	☐ interminable	2486
☐ industrial	0527	☐ inquire	0743	☐ intermission	2366
☐ industrious	1825	☐ insane	1524	☐ intermittent	2455
☐ inept	2249	☐ insatiable	2160	☐ internal	0935
☐ inert	2879	☐ inscribe	2019	☐ internship	3990
☐ inertia	3606	☐ insect	3257	☐ interpret	1209
☐ inevitable	1679	☐ insecticide	3588	☐ interrogate	1715
☐ infamous	1307	☐ insight	1491	☐ interrupt	1270

☐ intersection	0508						
☐ interstellar	3424						
☐ intervene	1851						
☐ intestine	3060						
☐ intimate	1556						
☐ intimidate	1251						
☐ intrepid	2086						
☐ intricate	2986						
☐ intrigue	2370						
☐ intriguing	2834						
☐ intrinsic	2451						
☐ introduce	0980						
☐ intrude	1264						
☐ intuition	1694						
☐ inundate	3546						
☐ invade	0655						
☐ invaluable	1121						
☐ invent	0201						
☐ inventory	1440						
☐ inverse	2843						
☐ invert	2607						
☐ invertebrate	3245						
☐ invest	0555						
☐ investigate	1685						
☐ invincible	2498						
☐ invisible	0838						
☐ invite	0586						
☐ invoke	2887						
☐ involuntary	2479						
☐ involve	0192						
☐ iris	3023						
☐ irony	0629						
☐ irrational	1436						
☐ irrevocable	2612						
☐ irrigation	3580						
☐ irritate	1127						
☐ isolate	1668						
☐ issue	0701						
☐ itchy	1924						
☐ itinerary	1604						

J

☐ jail	0526	☐ labor	0500
☐ jam	0272	☐ laboratory	0976
☐ jar	0933	☐ laborious	2747
☐ jargon	1098	☐ labyrinth	1191
☐ jaw	3026	☐ lack	0330
☐ jealous	0217	☐ laconic	2693
☐ jellyfish	3249	☐ laden	2120
☐ jeopardize	2078	☐ lag	1157
☐ jeopardy	2958	☐ lament	2902
☐ jerk	1046	☐ landlord	0432
☐ jettison	2580	☐ landscape	3443
☐ joint	3031	☐ language	3916
☐ jolly	2810	☐ languid	2202
☐ jolt	2243	☐ languish	2158
☐ jot	2083	☐ lapse	2505
☐ joy	0618	☐ larva	3261
☐ jubilant	2320	☐ latch	2603
☐ judicial	1053	☐ latent	2444
☐ junction	1021	☐ lateral	2028
☐ junior	3955	☐ latitude	3437
☐ Jupiter	3406	☐ latter	0716
☐ jury	1916	☐ launch	1553
☐ justice	0742	☐ lava	3516
☐ justify	1978	☐ lavish	2430
☐ juvenile	1762	☐ law	0305
		☐ lawn	0677

K

		☐ lawsuit	1709
		☐ lawyer	0535
☐ keen	0485	☐ lax	2224
☐ kernel	3347	☐ layer	1097
☐ kerosene	1884	☐ layoff	0190
☐ kidnap	1986	☐ layperson	1684
☐ kidney	3062	☐ lazy	0773
☐ kiln	2253	☐ lead	3644
☐ kin	1639	☐ leaf	3366
☐ kindergarten	0756	☐ leak	0242
☐ kindle	3657	☐ lean	0901
☐ kindred	2081	☐ leap	1003
☐ kinetic	3604	☐ leech	3264
☐ knack	1300	☐ leeway	2815
☐ knot	0189	☐ leftover	1057

L

☐ legacy	3857
☐ legal	0646
☐ legend	0928
☐ legion	2137
☐ legislation	1854
☐ legitimate	1094
☐ leisure	0352
☐ length	0030
☐ lesion	3110
☐ lessen	1949
☐ lesser	1850
☐ lethal	1773
☐ leukemia	3130
☐ leverage	1079
☐ levy	3787
☐ liability	2578
☐ liable	2346
☐ liaison	2318
☐ liberty	0898
☐ librarian	3999
☐ lichen	3380
☐ lick	0141
☐ lid	1547
☐ lift	0518
☐ lightning	3538
☐ likely	0545
☐ liken	2817
☐ likewise	1253
☐ limb	3029
☐ limestone	3511
☐ limp	0479
☐ linear	1384
☐ linger	1070
☐ linguistics	3915
☐ liquid	3610
☐ liquidate	2273
☐ literacy	1131
☐ literal	0842
☐ literature	3892
☐ lithe	2354
☐ litigation	2493
☐ litter	1430
☐ liver	3051

☐ livestock	3589
☐ lizard	3288
☐ load	0110
☐ loathe	2784
☐ lobster	3253
☐ locate	0840
☐ locomotion	2881
☐ locust	3273
☐ lofty	2919
☐ log	3358
☐ logical	0816
☐ longevity	3197
☐ longing	2857
☐ longitude	3438
☐ loom	2840
☐ loose	0916
☐ loosen	0328
☐ loot	3867
☐ lord	3796
☐ lot	0939
☐ lottery	0150
☐ lousy	2889
☐ lower	0331
☐ loyal	0098
☐ lubricant	2255
☐ lucid	2046
☐ lucrative	2391
☐ ludicrous	2827
☐ luggage	0503
☐ lukewarm	2429
☐ lumber	3577
☐ luminous	2906
☐ lump	2414
☐ lunar	3413
☐ lunatic	2376
☐ lung	3038
☐ lure	2254
☐ lush	3376
☐ lust	2377
☐ luxury	0035
☐ lyric	3898

M

☐ machinery	0053
☐ maggot	3262
☐ magnificent	1579
☐ magnify	1849
☐ maim	3111
☐ maintain	0074
☐ majestic	1490
☐ majority	0581
☐ makeshift	1176
☐ malady	3094
☐ male	0690
☐ malfunction	1171
☐ malice	2193
☐ malign	2091
☐ malignant	2511
☐ malleable	2397
☐ malpractice	3198
☐ mammal	3312
☐ mandatory	1585
☐ maneuver	1525
☐ manifest	1609
☐ manipulate	1513
☐ manner	0486
☐ manslaughter	2979
☐ manual	0257
☐ manufacture	0737
☐ manure	3581
☐ manuscript	3908
☐ maple	3390
☐ mar	2331
☐ marble	3513
☐ margin	1234
☐ marginal	1344
☐ Mars	3405
☐ marsh	3462
☐ marsupial	3318
☐ martyr	3821
☐ marvel	1194
☐ masculine	1869
☐ mass	0293
☐ massacre	1105

☐ massive	1128	☐ mercy	1940	☐ miraculous	1690
☐ masterpiece	3914	☐ mere	0490	☐ mirage	3482
☐ materialize	1606	☐ merge	1016	☐ miscellaneous	1726
☐ maternal	1277	☐ merger	1255	☐ mischief	1870
☐ mathematics	3661	☐ merit	0135	☐ miserable	1091
☐ matrix	3683	☐ mesmerize	2569	☐ mishap	2838
☐ matter	0611	☐ mess	0117	☐ missionary	3812
☐ mature	0567	☐ metabolism	3070	☐ mist	3534
☐ maverick	2542	☐ metal	3645	☐ mitigate	2423
☐ maxim	2909	☐ metamorphosis	3233	☐ moan	1674
☐ maximize	0280	☐ metaphor	3932	☐ mob	1808
☐ mayhem	2390	☐ meteor	3418	☐ mobile	0468
☐ mayor	3725	☐ meteorite	3419	☐ mock	1296
☐ maze	1474	☐ meteorology	3521	☐ mode	0111
☐ meadow	3595	☐ meticulous	2154	☐ moderate	1284
☐ meager	2036	☐ metric	3692	☐ modest	1716
☐ meal	0411	☐ metropolis	0851	☐ modify	1388
☐ mean	3681	☐ microbe	3212	☐ moisture	3528
☐ meander	2056	☐ microscope	3213	☐ mold	1461
☐ meanwhile	0865	☐ middle finger	3034	☐ mole	3331
☐ measles	3145	☐ midst	1074	☐ molecule	3632
☐ measure	0318	☐ midterm	3984	☐ molten	3517
☐ meddle	2124	☐ might	1479	☐ momentous	2656
☐ median	3682	☐ mighty	2317	☐ momentum	1707
☐ mediate	1404	☐ migraine	3125	☐ monarch	3728
☐ medicine	3081	☐ migrate	1313	☐ monastery	3810
☐ medieval	3839	☐ mildew	3382	☐ monk	3811
☐ mediocre	1693	☐ milestone	1287	☐ monochrome	3889
☐ meditate	0104	☐ milieu	2560	☐ monopoly	0684
☐ Mediterranean	3838	☐ mill	1598	☐ monotheism	3793
☐ medium	0300	☐ millennium	0615	☐ monotone	0972
☐ meek	2064	☐ million	3670	☐ moor	3464
☐ melancholy	1221	☐ mimic	1570	☐ morale	2270
☐ melt	0054	☐ mince	2750	☐ morbid	2102
☐ membrane	3211	☐ mine	3505	☐ moreover	0536
☐ menace	2956	☐ mineral	3506	☐ mortal	1875
☐ mend	0099	☐ mingle	2836	☐ mortgage	1901
☐ menial	2034	☐ minimal	1224	☐ mosquito	3266
☐ mention	0018	☐ minister	3721	☐ moss	3384
☐ mentor	2431	☐ minority	0496	☐ moth	3271
☐ merchant	1622	☐ mint	3785	☐ motivation	0251
☐ Mercury	3403	☐ minuscule	2169	☐ mount	0644
☐ mercury	3643	☐ minute	1187	☐ mourn	1494

☐ mouse	3315	☐ navy	3767	☐ noxious	3157
☐ mow	3568	☐ nearly	0950	☐ nuclear	3626
☐ mud	3500	☐ neat	0423	☐ nuisance	2576
☐ mull	2854	☐ nebula	3423	☐ null	2214
☐ multiply	3676	☐ necessary	0710	☐ nullify	2515
☐ multitude	2031	☐ nectar	3371	☐ numb	1054
☐ mum	2426	☐ negate	2004	☐ numeral	3667
☐ mumble	1437	☐ neglect	0854	☐ numerous	1911
☐ mummy	3869	☐ negotiate	0491	☐ nurture	1873
☐ municipal	3724	☐ neighborhood	0750	☐ nutrition	3188
☐ mural	3864	☐ nephew	0437		
☐ murder	0807	☐ Neptune	3409	**O**	
☐ murky	2190	☐ nerve	3014		
☐ murmur	1755	☐ nervous	0059	☐ oath	1043
☐ muse	2153	☐ nest	3220	☐ obese	3158
☐ mustache	0905	☐ neuron	3015	☐ obey	1314
☐ muster	2978	☐ neutral	0011	☐ obituary	2492
☐ mutant	3208	☐ nevertheless	0621	☐ object	0669
☐ mute	1922	☐ niche	3218	☐ objective	1242
☐ mutter	1860	☐ niece	0481	☐ obligation	2659
☐ mutual	1387	☐ nightmare	1753	☐ obliterate	2334
☐ myriad	2275	☐ nimble	2188	☐ oblivion	2947
☐ mystical	1996	☐ nitrogen	3637	☐ obnoxious	2442
☐ mystify	2152	☐ noble	0614	☐ obscene	2637
☐ myth	3893	☐ nocturnal	3238	☐ obscure	1175
		☐ nod	0834	☐ obscurity	2652
N		☐ nomad	3846	☐ observe	0022
		☐ nominal	2485	☐ obsess	2217
☐ nag	2973	☐ nonchalant	2832	☐ obsession	1734
☐ naive	0261	☐ nonetheless	0577	☐ obsolete	2384
☐ naked	0694	☐ norm	0277	☐ obstacle	1435
☐ namely	1644	☐ notable	1326	☐ obstinate	2225
☐ nap	0774	☐ notch	2491	☐ obstruct	1742
☐ narcotic	3152	☐ noteworthy	1406	☐ obtain	0260
☐ narrative	1434	☐ notice	0434	☐ obvious	0459
☐ narrow	0456	☐ notify	1964	☐ occasion	0357
☐ nasal	3025	☐ notion	1698	☐ occasional	1342
☐ nasty	0202	☐ notorious	1293	☐ occupation	0124
☐ native	0085	☐ notwithstanding	2400	☐ occupy	0107
☐ nature	0031	☐ noun	3921	☐ occur	0314
☐ naughty	2615	☐ nourish	1480	☐ octopus	3251
☐ nausea	3100	☐ novel	0410	☐ odd	0224
☐ navel	3056	☐ novice	2441	☐ odds	0558

☐ odor	1747	☐ outcome	0983	☐ parliament	3719
☐ offend	0784	☐ outdated	0858	☐ parrot	3298
☐ offense	0298	☐ outlet	1992	☐ partial	0402
☐ office hour	3980	☐ outlook	1601	☐ participate	0626
☐ offset	2119	☐ outrageous	1233	☐ particle	3633
☐ offshoot	3362	☐ outright	1030	☐ particular	0211
☐ offspring	3231	☐ outset	1108	☐ partisan	3747
☐ omit	1787	☐ outskirts	2775	☐ pass-fail	3987
☐ onset	1492	☐ outstanding	1083	☐ passable	2332
☐ ooze	2335	☐ outwit	1714	☐ passage	0351
☐ opaque	2563	☐ oval	3688	☐ passive	0194
☐ operate	0542	☐ overcome	0120	☐ pastime	0498
☐ opinion	0069	☐ overlook	0091	☐ pasture	3596
☐ opponent	0619	☐ override	2021	☐ patch	0628
☐ opportunity	0768	☐ overt	2055	☐ patent	1946
☐ oppose	0679	☐ overwhelm	1454	☐ paternal	2586
☐ opposite	0286	☐ owe	0079	☐ path	0278
☐ oppress	2600	☐ owl	3305	☐ pathetic	2440
☐ opt	0889	☐ oxygen	3635	☐ pathology	3086
☐ optic	3019			☐ patient	3173
☐ optical	3621	**P**		☐ patriot	3788
☐ optimal	2221			☐ pave	1050
☐ optimistic	1215	☐ pact	3757	☐ peacock	3300
☐ optimize	2686	☐ pagan	3795	☐ peasant	3556
☐ opulent	2144	☐ pain	3103	☐ peat	3503
☐ orbit	3412	☐ palatable	2914	☐ pebble	1550
☐ orchard	3574	☐ pale	0243	☐ peck	3309
☐ ordeal	2484	☐ palpable	2803	☐ peculiar	2695
☐ order	0077	☐ paltry	2112	☐ pedestrian	1543
☐ ordinary	0897	☐ pane	2463	☐ pediatrics	3084
☐ ore	3507	☐ pang	2811	☐ pedigree	2240
☐ organ	3037	☐ par	2555	☐ peek	0270
☐ organism	3203	☐ paradox	0513	☐ peel	0847
☐ organize	0594	☐ parallel	0963	☐ peer	1279
☐ origin	0016	☐ paralyze	3182	☐ penal	2777
☐ originate	0034	☐ paramedic	3171	☐ pending	1069
☐ ornament	2795	☐ paramount	2351	☐ pendulum	3608
☐ ornithology	3291	☐ paraphrase	0428	☐ penetrate	1330
☐ orphan	1643	☐ parasite	3224	☐ peninsula	3447
☐ ostrich	3302	☐ parcel	1059	☐ pension	1526
☐ otherwise	0230	☐ pardon	0937	☐ pent	2910
☐ oust	3783	☐ parent	0185	☐ pentagon	3697
☐ outbreak	3140	☐ parity	2841	☐ perceive	1486

☐ perch	1855	☐ phony	1325	☐ plenty	0668
☐ percolate	2704	☐ photosynthesis	3372	☐ plight	2975
☐ perennial	3345	☐ physical	3602	☐ plot	3909
☐ perform	0475	☐ physician	3169	☐ plow	3559
☐ perfume	0323	☐ physics	3601	☐ pluck	3377
☐ perfunctory	2192	☐ physiology	3085	☐ plumage	3311
☐ peril	1909	☐ physique	3001	☐ plummet	2200
☐ perimeter	2911	☐ pickpocket	0208	☐ plump	1044
☐ period	0727	☐ pier	0591	☐ plunge	2109
☐ peripheral	2071	☐ pierce	0123	☐ plural	1168
☐ perish	1701	☐ pigeon	3296	☐ Pluto	3410
☐ permanent	1355	☐ pigment	3651	☐ pneumonia	3129
☐ permeate	2206	☐ pile	0911	☐ pod	3349
☐ permit	0640	☐ pilgrim	3816	☐ poetry	3900
☐ perpendicular	3710	☐ pill	3185	☐ poignant	2984
☐ perpetual	2786	☐ pillar	1605	☐ pointed	0420
☐ perplex	1417	☐ pinkie	3036	☐ poise	2605
☐ persecute	3780	☐ pinnacle	2642	☐ poised	1745
☐ persevere	2310	☐ pious	1861	☐ poisonous	3155
☐ persist	1572	☐ pit	0009	☐ poke	1037
☐ persona	2971	☐ pitfall	2754	☐ pole	3434
☐ personnel	0832	☐ pity	0861	☐ polite	0439
☐ perspective	1814	☐ pivotal	2877	☐ politics	3711
☐ perspiration	3047	☐ placate	2796	☐ poll	3745
☐ persuade	1055	☐ placebo	3187	☐ pollen	3370
☐ pertinent	2075	☐ placid	2635	☐ pollution	3551
☐ peruse	2446	☐ plagiarism	2708	☐ polyglot	3917
☐ pervade	2432	☐ plague	3139	☐ polygon	3699
☐ pessimistic	1198	☐ plain	0130	☐ polytheism	3792
☐ pest	3586	☐ plaintiff	1336	☐ pond	3460
☐ pesticide	3587	☐ planet	3402	☐ ponder	1730
☐ petal	3369	☐ plank	3947	☐ populous	2065
☐ petition	2076	☐ plantation	3555	☐ porcelain	3885
☐ petroleum	3508	☐ plaster	3948	☐ pore	3050
☐ petty	0938	☐ plateau	3473	☐ portion	0883
☐ pharmaceutical	3083	☐ platform	0081	☐ possess	0719
☐ pharmacy	3082	☐ plausible	2278	☐ possible	0487
☐ phase	0724	☐ playwright	3907	☐ postal	0824
☐ phenomenal	2037	☐ plea	1407	☐ posterity	3850
☐ phenomenon	1607	☐ plead	1599	☐ postgraduate	3957
☐ philanthropy	3818	☐ pleasant	0444	☐ postpone	1883
☐ philosophy	3826	☐ pleasure	0121	☐ postulate	2620
☐ phobia	3164	☐ pledge	1140	☐ posture	2588

☐ potent	2198	☐ prerequisite	3973	☐ proliferate	2185
☐ potential	0422	☐ present	0859	☐ prolific	3080
☐ pottery	3884	☐ preserve	0247	☐ prolong	1918
☐ poultry	3293	☐ preside	1670	☐ prominent	1500
☐ pound	1902	☐ prestige	1759	☐ promote	0516
☐ pour	0533	☐ presume	1602	☐ prompt	1959
☐ practical	0264	☐ pretend	0119	☐ prone	1877
☐ practice	0231	☐ prevail	1722	☐ pronoun	3922
☐ pragmatic	2388	☐ prevalent	2271	☐ pronounce	3918
☐ prairie	3475	☐ prevent	0240	☐ proof	0407
☐ praise	1031	☐ previous	0462	☐ propagate	3214
☐ prank	2773	☐ prey	3235	☐ propel	0556
☐ prawn	3254	☐ priest	3809	☐ propensity	2790
☐ pray	0168	☐ primary	1758	☐ proper	0266
☐ preach	3814	☐ primate	3339	☐ property	0543
☐ precarious	2070	☐ prime	0062	☐ prophet	3797
☐ precaution	1965	☐ primitive	0176	☐ proponent	1657
☐ precede	1824	☐ primordial	2667	☐ proportion	0688
☐ precedent	1357	☐ principal	0643	☐ propose	0593
☐ precious	0203	☐ principle	1231	☐ proprietor	2104
☐ precipice	2453	☐ prior	0837	☐ prose	3903
☐ precipitate	3493	☐ priority	0531	☐ prosecute	1372
☐ precise	0308	☐ prism	3704	☐ prospect	1360
☐ preclude	1769	☐ prison	0213	☐ prosper	1493
☐ precursor	2561	☐ privilege	1322	☐ prostate	3064
☐ predator	3236	☐ probable	0153	☐ protect	0233
☐ predicament	2467	☐ probation	3989	☐ protein	3189
☐ predict	0993	☐ probe	1366	☐ protest	0379
☐ predisposed	3097	☐ procedure	1109	☐ protocol	3750
☐ predominant	1514	☐ proceed	0627	☐ prototype	1677
☐ preeminent	2627	☐ proclaim	1504	☐ protract	2355
☐ preface	0714	☐ procrastinate	2506	☐ protrude	2175
☐ prefer	0060	☐ prodigious	2917	☐ prove	0241
☐ pregnant	3073	☐ prodigy	2215	☐ proverb	3929
☐ prejudice	1723	☐ produce	0029	☐ provide	0922
☐ preliminary	1842	☐ product	0285	☐ province	3722
☐ premature	1593	☐ profession	1630	☐ provoke	1399
☐ premier	1969	☐ proficient	2300	☐ prowess	2022
☐ premiere	1029	☐ profit	0960	☐ proximity	2594
☐ premise	1516	☐ profound	1353	☐ proxy	2416
☐ preoccupied	1362	☐ progress	0647	☐ prudent	2592
☐ prepare	0171	☐ prohibit	1886	☐ prune	3567
☐ preposterous	2936	☐ project	0649	☐ pry	2610

☐ pseudo	2164	
☐ psychiatry	3090	
☐ psychoanalysis	3091	
☐ psychology	3089	
☐ puberty	2900	
☐ public	0012	
☐ publish	0477	
☐ puddle	1424	
☐ pulse	3043	
☐ pulverize	2274	
☐ pun	2691	
☐ punctual	1130	
☐ puncture	2646	
☐ pundit	2027	
☐ pungent	2955	
☐ punish	0149	
☐ pupa	3259	
☐ pupil	3020	
☐ purchase	0442	
☐ purify	1897	
☐ purpose	0105	
☐ purse	0814	
☐ pursue	0509	
☐ puzzle	0510	
☐ pyramid	3705	

Q

☐ quadruple	3678
☐ quaint	2942
☐ qualify	1835
☐ quantity	3680
☐ quarrel	1592
☐ quarter	3679
	3969
☐ queer	1281
☐ quell	2758
☐ quench	2297
☐ query	1170
☐ quest	1655
☐ quit	0322
☐ quiver	2798
☐ quiz	3982

☐ quota	1001
☐ quote	1898

R

☐ race	3842
☐ radiate	3620
☐ radical	1939
☐ radioactive	3627
☐ radius	3690
☐ raft	2235
☐ rag	0951
☐ rage	1881
☐ ragged	2368
☐ raid	1749
☐ raise	0667
☐ rake	2306
☐ ramification	2010
☐ ramp	2714
☐ rampant	2325
☐ ranch	3594
☐ range	0671
☐ rapid	0127
☐ rapport	2301
☐ raptor	3292
☐ rare	0940
☐ rash	3115
☐ rat	3316
☐ ratify	3759
☐ ratio	3702
☐ rational	1989
☐ rattle	1976
☐ ravage	2581
☐ rave	2546
☐ raw	0348
☐ ray	3619
☐ readily	1373
☐ realism	3876
☐ realize	0394
☐ realm	3776
☐ reap	3566
☐ rear	0958
☐ reasonable	0785

☐ rebel	1665
☐ rebuke	2953
☐ rebuttal	2772
☐ recall	1713
☐ recede	1663
☐ receive	0396
☐ recent	0588
☐ recession	2181
☐ recipe	0592
☐ reciprocal	2250
☐ recital	3890
☐ recitation	3899
☐ recite	2503
☐ reckless	1932
☐ reckon	2132
☐ recluse	2719
☐ recognize	0700
☐ recollect	1146
☐ recommend	0511
☐ reconcile	2551
☐ recount	2570
☐ rectangle	3694
☐ rectify	2050
☐ recuperate	3196
☐ recur	2535
☐ reduce	0519
☐ redundant	2991
☐ refer	0654
☐ reference	4000
☐ referendum	3779
☐ refine	1465
☐ reflect	0522
☐ reform	0964
☐ refraction	3625
☐ refrain	1134
☐ refrigerator	0657
☐ refuge	1779
☐ refurbish	2140
☐ refuse	1039
☐ refute	2333
☐ regard	0663
☐ regarding	0494
☐ regardless	1999

☐ rigid	1207
☐ rigor	2939
☐ rigorous	2994
☐ rim	1948
☐ ring finger	3035
☐ riot	1832
☐ rip	1778
☐ ripe	3564
☐ ripple	1653
☐ rise	0825
☐ rite	3804
☐ ritual	3805
☐ rivalry	1085
☐ roam	1675
☐ roar	1466
☐ rob	0132
☐ robust	2003
☐ rodent	3314
☐ rogue	2760
☐ role	0994
☐ roster	2884
☐ rot	1112
☐ rotate	0557
☐ rouse	1462
☐ routine	0968
☐ row	0720
☐ rub	0457
☐ rubbish	2054
☐ rubble	3496
☐ rude	1804
☐ rugged	2472
☐ ruin	3859
☐ rumble	2774
☐ rumor	0406
☐ rupture	1421
☐ rural	1259
☐ rush	0739
☐ rust	1212
☐ rustic	2929
☐ ruthless	1859

S

☐ sacred	3806
☐ sacrifice	3824
☐ sag	2571
☐ sage	2285
☐ sail	0454
☐ sake	0210
☐ salient	2488
☐ saline	3647
☐ saliva	3028
☐ salute	1785
☐ salvation	1931
☐ sanction	1678
☐ sanctuary	1927
☐ sane	1476
☐ sanitary	3179
☐ sap	3374
☐ sarcasm	1783
☐ sardine	3277
☐ satire	1537
☐ satisfy	0364
☐ saturate	3652
☐ Saturn	3407
☐ savage	2269
☐ savor	1737
☐ saw	0930
☐ scaffold	3946
☐ scale	3280
☐ scant	2292
☐ scar	0682
☐ scarce	1974
☐ scare	0360
☐ scatter	1092
☐ scavenger	3237
☐ scenery	0823
☐ scent	0001
☐ scheme	1495
☐ scholar	3966
☐ scholarship	3970
☐ scold	1045
☐ scope	0235
☐ scorch	2678

☐ score	0929
☐ scorn	1858
☐ scorpion	3270
☐ scramble	1411
☐ scrape	0691
☐ scratch	0291
☐ scrawl	1807
☐ scream	0952
☐ scribble	1145
☐ script	0751
☐ scrupulous	2591
☐ scrutiny	1316
☐ sculpture	3879
☐ seal	0356
☐ seam	0205
☐ search	0749
☐ seasoned	1247
☐ seclude	2077
☐ secrete	3048
☐ sect	3748
☐ sector	0480
☐ secular	3808
☐ secure	0499
☐ sedentary	2630
☐ sediment	3499
☐ seduce	2845
☐ seed	3346
☐ seedling	3562
☐ seek	0084
☐ seeming	2886
☐ seep	1125
☐ seethe	2564
☐ segment	1595
☐ segregate	1359
☐ seismic	3485
☐ seize	0792
☐ seizure	3120
☐ seldom	0488
☐ semester	3968
☐ senate	3716
☐ senile	2584
☐ senior	3956
☐ sensible	1113

☐ spacious	0325	☐ squirrel	3317	☐ stir	0181
☐ span	0602	☐ stab	0313	☐ stoop	1821
☐ spank	2494	☐ stable	0920	☐ stout	2418
☐ spare	0652	☐ stack	0636	☐ straightforward	1117
☐ sparkle	1164	☐ stagger	1569	☐ strain	1638
☐ sparse	1432	☐ stagnant	2539	☐ strait	3449
☐ spasm	3121	☐ stain	0721	☐ strand	2191
☐ spatial	2209	☐ stake	0820	☐ strategy	1983
☐ spawn	3228	☐ stale	1634	☐ stratum	3488
☐ spear	3865	☐ stalemate	2172	☐ straw	3599
☐ species	3241	☐ stalk	1781	☐ stray	1988
☐ specific	0451	☐ stamp	0341	☐ streak	1312
☐ specify	0799	☐ stampede	2265	☐ stream	3455
☐ specimen	1456	☐ staple	2828	☐ streamlined	1788
☐ speck	2344	☐ starch	3191	☐ strength	0850
☐ spectacle	1426	☐ stare	0729	☐ strenuous	2865
☐ spectrum	3622	☐ stark	2967	☐ strew	2141
☐ speculate	1200	☐ startle	1056	☐ strict	0182
☐ sperm	3227	☐ starve	0344	☐ strife	2692
☐ sphere	3706	☐ stash	2721	☐ strike	0909
☐ spill	0223	☐ state	0748	☐ striking	0780
☐ spindly	2807	☐ static	3617	☐ string	0116
☐ spine	3004	☐ stationary	3603	☐ stringent	2926
☐ spiral	0562	☐ statistics	3663	☐ strip	0559
☐ spire	3942	☐ statue	3881	☐ strive	1278
☐ splendid	1275	☐ statute	2291	☐ stroke	3119
☐ split	0903	☐ steadfast	2664	☐ stroll	1076
☐ spoil	0902	☐ steady	0699	☐ structure	0546
☐ spontaneous	1276	☐ steep	1014	☐ struggle	0675
☐ sporadic	2487	☐ steer	0569	☐ stubborn	1540
☐ spore	3348	☐ stem	3355	☐ stuff	0253
☐ spot	0544	☐ stereotype	0424	☐ stumble	1241
☐ spouse	1294	☐ sterile	1485	☐ stump	3360
☐ sprain	3105	☐ stern	1541	☐ stun	1416
☐ sprawl	2118	☐ stiff	1957	☐ stupid	0589
☐ spread	0404	☐ stifle	2623	☐ sturdy	2785
☐ sprinkle	1617	☐ stigma	2981	☐ subconscious	3168
☐ sprout	3352	☐ stimulate	1343	☐ subdue	1142
☐ spur	0642	☐ sting	1420	☐ subject	0346
☐ squad	0758	☐ stingy	1531	☐ sublime	2852
☐ square	3693	☐ stink	1813	☐ submerge	1272
☐ squeeze	0045	☐ stint	2526	☐ submit	0775
☐ squid	3250	☐ stipulate	2223	☐ subordinate	1794

☐ subscribe	0504	☐ suppress	1512	☐ taint	2776
☐ subsequent	1124	☐ supreme	1111	☐ tame	1792
☐ subside	1596	☐ surface	0547	☐ tamper	2976
☐ subsidiary	1945	☐ surge	1810	☐ tangible	2007
☐ subsidize	3998	☐ surgeon	3170	☐ tangle	1522
☐ subsistence	2517	☐ surgery	3183	☐ tantalizing	2924
☐ substance	0539	☐ surmise	2829	☐ tantrum	2706
☐ substantial	1009	☐ surmount	2948	☐ tap	0537
☐ substitute	1521	☐ surpass	0641	☐ taper	2685
☐ subtle	1741	☐ surplus	1995	☐ tardy	2767
☐ subtract	3675	☐ surprise	0661	☐ tariff	3786
☐ suburb	0712	☐ surrender	0133	☐ tarnish	2731
☐ succeed	0670	☐ surrogate	2015	☐ taunt	2053
☐ succinct	2698	☐ surround	0650	☐ taut	1691
☐ succumb	1383	☐ survey	0414	☐ tavern	2755
☐ suck	0448	☐ susceptible	1235	☐ taxing	2628
☐ sudden	0445	☐ suspect	0017	☐ tease	1392
☐ sue	0932	☐ suspend	0955	☐ tedious	1472
☐ suffer	0878	☐ sustain	0574	☐ teem	2524
☐ suffice	2778	☐ swallow	0658	☐ telescope	3399
☐ sufficient	1365	☐ swamp	3461	☐ temper	0686
☐ suffocate	2389	☐ swarm	3222	☐ temperance	2009
☐ suggest	0999	☐ sway	0818	☐ temperate	2724
☐ suicide	0899	☐ swear	0703	☐ temperature	0159
☐ suit	0103	☐ sweep	0138	☐ temporary	0013
☐ sulfur	3639	☐ swell	0156	☐ tempt	0534
☐ sullen	2079	☐ swift	0678	☐ tempting	2058
☐ sum	0214	☐ swirl	1332	☐ tend	0222
☐ summit	3470	☐ sword	0288	☐ tender	0798
☐ summon	1186	☐ syllabus	3976	☐ tendon	3007
☐ sundry	2323	☐ sympathy	0415	☐ tenet	3802
☐ superb	1765	☐ symptom	3098	☐ tense	0154
☐ superficial	1934	☐ synapse	3016	☐ tentacle	3281
☐ superfluous	2435	☐ synonym	3926	☐ tentative	1019
☐ superior	0005	☐ synthesize	1560	☐ tenure	3967
☐ superlative	2633			☐ term	0890
☐ supernova	3420	**T**		☐ terminal	1815
☐ supersede	2855			☐ termite	3269
☐ superstition	1912	☐ tacit	2874	☐ terrain	3442
☐ supervise	1182	☐ tackle	1033	☐ terrestrial	3432
☐ supply	0418	☐ tact	1239	☐ terrible	0055
☐ suppose	0381	☐ tactics	1190	☐ terrific	0433
☐ supposedly	2521	☐ tadpole	3286	☐ terrify	1879

☐ terror	1327	☐ toad	3285	☐ trash	0347
☐ terse	2106	☐ toast	1408	☐ trauma	3160
☐ testify	0687	☐ toddler	1026	☐ traverse	2921
☐ tetanus	3149	☐ toe	3069	☐ treachery	2753
☐ textile	3887	☐ toil	1301	☐ tread	1202
☐ texture	0427	☐ token	1997	☐ treasure	0829
☐ thalamus	3010	☐ tolerate	1831	☐ treat	0297
☐ thaw	3544	☐ toll	0981	☐ treaty	3758
☐ therefore	0732	☐ tomb	0083	☐ tremble	1907
☐ thermometer	3525	☐ tongue	3027	☐ tremendous	1771
☐ thesis	3959	☐ topple	2129	☐ tremor	2352
☐ thief	0676	☐ torment	2808	☐ trench	2483
☐ thin	0295	☐ tornado	3539	☐ trial	0576
☐ thorn	3365	☐ torrent	2404	☐ tribe	3844
☐ thorough	0255	☐ torso	3055	☐ tribunal	3790
☐ thought	0204	☐ tortoise	3290	☐ tributary	3458
☐ thread	0151	☐ torture	1023	☐ tribute	1389
☐ threat	0759	☐ toss	0355	☐ trickle	1994
☐ threshold	3018	☐ tow	0634	☐ trifle	1882
☐ thrifty	1944	☐ toxic	3156	☐ trigger	0497
☐ thrive	1271	☐ trace	0335	☐ trillion	3672
☐ throb	3044	☐ track	0540	☐ triumph	1386
☐ throne	3727	☐ tract	1801	☐ trivial	1780
☐ throng	2403	☐ tradition	0766	☐ troop	1402
☐ thrust	1020	☐ tragedy	3906	☐ tropic	3440
☐ thumb	3032	☐ trail	0538	☐ trot	2661
☐ thwart	2690	☐ trait	1141	☐ trunk	3357
☐ tickle	1087	☐ trample	2915	☐ trust	0162
☐ tide	3452	☐ tranquil	2438	☐ tuberculosis	3146
☐ tidy	0965	☐ transaction	0289	☐ tuition	3971
☐ tier	2311	☐ transcend	1797	☐ tumble	1568
☐ till	3560	☐ transcript	3988	☐ tumor	3132
☐ tilt	3430	☐ transfer	0923	☐ tumult	2162
☐ timber	3576	☐ transform	0372	☐ tuna	3278
☐ timid	1156	☐ transient	1845	☐ turbulence	3537
☐ tin	3641	☐ transition	1696	☐ turf	3476
☐ tinge	2461	☐ translate	0495	☐ turmoil	1577
☐ tingle	2946	☐ transmit	1757	☐ turtle	3289
☐ tint	2496	☐ transparent	0782	☐ twig	3364
☐ tiny	0041	☐ transplant	3184	☐ twist	0892
☐ tip	0708	☐ transport	0362	☐ twister	3540
☐ tiresome	1578	☐ trap	0683	☐ twitch	2145
☐ tissue	3210	☐ trapezoid	3696	☐ typical	0450

☐ tyranny	3734	

U

☐ ubiquitous	2406
☐ ugly	0881
☐ ulcer	3134
☐ ultimate	1545
☐ ultraviolet	3623
☐ unanimous	1571
☐ uncanny	2970
☐ undergo	1346
☐ undergraduate	3952
☐ underlie	1520
☐ undermine	1035
☐ underneath	0801
☐ underpinning	2357
☐ underscore	1064
☐ undertake	1720
☐ unearth	3856
☐ unify	1562
☐ unilateral	2057
☐ universe	3393
☐ unleash	2284
☐ unprecedented	1712
☐ unrest	2222
☐ unsung	2894
☐ unveil	1844
☐ upheaval	3491
☐ uphold	1065
☐ upright	1724
☐ uprising	1936
☐ upset	0924
☐ Uranus	3408
☐ urban	0301
☐ urge	1315
☐ urgent	1980
☐ urine	3065
☐ usage	1122
☐ usher	2062
☐ utensil	2833
☐ uterus	3074
☐ utilitarian	2478

☐ utility	1236
☐ utmost	1419
☐ utter	1503

V

☐ vacant	0635
☐ vaccine	3150
☐ vacuum	0265
☐ vagabond	2672
☐ vague	0783
☐ vain	1311
☐ valid	0218
☐ valuable	0863
☐ vandal	3868
☐ vanish	0777
☐ vanity	2116
☐ vanquish	2182
☐ vapor	3530
☐ various	0200
☐ varsity	3995
☐ vary	0234
☐ vase	0610
☐ vast	0873
☐ vaudeville	3911
☐ vault	3943
☐ vegetation	3342
☐ vehement	2443
☐ vehicle	0530
☐ vein	3042
☐ velocity	3605
☐ vendor	1297
☐ venerate	2101
☐ vengeance	2684
☐ venom	3154
☐ vent	1151
☐ ventilate	2462
☐ venture	1711
☐ venue	2794
☐ Venus	3404
☐ verb	3923
☐ verbal	0405
☐ verdict	1624

☐ verge	1878
☐ verify	1921
☐ vernacular	2135
☐ vernal equinox	3415
☐ versatile	2519
☐ verse	3902
☐ vertebrate	3276
☐ vertical	3709
☐ vessel	1827
☐ vestige	3860
☐ veterinarian	3337
☐ veto	3773
☐ via	0767
☐ viable	2410
☐ vice	1646
☐ vicinity	2613
☐ vicious	2964
☐ victim	0997
☐ victory	0925
☐ vie	2110
☐ vigorous	1796
☐ villain	2544
☐ vindicate	2621
☐ vine	3356
☐ vineyard	3575
☐ violate	0740
☐ virtual	0744
☐ virtue	1473
☐ virtuosity	2173
☐ virus	3136
☐ visible	0609
☐ vital	0738
☐ vivid	0453
☐ vocabulary	3920
☐ vocation	0895
☐ vogue	1748
☐ void	1509
☐ volatile	2407
☐ volcano	3514
☐ voluntary	2025
☐ vomit	3101
☐ vote	3743
☐ vow	0097

☐ voyage	0464
☐ vulgar	2016
☐ vulnerable	1889
☐ vulture	3306

W

☐ wade	2888
☐ wag	2552
☐ wage	1398
☐ wagon	0830
☐ wail	2851
☐ waive	2093
☐ wake	2509
☐ wander	0880
☐ wane	2264
☐ ward	0790
☐ warehouse	0757
☐ warfare	1903
☐ warn	0601
☐ warrant	2099
☐ wary	1588
☐ wasp	3275
☐ waste	0169
☐ waver	2712
☐ wealth	0685
☐ weapon	0478
☐ weary	1460
☐ weather	3524
☐ weathering	3494
☐ weave	0550
☐ wedge	1508
☐ weed	3585
☐ weep	1340
☐ weigh	0606
☐ weird	0365
☐ weld	2405
☐ welfare	0227
☐ wharf	1381
☐ wheat	3573
☐ whereas	2616
☐ whim	1433
☐ whip	0681

☐ whirl	1744
☐ widow	0070
☐ wilderness	3478
☐ wilt	2013
☐ wire	0632
☐ wisdom	0337
☐ wit	0781
☐ witch	3823
☐ withdraw	0794
☐ wither	3378
☐ withhold	1612
☐ withstand	2312
☐ witness	0704
☐ wizard	1795
☐ wobble	2534
☐ woe	2682
☐ womb	3075
☐ wonder	0826
☐ woodwind	3891
☐ worm	3263
☐ worn	0945
☐ worsen	1337
☐ worship	0315
☐ worth	0155
☐ wound	0913
☐ wrap	0957
☐ wrath	2365
☐ wreck	1136
☐ wrench	2867
☐ wring	2011
☐ wrinkle	1101

X

| ☐ xenophobia | 3771 |

Y

☐ yarn	2150
☐ yawn	0186
☐ yearn	2121
☐ yell	0991
☐ yield	1837

☐ yoke	2205
☐ youngster	0680
☐ youth	0806

Z

☐ zeal	2465
☐ zebra	3328
☐ zenith	2952
☐ zest	2385
☐ zinc	3642

付録 接頭辞・接尾辞リスト

ここでは、本書に登場する主な接頭辞・接尾辞を挙げています。参照用としてお使いください。訳例は代表的なもののみを、同義の英単語は本書で取り上げたうち代表的なもののみを挙げています。

●接頭辞

代表的な形	変化形	訳例・同義の英単語	単語例
a-		上に、on	aboard（乗って）
		～に属する、of	akin（同族の）
ab-	a-, abs-	～から離れて、～から、off、away	absent（不在である）
ad-	a-, ab-, ac-, af-, ag-, al-, an-, ap-, ar-, as-, at-	～へ、～のほうへ、～に向かって	adjust（調節する）
an-	a-	非、不	anarchy（無政府状態）
anti-	ant-	反対の	antipathy（反感）
archi-	arche-	最初の	architecture（建築）
astro-	aster-	星の	astrology（占星術）
bene-		良い	benefit（利益）
bi-		２つの	bilateral（２国間の）
bio-		生命の	biology（生物学）
cata-		下へ	catastrophe（大惨事）
circum-		周囲の	circumstance（状況）
com-	co-, con-, cor-	共に	combine（組み合わせる）
contra-	contro-	～に反対して	contradict（矛盾する）
de-		下に、～から離れて、～がない、完全に、down、off、away、out	decline（断る）
dia-	di-	分けて	diagram（図表）
dis-	di-, dif-	分けて、離れて、不、off、away	distance（距離）
for-		離れて	forsake（見捨てる）
fore-		前に	forecast（予想）

代表的な形	変化形	訳例・同義の英単語	単語例
en-		〜な状態にする	enrich（豊かにする）
eu-		良い、well、good	eulogy（称賛）
ex-	e-, ec-, ef-, es-, exo-	外に、超えて、完全に	explain（説明する）
extra-	extro-	外に、超えて	extraordinary（並外れた）
geo-		地球の、土地の	geology（地質学）
homo-		同じ	homogeneous（同種の）
hypo-		下にある	hypothesis（仮説）
in-	il-, im-, ir-, en-, em-, am-	中に、内側に、into	include（含む）
		非、不、無	invisible（目に見えない）
infra-		下に	infrastructure（社会の基盤となる設備）
inter-	inte-, enter-	互いに、〜の間に	interact（互いに影響し合う）
intro-		内側に	introduce（紹介する）
magni-		大きい	magnify（拡大する）
mal-		悪い	malfunction（不具合）
manu-	mani-, maneu-	手の、手で	manual（手の）
medi-		中間の	medieval（中世の）
meta-	met-	後ろに、超えて、変わった	metabolism（代謝）
micro-		微小な	microscope（顕微鏡）
mid-		中間の	midterm（中間試験）
mono-		一つの	monotone（単調な）
multi-		多い	multiply（掛け算する）
ob-	o-, oc-, op-	上に、over、on	observe（観察する）
		〜へ、〜のほうへ、toward	object（目的）
		反対に、against	obstacle（障害）
para-		そばに、並んで	parallel（平行する）
		超えて、上に	paradox（逆説）
per-		通して、完全に、through	permit（許可する）
peri-		周りの	peripheral（周辺的な）
philo-	phil-	〜を愛する	philosophy（哲学）
poly-		多くの	polygon（多角形）
post-		あとの	postpone（延期する）
pre-	pri-	前に、先んじて	predict（予測する）
pro-	pur-	前に、前もって	propose（提案する）
		〜の代わりに、〜のために	pronoun（代名詞）

代表的な形	変化形	訳例・同義の英単語	単語例
proto-		最初の、原	prototype（原型）
re-		再、返、元、反、後ろへ	restore（元へ戻す）
se-		離して、～なしに、without	secure（安全な）
sub-	su-, suc-, suf-, sug-, sum-, sup-, sur-, sus-	下の、副、準	submit（提出する）
super-		上に、超えて	supervise（監督する）
sur-		上に、超えて	surface（表面）
syn-	sym-	同じ	synthesize（統合する）
trans-		相互に、向こうへ	transaction（取引）
tri-		3つの	trivial（ささいな）
un-		不、非、無、外す	unveil（明かす）
uni-		一つの	unify（統一する）
with-		離れて、～に対抗して	withdraw（引き出す）

●接尾辞

代表的な形	変化形	訳例・同義の英単語	単語例
-able	-ble, -ible	～できる	available（手に入る）
-cide		殺す	pesticide（農薬）
-ful		～がいっぱいある	careful（注意深い）
-less		～がない	reckless（無謀な）
-logy		学問	biology（生物学）
-some		～しやすい、～しそうな	tiresome（うんざりさせる）
-ly		形容詞を副詞化 名詞を形容詞化	nearly（ほとんど） costly（高価な）
-ate		名詞・形容詞を動詞化 名詞を形容詞化	dominate（支配する） fortunate（幸運な）
-th		形容詞を名詞化	wealth（富）
-fy		動詞化	terrify（怖がらせる）
-en		動詞化	lessen（減少させる）

著者プロフィール

河野太一（こうの たいち）

河野塾塾長。英語発音指導士® 早稲田大学政治経済学部中退。テンプル大学ジャパンキャンパス大学院卒業（英語教授法専攻）。大手留学準備校にて教務主任を務めたのち、独立。TOEFL・IELTSなどの各種試験対策において、「学ぶ順序」にこだわった教授法で高い成果を上げている。著書に『完全攻略！ IELTS』（アルク）などがある。

河野塾ウェブサイト：www.konojuku.com

完全攻略！ TOEFL® テスト 英単語4000

発行日　2014年3月19日（初版）
　　　　2025年7月7日（第8刷）

執筆：河野太一

編集：株式会社アルク 文教編集部

編集協力：有限会社ポルタ

英文執筆・校正：Burritt Sabin、Peter Branscombe、Margaret Stalker

校正：原弘子

カバーデザイン：早坂美香（SHURIKEN Graphic）

本文デザイン：大村麻紀子

ナレーション：Peter von Gomm、Carolyn Miller、桑島三幸

録音・編集：ジェイルハウス・ミュージック

CD-ROMプレス：株式会社ソニー・ミュージックソリューションズ

DTP：株式会社秀文社

印刷・製本：TOPPANクロレ株式会社

発行者　田中伸明

発行所　株式会社アルク
〒141-0001 東京都品川区北品川6-7-29 ガーデンシティ品川御殿山
Website https://www.alc.co.jp/

地球人ネットワークを創る

アルクのシンボル
「地球人マーク」です。

JUN OSON
Printed in Japan.
PC: 7014035
ISBN: 978-4-7574-2436-4